〔清〕黄宗羲著　沈芝盈點校

明儒學案

上册

中華書局

圖書在版編目(CIP)數據

明儒學案/(清)黄宗羲著;沈芝盈點校.—2版(修訂本).—北京:中華書局,2008.1(2024.10重印)
(中國史學基本典籍叢刊)
ISBN 978-7-101-05723-2

Ⅰ.明… Ⅱ.①黄…②沈… Ⅲ.學術思想-思想史-中國-明代 Ⅳ.B248.05

中國版本圖書館CIP數據核字(2007)第083882號

責任編輯:張繼海
責任印製:管 斌

明儒學案(修訂本)
(全二册)
〔清〕黄宗羲 著
沈芝盈 點校
*
中華書局出版發行
(北京市豐臺區太平橋西里38號 100073)
http://www.zhbc.com.cn
E-mail:zhbc@zhbc.com.cn
北京新華印刷有限公司印刷
*
850×1168毫米 1/32 · 52⅜印張 · 1103千字
1985年10月第1版 2008年1月第2版
2024年10月第15次印刷
印數:29901-30900册 定價:248.00元

ISBN 978-7-101-05723-2

再版前言

黄宗羲字太冲，號梨洲，公元一六一〇年(明萬曆三十八年)生，浙江餘姚人。他的父親黄尊素是東林名士，天啓年間，因彈劾宦官魏忠賢而被殺害。崇禎初，宦官集團暫時失勢，其中作惡多端的人將受到制裁。黄宗羲當時十九歲，得到這個消息後，毅然進京，爲父訟寃，並且在對簿公堂時，手錐陷害他父親的仇人。清軍南下，黄宗羲回到浙江，召募義兵，組織抗清武裝鬥争。但不久兵敗，被懸賞緝捕，只得隱伏山林。直到清政權基本穩定，放鬆了對沿海知名抗清人士的禁令後，才回到家鄉，著書講學。康熙十七年，清政府詔徵博學鴻儒，未幾，又開設明史館，以此網羅知識分子，黄宗羲屢次被推薦，都以老病辭。公元一六九五年(清康熙三十四年)卒，年八十五。

黄宗羲學識淵博，對天文、律曆、象數、史地都有研究。他的明儒學案是我國最早的一部學術思想史專著。雖然禮記中的學記、儒行、檀弓，史記中的儒林傳、孔子世家、仲尼弟子列傳，漢書儒林傳，宋史道學傳，都可以算作學術思想史的嚆矢，其後還有宋朱熹伊洛淵源録，明周汝登聖學宗傳、孫奇逢理學宗傳，已經有了學術思想史的雛型，但是黄宗羲的明儒學案，收集資料比較全面，闡述各家學術觀點比較客觀，分類系統性比較强，編纂的方法也有獨到之處，卽使比較晚出的唐鑑清學案小識，魏一鼇、尹會一北學編、續北學編，也都不能與之相媲美。

黄宗羲在自序中表明：「羲爲明儒學案，上下諸先生，深淺各得，醇疵互見，要皆功力所至，竭其心之萬殊者，而後成家，未嘗以懵懂精神冒人糟粕。」並且指出周汝登和孫奇逢的不足，認爲他們不是「見聞狹陋」，就是「不得要領」，且「攙金銀銅鐵爲一器」。（凡例）因此，他自己在廣泛收集資料的基礎上，着重梳理各家學術觀點，「爲之分源别派，使其宗旨歷然」。（自序）在體例上則以「有所授受者分爲各案，其特起者，後之學者，不甚著者，總列諸儒之案」。（凡例）各學案又都冠以敍論，作簡括的介紹説明，隨後分列本案各學者，並依次敍述他們的傳略。在各敍傳中，除了介紹生平，還扼要介紹主要學術觀點，並加以評析。同時節録各學者的重要著作或語録，列於敍傳之後，提供了解各家學術見解的具體資料。他的資料取自原書，而且經過精選，用黄宗羲自己的話説：「皆從全集纂要鉤玄，未嘗襲前人之舊本也。」（凡例）

黄宗羲還明確提出「學問之道，以各人自用得着者爲真，凡倚門傍户，依樣葫蘆者，非流俗之士，則經生之業」。（凡例）這是説，他認爲人云亦云的人無足輕重，但是有水平、有獨到見解的，所謂「功力所至，竭其心之萬殊者」，哪怕「一偏之見」，「相反之論」，也要加以重視。綜觀全書，他基本上貫徹了這個原則，因而書中也能比較客觀地反映各家學術觀點。莫晉在重刻序中説，黄宗羲做到了「是非互見，得失兩存」，這是對明儒學案的最高評價。

當然，黄宗羲有他的學術傾向性。明儒學案所收著名學者及他們的學術觀點和學術淵源，無論内容和分量，都以王守仁爲中心。反映王學的除姚江學案外，還有浙中王門學案、江右王門學案、南中王門學案、楚中王門學案、北方王門學案、粵閩王門學案，屬王學而稍有變化的有止修學案、泰州學案等，占學案總數的一半以上。而顔鈞、何心隱等抨擊封建禮教的思想家，卻只在泰州學案的敍論中提及。莫序中所説的「是非互見，得失兩存」，也是圍繞着「宗姚江與闢姚江者」而言，所以莫晉又説：「要其微意，實以大宗屬姚江。」從明儒學案的佈局，可以看出一個時代的學術思想潮流，但也不排除黄宗羲本人的學術傾向以及他思想上和王守仁學派的淵源關係。

明史儒林傳序中説「明初諸儒，皆朱子門人之支流餘裔」，「學術之分，則自陳獻章、王守仁始」，陳獻章「孤行獨詣，其傳不遠」，而王守仁「别立宗旨，顯與朱子背馳，門徒徧天下，流傳逾百年」。那麽，王學爲什麽會取代朱學而興起呢？首先是朱學在發展過程中形成和暴露出種種問題。朱學在南宋以後，是封建社會的官方哲學，因此大多數知識分子只是以朱學爲通過科舉考試而躋身官場的敲門磚，實際行動却與之相違背，形成一批謀取個人名利的假道學、僞君子，他們之中有的甚至苟且鑽營，無所不爲，爲正直的人們所不齒。至於恪守朱熹理學的道德修養傳統，著書立説，講學授徒的讀書人，爲數也不少，但他們往往迂闊無能，没有實際辦事能力。所以理學逐漸成爲僵死的教條。

而王學的特點之一，是反對絶對權威，强調個人的主觀能動性。王守仁認爲，正確和錯誤的標準是個人良知，不是孔子或朱熹的言論，所以他説：「夫學貴得之心，求之於心而非也，雖其言出於孔子，不敢以爲是也，而況其未及孔子者乎？求之於心而是也，雖其言出於庸常，不敢以爲非也，而況其言出於孔子者乎？」（答羅整菴書）换句話説，封建道德的準則就在自己心中，憑自己心中本來就具有的道德準則，自然就有判斷是非的能力，不必那麽拘泥成説。他甚至説：「學，天下之公也，非朱子可得而私也，非孔子可得而私也。」（同上）這種反對絶對權威的言論，立論的目的雖然是爲樹立自己的權威，但在當時受朱熹哲學的繁瑣教條所禁錮的思想界，不能不令人耳目一新，而在客觀上起到了解放思想的作用。王學之所以在明代能發展成爲聲勢較大的學派，成爲政治上比較進步的思想家（如李贄等）用來批判封建禮教的某種思想資源，與上述觀點有一定合理因素也是分不開的。雖然這是一種唯心論批判另一種唯心論，但在它的鬥争、發展、消亡的過程中，却同時藴育並推動着新的思潮。從這個角度上講，黄宗羲以「大宗屬姚江」，即以王守仁爲明代學術的中心人物，不是毫無道理，而是客觀地反映了明代學術思想潮流的。

關於明儒學案的刊刻和流傳，據黄宗羲七世孫黄炳垕所編的黄梨洲先生年譜稱，清康熙十五年（一六七六年）明儒學案編成，共六十二卷。除鈔入四庫全書外，安陽許氏（酉山）、甬上萬氏（貞一）各刻過數卷，却因故半途而輟。故城賈氏刻本却又雜以臆見。只有慈水鄭氏（義門）續完萬氏未竟之刻，是爲善本。其後，又有莫寶齋侍郎晉重梓賈本，對賈刻有所校正，但仍雜有賈氏攙入者。

另據明儒學案黄千秋跋記載，初刻者是萬貞一，刻於康熙三十年（一六九一年），可惜只刻了原本的三分之一。稿本爲勾章鄭義門性所得，一度爲廣東巡撫楊文乾之子借去再刻而未成。鄭性於雍正十三年（一七三五年）開始續刻萬氏未竟部分，至乾隆四年（一七三九年）刻完，歷時四年。由於鄭性服膺黄宗羲，特築二老閣，祭祀其先人溱和宗羲，所以是刻稱爲二老閣本。馮全垓於光緒八年（一八八二年）以二老閣版重印。

萬氏之後，鄭氏之前，故城賈潤看到明儒學案鈔本，贊賞書中敍述明代數百年學術思想，認爲不可聽之埋没。他雖決心刻印，但未及開工即去世，他的兒子賈樸繼承遺志，從康熙三十年（一六九一年）至三十二年（一六九三年）刻完，歷時二年。是刻以賈潤齋名紫筠，亦稱紫筠齋本。賈氏根據自己的意見，改動次序，以首康齋爲首敬齋，並將「王門學案」改爲「相傳學案」，鄭性説他「雜以臆見，失黄子著書本意」。其間賈氏曾請黄宗羲撰寫序言，宗羲因病，口授兒子百家代書，病愈後又親自修改。改定後的序言，由賈樸收入了紫筠齋初刻本，而前一篇序言由梨洲門人收入南雷文定四集。賈潤之孫賈念祖於雍正十三年（一七三五年）以紫筠齋版重印，把南雷文定四集中的這篇序也收了進去，題爲「黄梨洲先生原序」，但是對後半部分有較大改動，與黄宗羲原意不符，有乖事實。要之，今人欲研究明儒學案序，自當以賈氏初刻本中所收宗羲之改定者爲準。四庫全書所收明儒學案，係山東巡撫採進本，也爲紫筠齋版。

會稽莫晉刻本是用紫筠齋鈔本，據萬刻訂正次序，即恢復首康齋和「王門學案」，並校亥豕之訛，清道光元年（一八二一年）刻完，當時也稱善本。一九三六年四部備要即據莫刻本排印，並參校二老閣本。

其他還有光緒三十一年（一九〇五年）杭州羣學社石印黄梨洲遺書。收二老閣版師説、敍論、敍傳共八卷，各家原著不録。同年，涵芬樓還排印新會梁啓超節録本。

這次整理，以二老閣版一八八二年馮全垓印本爲底本，校以紫筠齋版一七三五年印本，及一九三六年四部備要據莫刻排印本。紫筠齋及莫晉刻本有楊應詔（河東學案）、許半圭、王司輿（姚江學案）、胡瀚（浙中王門學案）、薛甲（南中王門學案）、王道（甘泉學案）等敍傳，爲二老閣版所無，雖然有可能爲賈氏所增，但有參攷價值，故一一據以補入。至於節録各家著述，在選材和次序方面，紫筠齋版和莫晉刻本與底本均有出入，底本較富，故以底本爲準，不再移乙删補。

本書係二十年前整理校點的舊作，是利用業餘時間邊讀邊校點，因而粗疏之處甚多。書出不久，武漢大學蕭蓮父教授、復旦大學朱維錚教授等友人即賜斧正。當初僅以二老閣本、紫筠齋本和四部備要所據莫晉刻本等少數版本對勘，而萬有文庫和世界書局斷句本未作爲參校版本。又認爲古人引書往往憑記憶，稍有出入，無害文意者，不作逐字是正，以至校勘不及諸家文集，於史書亦僅偶爾查閲。退休後十餘年間，陸續重讀校點本，對形近而訛之字、句讀、標線、引文起止以及應出校語而未出等等，曾力加修訂，以備有可能再版時改正。但以年老體弱，圖書借閲不便，修訂比較有限，對學案所録明代各家諸多文集，仍未能據以校勘。近獲臺灣「中央研究院」歷史語言研究所一九九一年刊朱鴻林先生明儒學案點校釋誤一書，對敝校點本多加匡正，受益匪淺。經核對，除字可通假，無害文意，可改可不改之屬，及本人已訂正者外，朱氏據諸家文集及碑文等所作之校正，尤爲可貴，如證以各本俱誤，或紫筠齋本、備要所據莫刻本不誤而二老閣本誤，或莫刻本不誤而紫筠齋本、二老閣本誤，甚至二老閣本不誤而他本誤等等，並參校萬有文庫和世界書局斷句本，連帶指出其正誤，書後還列表索引。其認真細緻之作風，令人欽佩。此次修訂大量吸收了朱先生的意見。

另外，浙江古籍出版社的黄宗羲全集中有明儒學案新整理本，書後附有吴光先生的明儒學案考，對明儒學案的版本異同作了深入研究，並指出敝校點本的若干錯誤。此次修訂亦多有取鑒，這裏一併致以衷心的感謝。

沈芝盈

二〇〇六年十二月

鄭性序

道並行而不相悖，此天地之所以爲大也。三教既興，孰能存其一，去其二。並爲儒而不相容，隘矣。孔子大中，如天地之無不持載、無不覆幬，是以能祖述堯、舜，憲章文、武。然嘗欲「無言」，且曰「攻乎異端，斯害也已」。大賢而下，概莫之及。後儒質有純駁，學有淺深，異同錯出。宋惟周子渾融，罕露圭角；朱、陸門人，各持師説，入主出奴。明儒沿襲，而其間各有發揮開闢，精確處不可掩没，梨洲黄子臚爲學案而並録之。後之觀者，毋師己意，毋主先入，虚心體察，孰純孰駁，孰淺孰深，自呈自露，惟以有裨於爲己之學，而合乎天地之所以爲大，其於道也，斯得之矣。

康熙辛未，鄞萬氏刻其原本三分之一而輟。嗣後故城賈氏一刻，雜以臆見，失黄子著書本意。今續完萬氏之未刻。

乾隆己未夏五，慈谿後學鄭性謹序

黄千秋跋

先王父所著明儒學案一書，甬上萬管村先生宰五河時捐俸刻之，未及半而去官，遂輟。其稿本歸勾章鄭義門。吾姚胡泮英言，廣撫楊公文乾令子某欲刻之，屬千秋力求之鄭氏。書往而泮英殁，千秋與義門不勝歎惋，以爲必浮沉於蠻溪瘴嶺間，不可得還矣。越數年而泮英之甥景鳴鹿賫原本至，謂泮英殁時屬鳴鹿曰：「黄子明儒學案一書未刻，并未取還，此我所死不瞑目者也。汝能爲我周旋，則九原感且不朽矣。」鳴鹿不負所託，遠索之歸，復還鄭氏。義門鼓掌狂喜，慶完璧之復歸於趙也。於是慨然捐貲續刻，始於雍正乙卯，至乾隆己未而竣。是書不終於泯没矣。

第三孫千秋謹識

馮全垓跋

姚江黄梨洲先生以邁世之天姿，成等身之著作，自經術文章以至一能一技，靡不悉心體究，而尤自任以道之重。所著明儒學案，窮源竟委，博採兼收，將使後之學者各隨其質之所近，浸淫滋溉以至於道，及其成功，萬派同歸矣。

夫有明講學之家，其辨析較宋儒爲更精，而流弊亦較宋儒爲更甚。垓謂學術必原心術，但使存心克正，兢兢以慎獨爲念，從此存養省察，雖議論或有偏駁，亦不愧爲聖人之徒。倘功利之見未忘，借先正之名目以自樹其門户，則矯誣虚僞，勢必色厲内荏，背道而馳。先生是書，殆欲以正心術者正學術歟。

板爲鄭氏所刊，久存於二老閣。垓以近年久未刷印，屢向鄭君杏卿探問。鄭君見垓志行是書，慨然曰：「馮氏其與學案有緣乎？」蓋指從祖五橋先生曾刊行宋元學案一書也。垓因向鄭君出資若干，攜板而歸。今年春，修其踈爛，補其缺失，僱工刷印，冀其廣爲流佈。略書數語於後，以誌嚮往，并不没鄭氏刊板之緣起，而鄭君與人爲善之意，亦因以俱著云。

時光緒八年，歲次壬午，如月上澣，慈谿後學馮全垓謹跋

于準序

粵自有明三百年間，理學名儒，英賢輩出，程、朱道統，直接心傳，可謂彬彬盛矣，然而宗格物者極詆良知，護良知者復譏格物。要諸姚江、白沙輩，豈好爲是説以驚世駭俗哉，夫亦各就人之資禀，以爲造詣焉耳。譬若登山然，雖徑有紆直險易之不同，而造極登峰，其揆一也，又何必紛紛聚訟爲哉！

吾晉自薛文清以復性之學倡於河東，宗其旨者，代不乏人。獨先清端，讀書敦行，居恒每以孝弟爲先，及出而歷官四方，廉隅首飭，一以忠君愛民爲念，初未見其侈談理學也，而天子明聖，於考試詞臣之頃，特蒙聖諭：「理學無取空言，若于成龍不言理學，而服官至廉，斯卽理學之真者。」煌煌睿訓，華衮千秋，曷足喻也。

往余年少，畨涉仕途，不得講求格致工夫而窺堂奥。兹當持鉞吴門，適督漕觀察副使醇菴賈君，以梨州黄子所輯明儒學案一書相示，公餘卒業，見夫源流支派，各析師承，得失異同，瞭如指掌，復録其語言文字，備後學討論，洵斯道之寶山，而學人之津筏也。尤羡夫賈君之尊人若水公者，一見契心，亟圖公世。觀其總評數則，品隲犂然，非深於理學者，能如是乎？賈君又能讐校精刊，克成父志，可謂孝矣。吴郡頗稱繁劇難治，初賈君爲守，涖任數月，循聲鵲起，未幾而翠華南幸，遂晉監司。余嘗觀其政事，謂必得之家學淵源，今覩是編，然後知有其父者有其子也，因樂得而爲之序。

康熙丁亥歲孟秋，西河于準拜題

仇兆鰲序

孔、孟之学，至宋儒而大显。明初得宋儒之传者，南有方正学先生首倡浙东，北有薛敬轩先生奋起山右，一则接踵金华，一则嗣响月川，其学皆原本程、朱者也。独天台经靖难之馀，渊源遂绝。自康斋振铎于崇仁，阳明筑坛于舜水，其斯道绝而复续之机乎！当时从学康斋者有陈公白沙，而甘泉之随处体认天理，足以救新会之偏。其缵绪姚江者，有龙溪、近溪，而东廓从戒惧觅性，念菴从无私识仁，亦足以纠二溪之谬。就两家而论，白沙之静养端倪，非即周子主静之说乎？阳明之致其良知，非即孟子良知之说乎？然而意主单提，说归偏嚮，遂起後来纷纭異同之议耳。虽然，白沙之学在于收歛近裏，一时宗其教者，能淡声华而薄荣利，不失为闇修独行之士。若阳明之门，道广而才高，其流不能无弊。惟道广，则行检不修者，亦得出入于其中；唯才高，则骋其雄辨，足以惊世而惑人。如二溪之外，更有大洲、复所、海门、石篑诸公，舌底澜翻，自谓探幽抉微。为说愈精，去道愈远，程子所谓「弥近理而大乱真」者，此其似之矣。後此东林学兴，若泾阳、景逸诸君子，皆足以维持道脉，而蕺山刘子，一生用功，惟在慎独，则孔、孟、程、朱之学，合而为一，其有补于阳明非小矣。

吾师梨洲先生纂辑是书，寻源泝委，别统分支，秩乎有条而不紊，于敍传之後，备载语录，各记其所得力，绝不执己意为去取，盖以俟後世之公论焉尔。独于阳明先生不敢少有微词，盖生于其乡者，多推尊前辈，理固然也。先生为白安忠端公长子，刘念台先生高弟，尝上书北阙，以报父仇，又抗章留都，以攻姦相。少而忠孝性成，耄则隐居著述，学问人品，诚卓然不愧于诸儒矣。是书成于南雷，刊布于北地，亦可见道德之感人，不介以孚，而贾君若水之好学崇儒，真千里有同心夫！

康熙癸酉季秋，受业仇兆鳌顿首拜题于燕台邸舍

明儒学案序

盈天地间[一]皆心也，人与天地万物为一体，故穷天地万物之理，即在吾心之中。後之学者，错会前贤之意，以为此理悬空于天地万物之间，吾从而穷之，不几于义外乎？此处一差，则万殊不能归一。夫苟工夫著到，不离此心，则万殊总为一致。学术之不同，正以见道体之无尽[二]也。柰何今之君子，必欲出于一途，勦其成说，以衡量古今，稍有异同，即诋之为离经畔道，时风众势，不免为黄芽白苇[三]之归耳。夫道犹海也，江、淮、河、汉以至泾、渭蹄涔，莫不昼夜曲折以趋之，其各自为水者，至于海而为一水矣。使为海若者汏然自喜，曰：「咨尔诸水，导源而来，不有缓急平险、清浊远近之殊乎？不可谓尽吾之族类也，盍各返尔故处！」如是则不待尾闾之泄，而蓬莱有清浅之患矣。今之好同恶异者，何以异是？

有明事功文章，未必能越前代，至于讲学，余妄谓过之。诸先生学不一途，师门宗旨，或析之为数家，终身学术，每久之而一变。二氏之学，程、朱闢之，未必廓如，而明儒身入其中，轩豁呈露。用瞿家

[一] 黄梨洲文集（中华书局一九五九年出版。以下简称文集。）无「间」字。

[二] 文集「尽」下作「即如圣门，师、商之论交，游、夏之论教，何曾归一？终不可谓此是而彼非也」。

[三] 文集作「黄茅白苇」，是。

倒仓之法，二氏之葛藤，无乃为焦芽乎㊀？诸先生不肯以朦朧精神冒人糟粕，虽浅深详畧之不同，要不可谓无见于道者也。余于是分其宗旨，别其源流，与同门姜定庵、董无休操㊁其大要，以著于篇，听学者从而自择。中衢之罇，持瓦瓯樿杓而往，无不满腹而去者。汤潜庵曰：「学案宗旨杂越，苟善读之，未始非一贯也。」陈介眉曰：「学案如王会图洞心骇目，始见天王之大，总括宇宙。」

书成于丙辰之後，许酉山刻数卷而止，万贞一又刻之而未毕。壬申七月，余病几革，文字因缘，一切屏除，仇沧柱都中寓书，言北地贾若水见学案而叹曰：「此明室数百岁之书也，可听之埋没乎！」亡何贾君亡㊂，其子醇庵承遗命刻之。嗟乎！余于贾君，邈不相闻，而精神所感，不異同室把臂。余则何能，顾贾君之所以续慧命者，其功伟矣。

黄宗羲序。康熙三十二年癸酉岁，德辉堂谨梓

㊀文集「法」下有「也」字，无「二氏之葛藤，无乃为焦芽乎」句。
㊁文集「操」作「撮」。
㊂文集「亡」作「死」。

贾润序

余伏处畿南，雅闻浙东多隐居乐道之儒，而姚江黄梨洲先生为之冠。梨洲之门，名公林立，而四明仇沧柱先生尤予所宿契者。每欲南浮江、淮，历吴门，渡钱塘，遍访姚江支派，各叩其所学，而道里殷遥，逡巡未果。已而沧柱先生居天禄、石渠，操著作之任，益大昌其学。余因遣儿辈执经其门，将由此以上溯姚江，庶几获闻绪论。儿朴往来都下，得靓明儒学案一书，则梨洲先生所手辑也，凡明世理学诸儒，咸在焉。余阅之惊喜，喟然歎曰：「此後学之津梁，千秋不朽盛业也，盍梓之以公诸天下。」盖明儒之学多门，有河东之派，有新会之派，有馀姚之派，虽同师孔、孟，同谈性命，而途辙不同，其末流益歧以異，自有此书，而支分派别，条理粲然。其于诸儒也，先为叙传，以纪其行，後采语录，以列其言。其他崛起而无师承者，亦皆广为网罗，靡所遗失。论不主于一家，要使人人尽见其生平而後已。学者诚究心此书，一披览间，卽有以得诸家之精蕴，而所由以入德之方，亦不外是。其间或纯或驳，则在学者精择之而已。尝慨前代所编性理大全，极有功于後学，但于有宋诸儒，采之未备，而皇极经世、家礼、启蒙、律吕新书、洪范皇极内篇，本自别行于世者，亦复混入其间，殊觉繁而鲜当。他日有人彙宋、元诸儒之说，倣此体而重辑焉，宁不更快人意耶！余老矣，不能苦心励行，窥先贤之堂奥，儿辈年方少壮，得是书以为指南，其可不迷于向往矣乎！因书此以识之。

时康熙辛未岁仲夏月，故城贾润谨题于南村书室

贾朴跋

朴忆幼入家塾，习制举业，塾师严督，不敢旁有涉猎，每侍先君课诵，见先君手一编不置，皆性理、皇极经世、近思录等书。间尝指以示朴曰：「此圣贤心脈，後学津梁也。孔、孟之学，自秦、汉以来，穿凿支离，汩没于章句训诂之间，赖有大儒辈出，求之于心性之际，而证其所为独得者，在宋则有周、程、张、朱五君子，在明则有敬轩、康斋、白沙、姚江诸儒。冥搜静悟，宗旨炯然，其间虽不无異同之见，而其求至于圣道则一也。」朴闻先君之绪论如此。时方工帖括，因循畏怠，未获研究。後先君闻甬江仇先生入中秘，讲学京邸，乃呼朴，谓「仇先生文章学术，源本六经，为东南学者，尔其往受业焉」。朴乃执经先生之门。未几，手授明儒学案一书，朴携归以呈先君。先君读而卒业，曰：「梨洲先生之于斯道，其功钜，其心苦矣。学者诚体驗于此，其于圣人之道，庶有得焉。如欲遊溟渤者，历江、汉，涉淮、泗，虽所阅之途各殊，而泝之不已，终归于海无疑也。」遂命朴等朝夕校讐，授诸梓以广其传。工起于辛未春，竣于癸酉之孟春。呜呼！先君遗命在耳，而几杖已不获亲矣。朴捧读斯篇，唯有策愚鞭驽，朝夕孳孳，期省身寡过，以无负于父师之明训已耳。

岁在癸酉夏月，後学贾朴敬跋

贾念祖跋

先王父若水公精研理学，于宋、元、明诸儒之书，无不泝委穷源，彻其底蕴。尝谓先大夫素菴公云：「人生为功名中人易，为圣贤中人难。」盖其生平立脚为著实工夫者在此，所以训示子孙者亦在此。晚年读姚江黄梨洲先生明儒学案一书，深嘉而歎服之。盖取先生各载诸儒所得力之语，以俟学者之自择，殊塗同归，百虑一致，诚高出于牴牾异同者流也。先大夫承命授梓，自康熙癸酉书成，垂四十馀年，四方笃学力行之士，来索是书者，踵相接也。念祖敬凛先志，尝手一编为订正其鲁鱼之谬者百有馀字，命儿裕、昆、延、泰脩补旧帙，公诸海内，亦以景仰先贤，不敢有坠家训云尔。

雍正十三年七月上浣甘陵後学贾念祖识

莫晋序

孔子称「善人不践迹」，孟子谓「君子欲其自得」，繫辭云「天下同归而殊途，一致而百虑」。此三言者，千古道学之指南也。夫道无定体，学无定法，见每歧于仁智，克互用乎刚柔，钧是问仁，而克复敬恕工夫顿渐，同此一贯，而忠恕学识义别知行，各得其性之所近而已。宋儒濂溪、明道之深纯与颜子为近，伊川、横渠之笃实与曾、思为近，象山之高明与孟子为近。立言垂教，不必尽同，後人泥于著述之迹，佥谓朱子集羣儒之大成，数百年来专主一家之学。

明初，天台、渑池椎轮伊始，河东、崇仁风教渐广，大抵恪守紫阳家法，言规行矩，不愧游、夏之徒，专尚修，不尚悟，专谈下学，不及上达也。至白沙静养端倪，始自开门户，远希曾点，近类尧夫，犹是孔门别派。自阳明倡良知之说，即心是理，即知是行，即工夫是本体，直探圣学本原。前此诸儒，学朱而才不逮朱，终不出其范围；阳明似陆而才高于陆，故可与紫阳並立。当时若东廓主戒惧，双江主归寂，念菴主无欲，最称新建功臣。即甘泉体认，见罗止修，亦足互相表裏。迨蕺山提清诚意，约归慎独，而良知之学，益臻实地，不落虚空矣。

黄梨洲先生明儒学案一书，言行並载，支派各分，择精语详，钩玄提要，一代学术源流，瞭如指掌。要其微意，实以大宗属姚江，而以崇仁为启明，蕺山为後劲。凡宗姚江与闢姚江者，是非互见，得失两存，所以阐良知之祕而防其流弊，用意至深远也。

是书清河贾氏刻本行世已久，但原本首康斋，贾本改而首敬轩，原本王门学案，贾本皆改为相传学案，与万五河原刻不同，似非先生本旨。予家旧有钞本，谨据万氏原刻重加订正，以复其初，並校亥豕之讹，寿诸梨枣。窃谓学贵真修实悟，不外虚实两机，病实者救之以虚，病虚者救之以实。古人因病立方，原无成局，通其变，使人不倦，故教法日新，理虽一而言不得不殊，入手虽殊，而要归未尝不一。读是书者，诚能不泥其迹，务求自得之真，向身心性命上作印证，不向语言文字上生葛藤，则东西相反而不可相无，百川学海而皆可至于海。由诸儒上溯濂、洛、关、闽，以寻源洙、泗，庶不负先生提倡之苦心也夫！

时道光元年辛巳仲冬朔旦，会稽後学莫晋顿首谨书于教忠堂

明儒学案发凡

从来理学之书，前有周海门圣学宗传，近有孙锺元理学宗传，诸儒之说颇备。然陶石篑与焦弱侯书云：「海门意谓身居山泽，见闻狭陋，常愿博求文献，广所未备，非敢便称定本也。」且各家自有宗旨，而海门主张禅学，扰金银铜铁为一器，是海门一人之宗旨，非各家之宗旨也。锺元杂收，不复甄别，其批註所及，未必得其要领，而其闻见亦犹之海门也。学者观羲是书，而後知两家之疎略。

大凡学有宗旨，是其人之得力处，亦是学者之入门处。天下之义理无穷，苟非定以一二字，如何约之，使其在我。故讲学而无宗旨，即有嘉言，是无头绪之乱丝也。学者而不能得其人之宗旨，即读其书，亦犹张骞初至大夏，不能得月氏要领也。是编分别宗旨，如灯取影，杜牧之曰：「丸之走盘，横斜圆直，不可尽知。其必可知者，知是丸不能出于盘也。」夫宗旨亦若是而已矣。

尝谓有明文章事功，皆不及前代，独于理学，前代之所不及也，牛毛茧丝，无不辨晰，真能发先儒之所未发。程、朱之闢释氏，其说虽繁，总是只在迹上；其弥近理而乱真者，终是指他不出。明儒于毫釐之际，使无遁影。陶石篑亦曰：「若以见解论，当代诸公儘有高过者。」与羲言不期而合。

每见钞先儒语录者，荟撮数条，不知去取之意谓何。其人一生之精神未尝透露，如何见其学术？是编皆从全集纂要鉤玄，未尝袭前人之旧本也。

儒者之学，不同释氏之五宗，必要贯串到青原、南嶽。夫子既焉不学，濂溪无待而兴，象山不闻所受，然其间程、朱之至何、王、金、许，数百年之後，犹用高曾之规矩，非如释氏之附会源流而已。故此编以有所授受者，分为各案；其特起者，後之学者，不甚著者，总列诸儒之案。

学问之道，以各人自用得著者为真。凡倚门傍户，依样葫芦者，非流俗之士，则经生之业也。此编所列，有一偏之见，有相反之论，学者于其不同处，正宜著眼理会，所谓一本而万殊也。以水济水，岂是学问！

胡季随从学晦翁，晦翁使读孟子。他日问季随：「至于心，独无所同然乎？」季随以所见解，晦翁以为非，且谓其读书卤莽不思。季随思之既苦，因以致疾，晦翁始言之。古人之于学者，其不轻授如此，盖欲其自得之也。即释氏亦最忌道破，人便作光景玩弄耳。此书未免风光狼籍，学者徒增见解，不作切实工夫，则羲反以此书得罪于天下後世矣。

是书搜罗颇广，然一人之闻见有限，尚容陆续访求。即羲所见而复失去者，如朱布衣语录、韩苑洛、南瑞泉、穆玄菴、范栗斋诸公集，皆不曾采入。海内有斯文之责者，其不吝教我，此非末学一人之事也。

姚江黄宗羲识

明儒學案目録

師説

卷一　崇仁學案一

卷七　河東學案上

卷八　河東學案下

卷九　三原學案

卷十　姚江學案

卷三十五　泰州學案四

卷三十六　泰州學案五

卷三十七　甘泉學案一

卷三十八　甘泉學案二

卷三十九　甘泉學案三

卷四十　甘泉學案四

卷六十一　東林學案四

卷六十二　蕺山學案

附案

人名索引

[一] 原本有目無傳。

師說

方正學孝孺

神聖既遠，禍亂相尋，學士大夫有以生民爲慮、王道爲心者絶少。宋没，益不可問。先生稟絶世之資，慨焉以斯文自任。會文明啓運，千載一時，深維上天所以生我之意，與古聖賢之所講求，直欲排洪荒而開二帝，去雜霸而見三王，又推其餘以淑來禩，伊、周、孔、孟合爲一人，將旦暮遇之，此非學而有以見性分之大全不能也。既而時命不偶，遂以九死成就一個是，完天下萬世之責。其扶持世教，信乎不愧千秋正學者也。考先生在當時已稱程、朱復出，後之人反以一死抹過先生一生苦心，謂節義與理學是兩事，出此者入彼，至不得與揚雄、吴草廬論次並稱。於是，成仁取義之訓，爲世大禁，而亂臣賊子將接踵於天下矣。悲夫！或言：「先生之忠，至矣，而十族與殉，無乃傷於激乎？」余曰：「先生只自辦一死。其激而及十族，十族各辦其一死耳。普天之下，莫非王土，十族衆乎？而不當死乎？惟先生平日學問，斷斷乎臣盡忠，子盡孝，一本於良心之所固有者，率天下而趨之，至數十年之久，幾於風移世變，一日乃得透此一段精光，不可掩遏。蓋至誠形著動變之理宜然，而非人力之所幾及也，雖謂先生爲中庸之道可也。」

曹月川端

先生之學，不由師傳，特從古册中翻出古人公案，深有悟於造化之理，而以「月川」體其傳，反而求之吾心，卽心是極，卽心之動静是陰陽，卽心之日用酬酢是五行變合，而一以事心爲入道之路，故其見雖徹而不玄，學愈精而不雜，雖謂先生爲今之濂溪可也。乃先生自譜，其於斯道，至四十而猶不勝其渺茫浩瀚之苦；又十年，恍然一悟，始知天下無性外之物，而性無不在焉，所謂太極之理，卽此而是。蓋見道之難如此，學者愼毋輕言悟也哉。

按：先生門人彭大司馬澤，嘗稱「我朝一代文明之盛，經濟之學，莫盛於劉誠意、宋學士；至道統之傳，則斷自澠池曹先生始」，上章請從祀孔子廟庭。事在正德中。愚謂方正學而後，斯道之絶而復續者，實賴有先生一人。薛文清亦聞先生之風而起者。

薛敬軒瑄

愚按：前輩論一代理學之儒，惟先生無間言，非以實踐之儒歟？然先生爲御史，在宣、正兩朝，未嘗錚錚一論事；景皇易儲，先生時爲大理，亦無言。或云，先生方轉餉貴州。及于肅愍之獄，係當朝第一案，功罪是非，而先生僅請從末減，坐視忠良之死而不之救，則將焉用彼相矣。就事相提，前日之不諫是，則今日之諫非，兩者必居一於此。而先生亦已愧不自得，乞身去矣。然先生於道，於古人全體大用，儘多缺陷，特其始終進退之節，有足稱者，則亦成其爲文清而已。閱先生讀書録，多兢兢檢點言行間，所謂「學貴踐履」，意蓋如此。或曰：「『七十六年無一事，此心惟覺性天通。』先生晚年聞道，未可量也。」

吴康齋與弼

愚按：先生所不滿於當時者，大抵在訟弟一事，及爲石亨跋族譜稱門士而已。張東白聞之，有「上告素王，正名討罪，無得久竊虚名」之語。一時名流盡譁，恐未免爲羽毛起見者。予則謂先生之過，不特在訟弟之時，而尤在不能喻弟於道之日。特其不能喻弟於道，而遂至於官，且不難以囚服見有司，絶無矯飾，此則先生之過，所謂揭日月而共見者也。若族譜之跋，自署門下士，亦或宜然。徐孺子於諸公推轂雖不應命，及卒，必千里赴吊。先生之意，其猶行古之道乎！後人以成敗論人，見亨他日以反誅，便謂先生不當與作緣。豈知先生之不與作緣，已在應聘辭官之日矣。不此之求，而屑屑於稱謂語言文字之間，甚矣，責人之無已也。

先生之學，刻苦奮勵，多從五更枕上汗流淚下得來。及夫得之而有以自樂，則又不知足之蹈之手之舞之。蓋七十年如一日，憤樂相生，可謂獨得聖賢之心精者。至於學之之道，大要在涵養性情，而以克己安貧爲實地。此正孔、顔尋向上工夫，故不事著述而契道真，言動之間，悉歸平澹。晚年出處一節，卓然世道羽儀，而處之恬然，圭角不露，非有得於道，其能如是？日記云：「澹如秋水貧中味，和似春風静後功。」可爲先生寫照。充其所詣，庶幾「依乎中庸，遯世不見知而不悔」氣象。余嘗僭評一時諸公：「薛文清多困於流俗，陳白沙猶激於聲名，惟先生醇乎醇」云。

陳剩夫真晟

先生學方胡敬齋，而涵養不逮，氣質用事。晚年静坐一機，疑是進步，惜未窺先生全書。

周小泉蕙

愚按：「非聖勿學，惟聖斯學」二語，可謂直指心源，段容思先生堅訓小泉先生語。而兩人亦獨超語言問答之外，其學至乎聖人，一日千里無疑也。夫聖人之道，反身而具足焉，不假外求，學之卽是，故先生亦止言聖學。段先生云：「何爲有大如天地，須信無窮自古今。」意先生已信及此，非阿所好者。是時關中之學，皆自河東派來，而一變至道。

陳白沙獻章

愚按：前輩之論先生備矣，今請再訂之學術疑似之際。先生學宗自然，而要歸於自得。自得故資深逢源，與鳶魚同一活潑，而還以握造化之樞機，可謂獨開門户，超然不凡。至問所謂得，則曰「静中養出端倪」。向求之典册，累年無所得，而一朝以静坐得之，似與古人之言自得異。孟子曰「君子深造之以道，欲其自得之也」，不聞其以自然得也。静坐一機，無乃淺嘗而捷取之乎！自然而得者，不思而得，不勉而中，從容中道，聖人也，不聞其以静坐得也。先生蓋亦得其所得而已矣。道本自然，人不可以智力與，纔欲自然，便不自然，故曰「會得的活潑潑地，不會得的只是弄精魂」。静中養出端倪，不知果是何物？端倪云者，心可得而擬，口不可得而言，畢竟不離精魂者近是。今考先生証學諸語，大都説一段自然工夫，高妙處不容湊泊，終是精魂作弄處。蓋先生識趣近濂溪而窮理不逮，學術類康節而受用太早，質之聖門，難免欲速見小之病者也。似禪非禪，不必論矣。

陳克菴選

愚按：先生躬行粹潔，卓然聖人之徒無疑。其平生學力，盡見於張裴㈠一疏，至誠而不動者，未之有也。通紀評理學未必盡當，而推許老先生也至矣。文肅好古信道，真不愧先生友者。文肅，先生鄉友，謝公鐸鳴治㈡。

羅一峯倫

愚按：一峯嘗自言：「予性剛，見剛者好之，若饑渴之於飲食，不能自喻於口也。求之不可得，則友

㈠「裴」原作「聚」，據明史改。
㈡「治」原作「洎」，據賈本及明史改。

其人於古，相與論其世，如侍几杖而聆謦欬也，而欷噓企羡，至爲泣下。予之好剛，蓋天性然也。孔子曰：『吾未見剛者。』孟子曰：『我善養吾浩然之氣，至大至剛，以塞乎天地之間，富貴不能淫，貧賤不能移，威武不能屈。』此真至剛之大丈夫哉！孔、孟之所謂剛，固予之所好者也。」此可爲先生實録。先生之學，剛而正。或擬之孔融，非是。又傳先生既謫官，過崇仁，求謁康齋。康齋不見，意待再三而後見之。先生怒，投一詩去。康齋之不見，所以進先生之意深矣，惜先生不悟也。又當時張廷祥獨不喜康齋，故先生亦不喜之，然康齋終不可及也。

蔡虛齋清

先生闇修篤行，不聚徒，不講學，不由師承，崛起希曠之後，一以六經爲入門，四子爲標準，而反身用力，本之静虚之地，所謂真道德性命，端向此中有得焉。久之涵養深至，日改而月以化，庶幾慥慥君子。前輩稱月湖過先生，殊未然。月湖之視先生，猶子夏之於曾子。玉夫清修勁力，差可伯仲，惜未底於成。又先生嘗友林見素，考見素立朝，卓然名德。又累疏薦羅整菴，王陽明，吕涇野，陳白沙，則其聲氣所感通可知，俟再考以入。月湖，楊廉號。玉夫，丁璣字。

王陽明守仁

先生承絶學於詞章訓詁之後，一反求諸心，而得其所性之覺，曰「良知」。因示人以求端用力之要，曰「致良知」。良知爲知，見知不囿於聞見；致良知爲行，見行不滯於方隅。卽知卽行，卽心卽物，卽動卽静，卽體卽用，卽工夫卽本體，卽下卽上，無之不一，以救學者支離眩鶩，務華而絶根之病，可謂震霆啟寐，烈耀破迷，自孔、孟以來，未有若此之深切著明者也。特其與朱子之説，不無牴牾，而所極力表章者，乃在陸象山，遂疑其或出於禪。禪則先生固嘗逃之，後乃覺其非而去之矣。夫一者，誠也，天之道也；誠之者，明也，人之道也，致良知是也。因明至誠，以人合天之謂聖，禪有乎哉！卽象山本心之説，疑其爲良知之所自來，而求本心於良知，指點更爲親切。合致知於格物，工夫確有循持。較之象山，混人道一心，卽本心而求悟者，不猶有毫釐之辨乎！先生之言曰：「良知卽是獨知時。」本非玄妙，後人强作玄妙觀，故近禪，殊非先生本旨。至其與朱子牴牾處，總在大學一書。朱子之解大學也，先格致而後授之以誠意；先生之解大學也，卽格致爲誠意。其於工夫，似有分合之不同，然詳二先生所最喫緊處，皆不越慎獨一關，則所謂因明至誠，以進於聖人之道，一也。故先生又有朱子晚年定論之説。夫大學之教，一先一後，階級較然，而實無先後之可言，故八目總是一事。先生命世人豪，龍場一悟，得之天啓，亦自謂從五經印證過來，其爲廓然聖路無疑。特其急於明道，往往將向上一幾，輕於指點，啓後學躐等之弊有之。天假之年，盡融其高明卓絶之見而底於實地，安知不更有晚年定論出於其間？而先生且遂以優入聖域，則範圍朱、陸而進退之，又不待言矣。先生屬纊時，嘗自言曰：「我平生學問，纔做得數分，惜不得與吾黨共成之。」此數分者，當是善信以上人，明道而後，未見其比。先生門人徧天下，自東廓先生而外，諸君子其最著與？然而源淵分合之故，亦畧可覩云。

鄒東廓守益

按：鄧文潔公稱：「陽明必爲聖學無疑。及門之士，概多矛盾其説，而獨有取於念菴。」然何獨近遺東廓耶？東廓以獨知爲良知，以戒懼慎獨爲致良知之功。此是師門本旨，而學焉者失之，浸流入猖狂一路。惟東廓斤斤以身體之，便將此意做實落工夫，卓然守聖矩，無少畔援。諸所論著，皆不落他人訓詁良知窠臼，先生之教，率賴以不敝，可謂有功師門矣。後來念菴收攝保任之説，實遡諸此。

王龍溪畿

愚按：四句教法，考之陽明集中，並不經見。其説乃出於龍溪。則陽明未定之見，平日間嘗有是言，而未敢筆之於書，以滋學者之惑。至龍溪先生始云四有之説，猥犯支離。勢必進之四無而後快。既無善惡，又何有心意知物？終必進之無心、無意、無知、無物而後元。如此，則「致良知」三字，著在何處？先生獨悟其所謂無者，以爲教外之别傳，而實亦併無是無。有無不立，善惡雙泯，任一點虚靈知覺之氣，從横自在，頭頭明顯，不離著於一處，幾何而不蹈佛氏之坑塹也哉！夫佛氏遺世累，專理會生死一事，無惡可去，并無善可爲，止餘真空性地，以顯真覺，從此悟入，是爲宗門。若吾儒日在世法中求性命，吾慾薰染，頭出頭没，於是而言無善惡，適爲濟惡之津梁耳㊀。先生孜孜學道八十年，猶未討歸宿，

㊀「梁」原作「渠」，據賈本改。

不免沿[一]門持鉢。習心習境，密制其命，此時是善是惡？只口中勞勞，行脚仍不脱在家窠臼，孤負一生，無處根基，惜哉！王門有心齋、龍溪，學皆尊悟，世稱二王。心齋言悟雖超曠，不離師門宗旨。至龍溪，直把良知作佛性看，懸空期個悟，終成玩弄光景，雖謂之操戈入室可也。

羅整菴欽順

愚按：先生之學，始由禪入，從「庭前柏樹子」話頭得悟。一夕披衣，通身汗下，自怪其所得之易，反而求之儒，不合也，始知佛氏以覺爲性，以心爲本，非吾儒窮理盡性至命之旨。乃本程、朱格致之説而求之，積二十年久，始有見於所謂性與天道之端，一口打并，則曰「性命之妙，理一分殊」而已矣。又申言之曰：「此理在心目間，由本而之末，萬象紛紜而不亂，自末而歸本，一真湛寂而無餘。」因以自附於卓如之見。如此，亦可謂苦且難矣。竊思先生所謂心目之間者，不知實在處，而其本之末、末歸本者，又孰從而之之、歸之乎？理一分殊，即孔子一貫之旨，其要不離忠恕者，是則道之不遠於人心，亦從可決矣。乃先生方斷斷以心性辨儒、釋，直以求心一路歸之禪門，故寧舍置其心以言性，而判然二之。處理於不外不内之間，另呈一心目之象。終是泛觀物理。如此而所云之之、歸之者，亦是聽其自之之而自歸之，於我無與焉，則亦不自覺其墮於怳惚之見矣。考先生所最得力處，乃在以道心爲性，指未發而言；人心爲情，指已發而言。自謂獨異於宋儒之見。且云：「於此見得分明，則無往而不合。」試以先

[一]「沿」原作「鉛」，據備要本改。

生之言思之，心與性情，原只是一人，不應危是心而微者非心。止緣先生認定佛氏以覺爲性，謂覺屬已發，是情不是性，卽本之心，亦只是惟危之心，而無惟微之心，遂以其微者拒之於心外，而求之天地萬物之表，謂「天下無性外之物，格物致知，本末一貫，而後授之誠正，以立天下之大本」。若是，則幾以性爲外矣。我故曰：「先生未嘗見性，以其外之也。」夫性果在外乎？心果在內乎？心性之名，其不可混者，猶之理與氣，而其終不可得而分者，亦猶之乎理與氣也。先生既不與宋儒天命、氣質之說，而蔽以「理一分殊」之一言，謂「理卽是氣之理」，是矣。獨不曰「性卽是心之性」乎？心卽氣之聚於人者，而性卽理之聚於人者，理氣是一，則心性不得是二，心性是一，性情又不得是二。使三者於一分一合之間，終有二焉，則理氣是何物？心與性情又是何物？天地間既有個合氣之理，又有個離氣之理，既有個離心之性，又有個離性之情，又烏在其爲一本也乎？吾儒本天，釋氏本心，自是古人鐵案。先生娓娓言之，可謂大有功於聖門。要之，善言天者，正不妨其合於人；善言心者，自不至流而爲釋。先生不免操因咽廢食之見，截得界限分明，雖足以洞彼家之弊，而實不免抛自身之藏。考先生於格物一節，幾用却二三十年工夫。迨其後，卽說心、說性、說理氣一字不錯，亦只是說得是，形容得著，於坐下毫無受用。若先生莊一靜正，德行如渾金璞玉，不愧聖人之徒，自是生質之美，非關學力。先生嘗與陽明先生書云：「如必以學不資於外求，但當反觀內省以爲務，則誠意正心四字，亦何不盡之有！何必於入門之際，便困以格物一段工夫？」嗚呼！如先生者，真所謂困以格物一段工夫，不特在入門，且在終身者也。不然，以先生之質，早尋向上而進之，宜其優入聖域，而惜也僅止於是。雖其始之易悟者，不免有毫釐之差，而終之苦難一生，擾擾到底者，幾乎千里之謬。蓋至是而程、朱之學亦弊矣。由其說，將使學者終其身無入道之日，困之以二三十年工夫而後得，而得已無幾，視聖學幾爲絶德，此陽明氏所以作也。

吕涇野柟

愚按：關學世有淵源，皆以躬行禮教爲本，而涇野先生實集其大成。觀其出處言動，無一不規於道，極之心術隱微，無毫髮可疑，卓然閔、冉之徒，無疑也。異時陽明先生講良知之學，本以重躬行，而學者誤之，反遺行而言知。得先生尚行之旨以救之，可謂一髮千鈞。時先生講席，幾與陽明氏中分其盛，一時篤行自好之士，多出先生之門。馬、何諸君子，學行同類，故附焉。何瑭、馬理、崔銑、吕潛、張節、郭郛。

孟雲浦化鯉　孟我疆秋　張陽和元忭

愚按：二孟先生如冰壺秋水，兩相輝映，以扶家傳於不墜，可稱北地聯璧。吾鄉文恭張先生，則所謂附驥尾而名益彰者乎？讀二孟行張文恭作。可信也。文恭又嘗有壯哉行贈鄒進士遣戍貴陽，其私吾黨臭味如此。君子哉若人，於今吾不得而見之矣。文恭與同郡羅文懿爲筆硯交，其後文懿爲會試舉主，文恭自追友誼如昔，亦不署門生。文懿每憾之，文恭不顧。廷對係高中玄㊀，讀卷後相見，亦不署門生。其矯矯自立如此。文恭又與鄧文潔交莫逆，及其歿也，文潔祭以文，稱其「好善苦渴，以天下爲己任」云。

㊀「玄」原作「元」。高中玄即高拱，明史有傳。

羅念菴洪先　趙大洲貞吉　王塘南時槐　鄧定宇以讚

按：王門惟心齋氏盛傳其説，從不學不慮之旨，轉而標之曰「自然」，曰「學樂」，末流衍蔓，浸爲小人之無忌憚。羅先生後起，有憂之，特拈「收攝保聚」四字，爲「致良知」符訣，故其學專求之未發一機，以主静無欲爲宗旨，可爲衛道苦心矣。或曰：「先生之主静，不疑禪歟？」曰：「古人主教皆權法，王先生之後，不可無先生。吾取其足以扶持斯道於不墜而已。況先生已洞其似是而出入之，逃楊歸儒，視無忌憚者，不猶近乎？」趙、王、鄧三先生，其猶先生之意歟？鄧先生精密尤甚，其人品可伯仲先生。

羅近溪汝芳

鄧先生當土苴六經之後，獨發好古精心，考先聖人之遺經，稍稍補綴之，端委纚然，挽學者師心誣古之弊，其功可謂大矣。乃其學實本之東廓，獨聞戒懼慎獨之旨，則雖謂先生爲王門嫡傳可也。余嘗聞江西諸名宿，言先生學本修，羅先生本悟，兩人齗齗争可否。及晚年，先生竟大服羅先生，不覺席之前也。考其祭羅先生文，略見一班。則羅先生之所養，蓋亦有大過人者。余故擇其喫緊真切者，載於篇，令後之學莽蕩者，無得藉口羅先生也。

李見羅材

文成而後，李先生又自出手眼，諄諄以「止修」二字壓倒「良知」，亦自謂考孔、曾，俟後聖，抗顏師席，率天下而從之，與文成同。昔人謂「良知」醒而蕩，似不若「止修」二字有根據實也。然亦只是尋將好題目做文章，與坐下無與。吾人若理會坐下，更何「良知」「止修」分别之有？先生氣魄大，以經世爲學，酷意學文成，故所至以功名自喜。微叩其歸宿，往往落求可、求成一路，何敢望文成後塵！大學一書，程、朱説「誠正」，陽明説「致知」，心齋説「格物」，盱江説「明明德」，劍江㊀説「修身」，至此其無餘藴乎！

許敬菴孚遠

余嘗親受業許師，見師端凝敦大，言動兢兢，儼然儒矩。其密繕身心，纖悉不肯放過，於天理人欲之辨，三致意焉。嘗深夜與門人弟輩窅然静坐，輒追數平生酒色財氣、分數消長以自證，其所學篤實如此。

㊀「劍江」原作「釗江」，據備要本改。

明儒學案卷一　崇仁學案一

康齋倡道小陂，一稟宋人成説。言心，則以知覺而與理爲二，言工夫，則静時存養，動時省察。故必敬義夾持，明誠兩進，而後爲學問之全功。其相傳一派，雖一齋、莊渠稍爲轉手，終不敢離此矩矱也。白沙出其門，然自敍所得，不關聘君，當爲别派。於戲！椎輪爲大輅之始，增冰爲積水所成，微康齋，焉得有後時之盛哉！

聘君吴康齋先生與弼

吴與弼字子傳㈠，號康齋，撫州之崇仁人也。父國子司業溥。先生生時，祖夢有藤繞其先墓，一老人指爲扳轅藤，故初名夢祥。八九歲，已負氣岸。十九歲，永樂己丑。覲親於京師，金陵。從洗馬楊文定溥學，讀伊洛淵源録，慨然有志於道，謂「程伯淳見獵心喜，乃知聖賢猶夫人也，孰云不可學而至哉！」遂棄去舉子業，謝人事，獨處小樓，玩四書、五經、諸儒語録，體貼於身心，不下樓者二年。氣質偏於剛忿，至是覺之，隨下克之之功。辛卯，父命還鄉授室，長江遇風，舟將覆，先生正襟危坐。事定，問之，曰：「守正以俟耳。」既婚，不入室，復命於京師而後歸。先生往來，粗衣敝履，人不知其爲司成之子也。

㈠ 明史作子傳。

居鄉，躬耕食力，弟子從遊者甚衆。先生謂婁諒確實，楊傑淳雅，周文勇邁。雨中被簑笠，負耒耜，與諸生並耕，談乾坤及坎離艮震兑巽，於所耕之耒耜可見。歸則解犁，飯糲蔬豆共食。陳白沙自廣來學。晨光纔辨，先生手自簸穀。白沙未起，先生大聲曰：「秀才，若爲懶惰，卽他日何從到伊川門下？又何從到孟子門下？」一日刈禾，鐮傷厥指，先生負痛曰：「何可爲物所勝？」竟刈如初。嘗歎箋註之繁，無益有害，故不輕著述。省郡交薦之，不赴。太息曰：「宦官、釋氏不除，而欲天下之治，難矣。吾庸出爲！」

天順初，忠國公石亨汰甚，知爲上所疑，門客謝昭效張彝之告蔡京，徵先生以收人望。亨謀之李文達，文達爲草疏上之。上問文達曰：「與弼何如人？」對曰：「與弼儒者高蹈。古昔明王，莫不好賢下士，皇上聘與弼，卽聖朝盛事。」遂遣行人曹隆至崇仁聘之。先生應召將至，上喜甚，問文達曰：「當以何官官與弼？」文達曰：「今東宮講學，需老成儒者，司其輔導，宜莫如與弼。」上可諭德，召對文華殿。上曰：「聞高義久矣，特聘卿來，煩輔東宮。」對曰：「臣少賤多病，杜迹山林，本無高行，徒以聲聞過情，誤塵薦牘，聖明過聽，束帛丘園，臣實内愧，力疾謝命，不能供職。」上曰：「宫僚優閒，不必固辭。」賜文幣酒牢，命侍人牛玉送之館次。上顧文達曰：「人言此老迂，不迂也。」時文達首以賓師禮遇之。公卿大夫士，承其聲名，坐門求見，而流俗多怪，謗議蠭起。中官見先生操古禮屹屹，則羣聚而笑之，或以爲言者，文達爲之解曰：「凡爲此者，所以勵風俗，使奔競干求乞哀之徒，觀之而有愧也。」先生三辭不得命，稱病篤不起。上諭文達曰：「與弼不受官者何故。必欲歸，需秋凉而遣之，禄之終身，顧不可乎？」

文達傳諭，先生辭益堅。上曰：「果爾，亦難留。」乃允之。先生因上十事，上復召對。賜璽書銀幣，遣行人王惟善送歸，命有司月廩之。蓋先生知石亨必敗，故潔然高蹈。其南還也，人問其故，第曰：「欲保性命而已。」己卯九月，遣門生進謝表。辛巳冬，適楚，拜楊文定之墓。壬午春，適閩，問考亭以申願學之志。己丑十月十七日卒，年七十有九。

先生上無所傳，而聞道最早，身體力驗，只在走趨語默之間，出作入息，刻刻不忘，久之自成片段，所謂「敬義夾持，誠明兩進」者也。一切玄遠之言，絕口不道，學者依之，真有途轍可循。臨川章袞謂：「其日録爲一人之史，皆自言己事，非若他人以己意附成説，以成説附己意，泛言廣論者比。」顧涇陽言：「先生一團元氣，可追太古之樸。」而世之議先生者多端，以爲先生之不受職，因敕書以伊、傅之禮聘之，至而授以諭德，失其所望，故不受。夫舜且歷試諸艱，而後納於百揆，則伊、傅亦豈初命爲相？即世俗妄人，無如此校量官爵之法，而況於先生乎！陳建之通紀，拾世俗無根之謗而爲此，固不足惜。薛方山亦儒者，憲章録乃復仍其謬。又謂與弟訟田，褫冠蓬首，短衣束裙，跪訟府庭。張廷祥有「上告素王，正名討罪，豈容久竊虛名」之書。劉先生言：「予於本朝，極服康齋先生。其弟不簡，私鬻祭田，先生訟之，遂囚服以質，絕無矯飾之意，非名譽心淨盡，曷克至此？」然考之楊端潔傳易考，先生自辭宮諭歸，絕不言官，以民服力田。撫守張璝番禺人。因先生拒而不見，璝知京貴有忌先生者，尹直之流。欲壞其節行，令人訟之。久之，無應者。璝以嚴法令他人代弟訟之，牒入，即遣隸執牒拘之。門人胡居仁等，勸以官服往，先生服民服，從拘者至庭，璝加慢侮，方以禮遣。先生無愠色，亦心諒非弟意，相好如初。璝以此得內貴心。張廷祥元禎始亦信之，後乃釋然。」此爲實録也。又謂「跋石亨族譜，自稱門下士」，顧涇凡允成論之曰：「此好事者爲之也。先生樂道安貧，曠然自足，真如鳳凰翔於千仞之上，下視塵世，曾不足過而覽焉。區區總戎一薦，何關重輕？乃遂不勝私門桃李之感，而事之以世俗所事座主舉主之禮乎？此以知其不然者一也。且總戎之汰甚矣，行路之人，皆知其必敗，而況於先生？先生所爲堅辭諭德之命，意蓋若將浼焉，惟恐其去之不速也，況肯褰裳而赴，自附於匪人之黨乎？此以知其不然者二也。」以義論之，當時石亨勢如燎原，其薦先生以炫耀天下者，區區自居一舉主之名耳。向若先生不稱門下，則大拂其初願，先生必不能善歸。先生所謂欲保性命者，其亦有甚不得已者乎？

吴康齋先生語

與鄰人處一事，涵容不熟，既以容訖，彼猶未悟，不免說破。此閒氣爲患，尋自悔之。因思爲君子當常受虧於人方做得，蓋受虧卽有容也。

食後坐東窗，四體舒泰，神氣清朗，讀書愈有進益。數日趣同，此必又透一關矣。

聖賢所言，無非存天理、去人欲。聖賢所行亦然。學聖賢者，舍是何以哉！

日夜痛自點檢且不暇，豈有工夫點檢他人？責人密，自治疎矣。可不戒哉！明德、新民，雖無二致，然己德未明，遽欲新民，不惟失本末先後之序，豈能有新民之效乎？徒爾勞攘，成私意也。

貧困中，事務紛至，兼以病瘡，不免時有憤躁。徐整衣冠讀書，便覺意思通暢。古人云：「不遇盤根錯節，無以別利器。」又云：「若要熟，也須從這裏過。」然誠難能，只得小心寧耐做將去。朱子云：「終不成處，不去便放下？」旨哉是言也！

文公謂「延平先生終日無疾言遽色」，與弼常歎何修而至此！又自分雖終身不能學也。文公又云：「李先生初間也是豪邁底人，後來也是琢磨之功。」觀此，則李先生豈是生來便如此？蓋學力所致也。然下愚末學，苦不能克去血氣之剛，平居則慕心平氣和，與物皆春；少不如意，躁急之態形焉。因思延平先生所與處者，豈皆聖賢？而能無疾言遽色者，豈非成湯「與人不求備，檢身若不及」之功效歟？而今而後，吾知聖賢之必可學，而學之必可至，人性之本善，而氣質之可化也的然矣。下學之功，此去何如哉！

夜，病卧思家務，不免有所計慮，心緒便亂，氣即不清。徐思可以力致者，德而已，此外非所知也。吾何求哉？求厚吾德耳！心於是乎定，氣於是乎清。明日，書以自勉。

南軒讀孟子甚樂，湛然虛明，平旦之氣略無所撓，緑陰清晝，薰風徐來，而山林閴寂，天地自闊，日月自長。邵子所謂「心静方能知白日，眼明始會識青天」，於斯可驗。

與弼氣質偏於剛忿，永樂庚寅，年二十，從洗馬楊先生學，方始覺之。春季歸自先生官舍，紆道訪故人李原道於秦淮客館，相與攜手淮畔，共談日新，與弼深以剛忿爲言，始欲下克之之功。原道尋以告吾父母，二親爲之大喜。原道，吉安廬陵人，吾母姨夫中允公從子也。厥後克之之功雖時有之，其如鹵莽滅裂何！十五六年之間，猖狂自恣，良心一發，憤恨無所容身。去冬今春，用功甚力，而日用之間，覺得愈加辛苦，疑下愚終不可以希聖賢之萬一，而小人之歸，無由可免矣。五六月來，覺氣象漸好，於是益加苦功，逐日有進，心氣稍稍和平。雖時當逆境，不免少動於中，尋卽排遣，而終無大害也。二十日，又一逆事，排遣不下，心愈不悦，蓋平日但制而不行，未有拔去病根之意。反復觀之，而後知吾近日之病，在於欲得心氣和平，而惡夫外物之逆以害吾中，此非也。心本太虛，七情不可有所。於物之相接，甘辛鹹苦，萬有不齊，而吾惡其逆我者，可乎？但當於萬有不齊之中，詳審其理以應之，則善矣。於是中心灑然。此殆克己復禮之一端乎！蓋制而不行者硬苦，以理處之則順暢。因思心氣和平，非絶於往日，但未如此八九日之無間斷；又往日間和平，多無事之時，今乃能於逆境擺脱。懼學之不繼也，故特書於册，冀日新又新，讀書窮理，從事於敬恕之間，漸進於克己復禮之地。此吾志也，效之遲速，非所敢知。

澹如秋水貧中味，和似春風静後功。

力除閒氣，固守清貧。

病體衰憊，家務相纏，不得專心致志於聖經賢傳，中心益以鄙詐而無以致其知，外貌益以暴慢而何以力於行！歲月如流，豈勝痛悼，如何，如何！

數日家務相因，憂親不置，書程間斷，胸次鄙吝，甚可愧恥。竊思聖賢吉凶禍福，一聽於天，必不少動於中。吾之所以不能如聖賢，而未免動摇於區區利害之間者，察理不精，躬行不熟故也。吾之所爲者，惠迪而已，吉凶禍福，吾安得與於其間哉！大凡處順不可喜，喜心之生，驕侈之所由起也；處逆不可厭，厭心之生，怨尤之所由起也。一喜一厭，皆爲動其中也，其中不可動也。聖賢之心如止水，或順或逆，處以理耳，豈以自外至者爲憂樂哉！嗟乎，吾安得而臻兹也？勉旃勉旃，毋忽。

屢有逆境，皆順而處。

枕上思在京時，晝夜讀書不間，而精神無恙。後十餘年，疾病相因，少能如昔精進。不勝痛悼，然無如之何。兼貧乏，無藥調護，只得放寬懷抱，毋使剛氣得撓，愛養精神以圖少長。噫！世之年壯氣盛者豈少？不過悠悠度日，誠可惜哉！

一事少含容，蓋一事差，則當痛加克己復禮之功，務使此心湛然虚明，則應事可以無失。静時涵養，動時省察，不可須臾忽也。苟本心爲事物所撓，無澄清之功，則心愈亂，氣愈濁，梏之反覆，失愈遠矣。

觀近思録，覺得精神收斂，身心檢束，有歉然不敢少恣之意，有悚然奮拔向前之意。

晁公武謂：「康節先生隱居博學，尤精於易，世謂其能窮作易之本原，前知來物。其始學之時，睡不施枕者三十年。」嗟乎！先哲苦心如此，吾輩將何如哉！

一日，以事暴怒，卽止。數日事不順，未免胸臆時生磊塊。然此氣稟之偏，學問之疵，頓無亦難，只得漸次消磨之。終日無疾言遽色，豈朝夕之力邪？勉之，無怠。

枕上思，近來心中閒思甚少，亦一進也。

寢起，讀書柳陰及東窗，皆有妙趣。晚二次事逆，雖動於中，隨卽消釋，怒意未形。逐漸如此揩磨，則善矣。

大抵學者踐履工夫，從至難至危處試驗過，方始無往不利。若舍至難至危，其他踐履，不足道也。

枕上默誦中庸，至大德必受命，惕然而思：舜有大德，既受命矣；夫子之德，雖未受命，却爲萬世帝王師，是亦同矣。嗟乎！知有德者之應，則宜知無德者之應矣。何修而可厚吾德哉！

上不怨天，下不尤人，君子居易以俟命，小人行險以僥倖。燈下讀中庸，書此，不肖恒服有效之藥也。

緩步途間，省察四端，身心自然約束，此又静時敬也。

因暴怒，徐思之，以責人無恕故也。欲責人，須思吾能此事否？苟能之，又思曰，吾學聖賢方能此，安可遽責彼未嘗用功與用功未深者乎？況責人此理，吾未必皆能乎此也。以此度之，平生責人，謬妄多矣。戒之戒之。信哉，「躬自厚而薄責於人，則遠怨」。以責人之心責己，則盡道也。

因事知貧難處，思之不得，付之無奈。孔子曰「志士不忘在溝壑」，未易能也。又曰「貧而樂」，未易及也。然古人恐未必如吾輩之貧。夜讀子思子素位不願乎外，及游、吕之言，微有得。游氏「居易未必不得，窮通皆好；行險未必常得，窮通皆醜」，非實經歷，不知此味，誠吾百世之師也。又曰：「要當篤信之而已。」從今安敢不篤信之也。

以事難處，夜與九韶論到極處，須是力消閒氣，純乎道德可也。倘常情一動，則去道遠矣。

枕上熟思，出處進退，惟學聖賢爲無弊，若夫窮通得喪，付之天命可也。然此心必半毫無愧，自處必盡其分，方可歸之於天。欲大書「何者謂聖賢？何者謂小人？」以自警。

自今須純然粹然，卑以自牧，和順道德，方可庶幾。嗟乎！人生苟得至此，雖寒饑死，刑戮死，何害爲大丈夫哉！苟不能然，雖極富貴，極壽考，不免爲小人。可不思以自處乎！

凡事誠有所不堪，君子處之，無所不可，以此知君子之難能也。胡生談及人生立世，難作好人，僕深味之。嗟夫！見人之善惡，無不反諸己，可也。

途間與九韶談及立身處世，向時自分不敢希及中庸，數日熟思，須是以中庸自任，方可無忝此生，只是難能，然不可畏難而苟安，直下承當可也。

讀罷，思債負難還，生理蹇澀，未免起計較之心。徐覺計較之心起，則爲學之志不能專一矣。平生經營，今日不過如此，況血氣日衰一日，若再苟且因循，則學何由向上？此生將何以堪？於是大書「隨分讀書」於壁以自警。窮通、得喪、死生、憂樂一聽於天，此心須澹然，一毫無動於中，可也。

倦臥夢寐中，時時警恐，爲過時不能學也。

近晚往鄰倉借穀，因思舊債未還，新債又重，此生將何如也？徐又思之，須素位而行，不必計較。富貴不淫貧賤樂，男兒到此是豪雄。然此心極難，不敢不勉，貧賤能樂，則富貴不淫矣。貧賤富貴，樂與不淫，宜常加警束，古今幾人臻斯境也！

早枕思，處世不活，須以天地之量爲量，聖人之德爲德，方得恰好。嗟乎，安得同志共勉此事！

早枕思，當以天地聖人爲之準則，因悟子思作中庸，論其極致，亦舉天地之道，以聖人配之，蓋如此也。嗟夫！未至於天道，未至於聖人，不可謂之成人。此古昔英豪，所以孜孜翼翼終身也。

食後處事暴，彼雖十分不是，然我應之，自當從容。徐思雖切責之，彼固當得，然不是相業。

人生但能不負神明，則窮通死生，皆不足惜矣。欲求如是，其惟慎獨乎？董子云：「人之所爲，其美惡之極，乃與天地流通，往來相應。」噫！天人相與之際，可畏哉！

人須整理心下，使教瑩淨，常惺惺地，方好，此敬以直內工夫也。嗟夫！不敬則不直，不直便昏昏倒了，萬事從此隳，可不懼哉！

凡事須斷以義，計較利害，便非。

人須於貧賤患難上立得脚住，克治粗暴，使心性純然，上不怨天，下不尤人，物我兩忘，惟知有理而已。

今日覺得貧困上稍有益，看來人不於貧困上著力，終不濟事，終是脆愞。

熟思平生歷試，不堪回首。間閱舊稿，深恨學不向前，身心荒怠，可憂可愧。今日所當爲者，夙興盥櫛，家廟禮畢，正襟端坐，讀聖賢書，收斂此心，不爲外物所汩，夜倦而寢，此外非所當計。窮通壽夭，自有命焉，宜篤信之。

心是活物，涵養不熟，不免揺動，只常常安頓在書上，庶不爲外物所勝。

應事後，卽須看書，不使此心頃刻走作。

數日養得精神差好，須節節接續去，莫令間斷。

精白一心，對越神明。

苟一毫不盡其道，卽是自絶於天。

夜大雨，屋漏無乾處，吾意泰然。

涵養本源工夫，日用間大得。

夜觀晦菴文集，累夜乏油，貧婦燒薪爲光，誦讀甚好。爲諸生授孟子卒章，不勝感激。臨寢，猶諷詠明道先生行狀。久之，頑鈍之資爲之惕然興起。

中堂讀倦，遊後園歸，絲桐三弄，心地悠然，日明風静，天壤之間，不知復有何樂！

早枕，痛悔剛惡，偶得二句：「豈伊人之難化，信吾德之不競。」遇逆境暴怒，再三以理遣。蓋平日自己無德，難於專一責人，況化人亦當以漸，又一時偶差，人所不免。嗚呼！難矣哉，中庸之道也。

枕上思晦菴文集及中庸，皆反諸身心性情，頗有意味。昨日欲書戒語云：「温厚和平之氣，有以勝夫暴戾逼窄之心，則吾學庶幾少有進耳。」今日續之云：「欲進乎此，舍持敬窮理之功，則吾不知其方矣。」蓋日來甚覺此二節工夫之切，而於文集中玩此話頭，益有意味也。

七月初五日，臨鍾帖，明窗净几，意思甚佳。平生但親筆硯及聖賢圖籍，則不知貧賤患難之在身也。

人之遇患難，須平心易氣以處之，厭心一生，必至於怨天尤人，此乃見學力不可不勉。

貧困中事事纏人，雖則如此，然不可不勉，一邊處困，一邊進學。

七月十二夜，枕上思家計窘甚，不堪其處。反覆思之，不得其方。日晏未起，久方得之。蓋亦別無巧法，只隨分、節用、安貧而已。誓雖寒饑死，不敢易初心也。於是欣然而起。又悟若要熟，也須從這裏過。

凡百皆當責己。

昨晚以貧病交攻，不得專一於書，未免心中不寧。熟思之，須於此處做工夫，教心中泰然，一味隨分進學方是；不然，則有打不過處矣。君子無入而不自得，煞是難事，於此可以見聖愚之分，可不勉哉。凡怨天尤人，皆是此關不透耳。先哲云：「身心須有安頓處。」蓋身心無安頓處，則日惟擾擾於利害之中而已。此亦非言可盡，默而識之可也。

晴窗親筆硯，心下清涼之甚，忘却一身如是之窘也。康節云：「雖貧無害日高眠。」

月下詠詩，獨步綠陰，時倚修竹，好風徐來，人境寂然，心甚平澹，無康節所謂「攻心」之事。

昨日於文集中又得處困之方，夜枕細思，不從這裏過，真也做人不得。「增益其所不能」，豈虛語哉！

日來甚悟「中」字之好，只是工夫難也，然不可不勉。康節詩云：「拔山蓋世稱才力，到此分毫强得乎。」

處困之時，所得爲者，言忠信、行篤敬而已。

寄身於從容無競之境，遊心於恬澹不撓之鄉，日以聖賢嘉言善行沃潤之，則庶幾其有進乎！

人之病痛，不知則已，知而克治不勇，使其勢日甚，可乎哉？志之不立，古人之深戒也。

男兒須挺然生世間。

夜坐，思一身一家，苟得平安，深以爲幸，雖貧窶大甚，亦得隨分耳。夫子曰：「不知命，無以爲君子也。」

先儒云：「道理平鋪在。」信乎斯言也。急不得，慢不得，平鋪之云，豈不是如此？近來時時見得如此，是以此心較之往年，亦稍稍向定。但眼痛廢書一年餘，爲可歎耳。

處大事者，須深沈詳察。

看言行録，龜山論東坡云：「君子之所養，要令暴慢邪僻之氣不設於身體。」大有所省。然志不能帥氣，工夫間斷。甚矣，聖賢之難能也。

累日看遺書，甚好。因思二程先生之言，真得聖人之傳也。何也？以其説道理，不高不低，不急不緩，温乎其夫子之言也。讀之，自然令人心平氣和，萬慮俱消。

涵養此心，不爲事物所勝，甚切日用工夫。

看朱子「六十後，長進不多」之語，怳然自失。嗚呼！日月逝矣，不可得而追矣。

十一月單衾，徹夜寒甚，腹痛。以夏布帳加覆，略無厭貧之意。

閒遊門外而歸。程子云：「和樂只是心中無事。」誠哉，是言也！近來身心稍静，又似進一步。

近日多四五更夢醒，痛省身心，精察物理。

世間可喜可怒之事，自家著一分陪奉他，可謂勞矣。誠哉，是言也！

先哲云：「大輅與柴車較逐，鸞鳳與鴟梟争食，連城與瓦礫相觸，君子與小人鬬力，不惟不能勝，兼亦不可勝也。」

學易稍有進，但恨精力減而歲月無多矣。卽得隨分用工，以畢餘齡焉耳。

讀奏議一篇，令人悚然。噫！清議不可犯也。

今日思得隨遇而安之理，一息尚存，此志不容少懈，豈以老大之故，而厭於事也。

累日思，平生架空過了時日。

與學者話久，大概勉以栽培自己根本，一毫利心不可萌也。

三綱五常，天下元氣，一家亦然，一身亦然。

動静語默，無非自己工夫。

看漚田晚歸，大雨中途，雨止月白，衣服皆濕。貧賤之分當然也，静坐獨處不難，居廣居，應天下爲難。

事往往急便壞了。

胡文定公云：「世事當如行雲流水，隨所遇而安，可也。」

毋以妄想戕真心，客氣傷元氣。

請看風急天寒夜，誰是當門定脚人。

看史數日，愈覺收斂爲至要。

人生須自重。

閒卧新齋，西日明窗，意思好。道理平鋪在，著些意不得。

彼以慳吝狡僞之心待我，吾以正大光明之體待之。

詩云：「戰戰兢兢，如臨深淵，如履薄冰。」七十二歲方知此味。信乎，希賢之不易也。

夜静卧閣上，深悟静虚動直之旨，但動時工夫尤不易。程子云：「五倫多少不盡分處。」至哉言也！

學至於不尤人，學之至也。吾聞其語矣，未見其人也。

午後看陸宣公集及遺書、易。一親聖賢之言，則心便一。但得此身粗安，頃刻不可離也。

憩亭子看收菜，卧久，見静中意思，此涵養工夫也。

夜卧閣中，思朱子云「閒散不是真樂」，因悟程子云「人於天地間，並無窒礙處，大小咸快活，乃真樂也。」勉旃，勉旃！

無時無處不是工夫。

年老厭煩，非理也。朱子云：「一日不死，一日要是當。」故於事厭倦，皆無誠。

雖萬變之紛紜，而應之各有定理。

明儒學案卷二　崇仁學案二

文敬胡敬齋先生居仁

胡居仁字叔心，饒之餘干人也。學者稱爲敬齋先生。弱冠時，奮志聖賢之學，往遊康齋吴先生之門，遂絶意科舉，築室於梅溪山中，事親講學之外，不干人事。久之，欲廣聞見，適閩，歷浙，入金陵，從彭蠡而返。所至訪求問學之士，歸而與鄉人婁一齋、羅一峰、張東白爲會於弋陽之龜峰，餘干之應天寺。提學李齡、鍾城相繼請主白鹿書院。諸生又請講學貴溪桐源書院。淮王聞之，請講易於其府。王欲梓其詩文，先生辭曰：「尚需稍進。」先生嚴毅清苦，左繩右矩，每日必立課程，詳書得失以自考，雖器物之微，區别精審，没齒不亂。父病，嘗糞以驗其深淺。兄出則迎候於門，有疾則躬調藥飲。執親之喪，水漿不入口，柴毁骨立，非杖不能起，三年不入寢室，動依古禮。不從流俗卜兆，爲里人所阨，不得已訟之，墨衰而入公門，人咸笑之。家世爲農，至先生而窶甚，鶉衣脱粟，蕭然有自得之色，曰：以仁義潤身，以牙籤潤屋，足矣。成化甲辰三月十二日卒，年五十一。萬曆乙酉從祀孔廟。

先生一生得力於敬，故其持守可觀。周翠渠曰：「君學之所至兮，雖淺深予有未知。觀君學之所向兮，得正路抑又何疑。倘歲月之少延兮，必曰躋乎遠大。痛壽命之弗永兮，若深造而未艾。」此定案也。其以有主言靜中之涵養，尤爲學者津梁。然斯言也，卽白沙所謂「靜中養出端倪，日用應酬，隨吾所欲，如馬之御銜勒也」，宜其同門冥契。而先生必欲議白沙爲禪，一編之中，三致意焉，蓋先生近於狷，而白沙近於狂，不必以此而疑彼也。先生之辨釋氏尤力，謂其「想像道理，所見非真」，又謂「是空其心、死其心、制其心」。此皆不足以服釋氏之心。釋氏固未嘗無真見，其心死之而後活，制之而後靈，所謂「真空卽妙有也」，彌近理而大亂真者，皆不在此。蓋大化流行，不舍晝夜，無有止息，此自其變者而觀之，氣也；消息盈虛，春之後必夏，秋之後必冬，人不轉而爲物，物不轉而爲人，草不移而爲木，木不移而爲草，萬古如斯，此自其不變者而觀之，理也。在人亦然，其變者，喜怒哀樂、已發未發、一動一靜、循環無端者，心也；其不變者，惻隱羞惡、辭讓是非、牿之反覆、萌蘖發見者，性也。儒者之道，從至變之中，以得其不變者，而後心與理一。釋氏但見流行之體，變化不測，故以知覺運動爲性，作用見性，其所謂不生不滅者，卽其至變者也。層層掃除，不留一法，天地萬物之變化，卽吾之變化，而至變中之不變者，無所事之矣。是故理無不善，氣則交感錯綜，參差不齊，而清濁偏正生焉。性無不善，心則動靜感應，不一其端，而真妄雜焉。釋氏既以至變爲體，自不得不隨流鼓盪，其猖狂妄行，亦自然之理也。當其靜坐枯槁，一切降伏，原非爲存心養性也，不過欲求見此流行之體耳。見既真見，儒者謂其所見非真，只得形似，所以遏之而愈張其焰也。先生言治法，寓兵未復，且先行屯田，賓興不行，且先薦舉。井田之法，當以田爲母，區晝有定數，以人爲子，增減以授之。設官之法，正官命於朝廷，僚屬大者薦聞，小者自辟。皆非迂儒所言。後有王者，所當取法者也。

居業録

静中有物，只是常有個操持主宰，無空寂昏塞之患。若心不知下落，茫茫蕩蕩，是覺得心放，亦是好事。便提撕收斂，再不令走，便是主敬存心工夫。若心不知下落，茫茫蕩蕩，是何工夫！

窮理非一端，所得非一處，或在讀書上得之，或在講論上得之，或在思慮上得之，或在行事上得之。讀書得之雖多，講論得之尤速，思慮得之最深，行事得之最實。

孔子只教人去忠信篤敬上做，放心自能收，德性自能養。孟子說出求放心以示人，人反無捉摸下工夫處。故程子說主敬。

周子有主静之説，學者遂專意静坐，多流於禪。蓋静者體，動者用；静者主，動者客。故曰主静，體立而用行也。亦是整理其心，不使紛亂躁妄，然後能制天下之動。但静之意重於動，非偏於静也。愚謂静坐中有個戒慎恐懼，則本體已立，自不流於空寂，雖静何害！

人心一放，道理便失；一收，道理便在。

「正其義不謀其利，明其道不計其功」，學者以此立心，便廣大高明，充之則是純儒，推而行之，即純王之政。

程、朱開聖學門庭，只主敬窮理，便教學者有入處。

氣之發用處卽是神。陳公甫説無動非神，他只窺測至此，不識裏面本體，故認爲理。

事事存其當然之理，而己無與焉，便是王者事㊀；事事著些計較，便是私吝心，卽流於霸矣。

道理到貫通處，處事自有要，有要不遺力矣。凡事必有理，初則一事一理，窮理多則會於一，一則所操愈約。制事之時，必能契其總領而理其條目，中其機會而無悔吝。

儒者養得一個道理，釋、老只養得一個精神。儒者養得一身之正氣，故與天地無間；釋、老養得一身之私氣，故逆天背理。

釋氏見道，只如漢武帝見李夫人，非真見也，只想像這道理，故勞而無功。儒者便卽事物上窮究。

人雖持敬，亦要義理來浸灌，方得此心悦懌；不然，只是硬持守也。

今人説靜時不可操，才操便是動。學之不講，乃至於此，甚可懼也。靜時不操，待何時去操？其意以爲，不要惹動此心，待他自存，若操便要著意，著意便不得靜。是欲以空寂杳冥爲靜，不知所謂靜者，只是以思慮未萌、事物未至而言，其中操持之意常在也，若不操持，待其自存，決無此理。程子曰：「人心自由便放去。」又以思慮紛擾爲不靜，遂遏絶思慮以爲靜。殊不知君子九思，亦是存養法，但要專一。若專一時，自無雜慮。有事時專一，無事時亦專一，此敬之所以貫乎動靜，爲操存之要法也。

敬爲存養之道，貫徹始終。所謂涵養須用敬，進學則在致知，是未知之前，先須存養，此心方能致

㊀「事」字據賈本補。

知。又謂識得此理，以誠敬存之而已，則致知之後，又要存養，方能不失。蓋致知之功有時，存養之功不息。

程子曰：「事有善惡，皆天理也。天理中物，須有美惡，蓋物之不齊，物之情也。」愚謂陰陽動靜之理，交感錯綜而萬殊出焉，此則理之自然，物之不能違者，故云。然在人而言，則善者是天理，惡者是氣稟物欲，豈可不自省察，與氣稟惡物同乎！

心精明是敬之效，才主一則精明，二三則昏亂矣。

心無主宰，靜也不是工夫，動也不是工夫。靜而無主，不是空了天性，便是昏了天性，此大本所以不立也。動而無主，若不猖狂妄動，便是逐物徇㊀私，此達道所以不行也。已立後，自能了當得萬事，是有主也。

人之學易差。羅仲素、李延平教學者靜坐中看喜怒哀樂未發以前氣象，此便差却。既是未發，如何看得？只存養便是。呂與叔、蘇季明求中於喜怒哀樂未發之前，程子非之。朱子以爲，即已發之際，默識其未發之前者則可。愚謂若求未發之中，看未發氣象，則動靜乖違，反致理勢危急，無從容涵泳意味。故古人於靜時，只下個操存涵養字，便是靜中工夫。思索省察，是動上工夫。然動靜二端，時節界限甚明，工夫所施，各有所當，不可乖亂混雜，所謂「動靜不失其時，其道光明」。今世又有一等學問，言靜中不可著個操字，若操時又不是靜，以何思何慮爲主，悉屏思慮，以爲靜中工夫只是如此，所以流於

㊀「徇」原作「循」，據賈本改。

老、佛。不知操字是持守之意，卽静時敬也。若無個操字，是中無主，悠悠茫茫，無所歸著，若不外馳，定入空無。此學所以易差也。

容貌辭氣上做工夫，便是實學，慎獨是要。

遺書言釋氏「有敬以直内，無義以方外」；又言釋氏「内外之道不備」。此記者之誤。程子固曰：「惟患不能直内」。内直則外必方，蓋體用無二理，内外非二致，豈有能直内而不能方外，體立而用不行者乎？敬則中有主，釋氏中無主，謂之敬，可乎？

視鼻端白，以之調息去疾則可，以之存心則全不是。蓋取在身至近一物以繫其心，如反觀内視，亦是此法，佛家用數珠，亦是此法，羈制其心，不使妄動。嗚呼！心之神靈，足以具衆理、應萬事，不能敬以存之，乃羈於一物之小，置之無用之所，哀哉！

當然處卽是天理。

禪家存心，雖與孟子求放心、操則存相似，而實不同。孟子只是不敢放縱其心，所謂操者，只約束收斂，使内有主而已，豈如釋氏常看管一個心，光光明明如一物在此？夫既收斂有主，則心體昭然，遇事時，鑒察必精；若守著一個光明底心，則只了與此心打攪，内自相持既熟，割㊀舍不去，人倫世事都不管。又以爲道無不在，隨其所之，只要不失此光明之心，不拘中節不中節，皆是道也。真能主敬，自無雜慮；欲屏思慮者，皆是敬不至也。

㊀「割」原作「剥」，據賈本改。

「有此理則有此氣，氣乃理之所爲。」是反説了。有此氣則有此理，理乃氣之所爲。陳公甫云：「静中養出端倪。」又云：「藏而後發。」是將此道理來安排作弄，都不是順其自然。

婁克貞説他非陸子之比，陸子不窮理，他却肯窮理。公甫不讀書，他勤讀書。以愚觀之，他亦不是窮理，他讀書，只是將聖賢言語來護己見，未嘗虚心求聖賢指意，舍己以從之也。

敬便是操，非敬之外，別有個操存工夫；格物便是致知，非格物之外，別有個致知工夫。

陳公甫亦窺見些道理本原，因下面無循序工夫，故遂成空見。

釋氏心亦不放，只是内裏無主。

所以爲是心者理也，所以具是理者心也，故理是處心卽安，心存處理卽在。非但在己如此，在人亦然，所行合理，人亦感化歸服。非但在人如此，在物亦然，苟所行合理，庶物亦各得其所。

禪家不知以理義養心，只捉住一個死法。

釋氏説心，只説著一個意思，非是真識此心也。釋氏説性，只説著一個人心形氣之私，未識性命之正。

滿腔子是惻隱之心，則滿身都是心也。如刺著便痛，非心而何？然知痛是人心，惻隱是道心。

滿腔子是惻隱之心，腔子外是何心？腔子外雖不可言心，其理具於心，因其理具於心，故感著便應。若心馳於外，亦物耳，何能具衆理、應萬事乎？

異教所謂存心，有二也：一是照管此心，如有一物，常在這裏；一是屏除思慮，絶滅事物，使其心空豁無所外交。其所謂道，亦有二也：一是想象摸索此道，如一個物事在前；一是以知覺運動爲性，謂凡所動作，無不是道，常不能離，故猖狂妄行。

只致其恭敬，則心肅然自存，非是捉住一個心，來存放這裏。讀書論事，皆推究到底，即是窮理，非是懸空尋得一個理來看。

人以朱子調息箴爲可以存心，此特調氣耳。只恭敬安詳便是存心法，豈假㊀調息以存心？以此存心，害道甚矣。

心只是一個心，所謂操存，乃自操而自存耳；敬，是心自敬耳。

主敬是有意，以心言也；行其所無事，以理言也。心有所存主，故有意；循其理之當然，故無事。此有中未嘗有，無中未嘗無，心與理一也。

學一差，便入異教，其誤認聖賢之意者甚多。此言無爲，是無私意造作，彼遂以爲真虚净無爲矣。此言心虚者，是心有主而外邪不入，故無昏塞，彼遂以爲真空無物矣。此言無思，是寂然不動之中，萬理咸備，彼遂以爲真無思矣。此言無適而非道，是道理無處無之，所當操存省察，不可造次顛沛之離，彼遂以爲凡其所適，無非是道，故任其猖狂自恣而不顧也。

釋氏誤認情識爲理，故以作用是性。殊不知神識是氣之英靈，所以妙是理者，就以神識爲理則不

㊀「假」原作「暇」，據賈本改。

可。性是吾身之理，作用是吾身之氣，認氣爲理，以形而下者作形而上者。

心常有主，乃静中之動；事得其所，乃動中之静。

今人爲學，多在聲價上做，如此，則學時已與道離了，費盡一生工夫，終不可得道。

孔門之教，惟博文約禮二事。博文，是讀書窮理事，不如此，則無以明諸心；約禮，是操持力行事，不如此，無以有諸己。

張子以太和爲道體。蓋太和是氣，萬物所由生，故曰保合太和，乃利貞。所以爲太和者，道也，就以爲道體，誤矣。

上蔡記明道語，言「既得後，須放開」。朱子疑之，以爲「既得後，心胸自然開泰，若有意放開，反成病痛」。愚以爲，得後放開，雖似涉安排，然病痛尚小。今人未得前，先放開，故流於莊、佛。又有未能克己求仁，先要求顔子之樂，所以卒至狂妄。殊不知周子令二程尋顔子之樂處，是要見得孔、顔因甚有此樂？所樂何事？便要做顔子工夫，求至乎其地。豈有便來自己身上尋樂乎？故放開太早，求樂太早，皆流於異端。

人清高固好，然清高太過，則入於黄、老。人固難得廣大者，然廣大太過，則入於莊、佛。惟窮理之至，一循乎理，則不見其清高、廣大，乃爲正學。

智計處事，人不心服，私則殊也。

太極者理也，陰陽者氣也，動静者理氣之妙運也。

天下縱有難處之事，若順理處之，不計較利害，則本心亦自泰然。若不以義理爲主，則遇難處之事，越難處矣。

有理而後有氣，有氣則有象有數，故理氣象數，皆可以知吉凶，四者本一也。

「立天之道，曰陰與陽」，陰陽氣也，理在其中；「立地之道，曰柔與剛」，剛柔質也，因氣以成理；「立人之道，曰仁與義」，仁義理也，具於氣質之内，三者分殊而理一。

天地間無處不是氣。硯水瓶須要兩孔，一孔出氣，一孔入水，若止有一孔，則氣不能出而塞乎内，水不能入矣，以此知虚器内皆有氣。故張子以爲，虚無中卽氣也。

朱子所謂靜中知覺，此知覺不是事來感我，而我覺之，只是心存則醒，有知覺在内，未接乎外也。

今人不去學自守，先要學隨時，所以苟且不立。

處事不用智計，只循天理，便是儒者氣象。

王道之外無坦途，仁義之外無功利。

人收斂警醒，則氣便清，心自明；才惰慢，便昏瞶也。

意者，心有專主之謂，大學解以爲心之所發，恐未然。蓋心之發，情也。惟朱子訓蒙詩言「意乃情專所主時」爲近。

一本而萬殊，萬殊而一本，學者須從萬殊上一一窮究，然後會於一本。若不於萬殊上體察，而欲直探一本，未有不入異端者。

端莊整肅，嚴威儼恪，是敬之入頭處；提撕喚醒，是敬之接續處；主一無適，湛然純一，是敬之無間斷處；惺惺不昧，精明不亂，是敬之效驗處。敬該動静，静坐端嚴，敬也；隨事檢點致謹，亦敬也。敬兼内外，容貌莊正，敬也；心地湛然純一，敬也。

古人老而德愈進者，是持守得定，不與血氣同衰也。今日才氣之人，到老年便衰，是無持養之功也。

陳公甫説「物有盡而我無盡」，卽釋氏見性之説。他妄想出一個不生不滅底物事，在天地間，是我之真性，謂他人不能見，不能覺，我能獨覺，故曰：「我大、物小，物有盡而我無盡。」殊不知物我一理，但有偏正清濁之異。以形氣論之，生必有死，始必有終，安得我獨無盡哉！以理論之，則生生不窮，人與物皆然。

老氏既説無，又説「杳杳冥冥，其中有精，混混沌沌，其中有物」，則是所謂無者，不能無矣。釋氏既曰空，又説「有個真性在天地間，不生不滅，超脱輪廻」，則是所謂空者，不能空矣。此老、釋之學，所以顛倒錯謬，説空説虚，説無説有，皆不可信。若吾儒説有則真有，説無則真無，説實則真實，説虚則真虚，蓋其見道明白精切，無許多邪遁之辭。老氏指氣之虚者爲道，釋氏指氣之靈者爲性，故言多邪遁。以理論之，此理流行不息，此性禀賦有定，豈可説空説無？以氣論之，則有聚散虚實之不同，聚則爲有，散則爲無；若理則聚有聚之理，散有散之理，亦不可言無也。氣之有形體者爲實，無形體者爲虚；若理則無不實也。

問：「老氏言『有生於無』，佛氏言『死而歸真』，何也？」曰：「此正以其不識理，只將氣之近理者言也。老氏不識此身如何生，言『自無中而生』；佛氏不識此身如何死，言『死而歸真』。殊不知生有生之理，不可謂無；以死而歸真，是以生爲不真矣。」

問：「佛氏説『真性不生不滅』，其意如何？」曰：「釋氏以知覺運動爲性，是氣之靈處，故又要把住此物，以免輪廻。愚故曰：『老氏不識道，妄指氣之虚者爲道；釋氏不識性，妄指氣之靈者爲性。』」橫渠言「氣之聚散於太虚，猶冰之凝釋於水」。某未敢以爲然，蓋氣聚則成形，散則盡矣；豈若冰未凝之時是此水，既釋，又只是此元初水也。

未有致知而不在敬者，敬其本歟！

今人言心，便要求見本體，察見寂然不動處，此皆過也。古人只言涵養、言操存，曷嘗言求見、察見？若欲求察而見其心之體，則内裏自相攪亂，反無主矣。然則古人言提撕喚醒，非歟？曰才提撕喚醒，則心惕然而在，非察見之謂也。

天地氣化，無一息之停，人物之生，無一時少欠。今天下人才儘有，只因聖學不講，故懵倒在這裏。

不愧屋漏，雖無一事，然萬理森然已具於其中。此是體也，但未發耳。老、佛以爲空無，則本體已絶矣。今人只言老、佛有體無用，吾謂正是其體先絶於内，故無用於外也。

其心肅然，則天理卽在。故程子曰：「敬可以對越上帝。」

若窮理到融會貫通之後，雖無思可也；未至此，當精思熟慮以窮其理。故上蔡「何思何慮」，程子以爲太早。今人未至此，欲屏去思慮，使心不亂，則必流於禪學空虚，反引「何思何慮」而欲强合之，誤矣。

心粗最害事。心粗者，敬未至也。

今人屏絶思慮以求静，聖賢無此法。聖賢只戒慎恐懼，自無許多邪思妄念，不求静，未嘗不静也。

禪家存心有兩三様，一是要無心，空其心，一是羈制其心，一是照觀其心；儒家則内存誠敬，外盡義理，而心存。故儒者心存萬理，森然具備，禪家心存而寂滅無理；儒者心存而有主，禪家心存而無主；儒家心存而活，異教心存而死。然則禪家非是能存其心，乃是空其心、死其心、制其心、作弄其心也。

一是誠，主一是敬。

存養雖非行之事，亦屬乎行，此乃未行之行，用力於未形者也。

天理有善而無惡，惡是過與不及上生來。人性有善而無惡，惡是氣禀物欲上生來。

才昏惰，義理自喪。

太極之虚中者，無昏塞之患，而萬理咸具也。惟其虚所以能涵具萬理，人心亦然。老、佛不知，以爲真虛空無物，而萬理皆滅也。太極之虛，是無形氣之昏塞也；人心之虛，是無物欲之蔽塞也，若以爲真空無物，此理具在何處？

人莊敬，體卽立，大本卽在；不然，則昏亂無本。

學老、釋者多詐，是他在實理上剗斷了，不得不詐。向日李鑑深不認他是譎，吾曰：「君非要譎，是不奈譎何！」

學知爲己，亦不愁你不戰戰兢兢。

釋氏是認精魂爲性，專一守此，以此爲超脱輪廻。陳公甫説「物有盡而我無盡」，亦是此意。程子言「至忙者無如禪客」，又言「其如負版之虫，如抱石投河」。朱子謂其只是「作弄精神」。此真見他所造，只是如此模様。緣他當初，只是去習静坐、屏思慮，静久了，精神光彩，其中了無一物，遂以爲真空。言道理，只有這個極玄極妙，天地萬物都是這個做出來，得此，則天地萬物雖壞，這物事不壞，幻身雖亡，此不亡，所以其妄愈甚。

今人學不曾到貫通處，却言天地萬物，本吾一體；略窺見本原，就將横豎放胸中，再不去下格物工夫。此皆是助長，反與理二。不若只居敬窮理，盡得吾之當爲，則天地萬物之理卽在此。蓋此理本無二，若將天地萬物之理懷放胸中，則是安排想像，愈不能與道爲一，如釋氏行住坐卧，無不在道，愈與道離也。

程子體道最切，如説「鳶飛魚躍」，是見得天地之間，無非此理發見充塞，若只將此意思想像收放胸中，以爲無適而非道，則流於狂妄，反與道二矣。故引「必有事焉，而勿正，心勿忘，勿助長」，則吾心常存，不容想像安排，而道理流行無間矣。故同以活潑潑地言之，以見天地人物之理，本相流通，但吾不可以私意撓之也。

教諭婁一齋先生諒

婁諒字克貞，別號一齋，廣信上饒人。少有志於聖學，嘗求師於四方，夷然不屑曰：「率舉子學，非身心學也。」聞康齋在臨川，乃往從之。康齋一見喜之，云：「老夫聰明性緊，賢也聰明性緊。」一日，康齋治地，召先生往視，云：「學者須親細務。」先生素豪邁，由此折節，雖掃除之事，必躬自爲之，不責僮僕，遂爲康齋入室，凡康齋不以語門人者，於先生無所不盡。康齋學規，來學者始見，其餘則否。羅一峰未第時往訪，康齋不出，先生謂康齋曰：「此一有志知名之士也，如何不見？」康齋曰：「我那得工夫見此小後生耶！」一峰不悦，移書四方，謂是名教中作怪，張東白從而和之，康齋若不聞。先生語兩人曰：「君子小人不容並立，使後世以康齋爲小人，二兄爲君子無疑，倘後世以君子處康齋，不知二兄安頓何地？」兩人之議遂息。景泰癸酉，舉於鄉，退而讀書十餘年，始上春官，至杭復返。明年天順甲申再上，登乙榜，分教成都。尋告歸，以著書造就後學爲事。所著日録四十卷，詞朴理純，不苟悦人。三禮訂訛四十卷，以周禮皆天子之禮爲國禮，儀禮皆公卿、大夫、士、庶人之禮爲家禮；以禮記爲二經之傳，分附各篇，如冠禮附冠義之類，不可附各篇，各附一經之後，不可附一經，總附二經之後，取繫辭傳附易後之意。諸儒附會十三篇，以程、朱論黜之。春秋本意十二篇，惟用經文訓釋，而意自見，不用三傳事實，曰：「春秋必待三傳而後明，是春秋爲無用書矣。」先生以收放心爲居敬之門，以何思何慮、勿助勿忘爲居敬要指。康齋之門，最著者陳石齋、胡敬齋與先生三人而已。敬齋之所訾者，亦唯石齋與先生爲最，謂兩人皆是儒者陷入異教去，謂先生「陸子不窮理，他却肯窮理；石齋不讀書，他却勤讀書。但其窮理讀書，只是將聖賢言語來護己見耳。」先生之書散逸不可見，觀此數言，則非僅蹈襲師門者也。又言：「克貞見搬木之人得法，便説他是道，此與運水搬柴相似，指知覺運動爲性，故如此説。道固無所不在，必其合乎義理而無私，乃可爲道，豈搬木者所能？」蓋搬木之人，故[一]不可謂之知道；搬木得法，便是合乎義理，不可謂之非道，但行不著，習不察耳。先生之言，未嘗非也。先生静久而明，杭州之返，人問云何，先生曰：「此行非惟不第，且有危禍。」春闈果災，舉子多焚死者。靈山崩，曰：「其應在我矣！」急召子弟永訣，命門人蔡登查周、程子卒之月日，曰：「元公、純公皆暑月卒，予何憾！」時弘治辛亥五月二十七日也，年七十。門人私謚文肅先生。子兵部郎中性。其女嫁爲寧庶人妃，庶人反，先生子姓皆逮繫，遺文散失，而宗先生者，絀於石齋、敬齋矣。文成年十七，親迎過信，從先生問學，相深契也。則姚江之學，先生爲發端也。子忱，字誠善，號冰溪，不下樓者十年，從遊甚衆，僧舍不能容，其弟子有架木爲巢而讀書者。

[一]「故」，賈本、備要本作「固」。

謝西山先生復

謝復字一陽，别號西山，祁門人也。謁康齋於小陂，師事之。閲三歲而後返，從事於踐履。葉畏齋問知，曰：「行。」陳寒谷問行，曰：「知。」未達。曰：「知至至之，知終終之，非行乎？未之能行，惟恐有聞，非知乎？知行合一，學之要也。」邑令問政，曰：「辨義利，則知所以愛民勵己。」弘治乙丑卒。

鄭孔明先生伉

鄭伉字孔明，常山之象湖人。不屑志於科舉，往見康齋。康齋曰：「此間工夫，非朝夕可得，恐誤子遠來。」對曰：「此心放逸已久，求先生復之耳。敢欲速乎？」因受小學，日驗於身心。久之，若有見焉，始歸而讀書。一切折衷於朱子，痛惡佛、老，曰「其在外者已非，又何待讀其書而後辨其謬哉！」楓山、東白皆與之上下其議論，亦一時之人傑也。

胡鳳儀先生九韶

胡九韶字鳳儀㊀，金溪人，自少從學康齋。家甚貧，課兒力耕，僅給衣食。每日晡，焚香謝天一日

㊀「字鳳儀」三字據賈本補。

清福，其妻笑之曰：「虀粥三厨，何名清福？」先生曰：「幸生太平之世，無兵禍；又幸一家樂業，無饑寒；又幸榻無病人，獄無囚人，非清福而何？」康齋奔喪金陵，先生同往，凡康齋學有進益，無不相告，故康齋贈之詩云：「頑鈍淬磨還有益，新功頻欲故人聞。」康齋語學者曰：「吾平生每得力於患難。」先生曰：「惟先生遇患難能進學，在他人則隳志矣。」成化初卒。

明儒學案卷三　崇仁學案三

恭簡魏莊渠先生校

魏校字子才，别號莊渠，崑山人。弘治乙丑進士，授南京刑部主事，歷員外郎、郎中。不爲守備奄人劉瑯所屈。召爲兵部郎，移疾歸。嘉靖初，起廣東提學副使。丁憂，補江西兵備，改河南提學，七年陞太常寺少卿，轉大理。明年，以太常寺卿掌祭酒事，尋致仕。

先生私淑於胡敬齋。其宗旨爲天根之學，從人生而静，培養根基，若是孩提，知識後起，則未免夾雜矣。所謂天根，卽是主宰，貫動静而一之者也。敬齋言：「心無主宰，静也不是工夫，動也不是工夫。」此師門敬字口訣也。第敬齋工夫分乎動静，先生貫串總是一個，不離本末作兩段事，則加密矣。聶雙江歸寂之旨，當是發端於先生者也。先生言：「理自然無爲，豈有靈也？氣形而下，莫能自主宰，心則虚靈而能主宰。」理也，氣也，心也，歧而爲三，不知天地間衹有一氣，其升降往來卽理也。人得之以爲心，亦氣也。氣若不能自主宰，何以春而必夏、必秋、必冬哉！草木之榮枯，寒暑之運行，地理之剛柔，象緯之順逆，人物之生化，夫孰使之哉？皆氣之自爲主宰也。以其能主宰，故名之曰理。其間氣之有過不及，亦是理之當然，無過不及，便不成氣矣。氣既能主宰而靈，則理亦有靈矣。若先生之言，氣之善惡，無與於理，理從而善之惡之，理不特死物，且閒物矣。其在於人，此虚靈者氣也，虚靈中之主宰即理也。善固理矣，即過不及而爲惡，亦是欲動情勝，此理未嘗不在其間，故曰「不爲堯存，不爲桀亡」，以明氣之不能離於理也。先生疑象山爲禪，其後始知爲坦然大道，則於師門之教，又一轉矣。

先生提學廣東時，過曹溪，焚大鑒之衣，椎碎其鉢，曰：「無使惑後人也。」謚恭簡。

體仁説

天地太和元氣，氤氤氲氲，盈滿宇内，四時流行，春意融融藹藹，尤易體驗盎然吾人仁底氣象也。人能體此意思，則胸中和氣，鬱鬱發生，天地萬物，血脈相貫。充鬱之久，及其應物，渾乎一團和氣發見，所謂麗日祥雲也。

冬氣閉藏，極於嚴密，故春生温厚之氣，充鬱薰蒸，陰崖寒谷亦透。學而弗主静，何以成吾仁。涵養可以熟仁，若天資和順，不足於剛毅，可更於義上用功否？曰：「陽之收斂處便是陰，仁之斷制處便是義。静中一念萌動，纔涉自私自利，便覺戾氣發生，自與和氣相反。不能遏之於微，戾氣一盛，和氣便都銷鑠盡了，須重接續起來。但覺纔是物欲，便與截斷，斬其根芽，此便是精義工夫也。」

天之主宰曰帝，人之主宰曰心，敬只是吾心自做主宰處。今之持敬者，不免添一個心來治此心，却是别尋主宰。春氣融融，萬物發生，急迫何緣生物？把捉太緊，血氣亦自不得舒暢，天理其能流行乎？

整齊嚴肅，莫是先制於外否？曰：「此正是由中而出。吾心纔欲檢束，四體便自竦然矣。外既不敢妄動，内亦不敢妄思，交養之道也。」

木必有根，然後千枝萬葉可從而立；水必有源，然後千流萬派其出無窮。人須存得此心，有個主宰，則萬事可以次第治矣㊀。

古人藴蓄深厚，故發越盛大，今人容易漏泄於外，何由厚積而遠施！學者當深玩默成氣象。渾厚則開文明，澆薄則開巧僞，學須涵養本原。

天地渾渾一大氣，萬物分形其間，實無二體。譬若百果纍纍，總是大樹生氣貫徹。又如魚在水中，内外皆水也。人乃自以私意間隔，豈復能與天地萬物合一乎？

持敬易間斷，常如有上帝臨之，可乎？曰：「上帝何時而不鑒臨，奚待想像也？日月照臨，如目斯覩，風霆流行，如息相呴。今吾一呼一吸，未嘗不與大化通也，是故一念善，上帝必知之，一念不善，上帝必知之。天命有善無惡，故善則順天，惡則逆天。畏天之至者，嘗防未萌之惡；小人無忌憚，是弗以上帝爲有靈也。」

天地氣化，初極渾厚，開盛則文明，久之漸以澆薄，盛極則有衰也。聖人生衰世，常欲返樸還淳，以回造化，故大林放問禮之本。質是從裏面漸發出來，文是外面發得極盛，聖人欲人常存得這些好意思在裏面，令深厚懇惻有餘，若只務外面好看，却是作僞也。

㊀ 賈本、備要本此句作「次第而治」。

道體浩浩無窮，人被氣質限住，罕能覩其純全。若只據己見持養將去，終是狹隘孤單，難得展拓。須大著心胸，廣求義理，盡合天下聰明爲我聰明，庶幾規模闊大，氣質不得而限量之。

理者氣之主宰，理非別有一物，在氣爲主，只就氣上該得如此處，便是理之發用；其所以該得如此，則理之本體然也。通宇宙全體，渾是一理，充塞流行，隨氣發用，在這裏便該得如此，在那裏又該得如彼，千變萬化不同。人見用有許多，遂疑體亦有許多，不知只是一理所爲，隨在而異名耳。本體更無餘二也。

純粹至善者理也，氣有弗善，理亦末如之何。斯乃氣强而理弱乎？曰：「否。理該得如此，而不能自如此；其能如此，皆氣爲之也。氣能如此，而不能盡如此，滯於有迹，運復不齊故也。」

夫理冲漠無朕，無者不可分裂，所以一也。渾淪惟一，一者不可二雜，所以純也。氣有形不可分，愈分則愈雜，美惡分，若有萬不齊矣。

理氣合則一，違則二。春氣氤氲，盎乎其和，此天地之仁也；秋氣晶明，肅乎其清，此天地之義也，何處分別是理是氣？春宜温厚而弗温厚，秋宜嚴凝而弗嚴凝，此非理該如此，乃是氣過不及，弗能如此。孟子曰：「配義與道。」此是理該如此而氣能如此，所謂合則一也。孔子曰：「回也，其心三月不違仁。」心而違仁，判爲兩物，弗復合一，所謂違則二也。

或問：「孝之根原，莫是一體而分，該得孝否？」曰：「此只是當然不容己處。」曰：「豈天命自然乎？」曰：「怎得便會自然如此！天地生生，只是一團好氣，聚處便生，人具此生理，各有一團好意思在心。父母吾身所由以生也，故惻怛慈愛，於此發得尤懇切，其本在是也。」

禮主於敬讓，其心聳然如有畏，退然如弗勝，然後儀文斯稱。今之矜嚴好禮者，但知自尊自重，直行己意而已，此乃客氣所使，非復禮之本然矣。

「思慮萬起萬滅，如之何？」曰：「此是本體不純，故發用多雜，工夫只在主一。但覺思慮不齊，便截之使齊，立得個主宰，却於雜思慮中先除邪思慮，以次除閒思慮，推勘到底，直與斬絶，不得放過。久之，本體純然是善，便自一念不生，生處皆善念矣。」

聖賢沖然無欲，學者當自不見可欲始。一念動以人欲，根勘何從而來？照見衆欲，性中元無，俱從軀殼上起，穢我靈臺。衆欲不行，天理自見。

「天命有元亨利貞，故人性有仁義禮智，人性有仁義禮智，故人情有惻隱羞惡辭讓是非，純粹至善，本來如是，其有不善，又從何來？」曰：「此只是出於氣質。性本善，然不能自善，其發爲善，皆氣質之良知良能也。氣質能爲善，而不能盡善。性即太極，氣質是陰陽五行所爲，氣運純駁不齊，故氣禀合下便有清濁厚薄，濁則遮蔽不通，薄則承載不起，便生出不善來。性惟本善，故除却氣質不善，便純是善；性惟不能自善，故變化氣質以歸於善，然後能充其良知良能也。」

「人性元善，當其惡時，善在何處」？曰：「善自常在不滅，只因氣質反了這善，便生出惡。善之本體不得自如，若能翻轉那惡，依舊是善。」

或曰：「人生而静，氣未用事，其性渾然至善；感於物而動，氣得用事，故其情有善有不善。」曰：「如是則體用二原矣。性善情亦善,静時性被氣稟夾雜,先藏了不善之根,故動時情被物欲污染。不善之萌芽纔發,存養於静默,消其不善之根;省察於動,纔覺不善之萌芽,便與鋤治,積集久之,本體渾然,是善發用處,亦粹然無惡矣。」

一理散爲萬事,常存此心,則全體渾然在此,而又隨事精察力行之,則其用燦然,各有著落。虚靈主宰,是之謂心。其理氣之妙合,與氣形而下,莫能自主宰。理㊀自然無爲,豈有靈也。氣之渣滓,滯而爲形,其精英爲神,虚通靈爽能妙,是理爲主,氣得其統攝,理因是光明不蔽,變化無方矣。

或窮孝之節目。曰:「俱從根源處來,只如昏定晨省,人子晝常侍親,而夜各就寢,父母弗安置,豈能自安?既寢而興,便思問候父母安否,皆出於吾心至愛,自不容已。」曰:「如是只須就根本上用功?」曰:「這却是分本末作兩段事。天理合如此,而吾不能如此,正爲私意蔽隔,常培根原,又就節目上窮究到根源處去;其不如此者,而求其當如此者,則私意不得蔽隔,天理常流通矣。」

人各私其私,天地間結成一大塊私意。人君完養厥德,盎然天地生物之心,又求天下愷悌相與,舉先王仁政行之,悉破羣私,合爲天下大公。

天子當常以上帝之心爲心,興一善念,上帝用休而慶祥集焉,興一惡念,上帝震怒而災沴生焉,感應昭昭也。昔人謂人君至尊,故稱天以畏之,却是舉一大者來嚇人君,蓋未迪知帝命也。人君當明乾坤易簡之理。天下之賢才,豈能人人而知之耶?君惟論一相,相簡大寮,俾各自置其屬,人得舉其所

㊀「理」下賈本、備要本有「亦」字。

知，而效之於上，則無遺賢，所謂「乾以易知」也。天下之政，豈能事事而親之耶？君恭己於上，委任於相，相分任於百司，而責其成功，上好要而百事詳，所謂「坤以簡能」也。

復余子積論性書

竊觀尊兄前後論性，不啻數十萬言，然其大意，不過謂性合理與氣而成，固不可指氣爲性，亦不可專指理爲性。氣雖分散萬殊，理常渾全。同是一個人物之性，不同正由理氣合和爲一，做成許多般來。在人在物固有偏全，而人性亦自有善有惡。若理則在物亦本無偏，在人又豈有惡耶？中間出入古今，離合經傳，自成一家，以補先儒之所未備，足以見尊兄之苦心矣。苟非聰明才辨，豈易能此。然於愚意，竊有未安。曩嘗妄謂尊兄論性雖非，其論理氣却是。近始覺得尊兄論性之誤，正坐理氣處見猶未真耳。

理在天地間，本非别有一物，只就氣中該得如此便是理。人物之性，又從何來？卽天地所賦之理，亦非别有一物，各就他分上合當恁地便是。試於日用間常自體驗，合當恁地，㈠便是氣稟汨他物欲污他，自然看得潔潔浄浄，不費説辭矣。尊兄謂理常渾淪，氣纔有許多分别出來。若如愚見，則理氣元不相離，理渾淪只是一個，氣亦渾淪本只一個，氣分出許多，則理亦分出許多。混沌之時，理氣同是一個，及至開闢一氣，大分之則爲陰陽，小分之則爲五行，理隨氣具，各各不同，是故在陽則爲健，在陰則爲順，以至爲四德，爲五常，亦復如是，二五錯綜，又分而爲萬物，則此理有萬其殊矣。理雖分别有許多，

㈠ 各本同，朱氏釋誤據莊渠遺書云：「合當恁地」下有「便是性，不當恁地。」

究竟言之，只是一個該得如此。蓋既是該得如此，則在這裏便該得如此，在那裏又該得如彼，總是一個該得如此，做出千萬個該得如此底出來。所當然字説不盡，故更著所以然也。理者氣之主，今曰理隨氣具，各各不同，氣顧爲理之主耶？曰此理所以爲氣之主也，變化無方，大與爲大，小與爲小，常活潑潑，故曰理一而分殊。嘗自其分殊者而觀之，健不可以爲順，順亦不可以爲健，四德五常以至萬物之理，各不能相通，此理疑若滯於方所矣。不知各在他分上，都是該得如此，大固無餘，小亦無欠，故能隨在具足，隨處充滿，更無空闕之處。若合而不可分，同而不復異，則是渾淪一死局，必也常混沌而後可耳。天地者，陰陽五行之全體也，故許多道理，静則沖漠渾淪，體悉完具，動則流行發見，用各不同。人物之性，皆出於天地，何故人得其全，物得其偏？蓋天地之氣，其渣滓爲物，偏而不備，塞而不通，健順五常之德，不復能全，但隨形氣所及而自爲一理。飛者於空，潛者泳川，蠢動自蠕。草木何知，亦各自爲榮瘁，不相假借陵奪。而能若蜂蟻之君臣，虎狼之父子，騶虞之仁，神羊之義，乃其塞處有這一路子開，故只具得這些子，即此一些子，亦便是理。鳥之有鳳，獸之有麟，鱗之有龍，介之有龜，皆天地間氣所出，畢竟是渣滓中精英，故終與人不相似也。人稟二五精英之氣，故能具得許多道理，與天地同然。惟聖人陰陽合德，純粹至善，其性無不全，可以位天地，育萬物。自大賢以下，精英中不能無渣滓，這個性便被他蔽隔了。各隨其所得渣滓之多寡，以爲等差，而有智愚賢不肖之别。畢竟性無不同，但精英中帶了些渣滓，故學以變化其氣質，則渣滓渾化，可以復性之本體矣。夷狄之類，雖與人同，地形既偏，受氣亦雜，去禽獸不遠。聖人用夏變之，亦可進爲中國，終不能純也。鳥不可以爲鳳，獸不可以爲麟，其類異也。鱗或有可爲龍者，其形雖異，而氣有相通耳。人與聖人本同一類，形既本同，其心豈容獨異？其心同則其性亦同，豈有不可至之理？故學而不至於聖人，皆自暴自棄者也。理同是一個該得如此，何故精英便具得許多，渣滓便具不得許多？蓋理無爲，雖該得如此而不能如此，其敷施發用都是氣；氣雖能如此而又未必盡如此，蓋氣滯於有而其運又不齊，不能無精英渣滓。精英則虛而靈，故妙得這個理，渣滓則塞而蠢，故不能妙這個理。然理無不在，故渣滓上亦各自有個理。人身小天地，但觀吾身，便可見萬物。人身渾是一團氣，那渣滓結爲軀殼，在上爲耳目，在下爲手足之類；其精英之氣，又結爲五臟於中，肝屬木，肺屬金，脾屬土，腎屬水，各得氣之一偏，亦與軀殼無異，故皆不能妙是理。心本屬火，至虛而靈，二五之秀所萃，乃精英中之最精英者，故健順五常之德咸備，而百行萬善皆由是而出焉。就軀殼上論，亦各有個道理，若五臟之相生相克，手容之恭，足容之重，耳之聰，目之明，有個能如此的氣，便有個該得如此的做出來，夫子所謂一以貫之也。古語云「人者天地之心」，又曰「人官天地命萬物」，皆謂此也。

尊兄謂「理在萬物，各各渾全，就他分上該得處皆近於一偏，而不得謂之理」，則是此理淪於空虛，其於老氏所謂「無有入無間」，釋氏所謂「譬如月影散落萬川，定相不分，處處皆圓」者，何以異哉！自堯、舜以來，都不曾説别箇道理，先説箇中，所謂中，只是一箇恰好也。在這事上，必須如此，纔得恰好，在那事上，必須如彼，纔得恰好，許多恰好處，都只在是心上一個恰好底理做出來。故中有不偏不倚、無過不及之名，所論「恰好」，即「該得如此」之異名，豈可認此理爲虛空一物也？古聖賢論性，正是直指當人氣質内各具此理而言,故伊川曰:「性卽理也。」告子而下,荀、揚、韓諸人,皆錯認氣質爲性,翻騰出許多議論來,轉加鶻突。今尊兄又謂性合理與氣而成,則恐昧於形而上、下之别。夫子曰「一陰一陽之謂道」,又曰「易有太極」,皆在氣上直指此理而言,正以理氣雖不相離,然亦不曾相雜,故又曰「形而上者謂之道,形而下者謂之器。」若性合理氣而成,則是形而上、下者可以相雜。理在天地間,元不曾與氣雜,何獨在人上便與氣相雜?更願尊兄於此加察。

然此亦非出於尊兄,先儒謂有天地之性,有氣質之性,分作兩截説了,故尊兄謂既是天地之性,只當以理言,不可遽謂之性,氣質之理,正是性之所以得名,可見理與氣質合而成性也。竊嘗考諸古聖賢論性有二:其一以性與情對言,此是性之本義,直指此理而言。或以性與命對言,性與天道對言,性與道對言,其義一也。古性情字皆從心從生,言人生而具此理於心,名之曰性,其動則爲情也。此於六書,屬會意,正是性之所以得名。其一以性與習對言者,但取生字爲義,蓋曰天所生爲性,人所爲曰習耳。性從生,故借生字爲義,程子所謂生之謂性,止訓所禀受者也。此於六書,自屬假借。六書之法,假借一類甚多,後儒不明,訓釋六經多爲所梗,費了多少分疏,尊兄但取字書觀之,便自見得,今不能詳也。六經言性,始於成湯,伊尹湯誥:「惟皇上帝,降衷於下民,若有恒性。」此正直指此理而言。夫子易大傳曰:「乾道變化,各正性命。」又曰:「繼之者善也,成之者性也。」子貢謂「夫子之言性與天道,不可得而聞」,子思述之於中庸曰:「天命之謂性。」孟子道性善,實出於此。其曰:「乃若其情,則可以爲善矣,乃所謂善也。」又發明出四端,又謂「君子所性仁義禮智,根於心」,可謂擴前聖所未發,忒煞分明矣。伊尹曰「習與性成」，論語曰「性相近也，習相遠也」，家語謂「少成若天性，習慣如自然」，可見這性字但取天生之義。中庸論天命之謂性，又曰「自誠明謂之性，自明誠謂之教」，孟子道性善，又曰「堯、舜性之，湯、武反之」，皆與前性字不同，雖不與習對說，然皆以天道、人道對言，可見二性字元不同也。先儒只因「性相近也」一句，費了多少言語分疏，謂此性字是兼理與氣質來說，不知人性上不可添一物，纔帶著氣質，便不得謂之性矣。荀子論性惡，揚子論性善惡混，韓子論性有三品，衆言淆亂，必折諸聖。若謂夫子「性相近」一言，正是論性之所以得名處，則前數說皆不謬於聖人，而孟子道性善，却反爲一偏之論矣。孟子道性善，只爲見得分明，故說得來直截，但不曾說破性是何物，故荀、揚、韓諸儒又有許多議論。伊川一言以斷之，曰「性卽理也」，則諸說皆不攻自破矣。孟子道性善，是擴前聖所未發，明道何以又謂「論性不論氣不備，論氣不論性不明，二之則不是？」蓋孟子只說人性之善，却不曾說人有不善，是被氣稟蔽了他，其論下手處，亦只是說存心養性，擴充其四端，不曾說變化氣質與克治底功夫，故明道謂「論性必須說破氣質」，蓋與孟子之言相發明也。但明道又謂「善固性也，惡亦不可不謂之性，人生而靜以上不容說，纔說性時便已不是性也」，此則未免失之大快矣。噫！人性本善，何得有惡？當其惡時，善在何處？此須著些精彩看。上天之載，無聲無臭，其在吾人，性之本體，亦復如是。性上添不得一物，只爲他是純粹至善底。聖人氣稟淳厚清明，略無些渣滓，但渾是一團理，莊生所謂「人貌而天」，曾子所謂「江、漢以濯之，秋陽以暴之，皓皓乎不可尚已。」自大賢以下，纔被些氣稟與物慾夾雜，便生出惡來。惡乃氣稟物慾所爲，自與吾性無與，故雖蔽錮之深，依然有時發見，但不能當下識取，又被氣稟物慾汩没了他，不能使之光明不蔽耳。人性惟善是真實，一切諸惡，盡成虚妄，非吾性之固有。若當惡念起時，與他照勘，窮來窮去，便都成空矣。夫學而見性不明，則無必爲聖賢之志，故尊兄汲汲於論性，然觀尊兄所論，反能沮人進修。

記曩在南都，交游中二三同志，咸樂聞尊兄之風而嚮往焉。至出性書觀之，便掩卷太息，反度尊兄自主張太過，必不肯同。純甫面會尊兄，情不容已，故復具書論辨。其説理氣處，固不能無差，但尊兄斥之以爲悖謬，則太過矣。至其所疑尊兄以言語妨進修，以文義占道理，失本末先後之序，所引横渠云云者，則皆明白痛快。尊兄謂宜置之坐隅，却乃忽而不省，豈言逆於心，故尊兄未必肯求諸道邪？因記昔年張秀卿曾有書辨尊兄，其言失之儱侗，而尊兄來書極肆攻詆，如與人厮駡一般。似此氣象，恐於眼面前道理先自蹉過，不知所講是個甚底，將來大用，豈能盡用天下之言？切願尊兄虚心平氣，以舜之好問而好察邇言、顏子之以能問於不能、以多問於寡、有若無、實若虚爲法，校辱知愛，敢獻其一得之愚，而尊兄擇焉。

木必有根，然後千枝萬葉有所依而立；水必有源，然後千流萬派其出無窮；國必有君，家必有主，然後萬事可得而正。天生吾人，合下付這道理，散見於日用事物，而總具於吾心，必先常常提省此心，就逐事上一一窮究其理而力行之。根本既立，則中間節目雖多，皆可次第而舉。若不於心地上用功，而徒欲泛然以觀萬物之理，正恐茫無下手處。此心不存，一身已無個主宰，更探討甚道理？縱使探討得來，亦自無處可安頓，故有童而習之，皓首而無成者。古人知行只是一事，方其求知之始，正欲以爲力行之資，及其既知，則遂行之而不敢緩。今人於行且放寬一步，只管去求知，既知得來，又未必著實去踐履，故有能説無限道理，而氣質依然只是舊人者。聖賢之書，都只是説吾心所固有底，只因迷而不知，故聖賢爲之指示。譬如有人不識日月，得明者以手指之，只看日月，便是了然。今不去看日月，却只管來指上看，看來看去，有甚了期！豈惟不識日月，連指亦不識矣。讀聖賢之書，正宜反求諸身，自家體貼得這道理去做，若只管鑽研紙上，此心全體都奔在書册上。孟子曰：「學問之道無他，求其放心而已矣。」今因學問至於放其心而不知求，豈不重可哀哉！

已上所言，皆近世俗學之通弊，尊兄親受業於敬齋之門，必不至於有差，但有所疑，不敢不自竭耳。狂瞽之見，率爾妄言，不能保無紕繆，尊兄不棄而終教之，不有益於高明，則必有益於淺陋矣。

論學書

存養省察工夫，固學問根本，亦須發大勇猛心，方做得成就。若不曾發憤，只欲平做將去，可知是做不成也。

孔門唯顔子可當中行，自曾子以至子思、孟子，氣質皆偏於剛，然其所以傳聖人之道，則皆得剛毅之力也。文公謂世衰道微，人欲横流，不是剛毅的人，亦立脚不住。

今之士大夫，得一階半級則以爲喜，失一階半級則以爲憂。譬如鳥在籠中，縱令底下直飛至頂上，許大世界，終無出日。

伊川言：「中心斯須不和不樂，則鄙詐之心入之矣。」此與敬以直內同理，謂敬爲和樂，固不可，然敬須和樂，只是心中無事也。

人一日間喜怒哀樂，不知發了多少，其中節也常少，不中節也常多，雖無所喜怒哀樂時，而喜怒哀樂之根，已自先伏於其間。

歲莫一友過我，見某凝塵滿室，泊然處之，歎曰：「吾所居，必灑掃涓潔。虛室以居，塵囂不雜，則與乾坤清氣相通。齋前雜樹花木，時觀萬物生意。深夜獨坐，或啓扉以漏月光，至昧爽，恒覺天地萬物清氣自遠而届，此心與相流通，更無窒礙。今室中蕪穢不治，弗以累心，賢於玩物遠矣。但恐於神爽未必有助也。」

某居家簡重，不以事物經心。友人曰：「人心須完密，一事不可放過。學而不事事，則疎漏處必多，應事時必缺陷了道理。吾見清高虛静之士，久之未有不墮落者。一陰一陽之謂道，今喜静厭動，正如有陰無陽，不成化矣。」某聞言聳然。

人心通竅於舌，是以能言。多言之人，此心奔迸外出，未言，舌常有動意，故其蓄聚恒淺，應用易疎。但與其箝制於外，不若收斂於中，驗之放去收轉之間，而心之存亡攸繫，當自有著力處也。

天下之事，若從憤世嫉邪起端，未免偏於肅殺。必也從太和中發出，則四時之氣咸備，而春生常爲之主，乃可合德造化也。

心乃我身主宰，從天下至此，已是盡頭處，而心却發出兩路，善惡岐焉，誠意是管歸一路也。善惡各有來路，善是從心體明處發來，惡便是從暗處發來，致知是要推明破暗也。心與物交，若心做得主，以我度物，則暗者可通。若舍己逐物，物反做主，明者可塞。故功夫起頭，只在先立乎其大者。

李獻吉晚而與某論學，自悔見道不明，曰：「昔吾汨於詞章，今而厭矣。靜中恍有見，意味迥然不同，則從而録之。」某曰：「録後意味何如？」獻吉默然良久，驚而問曰：「吾實不自知，纔劄記後，意味漸散，不能如初，何也？」某因與之極言天根之學，須培養深沉，切忌漏洩，因問平生大病安在。曰：「公才甚高，但虛志與驕氣，此害道之甚者也。」獻吉曰：「天使吾早見二十年，詎若是哉！」

人之一心，貫串千事百事，若不立個主宰，則終日營營，凡事都無統攝，不知從何處用功。又有兀坐以收放心，事至不管，是自隔絶道理，如何貫串得來。如愚見日用間，不問有事無事，常存此心，有個主宰在此，事來，就此事上用功，直截依著道理行，莫要被私欲遮障纏繞，如此纔能貫串得過。

喜怒哀樂未發，性本空也，發而皆中節，其應亦未嘗不空，聖人體用一原也。世人不無潛伏，故有前塵，妄動故有緣影，是故不可無戒懼之心。釋氏厭人欲之幻，并與天性不可解於心者而欲滅之，將乍見孺子入井怵惕真心，與内交要譽惡其聲之妄心，同謂塵影，則與聖賢之學霄壤矣。

大丈夫凍死則凍死，餓死則餓死，方能堂堂立天地間。若開口告人貧，要人憐我，以小惠呴沫我，得無爲賤丈夫乎！

人心元神，昭昭靈靈，收斂停畜，因其真機，引而伸之，觸類而長之，自有無窮之妙。若專内遺外，日用間分本末作兩段事，如此仍是支離也。

近體大學，頗窺聖學之樞機，至易至簡，説者自生煩難。陽明蓋有激者也，故翻禪學公案，推佛而附於儒。被他説得太快，易聳動人，今爲其學者，大抵高擡此心，不在本位，而於義利大界限反多依違。吾輩欲學聖人，不求諸人生而静，衹就孩提有知識後説起，又不察性之欲與物欲，則是以念念流轉者爲主。

陳元誠疑吾近日學問，見得佛、老與聖人同，大爲吾懼。元誠論静云：「一念不生，既不執持，又不蒙昧，三件犯著一件，便不是。」知道無中邊，而不知内爲主，則茫無下手處；知内爲主，而不知道無中邊，則隘，故曰：「此心學之全功也。」

天文左右前皆動也，惟北辰不動；人身背亦如之，故曰：「天根之學，本易艮背之旨。」五峰之學，不務涵養本原，只要執發見一端，便張皇作用，故有急迫助長之病。

心之神明，無乎在而無乎不在也，無乎不在而有在也。静則氣母歸根，動則神機發見，故疑其在彼而不知實在於心，雖有在也，而無迹也。

人心立極，雖有間斷處，亦好接頭；否則，終日向學，不免散而無統也。

近與一人論理氣，因問之曰：「人當哀痛時，滿體如割，涕淚交流，此惻隱之心也；當羞愧時，面爲發赤，汗流被體，此羞惡之心也。今且分别誰是理耶，誰是氣耶？」其人唯唯。曰：「未也。哀痛羞愧固有發不中節時，亦復涕汗流出，豈亦理之爲耶？」其人不能自解。某曰：「理非别有一物，只就氣該得如此便是理。理本該得如此，然却無爲，其能如此處，皆氣爲之也。然氣運不齊，有不能盡如此處。理氣合一，則理卽是氣，氣卽是理，昭乎不分，孟子所謂『配』也。氣與理違，則判而二矣，夫子所謂『回也，其心三月不違仁』，又謂『人能弘道，非道弘人』，皆此意也。今試就吾心日用間體驗，有時分明見得理該如此，而吾不能如此，打成兩片。若謂氣卽是理，只好說善底一邊，那惡一邊，便說不去矣。」

大成樂譜，但以一聲協一字，今譜古詩，須有散聲，方合天然之妙。向見陳元誠歌古詩，散聲多少皆出天然，安排不得，必須譜出來，然後人可學耳。

象山天資甚高，論學甚正，凡所指示，坦然如由大道而行。但氣質尚粗，鍛鍊未粹，不免好剛使氣，過爲抑揚之詞，反使人疑。昔議其近於禪學，此某之陋也。

大抵人自未應事，及乎應事，以至事過，總是此心又進一步。自未起念時，及乎起念，以至念息，亦猶是也。善用功則貫串做一個，否則間隔矣。吾所謂立本，是貫串動静工夫；研幾云者，只就應事起念時，更著精彩也。

道體浩浩無窮，吾輩既爲氣質拘住，若欲止據己見持守，固亦自好，終恐規模窄狹，枯燥孤單，豈能展拓得去。古人所以親師取友，汲汲於講學者，非故汎濫於外也，止欲廣求天下義理，而反之於身，合天下之長，以爲一己之長，集天下之善，以爲一己之善，庶幾規模濶大，氣質不得而限之。

侍郎余訒齋先生祐

余祐㈠，字子積，別號訒齋，鄱陽人。年十九，往師胡敬齋。敬齋以女妻之。登弘治己未進士第，授南京刑部主事。忤逆瑾，落職。瑾誅，起知福州，晉山東副使，兵備徐州，以没入中官貨，逮詔獄。謫南寧府同知，稍遷韶州知府，投劾去。嘉靖改元，起河南按察使，調廣西，兩遷至雲南左布政。以太僕卿召，轉吏部右侍郎，未離滇而卒，戊子歲也，年六十四。

先生之學，墨守敬齋。在獄中著性書三卷，其言程、朱教人，拳拳以誠敬爲入門，學者豈必多言，惟去其念慮之不誠不敬者，使心地光明篤實，邪僻詭譎之意勿留其間，不患不至於古人矣。時文成朱子晚年定論初出，以朱子到底歸於存養，先生謂：「文公論心學凡三變。如存齋記所言，心之爲物，不可以形體求，不可以聞見得，惟存之之久，則日用之間，若有見焉。此則少年學禪，見得昭昭靈靈意思。及見延平，盡悟其失。復會南軒，始聞五峰之學，以察識端倪，爲最初下手處，未免闕却平時涵養一節工夫。別南軒詩：『惟應酬酢處，特達見本根。』答叔京書尾，謂『南軒入處精切』，皆謂此也。後來自悟其失，改定已發未發之論，然後體用不偏，動靜交致其力，工夫方得渾全。此其終身定見也，安得以其入門工夫謂之晚年哉！」

愚按：此辨正先生之得統於師門處。居業録云：「古人只言涵養，言操存，曷嘗言求見本體？」是

㈠「祐」原作「祜」，據明史、賈本改。

卽文公少年之見也。又云：「操存涵養，是静中工夫，思索省察，是動上工夫，動静二端時節，界限甚明，工夫所施，各有所當，不可混雜。」是卽文公動静交致其力，方得渾全，而以單提涵養者爲不全也。雖然，動静者時也，吾心之體不著於時者也，分工夫爲兩節，則静不能該動，動不能攝静，豈得爲無弊哉！其性書之作，兼理氣，論性深闢「性卽理也」之言，蓋分理是理，氣是氣，截然爲二，并朱子之意而失之。有云：「氣嘗能輔理之美矣，理豈不救氣之衰乎？」整菴非之，曰：「不謂理氣交相爲賜如此。」

明儒學案卷四　崇仁學案四

太僕夏東巖先生尚朴

夏尚朴字敦夫，別號東巖，永豐人。從學於婁一齋諒。登正德辛未進士第。歷部屬、守惠州、山東提學道，至南京太僕少卿。逆瑾擅政，遂歸。王文成贈詩，有「舍瑟春風」之句，先生答曰：「孔門沂水春風景，不出虞廷敬畏情。」先生傳主敬之學，謂「纔提起便是天理，纔放下便是人欲」。魏莊渠歎爲至言。然而皆「象山之學，以收斂精神爲主。吾儒收斂精神，要照管許多道理，不是徒收斂也」，信如兹言，則總然提起，亦未必便是天理，無乃自背其説乎！蓋先生認心與理爲二，謂心所以窮理，不足以盡理，陽明點出「心卽理也」一言，何怪不視爲河漢乎！

夏東巖文集

卓然豎起此心，便有天旋地轉氣象。

學者涵養此心，須如魚之游泳於水始得。

纔提起便是天理，纔放下便是人欲。

君子之心，纖惡不容，如人眼中著不得一些塵埃。學者須收斂精神，譬如一爐火，聚則光燄四出，纔撥開便昏黑了。

尋常讀「與點」一章，只說胸次脱灑是堯、舜氣象；近讀二典、三謨，方知兢兢業業是堯、舜氣象。嘗以此語雙門詹困夫，困夫云：「此言甚善。先兄復齋有詩云：『便如曾點象堯、舜，怕有餘風入老、莊。』」乃知先輩聰明，亦嘗看到此。

朱子云：「顏子之樂平淡，曾點之樂勞攘。」近觀擊壤集，堯夫之樂比之曾點尤勞攘。程子云：「敬則自然和樂。」和樂只是心中無事，方是孔、顏樂處。

道理是個甜的物事。朱子訓蒙詩云：「行處心安思處得，餘甘嘗溢齒牙中。」非譬喻也。

不問此心静與不静，只問此心敬與不敬，敬則心自静矣。譬如桶，箍纔放下，便八散了。

白沙云：「斯理也，宋儒言之備矣，吾嘗惡其太嚴也。」此與東坡要與伊川打破敬字意思一般，蓋東坡學佛，而白沙之學近禪，故云爾。然嘗觀之，程子云：「會得底，活潑潑地；不會得底，只是弄精神。」又曰：「與其是内㊀而非外，不若内外之兩忘，兩忘則澄然無事矣。」又曰：「必有事焉而勿正，心勿忘，未嘗致纖毫之力，此其存之之道也。」朱子云：「纔覺得間斷，便已接續了。」曷嘗過於嚴乎？至於發用處，天理人欲，間不容髮，省察克治，不容少緩，看二典、三謨，君臣互相戒敕，視三代爲尤嚴，其亦可惡乎？

㊀ 原作「内是」，據賈本、備要本改。

李延平云：「人於旦晝之間，不至梏亡，則夜氣愈清；夜氣清，則平旦未與物接之時，湛然虛明氣象，自可見矣。」此是喜怒哀樂未發氣象。

吾儒之學，靜中須有物，譬如果核，雖未萌芽，然其中自有一點生意。釋、老所謂靜，特虛無寂滅而已，如枯木死灰，安有物乎？

敬則不是裝點外事，乃是吾心之當然，有不容不然者。尋常驗之，敬則心便安，纔放下則此心便不安矣。所謂敬者，只如俗説「常打起精采」是也。

理與氣合，是浩然之氣，纔與理違，是客氣。

義由中出，猶快刀利斧劈將去，使事事合宜，是集義；若務矯飾徇外，即是義襲。襲，猶襲衣之襲。

「聖人定之以中正、仁義而主靜，立人極焉。」自註云：「無欲故靜。」蓋中正、仁義是理，主靜是心，惟其心無欲而靜，則此理自然動靜周流不息矣。觀通書，無欲則靜虛動直可見矣。主靜之靜，不與動時㈠對，乃大學定靜之靜。集註云：「靜，謂心不妄動。」是也。

爲學固要靜存動察。使此心未能無欲，雖欲存養省察，無下手處。直須使此心澹然無欲，則靜自然虛，動自然直，何煩人力之爲耶？程子云：「識得此理，以誠敬存之，不須防檢，不須窮索。心懈則有防，心苟不懈，何防之有？理有未明，故須窮索，存久自明，安待窮索？」與通書之言相表裏。

天地以生物爲心，人能以濟人利物爲心，則與天地之心相契，宜其受福於天也。故曰：「永言配

㈠「時」各本同。朱氏釋誤以爲當據東巖集作「字」。

命，自求多福。」

朱子語類解「敦厚以崇禮」云：「人有敦厚而不崇禮者，亦有禮文周密而不敦厚者，故敦厚又要崇禮。」此解勝集註。由是推之，此一節，當一句自爲一義，不必分屬存心、致知。蓋有尊德性而不道問學者，亦有道問學而不尊德性者，故尊德性又要道問學。如柳下惠可謂致廣大矣，而精微或未盡；伯夷可謂極高明矣，稽之中庸或未合。又集註以尊德性爲存心，以極道體之大，道學問爲致知，以極道體之細，恐亦未然。竊謂二者皆有大小，如涵養本原是大，謹於一言一行處是小；窮究道理大本大原處是大，一草一木亦必窮究是小。嘗以此質之魏子才，子才以爲然。

仁是心之德，如桃仁杏仁一般，若有分毫私，裏面便壞了，如何得生意發達於外。巧言令色，不必十分裝飾，但有一毫取悅於人意思，卽是巧令。知此而謹之，卽是爲仁之方。故曰：「知巧言令色之非仁，則知仁矣。」

人不知而有一毫不平之意，卽是渣滓未渾化，如何爲成德！一齋嘗有詩云：「爲學要人知做甚，養之須厚積須多。君子一心如止水，不教些子動微波。」

學者須先識此理。譬之五穀，不知其種，得不誤認稊稗爲五穀耶？雖極力培壅，止成稊稗耳。近世儒者有用盡平生之力，卒流入異學而不自知者，正坐未識其理耳。

象山之學，以收斂精神爲主，曰精神一霍便散了。楊慈湖論學，只是「心之精神謂之性」一句，此其所以近禪。朱子云：「收斂得精神在此，方看得道理盡。看道理不盡，只是不專一。」如此說方無病。

吾儒曰喚醒，釋氏亦曰喚醒，但吾儒喚醒此心，要照管許多道理，釋氏則喚醒在空㈠。精一執中，就事上說。尋常遇事有兩岐處，羣疑並興，既欲如此，又欲如彼。當是時也，盡把私意閣著了，不知那個是人心，那個是道心，故必精以察之，使二者界限分明。又須一以守之，使不爲私欲所奪，如此便是「允執厥中」。蓋過與不及，皆是人心，惟道心方是中。

堯之學以「欽」爲主，以「執中」爲用，此萬古心學之源也。舜告禹曰：「惟精惟一，允執厥中。」又曰：「欽哉，愼乃有位，敬修其可願。」曰欽、曰中、曰敬，皆本於堯而發之。且精一執中之外，又欲考古稽衆，視堯加詳焉。蓋必如此，然後道理浹洽，庶幾中可得以執矣。近世論學，直欲取足吾心之良知，而謂誦習講說爲支離。率意徑行，指凡發於粗心浮氣者，皆爲良知之本然。其說蔓延，已爲天下害。揆厥所由，蓋由白沙之說倡之耳。

執中從事上說，故以爲用，謬甚。

「夫道若大路然，豈難知哉」數語，令人有下手處。蓋日用間事親如此，事長如此，言如此，行如此，待人接物如此，各各有個路數，真如大路然，只是人遇事時，胡亂打過了。若每事肯入思慮，則心中自有一個當然之則，何事外求？故曰：「子歸而求之，有餘師。」假使曹交在門，教之不過如此。集註乃謂教之孝弟，不容受業於門。未然。

此段又與取足於吾心之良知者同，何其言之出入耶？

㈠「空」字原本無，據賈本補。

所謂求放心者，非是以心捉心之謂。蓋此心發於義理者，卽是真心，便當推行。若發不以正，與雖正發不以時，及泛泛思慮，方是放心，要就那放時卽提轉來，便無事。伊川曰：「心本善，流而爲惡，乃放也。」此語視諸儒爲最精。

纔流便是惡。

人之思慮，多是觸類而生，無有寧息時節，所謂朋從爾思也。朋，類也。試就思慮思量，如何思到此，逆推上去，便自見得。禪家謂之葛藤，所以要長存長覺，纔覺得便斷了。

近來諸公議論太高，稽其所就，多不滿人意。如楓山先生爲人，只一味純誠，比之他人，省了多少氣力，已是風動海内，乃知忠信驕泰得失之言爲有味。

若貪富貴，厭貧賤，未論得與不得，卽此貪之厭之之心，已自與仁離了，如何做得下面存養細密工夫！所以以無欲爲要。

心要有所用。日用間都安在義理上，卽是心存。豈俟終日趺坐㊀，漠然無所用心，然後爲存耶？

嘗疑腔子不是神明之舍，猶世俗所謂眶當之眶，指理而言，謂此心要常在理中，稍與理違，則出眶當外矣。然如此説，則滿腔子是惻隱之心，便説不去，不若照舊説爲善。蓋心猶户樞，户樞稍出臼外，便推移不動，此心若出軀殼之外，不在神明之舍，則凡應事接物無所主矣。

耳之聰，止於數百步外；目之明，止於數十里外；惟心之思，則入於無間，雖千萬里之外，與數千萬

㊀ 賈本、備要本「終日」下有「瞑目」二字。

年之上，一舉念即在於此，即此是神。

象山之學，雖主於尊德性，然亦未嘗不道問學，但其所以尊德性、道問學，與聖賢不同。程子論仁，謂識得此理，以誠敬存之而已。又謂識得仁體，實有諸己，只要義理栽培。蓋言識在所行之先，必先識其理，然後有下手處。象山謂能收斂精神在此，當惻隱自惻隱，當羞惡自羞惡，更無待於擴充。仁義禮智，本體自廣大，原不待於擴充，所謂擴充者，蓋言接續之使不息耳。此與告子不知性之爲理，而以所謂氣者當之，雖能堅持力制，至於不動心之速，適足爲心害也。朱子曰：「以天下之理，處天下之事；以聖賢之心，觀聖賢之書。」象山所引諸書，多是驅率聖賢之言以就己意，多非聖賢立言之意。如謂「顏子爲人最有精神，用力最難；仲弓精神不及顏子，然用力却易」，其與程子所謂「質美者，明得盡渣滓，便渾化，其次惟莊敬以持養之，及其至則一也」不同，豈直文義之差而已哉。

予昔有志於學，而不知操心之要，未免過於把捉，常覺有一物梗在胸中，雖欲忘之而不可得。在南監時，一日過東華門牆下，有賣古書者，予偶檢得四家語，內有黄蘗對裴休云：「當下即是，動念則非。」佇立之頃，遂覺胸中如有石頭磕然而下，無復累墜，乃知禪學誠有動人處。於後看程子書，説得下手十分明白痛快，但在人能領略耳。故曰：「吾道自足，何事旁求。」

聖賢之訓，明白懇切，無不欲人通曉。白沙之詩，好爲隱奥之語，至其論學處，藏形匿影，不可致詰。而甘泉之註，曲爲回互，類若商度隱語，然又多非白沙之意。詩自漢、魏以來，至唐、宋諸大家，皆有典則。至白沙自出機軸，好爲跌宕新奇之語，使人不可追逐，蓋本之莊定山，定山本之劉静修，規模意氣絶相類，詩學爲之大變。獨古選和陶諸作近之。

周子云：「一爲要，一者無欲也，無欲則静虚動直。」又云：「寡之又寡，寡之而至於無，則誠立明通。」與克己復禮意同。今不提起此心做主，就視聽言動上下工夫，漸漸求造寡欲虚静之地，直欲瞑目趺坐，置此心於無物之處，則私根何由以去，本體何由以虚乎？程子云：「坐忘却是坐馳。」朱子云：「要閒越不閒，要静越不静。」又云：「如讀書以求義理，應事接物以求當理，即所求者便是吾心，何事塊然獨坐而後爲存耶！」非洞見心體之妙，安能及此。

先師一齋家居，以正風俗爲己任，凡鄰里搬戲迎神及划船之類，必加曉諭禁戒，每每以此得罪於人，有所不恤。

世人只知有利，語及仁義，必將譏笑，以爲迂濶。殊不知利中即有害，惟仁義則不求利，自無不利。譬之甜的物事，喫過則酸，苦的物事，喫過方甜。如人家長尚利，惹得一家莫不尚利，由是父子兄弟交相攘奪，相劘相刃，必至傾覆而後已。若家長尚義，惹得一家莫不尚義，由是父慈其子，子孝其父，兄友其弟，弟恭其兄，莫説到門祚如何，只據眼前家庭之間，已自有一段春和景象，何利如之。

湛然虚明者，心之本體，本無存亡出入之可言。其有存亡出入者，特在操持敬肆之間耳。

好問好察而必用其中，誦詩讀書而必論其世，則合天下古今之聰明以爲聰明，其知大矣。近時諸公論學，乃欲取足吾心之良知，而議程、朱格物博文之論爲支離，謂可以開發人之知見，擴吾心良知良能之本然。此乃入門欵，於此既差，是猶欲其入而閉之門也。

讀白沙與東白論學詩

古人棄糟粕，糟粕非真傳。

愚謂六經載道之文，聖賢傳授心法在焉，而謂糟粕非真傳，何耶？

渺哉一勺水，積累成大川。亦有非積累，源泉自涓涓。

天下之事，未有不由積累而成者。孔子志學以至從心，孟子善信以至聖神。朱子曰：「予學蓋由銖累寸積得之。」又云：「予六十一歲方理會得，若去年死也枉了。」今謂不由積累而成，得非釋氏所謂「一超直入如來地」耶？

至無有至動，至近至神焉。發用茲不窮，緘藏極淵泉。

中庸云：「喜怒哀樂之未發謂之中，發而皆中節謂之和。中也者，天下之大本也；和也者，天下之達道也。」道之體用，不過如此，可謂明白。今乃說玄說妙，反滋學者之疑，從何處下手耶？

我能握其機，何必窺陳編。學患不用心，用心滋牽纏。本虛形乃實，立本貴自然。戒慎與恐懼，斯語未云偏。後儒不省事，差失毫釐間。

司馬温公、吕與叔、張天祺輩，患思慮紛擾，皆無如之何，誠如公論。至於程、朱，寧有此病？

程子云：「與其是內而非外，不若內外之兩忘，兩忘則澄然無事矣。」又云：「必有事焉而勿正，心勿忘，勿助長，未嘗致纖毫之力，此其存之之道也。」朱子云：「纔覺得間斷，便已接續了。」此皆任其天然，了無一毫將迎安排之病，心學之妙，至此無餘藴矣。戒慎恐懼，敬也，敬有甚形影？只是此心存主處，纔提起，心便安，纔放下，心便無安頓處。是乃人心之當然，有不容不然者。若不知此，而以裝點外事、矜持太過爲敬，則爲此心之病矣。故曰：以爲無益而舍之者，不芸苗者也；助之長者，揠苗者也，非徒無益而又害之。

寄語了心人，素琴本無絃。

此是無聲無臭處，中庸從天命説起，都説盡了，方説到此。所以程子云：「下學而上達，乃學之要。」今論學不説下學之功，遽及上達之妙，宜其流入異學而不自知也。此詩清新華妙，見者争誦之，而不知其有悖於道，予不得以不辨。

章楓山謂予曰：「白沙應聘來京師，予在大理，往候而問學焉。白沙云：『我無以教人，但令學者看「與點」一章。』予云：『以此教人，善矣。但朱子謂專理會「與點」意思，恐入於禪。』白沙云：『彼一時也，此一時也。朱子時，人多流於異學，故以此救之；今人溺於利禄之學深矣，必知此意，然後有進步處耳。』予聞其言，怳若有悟。」浴沂亭記。

性書之作，兼理氣論性，深闢性卽理也之言，重恐得罪於程、朱，得罪於敬齋，不敢不以復也。人得天地之氣以成形，氣之精爽以爲心。心之爲物，虚靈洞徹，有理存焉，是之謂性。性字從心、從生，乃心之生理也。故朱子謂「靈底是心，實底是性，性是理，心是盛貯該㊀載、敷施發用底，渾然在中，雖是一理，然各有界分，不是儱侗之物，故隨感而應，各有條理。」程子謂「沖漠無朕，萬象森然已具，未應不是先，已應不是後」者，此也。孟子言人性本善，而所以不善者，由人心陷溺於物欲而然，缺却氣質一邊㊁，故啓荀、揚、韓子紛紛之論，至程、張、朱子，方發明一個氣質出來，此理無餘藴矣。蓋言人性是理，本無不善，而所以有善不善者，氣質之偏耳，非專由陷溺而然也。其曰天地之性者，直就氣稟中指出本然之理而言，孟子之言是也。氣稟之性，乃是合理與氣而言，荀、揚、韓子之言是也。程、朱之言，明白洞達，既不足服執事之心，則子才、純甫之言，宜其不見取於執事也，又况區區之言哉！然嘗思之，天下無性外之物，而性無不在日用之間，種種發見，莫非此性之用。今且莫問性是理，是氣，是理與氣兼，但就發處認得是理卽行，不是理處卽止，務求克去氣質之偏，物欲之蔽，俟他日功深力到，豁然有見處，然後看是理耶，是氣耶，是理與氣兼耶？當不待辯而自明矣。答佘子積書。

此道廣大精微，不可以急迫之心求之，須是認得路頭端的，而從容涵泳於其間，漸有湊泊處耳。復魏子才書。

人心本虛靈，静處難思議。及其有思時，却屬動邊事。賢如司馬公，徹夜苦不寐。殷勤念一中，與念佛何異。不知此上頭，著不得一字。勿忘勿助間，妙在心獨契。澄徹似波停，融液如春至。莫作禪

㊀「該」字原本無，據賈本補。
㊁「邊」字原本無，據賈本補。

樣看，卽此是夜氣。諦觀日用間，道理平鋪是。坦如大路然，各各有界至。不必費安排，只要去私意。泛泛思慮萌，覺得無根蒂。將心去覓心，便覺添累墜。討論要精詳，淘汰極純粹。如此用工夫，庶幾體用備。君歸在旦夕，不得長相聚。試誦口頭禪，君宜體會去。（劉士鳳夜苦不寐，予恐其把捉太過，賦此贈之。）

近世論學者，徒見先正如温公及呂與叔、張天祺，皆無奈此心何，偶於禪門得些話㊀頭，悟得此心有不待操而自存的道理，遂謂至玄至妙，千了萬當。以此爲道，則禪家所謂「當下卽是，動念則非」，所謂「放四大，莫把捉，寂寞性中隨飲啄」，所謂「汝暫息心，善惡都莫思量」，皆足以爲道。殊不知不難於一本，而難於萬殊。日用之間，千頭萬緒，用各不同，苟非涵養此心，而剗刮道理出來，使之洞然無疑，則擬議之間，忽已墮於過與不及而不自知矣，其何以得大中至正之矩哉？學者於此，正須痛下功夫，主敬窮理，交修並進，而積之以歲月之久，庶幾漸有湊泊處耳。不然，決入異教無疑也。與趙元默論學。元默，白沙門人。

花者華也，氣之精華也。天地之氣，日循根幹而升，到枝頭去不得了，氣之精華遂結爲蓓蕾，久則包畜不住，忽然迸開，光明燦爛如此。人能涵泳義理，澆灌此心，優游饜飫而有得焉，則其發之言論，措之行事，自有不容已者，所謂「和順積中，英華發外」是也。中庸云：「誠則形，形則著，著則明。」又云：「故至誠無息。不息則久，久則徵。」「如此者，不見而章，不動而變，無爲而成。」觀此，尤信程子云：「物

㊀ 原作「活」，據備要本改。

我一理，纔明彼，卽曉此，此合内外之道也。」或謂一草一木不必窮究，恐未之深思耳。要識静中須有物，却從動處反而觀。湛然一氣虚明地，安得工夫入語言。

廣文潘玉齋先生潤

潘潤字德夫，號玉齋，信之永豐人。師事婁一齋。一齋嚴毅英邁，慨然以師道自任，嘗謂先生曰：「致禮以治躬，外貌斯須不莊不敬，而慢易之心入之矣。致樂以治心，中心斯須不和不樂，而鄙詐之心入之矣。此禮樂之本，身心之學也。」先生謹佩其教，終日終身出入準繩規矩。李空同督學江右，以人才爲問，諸生僉舉先生。空同致禮欲見之。時先生居憂，以衰服拜於門外，終不肯見。空同歎其知禮。焚香静坐，時以所得者發爲吟詠。終成都教諭。

明儒學案卷五　白沙學案上

有明之學，至白沙始入精微。其喫緊工夫，全在涵養。喜怒未發而非空，萬感交集而不動。至陽明而後大。兩先生之學，最爲相近，不知陽明後來從不説起，其故何也。薛中離，陽明之高第弟子也，於正德十四年上疏請白沙從祀孔廟，是必有以知師門之學同矣。羅一峰曰：「白沙觀天人之微，究聖賢之蘊，充道以富，崇德以貴，天下之物，可愛可求，漠然無動於其中。」信斯言也，故出其門者，多清苦自立，不以富貴爲意，其高風之所激，遠矣。

文恭陳白沙先生獻章

陳獻章字公甫，新會之白沙里人。身長八尺，目光如星，右臉有七黑子，如北斗狀。自幼警悟絶人，讀書一覽輒記。嘗讀孟子所謂天民者，慨然曰：「爲人必當如此！」夢拊石琴，其音泠泠然，一人謂之曰：「八音中惟石難諧，子能諧此，異日其得道乎？」因别號石齋。正統十二年舉廣東鄉試，明年會試中乙榜，入國子監讀書。已至崇仁，受學於康齋先生，歸卽絶意科舉，築春陽臺，静坐其中，不出閾外者數年。尋遭家難。成化二年，復遊太學，祭酒邢讓試和楊龜山此日不再得詩，見先生之作，驚曰：「卽龜山不如也。」颺言於朝，以爲真儒復出，由是名動京師。羅一峰、章楓山、莊定山、賀醫閭皆恨相見之晚，醫閭且稟學焉。歸而門人益進。十八年，布政使彭韶、都御史朱英交薦，言「國以仁賢爲寶，臣自度才德不及獻章萬萬，臣冒高位，而令獻章老丘壑，恐坐失社稷之寶」。召至京，政府或尼之，令就試吏部。辭疾不赴，疏乞終養，授翰林院檢討而歸。有言其出處與康齋異者，先生曰：「先師爲石亨所薦，所以不受職，某以聽選監生，始終願仕，故不敢僞辭以釣虛譽，或受或不受，各有攸宜。」自後屢薦不起。弘治十三年二月十日卒，年七十有三。先生疾革，知縣左某以醫來，門人進曰：「疾不可爲也。」先生曰：「須盡朋友之情。」飲一匙而遣之。

先生之學，以虛爲基本，以靜爲門户，以四方上下、往古來今穿紐湊合爲匡郭，以日用、常行、分殊爲功用，以勿忘、勿助之間爲體認之則，以未嘗致力而應用不遺爲實得。遠之則爲曾點，近之則爲堯夫，此可無疑者也。故有明儒者，不失其矩矱者亦多有之，而作聖之功，至先生而始明，至文成而始大。向使先生與文成不作，則濂、洛之精蘊，同之者固推見其至隱，異之者亦疏通其流别，未能如今日也。或者謂其近禪，蓋亦有二，聖學久湮，共趨事爲之末，有動察而無靜存，一及人生而靜以上，便鄰于外氏，此庸人之論，不足辨也。羅文莊言「近世道學之昌，白沙不爲無力，而學術之誤，亦恐自白沙始。至無而動，至近而神，此白沙自得之妙也。彼徒見夫至神者，遂以爲道在是矣，而深之不能極，幾之不能研，其病在此」。緣文莊終身認心性爲二，遂謂先生明心而不見性，此文莊之失，不關先生也。先生自序爲學云：「僕年二十七，始發憤從吳聘君學，其於古聖賢垂訓之書，蓋無所不講，然未知入處。比歸白沙，杜門不出，專求所以用力之方，既無師友指引，日靠書册尋之，忘寐忘食，如是者累年，而卒未有得。所謂未得，謂吾此心與此理未有湊泊脗合處也。於是舍彼之繁，求吾之約，惟在静坐。久之，然後見吾此心之體，隱然呈露，常若有物，日用間種種應酬，隨吾所欲，如馬之御銜勒也；體認物理，稽諸聖訓，各有頭緒來歷，如水之有源委也。於是涣然自信曰：『作聖之功，其在兹乎！』」張東所叙先生爲學云：「自見聘君歸後，静坐一室，雖家人罕見其面，數年未之有得。於是迅掃夙習，或浩歌長林，或孤嘯絶島，或弄艇投竿於溪涯海曲，捐耳目，去心智，久之然後有得焉，蓋主静而見大矣。由斯致力，遲遲至二十餘年之久，乃大悟廣大高明不離乎日用，一真萬事，本自圓成，不假人力，無動静，無内外，大小精粗，一以貫之。」先生之學，自博而約，由粗入細，其於禪學不同如此。

尹直瑣綴録謂先生「初至京，潛作十詩頌太監梁方，方言於上，乃得授職。及請歸，出城輒乘轎張蓋，列槊開道，無復故態。丘文莊採入憲廟實録，可謂遺穢青史。」憲章録則謂採之實録者，張東白也。按東白問學之書，以「義理須到融液，操存須到灑落」爲言，又令其門人餽遺先生，深相敬慕，寄詩疑其逃禪則有之，以烏有之事，闌入史編，理之所無也。文莊深刻，喜進而惡退，一見之於定山，再見之於先生，與尹直相去不遠。就令梁方之詩不僞，方是先生鄉人，因其求詩而與之，亦情理之所有，便非穢事；既已受職，乘轎張蓋，分之攸宜，攬之以爲話柄，則凡講學者涕唾亦不得矣。

萬曆十三年，詔從祀孔廟，稱先儒陳子，謚文恭。

論學書

復趙提學　執事謂浙人以胡先生不教人習四禮爲疑，僕因謂禮文雖不可不講，然非所急，正指四禮言耳，非統體禮也。禮無所不統，有不可須臾離者，克己復禮是也。若四禮則行之有時，故其説可講而知之。學者進德修業，以造於聖人，緊要却不在此也。程子曰：「且省外事，但明乎善，惟進誠心。」外事與誠心對言，正指文爲度數。若以其至論之，文爲度數，亦道之形見，非可少者。但求道者，有先後緩急之序，故以且省爲辭，省之言略也，謂姑略去，不爲害耳。此蓋爲初學未知立心者言之，非初學，不言且也。若以外事爲外物累己，而非此之謂，則當絶去，豈直省之云乎。

僕年二十七，始發憤從吳聘君學，其於古聖賢垂訓之書，蓋無所不講，然未知入處。比歸白沙，杜門不出，專求所以用力之方，既無師友指引，惟日靠書册尋之，忘寐忘食，如是者亦累年，而卒未得焉。所謂未得，謂吾此心與此理未有湊泊脗合處也。於是舍彼之繁，求吾之約，惟在静坐。久之，然後見吾此心之體，隱然呈露，常若有物，日用間種種應酬，隨吾所欲，如馬之御銜勒也；體認物理，稽諸聖訓，各有頭緒來歷，如水之有源委也。於是涣然自信曰：「作聖之功，其在兹乎！」有學於僕者，輒教之静坐，蓋以吾所經歷，粗有實效者告之，非務爲高虚以誤人也。

承諭有爲毁僕者，有曰「自立門户」者，是「流於禪學」者，甚者則曰「妄人率人於僞」者。僕安敢與之强辯，姑以迹之近似者言之。孔子教人文行忠信，後之學孔氏者，則曰「一爲要」。一者無欲也，無欲則静虚而動直，然後聖可學而至矣。所謂「自立門户」者，非此類歟？佛氏教人曰「静坐」，吾亦曰「静坐」；曰「惺惺」，吾亦曰「惺惺」。調息近於數息，定力有似禪定，所謂「流於禪學」者，非此類歟？僕在京師，適當應魁養病之初，前此克恭亦以病去。二公皆能審於進退者也，其行止初無與於僕，亦非僕所能與也。不幸其迹偶與之同，出京之時又同，是以天下之責不仕者，輒涉於僕，其責取證於二公。而僕自己丑得病，五六年間，自汗時發，母氏年老，是以不能出門耳。凡責僕以不仕者，遂不可解。所謂「妄人率人於僞」者，又非此類歟？

復林太守　僕於送行之文，間嘗一二爲之，而不以施於當道者。一則嫌於上交，一則恐其難繼，守此戒來三十餘年。苟不自量，勇於承命，後有求者，將何辭以拒之？

與順德吴明府　出處語默，咸率乎自然，不受變於俗，斯可矣。

復張東白　夫學有由積累而至者，有不由積累而至者；有可以言傳者，有不可以言傳者。夫道至無而動，至近而神，故藏而後發，形而斯存。大抵由積累而至者，可以言傳也；不由積累而至者，不可以言傳也。知者能知至無於至近，則無動而非神。藏而後發，明其幾矣；形而斯存，道在我矣。是故善求道者，求之易；不善求道者，求之難。義理之融液，未易言也，操存之灑落，未易言也。夫動，已形者也，形斯實矣；其未形者，虚而已。虚其本也，致虚之所以立本也。戒慎恐懼所以閑之，而非以爲害也。然而世之學者，不得其説，而以用心失之者多矣。斯理也，宋儒言之備矣，吾嘗惡其太嚴也，使著於見聞者，不睹其真，而徒與我曉曉也。是故道也者，自我得之，自我言之可也。不然辭愈多而道愈窒，徒以亂人也。君子奚取焉？

與羅一峰　聖賢處事，毫無偏主，惟視義何如，隨而應之，無往不中。吾人學不到古人處，每有一事來，斟酌不安，便多差却。隨其氣質，剛者偏於剛，柔者偏於柔，每事要高人一著，做來畢竟未是。蓋緣不是義理發源來，只要高去，故差。自常俗觀之，故相雲泥，若律以道，均爲未盡。

君子未嘗不欲人入於善，苟有求於我者，吾以告之可也。强而語之，必不能入，則棄吾言於無用，又安取之？且衆人之情，既不受人之言，又必別生枝節以相矛盾，吾猶不舍而責之益深，取怨之道也。

伊川先生每見人静坐，便歎其善學。此一「静」字，自濂溪先生主静發源，後來程門諸公，遞相傳授，至于豫章、延平，尤專提此教人，學者亦以此得力。晦翁恐人差入禪去，故少説静，只説敬，如伊川晚年之訓，此是防微慮遠之道。然在學者，須自度量如何，若不至爲禪所誘，仍多著静，方有入處。若平生忙者，此尤爲對症之藥。

學者先須理會氣象，氣象好時，百事自當。此言最可玩味。言語動静，便是理會氣象地頭。變急爲緩，變激烈爲和平，則有大功，亦遠禍之道也，非但氣象好而已。

答張汝弼　康齋以布衣爲石亨所薦，所以不受職而求觀祕書者，冀得開悟人主也。惜宰相不悟，以爲實然，言之上，令就職，然後觀書，殊戾康齋意，遂決去。某以聽選監生薦，又疏陳始終願仕，故不敢僞辭，以釣虚名，或受或不受，各有攸宜爾。

與林君　學勞擾則無由見道，故觀書博識，不如静坐。

與林緝熙　終日乾乾，1只是收拾此理而已。此理干涉至大，無内外，無終始，無一處不到，無一息不運。會此則天地我立，萬化我出，而宇宙在我矣。得此欛柄入手，更有何事？往古來今，四方上下，都一齊穿紐，一齊收拾，隨時隨處無不是這個充塞。色色信他本來，何用爾脚勞手攘？舞雩三三兩兩，正在勿忘勿助之間，曾點些兒活計，被孟子打併出來，便都是鳶飛魚躍。若無孟子工夫，驟而語之以曾點見趣，一似説夢，會得，雖堯、舜事業，只如一點浮雲過目，安事推乎！此理包羅上下，貫徹終始，滚作一片，都無分别，無盡藏故也。自兹已往，更有分殊處，合要理會，毫分縷析，義理儘無窮，工夫儘無窮。書中所云，乃其統體該括耳。夫以無所著之心行於天下，亦焉往而不得哉！

與賀克恭　人要學聖賢，畢竟要去學他。若道只是箇希慕之心，却恐末梢未易凑泊，卒至廢弛。若道不希慕聖賢，我還肯如此學否？思量到此，見得個不容已處，雖使古無聖賢爲之依歸，我亦住不得，如此方是自得之學。

心地要寬平，識見要超卓，規模要闊遠，踐履要篤實。能此四者，可以言學矣。

接人接物不可揀擇殊甚，賢愚善惡一切要包他，到得物我兩忘，渾然天地氣象，方始是成就處。

爲學須從静坐中養出個端倪來，方有商量處。

與謝元吉　人心上容留一物不得，才著一物，則有礙。且如功業要做，固是美事，若心心念念只在功業上，此心便不廣大，便是有累之心。是以聖賢之心，廓然若無，感而後應，不感則不應。又不特聖賢如此，人心本來體段皆一般，只要養之以靜，便自開大。

與何時矩　宇宙内更有何事？天自信天，地自信地，吾自信吾。自動自靜，自闔自闢，自舒自卷，甲不問乙供，乙不待甲賜。牛自爲牛，馬自爲馬。感於此，應於彼，發乎邇，見乎遠。故得之者天地與順，日月與明，鬼神與福，萬民與誠，百世與名，而無一物奸於其間。嗚呼！大哉。前輩云：「銖視軒冕，塵視金玉。」此蓋略言之以諷始學者耳。人爭一箇覺，纔覺便我大而物小，物盡而我無盡。夫無盡者，微塵六合，瞬息千古，生不知愛，死不知惡，尚奚暇銖軒冕而塵金玉耶！

禪家語，初看亦甚可喜，然實是儱侗，與吾儒似同而異，毫釐間便分霄壤，此古人所以貴擇之精也。如此辭所見大體處，了了如此，聞者安能不爲之動？但起脚一差，立到前面，無歸宿，無準的，便日用間種種各別，不可不勘破也。

與張廷實　時矩語道而遺事，秉常論事而不及道；時矩如師也過，秉常如商也不及，胥失之矣。道無往而不在，仁無時而或息，天下何思何慮，如此乃至當之論也。聖人立大中以教萬世，吾儕主張世道，不可偏高，壞了人也。

論詩文。詩直是難作，其間起伏往來，脈絡緩急浮沉，當理會處，一一要到，非但直説出本意而已。文字亦然，古文字好者都不見安排之跡，一似信口説出，自然妙也。其間體製非一，然本於自然不安排者便覺好。柳子厚比韓退之不及，只爲太安排也。

前輩謂學貴知疑，小疑則小進，大疑則大進。疑者，覺悟之機也。一番覺悟，一番長進，更無別法也。即此便是科級，學者須循次而進，漸到至處耳。

古之作者，意鄭重而文不煩，語曲折而理自到。見子長寄定山先生詩，可是率爾，定山豈可輒寄以詩耶！

復李世卿　君子以道交者也，同明相照，同類相求，雲從龍，風從虎，聖人作而萬物覩。已不遵道而好與人交，惡在其能交也。

與崔楫　棄禮從俗，壞名教事，賢者不爲。願更推廣此心於一切事，不令放倒。名節，道之藩籬，藩籬不守，其中未有能獨存者也。

與李德孚　大抵吾人所學，正欲事事點簡。今處一家之中，尊卑老幼咸在，才點簡著，便有不由己者，抑之以義，則咈和好之情。於此處之，必欲事理至當，而又無所忤逆，亦甚難矣。如此積漸日久，恐別生乖戾，非細事也。將求其病根所在而去之，衹是無以供給其日用，諸兒女婚嫁在眼，不能不相責望，在己既無可增益，又一切裁之以義，俾不得妄求，此常情有所不堪，亦乖戾所宜有也。昔者羅先生勸僕賣文以自活，當時甚卑其説，據今時勢如此，亦且不免食言，但恐欲紓目前之急，而此貨此時則未有可售者，不知何如可耳。

與湛民澤　承示近作，頗見意思，然不欲多作，恐其滯也。人與天地同體，四時以行，百物以生，若滯在一處，安能爲造化之主耶？古之善學者，常令此心在無物處，便運用得轉耳。學者以自然爲宗，不可不著意理會。

自然之樂，乃真樂也，宇宙間復有何事！

飛雲之高幾千仞，未若立木於空中與此山平，置足其巔，若履平地，四顧脱然，尤爲奇絶。此其人內忘其心，外忘其形，其氣浩然，物莫能干，神遊八極，未足言也。

某久處危地，以老母在堂，不自由耳。近遣人往衡山，問彼田里風俗，尋胡致堂住處。古人託居，必有所見，倘今日之圖可遂，老脚一登祝融峰，不復下矣。是將託以畢吾生，非事遊觀也。

三年之喪，在人之情，豈由外哉？今之人大抵無識見，便卑闒得甚，愛人道好，怕人道惡，做出世事不得，正坐此耳。吾輩心事，質諸鬼神，焉往而不泰然也耶！

學無難易，在人自覺耳。才覺退便是進也，才覺病便是藥也。

日用間隨處體認天理，著此一鞭，何患不得到古人佳處也。

示學者帖　諸君或聞外人執異論非毁之言，請勿相聞。若事不得已言之，亦須隱其姓名可也。人稟氣習尚不同，好惡亦隨而異。是其是，非其非，使其見得是處，決不至以是爲非而毁他人。此得失恒在毁人者之身，而不在所毁之人，言之何益！且安知己之所執以爲是者，非出於氣稟習尚之偏，亦如彼之所執以議我者乎？苟未能如顏子之無我，未免是己而非人，則其失均矣。況自古不能無毁，盛德者猶不免焉。今區區以不完之行，而冒過情之譽，毁者固其所也。此宜篤於自修，以求無毁之實，不必以爲異而欲聞之也。

語録

三代以降，聖賢乏人，邪説並興，道始爲之不明；七情交熾，人欲横流，道始爲之不行。道不明，雖日誦萬言，博極羣書，不害爲未學；道不行，雖普濟羣生，一匡天下，不害爲私意。

爲學莫先於爲己、爲人之辨，此是舉足第一步。

疑而後問，問而後知，知之真則信矣。故疑者進道之萌芽也，信則有諸己矣。論語曰：「古之學者爲己。」

夫道無動静也，得之者，動亦定，静亦定，無將迎，無内外，苟欲静卽非静矣。故當隨動静以施其功也。

善學者主於静，以觀動之所本；察於用，以觀體之所存。

治心之學，不可把捉太緊，失了元初體段，愈認道理不出。又不可太漫，漫則流於汎濫而無所歸。「但得心存斯是敬，莫於存外更加功」。大抵學者之病，助長爲多，晦翁此詩，其求藥者歟！

題跋

書漫筆後　文章功業氣節，果皆自吾涵養中來，三者皆實學也。惟大本不立，徒以三者自名，所務者小，所喪者大，雖有聞於世，亦其才之過人耳，其志不足稱也。學者能辨乎此，使心常在内，到見理明後，自然成就得大。

次王半山韻跋　作詩須將道理就自己性情上發出來，不可作議論說去，離了詩之本體，便是宋頭巾也。

贈彭惠安別言　忘我而我大，不求勝物而物莫能撓。孟子云：「我善養吾浩然之氣。」山林朝市一也，死生常變一也，富貴貧賤威武一也，而無以動其心，是名曰「自得」。自得者，不累於外物，不累於耳目，不累於造次顛沛，鳶飛魚躍，其機在我。知此者謂之善學，不知此者雖學無益也。

題采芳園記後　天下未有不本於自然，而徒以其智，收顯名於當年，精光射來世者也。易曰「天地變化，草木蕃」，時也。隨時詘信，與道翱翔，固吾儒事也。

著撰

仁術論　天道至無心，比其著於兩間者，千怪萬狀，不復有可及，至巧矣，然皆一元之所爲。聖道至無意，比其形於功業者，神妙莫測，不復有可加，亦至巧矣，然皆一心之所致。心乎，其此一元之所舍乎！昔周公扶王室者也，桓、文亦扶王室者也，然周公身致太平，延被後世，桓、文戰争不息，禍藏於身者，桓、文用意，周公用心也。是則至拙莫如意，而至巧者莫踰於心矣。

安土敦乎仁論　寓於此，樂於此，身於此，聚精會神於此，而不容或忽，是之謂君子「安土敦乎仁」也。比觀泰之序卦曰：「履而泰，然後安。」又曰：「履得其所則舒泰，泰則安矣。」夫泰，通也。泰然後安者，通於此，然後安於此也。然九二曰「包荒用馮河」，是何方泰而憂念卽興也？九三曰「艱貞，无咎」，則君子於是時愈益恐恐然，如禍之至矣。是則君子之安於其所，豈直泰然而無所事哉！蓋將兢兢業業，惟恐一息之或間，一念之或差，而不敢以自暇矣。

無後論　君子一心，足以開萬世，小人百惑，足以喪邦家。何者？心存與不存也。夫此心存則一，一則誠；不存則惑，惑則僞。所以開萬世、喪邦家者，不在多，誠僞之間而足矣。夫天地之大，萬物之富，何以爲之也？一誠所爲也。蓋有此誠，斯有此物，則有此物，必有此誠。誠在人何所？具於一心耳。心之所有者此誠，而爲天地者此誠也。天地之大，此誠且可爲，而君子存之，則何萬世之不足開哉！作俑之人，既惑而喪其誠矣，夫既無其誠，而何以有後耶。

論銖視軒冕塵視金玉　天下事物雜然前陳，事之非我所自出，物之非我所素有，卒然舉而加諸我，不屑者視之，初若與我不相涉，則厭薄之心生矣。然事必有所不能已，物必有所不能無，來於吾前矣，得謂與我不相涉耶？君子一心，萬理完具，事物雖多，莫非在我，此身一到，精神具隨，得吾得而得之耳，失吾得而失之耳，厭薄之心胡自而生哉！若曰「物」，吾知其爲物耳，「事」，吾知其爲事耳，勉焉舉吾之身以從之，初若與我不相涉，比之醫家，謂之不仁。

或曰：「道可狀乎？」曰：「不可。此理之妙不容言。道至於可言，則已涉乎粗迹矣。」「何以知之？」曰：「以吾知之。吾或有得焉，心得而存之，口不可得而言之，比試言之，則已非吾所存矣。故凡有得而可言，皆不足以得言。」曰：「道不可以言狀，亦可以物乎？」曰：「不可。物囿於形，道通於物，有目者不得見也。」「何以言之？」曰：「天得之爲天，地得之爲地，人得之爲人，狀之以天則遺地，狀之以地則遺人，物不足狀也。」曰：「道終不可狀歟？」曰：「有其方則可。舉一隅而括其三隅，狀道之方也；據一隅而反其三隅，按狀之術也。然狀道之方非難，按狀之術實難。人有不知彈，告之曰：『弦之形如弓，而以竹爲之。』使其知弓，則可按也。不知此道之大，告之曰：『道大也，天小也，軒冕金玉又小。』則能按而不惑者鮮矣！故曰『道不可狀』，爲難其人也。」

禽獸説　人具七尺之軀，除了此心此理，便無可貴。渾是一包膿血，裹一大塊骨頭，饑能食，渴能飲，能著衣服，能行淫欲，貧賤而思富貴，富貴而貪權勢，忿而争，憂而悲，窮則濫，樂則淫，凡百所爲，一信血氣，老死而後已，則命之曰禽獸可也。

道學傳序　學者不但求之書，而求之吾心，察於動静有無之機，致養其在我者，而勿以聞見亂之。去耳目支離之用，全虚圓不測之神，一開卷盡得之矣。非得之書也，得自我者也。

贈容一之序　恐游心太高，著蹟太奇，將來成就結果處，既非尋常意料所及，而予素蹇鈍，胡能追攀逸駕？仰視九霄之上，何其茫茫，生方鋭意以求自得，亦將不屑就予，又安知足履平地，結果爲何如也？

贈張廷實序　廷實之學，以自然爲宗，以忘己爲大，以無欲爲至，即心觀妙，以揆聖人之用。其觀於天地，日月晦明，山川流峙，四時所以運行，萬物所以化生，無非在我之極，而思握其樞機，端其銜綏，行乎日用事物之中，以與之無窮。

城隍廟記　神之在天下，其間以至顯稱者，非以其權歟？夫聰明正直之謂神，威福予奪之謂權，人亦神也，權之在人，猶其在神也。此二者有相消長盛衰之理焉。人能致一郡之和，下無干紀之民，無所用權；如或水旱相仍，疫癘間作，民日洶洶，以干鬼神之譴怒，權之用始不窮矣。夫天下未有不須權以治者也，神有禍福，人有賞罰，失於此，得於彼，神其無以禍福代賞罰哉！鬼道顯，人道晦，古今有識所憂也。

雲潭記　天地間一氣而已，詘信相感，其變無窮。人自少而壯，自壯而老，其歡悲得喪、出處語默之變，亦若是而已。孰能久而不變哉？變之未形也，以爲不變，既形也，而謂之變，非知變者也。夫氣也者，日夜相代乎前，雖一息，變也，況於冬夏乎？生於一息，成於冬夏者也。夫氣上烝爲雲，下注爲潭，氣水之未變者也。一爲雲，一爲潭，變之不一而成形也。其必有將然而未形者乎？默而識之，可與論易矣。

舉人李大厓先生承箕

李承箕字世卿，號大厓，楚之嘉魚人。成化丙午舉人。其文出入經史，跌宕縱橫。聞白沙之學而慕之，弘治戊申，入南海而師焉。白沙與之登臨弔古，賦詩染翰，投壺飲酒，凡天地間耳目所聞見，古今上下載籍所存，無所不語。所未語者，此心通塞往來之機，生生化化之妙，欲先生深思而自得之，不可以見聞承當也。

久之而先生有所悟入，歸築釣臺於黃公山，讀書静坐其中，不復仕進。自嘉魚至新會，涉江浮海，水陸萬里，先生往見者四。而白沙相憶之詩：「去歲逢君笑一回，經年笑口不曾開。山中莫謂無人笑，不是真情懶放懷。」又「衡岳千尋雲萬尋，丹青難寫夢中心。人間鐵笛無吹處，又向秋風寄此音。」真有相視而莫逆者。蓋先生胸懷灑落，白沙之門更無過之。

乙丑二月卒，年五十四。唐伯元謂其晚節大敗，不知何指，當俟細考。

文集

詩，雅頌各得其所，而樂之本正。可以興，可以觀，可以羣，可以怨，而詩之教明。孔子之志，其見於是乎！先生詩曰：「從前欲洗安排障，萬古斯文看日星。」其本乎！「一笑功名卑管、晏，六經仁義沛江河」。其用乎！「時當可出寧須我，道不虛行只在人」。其出處乎！所謂吟詠性情，而不累於性情者乎！

先生不著書，嘗曰：「六經而外，散之諸子百家，皆剩語也。」故其詩曰：「他年得遂投閒計，只對青山不著書。」又曰：「莫笑老慵無著述，真儒不是鄭康成。」

明儒學案卷六　白沙學案下

通政張東所先生詡

張詡字廷實，號東所，南海人，白沙弟子。登成化甲辰進士第。養病歸，六年不出，部檄起之，授户部主事。尋丁憂，累薦不起。正德甲戌，拜南京通政司左參議，又辭，一謁孝陵而歸。卒年六十。

白沙以「廷實之學，以自然爲宗，以忘己爲大，以無欲爲至，即心觀妙，以揆聖人之用。其觀於天地，日月晦明，山川流峙，四時所以運行，萬物所以化生，無非在我之極，而思握其樞機，端其銜綏，行乎日用事物之中，以與之無窮」。觀此則先生之所得深矣。白沙論道，至精微處極似禪。其所以異者，在「握其樞機，端其銜綏」而已。禪則并此而無之也。奈何論者不察，同類並觀之乎！

文集

儒有真僞，故言有純駁。六經、四書以真聖賢而演至道，所謂言之純，莫有尚焉者矣。繼此若濂、洛諸書，有純者，有近純者，亦皆足以羽翼乎經書，而啓萬世之蒙，世誠不可一日而缺也。至於聖絶言湮，著述家起，類多春秋吴、楚之君，僭稱王者耳，齊桓、晉文，假名義以濟其私者耳，匪徒言之駁乎，無足取也。其蓁蕪大道，晦蝕性天，莫甚焉。非蕩之以江海，驅之以長風，不可以入道也。故我白沙先生起於東南，倡道四十餘年，多示人以無言之教，所以救僭僞之弊，而長養夫真風也。其恒言曰：「孔子，大聖人也，而欲無言。後儒弗及聖人遠矣，而汲汲乎著述，亦獨何哉！雖然，無言二字，亦著述也，有能超悟自得，則於斯道思過半矣。然則六經、四書，亦剩語耳，矧其他乎！」而世方往往勸先生以著述爲事，而以缺著述爲先生少之者，蓋未之思耳。今則詩集出焉，而人輒以詩求之，文集出焉，而人輒以文求之，自非具九方皐之目，而能得神駿於驪黄牝牡之外者，或寡矣。詡誠懼夫後修者復溺於無言以爲道也，因摭先生文集中語，倣南軒先生傳道粹言例，分爲十類而散入之。其間性命天道之微，文章功業之著，修爲持治之方，經綸斡運之機，靡不燦然畢具。輯成，名曰白沙先生遺言纂要，凡十卷。庶觀者知先生雖尋常應酬文字中，無非至道之所寓，至於一動一静，一語一默，無非至教，蓋可觸類而長焉。由是觀之，先生雖以無言示教，而卒未嘗無言，是以言焉而言無不中，有純而無駁，其本真故也。是可以佐聖經而補賢傳矣。白沙遺言纂要序

昔吕原明嘗稱：「正叔取人，專取有行，不論知見。」又説：「世人喜説某人只是説得。」又云：「説得亦大難。」而以爲二程學遠過衆人在此。夫知之真，則守之固，不真而固，冥行而已矣，夢説而已矣。吾恐其所謂介者，非安排則執滯，抑何以得乎無思無爲之體，執乎日往月來之機，通乎陽舒陰慘之變化，神之心而妙之手，以圓成夫精微廣大之道也哉！介石記。

予少從先君宦遊臨川，沿塘植柳，偃仰披拂於朝烟暮雨之間，千態萬狀，可數十本。塘之水微波巨

浪，隨風力强弱而變化，可數十丈。鶯㊀燕之歌吟，魚蝦之潛躍，雲霞之出没，不可具狀。則境與心得，既塊然莫知其樂之所以。稍長，讀昔人「柳塘春水漫」及「楊柳風來面上吹」之句，則心與句得，又茫然不知其妙之所寓。近歲養疴之餘，專静，久之理與心會，不必境之在目；情與神融，不必詩之出口。所謂至樂與至妙者，皆不假外求而得矣。柳塘記。

子思所謂「至誠無息」，即「逝者如斯夫，不舍晝夜」之意，全體呈露，妙用顯行，惟孔子可以當之。在學者則當終日乾乾也。至於「心無所住」，亦指其本體。譬如大江東下，沛然莫之能禦，小小溪流，便有停止。纔停止，便是死水，便生臭腐矣。今以其本體人人皆具，不以聖豐而愚嗇，此孟子所以道性善，而程子以爲聖人可學而至也，學者不可以不勉也。范書格物，真陰陽不住之説，正孔子博文之意，欲其博求不一之善，以爲守約之地也。其意旨各有攸在。復乾亨。

士之所守，義利毫末之辨，以至死生趨舍之大，實在志定而守確，堅之一字不可少也。至於出處無常，惟義所在，若堅守不出之心以爲恒，斯孔子所謂果哉也。復曹梧丹。

天旋地轉，今浙、閩爲天地之中，然則我百粵其鄒、魯與？是故星臨雪應，天道章矣，哲人降生，人事應矣，於焉繼孔子絶學，以開萬世道統之傳，此豈人力也哉！若吾師白沙先生，蓋其人也。先生以道德顯天下，天下人向慕之，不敢名字焉，共稱之曰白沙先生。先生生而資禀絶人，幼覽經書，慨然有志於思齊，間讀秦、漢以來忠烈諸傳，輒感激奮咨，繼之以涕洟，其向善蓋天性也。壯從江右吴聘君康齋

㊀「鶯」原作「鸎」，據賈本、備要本改。

遊，激勵奮起之功多矣，未之有得也。暨歸，杜門獨掃一室，日静坐其中，雖家人罕見其面。如是者數年，未之有得也。於是迅掃夙習，或浩歌長林，或孤嘯絶島，或弄艇投竿於溪涯海曲，忘形骸，捐耳目，去心智，久之然後有得焉。於是自信自樂。其爲道也，主静而見大，蓋濂、洛之學也。由斯致力，遲遲至於二十餘年之久，乃大悟廣大高明，不離乎日用，一真萬事真㊀，本自圓成，不假人力。其爲道也，無動静、内外、大小、精粗，蓋孔子之學也。濂、洛之學，非與孔子異也。中庸曰：「誠者，天之道也，誠之者，人之道也。」誠者誠之，其理無二，而天人相去則遠矣。由是以無思無爲之心，舒而爲無意、必、固、我之用，有弗行，行無弗獲，有弗感，感無弗應，不言而信，不怒而威，故病亟垂絶，不以目而能書，不以心而能詩，章雲㊁漢而諧金石。胡爲其然也？蓋其學聖學也，其功效絶倫也，固宜。或者以其不大用於世爲可恨者，是未知天也。天生聖賢，固命之以救人心也，救人心非聖功莫能也。聖功叵測，其可以窮達限耶？且治所以安生也，生生而心死焉，若弗生也，吾於是乎知救人心之功大矣哉！孟子曰：「禹、稷、顔回同道。」韓子曰：「孟子之功不在禹下。」此之謂也。先生雖窮爲匹夫，道德之風響天下，天下人心，潛移默轉者衆矣。譬如草木，一雨而萌芽者皆是，草木蓋不知也。其有功於世，豈下於抑洪水驅猛獸哉！若此者，天也，非人力也。先生諱獻章，字公甫，别號石齋，既老，曰石翁。吾粵古岡産也。祖居都會㊂，先生始徙居白沙。白沙者，村名也，天下因稱之。其世系出處，見門人李承箕銘、湛雨狀

㊀「真」字各本俱缺，朱氏釋誤云，「一真萬事真」乃佛家語，據補。
㊁「章雲」上原有「天」字，據朱氏釋誤删。
㊂「都會」原作「新會」，據朱氏釋誤改。

者詳矣。詡特以天人章應之大者表諸墓，以明告我天下後世，俾知道統之不絕，天意之有在者蓋如此。白沙先生墓表。

給事賀醫閭先生欽

賀欽字克恭，别號醫閭。世爲定海人，以戎籍隸遼之義州衛。少習舉子業，輒鄙之曰：「爲學止於是耶！」登成化丙戌進士第，授户科給事中，因亢旱上章極諫，謂「此時遊樂，是爲樂憂」。復以言官曠職召災自劾。尋即告病歸。白沙在太學，先生聞其爲己端默之旨，篤信不疑，從而稟學，遂澹然於富貴。故天下議白沙率人於僞，牽連而不仕，則以先生爲證。構小齋讀書其中，隨事體驗，未得其要，潛心玩味，杜門不出者十餘年，乃見「實理充塞無間，化機顯行，莫非道體。事事物物各具本然實理，吾人之學不必求之高遠，在主敬以收放心，勿忘勿助，循其所謂本然者而已」。故推之家庭里閈，冠婚喪祭，服食起居，必求本然之理而力行之，久久純熟，心跡相應，不期信於人而人自信。有邊將許誘殺爲陣獲者，見先生即吐實，曰：「不忍欺也。」城中亂卒焚劫，不入其坊。先生往諭之，衆即羅拜而泣曰：「吾父也。」遂解散。其至誠感人如此。正德庚午十二月卒，年七十四。先生之事白沙，懸其像於書室，出告反面。而白沙謂先生篤信謹守人也，别三十年，其守如昨，似猶未以凍解冰釋許之。蓋先生之於白沙，其如魯男子之學柳下惠與？

言行録

門人于衢路失儀，先生曰：「爲學須躬行，躬行須謹隱微。小小禮儀尚守不得，更説甚躬行，於顯處尚如此，則隱微可知矣。」

門人有居喪而外父死，或曰：「禮，三年之喪不弔。」先生曰：「惡是何可已？服其服而往哭之，禮也。」言不易三年之服。

善惡雖小，須辨别如睹黑白。

教諸女十二條，曰安詳恭謹，曰承祭祀以嚴，曰奉舅姑以孝，曰事丈夫以禮，曰待娣姒以和，曰教子女以正，曰撫婢僕以恩，曰接親戚以敬，曰聽善言以喜，曰戒邪妄以誠，曰務紡織以勤，曰用財物以儉。

有來學者，言學些人事也好。先生曰：「此言便不是矣。人之所學，唯在人事，舍人事更何所學？」

問：「静極而動者，聖人之復，豈常人之心無有動静乎？」曰：「常人雖當静時亦不能静。」

此理無處不有，無時不然，人惟無私意間隔之，則流行矣。

爲學先要正趨向，趨向正，然後可以言學。若趨向專在得失，卽是小人而已矣。

政事學問原自一貫，今人學自學，政自政，判而爲二，所學徒誦説而已，未嘗施之政事。政事則私意小智而已，非本之學問也。故欲政事之善，必須本之學問。

白沙後有書來，謂其前時講學之言，可盡焚之，意有自不滿者。聖人之法，細密而不粗率，如人賢否，一見之，便不言我已知其爲人，必須仔細試驗考察之。今人一見，便謂已得其實，真俗語所謂假老郎也。

爲學之要，在乎主静，以爲應事建功之本。

讀書須求大義，不必纏繞於瑣碎傳註之間。

驕惰之心一生，卽自壞矣。

有一世之俗，有一方之俗，有一州一邑之俗，有一鄉之俗，有一家之俗，爲士者欲移易之，固當自一家始。

今人見人有勉强把捉者，便笑曰：「某人造作，不誠實。」我嘗曰：「且得肯如此亦好了。」如本好色，把持不好色，如本好酒，把持不飲酒，此正矯揉之功，如何不好。若任情胡行，只管好色飲酒，乃曰吾性如此，此等之人，以爲誠實不造作，可乎？

世教不明，言天理者不知用之人事，言人事者不知本乎天理，所以一則流於粗淺，一則入於虚無。有以私囑者，先生正理喻之。因謂門人曰：「渠以私意干我，我却以正道勸之；渠是拖人下水，我却是救人上岸。」

世風不善，豪傑之士，挺然特立，與俗違拗，方能去惡爲善。

静無資於動，動有資於静，凡理皆如此。如草木土石是静物，便皆自足，不資於動物。如鳥獸之類，便須食草栖木矣。故凡静者多自給，而動者多求取。故人之寡欲者，多本於安静；而躁動營營者，必多貪求也。

人於富貴之關過不得者，説甚道理。

今之讀書者，只是不信，故一無所得。

事之無害於義者，從俗可也，今人以此壞了多少事。

天地間本一大中至正之道，惟太過不及，遂流於惡。如喪葬之禮，自有中制，若墨氏之薄，後世之侈，皆流於惡者也。故程子曰：「凡言善惡，皆先善而後惡。」

吏目鄒立齋先生智

鄒智字汝愚，號立齋，四川合州人。弱冠領解首，成化丁未舉進士，簡庶吉士。孝宗登極，王恕爲吏部尚書，先生與麻城李文祥、壽州湯鼐，以風期相許。是冬值星變，先生上言：「是皆大臣不職，奄宦弄權所致。請上修德用賢，以消天變。」不報。又明年，鼐劾閣臣萬安、劉吉、尹直。中官語以疏且留中，鼐大言：「疏不出，將併劾中官。」中官避匿。尋有旨，安、直皆免。先生與文祥、鼐日夜歌呼，以爲君子進小人退，劉吉雖在，不足忌也。吉陰使門客徐鵬、魏璋伺之。會壽州知州劉槩寓書於鼐，言：「夢一叟牽牛入水，公引之而上。牛近國姓，此國勢瀕危，賴公復安之兆也。」鼐大喜，出書示客。璋遂劾鼐、槩及先生，俱下詔獄。先生供詞：「某等往來相會，或論經筵不宜以寒暑輟講；或論午朝不宜以一事兩事塞責；或論紀綱廢弛；或論風俗浮薄；或論民生憔悴，無賑濟之策；或論邊境空虛，無儲蓄之具。」議者欲處以死，刑部侍郎彭韶不判案，獲免。謫廣東石城吏目。至官，即從白沙問學。順德令吳廷舉於古樓村建亭居之，扁曰「謫仙」。其父來視，責以不能禄養，箠之，泣受。辛亥十月卒，年二十六。廷舉治其喪。方伯劉大夏至邑不迎，大夏賢之。

初王三原至京，先生迎謂曰：「三代而下，人臣不獲見君，所以事事苟且，公宜請對，面陳時政之失，上許更張，然後受職。」又謂湯鼒曰：「祖宗盛時，御史糾儀得面陳得失，言下取旨。近年遇事惟退而具本，此君臣情分所由間隔也。請修復故事，今日第一著也。」二公善其言而不能用，識者憾之。

奉白沙書

克修書來，問東溟幾萬里，江門未盈尺，妄以「道冲而用之不盈」之意答之，未知先生之意果然耶？不然，則作者爲郢書，解者爲燕説矣。京師事，智自知之，但先生所處，是陳太丘、柳士師以上規模，晚生小子脚根未定，不敢援以爲例耳。然亦當善處之，計不至露圭角也。朱子答陳同父書云：「顔魯以納甲推其命，正得震之九四。」先生所推與之合耶？果若此爻，其於朱子何所當耶？幸教！

讀石翁詩

皇王帝伯一蒲團，落盡松花不下壇。豈是江山制夫子？祗緣夫子制江山。

乾坤誰執仲尼權，硬敢删從己酉年。大笠蔽天牛背穩，不妨相過戊申前。某録石翁詩，止得己酉年所作。

御史陳時周先生茂烈

陳茂烈字時周，福之莆田人。年十八，即有志聖賢之學，謂顏之克己，曾之日省，學之法也，作省克録以自考。登弘治丙辰進士第。奉使廣東，受業白沙之門。白沙語以爲學主静，退而與張東所論難，作静思録。授吉安推官，考績過淮，寒無絮幕，受凍幾殆。入爲監察御史，袍服樸陋，蹩躠一牝馬，而自係風紀之重，所過無不目而畏之。以母老終養，給母之外，匡牀敝席，不辦一帷。身自操作，治畦汲水。太守閔其勞，遣二力助之。閲三日，往白守曰：「是使野人添事而溢口食也。」送之還。日坐斗室，體驗身心，隨得隨録，曰：「儒者有向上工夫，詩文其土苴耳。」吏部以其清苦，禄以晉江教諭，不受。又奏給月米，上言：「臣家素貧寒，食本儉薄，故臣母自安於臣之貧，而臣亦得以自遣其貧，非誠有及人之廉，盡己之孝也。古人行傭負米，皆以爲親，臣之貧尚未至是。而臣母鞠臣艱苦獨至，臣雖勉心力，未酬涓滴，且八十有六，來日無多，臣欲自盡尚恐不及，上煩官帑，心竊未安。」奏上，不允。母卒亦卒，年五十八。

白沙謂時周平生履歷之難，與己同而又過之。求之古人，如徐節孝者，真百鍊金孝子也。先生爲諸生時，韓洪洞問莆人物于林俊，俊曰：「從吾。」從吾者，彭韶字也。又問，曰：「時周。」洪洞曰：「以莆再指一書生耶！」俊曰：「與時周語，沈痾頓去。」其爲時所信如此。

長史林緝熙先生光

林光字緝熙，東莞人。成化乙酉舉人。己丑會試入京，見白沙於神樂觀，語大契，從歸江門，築室深山，往來問學者二十年。白沙稱其「所見甚是超脱，甚是完全」。蓋自李大厓而外，無有過之者。嘗言：「所謂聞道者，在自得耳。讀盡天下書，説盡天下理，無自得入頭處，終是閒也。」甲辰復出會試，中乙榜，授平湖教諭。歷兗州、嚴州府學教授，國子博士，襄府左長史。致仕。年八十一卒。

初，先生依白沙，不欲仕。晚以貧就平湖諭。十年官滿來歸，母氏無恙。再如京師，將求近地養親，未及陳情，遂轉兗州。於是奏請改地，冢宰不許。未及一年，而母氏卒。白沙責其「因升斗之禄以求便養，無難處者，特於語默進退斟酌早晚之宜不能自決，遂貽此悔，胸中不皎潔磊落也」。又言：「定山爲窘所逼，無如之何，走去平湖，商量幾日求活，一齊誤了也。」然則平湖之出，亦白沙之所不許，況兗州乎？其許之也太過，故其責之也甚切耳。

記白沙語

先生初築春陽㊀臺，日坐其中，用功或過，幾致心病。後悟其非，且曰：「戒慎與恐懼，斯言未云偏。後儒不省事，差失毫釐間。」蓋驗其弊而發也。

㊀「春陽」原作「陽春」，據朱氏釋誤改。

曾論明道論學數語精要，前儒謂其太廣難入，歎曰：「誰家綉出鴛鴦譜，不把金鍼度與人。」先生教人，其初必令静坐，以養其善端。嘗曰：「人所以學者，欲聞道也，求之書籍而弗得，則求之吾心可也，惡累於外哉！此事定要覷破，若覷不破，雖日從事於學，亦爲人耳。斯理識得，爲己者信之，詩文末習，著述等路頭，一齊塞斷，一齊掃去，毋令半點芥蔕於胸中，然後善端可養，静可能也。始終一境，勿助勿忘，氣象將日佳，造詣將日深，所謂至近而神，百姓日用而不知者，自此迸出面目來也。」

州同陳秉常先生庸

陳庸字秉常，南海人。舉成化甲午科。遊白沙之門，白沙示以自得之學，謂：「我否子亦否，我然子亦然，然否苟由我，於子何有焉。」先生深契之。張東所因先生以見白沙，有問東所何如？白沙曰：「余知庸，庸知詡。」年五十以荆門州同入仕。蒞任五日，不能屈曲，即解官，杜門不入城郭。督學王弘欲見之，不可得。同門謝祐卒而貧，先生葬之。病革，設白沙像，焚香再拜而逝，年八十六。

布衣李抱真先生孔修

李孔修字子長，號抱真子。居廣州之高第街，混迹闤闠，張東所識之，引入白沙門下。先生嘗輸糧於縣，縣令异其容止，問姓名不答，第拱手。令叱之曰：「何物小民，乃與上官爲禮。」復拱手如前。令怒，笞五下，竟無言而出。白沙詩「驢背推敲去，君知我是誰？如何叉兩手，剛被長官笞」所由作也。父歿，庶母出嫁，誣先生奪其産。縣令鞫之，先生操筆置對曰：「母言是也。」令疑焉。徐得其情，乃大禮敬。詩字不蹈前人，自爲户牖。白沙與之論詩，謂其具眼。嘗有詩曰：「月明海上開樽酒，花影船頭落釣簑。」白沙曰：「後廿年，恐子長無此句。」性愛山水，即見之圖畫，人争酬之。平居，管寧帽，朱子深衣，入夜不違。二十年不入城，兒童婦女皆稱曰「子長先生」。間出門，則遠近圜視，以爲奇物。卒，無子，葬於西樵山。西樵人祭社，以先生配。先生性不鑿，相傳不慧之事，世多附益之。或問：「子長廢人，有諸？」陳庸曰：「子長誠廢，則顔子誠愚。」霍韜曰：「白沙抗節振世之志，惟子長、張詡、謝祐不失。」

謝天錫先生祐

謝祐字天錫，南海人。白沙弟子。築室葵山之下，并日而食，襪不掩脛，名利之事，纖毫不能入也。嘗寄甘泉詩云：「生從何處來，化從何處去。化化與生生，便是真元處。」卒後附祀於白沙。按先生之詩，未免竟是禪學，與白沙有毫釐之差。

文學何時振先生廷矩

何廷矩字時振，番禺人。爲郡諸生。及師白沙，卽棄舉子業。學使胡榮挽之秋試，必不可。白沙詩云：「良友惠我書，書中竟何如？上言我所憂，下述君所趨。開緘讀三四，亦足破煩污。丈夫立萬仞，肯受尋尺拘？不見柴桑人，丐食能歡娱。孟軻走四方，從者數十車。出處固有間，誰能別賢愚？鄙夫患得失，較計於其初。高天與深淵，懸絶徒嗟吁！」

運使史惺堂先生桂芳

史桂芳字景實，號惺堂，豫之番陽人。嘉靖癸丑進士。起家歙縣令，徵爲南京刑部主事，晉郎中。出知延平府，以憂歸。再補汝寧，遷兩浙鹽運使以歸。

先是，嶺表鄧德昌，白沙弟子也，以其學授傅明應。先生讀書鹿洞，傅一見奇之，曰：「子無第豪舉爲，聖門有正學可勉也。」手書古格言以勗，先生瞿然，向學之意自此始。其後交于近溪、天臺。在歙，又與錢同文爲寮，講於學者日力。留都六載，時譚者以解悟相高，先生取行其所知而止，不輕信也。其學以知恥爲端，以改過遷善爲實，以親師取友爲依助。若夫抉隱造微，則俟人之自得，不數數然也。天臺曰：「史惺堂苦行修持人也。」天臺以御史督學南畿，先生過之，卒然面質曰：「子將何先？」天臺曰：「方今爲此官者，優等多與賢書，便稱良矣。」先生厲聲曰：「不圖子亦爲此陋語也！子不思如何正人心、挽士習，以稱此官耶？」拂衣而起。天臺有年家子，宜黜而留之，先生曰：「此便是脚根站不定！朝廷名器，是爾作面皮物耶？」天臺行部，值母諱日，供張過華，先生過見之，勃然辭去，謂天臺曰：「富貴果能移人，兄家風素朴，舍中所見，居然改觀矣。」其直諒如此。天臺又曰：「平生得三益友，皆良藥也。

胡廬山爲正氣散，羅近溪爲越鞠丸，史惺堂爲排毒散。」

先生在汝寧與諸生論學，諸生或謁歸請益，卽輟案牘對之，剌剌不休，談畢珍重曰：「愼無弁髦吾言也。」激發屬吏，言辭慷慨，遂平令故有貪名，聞之流涕，翻然改行。郡有孝女，不嫁養父，先生躬拜其廬，民俗爲之一變。其守延平，七日憂去，而盡革從前無名之費。若先生者，不徒講之口耳矣。

明儒學案卷七　河東學案上

河東之學，悃愊無華，恪守宋人矩矱，故數傳之後，其議論設施，不問而可知其出於河東也。若陽明門下親炙弟子，已往往背其師説，亦以其言之過高也。然河東有未見性之譏，所謂「此心始覺性天通」者，定非欺人語，可見無事乎張皇耳。

文清薛敬軒先生瑄

薛瑄字德温，號敬軒，山西河津人。母夢紫衣人入謁而生，膚理如水晶，五臟皆見，家人怪之。祖聞其啼聲，曰：「非常兒也。」自幼書史過目成誦。父貞爲滎陽教諭，聞魏、范二先生深於理學，魏純，字希文，山東高密人。范，俟考。俾先生與之遊處。講習濂、洛諸書，歎曰：「此問學正路也。」因盡棄其舊學。父移教鄢陵，先生補鄢陵諸生，中河南永樂庚子鄉試第一。明年登進士第。宣德初授監察御史。三楊欲識其面，令人要之，先生辭曰：「職司彈事，豈敢私謁公卿？」三楊嗟歎焉。差監湖廣銀場，手録性理大全，通宵不寐，遇有所得，即便劄記。正統改元，出爲山東提學僉事，先力行而後文藝，人稱爲「薛夫子」。時中官王振用事，問三楊：「吾鄉誰可大用者？」皆以先生對。召爲大理寺少卿。三楊欲先生詣振謝，不可。又令李文達傳語，先生曰：「德遠亦爲是言乎？拜爵公朝，謝恩私室，某所不能爲也。」已遇振於東閣，百官皆跪，先生長揖不拜，振大恨之。會有獄夫病死，妾欲出嫁，妻弗聽，妾遂謂夫之死，妻有力焉。先生發其誣。都御史王文承振意，劾爲故出。先生廷折文，文言囚不服訊；繫獄論死，先生讀易不輟。覆奏將決，振有老僕者，山西人也，泣於竈下，振怪問之，曰：「聞薛夫子將刑，故泣耳。」振問：「若何以知有薛夫子？」曰：「鄉人也。」具言其平生狀。振惘然，立傳旨戍邊，尋放還家。景泰初，起南京大理寺卿。蘇、松饑民貸粟不得，火有粟者之廬。王文坐以謀叛，先生抗疏辯之。文謂人曰：「此老倔强猶昔。」中官金英奉使，道出南京，公卿餞於江上，先生獨不往。英至京言於衆曰：「南京好官惟薛卿耳。」壬申秋，以原官召入。英廟復辟，遷禮部右侍郎，兼翰林學士，入內閣。于忠肅、王宮保就刑，先生謂同列曰：「此事人所共知，各有子孫。」石亨奮然曰：「事已定，不必多言。」上召閣臣入議，先生言：「陛下復登寶位，天也。今三陽發生，不可用重刑。」同列皆無言，詔減一等。先生退而歎曰：「殺人以爲功，仁者不爲也。」一日，召對便殿，上衣冠未肅，先生凝立不入，上知之，即改衣冠，先生乃入。上惡石亨專，徐天全、李文達、許道中退朝，謂耿都御史，令御史劾之。先生謂諸公曰：「易戒不密，春秋譏漏言，禍從此始矣。」未幾諸公皆下詔獄。上以先生學行老成，甚重之。一日，奏對誤稱學生，眷注遂衰。先生亦知曹、石用事，非行道之時，遂乞致仕。臨行，岳季方請教，先生曰：「英氣太露，最害事。」後季方敗，憶先生之言，曰：「正乃先生之罪人也。」居家八年，從學者甚衆。天順八年甲申六月十五日卒，年七十有六。留詩有「七十六年無一事，此心始覺性天通」。

先生以復性爲宗，濂、洛爲鵠，所著讀書録，大概爲太極圖説、西銘、正蒙之義疏，然多重複雜出，未經删削，蓋惟體驗身心，非欲成書也。其謂「理氣無先後，無無氣之理，亦無無理之氣」，不可易矣。又言「氣有聚散，理無聚散」。以日光飛鳥喻之，「理如日光，氣如飛鳥，理乘氣機而動，如日光載鳥背而飛，鳥飛而日光雖不離其背，實未嘗與之俱往，而有間斷之處，亦猶氣動，而理雖未嘗與之暫離，實未嘗與之俱盡，而有滅息之時」。羲竊謂，理爲氣之理，無氣則無理，若無飛鳥而有日光，亦可無日光而有飛鳥，不可爲喻。蓋以大德敦化者言之，氣無窮盡，理無窮盡，不特理無聚散，氣亦無聚散也。以小德川流者言之，日新不已，不以已往之氣爲方來之氣，亦不以已往之理爲方來之理，不特氣有聚散，理亦有聚散也。先生謂：「水清則見毫毛，心清則見天理。喻理如物，心如鏡，鏡明則物無遁形，心明則理無蔽迹。」羲竊謂，仁人心也，心之所以不得爲理者，由於昏也。若反其清明之體，卽是理矣。心清而見，則猶二之也。此是先生所言本領，安得起而質之乎？

崔後渠言：「先生之佐大理，王振引之也，當時若辭而不往，豈不愈於抗而得禍與？于忠肅有社稷之功，其受害也，先生固爭之矣，爭不得，卽以此事而去，尤爲光明俊偉。」正統四年，南安知府林竿言：「比者提學薛瑄以生員有疾罷斥者，追所給廩米。臣以爲不幸有疾，罷之可也。至於廩給，糜費於累歲，而追索於一朝，固已難矣。父兄不能保子弟之無疾，今懲償納之苦，孰肯令其就學！」上是之。先生出處大節，豈後學所敢輕議，而盡美不能盡善，所云連得間矣。成化初，謚文清。隆慶五年，詔從祀孔廟，稱先儒薛子。

讀書録

統體一太極，即萬殊之一本；各具一太極，即一本之萬殊。統體者，即大德之敦化；各具者，即小德之川流。

人心有一息之怠，便與天地不相似。

爲學之要，莫切於動静，動静合宜者，便是天理，不合宜者，便是人欲。

人心一息之頃，不在天理便在人欲，未有不在天理人欲，而中立者也。

易傳曰：「易，變易也，變易以從道也。」如人之一動一静，皆變易也，而動静之合乎理者，即道也。

少欲覺身輕。

心中無一物，其大浩然無涯。

先儒曰：「在物爲理，處物爲義。」如君之仁、臣之敬、父之慈、子之孝之類，皆在物之理也。於此處各得其宜，乃處物之義也。

每日所行之事，必體認某事爲仁，某事爲義，某事爲禮，某事爲智，庶幾久則見道分明。

爲政以法律爲師，亦名言也，即知律己，又可治人。

二十年治一怒字，尚未消磨得盡，以是知克己最難。

性非特具於心者爲是，凡耳目口鼻手足動静之理皆是也。非特耳目口鼻手足動静之理爲是，凡天地萬物之理皆是也。故曰：「天下無性外之物，而性無不在。」

凡聖賢之書所載者，皆道理之名也，至於天地萬物所具者，皆道理之實也。書之所謂某道某理，猶人之某名某姓也，有是人之姓名，則必實有是人，有是道理之名，則必有是道理之實。學者當會於言意之表。

湖南靖州讀論語，坐久假寐，既覺，神氣清甚，心體浩然，若天地之廣大。蓋欲少則氣定，心清理明，其妙難以語人。

無形而有理，所謂「無極而太極」，有理而無形，所謂「太極本無極。」形雖無而理則有，理雖有而形則無，此純以理言，故曰「有無爲一」。老氏謂「無能生有」，則無以理言，有以氣言，以無形之理生有形之氣，截有無爲兩段，故曰「有無爲二」。

天下無性外之物，而性無不在。君臣父子夫婦長幼朋友皆物也，而其人倫之理卽性也。佛氏之學曰「明心見性」者，彼卽舉人倫而外之矣，安在其能明心見性乎？若果明心見性，則必知天下無性外之物，而性無不在，必不舉人倫而外之也。今既如此，則偏於空寂，而不能真知心性體用之全，審矣。

盡心工夫，全在知性知天上。蓋性卽理，而天卽理之所從出。人能知性知天，則天下之理無不明，而此心之理無不貫；苟不知性知天，則一理不通，而心卽有礙，又何以極其廣大無窮之量乎？是以知盡心工夫，全在知性知天上。

博文是明此理，約禮是行此理㊀。

㊀ 原作「禮」，據賈本、備要本改。

無欲非道，入道自無欲始。

舉目而物存，物存而道在，所謂形而下、形而上是也。

誠不能動人，當責諸己，己不能感人，皆誠之未至。

太極一圈，中虛無物，蓋有此理而實無此形也。

常沉靜，則含蓄義理，而應事有力。

少言沉默最妙。

厚重、静定、寬緩，進德之基。

無欲則所行自簡。

敬則中虛無物。

處人之難處者，正不必厲聲色，與之辯是非，較短長。

纔舒放，卽當收斂，纔言語，便思簡默。

事已往，不追最妙。

人能於言動、事爲之間，不敢輕忽，而事事處置合宜，則浩然之氣自生矣。

費是隱之流行處，隱是費之存主處，體用一源，顯微無間。如陰陽五行流行發生萬物，費也；而其所以化生之機，不可見者，隱也。

矯輕警惰，只當於心志言動上用力。

須是盡去舊習，從新做起。張子曰：「濯去舊見，以來新意。」余在辰州府，五更，忽念己德所以不大進者，正爲舊習纏繞，未能掉脱，故爲善而善未純，去惡而惡未盡。自今當一刮舊習，一言一行求合於道，否則匪人矣。

若胸中無物，殊覺寛平快樂。

心虚有内外合一之氣象。

俯仰天地無窮，知斯道之大，覺四海之小矣。

工夫切要，在夙夜、飲食、男女、衣服、動静、語默、應事、接物之間，於此事事皆合天則，則道不外是矣。

凡大小有形之物，皆自理氣至微至妙中生出來，以至於成形而著。張子曰：「其來也幾微易簡，其至也廣大堅固。」

一念之差，心卽放，纔覺其差，而心卽正。

水清則見毫毛，心清則見天理。

心清卽是天理，云見則猶二之也。故陽明先生曰：「心卽理也。」

人性分而言之有五，合而言之則一。一不可見，而五則因發見者，可默識也。

須知己與物，皆從陰陽造化中來，則知天地萬物爲一體矣。

夫子所謂一，卽統體之太極也，夫子所謂貫，卽各具之太極也。主一則氣象清明，二三則昏昧矣。

將聖賢言語作一場話説，學者之通患。

志動氣，多爲理，氣動志，多爲欲。

學至於心無一物，則有得矣。

言不謹者，心不存也，心存則言謹矣。

余於坐立方向、器用安頓之類，稍有不正，卽不樂，必正而後已。非作意爲之，亦其性然。

言動舉止，至微至粗之事，皆當合理，一事不可苟。先儒謂一事苟，其餘皆苟矣。

觀太極中無一物，則性善可知，有不善者，皆陰陽雜揉之渣滓也。

天之氣一著地之氣卽成形，如雪霜雨露，天氣也，得地氣，卽成形矣。

纔敬便渣滓融化，而不勝其大；不敬則鄙吝卽萌，不勝其小矣。

知止所包者廣，就身言之，如心之止德，目之止明，耳之止聰，手之止恭，足之止重之類皆是；就物言之，如子之止孝，父之止慈，君之止仁，臣之止敬，兄之止友，弟之止恭之類皆是。蓋止者止於事物當然之則，則卽至善之所在，知止則靜安慮得相次而見矣。不能知止，則耳目無所加，手足無所措，猶迷方之人，摇摇而莫知所之也。知止，則動静各當乎理。

大事謹而小事不謹，則天理卽有欠缺間斷。

程子「性卽理也」之一言，足以定千古論性之疑。

人惻然慈良之心，卽天地藹然生物之心。

覺人詐而不形於言，有餘味。

心一操而羣邪退聽，一放而羣邪並興。

纔收斂身心，便是居敬，纔尋思義理，便是窮理。二者交資，而不可缺一也。

居敬有力，則窮理愈精，窮理有得，則居敬愈固。

初學時見居敬窮理爲二事，爲學之久，則見得居敬時敬以存此理，窮理時敬以察此理，雖若二事，而實則一矣。

人不持敬，則心無頓放處。

人不主敬，則此心一息之間，馳騖出入，莫知所止也。

不能克己者，志不勝氣也。

讀書以防檢此心，猶服藥以消磨此病。病雖未除，常使藥力勝，則病自衰；心雖未定，常得書味深，則心自熟。久則衰者盡，而熟者化矣。

處事了不形之於言尤妙。

廣大虛明氣象，無欲則見之。

當事務叢雜之中，吾心當自有所主，不可因彼之擾擾而遷易也。

心細密則見道，心粗則行不著，習不察。

學不進，率由於因循。

事事不放過，而皆欲合理，則積久而業廣矣。

究竟無言處，方知是一源。

不識理名難識理，須知識理本無名。

爲學時時處處是做工夫處，雖至陋至鄙處，皆當存謹畏之心而不可忽，且如就枕時，手足不敢妄動，心不敢亂想，這便是睡時做工夫，以至無時無事不然。

工夫緊貼在身心做，不可斯須外離。

心一放，卽悠悠蕩蕩無所歸著。

讀前句如無後句，讀此書如無他書，心乃有入。

下學學人事，上達達天理也。人事如父子、君臣、夫婦、長幼之類是也，天理在人如仁、義、禮、智之性，在天如元、亨、利、貞之命是也。只是合當如是，便是理。

理只在氣中，決不可分先後，如太極動而生陽，動前便是静，静便是氣，豈可説理先而氣後也。

心一收而萬理咸至，至非自外來也，蓋常在是而心存，有以識其妙耳。心一放而萬理咸失，失非向外馳也，蓋雖在是而心亡，無以察其妙耳。

朱子曰：「聚散者氣也，若理只泊在氣上，初不是凝結自爲一物，但人分上合當然者便是理，不可以聚散言也。」

理既無形，安得有盡！

有形者可以聚散言，無形者不可以聚散言。

石壁上草木，最可見生物自虛中來，虛中則實氣是也。

一切有形之物，皆呈露出無形之理來，所謂無非至教也。

人心皆有所安，有所不安，安者義理也，不安者人欲也。然私意勝，不能自克，則以不安者爲安矣。

心存則因器以識道。

看來學者不止應事處有差，只小小言動之間，差者多矣。

心無所止，則一日之間，四方上下，安往而不至哉！

理如物，心如鏡，鏡明則物無遯形，心明則理無蔽迹；昏則反是。

釋子不問賢愚善惡，只順己者便是。

理如日光，氣如飛鳥，理乘氣機而動，如日光載鳥背而飛。鳥飛而日光雖不離其背，實未嘗與之俱往而有間斷之處，亦猶氣動，而理雖未嘗與之暫離，實未嘗與之俱盡而有滅息之時。氣有聚散，理無聚散，於此可見。

理如日月之光，小大之物各得其光之一分，物在則光在物，物盡則光在光。

三代之治本諸道，漢、唐之治詳於法。

細看植物，亦似有心，但主宰乎是，使之展葉、開花、結實者，卽其心也。

略有與人計較短長意，卽是渣滓銷融未盡。

人只於身内求道，殊不知身外皆道，渾合無間，初無内外也。

不可將身外地面作虚空看，蓋身外無非真實之理，與身内之理，渾合無間也。

聖人應物，雖以此理應之，其實理只在彼物上，彼此元不移也。

聖人治人，不是將自己道理分散與人，只是物各付物。

只主於敬，纔有卓立，不然東倒西歪，卒無可立之地。

太極不可以動静言，然舍動静便無太極。

此理真實無妄，如天地日月、風雲雨露、草木昆蟲、陰陽五行、萬物萬事，皆有常形定則，亘古今而不易。若非實理爲之主，則歲改而月不同矣。

方爲一事，卽欲人知，淺之尤者。

理明則心定。

順理都無一事。

理明後見天地萬物，截然各安其分。

所以陰陽變易者，固理之所爲，而理則一定而不易，所謂恒也。

知言者，書無不通，理無不明之謂。

學至於約，則有得矣。

天下無無理之物，無無物之理。

凡所爲，當下卽求合理，勿曰今日姑如此，明日改之。一事苟，其餘無不苟矣。

心有毫髮所繫，卽不得其平。

氣無涯而形有限，故天大地小。

必使一言不妄發，則庶乎寡過矣。

人只爲耳目口鼻四肢百骸做得不是，壞了仁、義、禮、智、信，若耳、目、口、鼻、四肢、百骸做得是，便是仁、義、禮、智、信之性。詩所謂「有物有則」，孟子所謂「踐形」者是也。

仁是嫩物，譬如草木，嫩則生，老則枯。

知至至之，窮理也，知終終之，盡性以至於命也。

博文知崇也，約禮禮卑也。

分外之事，一毫不可與。

言要緩，行要徐，手要恭，立要端，以至作事有節，皆不暴其氣之事；怒至於過，喜至於流，皆暴其氣也。

大而人倫，小而言動，皆理之當然。纔有有爲之心，雖所行合理，亦是人欲。

絶謀利計功之念，其心超然無繫。

立得脚定，却須寬和以處之。

習於見聞之久，則事之雖非者，亦莫覺其非矣。

非禮勿視、聽、言、動，便是克己；視、聽、言、動之合禮處，便是復禮。

知覺不可訓仁，所以能知能覺者，仁也。

教人，言理太高，使人無可依據。

四方上下，往來古今，實理實氣，無絲毫之空隙，無一息之間斷。

爲學不實，無可據之地。人於實之一字，當念念不忘，隨事隨處省察於言動居處、應事接物之間，必使一念一事，皆出於實，斯有進德之地。

繼之者善，化育之始，流行而未已，陽也；成之者性，人物稟受，一定而不易，陰也。

静坐中覺有雜念者，不誠之本也。惟聖人之心，自然真一虚静，無一毫之雜念。

循理卽率性也，自一身之耳、目、口、鼻、手、足、百骸各順其則，以至人倫庶事各得其宜，皆循理也。

順理心安，身亦安矣。

事來則順應之，不可無故而先生事端。

常存心於義理，久久漸明，存心於閒事，卽於義理日昧矣。

凡涉於有爲者皆氣，其無爲者道體也。

心常存，卽默識道理無物不有，無時不然；心苟不存，茫然無所識，其所識者，不過萬物形體而已。

冲漠無朕，而萬象昭然已具，蓋纔有理卽有象，初非懸空之理與象，分而爲二也。

學問實自静中有得，不静則心既雜亂，何由有得！

篤志力行而不知道，終是淺。

涵養省察，雖是動静交致其力，然必静中涵養之功多，則動時省察之功易也。

在一心之理，與在萬事之理，本無二致，惟聖人一心之理，能通萬事之理者，以其純乎天理之公也。

名節至大，不可妄交非類，以壞名節。

「艮其背，不獲其身，行其庭，不見其人。」只是動静各止於理，而不知有人我也。

物格是知逐事逐物各爲一理，知至是知萬物萬事通爲一理。

孟子之「知言」，卽大學之「物格知至」也。

孟子之「知性」，卽大學之「物格」；「盡心」，卽「知至」也。

道無處不在，故當無處不謹。

天道流行，命也，命賦於人，性也，性與心俱生者也。性體無爲，人心有覺，故心統性情。

不責人，卽心無凝冰焦火之累。

天地間理無縫隙，實不可分。

元者善之長，亨利貞皆善也；仁爲善之長，禮義智皆善也。

性命一理也，有善而無惡也明矣。

中庸言明善，不言明性，善卽性也。

雜慮少則漸近道。

心每有妄發，以經書聖賢之言制之。

一息之運，與古今之運同；一塵之土，與天地之土同；一夫之心，與億兆之心同。

致知格物，於讀書得之者多。

「論性不論氣，不備」有二説：專論性不論氣，則性亦無安泊處，此不備也；專論性不論氣，則雖知性之本善，而不知氣質有清濁之殊，此不備也。「論氣不論性，不明」亦有二説：如告子以知覺運動之氣爲性，而不知性之爲理，此不明也；如論氣質有清濁之殊，而不知性之本善，此不明也。二之則不是，蓋理氣雖不相雜，亦不相離。天下無無氣之理，亦無無理之氣，氣外無性，性外無氣，是不可二之也。若分而二，是有無氣之性，無性之氣矣，故曰二之則不是。

程子曰：「四端不言信者，既有誠心爲四端，則信在其中矣。」愚謂若無誠心，則四端亦無矣，故學道以誠心爲本。

鬼神者，天地陰陽之靈；魂魄者，人身陰陽之靈。

御史閻子與先生禹錫

閻禹錫字子與，洛陽人。年十九，舉正統甲子鄉試。明年，授昌黎訓導。母喪廬墓，詔旌其門。聞薛文清講學，往從之遊。補開州訓導，遂以所受於文清者，授其弟子，人多化之。李文達薦爲國子學正，轉監丞。干謁不行，謫徽州府經歷。尋復南京國子助教、監丞，超陞御史，提督畿内學政。勵士以原本之學，講明太極圖說、通書，使文清之學不失其傳者，先生之力也。成化丙申卒。所著有自信集。或問先生與白良輔於文清，文清曰：「洛陽似此兩人也難得，但恐後來立脚不定，往別處走。」觀先生所立，雖未知所得深淺，亦不負文清之所戒矣。

侍郎張自在先生鼎

張鼎字大器，陝之咸寧人。成化丙戌進士，授刑部主事，遷員外郎。出知太原府，晉山西參政，仍署府事。轉河南按察使。弘治改元，擢右僉都御史，巡撫保定等府，入爲户部右侍郎。乙卯卒於家，年六十五。先生少從父之任蒲州，得及薛文清之門。終身恪守師説，不敢少有踰越。文清殁後，其文集散漫不傳，先生搜輯較正，凡數年，始得成書。

郡守段容思先生堅

段堅字可久㊀，號容思，蘭州人也。年十四，爲諸生，見陳緱山明倫堂上銘「羣居慎口，獨坐防心」，慨然有學聖人之志，於是動作不苟。正統甲子領鄉薦。己巳，英宗北狩，應詔詣闕上書，不報。自齊、魯以至吴、越，尋訪學問之人，得閻禹錫、白良輔，以溯文清之旨，踰年而歸，學益有得。登景泰甲戌進士第，歸而讀書。越五年，出知福山縣，以絃誦變其風俗，謂「天下無不可化之人，無不可變之俗」，六載

㊀ 明史作「可大」。

而治行，鬱然可觀。李文達薦之，擢知萊州府，以憂去。補南陽府，建志學書院，與人士講習濂、洛之書。其童蒙則授以小學、家禮。祀烈女，迸巫尼，凡風教之事，無不盡心。八年而後歸。成化甲辰卒，年六十六。

嘗言：「學者主敬以致知格物，知吾之心卽天地之心，吾之理卽天地之理，吾身可以參贊者在此。」其形於自得者，詩云：「風清雲浄雨初晴，南畝東阡策杖行。幽鳥似知行樂意，緑楊烟外兩三聲。」先生雖未嘗及文清之門，而郡人陳祥贊之曰：「文清之統，惟公是廓。」則固私淑而有得者也。

廣文張默齋先生傑

張傑字立夫，號默齋，陝之鳳翔人。正統辛酉鄉薦，授趙城訓導，以講學爲事。文清過趙城，先生以所得質之，文清爲之證明，由是其學益深。丁外艱服闋，遂以養母不出。母喪畢，爲責躬詩曰：「年紀四十四，此理未真知。晝夜不勤勉，遷延到幾時？」無復有仕進意。其工夫以「涵養須用敬，進學在致知」二語爲的。用五經教授，名重一時。當道聘攝城固學事，先生以鄉黨從遊頗衆，不能遠及他方辭之。段容思贈詩「聖賢心學真堪學，何用奔馳此外尋」。先生答詩亦有「今宵忘寢論收心」之句，學者爭傳誦焉。有勸先生著書者，曰：「吾年未艾，猶可進也，俟有所得，爲之未晚。」成化壬辰十月卒，年五十二。

文莊王凝齋先生鴻儒

王鴻儒字懋學，號凝齋，河南南陽人。成化丁未進士，授南户部主事，出爲山西提學僉事，進副使。孝宗與劉大夏論人才，曰：「藩臬中如王鴻儒，他日可大用。」大夏對曰：「此人才學不易得，誠如聖諭。」正德初致仕，已巳起國子祭酒，不數月，憂去。服除，改南户部侍郎，召入吏部。時冢宰爲陸完，喜權術，先生諷之曰：「惟誠與直能濟國事，趨名者亦趨利，於社稷生民無益也。」未幾完果敗。辛酉，陞南户部尚書。宸濠反，武宗南巡，勤勞王事，疽發背卒。先生書法端勁，少未爲人知，里人有爲府史者，嘗以其書置府中，知府段堅偶見而奇之，史對曰：「里中王生書也。」堅即召見，曰：「子風神清徹，豈塵埃人物？」遂收之門下，故先生之學，本之段氏。

凝齋筆語

乾道變化者，五月一陰生，乾道變矣；六月二陰生，乾道再變矣；至十月則乾道變極，陽盡而純陰以成坤卦，所謂化也。此正秋冬之時，百穀草木各正性命。保合太和，乾之利貞也。

大明終始，六位時成，時乘六龍以御天。六位，六虛位，自子至巳也；六龍，六陽爻，自初九至上九也。聖人大明乾道之終始，則見陽之六位以時而成。自十一月一陽生，則畫一剛於初位，是乘以一龍也；十二月二陽生，則畫一剛於二位，是乘以二龍也；餘四位四畫准此。乘乃加乘之乘，猶加載也。天之六陽，時序如此，聖人加畫，乾卦亦如此，所以御天也。

大哉乾乎，剛、健、中、正、純、粹、精也。此以七者贊乾之德。剛言其不屈，健言其不息，中言其無過、不及，正言其不偏不倚，純言其不二，粹言其不雜，精則進乎粹矣。純粹精，譬如粳米中無粟米，便是純也。粳米雖純矣，若顆粒有大小，便是不粹；一一勻稱，便是粹矣。米雖勻稱，炊飯有不香者，便是不精；炊飯又香，乃是精也。愚嘗以爲剛、健、中、正、純、粹、精七者，皆是贊乾。

乾初九，文言曰：「確乎其不可拔，潛龍也。」此言初九君子固守不屈之節然也。拔者，掣而出之。如蛇，龍屬也。蛇入穴，人見其尾，雖拔之幾斷，亦不肯出。此亦可以證潛龍之確乎不拔也。

陽主笑，陰主哭，故同人號咷指六二，笑指九五也。

撝謙，行之謙也。鳴謙，言之謙也。

觀「雷出地奮，豫」，則雷在地中可推矣。

「不事王侯，高尚其事」，蠱而治矣，奉身而隱也。

澤中有雷，雷之蟄也，故君子體之嚮晦入宴息。

噬嗑，震下離上，彖曰：「雷電合而章。」始以雷電爲一物，謂電卽雷之光也。及觀曆候，八月雷始收聲，十月亡電，則相去兩月，乃知非一物矣。雷得電而聲愈震，電得雷而光愈熠，故曰：「雷電合而章。」

「君子得輿，小人剥廬。」陽爲君子，陰爲小人，皆就在上一位而言。君子居之，則爲得輿，上九之陽不動，衆陰共載一陽也。小人居之，則爲剥廬，上九亦變而爲陰，羣陰失庇也。五陰如輿，一陽如廬。

大過彖「棟橈，本末弱也」。先儒所謂「人主之職，在論一相者」，信哉！

六十四卦者，八卦之蘊也；八卦者，兩儀之蘊也；兩儀者，太極之蘊也。

男女有別，然後父子親，萬世格言也。

下武，自三后言之也。三后在天，武王在下，故曰「下武」。

衛武公，諸侯也，其詩乃見於雅，蓋爲王卿士時也。

載色載笑，色怒也。載色以怒而復載笑，非怒也，乃教也。匪怒應載色，伊教應載笑。

虞、夏雍州貢道，浮於積石，至於龍門西河。自今日觀之，則漕運當由北中行者千里。由是知唐虞北邊疆境，尚遠在河外也。

左氏隱三年四月，鄭祭足帥師取温之麥。按夏四月正麥熟之時，故曰「取温之麥」。若依趙氏謂時月皆改，則此當爲夏之二月，豈可取麥者乎？

周之郊祀，亦有迎尸，以爲迎后稷之尸也。然據禮家説，祭山川皆有尸，則恐祭天亦有尸也。

或問：「周禮祀天神、地示、人鬼之樂，何以無商音？」文公曰：「五音無一則不成樂，非是無商音，只是無商調。」先儒謂商調是殺聲，鬼神畏商調。

鼖，尊陽也，在阼；犧，尊陰也，在西，堂上以陽爲主也。縣鼓，陽也，在西；應鼓，陰也，在東，堂下以陰爲主也。

魏主嗣常密問崔浩曰：「屬者日食趙、代之分，朕疾彌年不愈，恐一旦不諱。」此以左氏載日食曰

「魯、衛當之」者同。是日食之災，誠有分野。史彌遠雖非賢相，猶置人才簿，書賢士大夫姓名以待用。今有若人乎？宜賢才之日遺也。見方虛谷撰呂午㊀家傳。

大學「在親民」，程子曰：「親當作新。」愚按：親、新古字通用。觀左氏石碏之言「新間舊」作「親間舊」，此可見矣。

孔子之謂集大成，樂一變爲一成，尚非大成，九成皆畢，然後謂之大成。孟子之學，明在於事親、事長，而幽極於知性、知天。上下本末一以貫之，此所以爲醇乎醇之儒也。彼莊、老者，幽明二致，首尾衡決，世儒方且尊以爲聖哲，豈知道之論乎！

顏氏家訓曰：「夫遥大之物，寧可度量。日爲陽精，月爲陰精，星爲萬物之精，儒者所安也。星墜爲石，精若是石，不得有光，性又質重，何所繫焉？星與日月形色同耳，日月又當是石也。石既牢密，烏兔焉容？石在氣中，豈能獨運？日月星辰，若皆是氣，氣體輕浮，當與天合，往來環轉，不能錯違，其間遲疾，理宜一等，何故日、月、五星、二十八宿各有度數，移動不均？」致堂辨曰：「考之六經，惟春秋書隕石于宋，不言星墜爲石也。既以星爲石，此皆推臆之説，非聖人之言也。」愚謂：日月星辰，皆氣之精而麗於天，體如火光，不能摶執。其隕而爲石者，以得地氣故耳，非在天即石也。有隕未至地而光氣遂散者，亦不爲石也。

㊀ 原作「千」，據賈本改。

布衣周小泉先生蕙

周蕙字廷芳，號小泉，山丹衛人，徙居秦州。年二十，聽講大學首章，奮然感動，始知讀書問字。爲蘭州戍卒，聞段容思講學，時往聽之。久之，諸儒令坐聽，既而與之坐講。容思曰：「非聖弗學。」先生曰：「惟聖斯學。」於是篤信力行，以程、朱自任。又受學於安邑李昶。昶者，景泰丙子舉人，授清水教諭，文清之門人也。恭順侯吴瑾總兵於陝，聘爲子師，先生固辭。或問故，先生曰：「總兵役某，則某軍士也，召之不敢不往；若使教子，則某師也，召之豈敢往哉？」瑾遂親送二子於其家，先生始納贄焉。肅藩樂人鄭安、鄭寧皆乞除樂籍，從周先生讀書，其感人如此。成化戊子，容思至小泉，訪之不遇，留詩而去：「小泉泉水隔烟蘿，一濯冠纓一浩歌。細細静涵洙、泗脈，源源動鼓洛川波。風埃些子無由入，寒玉一泓清更多。老我未除塵俗病，欲煩洗雪起沉痾。」「白雲封鎖萬山林，卜築幽居深更深。養道不干軒冕貴，讀書探取聖賢心。何爲有大如天地，須信無窮自古今。欲鼓遺音絃絶後，關、閩、濂、洛待君尋。」先生以父遊江南，久之不返，追尋江湖間，至揚子而溺，天下莫不悲之。門人最著者，渭南薛敬之，秦州王爵。敬之自有傳。爵字錫之，以操存爲學，仕至保安州判。

同知薛思菴先生敬之

薛敬之字顯思，號思菴，陜之渭南人。生而姿容秀美，左膊有文字，黑入膚内。五歲即喜讀書，居止不同流俗，鄉人以道學呼之。成化丙戌貢入太學，時白沙亦在太學，一時相與並稱。丙午，謁選山西應州知州，不三四歲，積粟四萬餘石，年饑，民免流亡，逋而歸者三百餘家。南山有虎患，倣昌黎之鱷魚，爲文祭之，旬日間虎死。蕭家寨平地暴水湧出，幾至沉陷，亦爲文祭告，水卽下洩，聲如雷鳴。奏課爲天下第一，陞金華府同知，居二年致仕。正德戊辰卒，年七十四。

先生從周小泉學，常雞鳴而起，候門開，灑掃設坐，至則跪以請教。故謂其弟子曰：「周先生躬行孝弟，其學近於伊、洛，吾以爲師；陝州陳雲逵，忠信狷介，凡事皆持敬，吾以爲友。吾所以有今日者，多此二人力也。」先生之論，特詳於理氣。其言「未有無氣質之性」是矣。而云「一身皆是氣，惟心無氣」，「氣中靈底便是心」，則又岐理氣而二之也。氣未有不靈者，氣之行處皆是心，不僅腔子內始是心也，卽腔子內亦未始不是氣耳。

思菴野録

心乘氣以管攝萬物，而自爲氣之主，猶天地乘氣以生養萬物，而亦自爲氣之主。

一身皆是氣，惟心無氣。隨氣而爲浮沉出入者，是心也。人皆是氣，氣中靈底便是心。故朱子曰：「心者，氣之精爽。」

心本是個虛靈明透底物事，所以都照管得到。一有私欲，便却昏蔽了，連本體亦自昧塞，如何能照管得物？

學者始學，須要識得此心是何物，此氣是何物，心主得氣是如何，氣役動心是如何，方好著力進裏面去。

千古聖賢，非是天生底，只是明得此心分曉。

天地間凡有盛衰强弱者，皆氣也，而理無盛衰强弱之異。先儒謂「至誠貫金石」，則理足以馭氣矣。

心便是官人，性便是個印信，情便是那文書，命便是那文書上説的物事，文書或寫得好歹，説得利害緊慢，便喚做才。這一弄事物，不是氣，怎麽做的？便喚氣。故心、性、情、命、才、氣本同一滚的事，更何異？

德無個大小，且指一物始根，便是大德；發生條達，千枝萬柯，都是那根上出來，便是小德。

接事多，自能令氣觸動心，敬則不能爲之累，否則鮮不爲之累。

心之存，則海水之不波；不存，則沙苑之揚灰。

仁則是心求仁，非一方也。但心有所存主處，便是求仁。觀諸孔門問答，可見師之教、弟子之學，都只是尋討個正當底心，心外無餘事。

太極圖明此性之全體，西銘狀此性之大用。

「寂然不動，感而遂通天下之故」，標貼出個心之體用來。程子因而就説個「體用一源，顯微無間」，包括這兩句。

「有朋自遠方來」，與「天下歸仁」之旨同。

「活潑潑地」只是活動，指鳶魚也。便見得理氣，説得面前活動，如顔子「卓爾」，孟子「躍如」模樣。

天地無萬物，非天地也；人心無萬事，非人心也。天地無物而自不能不物物，人心無事而自不能不事事。而今天下只是一個名利關住扎了，壅住多少俊才，可勝歎哉！氣化然也。

氣化人事，不可岐而二之，須相參而究之，然後可以知天道消息，世道隆替。

因天地而定乾坤，因高卑而位貴賤，因動静而斷剛柔，因方類物羣而生吉凶，因天象地形而見變化。此聖人原易之張本以示人，故曰「易與天地準」。

太極圖雖説理，亦不曾離了氣。先儒解「太極」二字最好，謂「象數未形，而其理已具之稱，形器已具，而其理無朕之目」。「象數未形」一句，説了理，「形器已具」一句，却是説了氣，恁看氣理何曾斷隔了。

雨暘燠寒，風之有無，見得天無心處。風雷變化，氣使然也。

天本無心，以人爲心，聖人本無心，以天處心。其未至於聖人者，可不盡希天之學乎！何謂希天？曰：「自敬始。」

凡所作爲動心，只是操存之心未篤，篤則心定，外物不能奪，雖有所爲，亦不能動。

在天之風霜雨露者，陰陽之質；在地之草木水石者，剛柔之質；在人之父子君臣者，仁義之質。陰陽一剛柔也，剛柔一仁義也。陰陽氣也，離那質不得；剛柔質也，離那氣不得；仁義性也，離那氣質不得。未有無氣之質，未有無質之氣，亦未有無氣質之性。偶觀杏實，會得一本萬殊道理。當時種得只是一本，如今結了百千萬個，不亦殊乎？一本萬殊，萬殊一本，有甚時了期，就見得天命不已氣象出來。

古來用智，莫過大禹，觀治水一事，只把一江一河，便分割天地。

堯、舜之世，以德相尚，故無讖緯術數之可言。漢、唐以下，僞學日滋，故有讖緯術數之事。

古人之論處家，有曰義，有曰忍。蓋忍字無涯涘，義字有正救，獨用忍不得，獨用義亦不得。上下名分不得不用義，出入日用不得不用忍。義與忍相濟，而後處家之道備矣。

孔門優游涵泳，只是調護個德性好。凡問政、問仁、問士、問禮與行，不過令氣質不走作，掘得活水出來。

夜氣與浩然之氣不同，彼以全體言，此以生息言。但「浩然」章主於氣，「牛山」章主於性，學者互相考之，有以知性氣之不相離也。

天高地下，萬物流行，分明個禮樂自然。

郡丞李介菴先生錦

李錦字在中㊀，號介菴，陝之咸寧人。受學於周小泉。天順壬午舉於鄉，入太學，司成邢讓深器之。讓坐事下獄，先生率六館之士伏闕頌寃，由是名動京師。以主敬窮理爲學，故然諾辭受之間，皆不敢苟。居憂時，巡撫余肅敏請教其子，先生以齊衰不入公門固辭。肅敏聞其喪不能舉，賻以二槨，先生卻其一，曰：「不可因喪爲利也。」郡大夫賻米，以狀無俸字辭之。成化甲辰，謁選松江府同知。後二年卒，年五十一。

㊀明史作「名中」。

明儒學案卷八　河東學案下

文簡呂涇野先生柟

呂柟字仲木，號涇野，陝之高陵人。正德戊辰舉進士第一，授翰林修撰。逆瑾以鄉人致賀，却之，瑾不悅。已請上還宮中，御經筵，親政事，益不爲瑾所容，遂引去。瑾敗，起原官。上疏勸學，危言以動之。乾清宮災，應詔言六事：一、逐日臨朝，二、還處宮寢，三、躬親大祀，四、日朝兩宮，五、遣去義子、番僧、邊軍，六、撤回鎮守中官。皆武宗之荒政。不聽，復引去。世廟卽位，起原官。甲申以修省自劾，語涉大禮，下詔獄。降解州判官，不以遷客自解，攝守事，興利除害若嗜欲。在解三年，未嘗言及朝廷事。移宗人府經歷，陞南考功郎中，尚寶司卿，南太常寺少卿，入爲國子祭酒，轉南禮部右侍郎。公卿謁孝陵衣緋，先生曰：「望墓生哀，不宜吉服。」遂易素。上將視顯陵，累疏諫止。霍文敏與夏貴溪有隙，文敏爲南宗伯，數短貴溪於先生，先生曰：「大臣和衷，宜規不宜謗也。」文敏疑其黨貴溪。已而先生入賀，貴溪亦暴文敏之短，先生曰：「霍君性少偏，故天下才，公爲相，當爲天下惜才。」貴溪亦疑其黨文敏。會奉先殿災，九卿自陳，貴溪遂准先生致仕。壬寅七月朔卒，年六十四，賜謚文簡。

先生師事薛思菴，所至講學。未第時，卽與崔仲鳧講於寶邛寺。正德末，家居築東郭別墅，以會四方學者。別墅不能容，又築東林書屋。鎮守廖奄張甚，其使者過高陵，必誡之曰：「吕公在，汝不得作過也。」在解州建解梁書院，選民間俊秀，歌詩習禮。九載南都，與湛甘泉鄒東廓共主講席，東南學者，盡出其門。嘗道上黨，隱士仇欄遮道問學。有梓人張提聞先生講，自悟其非，曾妄取人物，追還主者。先生因爲詩云：「豈有征夫能過化，雄山村裏似堯時。」朝鮮國聞先生名，奏請其文爲式國中。先生之學，以格物爲窮理，及先知而後行，皆是儒生所習聞。而先生所謂窮理，不是泛常不切於身，只在語默作止處驗之；所謂知者，卽從聞見之知，以通德性之知，但事事不放過耳。大概工夫，下手明白，無從躲閃也。先生議良知，以爲「聖人教人每因人變化，未嘗規規於一方也。今不論其資稟造詣，刻數字以必人之從，不亦偏乎！」夫因人變化者，言從入之工夫也。良知是言本體，本體無人不同，豈得而變化耶？非惟不知陽明，並不知聖人矣。

吕涇野先生語録

問：「長江之上，大海之濱，風波之險可畏也。至於風恬浪息，漁人出没其間，鷗鳥飛鳴其中，若相狎而玩者，何也？水忘機也，漁人、鷗鳥亦忘機也。若乃吾人之宅心，宜若平且易焉已矣，而反有不可測者，則其爲風波之險莫大焉，此莊生所謂險於山川者也。是故機心忘而後可以進德矣。」曰：「只看如何平易，平易一差，恐靡然矣。」

問：「静時體認天理易，動時體認天理難，故君子存静之體認者，以達乎動之泛應者，則静亦定，動亦定，其爲成德孰禦焉？」曰：「動時體認天理，猶有持循處，静却甚難，能於静，則於動沛然矣。」

光祖曰：「物之遇雨，或生或長，其效甚速，人遇教而不興者何也？」先生曰：「只是中心未實，如五穀之種，或蠹或浥，難乎其爲苗矣。」

問：「交友居家處世，不能皆得善人，甚難處。」先生曰：「此須有憐憫之心方好，能憐憫，便會區處。如妻妾之愚，兄弟之不肖，不可謂他不是也。此仁知合一之道。」

問：「今之講學，多有不同者如何？」曰：「不同乃所以講學，既同矣，又安用講耶？故用人以治天下，不可皆求同，求同則讒諂面諛之人至矣。」道通曰：「果然，治天下只看所重輕。」

問：「身甚弱，若有作盜賊的力量，改而爲聖人方易。」先生曰：「作聖人不是用這等力量，見得善處肯行，便是力量，溺於流俗物欲者，乃弱也。」

先生聞學者往來權貴門下，乃曰：「人但伺候權倖之門，便是喪其所守。」是以教人自甘貧做工夫，立定脚根，自不移。

問：「患交接人。」先生曰：「須要寬綽些，不可拘拘守秀才規矩，見大人君子，進退升降、然諾語默皆是學。」

先生曰：「陳白沙徵到京，吏部尚書問曰：『貴省官如何？』曰：『與天下省官同。』請對坐，卽坐無辭。此儘朴實有所養。羅一峰訪康齋，見起御聘牌坊，乃謂其子云：『不必有此牌坊。』不見康齋而退。此羅公高處。康齋，孔門之原憲也，而又有此乎！」

先生曰：「昔者聞有一僉事求見王贛菴公云：『西來一件爲黄河，二件爲華山，三件爲見先生。』王公云：『若做官不好，縱見此三者，亦不濟事。』這般高，不受人諂。」

大器問：「動静不失其時。」曰：「正是仕止久速各當其可，汝今且只於語默作止處驗也。」

黄惟因問：「白沙在山中，十年作何事？」先生曰：「用功不必山林，市朝也做得。昔終南僧用功三十年，儘禪定也。有僧曰：『汝習静久矣，同去長安柳街一行。』及到，見了妖麗之物，粉白黛緑，心遂動了，一旦廢了前三十年工夫。可見亦要於繁華波蕩中學。故於動處用功，佛家謂之消磨，吾儒謂之克治。」

應德問：「觀喜怒哀樂未發之前氣象，如何觀？」先生曰：「只是虚静之時。觀字屬知、屬動，只是心上覺得，然其前只好做戒慎恐懼工夫，就可觀也。」

南昌裘汝中問：「聞見之知，非德性之知。」先生曰：「大舜聞一善言，見一善行，沛然莫之能禦，豈不是聞見？豈不是德性？」「然則張子何以言不梏於見聞？」曰：「吾之知本是良的，然被私欲迷蔽了，必賴見聞開拓，師友夾持而後可。雖生知如伏羲，亦必仰觀俯察。」汝中曰：「多聞擇其善而從之，多見而識之，乃是知之次也。是以聖人將德性之知，不肯自居，止謙爲第二等工夫。」曰：「聖人且做第二等工夫，吾輩工夫只做第二等的也罷。殊不知德性與聞見相通，原無許多等第也。」

許象先問：「樂在其中，與不改其樂，樂字有淺深否？」先生曰：「汝不要管他淺深，今日只求自家一個樂耳。」大器曰：「然求之有道乎？」先生曰：「各人揀自己所累處，一切盡除去，則自然心廣體胖。然所謂累處者，不必皆是聲色貨利粗惡的，只於寫字做詩，凡嗜好一邊皆是。程子曰：『書札於儒者事最近，然一向好著，亦自喪志。』可見。」

有一名公曰：「近日對某講學者，惟少某人耳。」先生笑曰：「程子説韓持國曰：『公當求人，倒教人來求公耶？』若爲這道講，須下人去講，不然，有道者他肯來尋公講耶？」又曰：「某尸位未嘗建得事業。」先生曰：「不然，賢人君子在位，不必拘拘如何是建功創業，但一言一動皆根道理。在位則僚屬取法，在下則軍民畏服。又使天下之人知某處有某公在，卒然有急可恃，有何不可？」其人曰：「若是不可不慎矣。」

有一相當國，其弟過陝西，與對山曰：「某同京與家兄説薦舉起用。」對山笑曰：「某豈是在某人手裏取功名的人。」先生曰：「此亦可謂慷慨之士。」或曰：「但欠適中耳。」曰：「士但有此氣象，亦是脱俗，怎能勾便中庸也？」

先生見林穎氣象從容，指謂大器曰：「人動静從容，言語安詳，不惟天理合當如此，且起觀者敬愛，就是學問也。學者不可無此氣象，但須要先有諸中矣。」

時耀問：「收放心在何處？」先生曰：「須於放的去處收，則不遠而復矣。」

先生謂諸生曰：「我欲仁，斯仁至矣。今講學甚高遠，某與諸生相約，從下學做起，要隨處見道理。事父母這道理，待兄弟妻子這道理，待奴僕這道理，可以質鬼神，可以對日月，可以開來學，皆自切實處做來。」大器曰：「夫仁亦在乎熟之而已矣！」曰：「然。」

問「爲學」。曰：「只要正己。孔子曰：『上不怨天，下不尤人，知我者其天乎！』若求人知，路頭就狹了。天打那處去尋，只在得人，得人就是得天。書曰：『天視自我民視，天聽自我民聽。』」學者未省。

曰：「本之一心，驗之一身，施之宗族，推之鄉黨，然後達之政事，無往不可。凡事要仁有餘而義不足，則人無不得者。」

詔問：「講良知者何如？」先生曰：「聖人教人，每因人變化。如顔淵問仁，夫子告以克己復禮，仲弓則告以敬恕，樊遲則告以居處恭、執事敬、與人忠。蓋隨人之資質學力所到而進之，未嘗規規於一方也。世之儒者誨人，往往不論其資禀造詣，刻數字以必人之從，不亦偏乎！」

問「致良知」。先生曰：「陽明本孟子良知之説，提掇教人，非不警切，但孟子便兼良能言之。且人之知行，自有次第，必㊀先知而後行，不可一偏。傅説曰：『非知之艱。』聖賢亦未嘗卽以知爲行也。縱是周子教人曰『静』、曰『誠』，程子教人曰『敬』，張子以『禮』教人，諸賢之言非不善也，但亦各執其一端。且如言静，則人性偏於静者，須别求一個道理。曰誠、曰敬，固學之要，但未至於誠敬，尤當有入手處。如夫子魯論之首，便只曰『學而時習』，言學，則皆在其中矣。」

論「格物致知，世之儒者辨論莫太高遠乎」？先生謂：「若事事物物皆要窮盡，何時可了。故謂只一坐立之間，便可格物。何也？蓋坐時須要格坐之理，如尸是也；立時須要格立之理，如齋是也。凡類此者，皆是如是，則知可致而意可誠矣。」又曰：「先就身心所到、事物所至者格，久便自熟。或以格爲度量，亦是。」

先生謂諸生曰：「學者只隱顯窮達，始終不變方好。今之人對顯明廣衆之前，一人焉，閒居獨處之

㊀「必」字原作「非」，據賈本改。

時，又一人焉；對富貴又一人焉，貧賤又一人焉。眼底交遊所不變者，惟何粹夫乎！」

詔因辭謝久菴公，與講論陽明之學。公謂：「朱子之道學，豈後學所敢輕議？但試舉一二言之，其性質亦是太褊。昔唐仲友爲台州太守，陳同父同知台州，二人各競才能，甚不相協。時仲友爲其母與弟婦同居官舍。晦翁爲浙東提舉，出按台州，陳同父遂誣仲友以帷薄不修之事，晦翁未察，遂劾仲友。王淮爲之奏辨，晦翁又劾王淮。後仲友亦以帷薄不修之事，誣論晦翁，互相訐奏，豈不是太褊乎？」詔聞此言，歸而問於先生。先生曰：「訐奏事信有之，但仲友雖負才名，終是小人，安得以此誣毁朱子。是非毁譽，初豈足憑？久之便是明白。朱先生劾仲友事，見台寓録；仲友誣朱先生事，見仲友文集，可知其是私也。」同父此時尚未及第，未嘗同知台州。晦翁仲友相訐，未嘗以帷薄相誣。此段無一實者。

先生曰：「今世學者，開口便説一貫，不知所謂一貫者，是行上説，是言上説，學到一貫地位多少工夫？今又只説明心，謂可以照得天下之事。宇宙内事，固與吾心相通，使不一一理會於心，何由致知？所謂不理會而知者，卽所謂明心見性㊀也，非禪而何？」

黄惟用曰：「學者不可將第一等事讓别人做。」先生曰：「才説道不可將第一等事讓與别人做，不免自私，這元是自家合做的。」又曰：「學到自家合做處，則别人做第一等事，雖拜而讓之可也。」

學者到怠惰放肆，總是不仁，仁則自是不息。

詩人於周公，從步履上看，便見得周公之聖，故曰：「赤舃几几。」凡人内不足者，或有讒謗之言，步

㊀「性」原作「理」，據賈本、備要本改。

履必至錯亂，不能安詳。如謝安折屐，豈能强制得住？故古人只求諸己，在己者定，外邊許大得失、禍福，皆不足動我，是故烈風雷雨弗迷。

先生曰：「予癸未在會試場，見一舉子對道學策，欲將今之宗陸辨朱者，誅其人，焚其書，甚有合於問目。且經書論表俱可。同事者欲取之，予則謂之曰：『觀此人於今日迎合主司，他日出仕，必知迎合權勢。』乃棄而不取。」因語門人曰：「凡論前輩，須求至當，亦宜存厚，不可率意妄語。」

問：「危微精一何如？」曰：「心一也，有人道之別者，就其發處言之耳。危微皆是不好的字面。何謂危？此心發在形氣上，便蕩情鑿性，喪身亡家，無所不至，故曰危。何謂微？徒守此義理之心，不能擴充，不發於四支，不見於事業，但隱然於念慮之間，未甚顯明，故曰微。惟精是察，二者之間，不使混雜；惟一是形氣之所用也。皆從道而出，合爲一片。」

本泰問「夜氣」。曰：「有夜氣，有旦氣，有晝氣。晝氣之後有夜氣，夜氣之後有旦氣，旦氣不牿於晝氣，則充長矣。孟子此言氣字，卽有性字在。蓋性字何處尋？只在氣字求。但有本體與役於氣之别耳，非謂性自性、氣自氣也。彼惻隱是性，發出來的情也能惻隱，便是氣做出來，使無是氣，則無是惻隱矣。先儒喻氣猶舟也，性猶人也，氣載乎性，猶舟之載乎人，則分性氣爲二矣。試看人於今，何性不從氣發出來？」

永年問「配義與道」。先生曰：「言此氣是搭合著道義説，不然則見富貴也動，見貧賤也動而餒矣。」

問「近讀大禹謨得甚意思」？「且不要説堯、舜是一個至聖的帝王，我是一個書生，學他不得。只這不虐無告，不廢困窮，日用甚切。如今人地步稍高者，遇一人地步稍低者，便不禮他，雖有善亦不取他，即是虐無告，廢困窮。」

皋陶説九德，皆就氣質行事上説，至商、周始有禮義性命之名。宋人却專言性命，謂之道學，指行事爲粗迹，不知何也？

何廷仁言「陽明子以良知教人，於學者甚有益」。先生曰：「此是渾淪的説話，若聖人教人，則不然。人之資質有高下，工夫有生熟，學問有淺深，不可概以此語之。是以聖人教人，或因人病處説，或因人不足處説，或因人學術有偏處説，未嘗執定一言。至於立成法，詔後世，則曰格物致知，博學于文，約之以禮。蓋渾淪之言，可以立法，不可因人而施。」

或問：「朱子以誠意正心告君如何？」曰：「雖是正道，亦未盡善。人君生長深宫，一下手就教他做這樣工夫，他如何做得？我言如何能入得？須是或從他偏處一説，或從他明處一説，或從他好處一説，然後以此告之，則其言可入。若一次聘來，也執定此言，二次三次聘來，也執定此言，如何教此言能入得？告君須要有一個活法，如孟子不拒人君之好色、好貨便是。」

問「慎獨工夫」。曰：「此只在於心上做，如心有偏處，如好欲處，如好勝處，但凡念慮不在天理處，人不能知而己所獨知，此處當要知謹自省，即便克去。若從此漸漸積累，至於極處，自能勃然上進。雖博厚高明，皆是此積。」

問「存心之說」。曰：「人於凡事皆當存一個心，如事父母兄長不待言矣。雖處卑幼，則存處卑幼之心；處朋友，則存處朋友之心。至於外邊處主人，亦當存處主人之心。以至奴僕，亦要存一點心處之。皆不可忽略，只如此便可下學上達。易之理，只是變易以生物，故君子變易以生民。」

東郭子曰：「聖人教人只是一個行，如博學之，審問之，慎思之，明辨之，皆是行也。篤行之者，行此數者不已是也，就如篤恭而天下平之篤。」先生曰：「這却不是聖人言。學字有專以知言者，有兼知行言者，如『學而時習之』之學字，則兼言之。若博學之對篤行之而言，分明只是知，如何是行？如好學近乎知，力行近乎仁，亦如是。此篤恭之篤，如云到博厚而無一毫人欲之私之類。若篤行之篤，即篤志努力之類，如何相比得？夫博學分明是格物致知的工夫，如何是行？」東郭子曰：「大抵聖人言一學字，則皆是行，不是知。知及之，仁不能守之。及之亦是行，如日月至焉，至字便是一般。守之是守其及之者，常不失也。如孔門子路之徒，是知及之者；如顏子三月不違，則是仁能守之者。」先生曰：「知及之分明只是知，仁守之纔是行。如何將知及之亦爲行乎？予之所未曉也。」

東郭子曰：「程子謂大學乃孔氏之遺書，謂之遺書，正謂其言相似也，然聖人未嘗言之。若以格物爲窮理，則與聖言不相似，何以謂之遺書？」先生曰：「謂之遺書者，指理而言，非謂其言相似也。且曰聖人未嘗言之，甚害事。某也愚，只將格物作窮理，先從知止致知起。夫知止致知首言之，而曰未嘗言之，何也？」

東郭子曰：「我初與陽明先生講格物致知，亦不肯信。後來自家將論、孟、學、庸之言各相比擬過來，然後方信陽明之言。」先生曰：「君初不信陽明，後將聖人之言比擬過方信，此却喚做甚麼？莫不是窮理否？」東郭子笑而不對。

先生曰：「汝輩做工夫，須要有把柄，然後纔把捉得住，不然，鮮不倒了的。故叉手不定，便撒擺；立脚不定，便那移。」

先生曰：「學者必是有定守，然後不好的事不能來就我。易曰：『鼎有實，我仇有疾，不我能即，吉。』若我無實，則這不好的事，皆可以來即我也。」

邦儒問：「近日朋友講及大學，每欲貫誠意於格物之前，蓋謂以誠意去格物，自無有不得其理者，如何？」先生曰：「格致誠正雖是一時一串的工夫，其間自有這些節次。且如佛子寂滅，老子清静，切切然，惟恐做那仙佛不成，其意可爲誠矣，然大差至於如此，正爲無格物之功故也。但格致之時，固不可不著實做去，格致之後，誠意一段工夫亦是不可缺也。」

吕潛問：「欲根在心，何法可以一時拔得去？」先生曰：「這也難説。一時要拔去，得須要積久工夫才得就。且聖如孔子，猶且十五志學，必至三十方能立，前此不免小出入時有之。學者今日且於一言一行差處，心中卽便檢制，不可復使這等。如或他日又有一言一行差處，心中卽又便如是檢制。此等處人皆不知，已獨知之，檢制不復萌，便是慎獨工夫。積久熟後，動静自與理俱，而人欲不覺自消。欲以一時一念的工夫，望病根盡去，却難也。」

李樂初見先生，問：「聖學工夫如何下手？」先生曰：「亦只在下學做去。」先生因問：「汝平日做甚工夫來？」和仲默然，良久不應。先生曰：「看來聖學工夫只在無隱上就可做得。學者但於己身有是不是處，就説出來，無所隱匿，使吾心事常如青天白日纔好。不然，久之積下種子，便陷於有心了。故司馬温公謂『平生無不可對人説得的言語』，就是到建諸天地不悖，質之鬼神無疑，也都從這裏起。」

先生曰：「鄒東郭云：『聖賢教人只在行上，如中庸首言天命之性，率性之道，便繼之以戒慎不睹，恐懼不聞，並不説知上去。』予謂亦須知得何者是人欲，不然戒慎恐懼個甚麼？蓋知皆爲行，不知則不能行也。」

康恕問：「戒慎恐懼是静存，慎獨是動察否？」先生曰：「只是一個工夫，静所以主動，動所以合静。不睹不聞静矣，而戒慎恐懼便惺惺，此便屬動了。如大易『閑邪存其誠』一般，邪閑則誠便存，故存養省察工夫，只是一個，更分不得。」

章詔問「格物」。先生曰：「這個物，正如孟子云『萬物皆備於我』物字一般，非是泛然不切於身的。故凡身之所到，事之所接，念慮之所起，皆是物，皆是要格的。蓋無一處非物，其功無一時可止息得的。」聶靳曰：「某夜睡來有所想像，念頭便覺萌動，此處亦有物可格否？」先生曰：「怎麽無物可格？君子無終食之間違仁，造次必於是，顛沛必於是，亦皆是格物。」章詔因曰：「先生格物之説切要，是大有功於聖門。」先生曰：「也難如此説，但這等説來，覺明白些，且汝輩好去下手做工夫矣。」

先生曰：「聖賢每每説性命來，諸生看還是一個、是兩個？」章詔曰：「自天賦與爲命，自人稟受爲性。」先生曰：「此正是易『一陰一陽之謂道』一般。子思説『自天命便謂之性』，還只是一個。朱子謂

『氣以成形而理亦賦』，還未盡善。天與人以陰陽五行之氣，理便在裏面了，說個亦字不得。」陳德夫因問：「夫子說性相近處，是兼氣質說否？」先生曰：「說兼亦不是，却是兩個了。夫子此語與子思元是一般。夫子說性元來是善的，便相近，但後來加著習染便遠了；子思說性元是打命上來的，須臾離了，便不是。但子思是恐人不識性的來歷，故原之於初，夫子因人墮於習染了，故究之於後，語意有正反之不同耳。」詔問：「修道之教如何？」先生曰：「修是修爲的意思，戒懼愼獨便是修道之功。教卽『自明誠謂之教』一般。聖人爲法於天下，學者取法於聖人，皆是。橫渠不云『糟粕煨燼，無非教也』？他把這極粗處，都看做天地教人的意思，此理殊可觀。」

問：「戒懼愼獨，分作存天理、遏人欲兩件看，恐還不是。」先生曰：「此只是一個工夫，如易『閑邪』，則誠自存。但獨處却廣著，不但未與事物接應時是獨，雖是應事接物時也有獨處。人怎麼便知？惟是自家知得，這裏工夫却要上緊做。今日諸生聚講一般，我說得有不合處，心下有未安，或只是隱忍過去；朋友中有說得不是處，或亦是隱忍過去，這等也不是愼獨。」先生語意猶未畢，何堅遽問：「喜怒哀樂前氣象如何？」先生曰：「只此便不是愼獨了。我纔說，未曾了，未審汝解得否？若我就口答應，亦只是空說。此等處須是要打點過，未嘗不是愼獨的工夫。」堅由是澄思久之。先生始曰：「若說喜怒哀樂前有個氣象便不是，須先用過戒懼的工夫，然後見得喜怒哀樂未發之中，若平日不曾用工夫過來，怎麼便見得這中的氣象？」問：「孟子說個仁義禮智，子思但言喜怒哀樂，謂何？」先生曰：「人之喜怒哀樂，卽是天之二氣五行，亦只是打天命之性上來的。但仁義禮智隱於無形，而喜怒哀樂顯於有象，且切緊好下手做工夫耳。學者誠能養得此中了，卽當喜時體察這喜心，不使或流，怒時體察這怒心，不使或暴，哀樂亦然，則工夫無一毫滲漏，而發無不中節，仁義禮智亦自在是矣。」叔節又問：「顏子到得發皆中節地位否？」先生曰：「觀他怒便不遷，樂便不改，却是做過工夫來的。」

韶云：「近日多人事，恐或廢學。」先生曰：「這便可就在人事上學。今人把事做事，學做學，分做兩樣看了，須是卽事卽學，卽學卽事，方見心事合一，體用一原的道理。」因問：「汝於人事上亦能發得出來否？」韶曰：「來見的亦未免有些俗人。」先生曰：「遇著俗人，便卽事卽物，把俗言語譬曉得他來，亦未嘗不可。如舜在深山、河濱，皆俗人也。」韶顧語象先曰：「吾輩今日安得有這樣度量！」

先生語學者曰：「近日做甚工夫來？」曰：「只是做得個矜持的工夫，於道却未有得處。」先生曰：「矜持亦未嘗不好，這便是『君子終日乾乾，夕惕若』，戒慎不睹，恐懼不聞的工夫。但恐這個心未免或有時間歇耳。」曰：「然非有間歇的心，只是忘了。」先生曰：「還是不知。如知得身上寒，必定要討一件衣穿，知得腹中饑，必定要討一盂飯吃，使知得這道如饑寒之於衣食一般，不道就罷了？恁地看來，學問思辨的工夫，須是要在戒慎恐懼之前方能，別白得天理，便做將去，是人欲，卽便斬斷，然後能不間歇了。故某常説聖門知字工夫，是第一件要緊的，雖欲不先，不可得矣。」

吴佑問：「人心下多是好名如何？」先生曰：「好名亦不妨，但不知你心下好甚麼名來。若心下思稷只是個養民的名，契只是個教民的名，怎麼便能千萬世不泯？把這個名之所以然上求則得之，未嘗不善。若只是空空慕個名，不肯下手去做，却連名也無了。」

何廷仁來見，問：「宣之在京一年，亦可謂有志者？」先生曰：「宣之甘得貧，受得苦。七月間其僕病且危，宣之獨處一室，躬執爨，自勞筋骨，未嘗見其有愠色，可以爲難矣。」廷仁對曰：「孔明、淵明非無才也，而草廬田園之苦，顏子非無才也，而簞瓢陋巷之窮，看來君子之學，惟重乎內而已。」先生曰：「然。古人做工夫，從飲食衣服上做起，故顏子之不改其樂，孔明、淵明之所以獨處，皆其志有所在，食無求飽，居無求安耳。某常云『季氏八佾舞於庭』，『三家以雍徹』，犯分不顧，都只是恥惡衣惡食一念上起。此處最要見得，則能守得。」

惟時問：「先生常論尹彥明、朱元晦不同者何？」先生曰：「得聖門之正傳者，尹子而已，其行慤而直，其言簡而易。若朱子大抵嚴毅處多，至於諫君，則不離格致誠正。人或問之，則曰『平生所學，惟此四字』。如此等説話，人皆望而畏之，何以見信於上耶！」因論後世諫議多不見信於人君者，亦未免峻厲起之也。又問：「朱子與二程何如？」先生曰：「明道爲人，盎然陽春之可掬，故雖安石輩，亦聞其言而歎服。至於正叔，則啓人僞學之議，未必無嚴厲之過耳。」頃之歎曰：「凡與人言，貴春温而賤秋殺。春温多，則人見之而必敬，愛之而必親，故其言也，感人易而入人深，不求其信，自無不信也。秋殺多，則人聞之而必畏，畏之而必惡，畏惡生則言之入人也難，將欲取信而反不信也。」

先生曰：「父母生身最難，須將聖人言行，一一體貼在身上，將此身換做一個聖賢的肢骸，方是孝順。故今置身於禮樂規矩之中者，是不負父母生身之意也。」問：「格物之格，有説是格式之格，謂致吾之良知在格物，格字不要替他添出窮究字樣來，如何？」先生曰：「格物之義，自伏羲以來未之有改也。

仰觀天文，俯察地理，遠求諸物，近取諸身，其觀察求取即是窮極之義。格式之格，恐不是孔子立言之意，故曰自伏羲以來未之有改也。」

楷問：「求仁之要在放心上求否？」先生曰：「放心各人分上都不同，或放心於貨利，或放心於飲食，或放心於衣服，或放心於宮室，或放心於勢位。其放心有不同，人各隨其放處收斂之，便是爲仁。」

先生曰：「諸君求仁，須要見得天地萬物皆與我同一氣，一草一木不得其所，此心亦不安，始得。須看伊尹謂『一夫不獲，若己推而内之溝中』，是甚麽樣心。」王言曰：「此氣象亦難。今人於父母兄弟間，或能盡得，若見外人，如何得有是心。」曰：「只是此心用不熟，工夫只在積累。如今在旅次，處得主人停當，惟恐傷了主人；接朋友務盡恭敬，惟恐傷了朋友；處家不消説，隨事皆存此心。數年後，自覺得有天地萬物爲一體氣象。」

先生曰：「人能反己，則四通八達皆坦途也。若常以責人爲心，則舉足皆荆棘也。」

問「無事時心清，有事時心却不清」。曰：「此是心作主不定，故厭事也。如事不得已，亦要理會。教汝輩學禮，猶隄防之於水，若無禮以隄防其身，則滿腔一團私意，縱横四出矣。」

問「堯、舜氣象」。曰：「求這氣象，不在高遠，便就汝一言一動處求之，則滿目皆此氣象矣。」

子貢言「夫子之聖又多能也」，則以多能爲聖之外。夫子乃謂「君子多乎哉！不多也」，言不是多，皆性分中事，則多能又不在聖之外矣。斯可見灑掃應對，精義入神，無二也。

問「修詞立誠」。曰：「如所説的言語，見得都是實理所當行，不爲勢所撓，不爲物所累，斷然言之，就是立誠處。如行不得的，言之，即是僞也」。

諸生有言及氣運如何，外邊人事如何者。曰：「此都是怨天尤人的心術。但自家修爲，成得個片段，若見用，則百姓受些福；假使不用，與鄉黨朋友論些學術，化得幾人，都是事業，正所謂暢於四肢，發於事業也，何必有官做，然後有事業。」

司務呂愧軒先生潛

呂潛字時見，號愧軒，陝之涇陽人。師事呂涇野，一言一動，咸以爲法。舉嘉靖丙午鄉書，卒業成均。時朝紳有講會，先生於其間，稱眉目焉。母病革，欲識其婦面，命之娶。先生娶而不婚，三年喪畢，然後就室。父應祥，禮科都給事中，既卒而封事不存。先生走闕下，録其原稿，請銘於馬文莊。與郭蒙泉講學谷口洞中，從學者甚衆。涇野之傳，海内推之，薦授國子監學正，舉行涇野祭酒時學約，調工部司務。萬曆戊寅卒，年六十二。

張石谷先生節

張節字介夫，號石谷，涇陽人。初從湛甘泉遊，繼受學於涇野。涇野贈詩，稱其守道不回。嘗語學者：「先儒云：『默坐澄心，體認天理。』又云：『静中養出端倪。』吾輩須理會得此，方知一貫真境，不爾，縱事事求合於道，終難凑泊，不成片段矣。」萬曆壬午，年八十卒。

李正立先生挺

李挺字正立㊀，咸寧人。正、嘉間諸生，從涇野學，孤直不隨時俯仰。嘗自誦云：「生須肩大事，還用讀春秋。」往馬谿田所講學，死於盜，人皆惜之。

郡守郭蒙泉先生郛

郭郛字惟藩，號蒙泉，涇陽人。嘉靖戊午舉於鄉，選獲嘉教諭，轉國子助教，陞户部主事。出守馬湖，年八十八。先生與吕愧軒同學，愧軒之父，其師也。辛酉計偕，因吕師會葬，遂不行，有古師弟之風。其學以持敬爲主，自少至老，一步不敢屑越。嘗有詩云：「道學全憑敬作箴，須臾離敬道難尋。常從獨木橋邊過，惟願無忘此際心。」又云：「近名終喪己，無欲自通神。識拄乾坤闊，心空意見新。閉門只静坐，自是出風塵。」

舉人楊天游先生應詔

楊應詔，號天游，閩之建安人。嘉靖辛卯舉於鄉，卒業南雍。時甘泉、涇野諸公皆講學，先生獨契涇野，出其門下。歸作道宗堂於華陽山中，祀濂溪以及涇野，動止必焚香稟命。當世講學者無不與往

㊀ 明史作「正五」。

復，而於心齋、龍溪，爲陽明之學者，皆有微疵。先生之學，以寡欲正心爲主本，不愧天爲歸的，一切清虚玄遠之言，皆所不喜。然其言多自誇大，而雌黄過甚，亦非有道氣象。如「工夫即本體」，此言本自無弊，乃謂「本體光明，猶鏡也；工夫，刮磨此鏡者也。若工夫即本體，謂刮磨之物即鏡，可乎？」此言似是而非。夫鏡也，刮磨之物也，二物也，故不可以刮磨之物即鏡。若工夫本體，同是一心，非有二物，如欲岐而二之，則是有二心矣。其説之不通也。

楊天游集

聖人之所以能全其本體者，不過能無欲耳。吾人不能如聖人之無欲，只當自寡欲入。欲，不獨聲色貨利窠臼而已，凡一種便安忻羡，自私自利心，皆是欲。將此斬斷，方爲寡欲，則漸可進於無欲。聖人亦豈逃人絶世，始稱無欲哉？聖人所欲，在天理上用事，有欲與無欲同。雖其有涉於向慕，有涉於承當，所欲處無一非天理天機之流行矣。

吾人之學，不在求事物之侵擾我不侵擾我，只在處事物道理能盡不能盡，是故居處時則不免有居處事之侵擾，然吾只在恭上做工夫，即其侵擾，亦天機之流行矣。執事不免有執事之侵擾，與人不免有與人之侵擾，吾只在敬上、忠上做工夫，即其侵擾，亦無非天機之流行矣。從古聖賢處世處常處變，其誰不自侵擾中來？若惡其侵擾而生厭怠，便非學也。

朱、陸之所可辨所可議者，其言也。朱、陸之不可辨不可議者，其人也。道之存於人，不貴於言久矣。苟不以人論學，而以言論學，不以人求朱、陸，而以言語求朱、陸，則今之紛紛，無怪其然。今之學者，出處無朱、陸三揖一辭之耿拔，取予無朱、陸裂石斷金之果決，義利不分，聲色不辨，無朱、陸青天白日之光明，而所爲黯闇垢濁，自以爲心傳乎孔、孟，而胸次則鬼魅跖尤，蠅營狗苟，入儀、秦、申、商之奸橐，而反呶呶於朱、陸之短長，可悲也夫！

平生矻矻，苦力於學，固以收放心爲事也。然思索義理，有未會心處，或至忘寢忘食，當食當寢，亦不知所食何物，所寢何地，此皆過用其心而不覺。至於詩文尤甚。吾之心，已放於詩之㈠思索上去矣。生平負性氣，每觸時艱，不覺感歎不樂，對友朋呶呶大言，此皆出於一時感憤意氣之私，吾之心已放於世變意氣上去矣㈡。

今之學者，不能實意以積義爲事，乃欲懸空去做一個勿忘勿助；不能實意致中和，戒懼乎不覩不聞，乃欲懸空去看一個未發氣象；不能實意學孔、顏之學，乃欲懸空去尋孔、顏之樂處。外面求討個滋味快樂來受用，何異却行而求前者乎？兹所謂舛也。

聖人之心，如明鏡止水，故此心本體光明，猶鏡也；工夫，磨刮此鏡者也。謂工夫卽本體，謂磨刮之物卽鏡，可乎？鏡光明，不能不爲塵垢所慁；人心光明，不能不爲物欲所雜。謂克治物欲，還吾心之光明，則可；謂克治工夫，卽吾心之本體，則不可。謂刮磨塵垢，還吾鏡之光明，則可；謂磨刮工夫，卽

㈠ 「之」字備要本作「文」。

㈡ 此條二老閣本無，據賈本補。

吾鏡之本體，則不可。何也？工夫有積累之漸，本體無積累之漸，工夫有純駁偏全不同，本體無偏全，無純駁也。

龍溪曰：「學者只要悟。」余謂：「不解辯吾道禪説是非，不算作真悟。」龍溪曰：「學者只要個真種子方得。」余謂：「不能透得聲色貨利兩關，不算作真種子。」

今世學者，病於不能學顔子之學，而先欲學曾點之狂，自其入門下手處便差；不解克己復禮，便欲天下歸仁；不解事親從兄，便欲手舞足蹈；不解造端夫婦，便欲説鳶飛魚躍；不解衣錦尚絅，便欲無聲無臭；不解下學上達，便自謂知我者其天。認一番輕率放逸爲天機，取其宴安磐樂者爲真趣，豈不舛哉？故余嘗謂學者，惟在日用平實倫紀處根求，不在玄虚誇大門户處尋討；惟在動心忍性苦楚中著力，不在擺脱矜肆灑落處鋪張。

静坐者，或流於禪定；操存者，或誤於調息；主敬者，或妄以爲惺惺；格物窮理者，或自溺於圓覺；存心養性者，或陷於卽心見性。

明儒學案卷九　三原學案

關學大概宗薛氏，三原又其别派也。其門下多以氣節著，風土之厚，而又加之學問者也。

端毅王石渠先生恕

王恕字宗貫，號介菴，晚又號石渠，陝之三原人。正統戊辰進士，選庶吉士，而先生志在經濟。出爲左評事，遷左寺副，擢知揚州府。歲饑請賑，不待報而發粟，民免溝壑。超拜江西右布政使，轉河南爲左。時以襄南地多山險，秦、楚之流民萃焉，日出剽略，於是特設治院，以先生爲右副都御史領之。累平寇亂，又平湖廣劉千觔、石和尚，榜諭流民，各使復業。母憂歸。起復巡撫河南，轉南京刑部左侍郎。父憂歸。服除，起刑部左侍郎，治漕河。改南京户部，復改左副都御史，巡撫雲南。而中人錢能横甚，使其麾下指揮郭景，私通安南爲奸利。先生遣人道執景，景迫投井死。盡發能貪暴諸狀，上遂撤能還，安置南京。進右都御史，召掌留臺。遷南京兵部尚書，參贊守備。尋以部銜兼左副都御史，巡撫南畿，興利除害。三吴自設巡撫以來，獨周忱與先生耳。中人王敬，挾其千户王臣，以妖術取中旨，收市圖籍珍玩，張皇聲勢。先生列其罪狀，敬下錦衣獄，臣論死。二年而復還參贊，錢能畬緣爲守備，與先生共事，先生坦然，不念前事。能語人曰：「王公，大人也，吾惟敬事而已。」加太子少保。林見素以劾妖僧繼曉下獄，先生救之得出。先生益發舒言天下事，天子不能無望意，因批落太子少保，以尚書致仕。孝宗卽位，召用爲吏部尚書，加太子太保。上釋奠文廟，先生請用太牢加幣，從之。先生崇禮風義之士，故一時後進在朝者，如庶吉士鄒智、御史湯鼐、主事李文祥十餘人，皆慷慨喜事，以先生爲宗主。先生侍經筵，見上困於酷暑，請暫輟講。鼐卽言「天子方向學，奈何阻其進？恕請非是」。先生惶恐待罪，謂「諸臣責臣是也。然諸臣求治太急，見朝廷待臣太重，故責臣太深，欲臣盡取朝事更張之，如宋司馬光。毋論臣不敢望光，今亦豈熙豐時也」？上優詔答之。已而鼐劾閣臣萬安、劉吉、尹直，中官示以疏已留中，鼐大言「疏不出，且併劾中官」。中官避匿。亡何安、直皆免，鼐與文祥等日夜酣呼，以爲「君子進，小人退，雖劉吉尚在，不足忌也」。於是吉使門客徐鵬、魏璋伺鼐。鼐家壽州，知州劉槩與書：「嘗夢一叟牽牛入水，公引之而上。牛近國姓，此國勢瀕危，賴公復安之兆也。」鼐大喜，出書示客。璋以此劾之，鼐、槩皆下詔獄。都御史馬文升故爲鼐所劾，欲以妖言坐之，先生力救，事始得解。凡中官倖人，恩澤過當者，先生輒爲裁止，雖上已許，必固執也。丘濬以禮部尚書故班先生下，及直文淵閣，先生自以前輩仍序尚書之次，濬意弗善也。每有論奏，陰抑之，且使其私人太醫院判劉文泰，訐先生所刻傳文，詳列不報之章，爲彰先帝之拒諫。先生言「臣傳所載，皆足以昭先帝納諫之盛，何名彰惡？文泰無賴小人，其逞此機巧深刻之辭，非老於文法，陰謀詭計者不能，盍無追其主使之人？」乃下文泰錦衣獄，則果丘濬所使也。上以先生賣直沽名，俾焚其傳草。文泰出而先生絀矣。遂乞骸骨歸。又二歲濬卒，文泰往弔，其夫人叱之出，曰：「汝搆王公於我相公，憸人也，何弔爲？」聞者快之。先生家居，編集歷代名臣諫議録一百二十四卷。又取經書傳註，有所疑滯，再三體認，行不去者，以己意推之，名曰石渠意見。意見者，乃意度之見耳，未敢自以爲是也。蓋年八十四而著意見，八十六爲拾遺，八十八爲補缺，其耄而好學如此。先生之學，大抵推之事爲之際，以得其心安者，故隨地可以自見。至於大本之所在，或未之及也。九十歲，天子遣行人存問。又三年卒，贈特進左柱國太師，謚端毅。

石渠意見

戒慎恐懼二節　天理人欲相爲消長，有天理即無人欲，有人欲即無天理。如何前一段是天理之本然，後一段是遏人欲於將萌？

中和節　中和乃人性情之德，雖有動静之殊，初無二物。戒懼慎獨，皆是不敢忽之意，豈有彼此？如何自戒懼而約之，止能致中？自慎獨而精之，止能致和？如何致中獨能位天地，致和獨能育萬物？恐非子思之意。

鬼神章　「鬼神之爲德」。鬼神，蓋言應祀之鬼神。爲德，如生長萬物，福善禍淫，其盛無以加矣。以其無形也，故視之而弗見，以其無聲也，故聽之而弗聞。「體物而不可遺」，言鬼神以物爲體，而無物不有，如門有門神，竈有竈神，木主爲鬼神之所棲是也。然其有感必應，是以使人敬畏而致祭祀，如在其上，如在其左右而不敢忽也。謂之如在，言非實有也。集註以發見昭著釋如在，恐非是。

食無求飽章　無求飽求安者，志在敏事慎言也。就有道而正者，正其所言、所行之是非，是者行之，非者改之。蓋古之學者皆以言行爲學也。

動容貌章　斯，猶須也，是用力的字。動容貌，須要遠暴慢；正顏色，須要近信；出辭氣，須要遠鄙倍。若以斯爲自然，未安。

興於詩章　詩本性情，有邪有正，讀之可以興其好善、惡惡之心，故曰「興於詩」。禮以謹節文，曲禮經禮，人能知之，則敬慎威儀，言動無失，可以立於鄉，立於朝，故曰「立於禮」。樂以和神人，用之於郊廟，則祖考來格，用之於燕享，則賓主情洽。不特此也，事無大小，非和不成，故曰「成於樂」。

顏淵喟然章　高堅前後，言己無定見，非聖道之有高堅前後也。集註謂「顏子深知夫子之道無窮盡、無方體而歎之也」，若然，則止仁、止敬、止慈、止孝、止信非道歟？

毀譽章　今斯之民，即三代之民，而三代之民，直道而行，不妄毀譽人，何今之民毀譽之過情也？

或問「井田之法，今可行乎」？意見以爲不可。曰：「何也？」曰：「今之時，人稠地狹，人人授田百畝，其可得乎？」曰：「何必百畝？或五十畝，或七十畝，使彼此均一，即井田之意。」曰：「户口年年有消長，苟欲均之，必須年年取勘分授，經畫疆界。若然，則官民不勝其煩勞，又且妨誤農業。受田之人必曰：『此田今年屬我，明年不知又屬何人？』由是人懷苟且之心，怠於畊作糞壅，田必瘠矣。」曰：「十年一分可乎？」曰：「十年一分，止可均一次，其後户口有消長，則又不均矣。」

盡心章　人能竭盡其心思而窮究之，則能知其性之理。蓋性乃天之所命，人之所受，其理甚微，非盡心而窮究之，豈易知哉！既知其性，則知天理之流行，而付於物者，亦不外是矣。與下文「存其心，養其性，所以事天也」，文勢相同。集註言「知性乃能盡心」，不無顛倒。

春秋　春秋者，孔子因左丘明所作魯史而修之也。何爲以左氏爲傳，而以公羊穀梁並行，謂之三傳乎？今觀公、穀傳，不過發明孔子筆削褒貶之意，未嘗外左氏所記之事，而鑿空爲之説，此左氏不可爲傳一也。孔子言左丘明恥之，丘亦恥之，觀此，則知左丘明生乎孔子之前，而爲孔子之所敬信者也，不應生乎後者爲之經，而生乎前者爲之傳以釋經也，此左氏不可爲傳二也。

中和　天下之事，處之得中則成，不得中則不成，故中爲天下處事之大本。天下之事，行之以和則行，不和則不行，故和爲天下行事之達道。

道不遠人章　己之能知能行，人亦能之；己之不能，人亦不能。是己之道，曷嘗遠於人哉？人之行道，不能推己度物，而以人之難知難行之事治人，則是不近人情，而遠人以爲道也。

誠者自成章　誠，實也。人之心無不實，乃能自成其身，而道之在我者，自無不行矣。註以誠與道對言，以人與物爲二事，非也。

「物之終始」之物，猶事也。人之誠實者，作事自然有始有終；不誠實者，則雖有所爲，始勤終怠，所以成不得事，故曰「不誠無物」。

饑渴章　人能不以饑渴貧賤動其心，則大本立而過人遠矣。其他小事末節，雖不及人，不爲憂矣。

進德修業爻　忠信，謂存諸心者無不誠也；修辭立其誠，謂出諸口者亦無不誠也。忠信非德也，所以進德者忠信也；修辭立誠非業也，所以居業者修辭立其誠也。知至至之，知德之所至而進以至之，故可與幾也；知終終之，知業之所終而修以終之，故可與存義也。以知行言之，知至知終，似知也；至之終之，似行也。傳謂「知至至之，致知也；知終終之，力行也」，不能無疑。

斂時五福用敷錫厥庶民　五福在人，若無禮樂法度，則强凌弱，衆暴寡，富吞貧，放僻邪侈，自陷於罪，豈能安享五福？惟人君建極，有禮樂刑政，是以天下之人，不犯於有司，得以安享五福，則是人君收斂敷布以與之也。

無隱章　夫子之適陳、蔡、楚、衛諸國，無行而不與二三子同行，動静云爲，衆所共見、共聞，曷嘗有所隱乎！

深則厲　厲者，嚴厲也。水深可畏，當止而不涉也。

志至氣次　志之所至之處，氣卽隨之而至，如帥所至之處，卒徒亦隨之而至也。

王者師節　貢、助、徹是三代養民之法，庠、序、學校是三代教民之法。後來有王者起，必來取三代教養之法以爲法。是三代教養之法，爲後來王者之師也。

言性章　天下人之言性，只説已然之跡便是性，不知已然之跡，有善有惡。順理而善者，爲性之本，不順理而惡者，非性之本，故曰「古者以利爲本」。

孟子末章　「無有乎爾」者，是反説之詞，猶言「豈無有也」。孟子之意，以爲孔門弟子克肖者七十二人，豈無有見而知之者？既有見而知之者，則今日豈無有聞而知之者？觀於此言，則孟子隱然以聞知自任也。

康僖王平川先生承裕

王承裕字天宇，號平川，冢宰之季子也。弘治癸丑進士，授兵科給事中，遷吏掌科。逆瑾恨其遠己；又疏「進君子，退小人」，益恨之。罰粟輸邊，以外艱去。瑾誅，起原官，歷太僕少卿、正卿，南太常卿。宸濠反，發留都之爲内應者。嘉靖初，遷户部右侍郎，晉南户部尚書，致仕。林居十年，戊戌五月卒，年七十四。諡康僖。

十四、五時，從莆田蕭某學，蕭令侍立，三日，一無所授。先生歸告端毅曰：「蕭先生待某如此，豈以某爲不足教耶？」端毅曰：「是卽教也，真汝師矣。」登第後，侍端毅歸，講學於弘道書院，弟子至不能容。冠婚喪祭必率禮而行，三原士風民俗爲之一變。馮少墟以爲，先生之學，皆本之家庭者也。

光禄馬谿田先生理

馬理字伯循，號谿田，陝之三原人。爲孝廉時，遊太學，與吕涇野、崔後渠交相切劘，名震都下。高麗使人亦知慕之，録其文以歸。父母連喪，不與會試者兩科。安南貢使問禮部主事黄清曰：「關中馬理先生何尚未登仕籍？」其名重外夷如此。登正德甲戌進士第。時以大學衍義爲問，先生對曰：「大學之書，乃堯、舜、禹、湯、文、武之道也。傳有『克明峻德，湯之盤銘，堯、舜帥天下以仁』之語，真氏所衍唐、漢、宋之事，非大學本旨也。真氏所衍，止於齊家，不知治國平天下皆本於慎獨工夫。宋儒所造，大率未精。」以此失問者之意，故欲填首甲而降之。授稽勳主事，改文選，與郎中不合，引疾告歸者三年。戊寅，值武廟將南巡，與黃伯固等伏闕極諫，杖於廷。未幾送嫡母還鄉，乃設教於武安王祠。藩臬爲建嵯峨精舍以居生徒。嫡母喪畢，起員外郎，議大禮，復杖於廷。尋轉考功郎中。丙戌，例當考察外官，內閣冢宰各挾私忿，欲去廣東、河南、陝西三省提學。先生昌言曰：「魏校、蕭鳴鳳、唐龍，今有數人物，若欲去此三人，請先去理。」由是獲免。丁亥陞南通政。過河池驛，見其丞貌類黃伯固，問之，乃其弟叔開也。時伯固已死，先生泫然泣下，作詩贈之云：「六年復見先生面，爲過河池見叔開。」戊子，引疾歸。辛卯，起光禄卿。涖事未幾，又歸林下者十年。癸卯，復起南光禄，至卽引年致仕，隱於商山書院。又十年而卒，嘉靖乙卯十二月也，年八十二。

先生師事王康僖，又得涇野、後渠以爲之友，墨守主敬窮理之傳。嘗謂「見行可之仕，唯孔子可以當之，學聖人者當自量力。」故每出不一二年卽歸，歸必十數年而後起，綽綽然於進退之間。後渠稱其「愛道甚於愛官」，真不虛也。

恭簡韓苑洛先生邦奇

韓邦奇字汝節，號苑洛，陝之朝邑人。正德戊辰進士。授吏部考功主事，轉員外郎。辛未考察，都御史袖私帙視之，先生奪去。曰：「考覈公事，有公籍在。」都御史爲之遜謝。調文選。京師地震，上疏論時政缺失，謫平陽通判。甲戌遷浙江按察僉事。宸濠將謀反，遣內監飯僧於天竺寺，聚者數千人。

先生防其不測，立散遣之。又以儀賓進貢，假道衢州，先生不可。曰：「貢使自當沿江而下，奚俟假道？」於是襲浙之計窮。尋爲鎮守中官誣奏，逮繫奪官。世宗卽位，起山東參議，乞休。甲申大同兵變，起山西左參政，分守大同。先生單車入城，人心始安。巡撫蔡天祐至代州，先生戎服謁之，天祐驚曰：「公何爲如此？」曰：「大同變後，巡撫之威削甚。今大同但知有某，某降禮從事者，使人知巡撫之不可輕也。」朝廷復遣胡瓚以總督出師，時首惡業已正法，而瓚再索不已。先生止之，不聽。城中復變，久之乃定。先生亦致仕去。戊子，起四川提學副使，改右春坊右庶子，兼翰林修撰。其秋主試順天，以録序引用經語差誤，左遷南太僕寺丞，再疏歸。尋起山東副使，大理左少卿，以左僉都御史巡撫宣府，入佐院事。又出巡撫山西，再致仕。甲辰薦起總理河道，陞刑部右侍郎，改吏部。丁未，掌留堂，進南京兵部尚書，參贊機務。歸七年，乙卯地震而卒，年七十七。贈少保，謚恭簡。

門人白璧曰：「先生天稟高明，學問精到，明於數學，胸次灑落，大類堯夫，而論道體乃獨取横渠。少負氣節，既乃不欲爲奇節一行，涵養宏深，持守堅定，則又一薛敬軒也。」某按：先生著述，其大者爲志樂一書。方其始刻之日，九鶴飛舞於庭。傳其術者爲楊椒山，手製十二律管，吹之而其聲合，今不可得其詳。然聲氣之元，在黄鐘之長短空圍，而有不能無疑者。先生依律呂新書註中算法，黄鐘長九寸，空圍九分，積八百一十分。用圓田術，三分益一，得一十二，以開方法除之，得三分四釐六毫强，爲實徑之數，不盡二毫八絲四忽。以徑求積，自相乘得十一分九釐七毫一絲六忽，加入開方不盡之數，得一十二分，以管長九十分乘之，得一千八十分，爲方積之數，四分取三，爲圓積八百一十分。蓋蔡季通以管長九寸爲九十分，故以面積九分乘管長得八百一十分。其實用九無用十之理，凡度長短之言十者，皆分九爲十，以便算也。今三吴程路尚以九計，可知矣。則黄鐘長九寸者，八十一分，以面積九分乘之，黄鐘之積七百二十九分也。

忠介楊斛山先生爵

楊爵字伯修㊀，號斛山，陜之富平人。幼貧苦，挾册躬耕。爲兄所累，繫獄。上書邑令，辭意激烈，令異之，曰：「此奇士也。」出而加禮。登嘉靖己丑進士第。官行人，考選御史。母憂，廬墓畢，補原官。辛丑上封事，謂今日致危亂者五：一則輔臣夏言習爲欺罔，翊國公郭勳爲國巨蠹，所當急去；二則凍餒之民不憂恤，而爲方士修雷壇；三則大小臣工弗覩朝儀，宜慰其望；四則名器濫及緇黄，出入大内，非制；五則言事諸臣若楊最、羅洪先等非死即斥，所損國體不小。疏入，上大怒，逮繫鎮撫司，拷掠備至，桎鎖晝夜，血肉淋漓，死者數矣。而先生氣定，故得再甦。主事周天佐、御史浦鋐，俱以救先生箠死獄中。於是防守益嚴，上日使人偵先生，一言一動皆籍記。偵者苦於不得言，以情告先生，使多爲善言。先生曰：「有意而言，便是欺也。」部郎錢緒山、劉晴川，給事周訥谿，先後以事下獄，相與講學不輟。緒山先釋，先生願有以爲别，緒山曰：「静中收攝精神，勿使遊放，則心體湛一，高明廣大，可馴致矣。作聖之功，其在此乎！」先生敬識之，與晴川、訥谿讀書賦詩，如是者五年。所著周易辨録、中庸解若干

㊀ 明史作「伯珍」。

卷。乙巳八月，上用箕神之言，釋先生三人。而三人者猶取道潞水，舟中講學，踰臨清而別。會上造箕臺，太宰熊浹驟諫，上怒，罷浹，復逮三人。時先生抵家甫十日，聞命就道，在獄又三年。丁未十一月，高玄殿災，上怳惚聞火中有呼三人姓名者，次日釋歸。歸二年而卒，己酉十月九日也，年五十七。隆慶初贈光禄寺少卿，謚忠介。

初，韓恭簡講學，先生輩來往拜其門。恭簡異其氣岸，欲勿受。已叩其學，詫曰：「宿學老儒莫能過也，吾幾失人矣。」剛大之氣，百折不回。人與椒山並稱，謂之「韓門二楊」。

論學

天命謂性，天人一理也。率性謂道，動以天也。修道謂教，求合乎天也。戒懼慎獨，自修之功至於中與和也。中和，性命本然之則也，能致之則動以天矣，故其效至於天地位，萬物育。

道不可須臾離，可離非道，是言當戒懼之意。莫見乎隱，莫顯乎微，是言當慎獨之意。應酬是有睹有聞，不睹不聞是無所應酬之際也。如出門使民，是有所應酬，則有睹有聞。或問程子：「未出門使民之時，當何如？」曰：「此儼若思時也。」儼若思，卽是戒慎恐懼之意，爲功夫尚未説到極至處，故又提慎獨二字，使人雖在暗室屋漏之中，一念發動之際，凜然畏懼，不可少怠，不敢少息，則天理常存，私意不萌，純一不已，而合乎天矣。

中和，心之本體也，未發之中，萬物皆備，故爲天下之大本。已發之和，大經大法所在，而不可違，故爲天下之達道。怒與哀中節，皆謂之和。

致中和，止至善之云也。天地之位，我位之也。萬物之育，我育之也。君子之中庸，中庸，人理之常也。小人反中庸，豈人理哉！時中者，默識其理而妙宰物之權也。若非禮之禮，非義之義，豈時中之道哉！小人則率意妄爲而已。

天下之道，至中庸而極，理得其會同，義至於入神，非至明不能察其幾，非至健不能致其決，故民鮮能之矣。

董常問文中子：「聖人有憂乎？」言：「天下皆憂，吾何獨不憂？」又謂：「樂天知命，吾何憂！」何必如此說。聖人固未易及，然常人一念之發，得其本心，則與聖人之心無以異。但聖人純一不已，衆人則或存或亡而已。憂樂皆人情之常，而本於性也，豈聖人獨有樂而無憂乎？若曰「樂天知命，吾何憂」，不成父母病，聖人亦「樂天知命」而不憂乎？豈人理也哉！

漫録

夜初静坐，少檢點日間言行，因司馬温公論盡心行己之要，自不妄言始。夫不妄言，所言必皆當理，非心有定主，豈能至此？故輕躁鄙背，及事務瑣屑，無益身心而信口談論者，皆妄言也。因書以自戒。

作一好事，必要向人稱述，使人知之，此心不定也。不知所作好事，乃吾分所當爲，雖事皆中理，纔能免於過惡耳，豈可自以爲美。纔以爲美，便是矜心，禹之不矜不伐，顏淵無伐善，無施勞，此聖賢切己之學也。

與人論事，辭氣欠平，乃客氣也。所論之事，雖當於理，即此客氣之動，便已流於惡矣，可不戒哉！書以自警。

予久處獄中，粗鄙忿戾，略無貶損。粗鄙忿戾，乃剛惡也，負以終身而不能變，真可哀也。因思横渠「貧賤憂戚，玉汝於成」，乃惕然驚省，赧然愧恥。今日患難，安知非皇天玉我進修之地乎？不知省愆思咎，而有怨尤之心，是背天也。背天之罪，可不畏哉！

予繫此四十一月矣，邏者日在側覘予動作。有甚厚予，攜壺酌以伸問者。後一人來，甚横逆。予卧於舊門板上，障之以席，其人皆扯毁之，謂予罪人，不宜如此。又往往發其厚予者，使人知之，曰：「某日某皆潛獻其處者。」蓋令其得罪，以見己薄之爲是。有蘇、喬二人，皆厚予者，乃忿忿不平，揚罵曰：「是固無傷也。予非私交化外人，雖得罪亦何憾！」

予與劉子焕吾、周子順之同飯後，因論人才各有所宜。予謂：「二公自度宜何責任？」劉子曰：「吾爲孟公綽可。」周子曰：「今日府州外任勉强幾分。」予曰：「滕、薛大夫，聖人固不許，公綽在春秋時，欲盡其職，亦非易事，觀於子産相鄭可見，然則孟公綽亦不可輕看。」

一人因病狂，迷謬忽入朝，立於御座上。捕下法司擬重，獄成未決，其母詣登聞鼓稱寃。順之在吏科時，直受鼓狀，遇此事未爲准理。順之因問予：「使公遇此事，當何如處之？」予曰：「當論其狂病誤犯，不可加罪。但罪守門者失於防禦則可矣。」劉子曰：「此當封進鼓狀，使朝廷知其以病迷，下法司從末減可也。」順之曰：「此固皆是，但如此爲之，必得罪，以此小事得罪，吾不欲也。」劉子謂「論人無罪，不當殺，恐非小事」。予曰：「此皆論利害，未説到義理處。若論義理，則當爲卽爲，當止卽止，豈計得罪！」順之以爲然。

好議論人長短，亦學者之大病也。若真有爲己之心，便惟日不足，戒慎乎其所不睹，恐懼乎其所不聞，時時刻刻防檢不暇，豈暇論人？學所以成性而已，人有寸長，取爲己有，於其所短，且置勿論，輕肆辯折而無疑難涵蓄之心，謂之喪德可也。此予之深患不能自克，可愧可愧。

道心人心，只以是與不是求之。一念發動的不是，則爲人心。道心極難體認，擴充戒謹恐懼之功，少有間斷，則蔽錮泯滅，而存焉者寡矣，故曰「惟微」。人心一動，卽在凶險路上行矣，喪德滅身、亡國敗家由於此，故曰「惟危」。所謂「卿士有一于身，家必喪；邦君有一于身，國必亡」。「内作色荒，外作禽荒，甘酒嗜音，峻宇雕牆，有一于此，未或不亡」。則人心之危，真可畏哉！

易謂「險以説，困而不失其所亨，其惟君子乎」！予久處困難，亦時以此自慰。但罪惡深重，爲世道之損者甚大，仰愧於天，俯怍於人，襟懷滯礙，鬱抑不安之時常多。

心静則能知幾，方寸擾亂，則安其危，利其災，禍幾昭著而不能察矣，況於幾乎！幾者，動之微，而吉凶之先見者也。所謂先見，亦察吾之動是與不是而已。所動者是，吉卽萌於此矣；所動者不是，凶卽萌於此矣，故學者以慎獨爲貴。

予禀賦粗鄙，動輒乖謬。夜間静坐，思此身過惡，真不自堪，真難自容，可謂虚負此生矣。年踰五十，血氣漸衰，老景將至，始自知過，則已晚矣。可勝歎哉！尚幸殘生未泯，欲自克勵，求免於惡終耳。書以自警。

顏、孟二大賢，雖氣象不同，而學則未始有異。顏子之學，在非禮勿視、聽、言、動，不違仁，不遷怒，不貳過。孟子之集義養氣，擴充四端，求放心，存心養性以事天，則亦顏子克己復禮之學也。

天下萬變，真妄二字可以盡之。偏蔽者妄也，本體則真也，學所以去偏蔽之妄，全本體之真。全則道本乎性，性純乎天，立人之道始無愧矣。天地亘古亘今，但有此一箇大道理，則亘古亘今之聖賢，不容更有兩樣學問也。

見獄中或有警擾，呼左右問何事。久而思之，此動心也。身居此地，須要置生死於度外，刀鋸臨之，從容以受，致命遂志可也。此正是爲學用功處。因思劉元城鼾睡是何等胸懷，可謂毅然大丈夫矣。

今日早起，朗誦「君子之所以異於人者」一章，卽覺襟懷開灑，心廣體胖，有西銘與物同體之氣象。此心易至昏惰，須常以聖賢格言輔養之，便日有進益。

士之處世，須振拔特立，把持得定，方能有爲。見得義理，必直前爲之，不爲利害所怵，不爲流俗所惑可也。如子思辭鼎肉，孟子卻齊王之召，剛毅氣象，今可想見，真可爲獨立不懼者。若曰「事姑委曲，我心自別」，卽自欺也。始或以小善放過且不可爲，小惡放過且可爲之，日漸月磨，墮落俗坑，必至變剛爲柔，刻方爲圓，大善或亦不爲，大惡或亦爲之，因循苟且，可賤可恥，卒以惡終而不知矣。此由辯之不早，持之不固也。書以自戒。

涇野呂先生過某府，太守侍坐。太守子讀書樓上，聲徹於樓下。太守令止之曰：「當微誦，恐損傷。」既又促左右以時進食，曰：「勿令饑。」又戒之曰：「當爲掖之，恐或蹉跌。」先生謂太守曰：「公之愛子，可謂至矣，願推此心以愛百姓可也。」過順德府，太守餞於門外，餞所近府養濟院。先生以饌食一桌，令二吏送院中，謂太守曰：「以公佳饌與無告者共之，願公體我此心，以惠恤鰥寡可也。」納溪周子述以告予，予爲歎息者久之。古人以離羣索居爲深戒，子貢問爲仁，孔子告以事其大夫之賢者，友其士之仁者。使志道君子常得與先生相親焉，獲覩德容，聞至論以自警省，不患德之不修而政之不善也。嗚呼！仁人君子之言，其利溥哉！

智者自以爲不足，愚者自以爲有餘。自以爲不足，則以虛受人，進善其無窮矣。自以爲有餘，必無孜孜求進之心，以一善自滿，而他善無可入之隙，終亦必亡而已矣。書之以自勵焉。

平生所爲，得失相半，求欲寡過而不可得。幽囚既久，静中頗覺省悟，始有向學之心。然殘損餘息，血氣暫減，策勵不前，虛生人世，與草木同腐矣。可媿哉！

早起散步圜階，日升東隅，晴空萬里，鳶鳥交飛，不覺襟懷開灑，萬慮皆空。因思曾晳沂水氣象，亦是如此。癸卯歲季冬十三日書。

古人律己甚嚴，其責人甚恕。今人律己甚恕，其責人甚嚴。孜孜爲己，不求人知，方始是學。

夫子答顏淵爲仁之功，在非禮勿視、聽、言、動。居高位，有高位的視、聽、言、動；居下位，有下位的視、聽、言、動；處患難，有患難的視、聽、言、動；臨死時，有臨死的視、聽、言、動，道無不在。

予與劉、周二公倚圜牆北向坐，一人解於北牆下，相去甚近。二公訝之曰：「何不少避？」予曰：「此鄭瞽人旋於宋朝之意，蓋謂我無所聞也。」

因置一甎奠食碗，置之未安之處，此心不已，必欲既安然後已。將一個身心不會置之安穩之地，如個無艄工之舟，漂蕩於風波之上，東風來則西去，西風來則東去，是何道理？則是置此身心，不如置此甎之敬慎也。

六月初八日夜，初寢，夢一男子長身少鬚，鬚間白，呼爵相拜曰：「予王陽明也。」數談論，未嘗自言其所學。語未畢，忽警寤。予瞿然曰：「是何先聖先賢來此以教我乎？或慷慨殺身於此地，如劉忠愍之類者，相與邂逅於夢寐乎？明早當焚香拜謝之。」俄而屋脊墜一小甎塊於卧傍木板上，聲震屋中，守者驚起。初九日早晨記。

初九日，夜夢一廟中塑伏羲像，所服甚古，雜以洪荒草服。一人講易十三卦制器尚象之義於廟，問之，乃程先生也。聽者儒士二人。予入獄中四十一月，夢關義勇武安王與予遇者三，亦有無言時，亦有數相語時。

連日天雨，獄中木板皆濕，予體弱少食，因思小兒在外，父子五年不得相見，衣食不能相顧。時張道全、伍天儔二生皆在外候予，與小兒同處，數日消息未聞，爲之戚戚。又思素患難，行乎患難，事至於此，皆天命也，當安受之。陳少陽、歐陽徹二公，未嘗傳贄爲臣，以言語自任而殺其身，況予論思之職，敢不盡臣子一日之心乎？盡此心以求自慊，則或死或生，豈可逆料。予居此四年，邏者候予，有言曰必録，予頗聞之。每見未嘗一言相答，有以予不言回報者，必答之。有以其言作予言以回報者，又以不似答之。於是邏者窮矣，多以情相告，求予言以免其罪。且曰：「事關於忠義者，願得數語。」予應之曰：「吾奏章數千言，字字是忠義，句句是忠義，乃以爲非所當言而深罪之。今若以忠義騰口舌於爾輩之前，是吾羞也。」一邏者求予有言，情甚切至，予應之曰：「語出於無心者，公記去則予心無愧。若出於有心，是故爲巧語，轉移天聽，以苟免罪難也，予實羞爲。況一有此心，是卽機變之智巧，舉平生而盡棄之，天必誅絶，使卽死於此。」其人慘然曰：「公之心如此，予再不敢求公言矣。」

又一邏者告予曰：「今日好言語上之矣。」問之，乃太甲篇「天作孽，猶可違，自作孽，不可活」。又繼之曰「我乃自作孽者，故罪至於此」。予應之曰：「吾爲言官，天下事皆所當言，往時一疏，上爲朝廷，下爲蒼生，宗廟社稷萬萬年深長之慮，豈自作孽者？」其人默然。

晴川劉公陞工部，將之任，冢宰羅整菴翁家居，劉公辭行，整菴贈之以詩。既劉公下獄，爲予誦之。予與緒山錢子，皆依韻和之。後人傳其詩於整菴處。近一士夫來京，整菴公語相告曰：「向日得詩，和答以具，但欠推敲，未可寄去。」予曰：「此非欠推敲也，元老大臣，家食十年，未嘗以書簡通權貴，乃以一詩交罪人可乎？」此老可以爲法。甲辰年六月十二日記。

癸卯年二月內，馬主政拯以事下獄。馬十九歲發解廣東，二十舉進士，任工部主政，器度識見，人未易及。告予曰：「聞近士夫言，自古人主有本事者，惟秦皇、漢武兩君而已。」予應之曰：「否。自古人主有本事者，惟堯、舜、文王而已。堯在位百年，萬邦時雍，治極當亂之時，而子丹朱又不肖，堯乃尋一個舜，將天下分付與他，愈至於治。舜在位五十年，四方風動，亦治極當亂之時，其子商均亦不肖，舜乃尋一個禹，將天下分付與他，亦愈至於治。文王深仁厚澤，延周家之基業至八百年。堯、舜、文王以天自處，氣運興衰，不在於天而在我，所謂通其變，使民不倦，神而化之，使民宜之者也，其本事何大哉！秦皇剪除六國，焚棄詩、書，掃滅先王之迹，而惟任一己之私，一夫作難，而七廟隳，身死人手，爲天下笑。漢武承文、景之富庶，若委任賢俊，取法先王，則禮樂可興，乃以多欲亂政，窮兵黷武，至於海內虛耗，幾致顛覆，非有昭、宣繼之，則漢之天下，未可知也。若二君之所爲，適足以覆宗絕祀而已，烏在其所謂有本事哉！且使人主不法堯、舜、文王，而法秦皇、漢武，是啓其殺伐之心，而欲以亂天下也，其所言謬妄亦甚矣。」馬出獄數月，以病卒，予甚悼之。

閒步圜中，井上日色慘淡，光景寂寥，下視井水，湛然清徹，因思「井渫不食，爲我心惻」，爲之戚然。

嘉靖乙巳年九月初五日，朝發濬縣，晚宿林清店。店主醜惡，買麵食用醋，其人吝。從者曰：「此不過費銅錢一文。」其人應之曰：「雖與十文，吾亦不賣。」又欲買小米，次早作粥，其人亦固拒之。予聞，笑呼從者，止之曰：「再勿與語。」此數家之隙地，或有賢者無招客屋，而有屋者又非賢，因思昔人言堯、舜以天下讓，而世之匹夫争半錢之利，人品相去何啻九牛毛。易曰：「初六，童觀，小人道也。」此市井之常度，其識見止此，無足怪也。

大人以治安之時爲危亂，小人以危亂之時爲治安。皆此人也，有大人之向慕，有小人之向慕，有大人之識度，有小人之識度，有大人之作用，有小人之作用。此天地生物之不齊，教化之施固有要，而以宇宙間事爲己責者，不可不慎也。乙巳年九月五日燈下書。

論文

文章以理爲主，以氣爲輔。所論純是一段義理，是以理爲主；辭氣充盛渾厚，不覺軟弱，是以氣爲輔。須胸中正大，不以偏曲邪小之見亂其心，又廣讀聖賢格言以充養之，如此則舉筆造語，皆是胸中流出，其吐辭立論，愈出愈新而無窮也，如取之左右，逢其源也。其騰滙洩蓄，流轉渾厚，波瀾汪洋，如決江河，沛然莫之能禦也。其光燄發揚照耀，昭灼如日月中天，深谷窮崖之幽，花石草木之微，青者自青，白者自白，仰之以生輝，觸之而成色也。

徵君王秦關先生之士

王之士字欲立，號秦關，陝之藍田人。嘉靖戊午舉於鄉，既而屏棄帖括，潛心理學，作養心圖、定氣説，書之座右，閉關不出者九年。蒿牀糲食，尚友千古。以爲藍田風俗之美，由於吕氏，今其鄉約具在，乃爲十二會，赴會者百餘人，灑掃應對，冠婚喪祭，一一潤澤其條件，行之惟謹，美俗復興。又謂天下之學術不一，非親證之，不能得其大同，於是赴都門講會，與諸老先生相問難。上闕里謁先師廟墓，低回久之。南行入江右，見章本清、鄧潛谷、楊止菴。浮浙水而下，至吴興問許敬菴。學者聞先生至，亦多從之。萬曆庚寅卒於家，年六十三。祭酒趙用賢疏薦，詔授國子博士。除目下而先生不及見矣。

明儒學案卷十　姚江學案

有明學術，從前習熟先儒之成説，未嘗反身理會，推見至隱，所謂「此亦一述朱，彼亦一述朱」耳。高忠憲云：「薛敬軒、吕涇野語録中，皆無甚透悟。」亦爲是也。自姚江指點出「良知人人現在，一反觀而自得」，便人人有個作聖之路。故無姚江，則古來之學脉絶矣。然「致良知」一語，發自晚年，未及與學者深究其旨，後來門下各以意見攙和，説玄説妙，幾同射覆，非復立言之本意。先生之格物，謂「致吾心良知之天理於事事物物，則事事物物皆得其理」。以聖人教人只是一個行，如博學、審問、愼思、明辨，皆是行也。篤行之者，行此數者不已是也。先生致之於事物，致字卽是行字，以救空空窮理，只在知上討個分曉之非。乃後之學者測度想像，求見本體，只在知識上立家儅，以爲良知，則先生何不仍窮理格物之訓，先知後行，而必欲自爲一説耶？天泉問答：「無善無惡者心之體，有善有惡者意之動，知善知惡是良知，爲善去惡是格物。」今之解者曰：「心體無善無惡是性，由是而發之爲有善有惡之意，由是而有分別其善惡之知，由是而有爲善去惡之格物。」層層自内而之外，一切皆是粗機，則良知已落後着，非不慮之本然，故鄧定宇以爲權論也。其實無善無惡者，無善念惡念耳，非謂性無善無惡也。下句意之有善有惡，亦是有善念有惡念耳，兩句只完得動静二字。他日語薛侃曰：「無善無惡者理之静，有善有惡者氣之動。」卽此兩句也。所謂知善知惡者，非意動於善惡，從而分別之爲知，知亦只是誠意中之好惡，好必於善，惡必於惡，孰是孰非而不容已者，虚靈不昧之性體也。爲善去惡，只是率性而行，自然無善惡之夾雜。先生所謂「致吾心之良知於事事物物也」四句，本是無病，學者錯會文致。彼以無善無惡言性者，謂無善無惡斯爲至善。善一也，而有有善之善，有無善之善，無乃斷滅性種乎？彼在發用處求良知者，認已發作未發，教人在致知〔一〕上着力，是指月者不指天上之月，而指地上之光，愈求愈遠矣。得義説而存之，而後知先生之無弊也。

文成王陽明先生守仁

王守仁字伯安，學者稱爲陽明先生，餘姚人也。父華，成化辛丑進士第一人，仕至南京吏部尚書。先生娠十四月而生，祖母岑夫人夢神人送兒自雲中至，因命名爲雲。五歲，不能言，有異僧過之曰：「可惜道破。」始改今名。豪邁不羈，十五歲，縱觀塞外，經月始返。十八歲，過廣信，謁婁一齋，慨然以聖人可學而至。登弘治己未進士第，授刑部主事，改兵部。逆瑾矯旨逮南京科道官，先生抗疏救之，下詔獄，廷杖四十，謫貴州龍場驛丞。瑾遣人跡而加害，先生托投水脱去，得至龍場。瑾誅，知廬陵縣，歷吏部主事、員外郎、郎中，陞南京太僕寺少卿、鴻臚寺卿。時虔、閩不靖，兵部尚書王瓊特舉先生以左僉都御史巡撫南、贛。未幾，遂平漳南、横水、桶岡、大帽、浰頭諸寇。己卯六月，奉敕勘處福建叛軍。至豐城而聞宸濠反，遂返吉安，起兵討之。宸濠方圍安慶，先生破南昌，濠返兵自救，遇之於樵舍，三戰，

〔一〕「知」字原作「和」，據備要本改。

俘濠。武宗率師親征，羣小張忠、許泰欲縱濠鄱湖，待武宗接戰而後奏凱。先生不聽，乘夜過玉山，集浙江三司，以濠付太監張永。張永者，爲武宗親信，羣小之所憚也。命兼江西巡撫。又明年，陞南京兵部尚書，封新建伯。嘉靖壬午，丁冢宰憂。丁亥，原官兼左都御史，起征思、田。思、田平，以歸師襲八寨、斷藤峽，破之。先生幼夢謁馬伏波廟，題詩於壁。至是，道出祠下，恍如夢中。時先生已病，疏請告。至南安，門人周積侍疾，問遺言，先生曰：「此心光明，亦復何言？」頃之而逝，七年戊子十一月二十九日也，年五十七。

先生之學，始泛濫於詞章，繼而徧讀考亭之書，循序格物，顧物理吾心終判爲二，無所得入。於是出入於佛、老者久之。及至居夷處困，動心忍性，因念聖人處此更有何道？忽悟格物致知之旨，聖人之道，吾性自足，不假外求。其學凡三變而始得其門。自此以後，盡去枝葉，一意本原，以默坐澄心爲學的。有未發之中，始能有發而中節之和，視聽言動，大率以收斂爲主，發散是不得已。江右以後，專提「致良知」三字，默不假坐，心不待澄，不習不慮，出之自有天則。蓋良知即是未發之中，此知之前更無未發；良知即是中節之和，此知之後更無已發。此知自能收斂，不須更主於收斂；此知自能發散，不須更期於發散。收斂者，感之體，靜而動也；發散者，寂之用，動而靜也。知之真切篤實處即是行，行之明覺精察處即是知，無有二也。居越以後，所操益熟，所得益化，時時知是知非，時時無是無非，開口即得本心，更無假借湊泊，如赤日當空而萬象畢照。是學成之後又有此三變也。先生憫宋儒之後學者，以知識爲知，謂「人心之所有者不過明覺，而理爲天地萬物之所公共，故必窮盡天地萬物之理，然後吾心之明覺與之渾合而無間」。説是無内外，其實全靠外來聞見以填補其靈明者也。先生以聖人之學，心學也。心卽理也，故於致知格物之訓，不得不言「致吾心良知之天理於事事物物，則事事物物皆得其理」。夫以知識爲知，則輕浮而不實，故必以力行爲功夫。良知感應神速，無有等待，本心之明卽知，不欺本心之明卽行也，不得不言「知行合一」。此其立言之大旨，不出於是，而或者以釋氏本心之説，頗近於心學，不知儒釋界限只一理字。釋氏於天地萬物之理，一切置之度外，更不復講，而止守此明覺；世儒則不恃此明覺，而求理於天地萬物之間，所爲絶異。然其歸理於天地萬物，歸明覺於吾心，則一也。向外尋理，終是無源之水，無根之木，總㊀使合得本體上，已費轉手，故沿門乞火與合眼見闇，相去不遠。先生點出心之所以爲心，不在明覺而在天理，金鏡已墜而復收，遂使儒釋疆界渺若山河，此有目者所共覩也。試以孔、孟之言證之。致吾良知於事物，事物皆得其理，非所謂人能弘道乎？若在事物，則是道能弘人矣。告子之外義，豈滅義而不顧乎？亦於事物之間求其義而合之，正如世儒之所謂窮理也，孟子胡以不許之，而四端必歸之心哉！嗟乎，糠粃眯目，四方易位，而後先生可疑也。隆慶初，贈新建侯，謚文成。萬曆中，詔從祀孔廟，稱「先儒王子」。

㊀「總」字，賈本、備要本作「縱」。

許半圭先生璋㊀

許璋字半圭，越之上虞人。淳質苦行，潛心性命之學。白袍草屨，挾一衾而出，欲訪白沙於嶺南。王司輿送之詩云：「去歲逢黄石，今年訪白沙。」至楚，見白沙之門人李承箕，留大厓山中者三時，質疑問難。大厓語之以静坐觀心，曰：「拘拘陳編，曰居敬窮理者，予不然。嘐嘐虚跡，曰傍花隨柳者，予不然。罔象無形，求長生不死之根者，予不然。」先生亦不至嶺南而返。陽明養病洞中，惟先生與司輿數人，相對危坐，忘言冥契。陽明自江右歸越，每訪先生，菜羹麥飯，信宿不厭。先生殁，陽明題其墓曰：「處士許璋之墓。」先生於天文、地理、壬遁、孫吴之術，靡不究心。正德中，嘗指乾象謂陽明曰：「帝星今在楚矣。」已而世宗起於興邸。其占之奇中如此。

王黄轝先生文轅㊁

王文轅字司輿，號黄轝子，越之山陰人。七歲時，拾遺金一鐶，坐待失者歸之。既長多病，遂習静隱居，勵志力行，鄉人咸樂親之。讀書多自得，不牽章句。嘗曰：「朱子註説多不得經意。」聞者怪之。惟陽明與之友，莫逆也。陽明將之南、贛，先生語其門人曰：「陽明此行，必立事功。」問其故，曰：「吾觸

㊀ 許璋傳據賈本、備要本補。
㊁ 王文轅傳據賈本、備要本補。

之不動矣。」其後先生歿，陽明方講良知之學，時多訕之者，歎曰：「安得起王司輿於九原乎？」

陽明傳信録

暇日讀陽明先生集，摘其要語，得三卷。首語録，録先生與門弟子論學諸書，存學則也；次文録，録先生贈遺雜著，存教法也；又次傳習録，録諸門弟子所口授於先生之爲言學、言教者，存宗旨也。先生之學，始出詞章，繼逃佛、老，終乃求之六經，而一變至道，世未有善學如先生者也，是謂學則。先生教人，吃緊在去人欲而存天理，進之以知行合一之説，其要歸於致良知，雖累千百言，不出此三言爲轉註，凡以使學者截去之繞，尋向上去而已，世未有善教如先生者也，是謂教法。而先生之言良知也，近本之孔、孟之説，遠遡之精一之傳，蓋自程、朱一線中絶，而後補偏救弊，契聖歸宗，未有若先生之深切著明者也，是謂宗旨。則後之學先生者，從可知已。不學其所悟而學其所悔，舍天理而求良知，陰以叛孔、孟之道而不顧，又其弊也。説知説行，先後兩截，言悟言參，轉增學慮，吾不知於先生之道爲何如！間嘗求其故而不得，意者先生因病立方，時時權實互用，後人不得其解，未免轉增離歧乎？宗周因於手抄之餘，有可以發明先生之藴者，僭存一二管窺，以質所疑，冀得藉手以就正於有道，庶幾有善學先生者出，而先生之道傳之久而無弊也。因題之曰「傳信」云。崇禎己卯七月既望，後學劉宗周書。

語録

刊落聲華，務於切己處著實用力。所謂静坐事，非欲坐禪入定，蓋因吾輩平日爲事物紛拏，未知爲己，欲以此補小學收放心一段功夫耳。明道云：「纔學便須知有著力處，既學便須知有得力處。」諸友宜於此處著力，方有進步，異時始有得力處也。學要鞭辟近裏著己，君子之道，闇然而日章。爲名與爲利，雖清濁不同，然其利心則一。謙受益，不求異於人而求同於理。此數語宜書之壁間，常目在之。舉業不患妨功，惟患奪志，只如前日所約，循循爲之，亦自兩無相礙。所謂知得，則灑掃應對便是精義入神也。與辰中諸生。

刊落聲華，是學人第一義。

志道懇切，固是誠意，然急迫求之，則反爲私己，不可不察也。日用間何莫非天理流行，但此心常存而不放，則義理自熟。孟子所謂「勿忘勿助」，深造自得者矣。答徐成之。

此語自是印過程、朱。

聖人之心，纖翳自無所容，自不消磨刮。若常人之心，如斑垢駁雜之鏡，須痛加刮磨一番，盡去其駁蝕，然後纖塵卽見，纔拂便去，亦自不消費力，到此已是識得仁體矣。若駁雜未去，其間固自有一點明處，塵埃之落，固亦見得，亦纔拂便去，至於堆積於駁蝕之上，終弗之能見也。此學利困勉之所由異，幸弗以爲煩難而疑之也。凡人情好易而惡難，其間亦自有私意氣習纏蔽，在識破後，自然不見其難矣。

古之人至有出萬死而樂爲之者，亦見得耳。向時未見得向裏面意思，此工夫自無可講處，今已見此一層，却恐好易惡難，便流入禪釋去也。昨論儒釋之異，明道所謂「敬以直内則有之，義以方外則未」，畢竟連敬以直内亦不是者，已説到八九分矣。答黄宗賢、應原忠。

已見後方知難，政爲此鏡子時時不廢拂拭。在儒釋之辨，明道尚泛調停，至先生始一刀截斷。

僕近時與朋友論學，惟説立誠二字。殺人須就咽喉上著刀，吾人爲學當從心髓入微處用力，自然篤實光輝，雖私欲之萌，真是紅爐點雪，天下之大本立矣。若就標末粧綴比擬，凡平日所謂學問思辨者，適足以爲長傲遂非之資，自以爲進於高明光大，而不知陷於狠戾險嫉，亦誠可哀也已。

誠無爲，便是心髓入微處，良知卽從此發竅者，故謂之立天下之大本。看來良知猶是第二義也。

吾輩通患，正如池面浮萍，隨開隨蔽。未論江海，但在活水，浮萍卽不能蔽。何者？活水有源，池水無源，有源者由己，無源者從物，故凡不息者有源，作輟者皆無源故耳。以上與黄宗賢。

開處不是源，莫錯認。

變化氣質，居常無所見，惟當利害、經變故、遭屈辱，平時憤怒者到此能不憤怒，憂惶失措者到此能不憂惶失措，始是得力處，亦便是用力處。天下事雖萬變，吾所以應之，不出乎喜怒哀樂四者，此爲學之要，而爲政亦在其中矣。

工夫只是致中和。

在物爲理，處物爲義，在性爲善，因所指而異其名，實皆吾之心也。心外無物，心外無事，心外無理，心外無義，心外無善。吾心之處事物，純乎理而無人僞之雜謂之善，非在事物有定所之可求也。處物爲義，是吾心之得其宜也，義非在外可襲而取也。格者，格此也。致者，致此也。必曰事事物物上求個至善，是離而二之也。伊川所云「纔明彼，卽曉此」，是猶謂之二。性無彼此，理無彼此，善無彼此也。以上與王純甫。

先生恢復心體，一齊俱了，真是有大功於聖門，與孟子性善之說同。

大學之所謂誠意，卽中庸之所謂誠身也；大學之所謂格物致知，卽中庸之所謂明善也。博學、審問、慎思、明辨、篤行，皆所以明善而爲誠身之功也，非明善之外別有所謂誠身之功也。格物致知之外又豈別有所謂誠意之功乎？書之所謂精一，語之所謂博文約禮，中庸之所謂尊德性而道問學，皆若此而已。答王天宇。

先生既言格致卽中庸明善之功，不離學問思辨行，則與朱子之說何異？至又云「格其物之不正以歸於正」，則不免自相齟齬，未知孰是。

學絶道喪，俗之陷溺，如人在大海波濤中，且須援之登岸，然後可授之衣而與之食。若以衣食投之波濤中，是適重其溺，彼將不以爲德而反以爲尤矣。故凡居今之時，且須隨機導引，因事啓沃，寬心平氣以薰陶之，俟其感發興起，而後開之以其說，是故爲力易而收效溥。寄李道夫。

今且識援之登岸是何物。

使在我果無功利之心，雖錢穀兵甲，搬柴運水，何往而非實學，何事而非天理，况子史詩文之類乎？使在我尚有功利之心，則雖日談道德仁義，亦只是功利之事，况子史詩文之類乎？一切屏絶之説，猶是泥於舊聞，平日用功未有得力處。與陸原静。

勘得到。

數年切磋，只得立志辨義利。若於此未有得力處，却是平日所講盡成虚話，平日所見皆非實得。

義利二字，是學問大關鍵，亦即儒釋分途處。

經一蹶者長一智，今日之失，未必不爲後日之得，但已落第二義。須從第一義上著力，一真一切真。以上皆與薛尚謙。

識得第一義，卽遷善改過皆第一義。

理無内外，性無内外，故學無内外。講習討論，未嘗非内也，反觀内省，未嘗遺外也。夫謂學必資於外求，是以已性爲有外也，是義外也，用智者也。謂反觀内省爲求之於内，是以已性爲有内也，是有我也，自私者也。是皆不知性之無内外也。故曰：「精義入神，以致用也；利用安身，以崇德也。」性之德也，合内外之道也。此可以知格物之學矣。格物者，大學之實下手處，徹首徹尾，自始學至聖人，只此工夫而已，非但入門之際有此一段也。夫正心誠意致知格物，皆所以修身而格物者，其所以用力，實㊀可見之地。故格物者，格其心之物也，格其意之物也，格其知之物也。正心者，正其物之心也。誠

㊀「實」原作「日」，據賈本改。

意者，誠其物之意也。致知者，致其物之知也。此豈有内外彼此之分哉！答羅整菴少宰。

整菴又有答先生書云：「前三物爲物三，後三物爲物一。」爲自相矛盾。要之物一也，而不能不散而爲兩，散而爲萬。先生之言，自是八面玲瓏。

昔夫子謂子貢曰：「賜也，汝以予爲多學而識之者與？」對曰：「然，非與？」子曰：「非也，予一以貫之。」然則聖人之學乃不有要乎？彼釋氏之外人倫、遺物理而墮於空寂者，固不得謂之明其心矣。若世儒之外務講求考索而不知本諸身者，其亦可謂窮理乎？與夏敦夫。

洙、泗淵源，原是如此。得曾子發明，更是樸實頭地。曾子就誠處指點，先生就明處指點，一而已矣。

心無動静者也。其静也者，以言其體也；其動也者，以言其用也，故君子之學，無間於動静。其静也，常覺而未嘗無也，故常應；其動也，常定而未嘗有也，故常寂。常應常寂，動静皆有事焉，是之謂集義。集義故能無祇悔，所謂動亦定、静亦定者也。心一而已，静其體也，而復求静根焉，是撓其體也；動其用也，而懼其易動焉，是廢其用也。故求静之心，即動也；惡動之心，非静也。是之謂動亦動，静亦動，將迎起伏，相尋於無窮矣。故循理之謂静，從欲之謂動。欲也者，非必聲色貨利外誘也，有心之私皆欲也。故循理焉，雖酬酢萬變，皆静也。濂溪所謂主静無欲之謂也，是謂集義者也。從欲焉，雖心齋坐忘，亦動也。告子之强制，正助之謂也，是外義者也。答倫彦式。

與定性書相爲表裏。

且以所見者實體諸心，必將有疑，果無疑，必將有得，果無得，又必有見。答方叔賢。

如此用功，真不怕不長進。

孟子云：「是非之心，智也。」是非之心，人皆有之，卽所謂良知也。孰無是良知乎？但不能致之耳。曷謂知至至之？知至者，知也；至之者，致知也，此知行之所以一也。

良知之智，實自惻隱之仁來。

妄心則動也，照心非動也。恒照則恒動恒静，天地之所以恒久而不已也。照心固照也，妄心亦照也，其爲物不貳，則其生物不息，有刻暫停則息矣，非至誠無息之學矣。

心之本體，無起無不起，雖妄念之發，而良知未嘗不在，但人不知存，則有時而或放耳。雖昏塞之極，而良知未嘗不明，但人不知察，則有時而或蔽耳。雖有時而或放，其體實未嘗不在也，存之而已耳。雖有時而或蔽，其體實未嘗不明也，察之而已耳。

性無不善，故知無不良。良知卽是未發之中，卽是廓然大公寂然不動之本體，人人之所同具者也。但不能不昏蔽於物欲，故須學以去其昏蔽，然於良知之本體，初不能有加損於毫末也。

理，無動者也。常知常存，常主於理，卽不睹不聞無思㊀無爲之謂也。不睹不聞，無思無爲，非槁木死灰之謂也。睹聞思爲一於理，而未嘗有所睹聞思爲，卽是動而未嘗動也。所謂動亦定，静亦定，體用一原者也。

㊀「思」字據賈本補。

未發之中，即良知也，無前後内外而渾然一體者也。有事無事可以言動静，而良知無分於有事無事也；寂然感通可以言動静，而良知無分於寂然感通也。動静者所遇之時，心之本體固無分於動静也。理，無動者也，動即爲欲。循理，則雖酬酢萬變而未嘗動也；從欲，則雖槁心一念而未嘗静也。

此戒慎恐懼者是良知。

照心非動者，以其發於本體明覺之自然，而未嘗有所動也。有所動，即妄矣。妄心亦照者，以其本體明覺之自然者，未嘗不存於其中，但有所動耳。無所動，即照矣。無妄無照，非以妄爲照，以照爲妄也。照心爲照，妄心爲妄，是猶有妄有照也。有妄有照，則有二也，二則息矣。無妄無照，則不貳，不貳則不息矣。

必欲此心純乎天理，而無一毫人欲之私，此作聖之功也。必欲此心純乎天理，而無一毫人欲之私，非防於未萌之先，而克於方萌之際，不能也。防於未萌之先，而克於方萌之際，此正中庸戒慎恐懼、大學致知格物之功，舍此之外，無别功矣。

不思善，不思惡，時認本㊀來面目，此佛氏爲未識本來面目者設此方便。本來面目，即吾聖門所謂良知。今既認得良知明白，即已不消如此説矣。隨物而格，是致知之功，即佛氏之常惺惺，亦是常存他本來面目耳。體段功夫大略相似，但佛氏有個自私自利之心，所以便有不同。

病瘧之人，瘧雖未發，而病根自在，則亦安可以其瘧之未發，而遂忘其服藥調理之功乎？若必待瘧

㊀「認本」二字據賈本補。

發而後服藥調理，則既晚矣。以上皆答陸原静。

「照心固照，妄心亦照」二語，先生自爲註疏已明，讀者幸無作玄會。未病服藥之說，大是可思。

君子之所謂敬畏者，非有所恐懼憂患之謂也，乃戒慎不睹、恐懼不聞之謂耳。君子之所謂灑落者，非曠蕩放逸縱情肆意之謂也，乃其心體不累於欲、無入而不自得之謂耳。夫心之本體，卽天理也，天理之昭明靈覺，所謂良知也。君子之戒慎恐懼，惟恐其昭明靈覺者，或有所昏昧放逸，流於非僻邪妄，而失其本體之正耳。戒慎恐懼之功無時或間，則天理常存，而其昭明靈覺之本體無所虧蔽，無所牽擾，無所恐懼憂患，無所好樂忿懥，無所意必固我，無所歉餒愧怍，和融瑩徹，充塞流行，動容周旋而中禮，從心所欲而不踰，斯乃所謂真灑落矣。是灑落生於天理之常存，天理常存生於戒慎恐懼之無間，孰謂敬畏之增，反爲樂之累耶！與舒國用。

最是發明宋儒主敬之説。

繫言「何思何慮」，是言所思所慮只是一個天理，更無别思别慮耳，非謂無思無慮也，故曰：「同歸而殊途，一致而百慮。」天下何思何慮，云殊途，云百慮，則豈謂無思無慮耶？心之本體卽是天理，只是一個，更何思慮得！天理原自寂然不動，原自感而遂通，學者用功，雖千思萬慮，只是要復他本來體用而已，不是以私意去安排思索出來，故明道云：「君子之學，莫若廓然而大公，物來而順應。」若以私意安排思索，便是用智自私矣。何思何慮，正是工夫，在聖人分上便是自然的，在學者分上便是勉然的。

如此，方與不思善惡之説迥異。

性善之端，須在氣上始見得，若無氣，亦無可見矣。惻隱羞惡辭讓是非卽是氣。程子謂「論性不論氣不備，論氣不論性不明」，亦是爲學者各執一邊，只得如此説，若見得自性明白時，氣卽是性，性卽是氣，原無性氣之可分也。以上答周道通。

先生之見，已到八九分。但云「性卽是氣，氣卽是性」，則合更有商量在。

愼獨卽是致良知。與黄勉之。

凡謂之行者，只是著實去做這件事。若著實做學問思辨工夫，則學問思辨亦便是行矣。學是學做這件事，問是問做這件事，思辨是思辨做這件事，則行亦便是學問思辨矣。若謂學問思辨之然后去行，却如何懸空先去學問思辨得？行時又如何去得個學問思辨的事？行之明覺精察處便是知，知之真切篤實處便是行。若行而不能明覺精察，便是冥行，便是學而不思則罔，所以必須説個知；知而不能真切篤實，便是妄想，便是思而不學則殆，所以必須説個行。原來只是一個工夫。凡古人説知行，皆是就一個工夫上補偏救弊説，不似今人截然分作兩件事做。某今説知行合一，雖亦是就今時補偏救弊説，然知行體段亦本來如是。

知行原是兩個字説一個工夫，這一個工夫，須着此兩個字，方説得完全無弊病。若頭腦處見得分明，見得原是一個頭腦，則雖把知行分作兩個説，畢竟將來做那一個工夫，則始或未便融會，終所謂百慮而一致矣。若頭腦見得不分明，原看做兩個了，則雖把知行合作一個説，亦恐終未有湊泊處。況又分作兩截去做，則是從頭至尾更没討下落處也。以上答友人問。

所謂頭腦，是良知二字。

夫物理不外於吾心，外吾心〔一〕而求物理，無物理矣。遺物理而求吾心，吾心又何物耶？心之體，性也，性卽理也。故有孝親之心，卽有孝之理，無孝親之心，卽無孝之理矣。有忠君之心，卽有忠之理，無忠君之心，卽無忠之理矣。理豈外于吾心耶？晦菴謂人之所以爲學者，心與理而已。心雖主乎一身，而實管乎天下之理；理雖散于萬事，而實不外乎一人之心。是其一分一合之間，而未免已啓學者心理爲二之弊。

明道云：「只窮理便盡性至命，故必仁極仁而後謂之能窮仁之理，義極義而後謂之能窮義之理。」仁極仁，則盡仁之性矣。學至於窮理，至矣，而尚未措之於行，天下寧有是耶？是故知不行之不可以爲學，則知不行之不可以爲窮理矣。知不行之不可以爲窮理，則知知行之合一並進，而不可以分爲兩節事矣。夫萬事萬物之理不外於吾心，而必曰窮天下之理，是殆以吾心之良知爲未足，而必外求於天下之廣，以稗補增益之，是猶析心與理而爲二也。夫學問思辨篤行之功，雖其困勉至於人一己百，而擴充之極至於盡性知天，亦不過致吾心之良知而已，良知之外，豈復有加於毫末乎？今必曰「窮天下之理」，而不知反求諸其心，則凡所謂善惡之機，真妄之辨者，舍吾心之良知，亦將何以致其體察乎？

夫良知之於節目事變，猶規矩尺度之于方圓長短也。節目事變之不可預定，猶方圓長短之不可勝

〔一〕「外吾心」三字據賈本補。

窮也。故規矩誠立，則不可欺以方圓，而天下之方圓不可勝用矣。尺度誠陳，則不可欺以長短，而天下之長短不可勝用矣。良知誠致，則不可欺以節目事變，而天下之節目事變不可勝應矣。毫釐千里之謬，不於吾心良知一念之微而察之，亦將何所用其學乎？是不以規矩而欲定天下之方圓，不以尺度而欲盡天下之長短，吾見其乖張謬戾，日勞而無成也已。吾子謂語孝於温凊定省，孰不知之？然而能致其知者鮮矣。若謂粗知温凊定省之儀節，而遂謂之能致其知，則凡知君之當仁者，皆可謂之能致其仁之知，知臣之當忠者，皆可謂之能致其忠之知，則天下孰非致知者耶？以是而言，可以知致知之必在於行，而不行之不可以爲致知也明矣。知行合一之體不益較然矣乎？夫舜之不告而娶，豈舜之前已有不告而娶者爲之準則，故舜得以考之何典、問諸何人而爲此耶？抑亦求諸其心一念之良知，權輕重之宜，不得已而爲此耶？武之不葬而興師，豈武之前已有不葬而興師者爲之準則，故武得以考之何典、問諸何人而爲此耶？抑亦求諸其心一念之良知，權輕重之宜，不得已而爲此耶？使舜之心而非誠于爲無後，武之心而非誠於爲救民，則其不告而娶與不葬而興師，乃不孝不忠之大者，而後之人不務致其良知，以精察義理於此心感應酬酢之間，顧欲懸空討論此等變常之事，執之以爲制事之本，以求臨事之無失，其亦遠矣。以上答顧東橋。

良知之説，只説得個卽心卽理，卽知卽行，更無別法。

天下古今之人，其情一而已矣。先王制禮，皆因人情而爲之節文，是以行之萬世而皆準。其或反之吾心而有所未安者，非其傳記之訛缺，則必古今風氣習俗之異宜者矣。此雖先王未之有，亦可以義起，三王之所以不相襲禮也。若徒拘泥於古，不得於心而冥行焉，是乃非禮之禮，行不著而習不察者矣。

一部禮經，皆如此看。

學絶道喪之餘，苟有興起向慕於學者，皆可以爲同志，不必銖稱寸度而求其盡合於此，以之待人，可也。若在我之所以爲造端立命者，則不容有毫髮之或爽矣。道，一而已。仁者見仁，知者見知。釋氏之所以爲釋，老氏之所以爲老，百姓日用而不知，皆是道也，寧有二乎？今古學術之誠僞邪正，何啻碔砆美玉，有眩惑終身而不能辨者，正以此道之無二，而其變動不拘，充塞無間，縱横顛倒皆可推之而通。世之儒者各就其一偏之見，而又飾之以比擬倣像之功，文之以章句假借之訓，其爲習熟既足以自信，而條目又足以自安，此其所以誑己誑人，終身没溺而不悟焉耳。然其毫釐之差而乃致千里之謬，非誠有求爲聖人之志而從事於惟精惟一之學者，莫能得其受病之源，而發其神奸之所由伏也。若某之不肖，蓋亦嘗陷溺於其間者幾年，倀倀然既自以爲是矣。賴天之靈，偶有悟於良知之學，然後悔其向之所爲者，固包藏禍機，作僞於外，而心勞日拙者也。十餘年來，雖痛自洗剔創艾，而病根深痼，萌孽時生。所幸良知在我，操得其要，譬猶舟之得舵，雖驚風巨浪，顛沛不無，尚猶得免於傾覆者也。夫舊習之溺人，雖已覺悔悟，而其克治之功尚且其難若此，又況溺而不悟，日益以深者，亦將何所抵極乎？以上寄鄒謙之。

只一僞字，是神奸攸伏處。以先生之善變也，經如許鍛鍊而渣滓未盡，猶然不廢力如此。

人者，天地萬物之心也，心者，天地萬物之主也。心卽天，言心則天地萬物皆舉之矣。答李明德。

大抵學問工夫，只要主意頭腦的當，若主意頭腦專以致良知爲事，則凡多聞多見，莫非致良知之功。蓋日用之間，見聞酬酢，雖千頭萬緒，莫非良知之發用流行。除卻見聞酬酢，亦無良知可致矣。答歐陽崇一。

學者往往說勿忘勿助工夫甚難，才著意便是助，才不着意便是忘。問之云：「忘是忘個甚麼？助是助個甚麼？」其人默然無對。因與說：「我此間講學，却只說個必有事焉，不說勿忘勿助。必有事焉者，只是時時去集義。若時時去用必有事的工夫，而或有時間斷，此便是忘了，卽須勿忘；時時去用必有事的工夫，而或有時欲速求效，此便是助了，卽須勿助。工夫全在必有事上，勿忘勿助只就其間提撕警覺而已。若工夫原不間斷，不須更說勿忘；原不欲速求效，不須更說勿助。今却不去必有事上用工，而乃懸空守着一個勿忘勿助，此如燒鍋煮飯，鍋內不曾漬水下米，而乃專去添柴放火，吾恐火候未及調停而鍋先破裂矣。所謂時時去集義者，只是致良知。說集義，則一時未見頭腦；說致良知，當下便有用工實地。

致良知，只是存天理之本然。

良知只是一個，隨他發見流行處，當下具足，更無去來，不須假借。然其發見流行處，却自有輕重厚薄，毫髮不容增減者，所謂天然自有之中也。雖則輕重厚薄毫髮不容增減，而原來只是一個。以上答聶文蔚。

明道云：「吾學雖有所受，然天理二字却是自家體認出來。」良知即是天理，體認者，實有諸己之謂耳。與馬子莘。

此是先生的派明道處。

凡人言語正到快意時，便截然能忍默得；意氣正到發揚時，便翕然能收斂得；憤怒嗜欲正到騰沸時，便廓然能消化得。此非天下之大勇不能也。然見得良知親切時，其工夫又自不難。與宗賢。

象山文集所載，未嘗不教其徒讀書窮理，而自謂理會文字頗與人異者，則其意實欲體之於身。其亟所稱述以誨人者，曰「居處恭，執事敬，與人忠」；曰「克己復禮」；曰「萬物皆備於我，反身而誠，樂莫大焉」；曰「學問之道無他，求其放心而已」；曰「先立乎其大者，而小者不能奪」。是數言者，孔、孟之言也，惡在其爲空虛者乎？獨其易簡覺悟之說，頗爲當時所疑。然易簡之說出於繫辭，覺悟之說雖有同於釋氏，然釋氏之說，亦自有同於吾儒而不害其爲異者，惟在於幾微毫忽之間而已。晦菴之言，曰「居敬窮理」；曰「非存心無以致知」；曰「君子之心常存敬畏，雖不見聞，亦不敢忽，所以存天理之本然，而不使離於須臾之頃也」。是其爲言雖未盡瑩，亦何嘗不以尊德性爲事，而又惡在其爲支離者乎？獨其平日汲汲於訓解，雖韓文、楚辭、陰符、參同之屬，亦必與之註釋考辨，而論者遂疑其玩物。又其心慮學者之躐等，而或失之於妄作，使必先之以格致而無不明，然後有以實之於誠正而無所謬。世之學者挂一漏萬，求之愈繁而失之愈遠，至有疲力終身，苦其難而卒無所入，則遂議其支離，不知此乃後世學者之弊，當時晦菴之自爲，亦豈至是乎？僕嘗以爲晦菴之與象山，雖其所爲學者若有不同，而要皆不失爲聖人之徒。今晦菴之學，天下之人童而習之，既已入人之深，有不容于論辨者。獨象山之學，則以其常與晦菴之有言，而遂藩籬之。使若由、賜之殊科焉，則可矣；乃擯放廢斥，若碔砆之與美玉，則豈不過甚矣乎？夫晦菴折衷羣儒之說，以發明六經、語、孟之旨於天下，其嘉惠後學之心，真有不可得而議者。而象山辨義利之分，立大本，求放心，以示後學篤實爲己之道，其功亦寧可得而盡誣之！而世之儒者附和雷同，不究其實而概目之以禪學，則誠可寃也已。答徐成之。

凡工夫只是要簡易真切。愈真切，愈簡易，愈簡易，愈真切。寄安福諸同志。

簡易真切，是良知做手法。

傳習録

愛問：「知止而後有定，朱子以爲事事物物皆有定理，似與先生之說相戾。」曰：「於事事物物上求至善，却是義外也。至善是心之本體，只是明明德到至精至一處便是，然亦未嘗離却事物。本註所謂盡夫天理之極，而無一毫人欲之私者，得之。」徐愛記。

天理人欲四字，是朱、王印合處，奚必「晚年定論」？

愛問：「至善只求諸心，恐于天下事理有不能盡。」曰：「心卽理也，此心無私欲之蔽，卽是天理，不須外面添一分。以此純乎天理之心，發之事父便是孝，發之事君便是忠，發之交友治民便是信與仁，只在此心去人欲存天理上用功便是。」愛曰：「如事父一事，其間温清定省之類有許多節目，亦須講求否?」曰:「如何不講求?只是有個頭腦,只就此心去人欲存天理上講求。如講求冬温,也只是要盡此心之孝,恐怕有一毫人欲間雜;講求夏凊,也只是要盡此心之孝,恐怕有一毫人欲間雜。此心若無人欲,純是天理,是個誠於孝親之心,冬時自然思量父母寒,自去求温的道理;夏時自然思量父母熱,自去求凊的道理。譬之樹木,這誠孝的心便是根,許多條件便是枝葉,須先有根然後有枝葉,不是先尋了枝葉然後去種根。禮記『孝子之有深愛者必有和氣,有和氣者必有愉色,有愉色者必有婉容』,便是如此。」

至善本在吾心,首賴先生恢復。

愛問:「今人儘有知父當孝、兄當弟者,却不能孝、不能弟,知行分明是兩件。」曰:「此已被私欲間斷,不是知行本體。未有知而不行者,知而不行,只是未知,聖賢教人知行,正是要復那本體。故大學指個真知行與人看,説如好好色,如惡惡臭。見好色屬知,好好色屬行;只見好色時已自好了,不是見後又立個心去好。聞惡臭屬知,惡惡臭屬行;只聞惡臭時已自惡了,不是聞後別立個心去惡。」愛曰:「古人分知行爲兩,亦是要人見得分曉。一行工夫做知,一行工夫做行,則工夫始有下落。」曰:「此却失了古人宗旨。某嘗説知是行的主意,行是知的工夫,知是行之始,行是知之成。若會得時,只説一個知,已自有行在;只説一個行,已自有知在。古人所以既説知又説行者,只爲世間有一種人,懵懵懂懂,任意去做,全不解思維省察,只是個冥行妄作,所以必説個知,方纔行得是。又有一種人,茫茫蕩蕩,懸空去思索,全不肯著實躬行,只是個揣摩影響,所以必説一個行,方纔知得真。此是古人不得已補偏救弊的説話。今若知得宗旨，卽説兩個亦不妨，亦只是一個；若不會宗旨，便説一個亦濟得甚事，只是閒説話。

只見那好色時已是好了，不是見了後又立個心去好。只聞那惡臭時已是惡了，不是聞了後又立個心去惡。此是先生洞見心體處，既不是又立個心去好惡，則決不是起個意去好惡可知，固知意不可以起滅言也。

愛問：「格物，物字卽是事字，皆從心上説。」曰：「然。身之主宰便是心，心之所發便是意，意之本體便是知，意之所在便是物。如意在於事親，卽事親便是一物；意在於事君，卽事君便是一物；意在於仁民愛物，卽仁民愛物便是一物；意在于視、聽、言、動，卽視、聽、言、動便是一物。所以某説無心外之理，無心外之物。中庸言不誠無物，大學明明德之功只是個誠意，誠意之功只是個格物。」

以心之所發言意，意之所在言物，則心有未發之時，卻如何格物耶？請以前好惡之説參之。

知是心之本體，心自然會知。見父自然知孝，見兄自然知弟，見孺子入井自然知惻隱，此便是良知，不假外求。若良知之發，更無私意障礙，卽所謂充其惻隱之心而仁不可勝用矣。常人不能無私意，所以須用致知格物之功，勝私復禮。良知更無障礙，得以充塞流行，便是致其知，知致則意誠。

既云至善是心之本體，又云知是心之本體。蓋知只是知善知惡，知善知惡正是心之至善處。既謂之良知，決然私意障礙不得，常人與聖人同。

問「博約」。曰：「禮字卽是理字。理之發見可見者謂之文，文之隱微不可見者謂之理，只是一物。

約禮只是要此心純是一個天理，要此心純是天理，須就理之發見處用功。如發見于事親時，就在事親上學存此天理；發見于事君時，就在事君上學存此天理；至于作止語默，無處不然，這便是博學於文，便是約禮的工夫。博文卽是惟精，約禮卽是惟一。

愛問：「道心常爲一身之主，而人心每聽命。以先生精一之訓推之，此語似有弊。」曰：「然。心一也，未雜于人謂之道心，雜以人僞謂之人心。人心之得其正者卽道心，道心之失其正者卽人心，初非有二心也。程子謂『人心卽人欲，道心卽天理』，語若分析而意實得之。今曰『道心爲主而人心聽命』，是二心也。天理人欲不並立，安有天命爲主，人欲又從而聽命者！」以上徐愛記。

先生説人、道只是一心，極是。然細看來，依舊只是程、朱之見，恐尚有剩義在。孟子曰：「仁，人心也。」人心便只是「人心也」之人心，道心卽是仁字。以此思之，是一是二？人心本只是人之心，如何説他是僞心欲心？敢以質之先生。

愛因舊説汩没，始聞先生之教，駭愕不定，無入頭處。其後聞之既熟，反身實踐，始信先生之學爲孔門嫡傳，舍是皆旁蹊小徑，斷港絶河矣。如説格物是誠意工夫，明善是誠身工夫，窮理是盡性工夫，道問學是尊德性工夫，博文是約禮工夫，惟精是惟一工夫，此類始皆落落難合，久之不覺手舞足蹈。

愚按：曰仁爲先生入室弟子，所記語録，其言去人欲存天理者不一而足。又曰：「至善是心之本體，然未嘗離事物。」又曰：「卽盡乎天理之極處。」則先生心宗教法，居然只是宋儒矩矱，但先生提得頭腦清楚耳。

澄問：「主一之功，如讀書則一心在讀書上，接客則一心在接客上，可以爲主一乎？」曰：「好色則一心在好色上，好貨則一心在好貨上，可以爲主一乎？主一是專主一個天理。」

又拈出天理。

孟源有自是好名之病，先生喻之曰：「此是汝一生大病根，譬如方丈地内種此一大樹，雨露之滋，土脈之力，只滋養得這個大根。四旁縱要種些嘉穀，上被此樹遮覆，下被此樹盤結，如何生長得成？須是伐去此樹，纖根勿留，方可種植嘉種。不然，任汝耕耘培壅，只滋養得此根。」

問：「静時亦覺意思好，纔遇事便不同，如何？」曰：「是徒知養静而不用克己工夫也。人須在事上磨鍊，方立得住，方能静亦定，動亦定。」

先生又説個克己，卽存理去欲之别名。

問「上達工夫」。曰：「後儒教人，纔涉精微，便謂上達未當學，且説下學，是分下學上達爲二也。夫目可得見，耳可得聞，口可得言，心可得思者，皆下學也；目不可得見，耳不可得聞，口不可得言，心不可得思者，上達也。如木之栽培灌漑，是下學也；至於日夜之所息，條達暢茂，乃是上達，人安能與其力哉！凡聖人所説，雖極精微，俱是下學，學者只從下學裏用功，自然上達去，不必别尋上達工夫。」

問：「寧静存心時可爲未發之中否？」曰：「今人存心，只定得氣，當其寧静時，亦只是氣寧静，不可以爲未發之中。」曰：「未便是中，莫亦是求中工夫？」曰：「只要去人欲，存天理，方是工夫。静時念念去欲存理，動時念念去欲存理，不管寧静不寧静。若靠著寧静，不惟有喜静厭動之弊，中間許多病痛只是潛伏在，終不能絶去，遇事依舊滋長。以循理爲主，何嘗不寧静；以寧静爲主，未必能循理。」

此所謂念，是無念之念，莫錯會。不然，纔起一念，已是欲也，故曰：「凡有所向便是欲。」然先生之教，自是真功。

省察是有事時存養，存養是無事時省察。

定者，心之本體，天理也。動静，所遇之時也。

唐詡問：「立志是常存個善念，要爲善去惡否？」曰：「善念存時，卽是天理。此念卽善，更思何善？此念非惡，更去何惡？此念如樹之根芽，立志者，長立此善念而已。從心所欲不踰矩，只是志到熟處。

念本無念，故是天理，有念可存，卽非天理。

許魯齋謂儒者以治生爲先之説，亦誤人。

喜怒哀樂，本體自是中和的，纔自家着些意思，便過不及，便是私。

問：「知至然後可以言意誠，今天理人欲知之未盡，如何用得克己工夫？」曰：「人若真實切己用功不已，則于此心天理之精微，日見一日，私欲之細微，亦日見一日。若不用克己工夫，天理私欲終不自見。如走路一般，走得一段方認得一段，走到歧路處，有疑便問，問了又走，方纔能到。今于已知之天理不肯存，已知之人欲不肯去，只管愁不能盡知，閒講何益？且待克得自己無私可克，方愁不能盡知，亦未遲耳。」

問：「伊川謂不當於喜怒哀樂未發之前求中，延平却教學者看未發以前氣象，何如？」曰：「皆是也。伊川恐人于未發前討個中，把中作一物看，如吾向所謂認氣定時做中，故令只于涵養省察上用功。延平恐人未便有下手處，故令人時時刻刻求未發前氣象，使人正目而視惟此，傾耳而聽惟此，即是戒慎不睹、恐懼不聞的工夫，皆古人不得已誘人之言也。」

只爲本無前後際故也，先生頗主程子説。

澄於中字之義尚未明，曰：「此須自心體認出來，非言語所能喻。中只是天理。」曰：「天理何以謂之中？」曰：「無所偏倚。」曰：「無所偏倚何等氣象？」曰：「如明鏡全體瑩徹，無纖塵點染。」曰：「當其已發，或著在好色好利好名上，方見偏倚。若未發時，何以知其有所偏倚？」曰：「平日美色名利之心原未嘗無，病根不除，則暫時潛伏，偏倚仍在。須是平日私心蕩除潔浄，廓然純乎天理，方可謂中。」

言語無序，亦足以見心之不存。

問：「格物于動處用功否？」曰：「格物無間動静，静亦物也。孟子謂『必有事焉』，是動静皆有事。」

此是先生定論。先生它日每言「意在于事親，即事親爲一物」云云，余竊轉一語曰：「意不在于事親時是恁物？」先生又曰：「工夫難處全在格物致知上，此即誠意之事。意既誠，大段心亦自正，身亦自修。但正心修身工夫亦各有用力處，修身是已發邊，正心是未發邊，心正則中，身修則和」云云。先生既以良知二字冒天下之道，安得又另有正修工夫？只因將意字看作已發，故工夫不盡，又要正心，又要修身。意是已發，心是未發，身又是已發。先生每譏宋學支離而躬自蹈之。千載而下，每欲起先生于九原質之而無從也。

問：「程子云：『仁者以天地萬物爲一體。』何墨氏兼愛反不得謂之仁？」曰：「仁是造化生生不息之理，雖彌漫周遍，無處不是，然其流行發生亦自有漸。惟其有漸，所以必有發端處；惟有發端處，所以生生不息。譬之於木，其始抽芽便是生意發端處，然後有幹有枝葉。父子兄弟之愛是人心生意發端處，如木之抽芽，自此而仁民而愛物，如木之有幹有枝葉也。墨氏將父子兄弟與途人一例，便沒了發端處，安能生生？安得謂之仁？」

只此便可勘佛氏之學。

問：「延平云：『當理而無私心。』當理與無私心如何分別？」曰：「心卽理也。無私心卽是當理，未當理卽是私心，若析心與理言之，恐亦未善。」又問：「釋氏於世間情欲之私不染，似無私心，外棄人倫，却似未當理。」曰：「亦只是一統事，成就它一個私己的心。」以上俱陸澄記。

聖人之所以爲聖，只是此心純乎天理而無人欲之雜，猶精金之所以爲精，但以其成色足而無銅鉛之雜也。人到純乎天理方是聖，金到足色方是精。然聖人之才力亦有大小不同，猶金之分兩有輕重，所以爲精金者，在足色而不在分兩，所以爲聖者，在純乎天理而不在才力也。學者學聖人，不過是去人欲而存天理，猶鍊金而求其足色耳。後世不知作聖之本，却專去知識才能上求聖人。敝精竭力，從冊子上鑽研，名物上考索，形迹上比擬，知識愈廣而人欲愈滋，才力愈多而天理愈蔽。正如見人有萬鎰精金，不務鍛鍊成色，而乃妄希分兩，錫鉛銅鐵雜然投之，分兩愈增而成色愈下，及其梢末，無復有金矣。

侃去花間草，曰：「天地間何善難培，惡難去？」先生曰：「此等看善惡，皆從軀殼起念。天地生意，花草一般，何曾有善惡之分？子欲觀花，則以花爲善，以草爲惡；如欲用草時，復以草爲善矣。」曰：「然則無善無惡乎？」曰：「無善無惡者理之静，有善有惡者氣之動，不動于氣，卽無善無惡，是謂至善。」曰：「佛氏亦無善無惡，何以異？」曰：「佛氏着在無上，便一切不管。聖人無善無惡，只是無有作好、無有作惡，此之謂不動于氣。」曰：「草既非惡，是草不宜去矣！」曰：「如此却是佛、老意見，草若有礙，理亦宜去。」曰：「如此又是作好作惡。」曰：「不作好惡，非是全無好惡，只是好惡一循于理，不去著一分意思，卽是不曾好惡一般。」曰：「然則善惡全不在物。」曰：「只在汝心。循理便是善，動氣便是惡。」曰：「畢竟物無善惡。」曰：「在心如此，在物亦然。世儒惟不知此，舍心逐物，將格物之學錯看了。」

先生之言自是端的，與天泉證道之説迥異。

爲學須得個頭腦，工夫方有着落，縱未能無間，如舟之有舵，一提便醒。不然，雖從事于學，只做個義襲而取，非大本達道也。

侃問：「先儒以心之静爲體，心之動爲用，如何？」曰：「不可以動静爲體用。動静，時也。卽體而言用在體，卽用而言體在用，是謂體用一源。若説静可以見其體，動可以見其用，却不妨。」

心并無動静可言，必不得已，可説動可以見體，静可以見用。

梁日孚問「主一」。曰：「一者，天理。主一，是一心在天理上。若只知主一，不知一卽是理，有事時便逐物，無事時便是着空。惟其有事無事，一心皆在天理上用功，所以居敬亦即是窮理。就窮理專一處説，便謂之居敬；就居敬精密處説，便謂之窮理，不是居敬了别有個心窮理，窮理時别有個心居敬。名雖不同，工夫只是一事。」

正之問：「戒懼是己所不知時工夫，慎獨是己所獨知時工夫。」曰：「只是一個工夫。無事時固是獨知，有事時亦是獨知。于此用功，便是端本澄源，便是立誠。若只在人所共知處用功，便是作僞。今若又分戒懼爲己所不知工夫，便支離。既戒懼，卽是知己。」曰：「獨知之地，更無無念時耶？」曰：「戒懼之念，無時可息。若戒懼之心稍有不存，不是昏聵，便已流入惡念。」

戒懼不是念，可言是思。思只是思誠。思是心之本官，思而動于欲爲念。故念當除而思不可除。後人專喜言無思，至于念，則以爲是心之妙用，不可除。是倒説了，他只要除理障耳。

蔡希淵問：「大學新本先格致而后誠意，工夫似與首章次第相合，若先生從舊本，誠意反在格致之前矣。」曰：「大學工夫卽是明明德，明明德只是個誠意，誠意工夫只是格致。若以誠意爲主，去用格致工夫，工夫始有下落，卽爲善去惡，無非是誠意的事。如新本先去窮格事物之理，卽茫茫蕩蕩都無著落處，須添個敬字，方才牽扯得身心上來，終没根源。且既須敬字，緣何孔門倒將最要緊的落了，直待千餘年後人添補？正謂以誠意爲主，卽不須添敬字。此學問大頭腦，於此不察，真是千里之謬。大抵中庸工夫只是誠身，誠身之極便是至誠。大學工夫只是誠意，誠意之極便是至善。總是一般。」以上俱薛侃記。

先生疏大學，惟此段最端的無病。明明德只是個誠意，若意字看得分曉，不必説正心更有工夫矣。

九川問：「静坐用功，頗覺此心收斂，遇事又斷了，旋起個念頭去事上省察，事過又尋舊功，覺内外打不成一片。」曰：「心何嘗有内外，卽如惟濬今在此講論，又豈有一心在内照管？這講説時專一，卽是那静坐時心，工夫一貫，何須更起念頭？須在事磨鍊工夫得力。若只好静，遇事便亂，那静時工夫亦差，似收斂而實放溺也。」

「何須更起念頭」，是聖學入微真消息。他日卻曰：「實無無念時，只是要正念。」如講論時便起不得在内照管的念，則講論時不知又可起得個事親的意否？

問：「近來工夫稍知頭腦，然難尋個穩當處。」曰：「只是致知。」曰：「如何致？」曰：「一點良知是爾自家的準則，爾意念着處，他是便知是，非便知非，更瞞他一些不得。爾只不要欺他，實實落落依著他做去，善便存，惡便去，何等穩當。此便是致知的實功。」

先生每以念字與意字合説，恐念與意終有别。

崇一曰：「先生致知之旨，發盡精藴，看來這裏再去不得。」曰：「何言之易也。再用功半年看如何？又用功一年看如何？工夫愈久，愈覺不同。知來本無知，覺來本無覺，然不知則遂埋没。」以上俱陳九川記。

此是獨體正當處，被先生一口打并出，到這裏説恁良不良、知不知。

黄以方問：「先生格致之説，隨時格物以致其知，則知是一節之知，非全體之知也，何以到得溥博如天、淵泉如淵地位？」曰：「心之本體無所不該，原是一個天，只爲私欲障礙，則天之本體失了。心之理無窮盡，原是一個淵，只爲私欲窒塞，則淵之本體失了。如念念致良知，將此障礙窒塞一齊去盡，則本體已復，便是天淵了。」因指天以示之曰：「如面前所見是昭昭之天，四外所見亦只是昭昭之天，只爲許多牆壁遮蔽，不見天之全體。若撤去牆壁，總是一個天矣。於此便見一節之知即全體之知，全體之知即一節之知，總是一個本體。」

聖賢非無功業氣節，但其循着天理，則便是道，不可以事功氣節名矣。

我輩致知，只是各隨分量所及，今日良知見在如此，則隨今日所知擴充到底，明日良知又有開悟，便隨明日所知擴充到底，如此，方是精一工夫。

此是先生漸教，頓不廢漸。

問「知行合一」。曰：「此須識我立言宗旨。今人學問，只因知行分作兩件，故有一念發動，雖是不善，然却未曾行，便不去禁止。我今説個知行合一，正要人曉得一念發動處便即是行了，發動處有不善，就將這不善的念克倒了，須要徹根徹底，不使那一念不善潛伏在胸中。此是我立言宗旨。」

如此説知行合一，真是絲絲見血。先生之學真切乃爾，後人何曾會得。

聖人無所不知，只是知個天理，無所不能，只是能個天理。聖人本體明白，故事事知個天理所在，便去盡個天理，不是本體明後，却于天下事物都便知得，便做得來也。天下事物，如名物度數草木鳥獸之類，不勝其煩，雖是本體明了，亦何緣能盡知得？但不必知的，聖人自不消求知，其所當知者，聖人自能問人。如「子入太廟，每事問」。先儒謂「雖知亦問，敬謹之至」。此説不可通。聖人于禮樂名物不必盡知，然他知得一個天理，便自有許多節文度數出來。不知能問，亦卽是天理節文所在。

說名物象數，也拈出天理二字，先生之學，自是勺水不漏。

問：「儒者夜氣，胸中思慮，空空靜靜，與釋氏之靜却一般，此時何所分別？」曰：「動靜只是一個，那夜氣空空靜靜，天理在中，卽是應事接物的心。應事接物的心亦是循天理，便是夜氣空空靜靜的心。故動靜分別不得，知得動靜合一，釋氏毫釐差處亦自莫掩矣。」

天理二字，是儒門得分家儅，釋氏空之，雖靜時也做不得主。

文公格物之說，只是少頭腦。如所謂「察之于念慮之微」，此一句不該與「求之文字之中，驗之事爲之著，索之講論之際」混作一例看，是無輕重也。以上俱黄直記。

文公功臣。

佛氏不著相，其實著相；吾儒著相，其實不著相。佛怕父子累，却逃了父子；怕君臣累，却逃了君臣；怕夫婦累，却逃了夫婦，都是著相，便須逃避。吾儒有個父子，還他以仁；有個君臣，還他以義；有個夫婦，還他以別，何曾著父子君臣夫婦的相？

先生于佛氏一言而內外夾攻，更無剩義。

問：「讀書所以調攝此心，但一種科目意思牽引而來，何以免此？」曰：「只要良知真切，雖做舉業，不爲心累。且如讀書時，知得强記之心不是，卽克去之；有欲速之心不是，卽克去之；有誇多鬬靡之心不是，卽克去之，如此，亦只是終日與聖賢印對，是個純乎天理之心，任它讀書，亦只是調攝此心而已，何累之有？」

又舉天理二字，如此，方是真讀書，亦便是真格物處。朱子以讀書爲格物窮理之要，與先生語不無差別。

諸君工夫最不可助長。上智絶少，學者無超入聖人之理，一起一伏，一進一退，自是工夫節次，不可以我前日曾用工夫，今却不濟，便要矯强做出一個没破綻的模樣，這便是助長，連前些子工夫都壞了。只要常常懷個遁世無悶，不見是而無悶之心，依此良知，忍耐做去，不管毁譽榮辱，久久自然有得力處。以上俱黄修易記。

言立志。曰：「真有聖人之志，良知上更無不盡。良知上留得些子别念挂帶，便非必爲聖人之志矣。」

吾昔居滁時，見諸生多務知解，無益於得，姑教之静坐，一時窺見光景，頗收近效。久之，漸有喜静厭動流入枯槁之病，故邇來只説致良知。良知明白，隨你去静處體悟也好，隨你去事上磨鍊也好，良知本體原是無動無静的，此便是學問頭腦。

問：「不睹不聞是説本體，戒慎恐懼是説工夫否？」曰：「須信得本體原是不睹不聞的，亦原是戒慎恐懼的，戒慎恐懼不曾在不睹不聞上加得些子。見得真時，便謂戒慎恐懼是本體，不睹不聞是工夫，亦得。」

此非玄語。中庸使天下人齊明盛服以承祭祀，又是誰使他？只爲今人解中庸鬼神二字，是造化之鬼神，所以信先生語不及。而巧者又于此播弄神通，入玄妙觀去。良知在夜氣發的，方是本體，以其無物欲之雜也。學者要使事物紛擾之時常如夜氣一般，就是通乎晝夜之道而知。

此語端的。良知常發而常斂，便是獨體真消息。若一向在發用處求良知，便入情識窠臼去。然先生指點人處，都在發用上說，只要人知是知非上轉個爲善去惡路頭，正是良工苦心。

仙家說到虛，聖人豈能虛上加得一毫實？佛氏說到無，聖人豈能無上加得一毫有？但仙家說虛，從養生上來；佛氏說無，從出離生死上來，卻于本體上加卻這些子意思在，便不是虛無的本色，便于本體有障礙。聖人只是還他良知的本色，便不著些子意在。良知之虛，便是天之太虛，良知之無，便是太虛之無形。日月風雷，山川民物，凡有象貌形色，皆在太虛無形中發用流行，未嘗作得天的障礙。聖人只是順其良知之發用，天地萬物俱在我良知發用流行中，何嘗又有一物超于良知之外，能作得障礙？

是辨三教異同大頭腦處，可見惟吾儒方擔得虛無二字起，二氏不與也。

問：「釋氏亦務養心，然不可以治天下，何也？」曰：「吾儒養心，未嘗離卻事物，只順其天則自然，就是工夫。釋氏卻要盡絶事物，把心看做幻相，與世間無些子交涉，所以不可治天下。」

世間豈有離事之心？佛氏一差故百差。今謂佛氏心不差而事差，便是調停之說，亂道之言。

問異端。曰：「與愚夫愚婦同的是謂同德，與愚夫愚婦異的是謂異端。」

孟子不動心與告子不動心，所異只在毫釐間。告子只在不動心上著功，孟子便直從此心原不動處分曉。心之本體原是不動的，只爲所行有不合義，便動了。孟子不論心之動與不動，只是集義，所行無不是義，此心自然無可動處。告子只要此心不動，便是把捉此心，將他生生不息之根反阻撓了。

問：「人有虛靈，方有良知，若草木瓦石之類，亦有良知否？」曰：「人的良知就是草木瓦石的良知，若草木瓦石無人的良知，不可以爲草木瓦石矣。豈惟草木瓦石爲然，天地無人的良知，亦不可爲天地矣。蓋天地萬物與人原是一體，其發竅之最精處，是人心一點靈明，故五穀禽獸之類皆可以養人，藥石之類皆可以療疾，只爲同此一氣，故能相通耳。」

只爲性體原是萬物一源，故如人參温，能補人，便是遇父子而知親，大黃苦，能瀉人，便是遇君臣而知義，如何無良知？又如人參能退邪火，便是遇君臣而知義，大黃能順陰氣，便是遇父子而知親，如何説此良知又是人得其全，物得其偏者？

問：「人與物同體，如何大學又説個厚薄？」曰：「道理自有厚薄，比如身是一體，把手足捍頭目，豈是薄手足？其道理合如此。禽獸與草木同是愛的，把草木去養禽獸，又忍得㊀？人與禽獸同是愛的，宰禽獸以養親，供祭祀，燕賓客，心又忍得？至親與路人同是愛的，顛沛患難之際不能兩全，寧救至親，不救路人，心又忍得？這是道理合該如此。及至吾身與至親，更不得分彼此厚薄，蓋以仁民愛物皆從此出，此處可忍，更無所不忍矣。大學所謂厚薄，是良知上自然的條理，便謂之義；順這個條理，便謂之禮；知此條理，便謂之智；終始這條理，便謂之信。」

㊀ 據下文二問「心又忍得」，此處「又」上似應有「心」字。

既是自然的條理，則不如此便是勉然的，更何條理？所以佛氏一切胡亂，只得粉碎虛空，歸之儱侗。

目無體，以萬物之色爲體；耳無體，以萬物之聲爲體；鼻無體，以萬物之臭爲體；口無體，以萬物之味爲體；心無體，以天地萬物感應之是非爲體。

無知無不知，本體原是如此。譬如日未嘗有心照物而自無物不照。無照無不照，原是日之本體。良知本無知，今卻要有知，本無不知，今卻疑有不知，只是信不及耳。

獨知原是如此。

問：「孔子所謂遠慮，周公夜以繼日，與將迎不同，何如？」曰：「遠慮不是茫茫蕩蕩去思慮，只是要存這天理。天理在人心，亘古亘今，無有終始。天理卽是良知，千思萬慮，只是要致良知。良知愈思愈精明，若不精思，漫然隨事應去，良知便粗了。若只著在事上，茫茫蕩蕩去思，教做遠慮，便不免有毀譽得喪，人欲攙入其中，就是將迎了。周公終夜以思，只是戒慎不睹、恐懼不聞的工夫。

又攝在天理二字內。天理卽良知，是先生前後打合指訣。又曰：「良知愈思愈精明。」蓋言天理愈精明也。思卽是良知之柄，説不得個思良知。凡言思不必言良知，言良知不必言思，人心中容不得許多名目。

先天而天弗違，天卽良知也，後天而奉天時，良知卽天也。

大徹大悟，蒙又爲先生轉一語曰：「先生言致良知以格物，便是先天而天弗違；先生言格物以致其良知，便是後天而奉天時。」「良知只是個是非之心，是非只是個好惡，只好惡就盡了是非，只是非就盡了萬事萬變。」又曰：「是非兩字是個大規矩，巧處則存乎其人。」

蒙嘗謂：「只有個知善知惡之心，更別無個好善惡惡之心。」正如此說。

問：「知譬日，欲譬雲，雲雖能蔽日，亦是天之一氣合有的，欲亦莫非人心合有否？」曰：「喜怒哀懼愛惡欲謂之七情，七者俱是人心合有的，但要認得良知明白。比如日光，雖雲霧四塞，太虚中色象可辨，亦是日光不滅處，不可以雲能蔽日，教天不要生雲。七情順其自然之流行，皆是良知之用，但不可有所著。七情有著，俱謂之欲，然纔有著時，良知亦自會覺，覺卽蔽去，復其體矣。此處能看得破，方是簡易透徹工夫。」

人生一時離不得七情，七情卽良知之魄，若謂良知在七情之外，則七情又從何處來？人有過，多於過上用功，就是補甑，其流必歸於文過。

直須向前一步。

琴瑟簡編，學者不可無，蓋有業以居之，心就不放。

問：「良知原是中和的，如何却有過不及？」曰：「知得過不及處，就是中和。」

良知無過不及，知得過不及的是良知。

慈湖不爲無見，又著在無聲無臭見上了。

門人歎先生自征寧藩以來，天下謗議益衆。先生曰：「我在南都以前，尚有些子鄉愿意思在。今信得這良知真是真非，信手行去，更不着些覆藏，纔做得個狂者胸次，故人都説我行不掩言也。」以上俱錢德洪記。

讀此，方知先生晚年真面目。我輩如何容易打過關捩子也。然向後正大有事在。

所謂人所不知而己獨知者，此正是吾心良知處。

良知只是獨知時，然餘干主慎獨，先生言致知，手勢大不同，先生是出藍之見。

有言童子不能格物，只教以灑掃應對。曰：「灑掃應對就是物，童子良知只到此，只教去灑掃應對，便是致他這一點良知。又如童子之畏先生長者，此亦是他良知處，故雖遨嬉，見了先生長者，便去作揖恭敬，是他能格物以致敬師長之良知。我這裏格物，自童子以至聖人，皆是此等工夫。但聖人格物，便更熟得些子，不消費力。

問：「程子云『在物爲理』，如何云『心卽理』？」曰：「在物爲理，在字上當添一心字，此心在物則爲理。如此心在事父則爲孝，在事君則爲忠之類是也。諸君要識得我立言宗旨。我如今説個心卽理，只爲世人分心與理爲二，便有許多病痛。如五霸攘夷狄，尊周室，都是一個私心，便不當理。人卻説他做得當理，只心有未純，往往慕悦其所爲，要來外面做得好看，卻與心全不相干。分心與理爲二，其流至于霸道之僞而不自知，故我説個心卽理，要使知心理是一個，便來心上做工夫，不去襲取于義，便是王道之真。」

夫子説「性相近」，卽孟子説「性善」，不可專在氣質上説。若説氣質，如剛與柔對，如何相近得？惟性善則同耳。人生初時，善原是同的，但剛者習于善則爲剛善，習於惡則爲剛惡，柔者習於善則爲柔善，習于惡則爲柔惡。便日相遠了。以上俱黄以方記。

此是先生道性善處。

丁亥年九月，先生起征思、田。德洪與汝中論學，德洪舉先生教言曰：「無善無惡心之體，有善有惡意之動，知善知惡是良知，爲善去惡是格物。」汝中曰：「此恐未是究竟話頭。若説心體是無善無惡，意亦是無善無惡，知亦是無善無惡，物亦是無善無惡矣。若説意有善惡，畢竟心體還有善惡在。」德洪曰：「心體是天命之性，原無善惡，但人有習心，意念上見有善惡在。格致誠正修，此是復性體工夫，若原無善惡，工夫亦不消説矣。」是夕，坐天泉橋，各舉請正。先生曰：「二君之見正好相資，不可各執一邊。我這裏接人原有二種，利根之人，直從本源上悟入。人心本體原是明瑩無滯，原是個未發之中。利根之人一悟本體，卽是工夫，人己内外一齊俱透。其次不免有習心在，本體受蔽，故且教在意念上實落爲善去惡，工夫熟後，渣滓去盡，本體亦明凈了。汝中之見是我接利根人的，德洪之見是我爲其次立法的，相取爲用，則中人上下皆可引入于道。」既而曰：「已後講學，不可失了我的宗旨。無善無惡心之體，有善有惡意之動，知善知惡是良知，爲善去惡是格物。這話頭隨人指點，自没病痛，原是徹上徹下工夫。利根之人，世亦難遇；人有習心，不教他在良知上實用爲善去惡工夫，只去懸空想個本體，一切事爲俱不著實，不過養成一個虚寂，病痛不是小小，不可不早説破。」王畿天泉證道記。

先生每言，至善是心之本體。又曰：「至善只是盡乎天理之極，而無一毫人欲之私。」又曰：「良知即天理。」錄中言「天理」二字，不一而足，有時說「無善無惡者理之靜」，亦未嘗逕說「無善無惡是心體」，若心體果是無善無惡，則有善有惡之意又從何處來？知善知惡之知又從何處來？爲善去惡之功又從何處起？無乃語語斷流絶港乎！快哉，四無之論！先生當於何處作答？却又有「上根下根」之說，謂「教上根人只在心上用工夫，下根人只在意上用工夫」，又豈大學八目一貫之旨？又曰：「其次且教在意念上著實用爲善去惡工夫，久之心體自明。」蒙謂纔著念時，便非本體，人若只在念起念滅上用工夫，一世合不上本體，所謂南轅而北轍也。先生解大學，于「意」字原看不清楚，所以于四條目處未免架屋疊牀至此。及門之士一再摹之，益失本色矣。先生他日有言曰：「心意知物只是一事。」此是定論。既是一事，決不是一事皆無。蒙因爲龍溪易一字曰：「心是有善無惡之心，則意亦是有善無惡之意，知亦是有善無惡之知，物亦是有善無惡之物。」不知先生首肯否？或曰：「如何定要說個有善無惡？」曰：「大學只說致知，如何先生定要說個致良知？多這良字。」其人默然。學術所關，不敢不辯。

明儒學案卷十一　浙中王門學案一

姚江之教，自近而遠，其最初學者，不過郡邑之士耳。龍場而後，四方弟子始益進焉。郡邑之以學鳴者，亦僅僅緒山、龍溪，此外則椎輪積水耳。然一時之盛，吾越尚講誦、習禮樂，絃歌之音不絕，其儒者不能一二數。若山陰范瓘，字廷潤，號栗齋，初師王司輿、許半圭，其後卒業於陽明。博考羣經，恍然有悟，以爲「孔、孟的傳，惟周、程得之，朱、陸而下，皆弗及也」。家貧不以關懷，曰：「天下有至寶，得而玩之，可以忘貧。」作古詩二十章，歷敍道統及太極之説，其奥義未易測也。餘姚管州，字子行，號石屏。官兵部司務。每當入直，諷詠抑揚，司馬怪之。邊警至，司馬章皇，石屏曰：「古人度德量力，公自料才力有限，何不引退以空賢路。」司馬謾爲好語謝之，以京察歸。大洲有宿四祖山詩：「四子堂堂特地來」，謂蔡白石、沈古林㊀、龍溪、石屏也。范引年號半野，講學於青田，從遊者頗衆。夏淳字惟初，號復吾，以鄉舉卒官思明府同知。魏莊渠主天根天機之説，復吾曰：「指其静爲天根，動爲天機，則可；若以静養天根，動察天機，是歧動静而二之，非所以語性也。」柴鳳字後愚，主教天真書院，衢、嚴之士多從之。孫應奎字文卿，號蒙泉，歷官右副都御史，以傳習録爲規範，董天真之役。聞人銓字邦正，號北江，與緒山定文録，刻之行世。卽以寒宗而論，黄驥字德良，尤西川紀其言陽明事。黄文焕號吴南，開州學

㊀ 原作「沈右林」，據賈本改。

正，陽明使其子受業。有東閣私抄記其所聞。黄嘉愛字懋仁，號鶴溪，正德戊辰進士，官至欽州守。黄元釜號丁山，黄夔字子韶，號後川，皆篤實光明，墨守師説。以此推之，當時好修一世湮没者，可勝道哉！

郎中徐横山先生愛

徐愛字曰仁，號横山，餘姚之馬堰人。正德三年進士。出知祁州，陞南京兵部員外郎，轉南京工部郎中。十一年歸而省親，明年五月十七日卒，年三十一。緒山傳云「兵部」及「告病歸」，皆非。

先生爲海日公之婿，於陽明，内兄弟也。陽明出獄而歸，先生卽北面稱弟子，及門莫有先之者。鄧元錫皇明書云「自龍場歸受學」，非。其後與陽明同官南中，朝夕不離。學者在疑信之間，先生爲之騎郵以通彼我，於是門人益親。陽明曰：「曰仁，吾之顏淵也。」先生嘗遊衡山，夢老僧撫其背而歎曰：「子與顏子同德，亦與顏子同壽。」覺而異之。陽明在贛州聞訃，哭之慟。先生雖死，陽明每在講席，未嘗不念之。酬答之頃，機緣未契，則曰：「是意也，吾嘗與曰仁言之，年來未易及也。」一日講畢，環柱而走，歎曰：「安得起曰仁於泉下，而聞斯言乎！」乃率諸弟子之其墓所，酹酒而告之。先生始聞陽明之教，與先儒相出入，駭愕不定，無入頭處。聞之既熟，反身實踐，始信爲孔門嫡傳，舍是皆旁蹊小徑，斷港絶河矣。

陽明自龍場以後，其教再變。南中之時，大率以收斂爲主，發散是不得已，故以默坐澄心爲學的。江右以後，則專提「致良知」三字。先生記傳習初卷，皆是南中所聞，其於「致良知」之説，固未之知也。

然録中有云：「知是心之本體，心自然爲㈠知。見父自然知孝，見兄自然知弟，見孺子入井自然知惻隱。此便是良知。使此心之良知充塞流行，便是致其知。」則三字之提，不始於江右明矣。但江右以後，以此爲宗旨耳。是故陽明之學，先生爲得其真。聶雙江云：「今之爲良知之學者，於傳習録前編所記真切處，俱略之，乃駕空立籠罩語，似切近而實渺茫，終日逐外而自以爲得手也。」蓋未嘗不太息於先生云。

文集

吾師之教，謂人之心有體有用，猶之水木有根源有枝葉流派，學則如培濬溉疏，故木水在培溉其根，濬疏其源，根盛源深，則枝流自然茂且長。故學莫要於收放心，涵養省察克治是也，卽培濬其根源也。讀書玩理皆所以溉疏之也。故心德者，人之根源也，而不可少緩；文章名業者，人之枝葉也，而非所汲汲。學者先須辨此，卽是辨義理㈡之分。既能知所決擇，則在立志堅定以趨之而已。答邵思抑。

學者大患在於好名，今之稱好名者，類舉富貴誇耀以爲言，抑末矣。凡其意有爲而爲，雖其跡在孝弟忠信禮義，猶其好名也，猶其私也。古之學者，其立心之始，卽務去此，而以全吾性命之理爲心。當其無事，以勿忘勿助而養吾公平正大之體，勿先事落此蹊徑，故謂之存養；及其感應而察識其有無，故謂之省察；察知其有此而務決去之，勿苦其難，故謂之克治；專事乎此，而不以怠心間之，故謂之不息；

㈠「爲」字備要本及傳習録作「會」。

㈡「理」字，賈本、備要本作「利」。

去之盡而純，故謂之天德；推之純而達，故謂之王道。送甘欽采。

夫人之所以不宜於物者，私害之也。是故吾之私得以加諸彼，則忮心生焉。忮心，好勝之類也，凡天下計較、忌妒、驕淫、狠傲、攘奪、暴亂之惡皆從之矣。吾之私得以藉諸彼，則求心生焉。求心，好屈之類也，凡天下阿比、諂佞、柔懦、燕溺、污辱、咒詛之惡皆從之矣。二私交於中，則我所以爲感應之地者，非公平正大之體矣。以此之機而應物之感，其有能宜乎否也？宜齋序。

古人謂：「未知學，須求有個用力處，既用力，須求有個得力處。」今以康齋之勇，殷勤辛苦不替七十年，然未見其大成，則疑其於得力處有未至。白沙之風，使人有「吾與點也」之意，然末流涉曠達，則疑其於用力處有缺。夫有體斯有用，有終必有始，將以康齋之踐履爲體爲始耶？將以白沙之造詣爲用爲終耶？是體用終始歧爲二也。世固有謂某有體無用、有用無體者，僕竊不然。必求二公之所以蔽者而會歸之，此正關要所係，必透此，方有下手處也。答王承吉。

岩形方，外高幾百丈，內石骨空虛，圓洞徹天地，端若立甑。二洞門，自東門入，初見西露微光，若觀月自朏生。行漸入，光漸長，至門內限，光半當上弦。循至正中，光乃圓，月在望。西出門，光微以隱，若月自望至晦。岩以月名本此。濂溪自幼日遊其間，因悟太極之理。月岩記。

予始學於先生，惟循跡而行。久而大疑且駭，然不敢遽非，必反而思之。思之稍通，復驗之身心，既乃恍若有見，已而大悟，不知手之舞、足之蹈曰：「此道體也，此心也，此學也。人性本善也，而邪惡者客感也，感之在於一念，去之在於一念，無難事，無多術。」且自恃稟性柔，未能爲大惡，則以爲如是可以終身矣，而坦坦然適，而蕩蕩然樂也[一]。孰知久則私與憂復作也！通世之痼疾有二，文字也，功名也。予始以爲姑毋攻焉，不以累於心可矣，絶之無之，不已甚乎？孰知二者之賊，素奪其宮，姑之云者，是假之也。是故必絶之無之，而後可以進於道，否則終不免於虚見且自誣也。贈薛尚謙。

督學蔡我齋先生宗兗

御史朱白浦先生節

正德丁卯，徐横山、蔡我齋、朱白浦三先生舉於鄉，别文成而北。文成言：「徐曰仁之温恭，蔡希淵之深潛，朱守中之明敏，皆予所不逮。」蓋三先生皆以丁卯來學，文成之弟子未之或先者也。癸酉，三先生從文成遊四明山，我齋自永樂寺返，白浦自妲溪返，横山則同入雪竇，春風沂水之樂，真一時之盛事也。横山爲弟子之首，遂以兩先生次之。

蔡宗兗字希淵，號我齋，山陰之白洋人。鄉書十年而取進士，留爲庶吉士，不可，以教授奉母。孤介不爲當道所喜，輒棄去。文成以爲「歸計良是，而傷於急迫。再過二三月，托病行，則形迹泯然。獨爲君子，而人爲小人，亦非仁人忠恕之心也」。已教授莆田，復不爲當道所喜。文成戒之曰：「區區往謫龍場，横逆之加日至，迄今思之，正動心忍性砥礪切磋之地，其時乃止搪塞排遣，竟成空過，惜也。希淵省克精切，其肯遂自以爲忠乎？」移教南康，入爲太學助教、南考功，陞四川督學僉事。林見素謂：

[一] 賈本、備要本句有異同，其「坦坦然」下有「適」字，於文意爲長，據補。

「先生中有餘養，祇見外者之輕，故能壁立千仞。」

朱節字守中，號白浦，亦白洋人。舉進士，官御史，以天下爲己任。文成謂之曰：「德業外無事功，不由天德而求騁事功，則希高務外，非業也。」巡按山東，流賊之亂，勤事而卒，贈光禄少卿。先生嘗言：「平生於『愛衆、親仁』二語得力，然親仁必從愛衆得來。」

員外錢緒山先生德洪

錢德洪字洪甫，號緒山，浙之餘姚人。王文成平濠歸越，先生與同邑范引年、管州、鄭寅、柴鳳、徐珊、吴仁數十人會於中天閣，同禀學焉。明年，舉於鄉。時四方之士來學於越者甚衆，先生與龍溪疏通其大旨，而後卒業於文成，一時稱爲教授師。嘉靖五年舉於南宫，不廷試而歸。文成征思、田，先生與龍溪居守越中書院。七年，奔文成之喪，至於貴溪，問喪服，邵竹峰曰：「昔者孔子殁，子貢若喪父而無服，禮也。」先生曰：「吾夫子殁於道路，無主喪者，弟子不可以無服。然某也有父母在，麻衣布絰，弗敢有加焉。」築室於場，以終心制。十一年，始赴廷試，出爲蘇學教授。丁内艱。服闋，補國子監丞，尋陞刑部主事，稍遷員外郎，署陝西司事。上夜遊西山，召武定侯郭勳不至，給事中高時劾之，下勳錦衣獄，轉送刑部。勳驕恣不法，舉朝恨之，皆欲坐以不軌。先生據法以違敕十罪論死，再上不報。舉朝以上之不報，因按輕也，劾先生不明律法。上以先生爲故入，故不報，遂因劾下先生於獄。蓋上之寵勳未衰，特因事稍折之，與廷臣之意故相左也。先生身嬰三木，與侍御楊斛山、都督趙白樓講易不輟。勳死，始得出獄。九廟成，詔復冠帶。穆宗朝，進階朝列大夫，致仕。萬曆初，復進階一級。在野三十年，無日不講學。江、浙、宣、歙、楚、廣名區奥地，皆有講舍。先生與龍溪迭捧珠盤。年七十，作頤閒疏告四方，始不出遊。二年十月二十六日卒，年七十九。

陽明「致良知」之學，發於晚年。其初以静坐澄心訓學者，學者多有喜静惡動之弊，知本流行，故提掇未免過重。然曰「良知是未發之中」，又曰「謹獨卽是致良知」，則亦未嘗不以收歛爲主也。故鄒東廓之戒懼，羅念菴之主静，此真陽明之的傳也。先生與龍溪親炙陽明最久，習聞其過重之言。龍溪謂：「寂者心之本體，寂以照爲用，守其空知而遺照，是乖其用也。」先生謂：「未發竟從何處覓？離已發而求未發，必不可得。」是兩先生之「良知」，俱以見在知覺而言，於聖賢凝聚處，盡與掃除，在師門之旨，不能無毫釐之差。龍溪從見在悟其變動不居之體，先生只於事物上實心磨鍊，故先生之徹悟不如龍溪，龍溪之修持不如先生。乃龍溪竟入於禪，而先生不失儒者之矩矱，何也？龍溪懸崖撒手，非師門宗旨所可繫縛，先生則把纜放船，雖無大得亦無大失耳。念菴曰：「緒山之學數變，其始也，有見於爲善去惡者，以爲致良知也。已而曰：『良知者，無善無惡者也，吾安得執以爲有而爲之而又去之？』已又曰：『吾惡夫言之者之淆也，無善無惡者見也，非良知也。吾惟卽吾所知以爲善者而行之，以爲惡者而去之，此吾可能爲者也。其不出於此者，非吾所得爲也。』又曰：『向吾之言猶二也，非一也。夫子嘗有言矣，曰至善者心之本體，動而後有不善也。吾不能必其無不善，吾無動焉而已。彼所謂意者動也，非是之謂動也；吾所謂動，動於動焉者也。吾惟無動，則在吾者常一矣。』」按先生之無動，卽慈湖之不起意也。不起意非未發乎？然則謂「離已發而求未發，必不可得」者，非先生之末後語矣。

會語

天地間只此靈竅，在造化統體而言，謂之鬼神；在人身而言，謂之良知。惟是靈竅至微不可見，至著不可掩，使此心精凝純固，常如對越神明之時，則真機活潑，上下昭格，何可掩得？若一念厭斁，則怳惚散漫矣。

戒懼卽是良知，覺得多此戒懼，只是工夫生；久則本體工夫自能相忘，不思而得，不勉而中，亦只一熟耳。

思慮是人心生機，無一息可停。但此心主宰常定，思慮所發，自有條理。造化只是主宰常定，故四時日月往來，自不紛亂。

充塞天地間只有此知。天只此知之虛明，地只此知之凝聚，鬼神只此知之妙用，四時日月只此知之流行，人與萬物只此知之合散，而人只此知之精粹也。此知運行萬古有定體，故曰太極；原無聲臭可卽，故曰無極。太極之運無迹，而陰陽之行有漸，故自一生二，生四，生八，以至庶物露生，極其萬而無窮焉。是順其往而數之，故曰數往者順。自萬物推本太極，以至於無極，逆其所從來而知之，故曰知來者逆。是故易逆數也，蓋示人以無聲無臭之源也。

告子言性無善無不善，與孟子言性善，亦不甚遠。告子只先見定一個性體，原來不動，有動處只在物感上，彼長我長，彼白我白，隨手應去，不失其宜便了，於吾性體，澹然無所關涉。自謂既不失内，又不失外，已是聖門全體之學。殊不知先著性體之見，將心與言氣分作三路，遂成内外二截，微顯兩用，而於一切感應俱入無情，非徒無益，反鑿其原矣。孟子工夫，不論心之動不動，念念精義，使動必以義，無歉於心，自然俯仰無虧，充塞無間，是之謂浩然之氣。告子見性在内，一切無動於外，取效若速，是以見爲主，終非不動之根。孟子集義之久，而後行無不得，取效若遲，乃直從原不動處用功，不求不動，而自無不動矣。

此心從無始中來，原是止的，雖千思百慮，只是天機自然，萬感萬應，原來本體常寂。只爲吾人自有知識，便功利嗜好，技能聞見，一切意必固我，自作知見，自作憧擾，失却至善本體，始不得止。須將此等習心一切放下，始信得本來自性原是如此。

聖人於紛紜交錯之中，而指其不動之真體，良知是也。是知也，雖萬感紛紜而是非不昧，雖衆欲交錯而清明在躬，至變而無方，至神而無迹者，良知之體也。太虛之中，無物不有，而無一物之住，其有住則即爲太虛之礙矣。人心感應，無時不有，而無一時之住，其有住則即爲太虛之障矣。故忿懥、好樂、恐懼、憂患一著於有，心即不得其正矣。故正心之功不在他求，只在誠意之中，體當本體明徹，止於至善而已矣。

除却好惡，更有甚心體？除却元亨利貞，更於何處覓太極？平旦之氣，好惡與人相近，此便是良心未泯。然其端甚微，故謂之幾希。今人認平旦之氣，只認虚明光景，所以無用功處。認得時，種種皆實際矣。

春夏秋冬，在天道者無一刻停，喜怒哀樂，在人心者亦無一時息。千感萬應，莫知端倪，此體寂然，未嘗染著於物，雖曰發而實無所發也。所以既謂之中，又謂之和，實非有兩截事。致中和工夫，全在慎獨，所謂隱微顯見，已是指出中和本體，故慎獨卽是致中和。

只求不拂良知，於人情自然通得。若只求不拂人情，便是徇人忘己。

問：「感人不動如何？」曰：「纔説感人便不是了，聖賢只是正己而物自正。譬如太陽無蔽，容光自能照物，非是屑屑尋物來照。」

問：「戒懼之功，不能無有事無事之分！」曰：「知得良知是一個頭腦，雖在千百人中，工夫只在一念微處；雖獨居冥坐，工夫亦只在一念微處。」

真性流形，莫非自然，稍一起意，卽如太虛中忽作雲翳。此不起意之教，不爲不盡，但質美者習累未深，一與指示，全體廓然；習累既深之人，不指誠意實功，而一切禁其起意，是又使人以意見承也。久假不歸，卽認意見作本體，欲根竊發，復以意見蓋之，終日兀兀守此虛見，而於人情物理常若有二，將流行活潑之真機，反養成一種不伶不俐之心也。慈湖欲人領悟太速，遂將洗心、正心、懲忿、窒慾等語，俱謂非聖人之言，是特以宗廟百官爲到家之人指説，而不知在道之人尚涉程途也。

去惡必窮其根，爲善不居其有，格物之則也，然非究極本體，止於至善之學也。善惡之機，縱其生滅相尋於無窮，是藏其根而惡其萌蘖之生，濁其源而辨其末流之清也；是以知善、知惡爲知之極，而不知良知之體本無善惡也；有爲、有去之爲功，而不知究極本體，施功於無爲，乃真功也。正念無念，正念之念，本體常寂，纔涉私邪，憧憧紛擾矣。

問：「胸中擾擾，必猛加澄定，方得漸清。」曰：「此是見上轉，有事時，此知著在事上，事過，此知又著在虛上，動静二見，不得成片。若透得此心徹底無欲，雖終日應酬百務，本體上如何加得一毫？事了卽休，一過無迹，本體上又何減得一毫？

問：「致知存乎心悟？」曰：「靈通妙覺，不離於人倫事物之中，在人實體而得之耳，是之謂心悟。世之學者，謂斯道神奇祕密，藏機隱竅，使人渺茫恍惚，無入頭處，固非真性之悟。若一聞良知，遂影響承受，不思極深研幾，以究透真體，是又得爲心悟乎？」

良知不假於見聞，故致知之功從不睹不聞而入。但纔説不睹不聞，卽著不睹不聞之見矣。今只念念在良知上精察，使是是非非無容毫髮欺蔽。

致知之功，在究透全體，不專在一念一事之間。但除却一念一事，又更無全體可透耳。

良知廣大高明，原無妄念可去，纔有妄念可去，已自失却廣大高明之體矣。今只提醒本體，羣妄自消。

先師在越，甘泉官留都，移書辨正良知天理同異。先師不答，曰：「此須合併數月，無意中因事指發，必有沛然融釋處耳。若恃筆札，徒起争端。」先師起征思、田，殁於南安，終不得對語以究大同之旨，此亦千古遺恨也。予於戊申年冬，乞先君墓銘，往見公於增城。公曰：「良知不由學慮而能，天然自有之知也。今遊先生之門者，皆曰良知無事學慮，任其意智而爲之。其知已入不良，莫之覺矣，猶可謂之良知乎？所謂致知者，推極本然之知，功至密也。今遊先生門者，乃云只依良知，無非至道，而致之之功，全不言及。至有縱情恣肆，尚自信爲良知者。立教本旨，果如是乎？」予起而謝曰：「公之教是也。」公請予言，予曰：「公勿助勿忘之訓，可謂苦心。」曰：「云何苦心？」曰：「道體自然，無容强索，今欲矜持操執以求必得，則本體之上無容有加，加此一念，病於助矣。然欲全體放下，若見自然，久之則又疑於忘焉。今之工夫，既不助又不忘，常見此體參前倚衡，活潑呈露，此正天然自得之機也。蓋欲揭此體以示人，誠難著辭，故曰苦心。」公乃瞿然顧予曰：「吾子相別十年，猶如常聚一堂。」予又曰：「昔先師別公詩有『無欲見真體，忘助皆非功』之句，當時疑之，助可言功，忘亦可言功乎？及求見此體不得，注目所視，傾耳所聽，心心相持，不勝束縛。或時少舒，反覺視明聽聰，中無窒礙，乃疑忘可以得道。及久之，散漫無歸，漸淪於不知矣。是助固非功，忘亦非功也。始知只一無欲真體，乃見鳶飛魚躍，與必有事焉，同活潑潑地，非真無欲，何以臻此？」公慨然謂諸友曰：「我輩朋友，誰肯究心及此。」蔣道林示時習講義。公曰：「後世學問，不在性情上求，終身勞苦，不知所學何事。比如作一詩，只見性情不見詩，是爲好詩；作一文字，只見性情不見文字，是爲好文字。若不是性情上學，疲神瘁思，終身無得，安能悦樂，又安得無愠？」

人只有一道心，天命流行，不動纖毫聲臭，是之謂微。纔動聲臭，便雜以人矣。然其中有多少不安處，故曰危。人要爲惡，只可言自欺，良知本來無惡。

學者工夫，不得伶俐直截，只爲一虞字作祟耳。良知是非從違，何嘗不明，但不能一時決斷，如自虞度曰：「此或無害於理否？或可苟同於俗否？或可欺人於不知否？或可因循一時以圖遷改否？」只此一虞，便是致吝之端。

昔者吾師之立教也，揭誠意爲大學之要，指致知格物爲誠意之功，門弟子聞言之下，皆得入門用力之地。用功勤者，究極此知之體，使天則流行，纖翳無作，千感萬應，而真體常寂，此誠意之極也。故誠意之功，自初學用之卽得入手，自聖人用之精詣無盡。吾師既殁，吾黨病學者善惡之機生滅不已，乃於本體提揭過重，聞者遂謂誠意不足以盡道，必先有悟而意自不生，格物非所以言功，必先歸寂而物自化。遂相與虛憶以求悟，而不切乎民彝物則之常；執體以求寂，而無有乎圓神活潑之機。希高凌節，影響謬戾，而吾師平易切實之旨，壅而弗宣。師云：「誠意之極，止至善而已矣。」是止至善也者，未嘗離誠意而得也。言止則不必言寂，而寂在其中；言至善則不必言悟，而悟在其中，然皆必本於誠意焉。何也？蓋心無體，心之上不可以言功也。應感起物而好惡形焉，於是乎有精察克治之功。誠意之功極，則體自寂而應自順。初學以至成德，徹始徹終無二功也。是故不事誠意而求寂與悟，是不入門而思見宗廟百官也；知寂與悟而不示人以誠意之功，是欲人見宗廟百官而閉之門也，皆非融釋於道者也。

至純而無雜者，性之本體也。兢兢恐恐有事勿忘者，復性之功也。有事勿忘而不見真體之活潑焉，强制之勞也；怳見本體而不加有事之功焉，虛狂之見也。故有事非功也，性之不容自已也；活潑非見也，性之不加一物也。

心之本體，純粹無雜，至善也。良知者，至善之著察也。良知卽至善也。心無體，以知爲體，無知卽無心也。知無體，以感應之是非爲體，無是非卽無知也。意也者，以言乎其感應也；物也者，以言乎其感應之事也，而知則主宰乎事物是非之則也。意有動靜，此知之體不因意之動靜有明暗也；物有去來，此知之體不因物之去來爲有無也。性體流行，自然無息，通晝夜之道而知也。心之神明，本無方體，欲放則放，欲止則止。放可能也，止亦可能也，然皆非本體之自然也。何也？意見使之也。君子之學，必事於無欲，無欲則不必言止而心不動。

毋求諸已放之心，求諸心之未放焉爾已。夫心之體，性也，性不可離，又惡得而放也？放之云者，馳於物焉已爾。

論學書

良知天理原非二義，以心之靈虛昭察而言謂之知，以心之文理條析而言謂之理。靈虛昭察，無事學慮，自然而然，故謂之良；文理條析，無事學慮，自然而然，故謂之天然。曰靈虛昭察，則所謂昭察者卽文理條析之謂也。靈虛昭察之中，而條理不著，固非所以爲良知；而靈虛昭察之中，復求所謂條理，則亦非所謂天理矣。今曰良知，不用天理，則知爲空知，是疑以虛無空寂視良知，而又似以襲取外索爲天理矣，恐非兩家立言之旨也。上甘泉。

久菴謂吾黨於學，未免落空。初若未以爲然，細自磨勘，始知自懼。日來論本體處，説得十分清脱，及徵之行事，疎略處甚多。此便是學問落空處。譬之草木，生意在中，發在枝榦上，自是可見。復王龍溪。

人生與世情相感，如魚遊於水，隨處逼塞，更無空隙處。波蕩亦從自心起，此心無所牽累，雖日與人情事變相接，真如自在，順應無滯，更無波蕩可動。所謂動亦定，静亦定也。若此心不免留戀物情，雖日坐虚齋，不露風線，而百念自來熬煎，無容逃避。今之學者，纔遇事來，便若攪擾，便思静處，及到静處，胸中攪擾猶昔。此正不思動與不動，只在自心，不在事上揀擇。致知格物工夫，只須於事上識取，本心乃見。心事非二，内外兩忘，非離卻事物又有學問可言也。答傅少岩。

吾心本與民物同體，此是位育之根，除卻應酬更無本體，失卻本體便非應酬。苟於應酬之中，隨事隨地不失此體，眼前大地何處非黄金。若厭却應酬，必欲去覓山中，養成一個枯寂，恐以黄金反混作頑鐵矣。復龍溪。

龍溪之見，伶俐直截，泥工夫於生滅者，聞其言自當省發。但渠於見上覺有著處，開口論説，千轉百折，不出己意，便覺於人言尚有漏落耳。執事之著，多在過思，過思，則想像亦足以蔽道。與季彭山。

親蹈生死真境，身世盡空，獨留一念熒魂。耿耿中夜，豁然若省，乃知上天爲我設此法象，示我以本來真性，不容絲髮掛帶。平時一種姑容因循之念，常自以爲不足害道，由今觀之，一塵可以矇目，一指可以障天，誠可懼也。噫！古人處動忍而獲增益，吾不知增益者何物，減削則已盡矣。獄中寄龍溪。

夫鏡，物也，故斑垢駁雜得積於上，而可以先加磨去之功。吾心良知，虛靈也，虛靈非物也，非物則斑垢駁雜停於吾心何所？而磨之之功又於何所乎？今所指吾心之斑垢駁雜，非以氣拘物蔽而言乎？既曰氣拘，曰物蔽，則吾心之斑垢駁雜，由人情事物之感而後有也。既由人情事物之感而後有，而今之致知也，則將於未涉人情事物之感之前，而先加致之之功，則夫所謂致之之功者，又將何所施耶？答聶雙江。

人之心體一也，指名曰善可也，曰至善無惡亦可也，曰無善無惡亦可也。曰善、曰至善，人皆信而無疑矣，又爲無善無惡之説者，何也？至善之體，惡固非其所有，善亦不得而有也。至善之體，虛靈也，猶目之明、耳之聰也。虛靈之體不可先有乎善，猶明之不可先有乎色，聰之不可先有乎聲也。目無一色，故能盡萬物之色；耳無一聲，故能盡萬物之聲；心無一善，故能盡天下萬事之善。今之論至善者，乃索之於事事物物之中，先求其所謂定理者，以爲應事宰物之則，是虛靈之內先有乎善也。虛靈之內先有乎善，是耳未聽而先有乎聲，目未視而先有乎色也。塞其聰明之用，而窒其虛靈之體，非至善之謂矣。今人乍見孺子入井，皆有怵惕惻隱之心。怵惕惻隱是謂善矣，然未見孺子之前，皆加講求之功，預有此善以爲之則耶？抑虛靈觸發其機，自不容已耶？赤子將入井，自聖人與塗人並而視之，其所謂怵惕惻隱者，聖人不能加而塗人未嘗減也。但塗人擬議於乍見之後，已洊入於内交要譽之私矣。然則塗人之學聖人也，果憂怵惕惻隱之不足耶？抑去其蔽，以還乍見之初心也？虛靈之蔽，不但邪思惡念，雖至美之念，先横於中，積而不化，已落將迎意必之私，而非時止、時行之用矣。故先師曰「無善無惡者心之體」，是對後世格物窮理之學先有乎善者立言也。因時設法，不得已之辭焉耳。復楊斛山。

龍溪學日平實，每於毁譽紛冗中，益見奮惕。弟向與意見不同，雖承先師遺命，相取爲益，終與入處異路，未見能渾接一體。歸來屢經多故，不肖始能純信本心，龍溪亦於事上肯自磨滌，自此正相當。能不出露頭面，以道自任，而毁譽之言，亦從此入。舊習未化，時出時入，容或有之，然其大頭放倒如羣情所疑，非真信此心千古不二，其誰與辨之。與張浮峰。

格物之學，實良知見在工夫，先儒所謂過去未來，徒放心耳。見在工夫，時行時止，時默時語，念念精明，毫釐不放，此即行著習察、實地格物之功也。於此體當切實，著衣吃飯，即是盡心至命之功。與陳兩湖。

先師曰：「無善無惡心之體。」雙江即謂「良知本無善惡，未發寂然之體也。養此，則物自格矣。今隨其感物之際，而後加格物之功，是迷其體以索用，濁其源以澄流，工夫已落第二義。」論則善矣，殊不知未發寂然之體，未嘗離家國天下之感，而別有一物在其中也。即家國天下之感之中，而未發寂然者在焉耳。此格物爲致知之實功，通寂感體用而無間，盡性之學也。復周羅山。

「人有未發之中，而後有發而中節之和。」此先師之言，爲註中庸者説也。註中庸者，謂「未發之中，人皆有之，至發時而後有不中節」。曰：「此未知未發之中也。未發之中，譬若鏡體之明，豈有鏡體既明而又有照物不當者乎？」此言未爲不確，然實未嘗使學者先求未發之中而養之也。未發之中，竟從何處覓耶？離已發而求未發，必不可得，久之則養成一種枯寂之病，認虛景爲實得，擬知見爲性真，誠可慨也。故學者初入手時，良知不能無間，善惡念頭雜發難制，或防之於未發之前，或制之於臨發之際，或悔改於既發之後，皆實功也。由是而入微，雖聖人之知幾，亦只此工夫耳。復何吉陽。

覺即是善，不覺即是利。雞鳴而醒，目即見物，耳即聽物，心思即思物，無人不然。但主宰不精，恍惚因應，若有若無，故遇觸即動，物過即留，雖已覺醒，猶爲夢晝。見性之人，真機明察，一醒即覺，少過不及，覺早反亟。明透之人，無醒無覺，天則自著，故耳目聰明，心思睿智，於遇無觸，於物無滯。善利之辨，此爲未知學者分辨界頭，良知既得，又何擬議於意像之間乎？與寧國諸友。

古人以無欲言微。道心者，無欲之心也。研幾之功，只一無欲而真體自著，更不於念上作有無之見也。

凡爲愚夫愚婦立法者，皆聖人之言也。爲聖人説道妙、發性真者，非聖人之言也㊀。

師在越時，同門有用功懇切，而泥於舊見，鬱而不化。師時出一險語以激之，如投水石於烈焰之中，一時解化，纖滓不留，此亦千古之大快也。聽者於此等處，多好傳誦，而不究其發言之端。故聖人立教，只指揭學問大端，使人自證自悟，不欲以峻言隱韻立偏勝之劑，以快一時聽聞，防其後之足以殺人也。以上俱答念菴。

㊀「非聖」二字，賈本作「皆聖」，備要本作「皆賢」。

明儒學案卷十二　浙中王門學案二

郎中王龍溪先生畿

王畿字汝中，別號龍溪，浙之山陰人。弱冠舉於鄉，嘉靖癸未下第，歸而受業於文成。丙戌試期，遂不欲往。文成曰：「吾非以一第爲子榮也，顧吾之學，疑信者半，子之京師，可以發明耳。」先生乃行，中是年會試。時當國者不説學，先生謂錢緒山曰：「此豈吾與子仕之時也？」皆不廷試而歸。文成門人益進，不能徧授，多使之見先生與緒山。先生和易宛轉，門人日親。文成征思、田，先生送至嚴灘而別。明年，文成卒於南安。先生方赴廷試，聞之，奔喪至廣信，斬衰以畢葬事，而後心喪。壬辰，始廷對。授南京職方主事，尋以病歸。起原官，稍遷至武選郎中。時相夏貴溪惡之。三殿災，吏科都給事中戚賢上疏，言先生學有淵源，可備顧問。貴溪草制：「僞學小人，黨同妄薦。」謫賢外任。先生因再疏乞休而歸。踰年，當考察，南考功薛方山與先生學術不同，欲借先生以正學術，遂填察典。先生林下四十餘年，無日不講學，自兩都及吳、楚、閩、越、江、浙，皆有講舍，莫不以先生爲宗盟。年八十，猶周流不倦。萬曆癸未六月七日卒，年八十六。

天泉證道記謂師門教法，每提四句：「無善無惡心之體，有善有惡意之動，知善知惡是良知，爲善去惡是格物。」緒山以爲定本，不可移易。先生謂之權法，體用顯微只是一機，心意知物只是一事，若悟得心是無善無惡之心，則意知物俱是無善無惡。相與質之陽明，陽明曰：「吾教法原有此兩種，四無之説爲上根人立教，四有之説爲中根以下人立教。上根者，卽本體便是工夫，頓悟之學也。中根以下者，須用爲善去惡工夫以漸復其本體也。」自此印正，而先生之論大抵歸於四無。以正心爲先天之學，誠意爲後天之學。從心上立根，無善無惡之心卽是無善無惡之意，是先天統後天。從意上立根，不免有善惡兩端之決擇，而心亦不能無雜，是後天復先天。此先生論學大節目，傳之海内，而學者不能無疑。以四有論之，惟善是心所固有，故意知物之善從中而發，惡從外而來。若心體既無善惡，則意知物之惡固妄也，善亦妄也。工夫既妄，安得謂之復還本體？斯言也，於陽明平日之言無所考見，獨先生言之耳。然先生他日答吴悟齋云：「至善無惡者心之體也，有善有惡者意之動也，知善知惡者良知也，爲善去惡者格物也。」此其説已不能歸一矣。以四無論之，大學正心之功從誠意入手，今曰從心上立根，是可以無事乎意矣！而意上立根者爲中下人而設，將大學有此兩樣工夫歟？抑止爲中下人立教乎？先生謂「良知原是無中生有，卽是未發之中。此知之前，更無未發，卽是中節之和。此知之後，更無已發，自能收斂，不須更主於收斂，自能發散，不須更期於發散，當下現成，不假工夫修整㊀而後得。致良知原爲未悟者設，信得良知過時，獨往獨來，如珠之走盤，不待拘管而自不過其則也」。以篤信謹守，一切矜名飾行之事，皆是犯手做作。唐荆川謂先生篤於自信，不爲形迹之防，包荒爲大，無凈穢之擇，故世之議

㊀「整」字備要本作「證」。

先生者不一而足。夫良知既爲知覺之流行，不落方所，不可典要，一著工夫，則未免有礙虚無之體，是不得不近於禪。流行卽是主宰，懸崖撒手，茫無把柄，以心息相依爲權法，是不得不近於老。雖云真性流行，自見天則，而於儒者之矩矱，未免有出入矣。然先生親承陽明末命，其微言往往而在。象山之後不能無慈湖，文成之後不能無龍溪，以爲學術之盛衰因之。慈湖決象山之瀾，而先生疏河導源，於文成之學，固多所發明也。

語録

先師嘗謂人曰：「戒慎恐懼是本體，不覩不聞是工夫。」戒慎恐懼若非本體，於本體上便生障礙；不覩不聞若非工夫，於一切處盡成支離。

今人講學，以神明爲極精，開口便説性説命；以日用飲食聲色貨利爲極粗，人面前不肯出口，不知講解得性命到入微處，意見盤桓只是比擬卜度，於本來生機了不相干，終成俗學。若能於日用貨色上料理，時時以天則應之，超脱浄盡，乃見定力。

朋友有守一念靈明處，認爲戒懼工夫，纔涉言語應接，所守工夫便覺散緩。此是分了内外。靈明無内外，無方所，戒懼亦無内外，無方所，識得本體原是變動不居，雖終日變化云爲，莫非本體之周流矣。以上沖元會紀。

聖人所以爲聖，精神命脈全體内用，不求知於人，故常常自見己過，不自滿假，日進於無疆。鄉愿惟以媚世爲心，全體精神盡從外面照管，故自以爲是而不可與入堯、舜之道。梅純甫問答。

致良知只是虚心應物，使人人各得盡其情，能剛能柔，觸機而應，迎刃而解，如明鏡當空，妍媸自辨，方是經綸手段。纔有些子才智伎倆與之相形，自己光明反爲所蔽。維揚晤語。

有所不爲不欲者，良知也。無爲無欲者，致知也。復陽堂會語。

吾人一切世情嗜欲皆從意生。心本至善，動於意，始有不善。若能在先天心體上立根，則意所動自無不善，世情嗜欲自無所容，致知工夫自然易簡省力。若在後天動意上立根，未免有世情嗜欲之雜，致知工夫轉覺煩㊀難。顏子，先天之學也；原憲，後天之學也。

古者教人，只言藏修游息，未嘗專説閉關静坐。若日日應感，時時收攝精神，和暢充周，不動於欲，便與静坐一般。若以見在感應不得力，必待閉關静坐，養成無欲之體，始爲了手，不惟蹉却見在工夫，未免喜静厭動，與世間已無交涉，如何復經得世？

乾元用九，是和而不倡之義。吾人之學，切忌起爐作竈。惟知和而不倡，應機而動，故曰「乃見天則」。有凶有咎，皆起於倡。以上三山麗澤録。

良知宗説，同門雖不敢有違，然未免各以其性之所近擬議攙和。有謂良知非覺照，須本於歸寂而始得，如鏡之照物，明體寂然而妍媸自辨，滯於照，則明反眩矣。有謂良知無見成，由於修證而始全，如金之在鑛，非火齊㊁鍛鍊，則金不可得而成也。有謂良知是從已發立教，非未發無知之本旨。有謂良

㊀「煩」字，賈本、備要本作「繁」。

㊁「火齊」，賈本作「武火」，備要本作「火符」，朱氏釋誤以龍溪王先生全集證作「火符」是。

知本來無欲，直心以動，無不是道，不待復加銷欲之功。有謂學有主宰，有流行，主宰所以立性，流行所以立命，而以良知分體用。有謂學貴循序，求之有本末，得之無内外，而以致知别始終。此皆論學同異之見，不容以不辨者也。寂者心之本體，寂以照爲用，守其空知而遺照，是乖其用也。見入井孺子而惻隱，見嘑蹴之食而羞惡，仁義之心本來完具，感觸神應，不學而能也。若謂良知由修而後全，撓其體也。良知原是未發之中，無知而無不知，若良知之前復求未發，卽爲沉空之見矣。古人立教，原爲有欲設，銷欲，正所以復還無欲之體，非有所加也。主宰卽流行之體，流行卽主宰之用，體用一原，不可得而分，分則離矣。所求卽得之之因，所得卽求之之證，始終一貫，不可得而别，别則支矣。吾人服膺良知之訓，幸相默證，務求不失其宗，庶爲善學也已。

「涓流積至滄溟水，拳石崇成太華岑」。先師謂象山之學，得力處全在積累，須知涓流卽是滄海，拳石卽是泰山。此是最上一機，不由積累而成者也。擬峴臺會語。

立志不真，故用力未免間斷，須從本原上徹底理會。種種嗜好，種種貪著，種種奇特技能，種種凡心習態，全體斬斷，令乾乾浄浄從混沌中立根基，始爲本來生生真命脈。此志既真，工夫方有商量處。斗山會語。

先師講學山中，一人資性警敏，先生漫然視之，屢問而不答；一人不顧非毁，見惡於鄉黨，先師與之語，竟日忘倦。某疑而問焉，先師曰：「某也資雖警敏，世情機心不肯放舍，使不聞學，猶有敗露悔改之時，若又使之有聞，見解愈多，趨避愈巧，覆藏愈密，一切圓融智慮，爲惡不可復悛矣。某也原是有力量之人，一時狂心銷遏不下，今既知悔，移此力量爲善，何事不辨？此待兩人所以異也。」休寧會語。

念菴謂：「世間無有見成良知，非萬死工夫，斷不能生。」以此較勘虚見附和之輩，未爲不可。若必以見在良知與堯、舜不同，必待工夫修證而後可得，則未免矯枉之過。曾謂昭昭之天與廣大之天有差別否？松原晤語。

夫一體之謂仁，萬物皆備於我，非意之也。吾之目，遇色自能辨青黄，是萬物之色備於目也。吾之耳，遇聲自能辨清濁，是萬物之聲備於耳也。吾心之良知，遇父自能知孝，遇兄自能知弟，遇君上自能知敬，遇孺子入井自能知怵惕，遇堂下之牛自能知觳觫，推之爲五常，擴之爲百行，萬物之變不可勝窮，無不有以應之，是萬物之變備於吾之良知也。夫目之能備五色，耳之能備五聲，良知之能備萬物之變，以其虚也。致虚，則自無物欲之間，吾之良知自與萬物相爲流通而無所凝滯。後之儒者不明一體之義，不能自信其心，反疑良知涉虚，不足以備萬物。先取古人孝弟愛敬五常百行之迹指爲典要，揣摩依彷，執之以爲應物之則，而不復知有變動周流之義，是疑目之不能辨五色而先塗之以丹雘，耳之不能辨五聲而先聒之以宫羽，豈惟失却視聽之用，而且汩其聰明之體，其不至聾且瞶者幾希！宛陵會語。

天機無安排，有寂有感卽是安排。

千古學術，只在一念之微上求。生死不違，不違此也；日月至，至此也。一念之微，只在慎獨。

人心只有是非，是非不出好惡兩端。忿與慾，只好惡上略過些子，其幾甚微。懲忿窒慾，復其是非之本心，是合本體的工夫。

論工夫，聖人亦須困勉，方是小心緝熙。論本體，衆人亦是生知安行，方是真機直達。

心之官則思，出其位便是廢心職。學者須信得位之所在，始有用力處。

古人説凝命凝道，真機透露卽是凝。若真心㊀透露前有個凝的工夫，便是沉空守寂。

先師自云：「吾龍場以前，稱之者十之九。鴻臚以前，稱之者十之五，議之者十之五。鴻臚以後，議之者十之九矣。學愈真切，則人愈見其有過，前之稱者，乃其包藏掩飾，人故不得而見也。」

致良知是從生機入手，乃是見性之學，不落禪定。

問：「閒思雜慮如何克去？」曰：「須是戒慎不覩，恐懼不聞，從真機上用功，自無此病。」

常念天下無非，省多少忿戾。

父子兄弟不責善，全得恩義行其中。如此，方是曲成之學。

一友用功，恐助長，落第二義。答云：「真實用功，落第二義亦不妨。」

人心要虛，惟虛集道，常使胸中豁豁，無些子積滯，方是學。

張子太和篇尚未免認氣爲道。若以清虛一大爲道，則濁者、實者、散殊者獨非道乎？

問：「應物了，卽一返照，何如？」曰：「當其應時，真機之發卽照，何更索照？」

日往月來，月往日來，自然往來，不失常度，便是存之之法。以上水西會語。

㊀「若真心」原作「真若心」，據賈本、備要本改。

樂是心之本體，本是活潑，本是脱灑，本無罣礙繫縛。堯、舜、文、周之兢兢業業、翼翼乾乾，只是保任得此體，不失此活潑脱灑之機，非有加也。答汪南明。

静者，心之本體。濂溪主静，以無欲爲要。一者，無欲也，則静虚動直。主静之静，實兼動静之義。動静，所遇之時也。人心未免逐物，以其有欲也。無欲，則雖萬感紛擾而未嘗動也。從欲，則雖一念枯寂而未嘗静也。答吴中淮。

良知是天然之靈竅，時時從天機運轉。變化云爲，自見天則，不須防檢，不須窮索，何嘗照管得？又何嘗不照管得！豐城問答。

劉師泉曰：「人之生，有性有命。吾心主宰謂之性，性，無爲者也，故須出頭。吾心流行謂之命，命，有質者也，故須運化。常知不落念，所以立體也，常運不成念，所以致用也。二者不可相離，必兼修而後可爲學。」先生曰：「良知原是性命合一之宗，即是主宰，即是流行，故致知工夫只有一處用。若説要出頭運化，要不落念，不成念，如此分疏，即是二用。二即支離，到底不能歸一。」

知者心之本體，所謂是非之心，人皆有之。是非本明，不須假借，隨感而應，莫非自然。聖賢之學，惟自信得及，是是非非不從外來。故自信而是，斷然必行，雖遯世不見是而無悶。自信而非，斷然必不行，雖行一不義，殺一不辜，而得天下不爲。如此方是毋自欺，方謂之王道，何等簡易直截。後世學者，不能自信，未免倚靠於外。動於榮辱，則以毁譽爲是非；惕於利害，則以得失爲是非。攙和假借，轉摺安排，益見繁難，到底只成就得霸者伎倆，而聖賢易簡之學，不復可見。以上答林退齋。

耿楚侗曰：「陽明拈出良知二字，固是千古學脈，亦是時節因緣。春秋之時，功利習熾，天下四分五裂，人心大壞，不復知有一體之義，故孔子提出仁字，喚醒人心。求仁，便是孔氏學脈。到孟子時，楊、墨之道塞天下，人心戕賊，不得不嚴爲之防，故孟子復提出義，非義則仁無由達。集義，便是孟氏學脈。晉、梁而下，佛、老之教淫於中國，禮法蕩然，故濂溪欲追復古禮，横渠汲汲以禮爲教。執禮，便是宋儒學脈。禮非外飾，人心之條理也。流傳既久，漸入支離，心理分爲兩事，故陽明提出良知以覺天下，使知物理不外於吾心。致知，便是今日學脈。皆是因時立教。」先生曰：「良知是人身靈氣，醫家以手足痿痺爲不仁，蓋言靈氣有所不貫也。故知之充滿處，即是仁，知之斷制處，即是義；知之節文處，即是禮。説個仁字，沿習既久，一時未易覺悟；説個良知，一念自反，當下便有歸著，尤爲簡易。」

良知是造化之精靈，吾人當以造化爲學。造者自無而顯於有，化者自有而歸於無。吾之精靈生天生地生萬物，而天地萬物復歸於無，無時不造，無時不化，未嘗有一息之停。自元會運世，以至於食息微渺，莫不皆然。如此則造化在吾手，而吾致知之功自不容已矣。

良知本體原是無動無静，原是變動周流，此便是學問頭腦。若不見得良知本體，只在動静二境上揀擇取舍，不是妄動，便是著静，均之爲不得所養。以上東遊會語。

當下本體，如空中鳥跡，水中月影，若有若無，若沉若浮，擬議即乖，趨向轉背，神機妙應。當體本空，從何處識他？於此得個悟入，方是無形象中真面目，不著纖毫力中大著力處也。

近溪之學，已得其大，轉機亦圓。自謂無所滯矣，然尚未離見在；雖云全體放下，亦從見上承當過來，到毀譽利害真境相逼，尚未免有動。他卻將動處亦把作真性籠罩過去，認做煩惱卽菩提，與吾儒盡精微、時時緝熙，工夫尚隔一塵。

良知一點虛明，便是入聖之機。時時保任此一點虛明，不爲旦晝牿亡，便是致知。蓋聖學原是無中生有，顏子從裏面無處做出來，子貢、子張從外面有處做進去。無者難尋，有者易見，故子貢、子張一派學術流傳後世，而顏子之學遂亡。後之學者沿習多學多聞多見之說，乃謂初須多學，到後方能一貫，初須多聞、多見，到後方能不藉聞見而知，此相沿之弊也。初學與聖人之學，只有生熟不同，前後更無兩路。假如不忍觳觫，怵惕入井，不屑嘑蹴，真機神應，人力不得而與，豈待平時多學，而始能充不忍一念便可以王天下？充怵惕一念便可以保四海？充不屑不受一念便義不可勝用？此可以窺孔、孟宗傳之旨矣。

忿不止於憤怒，凡嫉妒褊淺，不能容物，念中悻悻，一些子放不過，皆忿也。慾不止於淫邪，凡染溺蔽累，念中轉轉，貪戀不肯舍却，皆慾也。懲窒之功有難易，有在事上用功者，有在念上用功者，有在心上用功者。事上是遏於已然，念上是制於將然，心上是防於未然。懲心忿，窒心慾，方是本原易簡功夫；在意與事上遏制，雖極力掃除，終無廓清之期。

問：「伊川存中應外、制外養中之學，以爲內外交養，何如？」曰：「古人之學，一頭一路，只從一處養。譬之種樹，只養其根，根得其養，枝葉自然暢茂。種種培壅、灌溉、修枝㈠、剔葉，删去繁冗，皆只是養根之法。若既養其根，又從枝葉養將來，便是二本支離之學。晦菴以尊德性爲存心，以道問學爲致

㈠「修枝」原作「條枝」，據備要本改。

知，取證於『涵養須用敬，進學在致知』之説，以此爲内外交養。知是心之虚靈，以主宰謂之心，以虚靈謂之知，原非二物。『舍心更有知，舍存心更有致知之功』，皆伊川之説誤之也。涵養工夫貴在精專接續，如雞抱卵，先正嘗有是言。然必卵中原有一點真陽種子，方抱得成，若是無陽之卵，抱之雖勤，終成鰕卵。學者須識得真種子，方不枉費工夫，明道云：『學者須先識仁。』吾人心中一點靈明，便是真種子，原是生生不息之機。種子全在卵上，全體精神只是保護得，非能以其精神助益之也。」以上留都會記。

耿楚侗曰：「一念之動，無思無爲，機不容已，是曰天根。一念之了，無聲無臭，退藏於密，是曰月窟。乍見孺子入井，怵惕惻隱之心，動處卽是天根，歸原處卽是月窟。纔攙和納交要譽惡聲意思，便人根非天根，鬼窟非月窟矣。」先生曰：「良知覺悟處謂之天根，良知翕聚處謂之月窟。一姤一復，如環無端。」

有問近溪守中之訣者，羅子曰：「否否。吾人自咽喉以下是爲鬼窟，天與吾此心神，如此廣大，如此高明，塞兩間，彌六合，奈何拘囚於鬼窟中乎？」問：「調息之術如何？」羅子曰：「否否。心和則氣和，氣和則形和，息安用調？」問：「何修而得心和？」羅子曰：「和妻子，宜兄弟，順父母，心斯和矣。」先生曰：「守中原是聖學，虞廷所謂道心之微，精者精此，一者一此，是謂允執厥中。情反於性，謂之『還丹』，學問只是理會性情。吾人此身，自頂至踵，皆道體之所寓，真我不離軀殼。若謂咽喉以下是鬼窟，是强生分别，非至道之言也。調息之術，亦是古人立教權法，從静中收攝精神，心息相依，以漸而入，亦補小學一段工夫，息息歸根，謂之丹母。若只以心和、氣和、形和世儒常談儱統承當，無入悟之機。」以上答楚侗。

此可見二溪學問不同處。近溪入於禪，龍溪則兼乎老，故有調息法。

良知者，性之靈根，所謂本體也。知而曰致，翕聚緝熙，以完無欲之一，所謂工夫也。良知在人，不學不慮，爽然由於固有，神感神應，盎然出於天成。本來真頭面，固不待修證而後全。若徒任作用爲率性，倚情識爲通微，不能隨時翕聚以爲之主，倏忽變化將至於蕩無所歸，致知之功不如是之疎也。書同心冊。

良知二字，是徹上徹下語。良知知是知非，良知無是無非。知是知非即所謂規矩，忘是非而得其巧，即所謂悟也。

鄉黨自好與賢者所爲，分明是兩條路徑。賢者自信本心，是是非非，一毫不從人轉換。鄉黨自好即鄉愿也，不能自信，未免以毀譽爲是非，始有違心之行，徇俗之情。虞廷觀人，先論九德，後及於事，乃言曰「載采采」，所以符德也。善觀人者，不在事功名義格套上，惟於心術微處密窺而得之。以上雲門問答。

良知不學不慮。終日學，只是復他不學之體；終日慮，只是復他不慮之體。無工夫中真工夫，非有所加也。工夫只求日減，不求日增，減得盡便是聖人。後世學術，正是添的勾當，所以終日勤勞，更益其病。果能一念惺惺，冷然自會，窮其用處，了不可得，此便是究竟話。答徐存齋。

尹洞山舉陽明語莊渠「心常動」之說。先生曰：「然。莊渠爲嶺南學憲時，過贛，先師問：『子才，如何是本心？』莊渠云：『心是常靜的。』先師曰：『我道心是常動的。』莊渠遂拂衣而行。末年，予與荊川請教於莊渠，莊渠首舉前語，悔當時不及再問。予曰：『是雖有矯而然，其實心體亦原如此。天常運而不息，心常活而不死。動卽活動之義，非以時言。』因問心常靜之説。莊渠曰：『聖學全在主靜，前念已往，後念未生，見念空寂，既不執持，亦不茫昧，靜中光景也。』又曰：『學有天根，有天機，天根所以立本，天機所以研慮。』予因問：『天根與邵子同否？』莊渠曰：『亦是此意。』予謂：『邵子以一陽初動爲天根，天根卽天機也。天根天機不可並舉而言。若如公分疏，亦是靜存動察之遺意，悟得時，謂心是常靜亦可，謂心是常動亦可，謂之天根亦可，謂之天機亦可。心無動靜，動靜，所遇之時也。』南遊會記。

問「知行合一」。曰：「天下只有個知，不行不足謂之知。知行有本體，有工夫，如眼見得是知，然已是見了，卽是行；耳聞得是知，然已是聞了，卽是行。要之，只此一個知，已自盡了。孟子説孩提之童，無不知愛其親，及其長，無不知敬其兄，止曰『知』而已。知便能了，更不消説能愛、能敬。本體原是合一，先師因後儒分爲兩事，不得已説個合一。知非見解之謂，行非履蹈之謂，只從一念上取證，知之真切篤實卽是行，行之明覺精察卽是知。知行兩字皆指工夫而言，亦原是合一的，非故爲立説，以强人之信也。」

人心虚明湛然，其體原是活潑，豈容執得定。惟隨時練習，變動周流，或順或逆，或縱或横，隨其所爲，還他活潑之體，不爲諸境所礙，斯謂之存。以上華陽會語。

天生蒸民，有物有則。良知是天然之則，物是倫物所感應之跡。如有父子之物，斯有慈孝之則；有視聽之物，斯有聰明之則。感應跡上循其天則之自然，而後物得其理，是之謂格物，非卽以物爲理也。人生而静，天之性也。物者因感而有，意之所用爲物。意到動處，易流於欲，故須在應跡上用寡欲工夫。寡之又寡，以至於無，是之謂格物，非卽以物爲欲也。物從意生㊀，意正則物正，意邪則物邪。認物爲理，則爲太過；訓物爲欲，則爲不及，皆非格物之原旨。斗山會語。

鄧定宇曰：「良知渾然虚明，無知而無不知。知是知非者，良知自然之用，亦是權法；執以是非爲知，失其本矣。」又曰：「學貴自信自立，不是倚傍世界做得的。天也不做他，地也不做他，聖人也不做他，求自得而已。」先生曰：「面承教議，知静中所得甚深，所見甚大，然未免從見上轉换。此件事不是說了便休，須時時有用力處，時時有過可改，消除習氣，抵於光明，方是緝熙之學。此學無小無大，無内無外，言語威儀，所以凝道。密窺吾兄感應行持，尚涉做作，有疎漏。若是見性之人，真性流行，隨處平滿，天機常活，無有剩欠，自無安排，方爲自信也。」定宇曰：「先生之意但欲此機常行而不住，常活而不死，思而不落想像，動而不屬安排，卽此便是真種子，而習氣所牽，未免落在第二義。」龍南會語。

人生在世，雖萬變不齊，所以應之，不出喜怒哀樂四者。人之喜怒哀樂，如天之四時，温涼寒熱，無有停機。樂是心之本體，順之則喜，逆之則怒，失之則哀，得之則樂。和者，樂之所由生也，古人謂哀亦是和，不傷生，不滅性，便是哀情之中節也。白雲山房問答。

良知之主宰，卽所謂神；良知之流行，卽所謂氣，其機不出於一念之微。易測。

良知本順，致之則逆。目之視，耳之聽，生機自然，是之謂順。視而思明，聽而思聰，天則森然，是

㊀「生」原作「上」，據備要本改。

之謂逆。跋圖書。

吾儒之學與禪學、俗學，只在過與不及之間。彼視世界爲虚妄，等生死，爲電泡，自成自住，自壞自空，天自信天，地自信地，萬變輪廻，歸之太虚，漠然不以動心，佛氏之超脱也。牢籠世界，桎梏生死，以身徇物，悼往悲來，戚戚然若無所容，世俗之芥蔕也。修慝省愆，有懼心而無戚容，固不以數之成虧自委，亦不以物之得失自傷，内見者大而外化者齊，平懷坦坦，不爲境遷，吾道之中行也。

心迹未嘗判，迹有可疑，畢竟其心尚有不能盡信處。自信此生決無盜賊之心，雖有褊心之人，亦不以此疑我；若自信功名富貴之心與決無盜賊之心一般，則人之相信，自將不言而喻矣。以上自訟。

昔有人論學，謂須希天。一士人從旁謂曰：「諸公未須高論，且須希士。今以市井之心妄意希天，何異凡夫自稱國王，幾於無恥矣！願且希士而後希天，可馴至也。」一座聞之惕然。

諸儒所得，不無淺深，初學不可輕議，且從他得力處效法修習，以求其所未至。如大學「格物無内外」、中庸「慎獨無動静」諸説，關係大節目，不得不與指破，不得已也。若大言無忌，恣口指摘，若執權衡以較輕重，不惟長傲，亦且損德。

見在一念，無將迎、無住著，天機常活，便是了當千百年事業，更無剩欠。

千古聖學，只從一念靈明識取。當下保此一念靈明便是學，以此觸發感通便是教。隨事不昧此一念靈明，謂之格物；不欺此一念靈明，謂之誠意；一念廓然，無有一毫固必之私，謂之正心。此是易簡直截根源。以上水西别言。

良知靈明原是無物不照，以其變化不可捉摸，故亦易於隨物。古人謂之凝道，謂之凝命，亦是苦心話頭。吾人但知良知之靈明脱灑，而倏忽存亡，不知所以養，或借二氏作話頭，而不知於人情事變，煅煉超脱，即爲養之之法，所以不免於有二學。若果信得良知及時，只此知是本體，只此知是工夫，良知之外，更無致法，致良知之外，更無養法。良知原無一物，自能應萬物之變，有意有欲，皆爲有物，皆爲良知之障。魯江別言。

弘、正間，京師倡爲詞章之學，李、何擅其宗，先師更相倡和。既而棄去，社中人相與惜之。先師笑曰：「使學如韓、柳，不過爲文人，辭如李、杜，不過爲詩人，果有志於心性之學，以顏、閔爲期，非第一等德業乎？」就論立言，亦須一一從圓明竅中流出，蓋天蓋地，始是大丈夫所爲，傍人門户，比量揣擬，皆小技也。曾舜徵別言。

思慮未起，不與已起相對，纔有起時，便爲鬼神覷破，非退藏密機。日逐應感，只默默理會，當下一念，凝然灑然，無起無不起，時時覿面相呈，時時全體放下，一切稱譏㊀逆順，不入於心，直心以動，自見天則。萬履菴漫語。

問「白沙與師門同異」。曰：「白沙是百原山中傳流，亦是孔門別派，得其環中以應無窮，乃景象也。緣世人精神撒潑，向外馳求，欲返其性情而無從入，只得假静中一段行持，窺見本來面目，以爲安身立命根基，所謂權法也。若致知宗旨，不論語默動静，從人情事變徹底錬習以歸於玄，譬之真金爲銅

㊀「譏」原作「機」，據賈本、備要本改。

鉛所雜，不遇烈火烹煞，則不可得而精。師門嘗有入悟三種教法：從知解而得者，謂之解悟，未離言詮；從靜中而得者，謂之證悟，猶有待於境；從人事鍊習而得者，忘言忘境，觸處逢源，愈搖蕩愈凝寂，始爲徹悟。」霓川别語。

從真性流行，不涉安排，處處平鋪，方是天然真規矩。脱入些子方圓之迹，尚是典要挨排，與變動周流之旨，還隔幾重公案。示丁惟寅。

人心一點靈機，變動周流，爲道屢遷而常體不易，譬之日月之明，往來無停機而未嘗有所動也。萬思默問：「見孺子入井，怵惕惻隱，則必狂奔盡氣、運謀設法以拯救之，分明已起思慮，安得謂之未起？」曰：「若不轉念，一切運謀設法，皆是良知之妙用，皆未嘗有所起，所謂百慮而一致也。纔有一毫納交、要譽、惡聲之心，卽爲轉念，方是起了。」

凡處至親骨肉之間，輕重緩急自有天則，一毫不容加減。纔著意處，便是固必之私，不是真性流行。真性流行，始見天則。

思默自敍，初年讀書用心，專苦經書文史，句字研求，展卷意味便淺，自謂未足了此。始學靜坐，混混嘿嘿，不著寂，不守中，不數息，一味收攝此心，所苦者此念紛飛，變幻奔突，降伏不下，轉轉打疊。久之，忽覺此心推移不動，兩三日内如癡一般，念忽停息，若有一物胸中隱隱呈露，漸發光明。自喜此處可是白沙所謂「靜中養出端倪」？此處作得主定，便是把握虚空，覺得光明在内，虚空在外，以内合外，似有區宇，四面虚空，都是含育這些子，一般所謂「以至德凝至道」，似有印證。但時常覺有一點吸精沉滯爲礙，兀兀守此，懶與朋友相接，人皆以爲疏亢。近來悟得這個意思，些子光明須普散在世界上，方是明明德於天下。一體生生與萬物原是貫徹流通，無有間隔，故數時來喜與朋友聚會，相觀相取，出頭擔當，更無躲閃畏忌，人亦相親。但時當應感，未免靈氣與欲念一混出來，較之孩提直截虛明景象，打合不過。竊意古人寡欲工夫，正在此用，時時攝念歸虛。念菴所謂「管虛不管念」，亦此意也。但念與虛未免作對法，不能全體光明超脱，奈何？曰：「此是思默靜中一路功課，當念停息時，是初息得世緣煩惱，如此用力，始可以觀未發氣象，此便是把柄初在手處。居常一點沉滯，猶是識陰區宇，未曾斷得無明種子，昔人謂之生死本，一切欲念從此發。若忘得能所二見，自無前識，卽內卽外，卽念卽虛，當體平鋪，一點沉滯化爲光明普照，方爲大超脱耳。」以上贈思默。

工夫只在喜怒哀樂發處，體當致和，正所以致中也；内外合一，動靜無端，原是千聖學脈。書陳中圖卷。

良知知是知非，其實無是無非。無者，萬有之基，冥權密運，與天同遊。若是非分別太過，純白受傷，非所以畜德也。先師遺墨。

「繼之者善」，是天命流行，「成之者性」，人生而静以上不容説，纔有性之可名，卽已屬在氣，非性之本然矣。性是心之生理，性善之端，須從發上始見，惻隱羞惡之心卽是氣，無氣則亦無性之可名矣。性命合一説。

良知在人，百姓之日用，同於聖人之成能，原不容人爲加損而後全。乞人與行道之人，怵惕羞惡之形，乃天機之神應，原無俟於收攝保聚而後有。此聖學之脈也。堯、舜之生知安行，其焦勞怨慕，未嘗不加困勉之功，但自然分數多，故謂之生安。愚夫愚婦其感觸神應亦是生安之本體，但勉然分數多，故謂之困勉。致知難易解。

念有二義：今心爲念，是爲見在心，所謂正念也；二心爲念，是爲將迎心，所謂邪念也。正與邪，本體之明，未嘗不知所謂良知也。念之所感，謂之物，物非外也。心爲見在之心，則念爲見在之念，知爲見在之知，而物爲見在之物，見在則無將迎而一之矣。念堂説。

人之所以爲人，神與氣而已矣。神爲氣之主宰，氣爲神之流行。神爲性，氣爲命。良知者，神氣之奧，性命之靈樞也。良知致，則神氣交而性命全，其機不外於一念之微。吴同泰説。

乍見孺子入井怵惕，未嘗有三念之雜，乃不動於欲之真心。所謂良知也，與堯、舜未嘗有異者也，於此不能自信，幾於自誣矣。苟不用致知之功，不能時時保任此心，時時無雜，徒認見成虚見，附和欲根，而謂卽與堯、舜相對，幾於自欺矣。壽念菴。

息有四種相：一風，二喘，三氣，四息。前三爲不調相，後一爲調相。坐時鼻息出入，覺有聲，是風相也。息雖無聲，而出入結滯不通，是喘相也。息雖無聲，亦無結滯，而出入不細，是氣相也。坐時無聲，不結不粗，出入綿綿，若存若亡，神資冲融，情抱悦豫，是息相也。守風則散，守喘則戾，守氣則勞，守息則密。前爲假息，後爲真息。欲習静坐，以調息爲入門，使心有所寄，神氣相守，亦權法也。調息與數息不同，數爲有意，調爲無意。委心虚無，不沉不亂，息調則心定，心定則息愈調，真息往來，呼吸之機自能奪天地之造化，心息相依，是謂息息歸根，命之蒂也。一念微明，常惺常寂，範圍三教之宗，吾儒謂之燕息，佛氏謂之反息，老氏謂之踵息，造化闔闢之玄樞也。以此徵學，亦以此衛生，了此便是徹上徹下之道。調息法。

論學書

良知無分於已發未發，所謂無前後、内外而渾然一體者也。纔認定些子，便有認定之病。後儒分寂、分感，所爭亦只在毫釐間。致知在格物，格物正是致知實用力之地，不可以分内外者也。若謂工夫只是致知，而格物無工夫，其流之弊便至於絶物，便是二氏之學。徒知致知在格物，而不悟格物正是致其未發之知，其流之弊便至於逐物，便是支離之學。吾人一生學問只在改過，須常立於無過之地，不㊀覺有過，方是改過真工夫，所謂復者，復於無過者也。良知真體時時發用流行，便是無過，便是格物。過是妄生，本無安頓處，纔求個安頓所在，便是認著，便落支離矣。

無欲不是效，正是爲學真路徑，正是致知真工夫，然不是懸空做得。故格物是致知下手實地，格是天則，良知所本有，猶所謂天然格式也。答聶雙江。

丈云：「今之論心者，當以龍而不以鏡，惟水亦然。」按水鏡之喻，未爲盡非。無情之照，因物顯象，應而皆實，過而不留，自妍自醜，自去自來，水鏡無與焉。蓋自然之所爲，未嘗有欲，聖人無欲應世，經

㊀「不」字，賈本、備要本作「方」。

綸裁制之道，其中和性情，本原機括，不過如此而已。著虛之見，本非是學，只此著便是欲，已失其自然之用，聖人未嘗有此也。又云：「龍之爲物，以警惕而主變化者也。自然是主宰之無滯，曷嘗以此爲先哉！坤道也，非乾道也。」其意若以乾主警惕，坤貴自然，警惕時未可自然，自然時無事警惕，此是墮落兩邊見解。大學當以自然爲宗，警惕者自然之用，戒謹恐懼未嘗致纖毫之力，有所恐懼，便不得其正，此正入門下手工夫。自古體易者莫如文王，小心翼翼，昭事上帝，乃是真自然；不識不知，順帝之則，乃是真警惕。乾坤二用，純亦不已，豈可以先後論哉！

慈湖不起意，未爲不是。蓋人心惟有一意，始能起經綸，成德業。意根於心，心不離念，心無欲則念自一。一念萬年，主宰明定，無起作，無遷改，正是本心自然之用，艮背行庭之旨，終日變化酬酢而未嘗動也。纔有起作，便涉二意，便是有欲而妄動，便爲離根，便非經綸裁制之道。無意無必，非慈湖所倡也。惟其不知一念，用力脱却主腦，莽蕩無據，自以爲無意無必，而不足以經綸裁制，如今時之弊，則誠有所不可耳。答彭山。

吾人思慮，自朝至暮未嘗有一息之停。譬如日月自然往來，亦未嘗有一息之停，而實未嘗動也。若思慮出於自然，如日月之往來，則雖終日思慮，常感常寂，不失貞明之體，起而未嘗起也。若謂有未發之時，則日月有停輪，非貞明之謂矣。答萬履菴。

陽和謂予曰：「學者談空説妙，無當於日用，不要於典常，是之爲詭。口周、孔而行商賈，是之爲僞。懲詭與僞之過，獨學自信，冥行無聞，是之爲蔽。行比一鄉，智效一官，自以爲躬行，是之爲畫。」與潘水簾。

當萬欲騰沸之中，若肯返諸一念良知，其真是真非，炯然未嘗不明。只此便是天命不容滅息所在，便是人心不容蔽昧所在。此是千古入賢入聖真正路頭。答茅治卿。

良知非知覺之謂，然舍知覺無良知。良知卽是主宰，而主宰淵寂，原無一物。吾人見在感應，隨物流轉，固是失却主宰。若曰：「我惟於此收斂握固，便有樞可執。」認以爲致知之實，未免猶落内外二見。纔有執著，終成管帶。只此管帶，便是放失之因。且道孩提精神，曾有著到也無？鳶之飛，魚之躍，曾有管帶也無？驪龍護珠，終有珠在，以手持物，會有一㊀時，不捉執而自固，乃忘於手者也。惟無可忘而忘，故不待存而存，此可以自悟矣。

致知在格物，言致知全在格物上，猶云舍格物更無致知工夫也。如雙江所教格物上無工夫，則格物在於致知矣。

見在良知，必待修證而後可與堯、舜相對，尚望兄一默體之。蓋不信得當下具足，到底不免有未瑩處。欲懲學者不用工夫之病，并其本體而疑之，亦矯枉之過也。答念菴。

未發之中，是太虛本體，隨處充滿，無有内外。發而中節處，卽是未發之中。若有在中之中，另爲本體與已發相對，則誠二本矣。

良知知是知非，原是無是無非，正發真是真非之義，非以爲從無是無非中來。以標末視之，使天下

㊀「一」字，賈本、備要本作「放」。

胥至於惛惛懂懂也。譬諸日月之往來，自然往來，卽是無往無來，若謂有個無往無來之體，則日月有停輪，非往來生明之旨矣。答耿楚侗。

近溪解離塵俗，覺得澄湛安閒，不爲好惡馳逐，却將此體涵泳夷猶，率爲準則依據。此非但認虛見爲實際，縱使實見，亦只二乘沉空守寂之學，纔遇些子差別境界，便經綸宰割不下。與馮緯川。

真見本體之貞明，則行持保任自不容已。苟不得其不容自已之生機，雖日從事於行持保任，勉强操勵，自信以爲無過，行而不著，習而不察，到底只成義襲之學。

文公謂天下之物，方圓、輕重、長短皆有定理，必外之物至㊀，而後内之知至。先師則謂事物之理皆不外於一念之良知，規矩在我，而天下方圓不可勝用，無權度，則無輕重、長短之理矣。文公分致知、格物爲先知，誠意、正心爲後行，故有遊騎無歸之慮。必須敬以成始，涵養本原，始於身心有所關涉。若知物生於意，格物正是誠意工夫，誠卽是敬，一了百了，不待合之於敬，而後爲全經也。答吴悟齋。

我朝理學開端是白沙，至先師而大明。與顔冲宇。

良知卽是獨知，獨知卽是天理。獨知之體，本是無聲無臭，本是無所知識，本是無所拈帶揀擇，本是徹上徹下。獨知便是本體，慎獨便是功夫，只此便是未發先天之學。若謂良知是屬後天，未能全體得力，須見得先天方有張本，却是頭上安頭，斯亦惑矣。

㊀「至」字，賈本、備要本作「格」。

萬欲紛紜之中，反之一念，獨知未嘗不明。此便是天之明命不容磨滅所在。故謂慎獨功夫，影響揣摩，不能掃蕩欲根則可，謂獨知有欲則不可；謂獨知即是天理則可，謂獨知之中必存㊀天理，爲若二物則不可。答洪覺山。

獨知者，非念動而後知也，乃是先天靈竅，不因念有，不隨念遷，不與萬物作對。慎之云者，非是强制之謂，只是兢業保護此靈竅，還他本來清浄而已。答王鯉湖。

矯情鎮物，似涉安排；坦懷任意，反覺真性流行。與荆川。

意見攙入用事，眼前自有許多好醜高低未平滿處。若徹底只在良知上討生活㊁，譬之有源之水，流而不息，曲直方圓，隨其所遇，到處平滿，乃是本性流行，真實受用。答譚二華。

所謂必有事者，獨處一室而此念常炯然，日應萬變而此念常寂然，閒時能不閒，忙時能不忙，方是不爲境所轉。與趙麟陽。

吾人立於天地之間，須令我去處人，不可望人處我。與周順之。

致知議辨九則

雙江子曰：「邵子云：『先天之學，心也；後天之學，迹也。先天言其體，後天言其用。』蓋以體用分

㊀「存」字，賈本、備要本作「用」。
㊁「活」字，賈本、備要本作「死」。

先後，而初非以美惡分也。『良知是未發之中』，先師嘗有是言。若曰『良知亦即是發而中節之和』，詞涉迫促。寂性之體，天地之根也，而曰『非内』，果在外乎？感情之用，形器之迹也，而曰『非外』，果在内乎？抑豈内外之間，别有一片地界可安頓之乎？卽寂而感存焉，卽感而寂行焉，以此論見成，似也。若爲學者立法，恐當更下一轉語。易言内外，中庸亦言内外，今曰『無内外』；易言先後，大學亦言先後，今曰『無先後』。是皆以體統言工夫，如以百尺一貫論種樹，而不原枝葉之碩茂，由於根本之盛大，根本之盛大，由於培灌之積累。此鄙人内外先後之説也。『良知之前無未發，良知之外無已發』，似是渾沌未判之前語。設曰良知之前無性，良知之外無情，卽謂良知之前與外無心，語雖玄而意則舛矣。尊兄高明過人，自來論學，只從渾沌初生無所污壞者而言，而以見在爲具足，不犯做手爲妙悟，以此自娱可也，恐非中人以下所能及也。」

先生曰：「寂之一字，千古聖學之宗。感生於寂，寂不離感。舍寂而緣感，謂之逐物；離感而守寂，謂之泥虚。夫寂者未發之中，先天之學也。未發之功，却在發上用，先天之功，却在後天上用。明道云：『此是日用本領工夫，却於已發處觀之。』康節先天吟云：『若説先天無個事，後天須用著工夫。』可謂得其旨矣。先天是心，後天是意，至善是心之本體。心體本正，纔正心便有正心之病，纔要正心，便已屬於意。欲正其心，先誠其意，猶云舍了誠意，更無正心工夫可用也。良知是寂然之體，物是所感之用，意則其寂感所乘之機也。知之與物無先後可分，故曰『致知在格物』。致知工夫在格物上用，猶云大學明德在親民上用，離了親民，更無學也。良知是天然之則。格者正也，物猶事也。格物云者，致此良知之天則於事事物物也。物得其所謂之格，非於天則之外，別有一段格之之功也。前謂未發之功，只在發上用者，非謂矯强矜飾於喜怒之末，徒以制之於外也。節是天則，卽所謂未發之中也。中節云者，循其天則而不過也。養於未發之豫，先天之學是矣。後天而奉時者，乘天時行，人力不得而與。曰奉曰乘，正是養之之功，若外此而別求所養之豫，卽是遺物而遠於人情，與聖門復性之旨爲有間矣。卽寂而感行焉，卽感而寂存焉，正是合本體之工夫，無時不感，無時不歸於寂也。若以此爲見成，而未見學問之功，又將何如其爲用也？寂非內而感非外，蓋因世儒認寂爲內、感爲外，故言此以見寂感無內外之學，非故以寂爲外，以感爲內，而於內外之間，別有一片地界可安頓也。既云寂是性之體，性無內外之分，則寂無內外，可不辨而明矣。良知之前無未發者，良知卽是未發之中，若復求未發，則所謂沉空也。良知之外無已發者，致此良知，卽是發而中節之和，若別有已發，卽所謂依識也。語意似亦了然。設謂『良知之前無性，良知之後無情』，卽謂之『無心』，而斷以爲混沌未判之前語，則幾於推測之過矣。公謂不肖『高明過人，自來論學，只從混沌初生無所污壞者而言，而以見在爲具足，不犯做手爲妙悟』，不肖何敢當！然竊觀立言之意，却實以爲混沌無歸著，且非污壞者所宜妄意而認也。觀後條於告子身上發例可見矣。愚則謂良知在人，本無污壞，雖昏蔽之極，苟能一念自反，卽得本心。譬之日月之明，偶爲雲霧所翳，謂之晦耳，雲霧一開，明體卽見，原未嘗有所傷也。此原是人人見在具足，不犯做手本領工夫，人之可以爲堯、舜，小人之可使爲君子，舍此更無從入之路。可變之幾，固非以爲妙悟而妄意自信，亦未嘗謂非中人以下所能及也。」

雙江子曰：「本義㈠云：『乾主始物而坤作成之。』已似於經旨本明白。知字原屬下文，今提知字屬乾字，遂謂乾知爲良知，不與萬物作對爲獨知，七德咸備爲統天。彖曰：『大哉乾元，萬物資始，乃統天。』是以統天贊乾元，非贊乾也。及以下文照之，則曰：『乾以易知，坤以簡能。』又以易簡爲乾坤之德，而知能則其用也。人法乾坤之德，至於易簡，則天下之理得而成位乎其中也。又曰：『夫乾，天下之至健也，德行恒易以知險；夫坤，天下之至順也，德行恒簡以知阻。』健順，言其體；易簡，言其德；知，言其才；阻險，言其變；能説能研，言聖人之學；定吉凶，成亹亹，言聖人之功用。六經之言各有攸當，似難以一例牽合也。」

先生曰：「乾知大始，大始之知，混沌初開之竅，萬物所資以始。知之爲義本明，不須更訓主字。下文證之曰：『乾以易知。』以易知爲易主可乎？此是統天之學，贊元卽所以贊乾，非二義也。其言以體、以德、以才、以變、以學、以功用，雖經傳所有，屑屑分疏，亦涉意象，恐非易簡之旨。公將復以不肖爲混沌語矣。」

雙江子曰：「程子云：『不覩不聞，便是未發之中，説發便屬覩聞。』獨知是良知的萌芽處，與良知似隔一塵。此處著功，雖與半路修行不同，要亦是半路的路頭也。致虛守寂，方是不覩不聞之學，歸根復命之要。蓋嘗以學之未能爲憂，而乃謂偏於虛寂，不足以該乎倫物之明察，則過矣。夫明物察倫、由仁義行，方是性體自然之覺，非以明察爲格物之功也。如以明察爲格物之功，是行仁義而襲焉者矣。以

㈠「義」原作「意」，據龍溪王先生全集及朱氏釋誤改。

此言自然之覺，誤也。其曰：『視於無形，聽於無聲。』不知指何者爲無形聲而視之、聽之？非以日用倫物之內，別有一個虛明不動之體以主宰之，而後明察之形聲俱泯。是則寂以主夫感，靜以御乎動，顯微隱見，通一無二是也。夫子於咸卦，特地提出『虛寂』二字，以立感應之本，而以至神贊之。蓋本卦之止而說以發其蘊，二氏得之而絕念，吾儒得之以通感，毫釐千里之差，又自可見。」

先生曰：「公謂夫子於咸卦提出虛寂二字以立感應之本，本卦德之止而悅以發其蘊，是矣。而謂『獨知是良知的萌芽，纔發便屬覩聞，要亦是半路修行的路頭。明察是行仁義而襲，非格物之功，致虛守寂方是不覩不聞之學。日用倫物之內，別有一個虛明不動之體以主宰之，而後明察之形聲俱泯』，似於先師致知之旨，或有所未盡契也。良知卽所謂未發之中，原是不覩不聞，原是莫見莫顯。明物察倫，性體之覺由仁義行，覺之自然也。顯微隱見，通一無二，在舜所謂『玄德』。自然之覺，卽是虛，卽是寂，卽是無形、無聲，卽是虛明不動之體，卽爲易之蘊。致者，致此而已；守者，守此而已；視聽於無者，視聽此而已；主宰者，主宰此而已。止則感之專，悅則應之至，不離感應而常寂然，故曰：『觀其所感，而天地萬物之情可見矣。』今若以獨知爲發而屬於覩聞，別求一個虛明不動之體，以爲主宰，然後爲歸復之學，則其疑致知不足以盡聖學之蘊，特未之明言耳。其曰：『二氏得之以絕念，吾儒得之以通感』，恐亦非所以議上乘而語大成也。」

雙江子曰：「兄謂聖學只在幾上用功，有無之間是人心真體用，當下具足，是以見成作工夫看。夫『寂然不動』者，誠也；『感而遂通』者，神也。今不謂誠、神爲學問真工夫，而以有無之間爲人心真體用，不幾於舍筏求岸，能免望洋之歎乎？誠精而明，寂而疑於無也，而萬象森然已具，無而未嘗無也。神應而妙，感而疑於有也，而本體寂然不動，有而未嘗有也。卽是爲有無之間，亦何不可？老子曰：『無無既無，湛然常寂。常寂常應，真常得性。常應常定，常清浄矣。』則是以無爲有之幾，寂爲感之幾，非以寂感有無隱度其文，故令人不可致詰爲幾也。知幾之訓，通書得之易傳，子曰：『知幾其神乎？』幾者，動之微，吉之先見者也，卽書之『動而未形，有無之間』之謂。易曰：『介如石焉，寧用終日，斷可識矣。』此夫子之斷案也。蓋六二以中正自守，其介如石，故能不溺於豫，上交不諂，下交不瀆，知幾也。盱豫之悔，諂也；冥貞之疾，瀆也。幾在介，而非以不諂不瀆爲幾也。易曰：『憂、悔、吝者，存乎介。』介非寂然不動之誠乎？中庸曰：『至誠如神。』又曰：『誠則明。』言幾也，舍誠而求幾，失幾遠矣。内外先後，混逐忘助之病，當有能辨之者。」

先生曰：「周子云：『誠神幾，曰聖人。』良知者，自然之覺，微而顯，隱而見，所謂幾也。良知之實體爲誠，良知之妙用爲神，幾則通乎體用而寂感一貫，故曰有無之間者幾也。有與無，正指誠與神而言。此是千聖從入之中道，過之則墮於無，不及則滯於有。多少精義在，非謂『以見成作工夫，且隱度其文，令人不可致詰爲幾也』。豫之六二，以中正自守，不溺於豫，故能觸幾而應，不俟終日而吉。良知是未發之中，良知自能知幾，非良知之外，别有介石以爲之守，而後幾可見也。大學所謂誠意，中庸所謂復性，皆以慎獨爲要，獨卽幾也。」

雙江子曰：「克己復禮，三月不違，是顏子不違於復，竭才之功也。復以自知，蓋言天德之剛復全於我，而非羣陰之所能亂，却是自家做主宰定。故曰：『自知猶自主也。』子貢多識億中，爲學誠與顏子相反。至領一貫之訓，而聞性與天道，當亦有見於具足之體，要未可以易視之也。先師良知之教，本於孟子，孟子言『孩提之童，不學不慮，知愛知敬』，蓋言其中有物以主之，愛敬則主之所發也。今不從事於所主，以充滿乎本體之量，而欲坐享其不學不慮之成，難矣。」

先生曰：「顏子德性之知，與子貢之多學以億而中，學術同異，不得不辨，非因其有優劣而易視之也。先師良知之說，倣於孟子不學不慮，乃天所爲自然之良知也。惟其自然之良，不待學慮，故愛親敬兄觸機而發，神感神應。惟其觸幾而發，神感神應，而後爲不學不慮，自然之良也。自然之良，即是愛敬之主，即是寂，即是虛，即是無聲無臭，天之所爲也。若更於其中有物以主之，欲從事於所主以充滿其本然之量，而不學不慮爲坐享其成，不幾於測度淵微之過㊀乎？孟子曰：『凡有四端於我，知皆擴而充之。若火之始然，泉之始達』，天機所感，人力弗得而與。不聞於知之上，復求有物以爲之主也。公平時篤信白沙子『靜中養出端倪』與『欛柄在手』之説，若舍了自然之良，別有所謂『端倪欛柄』，非愚之所知也。吾人致知之學，不能入微，未免攙入意見知識，無以充其自然之良，則誠有所不免。若謂『自然之良，未足以盡學』，復求有物以主之，且謂『覺無未發，亦不可以寂言』，將使人併其自然之覺而疑之。是謂矯枉之過而復爲偏，不可以不察也。」

雙江子曰：「時人以夫子『多學而識，知足以待問』也，故凡問者必之焉。夫子不欲以知教人也，故

㊀「過」原作「道」，據龍溪王先生全集及朱氏釋誤改。

曰『吾有知乎哉？無知也。』至於告人，則不敢不盡。『有鄙夫問於我，空空焉，無所知，我必叩兩端而竭焉。』兩端之竭，非知之盡者不能，於是見夫子待物之洪，教人不倦之仁也。今謂『良知之外別無知』，疑於本文爲贅，而又以空爲道體。聖人與鄙夫無異，則鄙夫已具聖人體段，聖人告之，但與其空，如稱顏子之庶乎足矣，復何兩端之竭耶？心與耳目口鼻以空爲體，是也，但不知空空與虛寂何所别？」

先生曰：「空空原是道體，象山云：『與有意見人説話，最難入，以其不空也。』鄙人之空，與聖人同，故能叩其兩端而竭。蓋是非本心，人所固有，雖聖人亦增減他一毫不得。若有一毫意見填實，卽不能叩而竭㊀矣。心口耳目皆以空爲體，空空卽是虛寂，此學脈也。」

雙江子曰：「良知是『性體自然之覺』，是也。故欲致知，當先養性。盍不觀易言蓍卦之神知乎？要聖人體易之功，則歸重於『洗心藏密』之一語。洗心藏密所以神明其德也，而後神明之用，隨感而應，明天道、察民故、興神物以前民用，皆原於此。由是觀之，則致知格物之功，當有所歸，曰可見之云者，易言潛龍之學，務修德以成其身，德成自信，則不疑於所行，曰可見於外也。潛之爲言也，非退藏於密之謂乎？知之善物也，受命如響，神應而妙，不待致之而自無不致。今曰『格物是致知』，日可見之行，隨在致此良知，周乎㊁物而不過，是以推而行之爲致，全屬人爲，終日與物作對，雖免牽己而從之乎？其視性體自然之覺，何啻千里！兄謂『覺無未發，亦不可以寂言，求覺於未發之前，不免於動静之分，入

㊀「而竭」原作「两端」，據龍溪王先生全集及朱氏釋誤改。
㊁「乎」原作「無」，據龍溪王先生全集及朱氏釋誤改。

於茫昧支離而不自覺』云云，疑於先師之言又不類。師曰：『良知是未發之中，寂然大公的本體，便自能發而中節，便自能感而遂通。』感生於寂，和蘊於中，體用一原也。磨鏡種樹之喻，歷歷可考，而謂之茫昧支離，則所未解。動静之分，亦原於易，易曰：『静專動直，静翕動闢。』周子曰：『静無而動有。』程子曰：『動亦定，静亦定。』周、程深於易者，一曰『主静』，一曰『主定』。又曰：『不專一，則不能直遂，不翕聚，則不能發散』，是以廣大生焉。廣大之生，原於專翕，而直與闢，則專翕之發也，必如此而後可以言潛龍之學。愚夫愚婦之知，未動於意欲之時，與聖人同，是也，則夫致知之功，要在於意欲之不動，非以周乎物而不過之爲致也。『鏡懸於此，而物自照，則所照者廣；若執鏡隨物以鑒其形，所照幾何！』延平此喻，未爲無見。致知如磨鏡，格物如鏡之照，謂格物無工夫者，以此。」

先生曰：「欲致其知，在於格物，若曰『當先養性』，良知卽是性體自然之覺，又孰從而先之耶？易言蓍之神，卦之知，神知卽是良知。良知者，心之靈也。洗心退藏於密，只是良知潔潔浄浄，無一塵之累，不論有事無事，常是湛然的，常是肅然的，是謂齋戒以神明其德。神知，卽是神明，非洗心藏密之後，方有神知之用也。公云：『致知格物之功，當有所歸。』良知卽是神明之德，卽是寂，復將何所歸乎？格物者，大學到頭，實下手處，故曰：『致知在格物。』若曰『格物無工夫』，則大學爲贅詞，師門爲勦説，求之於心，實所未解。理一而已，性則理之凝聚，心則凝聚之主宰，意則主宰之發動，知則其明覺之體，而物則應感之用也。天下無性外之理，豈復有性外之物乎？公見吾人爲格致之學者，認知識爲良知，不能入微，致其自然之覺，終日在應迹上執泥有象，安排湊泊以求其是，故當苦口拈出虚寂話頭，以救學者之弊，固非欲求異於師門也。然因此遂斬然謂格物無工夫，雖以不肖『隨在致此良知，周乎物而不過』之說，亦以爲全屬人爲，終日與物作對，牽己而從之，恐亦不免於懲羹吹齏之過耳。寂是心之本體，不可以時言，時有動靜，寂則無分於動靜。濂溪曰：『無欲故靜。』明道云：『動亦定，靜亦定。』先師云：『定者心之本體。』動靜所遇之時，靜與定卽寂也。良知如鏡之明，格物如鏡之照，鏡之在匣、在臺，可以言動靜，鏡體之明，無時不照，無分於在匣、在臺也。故吾儒格物之功，無間於動靜。故曰『必有事焉』，是動靜皆有事。『廣大之生，原於專翕』，專翕卽寂也。直與闢卽是寂體之流行，非有二也。自然之知，卽是未發之中，後儒認纔知卽是已發，而別求未發之時，故謂之茫昧支離，非以寂感爲支離也。『致知之功，在意欲之不動』，是矣。『周乎物而不過』，是性體之流行，便以爲意欲之動，恐亦求情之過也。」

雙江子曰：「仁是生理，亦是生氣，理與氣一也，但終當有別。告子曰：『生之謂性。』亦是認氣爲性，而不知係於所養之善否。杞柳、湍水、食色之喻，亦以當下爲具足；勿求於心，勿求於氣之論，亦以不犯做手爲妙悟。孟子曰：『苟得其養，無物不長；苟失其養，無物不消。』是從學問上驗消長，非以天地見成之息，冒認爲已有而息之也。仁者與物同體，亦惟體仁者而後能與物同之。『馭氣攝靈』與『定息以接天地之根』諸說，恐是養生家所祕，與吾儒之息未可强同，而要以求斂爲主，則一而已。」

先生曰：「仁是生理，息卽其生化之元，理與氣未嘗離也。人之息與天地之息原是一體，相資而生，陰符有三盜之説，非故冒認爲己物而息之也。馭氣攝靈與呼吸定息之義，不可謂養生家之言，而遂非之。方外私之以襲氣母，吾儒公之以資化元，但取用不同耳。公謂『仁者與物同體，亦惟體仁者而後能與物同之』，却是名言，不敢不深省也。」

雙江子曰：「息有二義，生滅之謂也。攻取之氣息，則湛一之氣復，此氣化升降之機，無與於學問也。予之所謂息者，蓋主得其所養，則氣命於性，配義與道，塞乎天地，生生之機也。傳曰：『虛者氣之府，寂者生之機。』今以虛寂爲禪定，謂非致知之旨，則異矣。佛氏以虛寂爲性，亦以覺爲性，又有皇覺、正覺、圓覺、明覺之異。佛學養覺而嗇於用，時儒用覺而失所養，此又是其大異處。」

先生曰：「性體自然之覺，不離倫物感應，而機常生生。性定，則息自定，所謂盡性以至於命也。虛寂原是性體，歸是歸藏之義，而以爲有所歸，與生生之機微若有待，故疑其入於禪定。佛家亦是二乘證果之學，非卽以虛寂爲禪定也。佛學養覺而嗇於用，時儒用覺而失所養，末流之異則然，恐亦非所以別儒學㊀之宗也。」

㊀「學」，朱氏釋誤以爲當從道光本王龍溪先生全集作「佛」。

明儒學案卷十三　浙中王門學案三

知府季彭山先生本

季本字明德，號彭山，越之會稽人。正德十二年進士，授建寧府推官。宸濠反，先生守分水關，遏其入閩之路。御史以科場事檄之入闈，先生曰：「是之謂不知務。」不應聘。召拜御史。御史馬明衡、朱淛争昭聖皇太后孝宗后。壽節，不宜殺於興國太后，下獄。先生救之，謫揭陽主簿。稍遷知弋陽。桂萼入相，道弋陽，先生言文成之功不可泯，遂寢奪爵。轉蘇州同知，陞南京禮部郎中。時鄒東廓官主客，相聚講學，東廓被黜，連及先生，謫判辰州。尋同知吉安。陞長沙知府，鋤擊豪强過當，乃罷歸。嘉靖四十二年卒，年七十九。

少師王司輿，名文轅。其後師事陽明。先生之學，貴主宰而惡自然，以爲「理者陽之主宰，乾道也；氣者陰之流行，坤道也。流行則往而不返，非有主於内，則動静皆失其則矣」。其議論大抵以此爲指歸。夫大化只此一氣，氣之升爲陽，氣之降爲陰，以至於屈伸往來，生死鬼神，皆無二氣。故陰陽皆氣也，其升而必降，降而必升，雖有參差過不及之殊，而終必歸一，是卽理也。今以理屬之陽，氣屬之陰，將可言一理一氣之爲道乎？先生於理氣非明睿所照，從考索而得者，言之終是鶻突。弟其時同門諸君子單以流行爲本體，玩弄光影，而其升其降之歸於畫一者無所事，此則先生主宰一言，其關係學術非輕也。故先生最著者爲龍惕一書，謂「今之論心者，當以龍而不以鏡，龍之爲物，以警惕而主變化者也。理自内出，鏡之照自外來，無所裁制，一歸自然。自然是主宰之無滯，曷常以此爲先哉」？龍溪云：「學當以自然爲宗，警惕者，自然之用，戒慎恐懼未嘗致纖毫之力，有所恐懼便不得其正矣。」東廓云：「警惕變化，自然變化，其旨初無不同者，不警惕不足以言自然，不自然不足以言警惕，警惕而不自然，其失也滯，自然而不警惕，其失也蕩。」先生終自信其説，不爲所動。先生閔學者之空疎，祇以講説爲事，故苦力窮經。罷官以後，載書寓居禪寺，迄晝夜寒暑無間者二十餘年。而又窮九邊，考黄河故道，索海運之舊跡，別三代、春秋列國之疆土、川原，涉淮、泗，歷齊、魯，登泰山，踰江入閩而後歸，凡欲以爲致君有用之學。所著有易學四同、詩説解頤、春秋私考、四書私存、説理會編、讀禮疑圖、孔孟圖譜、廟制考義、樂律纂要、律吕别書、蓍法别傳，總百二十卷。易學四同謂四聖皆同也，朱、邵分爲羲皇之易，文、周之易，孔子之易，先生正之，是也。但辭變象占，一切不言，則過矣。至大傳則以爲秦、漢而下學者之言，祖歐陽氏之説也。春秋私考則公、穀之義例，左氏之事實，摧破不遺餘力。詩説解頤不免惑於子貢之僞傳，如以定之方中爲魯風，謂春秋書城楚丘，不言城衛，以内詞書之，蓋魯自城也，故詩之「秉心塞淵，騋牝三千」與駉篇恰合，由是以三傳、小序皆不足信。蓍法用四十八策，虚二，以爲陰陽之母。分二掛一，揲四歸奇，三變皆同。除掛一外，左一則右必二，左二則右必一，左三則右必四，左四則右必三。既以大傳非孔子之言，故不難改四十有九爲四十八耳。此皆先生信心好異之過也。間有疑先生長沙之政，及家居著禮書，將以迎合時相，則張陽和辯之矣。

説理會編

理氣只於陽中陰，陰中陽，從微至著，自有歸無者見之，先儒謂「陰陽者氣也，所以一陰一陽者道也」。又曰：「不離乎陰陽，而亦不雜乎陰陽。」則似陰陽之中，自有一理也。殊不知理者陽之主宰，氣者陰之包含。時乎陽也，主宰彰焉，然必得陰以包含於内，而後氣不散。時乎陰也，包含密焉，然必得陽以主宰於中，而後理不昏。此陰中有陽，陽中有陰，所謂道也。通乎晝夜之道而知，知卽乾知大始之知，正謂主宰。晝之知，主宰之應於外也，雖當紛擾而一貞自如；夜之知，主宰之藏乎内也，雖入杳冥而一警卽覺。此惟陰陽合德者能之。知主宰之爲知，則知乾剛之爲理矣；知理則知陽，知陽則知陰矣。

自然者，順理之名也。理非惕若，何以能順？舍惕若而言順，則隨氣所動耳，故惕若者，自然之主宰也。夫坤，自然者也，然以承乾爲德，則主乎坤者，乾也。命，自然者也，命曰天命，則天爲命主矣。道，自然者也，道曰率性，則性爲道主矣。和，自然者也，和曰中節，則中爲和主矣。苟無主焉，則命也、道也、和也皆過其則，烏得謂之順哉？故聖人言學，不貴自然，而貴於慎獨，正恐一入自然，則易流於欲耳。

自然者，流行之勢也，流行之勢屬於氣者也。勢以漸而重，重則不可反矣，惟理可以反之。故語自然者，必以理爲主宰可也。

性命一也，本無彼此之分，但幾不由我制者，命之運，則屬於氣，而自外來者也；由我制者，性之存，則屬於理，而自内出者也。性命，蓋隨理氣分焉，孟子意正如此。由理之一者而言，雖耳目口鼻之欲，情或得正，亦性也。但既爲耳目口鼻，則命之拘也，體常暗塞，是不可以性言於命也，故曰：「君子不謂性也。」由氣之雜者而言，雖仁義禮智之行，明或不全，亦命也。但既爲仁義禮智，則性之善也，體常虛靈，是不可以命言於性也，故曰：「君子不謂命也。」此明理欲相勝之幾，欲人盡性以制命耳。

謂天非虛，不可。然就以虛言天，則恐著虛而倚於氣。其動也，爲氣化，如日、月、星、辰、水、火、土、石、風、雨、露、雷、鳥、獸、蟲、魚之類，有隨其所重而莫節其過者矣。蓋虛貴有主，有主之虛，誠存於中，是爲健德。健則虛明感應，因物曲成，無有不得其所者，是物之順也。夫誠，形而上者也，物，形而下者也，形而下者主於形而上者，則氣統於性矣。苟無以成其德，不健則爲著空之虛，物無所主，任其往來而已，形而上者墮於形而下者，則性命於氣矣。人之性與天地之性一也，故陰陽和，風雨時，鳥獸若，草木裕，惟健故能順也。若夫日蝕星流，山崩川竭，歲歉年凶，胎殈卵殰，氣之不順，是健德不爲主也。天之性，豈有不健哉？爲氣所乘，則雖天之大，亦有時而可憾耳。故所惡於虛者，謂其體之非健也。

性不可見，因生而可見，仁義禮智本無名，因見而有名。程子曰：「人生而静以上不容説」，謂性之本體無聲無臭，不可以言語形容也。又曰：「纔説性時便已不是性也」，謂感物而動，生意滋萌，有惻隱之心可見而其名爲仁矣，有羞惡之心可見而其名爲義矣。仁義者，由性而生，相繼不絶，善端之不能自已者也，故曰：「繼之者善也。」自其成善之本而言，則性矣，故曰：「成之者性也。」

中庸言「道也者，不可須臾離也」。此處功夫，正見天命之本體，故「不可」二字，非戒之之辭，亦非順之之辭。言戒，則著意嫌於苦難，言順，則從心恐流於慾。蓋「不可」者，心之所不安處也，與道爲一則安，卽孟子心之所同然也，離道則不安，卽孟子羞惡之心也。於不覩不聞之中，而惕然有戒慎恐懼之念，此良知良能之不能自已處，天之則也。故中庸言學，惟以天命之性爲宗。

聖門所謂道者，自人率性而言，以剛健而主宰乎氣化者也，故其發也，至精不雜，謂之中節。若不就主宰上説道，則浮沉升降，自去自來，乃氣之動耳，犬牛與人全無所異。佛老之學於義不精，隨氣所動，惟任自然而不知其非者矣。

聖人以龍言心而不言鏡，蓋心如明鏡之説，本於釋氏，照自外來，無所裁制者也。而龍則乾乾不息之誠，理自内出，變化在心者也。予力主此説，而同輩尚多未然。然此理發於孔子，居敬而行簡是也。敬則惕然有警，乾道也；簡則自然無爲，坤道也。苟任自然而不以敬爲主，則志不帥氣，而隨氣自動，雖無所爲，不亦太簡乎？孟子又分别甚明，彼長而我長之，非有長於我也，猶彼白而我白之，從其白於外也，此卽言鏡之義也。行吾敬，故謂之内也，此卽言龍之義也。告子仁内義外之説，正由不知此耳。

先儒以知行分爲二者，正爲不知仁義禮智之本明，故以智爲明，而仁義禮之行則若藉智以知者，是以仁義禮别爲一物，繼智用事而智則照之，義襲之根，生於此矣。智發於仁，仁達於禮，禮裁於義，義歸於智，因動静分合而異其名耳。故本體之明，智也，因其本體而行焉，仁也。禮義之明不過屬於仁智而已，安得謂知行之非合一哉？

世儒多以實訓誠，亦有倚著之病。夫仁義禮智合德而爲誠，誠固未有不實，但就以實爲誠則不可。仁義禮智虛明在中，如穀種之生機未嘗息，何嘗有所倚著？是德雖實，不見其有實之迹者也，故言誠，惟惺惺字爲切。凡人所爲不善，本體之靈自然能覺。覺而少有容留，便屬自欺，欺則不惺惺矣。故戒慎恐懼於獨知之地，不使一毫不善雜於其中，即是惺惺而爲敬也。

聖人之道，不於用上求自然，而於體上做工夫。故雖至聖，猶孜孜亹亹以自勉，此工夫也。工夫只在不覩不聞上做，不覩不聞，蓋人所不知最微之處也，微則不爲聞見所牽，而反復入身，其入身者即其本體之知也。故知爲獨知，獨知處知謹，則天理中存，無有障礙，流行之勢自然阻遏不住。故自然者，道之著於顯處以言用也。然非本於微，則所謂顯者，乃在聞見，而物失其則矣，不可以言道。凡言道而主於自然者，以天道之不勉而中、不思而得者觀之，似亦由中流出，不假人爲。然謂之中，則卽是勉；謂之得，則卽是思，而慎獨功夫在自然中，所謂知微之顯者，卽此是矣。舍慎獨而言自然，則自然者氣化也，必有忽於細微而愆於理義之正者，其入於佛老無疑矣。

操則存，存其心也。苟得其養，無物不長，養其性也。存養二字，本於此。夫心是仁義植根之處，而性則仁義所以能生生之理也。理根於心，心存則性得所養，而生生之機不息，故養性工夫，惟在存心。心爲物牽，不能自覺，是不操也，然後謂之不存。自覺則物來能察，一察卽是操。操者，提醒此心，卽是慎獨，豈有所著意操持哉！一操心卽存矣，故省察之外，無存養，而省察之功，卽是立大本也。在易之頤,以養爲義,其卦震上艮下,動而止也。心動於欲則不止,止則不動於欲。所謂存也,養道盡於此矣。

聖人之學,只是慎獨,獨處人所不見聞,最爲隱微,而己之見顯莫過於此。故獨爲獨知,蓋我所得於天之明命,我自知之,而非他人所能與者也。若閒思妄想,徇欲任情,此却是外物蔽吾心之明,不知所謹,不可以言見顯矣。少有覺焉,而復容留將就,即爲自欺。乃於人所見聞處,掩不善而著其善,雖點檢於言行之間,一一合度,不遐有愆,亦屬作僞,皆爲自蔽其知也。故欺人不見之知,乃十目所視,十手所指之處也,不可以爲獨知。然則獨知者,其源頭不雜之知乎?源頭不雜之知,心之官虛靈而常覺者也。雜則著物,雖知亦倚於一偏,是爲耳目之官不思而蔽於物矣。

予嘗載酒從陽明先師遊於鑑湖之濱,時黄石龍綰。亦與焉。因論戒慎不覩、恐懼不聞之義,先師舉手中筯示予曰:「見否?」對曰:「見。」既而隱筯桌下,又問曰:「見否?」對曰:「不見。」先師微哂,予私問之石龍,石龍曰:「此謂常睹常聞也。」終不解。其後思而得之。蓋不睹中有常睹,故能戒慎不睹,不聞中有常聞,故能恐懼不聞,此天命之於穆不已也。故當應而應,不因聲色而後起念;不當應而不應,雖遇聲色而能忘情,此心體之所以爲得正而不爲聞見所牽也。

慎於獨知,卽致知也。慎獨之功不已,卽力行也。故獨知之外無知矣,常知之外無行矣,功夫何等簡易耶!良知良能本一體也,先師嘗曰:「知良能是良知,能良知是良能,此知行合一之本旨也。」但自發端而言,則以明覺之幾爲主,故曰「知者行之始」。自致極而言,則以流行之勢爲主,故曰「行者知之終」。雖若以知行分先後，而知爲行始，行爲知終，則所知者卽是行，所行者卽是知也。

求和卽是求中。求中者，非可著意推求也，凡幾上有倚著處，卽是不和。覺而化去，覺卽是中爲主處，故致和卽所以致中也。但工夫未能合一，則止是一事之中耳。

道之顯者謂之文，條理分明，脈絡通貫，無過不及之美名也。禮卽天理之節，文之所從出也，苟非嘉會合禮，則妄行無序，烏得爲文？故自本體而言，則以達德行達道，誠而明也。自工夫而言，則曰「博學於文，約之以禮」，明而誠也。本體工夫初無二事，蓋道之所顯者用也，而工夫則歸於本體，故凡言用者皆屬動，言工夫者皆屬靜。既曰文，則顯於用而可見可聞者也。曰學，則歸於靜而戒慎不睹，恐懼不聞，不爲見聞所動者也。爲見聞所動，則紛亂而不得爲文矣。學之外，無復有所謂約禮，而禮之約處，卽是達德之一。道之本體如是，故工夫卽本體也。

明明德工夫，要於格物，此是實踐處，蓋外物而言德，則德入於虛矣。第其所謂物者，與「萬物皆備於我」之物同，蓋吾心所見之實理也，先師謂「心之感應謂之物」是也。心未感時，物皆已往，一有感焉，則物在我矣。物之所感，但見其象，往過來續，不滯於心，則物謂之理。滯而成形，則爲一物，不可以理名矣。易曰：「見乃謂之象，形乃謂之器。」器則形而下之名也，故物與理之分，只在形而上下之間耳。成形之後，卽爲外物，而吾心之所感者，亦不過順應乎此而已，正不當爲其所滯也。知此，則物不違則而謂之格矣。

過是天理中流出，順勢自然，無撙節處，勢重則偏勝，卽爲黨矣，故曰：「人之過也，各於其黨。」然人之良知，必能自覺，覺處著一毫將就，卽自欺而爲惡矣。過之發端處，藹然莫能遏，卽是仁之根也。於過處觀之，可以知仁。欲人察識過，是仁之流而不中節者也。知其流而不中節，則仁卽此而在矣。

敬義本合内外之道，猶曰存心致知云耳。蓋敬卽戒慎不睹、恐懼不聞之功，收斂此心，反入於内，故曰存心也。義卽不睹不聞中之能分别事理者，此在獨知處求致其精，故曰致知也。然能知者卽是此心，於知上知謹，則心便在内，豈有二哉？敬義至於立處，卽是本體之德。敬存乎静虚之中，則以不偏而爲正；敬行乎感應之際，則以得宜而爲義。正則遂其本性，無所回曲，是其直也。直者，用之順而其主在内，故云直内。義則因其定理，無所變遷，是其方也。方者，體之恒而其制在外，故云方外。此易之所謂敬義，蓋以成德言也。德成則本體中正不疑，其所行而爲順，故以言於坤之六二。若自工夫言，則當云以敬直内，以義方外，主乎健矣。敬義不正助處卽是順，安可外健以言敬義哉？

「龍戰于野，其血玄黄」。六陰晦極而陽未嘗亡，猶人心昏蔽已甚而天理未泯也。陽在陰中，惺然復覺，以爲受侮於陰，將自振焉，故與之戰。主於戰者陽也，故以龍言，而所戰之地在陰。當陰陽有定位之時，天玄地黄，今陰陽相雜，猶理欲未明也，故曰「其血玄黄」。

良心在人無有死時，此天命之本體。聖人作易，開之以吉凶悔吝，使人自復其本心而已矣。吉凶悔吝者，心之四德也。爲善則吉，吉者心之安處也。爲惡則凶，凶者心之不安處也。自凶而趨吉則悔，悔者心有所悟而必欲改也。自吉而向凶則吝，吝者心有所羞而不欲爲也。此皆天命自動而不待於外求者，此心一覺，豈復蹈禍幾耶！

聖人畫卦，全在心上見得此理，故其象皆狀德之剛柔，蓋不待觀於天地萬物而後可得也。天地萬物者氣也，德所成之形耳。知德則知天地，萬物在其中矣。大傳包犧氏仰觀云云，此是春秋以後學易者之說。

尚書黃久菴先生綰

黃綰字叔賢，號久菴，台之黃岩人。以祖廕入官，授後軍都事。告病歸，家居十年。以薦起南京都察院經歷。同張璁、桂萼上疏主大禮，陞南京工部員外郎，累疏乞休。尚書席書纂修明倫大典，薦先生與之同事。起光禄寺少卿，轉大理寺，改少詹事兼侍講學士，充講官。大典成，陞詹事，兼侍讀學士。出爲南京禮部右侍郎，轉禮部左侍郎。雲中之變，往撫平之。知乙未貢舉，丁憂服闋，起禮部尚書，兼翰林院學士，充安南正使，以遲緩不行。閒住，遷家翠屏山中。寒暑未嘗釋卷，享年七十有五。

先生初師謝文肅，及官都事，聞陽明講學，請見。陽明曰：「作何功夫？」對曰：「初有志，工夫全未。」陽明曰：「人患無志，不患無工夫可用。」復見甘泉，相與矢志於學。陽明歸越，先生過之，聞致良知之教，曰：「簡易直截，聖學無疑。先生真吾師也，尚可自處於友乎？」乃稱門弟子。陽明既殁，桂萼齮齕之。先生上疏言：「昔議大禮，臣與萼合，臣遂直友以忠君。今萼毁臣師，臣不敢阿友以背師。」又以女妻陽明之子正億，攜之金陵，銷其外侮。先生立良止爲學的，謂：「中涉世故，見不誠非禮之異，欲用其誠，行其理，而反羞之。既不羞而任諸己，則憤世嫉邪，有輕世肆志之意。於是當毁譽機穽之交作，鬱鬱困心無所自容，乃始窮理盡性以求樂天知命，庶幾可安矣。久之自相湊泊，則見理性天命皆在於我，無所容其窮盡樂知也，此之謂艮止。」其於五經皆有原古，易以先天諸圖有圖無書爲伏義易，彖辭爲文王易，爻辭爲周公易，彖傳、小象傳、繫辭傳、文言、説卦、序卦、雜卦爲孔子易。以大象傳爲大象辭，爲孔子明先天易，其卦序次亦依先天横圖之先後。又以孔子繫辭言神農、黄帝、堯、舜、周易之韞，爲明歷代易。又以孔子始終萬物，莫盛乎艮，以闔户之坤，先闢户之乾，合先後天而推之，以見夏、商連山、歸藏之次序。詩以南、雅、頌合樂者，次第於先，退十三國於後，去國風之名，謂之「列國」。魯之有頌，僭也，亦降之爲列㈠國。春秋則痛掃諸儒義例之鑿，一皆以聖經明文爲據。禮經則以身事世爲三重，凡言身者以身爲類，容貌之類。凡言事者以事爲類，冠婚之類。凡言世者以世爲類。朝聘之類。書則正其錯簡而已。此皆師心自用，顛倒聖經，而其尤害理者易與詩。夫先後天圖説固康節一家之學也，朱子置之别傳，亦無不可。今以先天諸圖卽爲伏羲手筆，與三聖並列爲經，無乃以草竊者爲正統乎？大象傳之次第，又復從之，是使千年以上之聖人，俯首而從後人也。詩有南、雅、頌及列國之名，而曰國風者，非古也。此説本於宋之程泰之，泰之取左氏季札觀樂爲證，而於左氏所云「風有采蘩、采蘋」，則又非之，是豈可信？然季札觀樂次第，先二南，卽繼之以十三國，而後雅、頌。今以南、雅、頌居先，列國居後，將復何所本乎？此又泰之所不取也。識餘録言先生「比羅峰，以傾邃菴」，高忠憲家譜言「居鄉豪横」。按先生規其同門，謂「吾黨於學，未免落空」。同門皆敬信無異言，未必大段放倒如是也。

㈠「列」原作「歷」，據賈本、備要本改。

易經原古序

易者，三才之道，聖人之學，憂患之樞也，有先天，有後天。先天之時，以氣流行，憂患尚淺，後天之時，以事成用，憂患日深。流行者，以象效法，成用者，以象趨避。先天以天地山澤雷風水火八者爲象，變爲六十四，以示人之效法。非此則憂患興，人道不彰。效而法之，其要始終於天地，觀天行健，以自强不息，觀地勢坤，以厚德載物。後天以言、動、制器、卜筮四者爲事，變爲六十四，以示人之趨避。非此則憂患甚，人道危。趨而避之，其要亦始終於天地，爲知崇，爲禮卑，崇效天以厲志，卑法地以受物，此先天後天之教。予少學也，觀其卦，考其圖，玩其辭，繹其義，昧焉無知也。中涉世故，乃試於世，初見不誠非理之異，欲用其誠、行其理，而反羞之。既不羞而任諸己，則皆憤世疾邪，有輕世肆志之意。既知憤疾輕肆之不可，則反而修諸己。修諸己未得，每遭毁譽機穽之交，則多鬱鬱疑思，幽憂困心，若無所容其生者，則進之於窮理盡性，以求樂天知命，庶幾可安矣。然猶未也，又求而進之，則見理在於我，性在於我，天在於我，命在於我，無容窮於我，無容盡於我，無容樂於我，無容知於我，乃一而無二矣。惟艮其止，止於其所，時止而止，時行而行，以觀萬象，以進觀天健，以進觀地厚，又觀辭變象占，以進觀天崇，以進觀地卑，然後動静可不失其時，其道可光明矣。然亦不敢爲足，實不知予之爲予，易之爲易，聖人之爲聖人，衆人之爲衆人，執此以往，以履憂患，惟健惟厚，惟崇惟卑之當，孳孳日見其未已，然後知易之在予，皆因憂患而得之。學之不易，有如此者。今敢定之以先天諸圖有圖無書爲伏羲易，以彖辭爲文王易，以爻辭爲周公易，以彖傳、小象傳、繫辭傳、文言、説卦、序卦、雜卦爲孔子易。又以大象傳爲大象辭，爲孔子明先天易，其卦次序亦依先天横圖之先後。又以孔子繫辭言神農、黄帝、堯、舜、周易之韞爲明歷代易。又以孔子始終萬物，莫盛乎艮，以闔户之坤，先闢户之乾，合先後天而推之，以見夏、商連山、歸藏卦位之次序。其文言之錯於繫辭者，則歸之文言；其繫辭之錯於説卦者，則歸之繫辭；及凡諸錯者皆正之，皆詳於各篇。歷數十年，敢以生平所得之艱難者，釋其義，或先儒之説有同者，亦不敢廢，謂之曰易經原古。故綴以俟君子，兹述其概云。

書經原古序

古言功業之大，道德之盛，無過於唐、虞、三代，言君則無過於堯、舜、禹、湯、文、武，言臣則無過於皋、夔、稷、契、伊、傅、周、召。人皆知其大矣，而不知其所以大；皆知其盛矣，而不知其所以盛。夫不知者，知爲功業而不知所以爲功業，知爲道德而不知所以爲道德。夫功業由道德，道德由其學，其學由於其心，必知其學，然後其心可得知也。蓋自伏羲以來，以「艮止」啓存心之法，至堯以「允執厥中」示由道之要，至舜、禹以「人心道心」、「危微精一」、「安止幾康」明「允執厥中」之要，至湯、文、武以「欽止艮背」明「建中綏極」之要，其實皆「艮止」也。苟得其要，雖在數千載之下，可見數千載之上。今予生數千載之下，竊嘗妄意欲窺當時君臣功業之大，道德之盛，每恨不獲生逢其時。早嘗有志，寤寐景行，黽勉從仕，雖幸有遭，命與心違，歸卧窮山，掃迹蓬户，乃取典、謨、訓、誥之文，反覆微言，潛心歲月，一旦怳然若有所啓，若見言外之旨，目擊其君臣雍雍濟濟，感德仰恩，相與揖讓於一堂之上。皆有以見其道德高明如天，容物之所不能容，博厚如地，載物之所不能載，悠久無疆，成物之所不能成，逆順萬途，賢愚萬類，公私取舍，皆不出其範圍。於是喟然歎曰：「斯學既絶，如斯道德，所以久不明於人，如斯功業，所以久不明於世，予何汩没？」抱兹俯仰，耿耿不能自已。乃訂其文之錯簡與篇之錯簡，隨其所得，或因舊聞爲箋，名之曰書經原古。庶幾其時其義，燦然可明，以竢君子有求於千古者，或有徵於斯云。

詩經原古序

詩合於樂，古之教也。夫子定樂合於詩，當時在門弟子莫不知之。夫子殁而微言絶，七十子喪而大義乖，則知之者鮮矣。故後世詩分爲四家，而皆謂樂經已亡。由此言之，則世不知樂矣。夫樂既不知，則詩亦不知矣。何哉？夫詩發之情而動之志，動之志而著之言，言永而依之聲，聲永而協之律，律和而諧之音，此五聲、六律、八音之所不廢而合於樂也。何謂五聲？宫、商、角、徵、羽是也。何謂六律？黄鐘、太簇、姑洗、蕤賓、夷則、無射，大吕、夾鐘、仲吕、林鐘、南吕、應鐘，陰陽各六是也。何謂八音？金、石、絲、竹、匏、土、革、木是也。以此言樂而詩在焉。周南、召南，文王后妃之德，周、召二公之化，故嘗被之管絃，以爲房中之樂，用之閨門、鄉黨、邦國。二雅、二頌，文王、武王之功德，后稷、公劉、太王、王季之積累，故嘗協之鐘鼓管籥，以爲朝廷、郊廟之樂，用之燕饗，薦之神明。以志感志，聲、律、音無不相感，聲律音無不相應，而氣無不融。氣融情動而幽明共和，以之治人，所以陶鎔變化，養其性情而莫知所爲者；以之事神，上下和應，莫不孚格。此詩、樂之所以爲教，所謂「人事浹於下，天道備於上，而無一理之不具」，故古先聖王教胄子之必先，而移風易俗之必事。其他十三國，皆九州之舊域，皆有古聖賢之遺教。其後君非一人，賢否不一，教化亦異，風俗不能不變。然聖賢之遺，亦時有存者，或賢人貞婦之不得志，或里巷男子之道情，或時有可感，或事有當憫，及夫公劉之肇基王業，周公之克艱王室，詩之得失，皆可見也。此雖可絃歌而樂不常用，但用之諷志，以備觀省勸懲而已。故夫子特舉其籍而討論之，皆因其舊，去其重複，正其紊亂，明其善惡，以爲萬世教化之本。予少學之，白首方知其故。故敢以南、雅、頌合樂者，次第於先，乃退十三國於後，去其「國風」之名，謂之「列國」，亦因其舊也；魯之有頌，實僭天子禮樂，夫子魯之臣子，故不削，使讀者自知其非，今黜之於「列國」，以明夫子之志，庶幾詩、樂之兩全，他詩之不雜，總名之曰詩經原古，以俾審音、諷志之有考，陶鎔、孚格、勸戒之有法，以俟學詩學樂者之兩得也。

春秋原古序

春秋者，夫子經世之志，處變之書也。孟子嘗明夫子作春秋之志，曰：「其文則史，其義則丘竊取之矣。」然則春秋，史也，而可爲夫子經世處變歟？曰：「史載當時天下之事，夫子觀史而見其義，因義而見其所載之當否。其義有關於天下之故者，則書而存之，所謂夫子筆之也。其義無關於天下之故者，則削而去之，所謂夫子削之也。或筆或削，皆觀其義，因其義，設以身處之，以權其輕重，定其是非，則當時天下之事，皆夫子所以經綸裁制之宜也，故曰『其文則史，其義則丘竊取之矣』。夫君子之於天下也，處常易，處變難，君子之道本諸身，原諸天，是之謂王道也。方周之盛也，文、武、成、康相繼在上，周、召、畢、陳相繼在下，以身奉天，綏德諸侯，溥善氓庶。此上以道揆，下以法守，是王道之行於世，猶元氣之足於身，而百病不生，故曰處常易也。及其衰也，幽、厲相繼在上，榮、尹、番、聚、蹶、楀相敗在下，以身拂天，播惡諸侯，流毒氓庶。此上無道揆，下無法守，是王道不行於世，猶元氣之不足於身，而百病交生，故曰處變難也。迨至春秋，周室已東，文、武、成、康之澤日微，天下貿貿。百餘年來幸有齊桓、晉文者出，佐以管仲之輩，雖志在功利，猶能假王道之名以行，而謂之霸，雖成周之盛不可復覩，而天下生民亦賴之以少康矣。不久二霸没而復亂，後雖有宋襄、秦穆諸君者欲效之，而不足霸。惟晉悼欲繼祖業，不久而殁，天下之亂，迄無已時。夫子懼其不已，乃求在上之故，以其甚者，托始於平王之四十九年，感瑞物之虚出，而絶筆於西狩之獲麟。其間魯史所記，君人之虐，臣子之逆，妾婦之亂，夷狄之横，可勝言而可勝數哉！故孟子曰：『王者之迹熄而詩亡，詩亡然後春秋作。』春秋之作，豈夫子之得已哉？憂王道之不行也，故曰：『吾志在春秋。』今之學春秋者，苟無夫子經世之志，處變之心，而欲窺其門牆，難矣！窺其門牆尚難，況欲入其閫奥乎？昔董仲舒嘗誦其師説曰：『爲人臣者不可以不知春秋。守經事而不知其宜，遭變事而不知其權，爲人君父而不通春秋之義者，必蒙首惡之名，爲人臣子而不通春秋之義者，必陷篡弑之罪。』由此言之，則知夫子之作春秋，蓋不堪世變之感，思欲正之，無可奈何，故托魯史爲春秋。今欲知夫子經世之志，處變之道，而以義例之鑿觀之，則非所以爲春秋矣。」且春秋之説，莫先於三傳，而三傳已不能無得失之議。今家傳人誦莫先於胡氏，而胡氏已不能無沿襲之弊。自漢、唐、宋迄今，凡學春秋者，皆不出三傳與胡氏之範圍。今甘泉湛子獨能一旦豁然以孟子所述夫子之言爲主，痛掃諸儒義例之鑿，可謂難矣！但以周正改月，凡漢儒附會典禮之類，皆以爲是，又以左氏盡據國史而不疑其龐誕，此乃湛子之瑜瑕不可掩者。予少有志於春秋，頗厭義例之鑿，學之白首，忽悟孟子與夫子之言而有省。時猶未見湛子之書，今偶見之，多與予合，乃取湛子之書及三傳、胡氏，參以諸儒之説而折衷焉，一皆以聖經明文爲據。雖云經傳或由漢儒附會，後儒曲説，皆不敢信，必質諸真聖人之經而後敢安，此予之志也，故綴此以俟有志於春秋者共云。

禮經原古序

夫禮之作，自天地來矣。有天地然後有男女，有男女然後有夫婦，有夫婦然後有父子，有父子然後有君臣，有君臣然後有上下、親疎、長幼、朋友，而禮有所錯，則禮之制，自人倫始矣。天地之貴在人，人之貴在性，性有仁義禮智信，故制禮者必因人性之禮，錯之人倫而爲之條理，必合仁義智信出之，然後行乎天地而成乎人倫也。其行有三重焉，曰身，曰事，曰世。總三者之綱言之，曰經禮三百，曲禮三千。總三者之目言之，曰冠、婚、喪、祭，曰吉、凶、軍、賓、嘉。其載也有籍焉，其出也有儀焉，有義焉。儀以言其節文，義以言其理意。有人以行乎三重，斯須不可去，造次顛沛不可違。在身所以周身，在事所以周事，在世所以周世，謂之周旋中禮。瑣瑣器數不與焉，拘拘刑名不與焉，屑屑祝史玉帛之云不與焉。君子周此三者，所以施之家國天下莫之尚矣，雍熙太和所由致也。帝王代作，質文損益，雖或不同，然於三重，原於天地，始於人倫者，則未嘗一日有間。至周而後大備，故禮莫盛於周。及周之衰，諸侯將踰法度，惡其害己，皆去其籍。至孔子時，其籍已不全，故孔子曰：「吾欲觀夏禮，杞不足徵也。吾欲觀殷禮，宋不足徵也。吾欲觀周禮，幽、厲傷之。」幸而魯之史官猶能存之，故時曰周禮盡在於魯。孔子猶獲見之，故自衞反魯而討論之。所謂定禮者，定此籍爲經也。孔子雖定之，孔子無位，但私藏而私傳之，未及大行於世。孔子殁而微言絶，壞亂至於戰國，上下恣横，禮益爲當時所惡。蓋孔子所定之經，不待秦火秦禁，先已散亡。至漢武帝之世，始弛挾書之禁，建收書之策，禮之篇章，藏於孔壁，散於山澤者，稍稍漸出。如高堂生所傳，二戴所記，藝文志所載，世歷唐、宋至今，云古禮或存者，惟此而已，此外更無所謂禮者。故六經殘缺，惟禮爲甚。予早嘗有志，思學諸身者未有所得，故置其稿於篋中以俟時。迨仕而或出或處，南北靡常，皆有未暇。至己亥投林之後，又以四子諸經未完，蹉跎至今，始獲措手。蓋禮之爲經，非若他經，雖或錯亂，其經之規模猶在，尚可依據尋繹，求其意旨而訂定之。至於禮則散亡日久，雖有高堂生、二戴、藝文志所存遺簡，然已茫無頭緒，不知孰爲先王之作，孰爲後世之爲，孰爲洙、泗之傳，孰爲漢儒之附會，孰爲天子、諸侯、卿大夫、士、庶人之禮，無以辨之。縱或辨之，亦不能全。今但據其儀之可觀，其義之可訓者，存其什一，推而達之纖悉貴賤之禮，總以三重輯之。凡言身者，以身爲類；凡言事者，以事爲類；凡言世者，以世爲類。所謂綱與目者，亦次第其間。又取朱子儀禮經傳數篇益之，以成一經之綱領，總謂之曰禮經原古㊀。俾學禮者知其源委，尋其脈絡，以爲三重之條理，以立大本，以經大經，以贊化育，庶幾或少補於明時云。

㊀ 原作「經禮原古」，據文義乙。

明儒學案卷十四　浙中王門學案四

布衣董蘿石先生澐附子穀

董澐字復宗，號蘿石，晚號從吾道人，海鹽人。以能詩聞江湖間。嘉靖甲申年六十八，遊會稽，聞陽明講學山中，往聽之。陽明與之語連日夜，先生喟然歎曰：「吾見世之儒者，支離瑣屑，修飾邊幅，爲偶人之狀。其下者，貪饕争奪於富貴利欲之場，以爲此豈真有所爲聖賢之學乎？今聞夫子良知之説，若大夢之得醒，吾非至於夫子之門，則虚此生也。」因何秦以求北面，陽明不可，謂「豈有弟子之年過於師者乎？」先生再三而委質焉。其平日詩社之友招之曰：「翁老矣，何自苦！」先生笑曰：「吾今而後始得離於苦海耳，吾從吾之好。」自號從吾。丙戌歲盡雨雪，先生襆被而出，家人止之，不可，與陽明守歲於書舍。至七十七而卒。先生晚而始學，卒能聞道。其悟道器無兩，費隱一致，從佛氏空有而入，然佛氏終沉於空，此毫釐之異，未知先生辨之否耶？

董穀字石甫。嘉靖辛丑進士。歷知安義、漢陽二縣，與大吏不合而歸。少遊陽明之門，陽明謂之曰：「汝習於舊説，故於吾言不無牴牾，不妨多問，爲汝解惑。」先生因筆其所聞者，爲碧里疑存，然而多失陽明之意。其言「性無善惡」，陽明「無善無惡心之體」，以之言心，不以之言性也。又言「性之體虚而已，萬有出焉，故氣質之不美，性實爲之。全體皆是性，無性則倂無氣質矣」。夫性既無善無惡，賦於人則有善有惡，將善惡皆無根柢歟？抑人生而静以上是一性，静以後又是一性乎？又言「復性之功，只要體會其影響俱無之意思而已」。信如斯言，則莫不墮於恍惚想像，所謂求見本體之失也。學者讀先生之書，以爲盡出於陽明，亦何怪疑陽明之爲禪學乎！

日省録

凡事多著一分意思不得。多著一分意思，便私矣。

從先師往天柱峰，一家樓閣高明，花竹清麗，先生悦之。往日曾以其地求售，悔不成約。既而幡然曰：「我愛則彼亦愛之，有貪心而無恕心矣。」再四自克，行過朱華嶺四五里，始得浄盡。先生言「去欲之難如此」。

今人只是説性，故有異同之論，若見性，更無異同之可言。

求心録

内不見己，外不見人，卽是任理。

千病萬痛從妄想生，故善學者，常令此心在無物處。

知過卽是良知，改過卽是致知。

恭默思道，凡思道者則自然恭默，非恭默以思道也。若一時不在道，則此心放逸，而恭默之容無矣。

但要去邪念，不必去思，思者，吾心之變化也。正如風、雨、露、雷，種種各别，皆是太虚，太虚非此則亦無體，此雖可見，然實無作爲，亦何從而見之也！

但有一毫厭人之心，卽謂之不敬，稍有此心，則人先厭我矣。

但依得良知，禮法自在其中矣。

心無所希，名之曰道。

見性是性。

聞驢悟道，因觸而碎。悟在聞前，道在驢外。

横逆之來，自謗訕怒駡，以至於不道之甚，無非是我實受用得力處。初不見其可憎，所謂山河大地，盡是黄金，滿世間皆藥物也。

心無體也，綱常倫物、形質器用與心爲體，舍萬象無太虚，舍萬事無心矣。分之則爲物，合之則爲心，見物便見心，離物見心亦是見鬼。此艮背行庭之義也。

理之成形，因謂之氣。

費處卽是隱，不作體用看。

五星聚奎，濂、洛大儒斯出。五星聚室，陽明道行。

碧里疑存

程子曰：「既思即是已發。」即如程子之言，則存養功夫如何下手？蓋謂之中者，無形象可求，只要體會其影響俱無之意思而已。太虚寂寥，無適無莫，是謂之中。惟人於已發處不能加省察之功，遂使未發無朕之時，亦結成有物之毒。陽明以瘧喻之，故發而中節，省察所致，和既得矣，體亦中焉。省察即是存養，非別有存養可以下手也。

費者言道無所不在也，隱者所以著其實也，妙不可思，無象與理之分。夫婦所能知行，自籩豆之事，以至屠沽之事，專一事則知一事，能幹當一事，此形而下者。聖人天地所不知能，形器無非是理，不可控揣，此形而上者。蓋事者理之別名，語事則千殊萬異，語理則聲臭俱無，大的就是小的。有見於此，則洞然無物，鳶飛魚躍，舉目所在，可迎刃而解矣。

事之所以前知者，蓋前後時耳。而理無前後，萬古而上，千世而下，同一瞬耳，惟因人之有念，則念之所在，遂隔生死，而理之通達無間者始昧矣。故不起念，便能前知。下此一等，則由數而得，數與理通一無二，但以數推則有所倚，故不如至誠。至誠之道如洪鐘，未嘗有聲，由扣乃有聲，而其聲固未嘗無也。數用則知，不用則不知。然既涉於知，則未免係念，故用便近二，知不如不知之爲愈也。

震澤語録載學者問天下歸仁，先須從事四勿，久當自見。先生曰：「固是。然自要便見得。」范伯達問曰：「天下歸仁只是物，物皆歸吾仁。」先生指窗問曰：「此還歸仁否？」范默然。其後陳齊之有詩云：「大海因風起萬漚，形軀雖異總同流。風漚未狀端何若？此際應須要徹頭。」蓋仁之體段潔凈精微，所謂「上天之載，無聲無臭」，不容一毫粘帶，粘著即死而仁隱矣。今所以不能便見得者，止因粘帶之念不忘，起心思索，即差千里。范之所以默然者，病在於轉念生疑，遂死於此。窗未嘗不歸吾仁，而吾自捍格之耳。粘帶不生，即風漚未狀時景象。蓋情順萬事而無情，即是粘帶不生。苟畏事而求無事，則粘帶益多矣。

震澤語録范元長曰：「此只是道體無窮。」先生曰：「道體有多少般？在人如何見？須是涵泳，方有自得。」陳齊之有詩云：「閒花亂蕊競紅青，誰信風光不暫停。向此果能知逝者，便須觸處盡相應。」蓋所謂道體，即是仁也。仁只是一團生生之意，而其要本於慎獨，慎獨而還其無聲無臭之天，則萬物一體而純亦不已矣。至此則潔凈精微而粘帶不生，杳無朕作而宛然可見。聖人非見水，乃自見其心也。天下無性外之物，而觸處相應，雖遇盤石亦不舍晝夜矣，豈必川哉？性者，天地萬物之一原，即理是也。初本無名，皆人自呼之。以其自然，故曰天；脈絡分明，故曰理；人所禀受，故曰性。生天生地，爲人爲物，皆此而已。至虚至靈，無聲無臭，非惟無惡，即善字亦不容言。然其無善無惡處，正其至善之所在也，即所謂未發之中也。窮推本始，雖在天亦有未發之中，即未賦物時是也。既賦即有不齊，乃陰陽奇偶，自然之象。天地無心而成化，雜然並賦，豈有美惡之分？要之美惡之名，亦起於人心違順愛憎之間云爾。故性之在人，不能無美惡，然人生而静以上，所謂天之性者，理之本然，不以美惡而增損，雖甚惡之人，亦未嘗不自知之也。人能全其無善無惡、人生而静之本體，斯真性矣，斯至善矣。朱子析理氣爲二物，以性之不善歸咎於氣質，而不知氣質之不美，性實爲之。全體皆是性，無性則併無氣質矣，況美惡乎？性之體，虚而已，而萬有出焉。聖人未嘗有仁義禮智信之説也，至孟子始言四端，宋儒又以之分屬五行，漢已分屬，不始於宋。未免牽合附會。且天亦非有四時，乃陰陽細分耳。陰陽亦非二物，乃一氣屈伸耳。故先天惟一氣，氣惟一理，理惟一性，性惟一虚。

所謂道者，非有物也，只是一個乾浄得緊。門人却疑聖人有隱，無非推測、馳求，正坐不乾浄之病。聖人曰："「吾無隱乎爾！」吾無所往而不顯示於汝者，止是一個孔丘而已，此軀之外，更何有哉！

性學之所以流於支離者，因泥於心性情才，名色多而致然也。不知總是一性，初非二物，如惻隱字，乃所性發，而不忍之名，從微至著，充之則爲仁，非是仁在中而緒見外也。餘倣此。

仁義禮智，卽是知覺運動之妙處。

朱子言「渾然之中，萬理畢具」。要在學者善觀，如以爲真有萬理，則誤矣。

胡太常秀夫，因閲大成樂，始悟金聲玉振，非如註之所云也。蓋樂按一聲，八音並作，齊起齊止，不容斷續。然必始編鐘而末編磬，合八音而成一聲，故金石二音，相去但有毫釐之間。既要翕如，又要純如，又要皦如、繹如，又必自金以漸而至石，所以爲難。條理云者，既循序，又和美，且分明也。蓋樂作一聲，必主一字，如「大哉宣聖」之類，「大」字要如此條理，「哉」字亦要如此條理，字字相連如貫珠，不許生澁而間斷，謂之繹如。若先擊鎛鐘，後擊特磬，何難之有！況鎛鐘、特磬，古無是器，而樂之起止，乃是柷敔也。

主事陸原静先生澄

陸澄字原静，又字清伯，湖之歸安人。正德丁丑進士。授刑部主事，議大禮不合，罷歸。後悔前議之非，上言「臣以經術淺短，雷同妄和，質之臣師王守仁，始有定論。臣不敢自昧本心，謹發露前愆，以聽天誅」。詔復原官。明倫大典成，上見先生前疏，惡其反覆，遂斥不用。先生以多病，從事於養生，文成語之以養德養身只是一事，果能戒慎恐懼，則神住、氣住、精住，而長生久視之説，亦在其中矣。有議文成之學者，先生條爲六辨，欲上奏，文成聞而止之。傳習録自曰仁發端，其次即爲先生所記。朋友見之，因此多有省悟，蓋數條皆切問，非先生莫肯如此吐露，就吐露亦莫能如此曲折詳盡也。故陽明謂：「曰仁殁，吾道益孤，致望原静者不淺。」執父喪，哀毁失明。徐學謨以先生復官一疏，不勝希用之念，曲逢時好，此以小人之心，度君子之腹者也。大抵世儒之論，過以天下爲重，而不返其本心之所安。永嘉或問：「天下外物也，父子天倫也，瞽瞍殺人，舜竊負而逃，知有父而不知有天下也。」聖人復起，不易斯言。陽明所謂心即理也，正在此等處見之。世儒以理在天地萬物，故牽挽前代以求準則，所以懸絶耳。先生初錮於世論，已而理明障落，其視前議猶糞土也。陽明知永嘉之爲小人，不當言責，故不涉論爲高。先生已經論列，知非改過，使人皆仰，豈不知嫌疑之當避哉？亦自信其心而已。學謨準之以鄙情，不知天下有不顧毁譽者，啞然笑其旁也。

尚書顧箬溪先生應祥

顧應祥字惟賢，號箬溪，湖之長興人。弘治乙丑進士。授饒州府推官。桃源洞寇亂，掠樂平令以去，先生單身叩賊壘，出令，賊亦解去。入爲錦衣衛經歷，出僉廣東嶺東道事，討平汀、漳寇、海寇、郴、桂寇，半歲間三捷。宸濠亂定，移江西副使，分巡南昌，撫循瘡痍，招集流亡，皆善後事宜。歷苑馬寺㈠卿。奔母喪，不候代，家居者十五年。再起原任。時方議征元江，先生以那鑑孤豚，困獸不可急。會遷南兵部侍郎以去。後至者出師，布政徐波石死焉。嘉靖庚戌，陞刑部尚書。先生以例繁，引之者得意爲出入，命郎官吳維岳、陸穩定爲永例，在曹中奬拔于鱗、元美，由是知名天下。分宜在政府，同年生不敢鴈行。先生以耆舊自處，分宜不悦，以原官出南京。癸丑致仕，又十二年卒，年八十三。

先生好讀書，九流百家皆識其首尾，而尤精於算學。今所傳測淵海鏡、弧矢算術、授時曆撮要，皆其所著也。少受業於陽明。陽明歿，先生見傳習續録，門人問答多有未當於心者，作傳習録疑。龍溪致知議略亦摘其可疑者辨之。大抵謂：「良知者，性之所發也，日用之間，念慮初發，或善或惡，或公或私，豈不自知之？知其不當爲而猶爲之者，私欲之心重而恕己之心昏也。苟能於一起之時，察其爲惡也，則猛省而力去之，去一惡念，則生一善念矣。念念去惡爲善，則意之所發，心之所存，皆天理，是之謂知行合一。知之非難，而行之爲難。今曰聖人之學，致良知而已矣。人人皆聖人也，吾心中自有一

㈠「寺」字據賈本、備要本補。

聖人，自能孝，自能弟。而於念慮之微，取舍之際，則未之講，任其意向而爲之，曰『是吾之良知也』。知行合一者，固如是乎？」先生之言，以陽明「知善知惡是良知，爲善去惡爲格物」爲準的，然陽明點出知善知惡原不從發處言，第明知善知惡爲自然之本體，故又曰：「良知爲未發之中。」若向發時認取，則善惡雜揉，終是不能清楚，即件件瞞不過照心，亦是克伐怨欲不行也。知之而後行之，方爲合一。其視知行終判兩樣，皆非師門之旨也。

侍郎黄致齋先生宗明

黄宗明字誠甫，號致齋，寧波鄞縣人。登正德甲戌進士第，授南京兵部主事，陞員外郎。諫上南巡，請告歸。除工部郎中，不起。嘉靖癸未補南刑部。張孚敬議大禮，在廷斥爲奸邪，先生獨曰：「繼統者，三代通制，繼嗣者，王莽敝議。今制，公侯伯軍職承襲，弟之繼兄，姪之繼叔，皆曰弟曰姪，不曰子。公侯伯如是，天子何獨不然。」如其議，上之，出守吉安。有能名，轉福建鹽運使。召修明倫大典，丁母憂，不行。己丑，陞光禄寺卿，輯光禄須知以進。壬辰，轉兵部右侍郎，編修楊名言「齋醮無驗，徒開小人倖進之門」。上大怒，戍名。先生言名無罪，出爲福建參政。明年冬，召補禮部侍郎。丙申十一月卒官。先生受學於陽明，陽明謂「誠甫自當一日千里，任重道遠，吾非誠甫誰望耶」！則其屬意亦至矣。

論學書

學問思辨，卽是尊德性下手功夫，非與篤行爲兩段事。如今人真有志於學，便須實履其事。中間行而未安、思而未通者，不得不用學問思辨之功。學問懇切處，是之謂篤行耳，故必知行合一，然後爲真學。學而真者，知行必合一，並進之説，決無益於行，亦非所以爲知也。故吾輩但於立志真僞處省察，學問懈弛時鞭策，卽無不合，不必區區於講説爲也。來諭以僕爲格物者意，未有非意而格物者，分意與物爲兩事。僕未嘗有此事也。蓋大學綱領雖有三，而人己只一物，初非有彼此也。條目雖有八，而工夫只一事，初非有先後也。天下國家身心意知物者，其本體也；格致、誠正、修齊、治平者，其工夫也。吉凶悔吝生乎動，動處乃善惡所萌，獨知之地，故惟誠意爲實下手工夫。意之本體無不知，故格致卽是誠意，無事於聞見也。意之所用，無非物，故致知在格物，不落於虛無也。此其大本大原，聖人復起，有所不能易者。若曰：「格物便有格物，致知便有致知，不容以混言。」不惟分析支離破碎，聖賢渾融之旨，亦焉能有如此學問而能有得乎？屋之喻，亦恐未然。若曰「此屋也，或自內而名之曰室，或自外而名之曰宇。此意也，或自其所明而言之曰知，或自其所向而言之曰物」，則可。其曰梁、曰棟、曰柱，乃其屋中之名色各有不同，以爲意知物之喻，則不可。如曰孝、曰弟、曰慈，乃父子兄弟所接之理。其念動於父子兄弟爲意，孩提之愛親敬長爲良知，知之所向爲物。有物必有則，不過其則之爲格物，不過其知之爲致知，父必慈、子必孝、兄必友、弟必恭之爲誠意，達之天下無不然之爲仁義、爲性。蓋人未聞道之先，百姓日用而不知，又何工夫之有？一有求學之意，卽善善惡惡自能知之，不待外求；爲善去惡亦在不自欺耳。此所謂「我欲仁斯仁至」者，何等簡易！何等直截！今顧欲外此而求之煩難，獨何歟？與萬鹿園。

來論謂：「此心之中，無欲卽静，遇事時不覺交戰，便是得力。」所言甚善，尚有不得不論者。蓋無欲卽静，與周子圖説内自註無欲故静之説，亦略相似。其謂遇事時不覺交戰，便是得力，亦謂心中有主，不爲事物所勝云耳。然嘗聞之，程子曰：「爲學不可不知用力處，既學不可不知得力處。」周子曰：「養心莫善於寡欲，寡之又寡，以至於無。」正不在得力，而在於知所以用力；不在無欲，而在寡欲耳。學必寡欲而後無欲，知用力而後知得力，此其工夫漸次，有不可躐而進者。若執事所言，恐不免失之太早。如貧人説富，如學子論大賢，功效體當，自家終無受用時也。僕之所謂主静者，正在寡欲，正在求所以用力處，亦不過求之於心，體之於心，驗之於心。蓋心爲事勝，與物交戰，皆欲爲之累。僕之所謂主静者，正以尋欲所從生之根而拔去之，如逐賊者，必求賊所潛入之處而驅逐之也。是故善學者莫善於求静，能求静然後氣得休息，而良知發見。凡其思慮之煩雜，私欲之隱藏，自能覺察，自能拔去，是故無欲者本然之體也，寡欲者學問之要也，求静者寡欲之方也，戒懼者求静之功也。知用力而後得力處可得而言。無欲，真體常存常見矣。答林子仁（名春，心齋弟子也。）

王生師觀，淑於老先生卽陽明先生。者也，已而卒業於錢洪甫氏，來自吴門，問予以「已發未發之旨」。予殆未有以語生也，相與紬繹其辭，剔發其義。師觀莫予避也，曰：「未發只在已發上見，只觀於喜怒哀樂未發時作何氣象，平日涵養便是。」此語殆今日日用工夫爲第一義，予因歎此理之同，真有不言而喻者。然而廿餘年來，相與從事於斯者，或出或入，或啓或蔽，致一之義，曾未見彷彿若古人者，則何居？夫古人剛毅木訥，不尚言説，篤志以定其本，凝静以固其基，致慎乎獨而微之又微焉，默成乎心而深之又深焉。不得已而言，若響之應，無遺聲焉，不得已而動，若坐窮山而羣慮自息，若遊太古而羣囂自寂，是以精不散而神不移，紛不亂而變不窮。然則吾徒相與講明斯義也，其尚古人之筌蹄矣乎？得魚而忘筌，得意而忘言，吾盍與子勉之。師觀嘗學於陳師魯氏、鄒謙之氏，今洪甫氏有汶源紀聞録，師觀省焉，是皆筌蹄也已矣。贈王師觀序。

中丞張浮峰先生元冲

張元冲字叔謙，號浮峰，越之山陰人。嘉靖戊戌進士。授中書舍人，改吏科給事中。分宜入相，先生言其心術不光，不宜在天子左右。又請罷遣中官織造。遷工科都給事中，諫世廟玄修不視朝，一時稱爲敢諫。出爲江西參政、廣東按察使、江西左右布政使，陞右副都御史，巡撫江西，奉旨回籍。又二年而卒，年六十二。

先生登文成之門，以戒懼爲入門，而一意求諸踐履。文成嘗曰：「吾門不乏慧辨之士，至於真切純篤，無如叔謙。」先生嘗謂學者曰：「孔子之道，一以貫之，孟子之道，萬物我備，良知之説，如是而已。」又曰：「學先立志，不學爲聖人，非志也。聖人之學，在戒懼慎獨，不如是學，非學也。」揭坐右曰：「惟有主，則天地萬物自我而立；必無私，斯上下四旁咸得其平。」前後官江西，闢正學書院，與東廓、念菴、洛村、楓潭聯講會，以訂文成之學，又建懷玉書院於廣信，迎龍溪、緒山主講席，遂留緒山爲文成年譜，惟恐同門之士，學之有出入也，其有功師門如此。

侍郎程松溪先生文德

程文德字舜敷，號松溪，婺之永康人。嘉靖己丑進士第二，授翰林院編修。同年楊名下詔獄，方究主使，而先生與之通書。守者以聞，上大怒，誤逮御史陳九德，先生自出承認，入獄。黜爲信宜典史，總督陶諧延主蒼梧書院。移安福知縣。陞南京兵部主事，轉禮部郎中。丁艱，起補兵部，出爲廣東副使，未行，轉南京國子祭酒，擢都御史。丁内艱，起爲禮部右侍郎，移吏部左侍郎，兼翰林院學士，掌詹事府事。上在齋宫，侍臣所進青詞争爲媚悦，獨先生寓意諷諫，上不悦也。會推南冢宰，以先生辭疏爲謗訕，落職歸。三十八年十一月卒，年六十三。萬曆間贈禮部尚書，謚文恭。先生初學於楓山，其後卒業於陽明。以真心爲學之要，雖所得淺深不可知，然用功有實地也。

論學書

來教謂：「木有根，則枝葉花實不假外求；人有志，則本體不虧，萬法具足。」雖聖人復起，不能易也。至謂：「擇善固執，乃明覺之自然，而與時偕行，實大公順應之妙用。」亦未嘗不是。但學問未真切者聞之，未免有遺落工夫之病。蓋自然明覺，則良知也，擇善固執，謂之致其良知，則可也。與時偕行，固大公順應之妙用，然非精義入神者，未足以與此也。

天下事過則有害。雨澤非不善也，過多則澇，其爲害也與旱同。今有意爲善，而任性自是者，皆雨澤之澇者也。澇可以災，斯人獨不可以爲惡乎？故易曰：「尚於中行。」爲善，君子之常也，而有意，而自是，則必淪於惡矣。是好名之私累之也。

此心不真，辨説雖明，畢竟何益？自雞鳴而起，以至嚮晦宴息，無非真心，則無非實功，一話、一言、一步、一趨皆受用處。不然，日談孔、孟，辨精毫釐，終不免爲務外，爲人之歸爾。

大抵學問只是一真。天之生人，其理本真，有不真者，人雜之耳。今只全真以反其初，日用間視聽言動，都如穿衣喫飯，要飽要煖，真心略無文飾。但求是當，纔不是説影，纔不是弄精，纔不是見聞，乃爲解悟合一。若信得此過，卽是致知，卽是慎獨，卽是求放心。不然，雖六經、四書之言，而非聖人之真心，亦不免於説影弄精矣。

竊謂險夷順逆之來，若寒暑晝夜之必然，無足怪者。已不當，人必當之，孰非己也？是故君子之於憂患，不問其致之，而惟問其處之。故曰：「無入而不自得。」苟微有介焉，非自得也。

太常徐魯源先生用檢

徐用檢字克賢，號魯源，金華蘭溪人。嘉靖壬戌進士，除刑部主事，調兵部、禮部，至郎中。出爲山東副使，左遷江西參議，陞陝西提學副使、蘇松參政，坐失囚，降副使。丁憂，起補福建，城福寧。轉漕儲參政、廣東按察使、河南左布政。遷南太僕寺卿，復寺馬三分之一，召入爲太常寺卿，兩載而回籍。萬曆辛亥十一月卒，年八十四。

先生師事錢緒山，然其爲學不以良知，而以志學。謂：「君子以復性爲學，則必求其所以爲性，而性囿於質，難使純明，故無事不學，學焉又恐就其性之所近，故無學不證諸孔氏。」又謂：「求之於心者，所以求心之聖；求之於聖者，所以求聖之心。」蓋其時學者執「心之精神謂之聖」一語，縱横於氣質以爲學，先生以孔氏爲的，亦不得已之苦心也。耿楚倥與先生談數日，曰：「先生今之孟子也。」久之，寓書曰：「願君執御，無專執射。」天臺譯其意曰：「夫射必有的，御所以載人也。子輿氏願學孔子，其立之的乎？孔子善調御狂狷，行無轍迹，故云『執御』。吾仲氏欲門下損孟之高，爲孔之大，如斯而已。」楚倥心信之士，其學與先生不合，謂先生爲孟子，譏之也。先生嘗問羅近溪曰：「學當從何入？」近溪諧之曰：「兄欲入道，朝拜夕拜，空中有人傳汝。」先生不悦。後數年，在江省糧儲，方治文移，怳忽聞有唱者，「舜何人也？予何人也？有爲者亦若是！」先生大悟，自是心地日瑩，平生見解脱落。在都門從趙大洲講學，禮部司務李贄不肯赴會，先生以手書金剛經示之，曰：「此不死學問也，若亦不講乎？」贄始折節向學。嘗晨起候門，先生出，輒攝衣上馬去，不接一語。如是者再，贄信向益堅，語人曰：「徐公鉗錘如是。」此皆先生初學時事，其後漸歸平實，此等機鋒，不復弄矣。

友聲編

吾人之志，抖擻於昨日，今日可受用否？即抖擻於上時，今時可受用否？若時時抖擻，可無屬人爲造作否？其要在窮此心之量，靡有間息，其無間息，固天然也。

易曰：「首出庶物，萬國咸寧。」夫心，天君也，時時尊之，俾常伸萬物之上，將衆動可得其理，而「成天下之亹亹」。然欲知事之之道，則須先見其面目。先儒令學者觀未發氣象，所以求見其面目也。由是而之焉，「發皆中節」，無所往而不尊矣。

古人立言，惟以自得而不必其全，故出之恒難。陽和與諸公書，每有虛而靈、寂而照、常應、常靜、有物、無物及生天生地、成鬼成帝等語，其理未嘗不到，而言涉熟易，尚未盡脱詮解耳！

生人相與，各有耳目心思，則可以言語相通，意氣感召。若鬼神無形與聲，言語意氣俱用不著，惟是此心之齋明誠敬，可以感通。即此心之齋明誠敬，可以通鬼神，則於有生之類，感之如運掌耳！

問：「存順歿寧，寧與不寧，何別哉？」曰：「余知聖人之下學上達，俯仰無愧怍爾。身有死生，道有去來耶？而又安能索之茫茫乎？若曰寧與不寧，靡有分別。將錦衣肉食榮樂已足，何取於茅茨土階蔬水曲肱也。」曰：「善不善者與化徂矣，善惡不同，徂有二耶？」曰：「辟之放言，口舌之欲耳；恣聲色，耳目之欲耳。一放一恣，口舌耳目以爲愉快，此中桯杌也。口舌耳目有成有壞，此中桯杌可磨滅乎？」

求之於心者，所以求心之聖，求之於聖者，所以求聖之心。人未能純其心，故師心不免於偏雜，聖人先得其心之同然，故盡心必證之聖人。

發育峻極之體量，不出於三千三百之細微，而堯、舜之兢兢業業，亦惟以「無教逸欲、無曠庶官」爲先務，蓋天不變，則道亦不變，極固如是也。

至善者，吾人本心之分量也，原無欠缺，不假安排。心思之必至善，猶目之必明，耳之必聰，日月之必照臨，江河之必流行也。

人之精神，自能用世，自可出世。作止語默，日與天下相交接，此所以用也。而作止語默，一率其本然之知，能高不參以意見而求異，卑不入以貪慾而徇人，終日廓然，終身順應。能之，則爲善而務遷之；未能，則爲過而務改之。久久成熟，純乎率性之道，所以用世而實出世也。

鄒瀘水云：「公以求仁爲宗旨，以學爲實功，以孔氏爲正鵠，而謂無事不學，無學不證諸孔氏。第不知無所事事時，何所爲學，而應務酬酢之際，又不遑一一證諸孔氏，而學之躊躇倉皇，反覺爲適、爲固。起念不化，將何以正之？」曰：「君子以復性爲學，故必以學爲修證。而步趨孔子者，亦非無所事事之時，作何所學，應務酬酢之際，又一一證所學，但惟日用尋常，不分寂感，務遜志時敏其間，以會降衷之極，久之將厥修乃來，道積于厥躬，蓋真際也。子貢多學而識，正坐一一以求證。子夏之徒流而爲莊周，其學焉而就其性之所近，未範圍於聖人故也。」

髮膚、骨骼、知識、運動，是人所爲生也。而髮膚骨骼知識運動之表，有所炯然而常存，淵然而愈出，廓然而無際者，是人所以生也，統言之曰道，要言之曰仁，以身任之曰志。外此而富貴則爲外物，功名則屬影事，蓋於毛髮、骨骼、知識、運動者爲相親，而於炯然、淵然、廓然者無所與。於毛髮、骨骼、知識、運動相親者，有盡者也，可朽也；於髮膚、骨骼、知識、運動無所與者，無盡者也，不可朽也。可朽者，非三才之精；而不可朽者，實與天地合其德也。

蘭遊録語

學無多歧，只要還他本等。如人之爲人，以有耳目聰明也，聰是天聰，明是天明，於聰明之外，更加損不得分毫。高者欲聽無聲之聲，視無色之色，然安能脱離聲色？卑者或溺於淫聲邪色，流蕩忘返，皆失其本聰本明。惟非禮勿視，非禮勿聽，是爲合其本然，乃見天則。禮者，天則也，非人之所能爲也。如執定不信生死，然則中庸何以言至誠無息？將此理生人方有，未生既化之後俱息耶？抑高明博厚悠久無疆之理，異於天地耶？

吾道一以貫之，若但理會念慮，而不能流貫於容色詞氣，畢竟是功夫滯塞之病。

述學者多喜談存本體，曰「此體充塞宇宙，如何在方寸中執得此體」？須常學常思。吾輩尋常間，直須將千古聖人精神都來體會過，堯、舜是如何？文、周、孔、孟是如何？以下儒者是如何？此非較量人物，正是要印正從違。若只在一處摸索測度，如何叫做學問思辨？

問：「先生既不非生死之説，何不專主之？而曰性、曰學，何也？」曰：「性率五常，學求復性，大公至正之道也。如此而生，如此而死，何不該焉！專言生死，生寄死歸，自私耳矣。」

淺深原無兩路，卽如父子君臣夫婦之倫，合内合外之道，此日用尋常，何等淺近！然此理不涉人爲，天則自在，故謂之淵淵其淵。於此得力，方是下學上達。悟者悟此，密者密此。有無之間，原是本然，執之反滯，是謂知識之害。

囂囂言自得也，必尊德樂義，斯可以自得。德義有何名象？卽吾輩此時行坐謙讓，必要相安，精神和適不滯，是卽所謂德義也。德義，己所自有也，故不失義乃爲得己。得己者，得其心也。

造化生草木鳥獸，都一定不可移易。人則耳目口鼻，生來只是一樣，更不分別。希聖希賢，由人自願，可見造化待人甚厚，人不可思仰承天意耶！

問「生死之説」。曰：「譬如朋友在此，若不著實切磋，别後便有餘憾。存順殁寧，亦復如是。」

問：「何謂天下之大本？」曰：「適從外來，見街頭孩子被母痛笞，孩子叫苦欲絶。已而母去，孩子牽母裾隨之而歸，終不忍舍。是非天下之大本乎？」

問：「匹夫修道，名不出於閭里，何以使一世法則？」曰：「卽如吾輩在舟中，一事合道，千萬世行者，決不能出此範圍；一言合道，千萬世言者，決不能舍此法度。苟不如此，其行必難寡悔，其言必難寡尤，此之謂世法世則。」

學者不消説性體如是如是，只當説治性之功如何。如禹治水，何曾講水清水濁、水寒水温，只是道之入於海耳。若但説水如何，縱然辨淄、澠，分三峽，畢竟於治水之事分毫無與。

人之爲小人，豈其性哉？其初亦起於乍弄機智，漸習漸熟，至流於惡而不自知。

問：「學問安得無間斷？」先生曰：「學有變者，有不變者。如諸公在齋閤静坐，是一段光景；此時會講，是一段光景；明旦趨朝，又是一段光景；朝罷入部寺治事，又是一段光景，此其變者也。然能静坐，能會講，能趨朝，能治事，却是不變者。吾儕於此，正須體會於其變者，體會得徹，則應用不滯。於其不變者，體會得徹，則主宰常寧。二者交參，吾心體無間，學問亦無間。」

自無始概之，人生百年爲一息；自萬有計之，人於其中爲一塵。然此一息一塵，在自己分上，蓋其大無外，其久無窮也。學者於此，可無周公之仰思、大禹之惜陰耶！

孔門之求仁，卽堯、舜之中，大學之至善，而中庸所謂未發之中也。故專求性，或涉於虚圓而生機不流；專求心，或涉於情欲而本體易淆。惟仁者，性之靈而心之真，先天後天，合爲一致，形上形下，會爲一原，凝於冲漠無朕，而生意盎然，洋溢宇宙。以此言性，非枯寂斷滅之性也，達於人倫庶物，而真體湛然，迥出塵累。以此言心，非知覺運動之心也，故孔子專言仁，傳之無弊。

問：「大人不失其赤子之心。」曰：「自孩提至壯老，其不同者，才識之遠近，經歷之生熟耳。若其天然自有之心，安所不同？在孩提爲不學不慮，在大人爲存神過化，如干霄之木，仍是萌蘗時生意，原未曾改換。此古學也。古人從赤子所固有者學去，故從微至著，由誠而形，自可欲至於大而化之，總不失其固有之心。後人從赤子所未有者學去，故氣力日充，見聞日廣，智識日繁，而固有之心愈久愈失其真，不爲庸人，則爲小人已矣。」

與友人坐，夜分，先生曰：「羣動既息，天籟自鳴，鳴非外也，聽非内也，天人一也。一此不已也，通乎晝夜之道而知此，其庶幾乎！」

吴康齋謂「三綱五常，天下元氣，一身一家亦然」。無元氣則天下國家墮矣。學者要知以綱常爲重，扶綱常所以扶元氣也。卽使舉世皆亂，大丈夫能自任以綱常之重，卽一人赤手，可扶元氣。

立志既真，貴在發脚不差，發脚一差，終走罔路，徒自罷苦，終不能至。問：「安得不差？」先生震聲曰：「切莫走閉眼路。」

人性之虚而且靈者，無如心與耳目。目之所視，不離世間色，然其視之本明，不染於色。耳之所聽，不離世間聲，然其聽之本聰，不雜於聲。心之所思，不離世間事，然其思之本覺，不溺於事。學人誠能深心體究，豁然見耳目心思之大原，而達聰明睿知之天德，則終日視不爲色轉，卽出此色塵世界；終日聽不爲聲轉，卽出此聲塵世界；終日思不爲事轉，卽出此法塵世界，雖曰戴天履地，友人羣物，已超然天地民物之外。如此出世，豈不簡易？未達此者，縱擠身世走至非非想處，亦是生死中人。

明儒學案卷十五　浙中王門學案五

都督萬鹿園先生表

萬表字民望，號鹿園，寧波衛世襲指揮僉事。年十七襲職，讀書學古，不失儒生本分。寇守天敘勉以寧静澹泊，先生揭諸座右。登正德庚辰武會試，歷浙江把總，署都指揮僉事、督運，浙江掌印都指揮，南京大教場坐營，漕運參將，南京錦衣衛僉書，廣西副總兵，左軍都督漕運總兵，僉書南京中軍都督府。嘉靖丙辰正月卒，年五十九。

先生功在漕運，其大議有三：一、三路轉運，以備不虞。置倉衛輝府，每年以十分之二撥中都運船，兑鳳陽各府糧米，由汴梁達武陽，陸路七十里，輸於衛輝，由衛河以達於京。松江、通泰俱有沙船，淮安有海船，時常由海至山東轉貿，宜以南京各總缺船衛分坐，兑松江、太倉糧米，歲運四五萬石達於天津，以留海運舊路。於是并漕河而爲三。一、本折通融。豐年米賤，全運本色，如遇災傷，則量減折色。凡本色至京，率四石而致一石，及其支給，一石不過易銀三錢；在外折色，每石七錢。若京師米貴，則散本色，米賤，則散折色，一石而當二石。是寓常平之法於漕運之中。一、原立法初意。天下運船萬艘，每艘軍旗十餘人，共計十萬餘人，每年輳集京師，苟其不廢操練，不缺甲仗，是京營之外，歲有勤王師十萬彈壓邊陲。其他利弊纖悉萬全，舉行而効之一時者，人共奇之。其大者卒莫之能行也。倭寇之亂，先生身親陷陣，肩中流矢。其所籌畫，亦多掣肘，故忠憤至死不忘。

先生之學，多得之龍溪、念菴、緒山、荊川，而究竟於禪學。其時東南講會甚盛，先生不喜干與，以爲「此輩未曾發心爲道，不過依傍門户，雖終日與之言，徒費精神，彼此何益？譬礪石之齒頑鐵，縱使稍有漸磨，自家所損亦多矣」。先生嘗言：「聖賢切要工夫，莫先於格物，蓋吾心本來具足，格物者，格吾心之物也，爲情欲意見所蔽，本體始晦，必掃蕩一切，獨觀吾心，格之又格，愈研愈精，本體之物，始得呈露，是爲格物。格物則知自致也。」龍溪謂：「古人格物之説，是千聖經綸之實學。良知之感應謂之物，是從良知凝聚出來。格物是致知實下手處，不離倫物感應而證真修。離格物則知無從而致矣。吾儒與二氏毫釐不同，正在於此。」其實先生之論格物，最爲諦當。格之又格，而後本體之物呈露，即白沙之「養出端倪」也。宋儒所謂未發氣象，亦即是此。龍溪之倫物感應，又豈能舍此而別有工夫？第兩家之言物不同，龍溪指物爲實，先生指物爲虛。凡天下之物攝於本體之物，本體之物又何嘗離倫物哉！然兩家皆精禪學，先生所謂本體呈露者，真空也；龍溪離物無知者，妙有也，與宋儒、白沙之論，雖似而有差別，學者又當有辨矣。先生如京師，大洲訪之郊外，與之談禪。議論蜂湧，先生唯唯不答。大洲大喜，歸語人曰：「今日降却萬鹿園矣。」陸平泉聞而笑曰：「此是鹿園降却大洲，何言大洲降却鹿園也。」戚南玄與先生遇，戲曰：「鹿園名爲旅禪，實未得理，是假和尚。」先生曰：「南玄名爲宗儒，實未見性，是癡秀才。」相與大笑。先生一默一語無非禪機如此。

鹿園語要

學不頓悟，才涉語言，雖勘到極精切處，總不離文字見解。聖學功夫，只在格物。所謂格物者，格其心之物也。凡不於自己心性上透徹得者，皆不可以言格。到得頓悟見性，則徹底明浄，不爲一切情景所轉。如鏡照物，鏡無留物；如鳥飛空，空無鳥跡。日用感應，純乎誠一，莫非性天流行，無將迎，融識歸真，反情還性，全體皆仁矣。

世論克己，淺之乎其論顏子也！夫視、聽、言、動而溺焉，己也；視、聽、言、動而止焉，己也；視、聽、言、動而不溺不止焉，亦己也。禮者，中也，卽吾之性也，仁之體也，不可絲毫容意於其間也，是故無思無爲，感而遂通，不識不知，順帝之則，克之至也。

緒山以「收放心説」質先生。先生曰：「子謂『求之未放之心，使不馳於物』，無乃有以制之乎？求是尋求之義，苟求得其體，則千條萬緒，紛然而馳者，皆此體之呈見，卽無放與不放也。不得其體，雖時時存之，猶放也。以心制心，是二之也。循其所是而去其所非，是取舍之心未忘，乃知識也，非不識不知也，皆放也。子謂『性不可離，又惡得而放』？是矣！而又云『馳於物』，又誰馳也？」

或問「易簡超脱」。先生曰：「性命玄妙，更無可擬議，易簡超脱，只在妙悟。如欲易簡超脱，便不易簡超脱也。蓋悟入，卽其礙處，便是超脱。今之超脱，便是滯礙。此卽謂之玄關。若於方寸不超脱處不要放過，極精研思，不隨人語言文字作解，自然有個悟入處，則脱灑滯礙自不相妨也。卽此滯礙處，便是格，便是玄關，便是參性命之要，無出於此。」

有兵憲問「慈悲解脱」之説。先生曰：「於人無所不愛，是爲慈悲。貪官汚吏之害人者，毅然去之，是爲解脱。二者惟君所行，但看時節因緣一見之耳。」

戒慎恐懼，雖是工夫，實無作用。不睹不聞，卽是不識不知，便常是戒慎恐懼矣，故曰：「不睹不聞卽戒慎恐懼也。」人心上何可加此四字？二義各殊，而體用極爲微妙，須精察之。

念菴以所得相證。答曰：「兄夙發真心，固應有此入處。然此猶涉解悟，未可遽以爲是。正好著力研窮，必盡去此礙膺之物，觸處洞然，頭頭明了，此便是盡心知性，須一毫不要自瞞過去爲好。第一要遠口談性命之友，懼其作混，轉爲所蔽，不見自心。第二要將一切世事俱看得破，方不礙此性天作用。願兄愈加珍重，愈加精彩，如鑽木逢烟，切莫住手。」

嘉靖庚寅，先生及心齋、東廓、南野、玉溪會講於金陵雞鳴寺。先生出病懷詩相質，其二曰：「三十始志學，德立待何時？往者既有悔，寧當復怠兹。由仕莫非學，開心未信斯。悦惡一何殊？此旨嘗在思。豈不貴格物，窮至乃真知。馳求外吾心，癡狂竟何爲！微吾魯中叟，萬世將誰師？」心齋和詩曰：「人生貴知學，習之惟時時。天命是人心，萬古不易兹。鳶魚昭上下，聖聖本乎斯。安焉率此性，無爲亦在思。我師誨吾儕，曰性卽良知。宋代有真儒，通書或問之。曷爲天下善，曰惟聖者師。」

侍郎王敬所先生宗沐㊀

王宗沐字新甫，號敬所，台之臨海人。嘉靖甲辰進士。在比部時，與王元美爲詩社，七子中之一也。久歷藩臬。值河運艱滯，以先生爲右副都御史，查復祖宗舊法，一時漕政修舉。猶慮運道一線，有不足恃之時，講求海運，先以遮洋三百艘試之而效，其後爲官所阻而罷。萬曆三年，轉工部侍郎，尋改刑部。先生師事歐陽南野，少從二氏而入，已知「所謂良知者，在天爲不已之命，在人爲不息之體，卽孔氏之仁也。學以求其不息而已」。其辨儒釋之分，謂「佛氏專於內，俗學馳於外，聖人則合内外而一之」。此亦非究竟之論。蓋儒釋同此不息之體，釋氏但見其流行，儒者獨見其真常爾。先生之所謂「不息」者，將無猶是釋氏之見乎！

論學書

公云：「格物欲釋作格去之格，然後互相發明，可以無弊。」然僕卽渠言觀之，既云「天下之萬象，皆目光所成，而十方之國土，皆本體所現」，則自於天下之物無復有礙我者，又何須格去而後爲得乎？物有格則有取，有取有舍，則不惟以己性爲有内外，程子已言其非，而種種簡擇，亦非佛家上乘。是於心上自加一病，而愈不可以相發明矣。且所謂格之使去，己則將盡格之乎？有格有不格者乎？盡格則不可，有不

㊀「沐」原作「沭」，據賈本、備要本改。王宗沐明史有傳。

格則未盡，世間自君臣父子之大，以及於昆蟲草木之細，何者當格去而何者當留乎？無物不有者，道之體也；無物不包涵者，心之體也；以一貫萬物者，聖人之學也；徧周法界者，佛之旨也。且格去外物，以求致知，則知無所麗。其於致知致字，亦微有不可解者。公翰示之旨，大約以爲世之把捉矜持者，於心上加一事，似非聖人之學，故立此法門，令其解脱。夫把捉矜持者，誠非矣，然資禀不同而悟見有異，誠使上根如公則可，若初學而語之以此則非。惟使其漸入於禪，而茫無下手，亦恐其始聞而樂，而終將無據爾。與裘魯江。

學術參差，千古所歎。大約以敉綴枝葉，與夫修飾詞説，則人各以見爲地，故有不同。若實落從本體用功，則自開闢以至今日，惟有一心，更何不同之有？即於此有疎密迂徑之差，亦不過目前殊異，至其收功結局，當亦不遠。某嘗譬之腹痛，而撫者輕重下手，痛人自得，其母非不愛之，然特爲之撫，決亦不能得痛之實際也。功夫緩急皆是，對質施爲，即有不同，皆非忘助，亦非參差。惟空言争高，即無不同，猶之指米意量，多寡難信，此某所不能仰合於門下之大略也。彌綸參贊，著有上下，心無二施，或小或大，要之皆滿其不息之體量。由此言之，某於門下所見，未嘗不同也。門下欲即物即心，而格兼正感二義，故以格物爲格心，以合於慎獨，此門下之旨也。夫心本生道，常應乃其體段，而物無自性，待心而後周流。心之所著爲物，心有正邪，物無揀擇，此陽明先生格物之旨所以異於先儒者。然陽明謂心之應處爲物，而門下欲正「應處」二字，以爲即心即物，此又門下之所以異㊀於陽明先生者。然自鄙心思

㊀「異」字據賈本補。

之，夫心之不正，而後有不正之應，則於此必求所以正其所以應於感化者，以此合於慎獨，其理未嘗不同。然必去此而云卽心是物，則心物對峙，歷歷較然，而除物之心，或後生不察，番成是內非外。且又義粗機頓，是惟門下透徹而用以立教，若下根易疑，或未肯帖然信其然耳。夫心之應處爲物，與卽心卽物，亦反覆掌耳，而門下必云云者，豈非以纔有應處二字，則便有內外，於慎獨有不合耶？然「卽心卽佛」，道一禪師初悟語，亦懼人執著，旋亦云「非心非佛」以救之。卽以格物合慎獨，如鄙言頗無不通，而必欲云卽心卽物，又不若以良知之應用周旋處爲物，如門下初句爲穩切也。蓋此乃門下苦心真切之見，爲先儒道其未備，然意不病而語稍徑，則無瘡而傷之，更費門下分疏與後生耳。與陳明水。

象山之學，誠有未瑩者，坐在切磋涵養未能，非其所指心體有病。要之吾人所以貫三才、參天地、通古今爲不息者，止此一事，一悟百通，一了百當，非復有纖毫可以加增粉綴者。然琢磨非頓養蹴具，積有嚙鐵之志，乃能有立。今以好徑之心，則取其直截，以攻擊之心，則指其未瑩。而近來則又於象山所言上，更加一味見成，而聖人皆師心，隨手拈來盡是矣。與江少峰。

「未發已發」，自或問中所載程子之門人與朱子所論，不爲不多，要已不可盡解。而今日之論，尤爲紛紛然。此實聖學頭腦，不可不辨。今復以中庸爲講，則辭雖費而愈不明，僕請與執事道見在之心可乎？見在心明，則中庸自當了然矣。喜怒哀樂，僕與執事無一時不發者也，當其發時，若以爲知卽在喜怒哀樂中，則不當復有不中節處，而未發之中，常人皆有之矣。若以爲知不在喜怒哀樂中，則別有一物存主於内，而隨物應付。今觀僕與執事之怒時也，知安在乎？而知於喜怒之際，不可指也。若以爲學者但當求之未發也，則僕與執事未怒時功夫，可以打點其爲知㊀者乎？抑但求之於已發也？既知求卽覺，覺卽無不中節處，而已發之和，常人皆有之矣。比及睡時，不知又當屬在何處？以爲未發，則庸有夢時，以爲已發，則無物在。似此數論，似是而實非，似非而亦是者，良以心之神明，兩在不測，指其一處，未或不是，而要其精微，則又難定方所，以故須由自家貼然後，下一轉語，乃見分曉耳。若論其極，則一轉語尤爲疣贅，蓋本體不息，不貳者也，不息則常，無起無滅，不貳則一，無内無外，此執事所謂「寂感無時，體用無界，無前後、無内外，而渾然一體者也」。故子思指喜怒哀樂未形之時，而謂之未發，而其所以爲已發者，本體分毫不可得而減，有寂之名，而無滅相，良知是也。指喜怒哀樂有形之時，而謂之已發，而其所謂未發者，本體分毫未嘗有所增，有感之名，而無起相，良知之妙用是也。學者之所以與聖人異者，正緣私欲紛拏而意見叢雜，纔一念起，漓淳失真，雖其本體未嘗斷滅，而於中和固已遠矣。只是如此説，已是饒舌，此須於静中密下戒慎功夫，使其空虚明浄，了然得所謂本體者，真是不息不貳，無復文字論説所能盡。知於此，自有怳然者，而他歧之論，始有歸一矣。與李見羅。

近來從事於道者，更相瞞誑，誤己誤人。師心自聖，則以觸處成真，是猶指本身之卽仙胎也，而不知破敗之後，已非一元之初，則築基斂己之功，安可輕廢？隨處致知，則以揣摩求合，是猶指節宣之卽是仙功也，而不知血肉之軀，已非飛昇之具，則鍊神還虚之功，安可盡廢？二説相勝，此是彼非，終日言

㊀「知」字據賈本補。

焉而不知流光不待，則已成埋没此生。語之以真，則婉纆不透，投之以大，則慴縮不解。若使孔子門中於九泉有地獄，是流當無超度法矣。某本無所知，少自二氏入來，轉徙交馳，俱不得力。近始知有所謂不息之體者，本參天地而徹古今，如仲尼祖述堯、舜一章，吾人皆與有貲分焉。離是體則無功，故戒慎卽所以完是體也；離是功則無效，故位育卽所以滿此體也。與聶雙江。

文集

聖人之言心，淵然無朕，其涵也；而有觸卽動，其應也。佛氏語其涵者，圓明微妙，而祕之以爲奇；俗學卽其應者，杦綴繳繞，而離之以爲博，要之不能無所近，而亦卒不可入。何者？其不能無所近者緣於心，而卒不可入者遠於體也。聖人者不獨語其涵，懼人之求於微；而不獨語其應，懼人之求於迹。故哀與欽者，心之體也；見廟與墓而興者，其應也。體無所不具，則無所不感；無所不感，則無所不應。因其應而爲之文，於是乎有哭擗哀素之等，俎豆璧帛之儀。儀立而其心達，而儀非心也。此所以爲聖人之學也。佛氏則從其應，而逆之以歸於無，曰墓與廟、哀與敬皆妄也，而性則離於是者也。俗學者非之曰：「此有也。」則從而煩其名數，深其辯博，而以爲非是則無循也。然不知泯感與應者，既以玄遠空寂爲性，而其溺於名數辯博者，又詳其末而忘其所以然。予故曰：「禪與俗卒不可入者，由遠於體也。」聖人之言心，詳於宋儒，最後象山陸氏出，盡去世之所謂繳繞者，而直指吾人之應心曰：「見墟墓哀而宗廟欽者心也，辨此心之真僞，而聖學在是矣。」其於致力之功，雖爲稍徑，而於感應之全，則指之甚明，而俗學以爲是禪也。其所未及者名數辯博也。嗟乎！象山指其應者，使人求其涵也。佛氏逆其應於無，而象山指其迹於應，以是爲禪，然則爲聖人者，其必在名數辯博乎？以儀爲心，予惡乎哀欽之無從也。象山集序。

瞿曇之宗，其始以生死禍福之説，濟其必行，是以習聞其説者，皆抱必得之志而來，雖狂夫悍卒，皆能舍其舊而從於寂寞孤苦之鄉，甚或面壁投崖，刎身燃指而不悔者，其志誠切，而其事誠專也，而尚安假於言乎？後世之言聖學者，志本非有求爲聖賢之心，因循前却，與習相成，甚或姑以是而息其馳驟之倦，蓋其心以爲詞説之不博，而記聞之不多，則其言不行。而其上焉者，始畢其力於訓註，涉獵以求爲功果，朝移暮易，而翻於所謂痛切身心者，宜其有所遺而不及矣。此則立志之過也。爲佛者，其説誠冥漠迂遠，而其爲事則未嘗苟也。付法傳衣，登壇説法，號稱具眼，以續其師者，必其真證而自得焉，而猶或不敢當也。後世之言學者，實則不至，而急於立説，則固有窺之未精而見之未定者，固已遂爲人人之所傳矣。雖其或旋覺於未妥，甚或自悔於晚年，而其書遂行，已不可改。則其言之多也，雖其本意尚有未慊，而況概之於聖人之道乎！此其立言之過也。夫佛者屏除翳障，獨懼有我，增慢之病，比於貪淫，而强附宗言，謂之毁謗，其於執著是己之戒，若是乎其嚴也。今學者之論，誠有智者之失矣，有愚者之得矣。苟其言之是而足以相濟也，則芻蕘鄙夫固當兼取以從。於是而乃有勝心焉，或原於偏倚而執之堅，或恥於相屈而必其勝，甚或分門異户，又或而籓籬焉，則亦無怪乎其言之多而説之激矣，此則勝心之過也。凡是三者，相因爲病，所謂本源，沉錮纏綿，雖有特出之才，一入其中，足起足陷，未能自拔，則文字訓解，縱其熠然，譬之古人畫蛇添足，而今更爲之鱗爪也，粉飾彌工，去真彌遠。凡若是者，質之於禪，曾有不若此。象山粹言序。

道之簡易，不待於外襲，而心之本體，不萌於聞見，是孔門之的傳，而吾儒之上乘也。然理合內外，而事無精粗，所惡於聞見者，以其溺心於鬭靡侈觀，而不知有融會歸一之地，至有煩苦艱難，靡敝白首，而於道卒無得而已焉。斯爲可擯廢而攘斥也矣。故此理在人，本自各足，譬之五臟四肢，各具以有生也。氣禀生質之清濁不能皆同，譬之厚薄寒熱之各異也。聖人用言以設教，著書以防流，譬之因人之病而藥之，寒熱上下從其所偏勝也。雖以孔子之書，如大學、中庸經文，悉言天命人心之奧，則固若內經素問，然後爲一定不易之則。若夫論語多載問難之詞，其間固有當機而發，因人而施，如問仁問孝之類，已有非全體具備、本末兼舉者矣。朱、陸治方，寒熱各品，而矯厲至道全生則同。故凡君子之學，不溺於聞見，不離於聞見，而將以反約，則烏附豨薟，固有藉以全生者，而況於聖賢之載籍乎？若皆不計其歸宿之何如，而但以近似者病之，則尊德性之似爲禪，而道問學之似爲俗，固無以爲解矣。是何異執內經之理以律偏勝之方，其不至於廢醫護疾，坐視夫人之札瘥而莫之救乎？故細讀先生之書，如與呂子約、張敬夫，深以支離爲病，而於其德性躬行，未嘗不諄切而屢言之也。若夫末流之弊，則泰山未頽，冉求聚斂，子夏之後卒爲莊周，荀卿明王道，李斯具五刑，彼豈教者之過？而君子之立教也，固能使其後之必無弊歟？惟夫世之獵取糟粕，記誦成言，文之以爲博也，則藉口於朱子；而虛談高視，空曠無據，執之以爲固也，則藉口於象山。是以二氏之争，比及數世，而煩言紛紛，求爲勝負，而於身心了無交涉。學者入其中，茫乎不知所以適從。蓋不考其實得，既無以窺見先賢所造之底裏，而緣習於先入，又有以漫失在己本心之真知，而況根有染而不能浄，見有偏而不能圓！是以雖其人誦家傳，而卒無得於真似是非之際，一唱百和，羣喙衆咻，此道之所以不明也。朱子私鈔序。

天命流行，物與無妄，在天爲不已之命，而在人爲不息之體。孔門之所謂仁者，先生之所謂知也。自程純公之歿，而聖人之學不傳，沉酣傳註，留心名物，從其求於外者，以爲領略貫解，而一實萬分、主静立極之義微矣。夫天下莫大於心，心無對者也，博厚高明，配於天地，而彌綸參贊，際於六合，雖堯、舜之治與夫湯、武之烈，皆心之照也。從事於心者，愈斂而愈不足，從事於言者，愈贅而愈有餘，不足者日益，而有餘者日損，聖愚上下之歧端在於是。此先生所以冒忌負謗，不息其身，而争之於幾絶之餘，而當時之士，亦遂投其本有，皆能脱覊解縶，翕然從先生於驟聞之日也。争之不明而有言，言之稍聚而爲録，今不據其録，而求其所以爲學也，乃復事於言，是不得已者，反以誤後人而貽之争耶？且先生之得是，亦不易矣。先生顧其始，亦嘗詞章而博物矣。展轉抵觸，多方討究，粧綴於平時者，辨藝華藻，似復可恃。至於變故當前，流離生死，無復出路，旁視莫倚，而向之有餘者，茫然不可得力。於是知不息之體，烱然在中，悟則實，談則虚，譬之孤舟，顛沛於衝風駭浪之中，帆檣莫施，碇纜無容，然後視柁力之强弱以爲存亡。葉盡根呈，水落石出，而始强立不返矣。故余嘗謂先生僅悟於百死一生之日，然後能咽餘甘而臻實際，取而用之，己本不貳，而物亦莫能違，事功文詞，固其照中之隙光也。先生之所以得者，豈盡於是耶？嗣後一傳百訛，師心卽聖，爲虚無漭蕩之論，不可窮詰。内以馳其玄莫之見，而外以逃其踐履之失，於先生所道切近之處，未嘗加功，則於先生所指精微之地，終非實見。投之事則窒，施之用則敗。蓋先生得而言之，言先生之心爾，而今襲先生之語以求入，卽句句不爽，猶之無當於心，而況不能無失乎？心不息，則萬古如一日，心不息，則萬人如一人，先生能用是倡之於幾絶，吾人不能緣是承之於已明，而方且較同異雌黄以爲長，此予之所以謂先生始得之勤，而今之不能無憂也。夫從事於心敏而猶有不及，則於言有所不暇；從事於心精而後知所失，則於言有所不敢。默識深思，承擔負荷，此余與二三子今日之所承先生之後者也。刻傳習録序。

余嘗觀諸造化矣，有心則陰，而無心則陽也；有息則陰，而無息則陽也；有有則陰，而無無則陽也。山川流峙，萬物具茁，華春藏冬，形色機關，不能自得而莫不得，此天之所以流形品物者，莫非一乾體之健，運而不停一瞬，而況於元會寒暑乎？始於無心，繼於不息，極於無無，而天地之德備矣。人之生也，氣合靈爲心，動則有間，自少至老，自興至寢，利害是非，酬酢擾動，其習無窮。以有間入無窮，沉私汩欲，滅頂迷心，積動爲息，積息成陰，而沴戾鹵莽之習，烏覩其爲健乎？故聖人之學，獨以其澄瑩昭徹之體常照於中，炯然不昏於知，而不起於意，泊然不貳於物，而非捍於應。處於中者有戒，則惕然矣，而矜持不事，未嘗不與天遊也。見於外者有嚴，則肅然矣，而心知不拘，未嘗不與體適也。此其所謂乾乾者，曾無一息之間，而又安問其日與夕也？故其德之成就，與造化相爲參貳，居則對越上天，事親饗帝，而用則統物體天，至於不可知之神，夫然後稱龍焉。壽龍溪序。

侍讀張陽和先生元忭

張元忭字子蓋，別號陽和，越之山陰人。父天復，行太僕卿。幼讀朱子格致補傳，曰：「無乃倒言之乎？當云心之全體大用無不明，而後物之表裏精粗無不到也。」嘉靖戊午，舉於鄉。隆慶戊辰，太僕就逮於滇，先生侍之以往。太僕釋歸，先生入京頌寃。事解，又歸慰太僕於家。一歲之中，往來凡三萬餘里，年踰三十而髮白種種，其至性如此。辛未，登進士第一人，授翰林修撰。尋丁外艱。萬曆己卯，教習内書堂。先生謂「寺人在天子左右，其賢不肖爲國治亂所係」，因取中鑒録諄諄誨之。江陵病，舉朝奔走醮事，先生以門生未嘗往也。壬午皇嗣誕生，齎詔至楚，丁内艱。丁亥陞左㊀春坊左諭德，兼翰林侍讀。明年三月卒官，年五十一。

先生之學，從龍溪得其緒論，故篤信陽明四有教法㊁。龍溪談本體而諱言工夫，識得本體，便是工夫。先生不信，而謂「本體本無可説，凡可説者皆工夫也」。嘗闢龍溪欲渾儒釋而一之，以良知二字爲範圍三教之宗旨，何其悖也。故曰「吾以不可學龍溪之可」。先生可謂善學者也。第主意只在善有善幾，惡有惡幾，於此而慎察之，以爲良知善必真好，惡必真惡，格不正以歸於正爲格物，則其認良知都向發上。陽明獨不曰良知是未發之中乎？察識善幾、惡幾是照也，非良知之本體也。朱子答呂子約曰：

㊀ 原作「右」，賈本、備要本作「左」，據改。

㊁ 賈本、備要本無「四有教法」四字。

「向來講論思索，直以心爲已發，而所論致知格物，以察識端倪爲初下手處，以故缺却平日涵養一段工夫。」此卽先生之言良知也。朱子易簀，改誠意章句曰：「實其心之所發。」此卽先生之言格物也。先生談文成之學，而究竟不出於朱子，恐於本體終有所未明也。

不二齋論學書

動静者，時也。無動無静，常翕而不張，常聚而不散者，心也。夫心無動静，而存心之功，未有不自静中得之者。初學之士，未能於静中得其把柄，遽欲以憧憧擾擾之私，而妄意於動静合一之妙，譬之駕無柁之舟，以浮江、漢，犯波濤，其不至覆且溺者鮮矣。寄張洪陽。

吾兄謂摹擬古人之言行，庶幾可進於忘物，以此爲下學而上達。竊謂摹擬古人之言行，一一而求其合，所謂博而寡要，勞而無功也。曷若摹擬於吾一心之爲易且簡乎？萬事萬物皆起於心，心無事而貫天下之事，心無物而貫天下之物，此一貫之旨也。故不離於事物言行之間，而窮理盡性以至於命，下學上達無二事也。若以摹擬爲下學，忘物爲上達，是二之矣。答田文學。

人有知覺，禽獸亦有知覺，人之知覺命於理，禽獸之知覺命於氣。今但以知覺言良知，而曰良知不分善惡，不將混人性物性而無別耶？夫所謂良者，自然而然，純粹至善者也。參之以人爲，蔽之以私欲，則可以言知，而不得謂之良知矣。謂良知有善無惡，則可；謂良知無善無惡，則不可。致知之功，全在察其善惡之端，方是實學。今人於種種妄念，俱認爲良知，則不分善惡之言誤之也。

有不善，未嘗不知，良知也；知之，未嘗復行，致良知也。知行合一以成其德，其顔子之學乎？

周子曰：「幾，善惡。」善有善幾，惡有惡幾。於此而慎察之，善必真好，惡必真惡，研幾之學也。吾兄論幾，則曰：「善惡是非，未落對待，而以念上用功爲幾淺，非第一義。」竊謂未然。所謂獨者，還是善念初動之時，人不及知，而己獨知之，非無可對待之謂也，無對待則不可以言幾矣。人心之欲，固以先事預防，禁於未發，爲不犯手工夫。然豈易言哉！此心卽是天理，方其未動，本無人欲，纔一萌動，則有天理便有人欲。此危微之訓，堯、舜所爲惓惓也。

人心少有無念之時，方其未萌，著一防字，卽屬思善一邊，是一念矣。克念作聖，只在一念之間，不分有事無事。此念常存，正是動靜合一之學，恐無淺深先後之可言也。

幾，一而已矣。自聖人言，則爲神化之幾；自吾人言，則爲善惡之幾，其實非有二也。作聖之功，則必由粗以入精，由可知以進於不可知，而知幾之學畢矣。

意者，心之所發。心本無意也，動而後敬，言而後信，此心之本體，有時而息矣。不動而敬，敬以心也；不言而信，信以心也，此心之中，無非敬信，未發已發，純乎天理矣。

釋氏以心爲槁木死灰，而盡外聞見，吾儒亦從而宗之，是以吾心爲有内也。心無内外，無隱顯，無寂感。不見不聞，此心也；獨見獨聞，此心也；共見共聞，此心也。目之視也，可得而見也，謂視非心也，可乎？耳之聽也，可得而聞也，謂聽非心也，可乎？天之高也，地之廣也，鳶飛魚躍於其間，禮儀三百，威儀三千，則孰非心也？而謂其偏於空虛，可乎？以上寄馮緯川。

楊復所談本體，而諱言功夫，以爲識得本體便是功夫。某謂本體本無可説，凡可説者皆工夫也。識得本體，方可用工夫。明道言「識得本體，以誠敬存之」是也。寄羅近溪。

仁之爲物，未易名狀，故孔門罕言仁，凡所言者，皆求仁之功而已。其曰「仁者，人也」，「仁，人心也」，此則直指仁體矣。生生不已者，天地之心也。人之生，以天地之心爲心，虛而靈，寂而照，常應而常静，謂其有物也，而一物不容，謂其無物也，而萬物皆備。無物，無我，無古今，無内外，無始終，謂之無生而實生，謂之有生而實未嘗生，渾然廓然，凝然炯然，仁之體倘若是乎！寄查毅齋。

近世談學者，但知良知本來具足，本來圓通，窺見影響，便以爲把柄在手，而不復知有戒慎恐懼之功。以嗜慾爲天機，以情識爲智慧，自以爲寂然不動，而妄動愈多，自以爲廓然無我，而有我愈固，名檢蕩然，陽明之良知，果若是乎？一念之動，其正與否，人不及知而已獨知之，卽此是獨，卽此是良知，於此格之，卽是慎獨，卽是致良知。物與知無二體，格與致無二功也。但於意念之間，時時省克，自然欲净理還。來教以則訓格，謂物物皆有定則，一循其則而不違，是爲格物也。知體無窮，物則有定，若然，是將以知不足恃，而取則於物矣；是將舍吾心之天則，又索之於外矣；是將歧知與物而二之矣。請就兄之言而反覆之，知體無窮，物之體亦無窮，何也？凡物之理，千變萬化，不可爲典要，若云有定，不爲子莫之執中乎？物則有定，知之則亦有定，何也？帝降之衷，天然自有，不爽毫髮，若曰無窮，則將舍規而爲圓，舍矩而爲方乎？與許敬菴。

兄嘗問：「相天下當用何術？」對曰：「無私。」兄曰：「無私不足以盡相之道，必加意於知人。知人有法，必令人舉一人，嚴連坐之法，而後舉必得人，人無遺舉，天下可理矣。」弟曰：「固也。獨不曰取人以身乎？自古才相、智相，代不乏人，往往徇私而敗，故無私而後能知人。辟之鑑常空，衡常平，妍媸輕重，自不患其或爽。且人舉一人之法，自昔亦常行之，而卒不能得人，何也？其人君子也，則所舉必多君子，雖舉百十人，亦何不可！其人小人也，則所舉必多小人，雖舉一人，亦安可聽耶？」兄又嘗問「聖學之要」。對曰：「在心。」兄曰：「心不足以盡天下之理，必存心以察天下之理，而後可以入聖。」弟曰：「萬物皆備於我，非心外有理也。孔、孟之學，但曰正心，曰存心，心正則理無不正，心存則理無不存，千古聖賢何曾於心外加得一毫。」答呂心吾。

立人達人，畢竟是仁發用處。仁自有體，就如喜怒哀樂是心之發用處，心自有體也。答孟我疆。

近時之弊，徒言良知而不言致，徒言悟而不言修。僕獨持議，不但曰良知，而必曰致良知；不但曰理以頓悟，而必曰事以漸修，蓋謂救時之意。答周海門。

心外無道，言心而曰易偏、易恣者，即非心也。道外無心，言道而不本於心者，即非道也。夫惟析心與道而爲二，是故舍我喜怒哀樂本然之情性，而求之於難窮之物理，舍我事親敬長本然之知能，而索之於無常之事變，考之愈勤，講之愈徹，而以之應感、酬酢，漠然愈不相關，此則學術之過也。與毛文學。

秋遊記

竊疑世儒口口説悟，乃其作用處，殊是未悟者。悟與修分兩途，終未能解。龍溪曰：「狂者志大而行不掩，乃是直心而動，無所掩飾，無所窩藏，時時有過可改，此是入聖真路頭。世人總説修持，終有掩飾窩藏意思在，此去聖學路徑，何啻千里？」定宇曰：「所貴乎不掩藏者，爲其覺而能改也，非謂其冥然不顧，而執之以爲是也。」

予謂定宇曰：「昨所言天地都不做，得無駭人之聽耶？」定宇笑曰：「畢竟天地也多動了一下。」予曰：「子真出世之學，非予所及也。然嘗謂此體真無而實有，天不得不生，地不得不成，譬如木之有根，而發爲枝葉花實，自不容已。天地亦何心哉？佛氏以大地山河爲幻妄，此自迷者言之耳。苟自悟者觀之，一切幻相皆是真如，而況於天地乎？」定宇曰：「學在識真，不假斷妄，子言得之矣。」

志學録

當思父母生我之始，光光浄浄，只有此性命，一切身外物，真如水上漚。奈何拋我之本來，而汲汲營營於身外暫生暫滅之浮漚乎！

吾邑蕭静菴曰：「目力有餘，則當徧讀六經，以窺聖賢之心事；足力有餘，則當縱遊五嶽，以觀天地之形骸。若夫蒔一花卉，畜一奇玩，雖力有餘，弗爲也。」

有壁立萬仞之節概，乃可以語光風霽月之襟懷。

善樹木者芟其枝葉，則其本盛矣。善爲學者斂其英華，則其神凝矣。

眼前一草一木，皆欣欣向榮，一禽一鳥，皆嚶嚶自得，滿腔子是惻隱之心。

以禍福得喪付之天，以贊毀予奪付之人，以修身立德責之己，豈不至易至簡乎！顏子當仰鑽瞻忽時，只是於本體上想像追尋，終不可得。後來得夫子之教，却於博文約禮用工夫。工夫既到，而後本體卓爾，如有可見，始悟向者想像追尋之爲非也。

日之長短有時矣，然意有所營，若促之而短；事無所繫，若引之而長，心之無時如此。身之所處有方矣，然神之所主㊀，忽而九天㊁，忽而萬里，心之無方如此。

教諭胡今山先生瀚

胡瀚字川甫，號今山，餘姚人。支湖鐸從子也。自幼承家學，動必以禮。年十八，從陽明先生遊，論及致良知之學，反覆終日，則躍然起曰：「先生之教，劈破愚蒙矣。」陽明授以傳習録、博約説，日歸而思之，蓋有省㊂。支湖召而語之曰：「孺子知學乎？學在心，心以不欺爲主。」瀚唯唯。於是日從事於求心，悟「心無内外，無動静，無寂感，皆心也，即性也。其有内外動静，寂感之不一也，皆心之不存焉故也」。作心箴圖以自課。就質於陽明，陽明面進之。先生益自信，危言篤行，繩簡甚密。陽明殁，諸弟子紛紛互講良知之學，其最盛者山陰王汝中、泰州王汝止、安福劉君亮、永豐聶文蔚，四家各有疏説，駸

㊀「主」字，賈本、備要本作「至」。
㊁「忽而九天」下，賈本、備要本有「意之所注」四字。
㊂此條據賈本補。「蓋」字備要本作「益」。

駸立爲門户，於是海内議者羣起。先生曰：「先師標致良知三字，於支離汩没之後，指點聖真，真所謂滴骨血也。吾黨慧者論證悟，深者研歸寂，達者樂高曠，精者窮主宰流行，俱得其説之一偏。且夫主宰既流行之主宰，流行卽主宰之流行，君亮之分別太支。汝中無善無惡之悟，心若無善，知安得良？故言無善，不如至善，天泉證道其説不無附會。汝止以自然爲宗，季明德又矯之以龍惕。龍惕所以爲自然也，龍惕而不恰於自然，則爲拘束；自然而不本於龍惕，則爲放曠。良知本無寂感，卽感卽寂，卽寂卽感，不可分別。文蔚曰：『良知本寂，感於物而後有知，必自其寂者求之，使寂而常定，則感無不通。』似又偏向無處立脚矣。」宋儒學尚分別，故勤註疏；明儒學尚渾成，故立宗旨。然明儒厭訓詁支離，而必標宗旨以爲的，其弊不減於訓詁。道也者，天下之公道，學也者，天下之公學也，何必列標宗旨哉？先生之學，則以求心爲宗，所註心箴圖，列而爲五：曰心圖，指本體也；曰存，曰死，曰出入，曰放心。各有箴，而功以存心爲主。晚年造詣益深，每提本朝儒者曰：「文清之行，粹然師表，求其卓然之見，一貫之唯，似隔曾、顏一級。文成明睿，學幾上達，若夫動不踰矩，循循善誘，猶非孔氏之家法。白沙煞有曾點之趣，而行徑稍涉於孤高。敬齋慎密，似有子夏規模，而道業未臻於光大。孟子願學孔子，而於顏、閔猶曰『姑舍』，吾於四先生亦云。」以恩貢，就華亭訓導，陞崇明教諭。歸家三十年，築室今山。著有今山集一百卷。

明儒學案卷十六　江右王門學案一

姚江之學，惟江右爲得其傳，東廓、念菴、兩峰、雙江其選也。再傳而爲塘南、思默，皆能推原陽明未盡之旨。是時越中流弊錯出，挾師説以杜學者之口，而江右獨能破之，陽明之道賴以不墜。蓋陽明一生精神，俱在江右，亦其感應之理宜也。

文莊鄒東廓先生守益附子善、孫德涵、德溥、德泳。

鄒守益字謙之，號東廓，江西安福人。九歲從父宦於南都，羅文莊欽順見而奇之。正德六年會試第一，廷試第三，授翰林編修。踰年丁憂。宸濠反，從文成建義。嘉靖改元，起用。大禮議起，上疏忤旨，下詔獄，謫判廣德州。毁淫祠，建復初書院講學。擢南京主客郎中，任滿告歸。起南考功，尋還翰林，司經局洗馬，上聖功圖。世宗猶以議禮前疏弗悦也，下禮部參勘而止。遷太常少卿，兼侍讀學士，掌南院。陞南京國子祭酒。九廟災，有旨大臣自陳。大臣皆惶恐引罪，先生上疏獨言君臣交儆之義，遂落職閒住。四十一年卒，年七十二。隆慶元年，贈禮部右侍郎，謚文莊。

初見文成於虔臺，求表父墓，殊無意於學也。文成顧日夕談學，先生忽有省曰：「往吾疑程、朱補大學，先格物窮理，而中庸首慎獨，兩不相蒙，今釋然格致之即慎獨也。」遂稱弟子。又見文成於越，留月餘，既别而文成念之曰：「以能問於不能，謙之近之矣。」又自廣德至越，文成歎其不以遷謫爲意，先生曰：「一官應迹優人，隨遇爲故事耳。」文成默然，良久曰：「書稱『允恭克讓』，謙之信恭讓矣。自省允克何如？」先生欲然，始悟平日之恭讓，不免於玩世也。

先生之學，得力於敬。敬也者，良知之精明而不雜以塵俗者也。吾性體行於日用倫物之中，不分動静，不舍晝夜，無有停機。流行之合宜處謂之善，其障蔽而壅塞處謂之不善。蓋一忘戒懼則障蔽而壅塞矣，但令無往非戒懼之流行，卽是性體之流行矣。離却戒慎恐懼，無從覓性；離却性，亦無從覓日用倫物也。故其言「道器無二，性在氣質」，皆是此意。其時雙江從寂處、體處用功夫，以感應、運用處爲效驗。先生言其「倚於内，是裂心體而二之也」。彭山惡自然而標警惕，先生言其「滯而不化，非行所無事也」。夫子之後，源遠而流分，陽明之没，不失其傳者，不得不以先生爲宗子也。夫流行之爲性體，釋氏亦能見之，第其捍禦外物，是非善惡一歸之空，以無礙我之流行。蓋有得於渾然一片者，而日用倫物之間，條理脈絡，不能分明矣。粗而不精，此學者所當論也。先生青原贈處記陽明赴兩廣，錢、王二子各言所學，緒山曰：「至善無惡者心，有善有惡者意，知善知惡是良知，爲善去惡是格物。」龍溪曰：「心無善而無惡，意無善而無惡，知無善而無惡，物無善而無惡。」陽明笑曰：「洪甫須識汝中本體，汝中須識洪甫功夫。」此與龍溪天泉證道記同一事，而言之不同如此。蕺山先師嘗疑陽明天泉之言與平時不同。平時每言「至善是心之本體」。又曰「至善只是盡乎天理之極，而無一毫人欲之私」。又曰「良知卽天理」。録中言天理二字，不一而足，有時説「無善無惡者理之静」，亦未嘗逕説「無善無惡是心體」。

今觀先生所記，而四有之論，仍是以至善無惡爲心，即四有四句亦是緒山之言，非陽明立以爲教法也。今據天泉所記，以無善無惡議陽明者，盍亦有考於先生之記乎？

子善，孫德涵、德溥、德泳。

善字某，號潁泉。嘉靖丙辰進士。由比部郎、藩臬使，歷官至太常寺卿。

德涵字汝海，號聚所。隆慶辛未進士。從祀議起，上疏極言文成應祀。授刑部主事。江陵當國，方嚴學禁，而先生求友愈急。傅慎所、劉畏所先後詆江陵，皆先生之邑人，遂疑先生爲一黨，以河南僉事出之。御史承江陵意，疏論鐫秩而歸。未幾卒，年五十六。先生受學於耿天臺，鄉舉後卒業太學。天臺謂：「公子寒士，一望而知，居之移氣若此。獨汝海不可辨其爲何如人。」問學於耿楚倥，楚倥不答。先生憤然曰：「吾獨不能自參，而向人求乎？」反閉一室，攻苦至忘寢食，形軀減削。出而與楊道南、焦弱侯討論，久之，一旦霅然，忽若天牖，洞徹本真，象山所謂「此理已顯也」。然潁泉論學，於文莊之教，無所走作，入妙通玄，都成幻障，而先生以悟爲入門，於家學又一轉手矣。

德溥字汝光，號四山。舉進士，官至太子洗馬。所解春秋，逢掖之士多宗之。更掩關宴居，覃思名理，著爲易會。自敍非四聖之易，而霄壤自然之易，又非霄壤之易，而心之易。其於易道，多所發明。先生浸浸向用，忽而中廢。其京師邸寓，爲霍文炳之故居。文炳奄人張誠之奴也，以罪籍没，有埋金在屋。先生之家人發之，不以聞官。事覺，罪坐先生，革職追贓，門生爲之醵金以償。潁泉素嚴，聞之怒甚，先生不敢歸者久之。

德泳號瀘水。萬曆丙戌進士，授行人，轉雲南御史。壬辰正月，禮科都給事中李獻可公疏請皇長子豫教。上怒，革獻可爲民。先生救獻可，亦遂革職。累疏薦不起。先生既承家學，守「致良知」之宗，而於格物則別有深悟。論者謂「淮南之格物，出陽明之上」，以先生之言較之，則淮南未爲定論也。

東廓論學書

向來起滅之意，尚是就事上體認，非本體流行。吾心本體，精明靈覺，浩浩乎日月之常照，淵淵乎江河之常流，其有所障蔽，有所滯礙，掃而決之，復見本體。古人所以造次於是，顛沛於是，正欲完此常照、常明之體耳。與君亮、伯光。

良知之教，乃從天命之性，指其精神靈覺而言。惻隱、羞惡、辭讓、是非，無往而非良知之運用，故戒懼以致中和，則可以位育，擴充四端，則可以保四海，初無不足之患，所患者未能明耳。好問好察以用中也，誦詩讀書以尚友也，前言往行以畜德也，皆求明之功也。及其明也，只是原初明也，非合天下古今之明而增益之也。世之没溺於聞見，勤苦於記誦，正坐以良知爲不足，而求諸外以增益之，故比擬愈密，揣摩愈巧，而本體障蔽愈甚。博文格物，即戒懼擴充，一箇功夫，非有二也。果以爲有二者，則子思開卷之首，得無舍其門而驟語其堂乎？復夏敦夫。

越中之論，誠有過高者，忘言絶意之辨，向亦駭之。及卧病江上，獲從緒山、龍溪切磋，漸以平實。其明透警發處，受教甚多。夫乾乾不息於誠，所以致良知也；懲忿、窒慾、遷善、改過，皆致良知之條目也。若以懲忿之功爲第二義，則所謂「如好好色，如惡惡臭」，「己百己千」者，皆爲剩語矣。源泉混混以放乎四海，性之本體也，有所壅蔽，則決而排之，未嘗以人力加損，故曰「行所無事」。若忿慾之壅，不加懲窒，而曰「本體原自流行」，是不決不排，而望放乎海也。苟認定懲窒爲治性之功，而不察流行之體，原不可以人力加損，則亦非行所無事之旨矣。答聶雙江。

明德之明，人人完足。遇親而孝，遇長而弟，遇君而忠，遇夫婦而別，遇朋友而信，無往非明德之流行。流行之合宜處，謂之善，其障蔽而壅塞處，謂之不善。學問之道無他也，去其不善以歸於善而已矣。與鮑復之。

古人理會利害，便是義理；今人理會義理，猶是利害。答甘泉。

良知精明處，自有天然一定之則，可行則行，可止則止，真是鳶飛魚躍，天機活潑，初無妨礙，初無揀擇。所患者好名好利之私，一障其精明，則糠粃眯目，天地爲之易位矣。答周順之。

果能實見「敬」字面目，則卽是性分，卽是禮文，又何偏內偏外之患乎？若岐性分禮文而二之，則已不識敬，何以語聖學之中正乎？與方時勉。

來教謂：「心有主宰，遇非禮則勿視、勿聽」，將無以非禮爲在事事物物上求之乎？心有主宰，便是敬，便是禮；心無主宰，便是不敬，便是非禮。答林朝相。

聖門要旨，只在修己以敬。敬也者，良知之精明而不雜以塵俗也。戒慎恐懼，常精常明，則出門如賓，承事如祭，故道千乘之國，直以敬事爲綱領。信也者，敬之不息者也，非敬之外復有信也。節用愛人，使民以時，卽敬之流行於政者也。先儒謂「未及爲政」，得毋以修己安百姓爲二乎？與胡鹿厓。

遷善改過，卽致良知之條目也。果能戒慎恐懼，常精常明，不爲物欲所障蔽，則卽此是善，更何所遷？卽此非過，更何所改？一有障蔽，便與掃除，雷厲風行，復見本體。其謂「落在下乘」者，只是就事上點撿，則有起有滅，非本體之流行耳。答徐子弼。

是非逆順境界，猶時有礙，乃知聲臭未泯，還是形而下學問。薛中離語。

自其精明之無障礙謂之智及，自其精明之無間斷謂之仁守。答徐波石。敬也者，良知之精明而不雜以私欲也，故出門使民，造次顛沛，參前倚衡，無往非戒懼之流行，方是須臾不離。

天理人欲，同行異情，此正毫釐千里之幾。從良知精明流行，則文、武之好勇，公劉、太王之好貨色，皆是天理。若雜之以私欲，則桓、文之救魯、救衞，攘夷安夏，皆是人欲。先師所謂「須從根上求生死，莫向支流論濁清」。

有疑聖人之功異於始學者，曰：「王逸少所寫『上大人』，與初填硃模者，一點一直，不能一毫加損。」以上與呂涇野。

小人之起私意，昏迷放逸，作好作惡，至於穿窬剽劫，何往非心，特非心之本體耳。水之過顙在山，至於滔天襄陵，何往非水，然非水之本體矣。戒懼以不失其本體，禹之所以行水也。隄而遏之，與聽其壅橫而不決不排，二者胥失之矣。答曾弘之。

世俗通病，只認得箇有才能，有勛業，有著述的聖人，不認得箇無技能，無勛業，無著述的聖人。與洪峻之。

近有友人相語曰：「君子處世，只顧得是非，不須更顧利害。」僕答之曰：「天下真利害，便是天下真是非。卽如舍生取義，殺身成仁，安得爲害？而墦肉乞飽，壟上罔斷，安得爲利？若論世情利害，亦有世情是非矣。」與師泉。

吾輩病痛，尚是對景時放過，故辨究雖精，終受用不得。須如象山所云，「關津路口，一人不許放過」，方是須臾不離之學。與周順之。

云「商量家事，矛盾則有我，合同則留情，自是對景增減，又安能與千聖同堂，天地並位？」誠然，誠然。至以貨色名利，比諸霧靄魑魅，則有所未穩。形色天性，初非嗜慾，惟聖踐形，只是大公順應之，無往非日月，無往非郊野鸞凰。若一有增減，則妻子家事，猶爲霧靄魑魅，心體之損益，其能免乎？凡人與聖人，對景一也。無增減是本體，有增減是病症。今日亦無別法，去病症以復本體而已矣。與師泉。

兩城有數條相問，大意主於收視斂聽，一塵不攖，一波不興，爲未發之時。當此不攖不興，意尚未動，吾儒謂之存存，存存則意發卽誠。僕答之曰：「收視是誰收？斂聽是誰斂？卽是戒懼功課，天德王道，只是此一脈。所謂去耳目支離之用，全圓融不測之神，神果何在？不睹不聞，無形與聲，而昭昭靈靈，體物不遺，寂感無時，體用無界，第從四時常行，百物常生處，體當天心，自得無極之真。」與雙江。

天命之性，純粹至善，昭昭靈靈，瞞昧不得，而無形與聲，不可睹聞。學者於此，無從體認，往往以强索懸悟，自增障蔽。此學不受世態點污，不賴博聞充拓，不須億中測度，不可意氣承擔，不在枝節點檢，亦不藉著述繼往開來，凡有倚著，便涉聲臭。與郭平川。

世之論者，謂曾子得之以魯，子貢失之於敏。果若而言，則敏劣於魯矣。古人學術，須到氣質脱化處，方是歸根復命。億則屢中，是不免挨傍氣習，猶有倚著。而戰戰兢兢，任重道遠，豈魯者所能了？故嘗謂「曾子能脱化得魯，故卒傳其宗；子貢不能脱化得敏，故終止於器。」與劉兩江。

指其明體之大公而無偏也，命之曰中；指其明體之順應而無所乖也，命之曰和，一物而二稱。世之以中和二致者，是静存動省之説誤之也；以性上不可添戒懼者，是猖狂而蹈大方之説誤之也。答高仰之。

近來講學，多是意興，於戒懼實功，全不著力，便以爲妨礙自然本體，故精神浮泛，全無歸根立命處。間有肯用戒懼之功者，止是點檢於事爲，照管於念慮，不曾從不睹不聞上入微。

寂感無二時，體用無二界，如稱名與字。然稱名而字在其中，稱字而名在其中，故中和有二稱，而慎獨無二功。今執事毅然自信，從寂處、體處用功夫，而以感應、運用處爲效驗，無所用其力，環起而議之，無一言當意者。竊恐有隱然意見，默制其中，而不自覺。此於未發之中，得無已有倚乎？倚於感，則爲逐外；倚於寂，則爲專内，雖高下殊科，其病於本性均也。以上與余柳溪。

來教謂「良知是人生一箇真種子，本無是非、可否、相對。而言是非、可否、相對，此知之屬氣者。」不知精明貞純、無非無否處，將不屬氣否？答雙江。

過去未來之思，皆是失却見在功夫，不免借此以繫其心。緣平日戒懼功疎，此心無安頓處，佛家謂之猢孫失樹，更無伎倆。若是視於無形，聽於無聲，洞洞屬屬，精神見在，兢業不暇，那有閒工夫思量過去，理會未來？故「憧憧往來，朋從爾思」，此是將迎病症。「思曰睿，睿作聖」，此是見在本體功程，毫釐千里。答濮致昭。

陽明夫子之平兩廣也，錢、王二子送於富陽。夫子曰：「予别矣！盍各言所學。」德洪對曰：「至善無惡者心，有善有惡者意，知善知惡是良知，爲善去惡是格物。」畿對曰：「心無善而無惡，意無善而無惡，知無善而無惡，物無善而無惡。」夫子笑曰：「洪甫須識汝中本體，汝中須識洪甫功夫，二子打併爲一，不失吾傳矣。」

聖門志學，便是志「不踰矩」之學。吾儕講學以修德，而日用踰矩處，乃以小過安之，何以協一？胸中一有所不安，自戒自懼，正是時時下學，時時上達，準四海，俟百聖，合德合明，只是一矩。以上青原贈處。

東廓語録

問「性固善也，惡亦不可不謂之性」。曰：「以目言之，明固目也，昏亦不可不謂之目。當其昏也，非目之本體矣。」

古人以心體得失爲吉凶，今人以外物得失爲吉凶。作德日休，作僞日拙，方見影響不爽。奉身之物，事事整飾，而自家身心，先就破蕩，不祥莫大焉。

性字從心從生，這心之生理，精明真純，是發育峻極的根本。戒慎恐懼，養此生理，從君臣父子交接處，周貫充出，無須臾虧損，便是禮儀三百，威儀三千。古人發育峻極，只從三千三百充拓，不是懸空擔當。三千三百，只從戒懼真體流出，不是枝節檢點。

自天子至於庶人，皆有中和位育。中和不在戒懼外，只是喜怒哀樂大公順應處；位育不在中和外，只是大公順應與君臣父子交接處。

人倫庶物，日與吾相接，無一刻離得，故庸德之行，庸言之謹，兢業不肯放過，如織絲者絲絲入簆，無一絲可斷，乃是經綸大經。

問諸生：「平旦之氣奚若？」曰：「覺得清明，覺得無好惡。」曰：「清明者心也，而無好惡則有心而無意；清明者知也，而無好惡則有知而無物。二三子試思之，果有無意之心，無物之知乎」？曰：「平旦之氣，湛然虛明。杲日當空，一物不留。」曰：「一物不留，却是萬物畢照。一物不留，是常寂之體；萬物畢照，是常感之用。」

濂溪主静之静，不對動而言，恐人誤認，故自註無欲。此静字是指人生而静真體，常主宰綱維萬化者。在天機，名之曰「無聲無臭」，故揭「無極」二字；在聖學，名之曰「不睹不聞」，故揭「無欲」二字。天心無言，而元亨利貞無停機，故百物生；聖心無欲，而仁義中正無停機，故萬物成。知太極本無極，則識天道之妙；知仁義中正而主静，則識聖學之全。

戒慎恐懼之功，命名雖同，而血脈各異。戒懼於事，識事而不識念；戒懼於念，識念而不識本體。本體戒懼，不睹不聞，常規常矩，常虛常靈，則冲漠無朕，未應非先，萬象森然，已應非後，念慮事爲，一以貫之，是爲全生全歸，仁孝之極。

問「天下事變，必須講求」。曰：「聖門講求，只在規矩，規矩誠立，千方萬圓，自運用無窮。平天下之道，不外絜矩，直至瓊臺，方補出許多節目，豈是曾子比丘氏疎略欠缺？」

問「格致」。曰：「心不離意，知不離物。而今却分知爲內，物爲外；知爲寂，物爲感，故動静有二時，體用有二界，分明是破裂心體。是以有事爲點檢，而良知却藏伏病痛，有超脱事爲，而自謂良知瑩徹，均之爲害道。」

徐少初謂：「真性超脱之幾，須從無極太極悟入。」曰：「某近始悟得此意，然只在一氣五行流運中，故從四時常行、百物常生處見太極，禮儀三百、威儀三千處見真性，方是一滚出來，若隱隱見得真性本體，而日用應酬，凑泊不得，猶是有縫隙在。先師有云：『不離日用常行內，直造先天未畫前。』了此便是下學上達之旨。」

問「博約」。曰：「聖門之學，只從日用人倫庶物，兢兢理會自家真性，常令精明流行。從精明識得流行實際，三千三百，彌綸六合，便是博文。從流行識得精明主宰，無形無聲，退藏于密，便是約禮。故亦臨亦保，昭事上帝。不怨不尤，知我其天。初無二塗轍。」

問「不睹不聞」。曰「汝信得良知否？」曰：「良知精明，真是瞞昧不得。」曰：「精明有形乎？」曰：

「無形。」曰：「有聲乎？」曰：「無聲。」曰：「無形與聲，便是不睹不聞；瞞昧不得，便是莫見莫顯。」

問㊀「戒懼」。曰：「諸君試驗心體，是放縱的，是不放縱的？若是放縱的，添箇戒懼，却是加了一物。若是不放縱的，則戒懼是復還本體。年來一種高妙口譚，不思不勉，從容中道精蘊，却怕戒懼拘束，如流落三家村裏，爭描畫宗廟之美、百官之富，於自家受用，無絲毫干涉。」

有苦閒思雜念者，詰之曰：「汝自思閒，却惡閒思；汝自念雜，却惡雜念。辟諸汝自醉酒，却惡酒醉。果能戒懼一念須臾不離，如何有功夫去浮思？」

錢緒山論意見之弊，謂：「良知本體著於意見，猶規矩上著以方圓，方圓不可得，而規矩先裂矣。」曰：「此病猶是認得良知粗了。良知精明，肫肫皜皜，不粘帶一物。意即良知之運行，見即良知之發越，若倚於意，便爲意障，倚於見，便爲見障。如秤天平者，手勢稍重便是弊端。」

王泉石云：「古人開物成務，實用須講求得定，庶當局時不失著。」曰：「某嘗看棋譜，局局皆奇，只是印我心體之變動不居。若執定成局，亦受用不得，緣下了二三十年棋，不曾遇得一局棋譜。不如專心致志，勿思鴻鵠，勿援弓矢，盡自家精神，隨機應變，方是權度在我，運用不窮。」

龍溪曰：「不落意見，不涉言詮，如何？」曰：「何謂意見？」曰：「隱隱見得自家本體，而日用湊泊不得，是本體與我終爲二物。」曰：「何謂言詮？」曰：「凡問答時，言語有起頭處，末梢有結束處，中間有說不了處，皆是言詮所縛。」曰：「融此二證如何？」曰：「只方是肫肫皜皜實際。」

㊀「問」原作「聞」，據賈本、備要本改。

程門所云「善惡皆天理，只過不及處便是惡」，正欲學者察見天則，不容一毫加損。雖一毫，終不免踰矩。此正研幾脈絡。

大學言好惡，中庸言喜怒哀樂，論語言説樂不愠。舍自家性情，更無用功處。順逆境界，只是晴雨，出處節度，只是語默。此中潔浄，無往不潔浄，此中粘帶，無往不粘帶。

問「道器之别」。曰：「盈天地皆形色也，就其不可覩、不可聞、超然聲臭處指爲道，就其可睹、可聞、體物不遺指爲器，非二物也。今人却以無形爲道，有形爲器，便是裂了宗旨。喜怒哀樂即形色也，就其未發渾然、不可睹聞指爲中，就其發而中節、燦然可睹聞指爲和。今人却以無喜怒哀樂爲中，有喜怒哀樂爲和，如何得合？人若無喜怒哀樂則無情，除非是槁木死灰。」

往年與周順之切磋。夢與同志講學，一厨子在旁切肉，用刀甚快。一猫升其几，以刀逐之，旋復切肉如故。因指語同座曰：「使厨子只用心逐猫，猫則去矣，如何得肉待客？」醒以語順之，忻然有省。

天性與氣質，更無二件。人此身都是氣質用事，目之能視，耳之能聽，口之能言，手足之能持行，皆是氣質，天性從此處流行。先師有曰：「惻隱之心，氣質之性也。」正與孟子形色天性同旨。其謂「浩然之氣，塞天地，配道義」，氣質與天性，一滚出來，如何説得「論性不論氣」。後儒説兩件，反更不明。除却氣質，何處求天地之性？良知虚靈，晝夜不息，與天同運，與川同流，故必有事焉，無分於動靜。若分動靜而學，則交换時須有接續，雖妙手不能措巧。元公謂「静而無静，動而無動」，其善發良知之神乎！

穎泉先生語録

學者真有必求爲聖人之心，則卽此必求一念，是作聖之基也。猛自奮迅一躍，躍出，頓覺此身迥異塵寰，豈非千載一快哉！

和靖謂：「敬有甚形影，只收斂身心，便是主一。如人到神祠中致敬時，其心收斂，更著不得毫髮事，非主一而何？」此最得濂、洛一脈。

學莫要於識仁。仁，人心也。吾人天與之初，純是一團天理，後來種種嗜慾，種種思慮，雜而壞之。須是默坐澄心，久久體認，方能自見頭面。子曰：「默而識之。」識是識何物？謂之默則不靠聞見，不倚知識，不藉講論，不涉想像，方是孔門宗旨，方能不厭不倦。是故必識此體，而後操存涵養始有著落。

學莫切於敦行，仁豈是一箇虛理？禮儀三百，威儀三千，無一而非仁也。知事外無仁，仁體時時流貫，則日用之間，大而人倫不敢以不察，小而庶物不敢以不明。人何嘗一息離却倫物，則安可一息離却體仁之功？一息離便非仁，便不可以語人矣。顏子視、聽、言、動，一毫不雜以非禮，正是時時敦行，時時善事吾心。

先儒謂：「學成於静。」此因人馳於紛擾，而欲其收斂之意。若究其極，則所謂不睹不聞。主静之静，乃吾心之真，本不對動而言也，卽周子所謂「一」，程子所謂「定」。時有動静，而心無動静，乃真静也。若時而静存，時而動察，乃後儒分析之説。細玩「子在川上」章，可自見矣。

孔子謂：「苟志於仁，無惡也。」若非有此真志，則終日縈縈，皆是私意，安可以言過？李卓吾倡爲異説，破除名行，楚人從者甚衆，風習爲之一變。劉元卿問於先生曰：「何近日從卓吾者之多也？」曰：「人心誰不欲爲聖賢，顧無奈聖賢礙手耳。今渠謂酒色財氣，一切不礙菩提路，有此便宜事，誰不從之？」

夫子謂能見其過而内自訟者爲鮮，蓋真能見過，則卽能見吾原無過處，真能自訟，則常如對讞獄吏，句句必求以自勝矣。但人情物理，不遠於吾身，苟能反身求之，又何齟齬困衡之多？蓋己所不欲，勿施於人，則人我無間，其順物之來，而毋以逆應之，則物理有不隨我而當者乎？

格致之功，乃曾子發明一貫之傳。天下萬事萬物，莫不原於吾之一心，此處停妥，不致參差，卽是大公之體。以此隨事應之，無所增損起滅，卽是順應之流行矣。動容貌，出辭氣，正顏色，莫非以此貫之。

所諭「應事接物，惟求本心安妥便行。否，雖遠衆勿恤」。學能常常如是，本心時時用事，久之可造於誠。世有以真實見羨者，吾因之以加勉，有以迂闊見誚者，吾不因之而稍改。何也？學所以求自信而已，非爲人也。然所謂本心安妥，更亦當有辨，真無私心，真無世界心，乃爲本心，從此安妥，乃爲真安妥。不然，恐夾帶世情，夾帶習見，未可以語本心安妥也。

夫爲吾一身之主，爲天地萬物之主，孰有外於心？所以握其主以主天地萬物，孰有過於存心？非我公反身體貼，安能言之親切若此？第存心莫先於識心，識心莫先於静。所謂心，固不出乎腔子裏，然退藏於密者此也，彌滿於六合者亦此也。所謂識，固始於反觀默認，然浄掃其塵念，而自識其靈明之體可也。識此靈明之呈露，而不極深研窮以得其全體不可也。所謂存，固始於静時凝結，然「屋漏」，此操存之功也，「友君子」，亦此操存之功也。所謂静亦有二：有以時言者，則動亦定、静亦定之動静是也；有以體言者，則不對動説，寂以宰感，翕聚以宰發散，無時不凝結，亦無時不融釋，所謂無欲故静，即程門之定是也。若曰有嗜静處，則能必其無厭動處耶？若曰常在裏面，停停當當，則方其在外時，又何者在裏面耶？心者，天下至神至靈者也。存心者，握其至神至靈，以應天下之感者也。苟認定吾靈明之相，而未盡吾真體之全，即不免在内在外之疑。苟分存心與應務爲二時，即不能免静時凝結，動時費力之疑。願公不以其所已得爲極至，而深識此心之全體，盡得存心之全功，則自有涣然冰釋處矣。

學不明諸心，則行爲支；明不見諸行，則明爲虚。明者，明其所行也。行者，行其所明也。故欲明吾孝德，非超悟乎孝之理已也，真竭吾之所以事父者，而後孝之德以明。欲明吾弟德，非超悟乎弟之理已也，真盡吾之所以事兄者，而後弟之德以明。舜爲古今大聖，亦惟曰：「明於庶物，察於人倫。」舍人倫庶物，無所用其明察矣。若本吾之真心，以陳説經史，即此陳説，即行其所明也，安可以爲逐物？本吾之真心，以習禮講小學，即此講習，即行其所明也，安可以爲末藝？然今世所謂明心者，不過悟其影響，解其字義耳。果超果神者誰與？若能神解超識，則自不離日用常行矣。故下學上達，原非二時，分之即不可以語達，即不可以語學。故曰：「吾無行而不與二三子者，是丘也。」作與語固爲行，止與默亦爲行，人一日何時可離行耶？行本重，然實不在明之外也。

所謂將來學問，只須慎獨，不須防檢，而既往愆尤習心未退，當何以處之？夫吾之獨處，純然至一，無可對待。識得此獨，而時時慎之，又何愆尤能入、習心可發耶？但吾輩習心有二：有未能截斷其根，而目前暫却者，此病尚在獨處，獨處受病，又何慎之可言？有既與之截斷，而舊日熟境不覺竊發者，於此處覺悟，卽爲之掃蕩，爲之廓清，亦莫非慎之之功。譬之醫家，急治其標，亦所以調攝元氣。譬之治水，雖加疏鑿決排，亦莫非順水之性。見獵有喜心，正見程子用功密處，非習心之不去也。人一能之，己百之，人十能之，己千之，此正是困勉之功，安可以爲著意？但在本體上用，雖困且苦，亦不可以言防檢。今世之防檢者，亦有熟時，不可以其熟時爲得操存之要，何如？何如？

程門慎獨之旨，發於川上，正是不舍晝夜之幾。非禮勿視、聽、言、動，時時在禮上用力，卽慎獨也。時時是禮，時時無非禮，安論境界？試淺言之，雖嚮晦宴息，吾心亦炯然不昧，吾耳目身口亦不能離，又安有無視、聽、言、動之時？雖在夢中，有呼卽醒，何嘗俱入於滅？易所謂寂者，指吾心之本體不動者言也，非指閒靜之時也。功夫只是一箇，故曰「通乎晝夜之道而知」，在知處討分曉，不在境上生分別。

承示元城之學，力行七年而後成，上蔡別程子數年，始去一「矜」字，何其難？子曰：「欲仁而仁至」，又何其易？切問也。夫仁何物也？心也。心安在乎？吾一時無心，不可以爲人，則心在吾，與生俱生者也。求吾之與生俱生者，安可以時日限？試自驗之。吾一念真切，惟求復吾之真體，則此欲仁一念，已渾然仁體矣，何有於妄？何處覓矜？無妄無矜，非仁體而何？至於用力之熟，消融之盡，則不能不假以歲月耳。今高明既信我夫子「欲仁仁至」之語，則卽此處求之足矣，不必更於古人身上生疑，斯善求仁矣。

聚所先生語録

今人只説我未嘗有大惡的事，未嘗有大惡的念頭，如此爲人，也過得。不知日間昏昏懵懵，如醉如夢，便是大惡了。天地生我爲人，豈徒昏懵天地間，與虫蟻並活已耶？

諸生夜侍，劉思徵問曰：「堯、舜之心至今在，其説如何？」先生曰：「汝知得堯、舜是聖人否？」曰：「知之。」曰：「卽此便是堯、舜之心在。」時李肖、岑大行在坐，謂諸生曰：「堯、舜之道，孝弟而已矣。人孰不曉得父母當孝，兄弟當弟？這點心，卽盜蹠亦是有的，但人都是爲氣欲蔽了，不能依著這心行去。」先生謂諸生曰：「汝信得及否？」諸生對曰：「信得。」先生曰：「這箇心是人人都有的，是人人都做得堯、舜的，世人却以堯、舜的心去做盜蹠的事，圖小小利欲，是猶以千金之璧而易壺飧也。可惜！」

李如真述前年至楚侗先生家，與其弟楚倥同寢九日，數叩之不語。及將行時，楚倥乃問曰：「論語上不曰如之何、如之何，汝平日如何解？」如真對以爲「我今日不遠千里特來究證，亦可謂如之何、如之何矣，子全無一言相教耶？」楚倥曰：「汝到不去如之何、如之何，又教我如之何。」先生甚歎其妙。凡至會者，輒以此語之。一友云：「若行得路正，他如之何、如之何便好。若路不正，就是如之何、如之何也無用。」先生笑曰：「只是不曰如之何、如之何，若曰如之何、如之何，路道自不會差了。」一友呈其見解之，先生曰：「解得不中用，只是要如之何、如之何、如之何就是。」

問「自立自達」。曰：「自立是卓然自立於天地間，再無些倚靠，人推倒他不得。如太山之立於天地間，任他風雷俱不能動，這方是自立。既自立了，便能自達，再不假些幫助，停滯他不得。如黃河之決，一瀉千里，任是甚麼不能沮他，這方是自達。若如今人靠著聞見的，聞見不及處，便被他推倒了，沮滯了。小兒行路，須是倚牆靠壁，若是大人，須是自行。」

凡功夫有間，只是志未立得起，然志不是凡志，須是必爲聖人之志。若不是必爲聖人之志，亦不是立志。若是必爲聖人之志，則凡行得一件好事，做得一上好功夫，也不把他算數。

一友言已教姪在聲色上放輕些。先生曰：「我則異於是。我只勸他立志向學。若勸得他向學之志重了，他於聲色上便自輕，不待我勸。昔孟子於齊王好樂，而曰『好樂甚，則齊其庶幾乎』！於好勇，則曰『請好大勇』。曰好貨，就曰『好貨也好，只要如公劉之好貨』。曰好色，就曰『好色也好，只要如太王之好色』。今人若聽見説好貨、好色，便就説得好貨、好色甚不好了，更轉他不得。今人只説孟子是不得已遷就的話，其實不知孟子。」

先生謂康曰：「爲學只好信得『人皆可以爲堯、舜』一句。」康曰：「近來亦信得及，只是無長進。」曰：「試言信處何如？」康曰：「只一念善念，便是堯、舜。」曰：「如此却是信不及矣。一日之中，善念有幾，却有許多時不是堯、舜了。只無不善處，便是堯、舜。」康曰：「見在有不善處，何以是堯、舜？」曰：「只曉得不善處，非堯、舜而何？」

先生問康曰：「近日用功何如？」康曰：「静存。」曰：「如何静存？」康曰：「時時想著箇天理。」曰：「此是人理，不是天理。天理天然自有之理，容一毫思想不得。所以陽明先生説『良知是不慮而知』的。

易曰：『何思何慮。』顔淵曰：『如有所立卓爾。』説『如有』，非真有一件物在前。本無方體，如何可以方體求得？倒㊀是如今不曾讀書人，有人指點與他，他肯做，還易得，緣他止有一箇欲障。讀書的人，又添了一箇理障，更難擺脱。你只静坐，把念頭一齊放下，如青天一般，絶無一點雲霧作障，方有會悟處。若一心想箇天理，便受他纏縛，非惟無益，而反害之。書曰：『人心惟危，道心惟微。』你今想箇天理，反添了這箇人心，自家常是不安的。若是道心，無聲無臭，容意想測度不得，容意想測度又不微了。中庸曰：『喜怒哀樂之未發謂之中。』怒而無有作惡，喜而無有作好，所謂情順萬物而無情，心普萬物而無心，無動無静，方是功夫的當處。譬之鏡然，本體光明，妍來妍照，媸來媸照，鏡裏原是空的，没有妍媸。你今如此就謂之作好。」康曰：「如此莫落空否？」曰：「不要怕空，果能空得，自然有會悟處。」康曰：「如此恐流於佛學也。」曰：「空亦不同。有一等閒人的空，他這空，是昏昏懵懵，胸中全没主宰，纔遇事來，便被推倒，如醉如夢，虚度一生。有異教家的空，是有心去做空，事物之來，都是礙他空的，一切置此心於空虚無用之地。有吾儒之空，如太虚一般，日月、風雷、山川、民物，凡有形色象貌，俱在太虚中發用流行，千變萬化，主宰常定，都礙他不得的，卽無卽有，卽虚卽實，不與二者相似。」康曰：「康初亦從空上用功，只緣不識空有三等之異，多了這箇意見，便添一箇理障。今已省得此意，當下却空不來。」曰：「這等功夫，原急不得，今日減得些，明日又減得些，漸漸減得去，自有私意浄盡，心如太虚。日子忙不得，如忙，又是助長，又是前病復發了。」

㊀ 原作「到」，據賈本改。

康問：「孟子云『必有事焉』，須時時去爲善方是。卽平常無善念時、無惡念時，恐也算不得有事否？」先生曰：「既無惡念，便是善念，更又何善念？却又多了這分意思。」康曰：「亦有惡念發而不自知者。」先生曰：「這點良知，徹頭徹尾，無始無終，更無有惡念發而不自知者。今人錯解良知作善念，不知知此念善是良知，知此念惡亦是良知，知此無善念無惡念也是良知。常知，便是必有事焉。其不知者，非是你良知不知，却是你志氣昏惰了。古人有言曰：『清明在躬，志氣如神。』豈有不自知的？只緣清明不在躬耳。你只去責志，如一毫私欲之萌，只責此志不立，則私欲便退聽。所以陽明先生責志之說最妙。」

先生謂康曰：「人之有是四端，猶其有是四體，信得及否？」康對曰：「康今說信得，只是口裏信得，不是心裏信得，緣未思量一番，未敢便謂信得。」先生曰：「倒不要思量，大抵世學之病，都是揣摩影響，如猜拳一般。聖門若顏子，便是開拳見子，箇數分明。且汝今要回，須要討箇分明，半明半暗，不濟得事。」康默自省有覺，因對曰：「只因老師之問，未實體認得，便在這裏痛，恐便是惻隱之心；愧其不知，恐便是羞惡之心；心中肅然，恐便是恭敬之心；心中辨決，有無當否，恐便是是非之心。卽此一問，四端盡露，真如人之有四體一般，但平日未之察耳。」先生喜曰：「這便是信得及了。」康又曰：「四端總是一端，全在是非之心上，惻隱知其爲惻隱，羞惡知其爲羞惡，恭敬知其爲恭敬。若沒是非之心，何由認得？亦何由信得？此便是良知，擴而充之則致矣。」先生曰：「會得時止說惻隱亦可，說羞惡亦可，說恭敬亦可。」

「仁者見之謂之仁，智者見之謂之智」，有所見，便不是道。百姓之愚，没有這見，却常用著他，只不知是道。所以夫子曰：「中庸不可能也。」中是無所依著，庸是平常的道理。故孟子言孝，未嘗以割股廬墓的，却曰：「孩提之童，無不知愛其親。」言弟則曰：「徐行後長者謂之弟。」今人要做忠臣的，只倚著在忠上，便不中了；爲此驚世駭俗之事，便不庸了。自聖人看來，他還是索隱行怪，縱後世有述，聖人必不肯爲。往年有一友問心齋先生云：「如何是無思而無不通？」先生呼其僕，卽應，命之取茶，卽捧茶至。其友復問，先生曰：「才此僕未嘗先有期我呼他的心，我一呼之便應，這便是無思無不通。」是友曰：「如此則滿天下都是聖人了。」先生曰：「却是。日用而不知，有時懶困著了，或作詐不應，便不是此時的心。」陽明先生一日與門人講大公順應，不悟。忽同門人遊田間，見耕者之妻送飯，其夫受之食，食畢與之持去。先生曰：「這便是大公順應。」門人疑之，先生曰：「他却是日用不知的。若有事惱起來，便失這心體。」所以大人者，不失其赤子之心。赤子是箇真聖人，真正大公順應，與天地合德，日月合明，四時合序，鬼神合吉凶的。

一友謂「知人最難」。先生擘畫一「仁」字，且曰：「這箇仁難知，須是知得這箇仁，才知得那箇人。」是友駭問，先生曰：「唯仁人能好人，能惡人。」是友悚然。

有問「仁體最大，近已識得此體，但静時與動時不同，似不能不息」。曰：「爾所見者，妄也。所謂仁者，非仁也。似此懸想，乃背於聖門默識之旨，雖勞苦終身，不能彀一日不息。夫識仁者，識吾身本有之仁，故曰：『仁者，人也。』今爾所見，是仁自仁，而人自人，想時方有，不想卽無，静時方明，纔動卽昏，豈有仁而可離者哉？豈有可離而謂之仁哉？故不假想像而自見者仁也，必俟想像而後見者非仁矣；不待安排布置而自定者仁也，必俟安排布置而後定者非仁矣；無所爲而爲者仁也，有所爲而爲者非仁矣；不知爲不知者仁也，强不知以爲知者非仁矣；與吾身不能離者仁也，可合可離非仁矣；不妨職業而可爲者仁也，必棄職業而後可爲者非仁矣；時時不可息者仁也，有一刻可息非仁矣；處處皆可體者仁也，有一處不可體者非仁矣；人皆可能者仁也，有一人不可能者非仁矣。孔子曰：『道二，仁與不仁而已矣。』出乎此則入乎彼，一日不識仁，便是一日之不仁，一時不識仁，便是一時之不仁。不仁則非人矣，仁則不外於人矣。識仁者，毋求其有相之物，惟反求其無相者而識之，斯可矣。」

先生曰：「言思忠，事思敬，只此便是學。」一友曰：「還要本體。」曰：「又有甚麽本體？忠敬便是本體，若無忠敬，本體在何處見得？吾輩學問，只要緊切，空空説箇本體，有何用？所以孟子曰：『無爲其所不爲，無欲其所不欲。』如此而已矣，更有甚麽？人人有箇不爲不欲的，人只要尋究自家那件是不爲不欲的，不爲不欲他便了。」

「學而不思則罔，思而不學則殆。」人只行些好事，而不思索其理，則習矣而不察，終是昏昏憒憒，全無一毫自得意思，做成一箇冥行的人。人只思索其理，而不著實去行，懸空思索，終是無有真見，不過窺得些影響，做成一箇妄想的人。所以知行要合一。

先生曰：「世人把有聲的作聞，有形的作見，不知無聲無形的方是真見聞。」康曰：「戒慎不睹，恐懼不聞，若有所戒慎、恐懼，便睹聞了，功夫便通不得晝夜。」先生曰：「人心纔住一毫便死了，不能生息。」

看人太俗，是學者病痛。

問：「如何是本心？」曰：「卽此便是。」又問：「如何存養？」曰：「常能如此便是。」有疑於「當下便是」之説者，乃舉孟子之擴充爲問。先生曰：「千年萬年只是一箇當下。信得此箇當下，便信得千萬箇。常如此際，有何不仁不義、無禮無智之失？孟子所謂擴充，卽子思致中和之致，乃是無時不然，不可須臾離意思，非是從本心外要加添些子。加些子便非本心，恐不免有畫蛇添足之病。」

實踐非他，解悟是已。解悟非他，實踐是已。外解悟無實踐，外實踐無解悟。外解悟言實踐者知識也，外實踐言解悟者亦知識也，均非帝之則，均非戒慎之旨。

四山論學

今世覓解脱者，宗自然，語及問學，輒曰此爲法縛耳。顧不識人世種種規矩範圍，有欲離之而不能安者，此從何來？愚以爲離却戒慎恐懼而言性者，非率性之旨也。今世慕歸根者，守空寂，語及倫物，輒曰此謂義襲耳。顧不識吾人能視、能聽、能歡、能戚者，又是何物？愚以爲離却喜怒哀樂而言性者，非率性之旨也。今世取自成者，務獨學，語及經世，輒曰此逐情緣耳。顧不識吾人覩一民之傷、一物之毁，惻然必有動乎中，此又孰使之者？愚以爲離却天地萬物而言性者，非率性之旨也。

思成求正草 瀘水。

天有與我公共一理，從頭透徹，直信本心，通一無二，不落塵根，不覓窾會，靈明活潑，統備法象，廣大纖屑，無之非是，其於立人、達人，民饑、民溺，一切宇宙内事，更不容推而隔於分外，豈可與意識、卜度、理路、把捉者同日語哉！今學者動曰：「念愁起滅，功慮作輟。」夫念至於有起有滅，功見得有作有輟，毋論滅爲斷絶，卽起亦爲生浪；毋論輟爲墮落，卽作亦屬添足。扶籬摸壁，妄意得手，參前倚衡，終非覿面。

君子之於人也，虚心而照，平心而應，使其可容者自容，不可容者自不能容，不以察與焉而已。若作意以含容爲量，則恐打入世情隊裏，膠結不解，吾將不爲君子所容矣。

志於學問，與流俗自不期遠，安於流俗，與學問自不期遠。流俗之得意，不過在聲華艶羡之間，一或銷歇而意趣沮喪，毫無生色。學問之得意，反在收斂保聚之内，雖至窮窘，而志操益勵，越見光芒。天地鬼神，遇事警畏，然恐在禍福利害上著脚，終涉疎淺。古人亦臨、亦保，若淵、若冰，不論有事、無事，一是恂慄本來作主。

古人以天地合德爲志，故直從本體，亦臨亦保，不使一毫自私用智，沾蒂掛根。今人以世情調適爲志，故止從事爲安排布置，終不能於不睹不聞上開眼立身。總之一達而上下分途。

君子只憑最初一念，自中天則；若就中又起一念，搬弄伎倆，卽無破綻，終與大道不符。

今世學者，登壇坫，但曰默識，曰信，曰聞，曰參，以爲不了義諦。夫參之爲言，從二氏而後有，不必言也。顧爲識、爲信、爲聞，就而質之，究竟不過參之之義。吾以爲，總於人情世變，毫無著落，此等論且放下，須近裏著己求之。中庸以未發之中言性，而必冠之以喜怒哀樂；孟子言性善，而必發於惻隱羞惡四端，則知曰性、曰情，雖各立名而無分段。故知莫見、莫顯，亦無非不睹不聞，而慎獨之功，卽從戒懼抽出言之。蓋未有獨處致慎，而不爲戒慎、恐懼者，此聖學所以爲實也。陽明洞見此旨，特提致知，而又恐人以意識爲知，又點出一「良」字，蓋以性爲統理，而知則其靈明發端處，從良覓知，則知不離根，從致完良，則功不後時，此正慎獨關鍵。吾人但當依此用功，喜怒哀樂歸於中節，而不任己，惻隱四端，一任初心而不轉念，則一鍼一血，入聖更復何疑！

問「格物」。曰：「正心直曰正心，誠意直曰誠意，致知直曰致知，今於格物獨奈何必曰『格其不正，以歸於正』耶？吾以爲，聖人之學，盡於致知，而吾人從形生神發之後，方有此知，則亦屬於物焉已，故必格物而知乃化，故大學本文於此獨著一『在』字，非致知之外別有一種格物功夫。易言『乾知大始』，卽繼以『坤作成物』，非物則知無所屬，非知則物無所迹。孟子曰：『所過者化』，物格之謂也；『所存者神』，知至之謂也。程子曰：『質美者，明得盡，渣滓便渾化，却與天地同體。』此正致知格物之解也。」

公以求仁爲宗旨，而云「無事不學，無學不證諸孔氏」。第不知無所事之時，何所爲學？而應務酬酢之繁，又不遑一一證諸孔氏，而學之躊躇倉皇，反覺爲適爲固，起念不化，此將何以正之？與徐魯源。

明儒學案卷十七　江右王門學案二

文莊歐陽南野先生德

歐陽德字崇一，號南野，江西泰和人。甫冠舉鄉試，從學王文成於虔臺，不赴春官者二科，文成呼爲小秀才。登嘉靖二年進士第，知六安州，遷刑部員外郎，改翰林院編修。踰年，遷南京國子司業，南京尚寶司卿。轉太僕寺少卿。尋出爲南京鴻臚寺卿。丁父憂。除服起原官，疏乞終養，不許。遷南京太常寺卿。尋召爲太常卿，掌祭酒事。陞禮部左侍郎，改吏部兼翰林院學士，掌詹事府事。母卒，廬墓，服未闋，召拜禮部尚書，兼翰林院學士，直無逸殿。三十三年三月二十一日卒於官，年五十九。贈太子少保，謚文莊。

先生立朝大節，在國本尤偉。是時上諱忌儲貳之事，蓋中妖人陶仲文「二龍不相見」之説，故自莊敬太子既薨，不欲舉行册立，二子並封爲王。先生起宗伯，即以爲言，不報。會詔二王婚於外府，先生言：「昔太祖以父婚子，諸王皆處禁中。孝宗以兄婚弟，諸王始皆出府。今事與太祖同，宜如初制行之。」上不可，令二王出居外府。先生又言：「會典醮詞，主器則曰承宗，分藩則曰承家。今其何所適從？」上不悦，曰：「既云王禮，自有典制可遵，如若所言，則何不竟行册立也？」先生即具册立東宫儀注以上，上大怒。二王行禮，訖無軒輊。穆宗之母康妃死，先生上喪禮儀注，一依成化中紀淑妃故事。紀淑妃者孝宗之母也。上亦不以爲然，以諸妃禮葬之。先生據禮守儀，不奪於上之喜怒如此。宗藩典禮，一裁以義，又其小小者耳。

先生以講學爲事。當是時，士咸知誦「致良知」之說，而稱南野門人者半天下。癸丑甲寅間，京師靈濟宮之會，先生與徐少湖、聶雙江、程松溪爲主盟，學徒雲集至千人，其盛爲數百年所未有。羅整菴不契良知之旨，謂「佛氏有見於心，無見於性，故以知覺爲性，今言吾心之良知卽是天理，亦是以知覺爲性矣」。先生申之曰：「知覺與良知，名同而實異。凡知視、知聽、知言、知動皆知覺也，而未必其皆善。良知者，知惻隱、知羞惡、知恭敬、知是非，所謂本然之善也。本然之善，以知爲體，不能離知而別有體。蓋天性之真，明覺自然，隨感而通，自有條理，是以謂之良知，亦謂之天理。天理者，良知之條理；良知者，天理之靈明，知覺不足以言之也。」整菴難曰：「人之知識不容有二，孟子但以不慮而知者，名之曰『良』，非謂別有一知也。今以知惻隱、羞惡、恭敬、是非爲良知，知視、聽、言、動爲知覺，殆如楞伽所謂真識及分別事識者。」先生申之曰：「非謂知識有二也，惻隱、羞惡、恭敬，是非之知，不離乎視、聽、言、動，而視、聽、言、動未必皆得其惻隱、羞惡之本然者。故就視、聽、言、動而言，統謂之知覺，就其惻隱、羞惡而言，乃見其所謂良者。知覺未可謂之性，未可謂之理，知之良者，乃所謂天之理也，猶之道心人心非有二心，天命氣質非有二性也。」整菴難曰：「誤認良知爲天理，則於天地萬物之理，一切置之度外，更不復講，無以達夫一貫之妙。」先生申之曰：「良知必發於視聽、思慮，視聽、思慮必交於天地、人物，天地、人物無窮，視聽、思慮亦無窮，故良知亦無窮。離却天地、人物，亦無所謂良知矣。」然先生之所謂良知，以知是知非之獨知爲據，其體無時不發，非未感以前別有未發之時。所謂未發者，蓋即喜怒哀樂之發，而指其有未發者，是已發未發，與費隱微顯通爲一義。當時同門之言良知者，雖有淺深詳略之不同，而緒山、龍溪、東廓、洛村、明水皆守「已發未發非有二候，致和即所以致中」。獨聶雙江以歸寂爲宗，功夫在於致中，而和即應之。故同門環起難端，雙江往復良苦。微念菴，則雙江自傷其孤另矣。

蓋致良知宗旨，陽明發於晚年，未及與學者深究。然觀傳習録云：「吾昔居滁，見諸生多務知解，無益於得，姑教之静坐，一時窺見光景，頗收近效。久之漸有喜静厭動，流入枯槁之病，故邇來只説致良知。良知明白，隨你去静處體悟也好，隨你去事上磨鍊也好，良知本體原是無動無静的，此便是學問頭腦。」其大意亦可見矣。後來學者只知在事上磨鍊，勢不得不以知識爲良知，陰流密陷於義襲、助長之病，其害更甚於喜静厭動。蓋不從良知用功，只在動静上用功，而又只在動上用功，於陽明所言分明倒却一邊矣。雙江與先生議論，雖未歸一，雙江之歸寂，何嘗枯槁，先生之格物，不墮支離，發明陽明宗旨，始無遺憾，兩不相妨也。

南野論學書

静而循其良知也，謂之致中，中非静也；動而循其良知也，謂之致和，和非動也。蓋良知妙用有常，而本體不息，不息故常動，有常故常静，常動常静，故動而無動，静而無静。

來教若只説致知，而不説勿忘、勿助，則恐學者只在動處用功夫。知忘助者良知也，勿忘助者致良知也。夫用功即用也，用即動也，故不動而敬，不言而信，亦動也。雖至澄然無際，亦莫非動也。動而不動於欲，則得其本體之静，非外動而别有静也。

古人之學，只在善利之間，後來學者不知分善利於其心，而計較、揣量於形迹、文爲之粗，紛紛擾擾，泛而無歸。故宋儒主静之論，使人反求而得其本心。今既知得良知，更不須論動静矣。夫知者心之神明，知是知非而不可欺者也。君子恒知其是非，而不自欺，致知也。故無感自虚，有感自直，所謂有爲爲應迹，明覺爲自然也，是之謂静。若有意於静，其流將有是内非外、喜静厭擾，如横渠所謂「累於外物」者矣。

見聞知識，真妄錯雜者，誤認以爲良知，而疑其有所未盡，不知吾心不學而能，不慮而知之本體，非見聞知識之可混。而見聞知識，莫非妙用，非有真妄之可言，而真妄是非、輕重厚薄，莫不有自然之知也。以上答陳盤溪。

夫良知不學而能，不慮而知，故雖小人閒居爲不善無所不至者，其見君子而厭然，亦不可不謂之良知。雖常人恕己則昏者，其責人則明，亦不可不謂之良知。苟能不欺其知，去其不善者以歸於善，勿以所惡於人者施之於人，則亦是致知誠意之功。即此一念，可以不異於聖人。答劉道夫。

來教謂動中求静，順應不擾，殆有見於動中之静，求不擾於應酬之中，而未究夫無動無静之良知也。夫良知無動無静，故時動時静而不倚於動静。君子之學，循其良知，故雖疲形餓體而非勞也，精思熟慮而非煩也，問察辨説而非聒也，清浄虛澹而非寂也，何往而不心逸？何往而不日休？故學貴循其良知，而動静兩忘，然後爲得。答周陸田。

記中反覆於心性之辨，謂「佛氏有見於心，無見於性，故以知覺爲性」。又舉傳習録云：「吾心之良知，卽所謂天理也。」此言亦以知覺爲性者。某嘗聞知覺與良知名同而實異，凡知視、知聽、知言、知動皆知覺也，而未必其皆善。良知者，知惻隱、知羞惡、知恭敬、知是非，所謂本然之善也。本然之善，以知爲體，不能離知而別有體。蓋天性之真，明覺自然，隨感而通，自有條理者也，是以謂之良知，亦謂之天理。天理者，良知之條理；良知者，天理之靈明，知覺不足以言之也。

謂人之識知不容有二，孟子但以不慮而知者名之曰良，非謂別有一知也。今以知惻隱、羞惡、恭敬、是非爲良知，知視、聽、言、動爲知覺，殆如楞伽所謂真識及分別事識者。某之所聞，非謂知覺有二也，惻隱、羞惡、恭敬、是非之知，不離乎視、聽、言、動，而視、聽、言、動未必皆得其惻隱、羞惡之本然者。故就視、聽、言、動而言，統謂之知覺，就其惻隱、羞惡而言，乃見其所謂良者。知覺未可謂之性，未可謂之理。知之良者，蓋天性之真，明覺自然，隨感而通，自有條理，乃所謂天之理也。猶之道心、人心非有二心，天命、氣質非有二性，源頭、支流非有二水。先儒所謂視聽、思慮、動作皆天也，人但於其中要識得真與妄耳。良字之義，正孟子性善之旨，人生而静以上不容説，纔説性時便有知覺運動。性非知則無以爲體，知非良則無以見性，性本善，非有外鑠，故知本良，不待安排。曰「不慮而知」者其良知，猶之曰「不待安排」者其良心，擴而充之，以達之天下，則仁義不可勝用，楞伽之真識，宜不得比而同之矣。

謂有物必有則，故學必先於格物。今以良知爲天理，乃欲致吾心之良知於事物，則道理全是人安排出，事物無復有本然之則矣。某竊意有耳目則有聰明之德，有父子則有慈孝之心，所謂良知也，天然自有之則也。視聽而不以私意蔽其聰明，是謂致良知於耳目之間；父子而不以私意奪其慈孝，是謂致良知於父子之間，是乃循其天然之則，所謂格物致知也。舍此則無所據，而不免於安排布置，遠人以爲道矣。以上辨整菴困知記。

意與知有辨。意者，心之意念；良知者，心之明覺。意有妄意，有私意，有意見，所謂幾善惡者也；良知不睹不聞，莫見莫顯，純粹無疵，所謂誠無爲者也。學者但從意念認取，未免善惡混淆，浸淫失真；誠知所謂良知而致之，毋自欺而求自慊，則真妄公私，昭昭不昧，何至於誤認意見，任意所適也哉！答徐少湖。

良知上用功，則動靜自一。若動靜上用功，則見良知爲二，不能合一矣。

格致、誠正卽是養。孟子言養氣，亦只在慊於心上用功，慊於心，卽是致良知。後世所謂養，却只守得箇虛靜，習得箇從容，與聖賢作用處，天懸地隔。以上答問。

良知乃本心之真誠惻怛，人爲私意所雜，不能念念皆此真誠惻怛，故須用致知之功。致知云者，去其私意之雜，使念念皆真誠惻怛，而無有虧欠耳。孟子言孩提知愛知敬，亦是指本心真誠惻怛、自然發見者，使人達此於天下，念念真誠惻怛，卽是念念致其良知矣。故某嘗言一切應物處事，只要是良知。蓋一念不是良知，卽不是致知矣。答胡仰齋。

理一分殊，渾融之中，燦然者在。親疎內外，皆具於天地萬物一體之心，其有親疎內外之分，卽本體之條理，天理之流行。吾心實未嘗有親疎內外之分也，苟分別彼此，則同體之心未免有間，而其分之殊者皆非其本然之分矣。答王克齋。

兄謂：「近時學者，往往言良知本體流行，無所用力，遂至認氣習爲本性。不若說致知功夫，不生弊端。」鄙意則謂：「今之認氣習爲本性者，正由不知良知之本體。不知良知之本體，則致知之功，未有靠實可據者。故欲救其弊，須是直指良知本體之自然流行，而無假用力者，使人知所以循之，然後爲能實用其力，實致其知。不然，却恐其以良知爲所至之域，以致知爲所入之途，未免岐而二之，不得入門內也。如好善惡惡，亦是徹上徹下語，循其本體之謂善，背其本體之謂惡，故好善惡惡亦只是本體功夫，本體流行只是好善惡惡。」答陳明水。

學者誠不失其良心，則雖種種異說，紛紛緒言，譬之吳、楚、閩、粵，方言各出，而所同者義。苟失其良心，則雖字字句句無二，無別於古聖，猶之孩童玩戲，粧飾老態，語笑步趨，色色近似，去之益遠。答馮問菴。

覺則無病可去，患在於不覺耳。常覺則常無病，常存無病之心，是真能常以去病之心爲心者矣。中離懲忿窒慾爲第二義，亦是爲志未徹底，徒用力於忿慾者而發。人心無聲無臭，一旦不可得而見，豈有二義三義也？以上答高公敬。

來教謂：「人心自静自明，自能變化，自有條理，原非可商量者，不待著一毫力。」又謂「百姓日用，不起一念，不作一善，何嘗鶻突無道理來！」又謂：「今世爲學用功者，苟非得見眞體，要皆助長。必不得已，不如萬緣放下，隨緣順應。」又謂：「人志苟眞，必不至爲惡，不勞過爲猜防。」皆日新之語。答王士官。

大學言知止，止者，心之本體，亦卽是功夫。苟非一切止息，何緣得定、靜、安？因便將見前酬應百慮，認作天機活潑，何啻千里！寄雙江。

大抵學不必過求精微，但粗重私意斷除不浄，眞心未得透露，種種妙談皆違心之言，事事周密皆拂性之行，向後無眞實脚根可扎定得，安望其有成也？寄橫溪弟。

好惡與人相近，言羞惡是非之知不容泯滅。後世舍獨知而求之虛明湛一，却恐茫然無著落矣。答朱芝山。

自謂寬裕溫柔，焉知非優游怠忽；自謂發强剛毅，焉知非躁妄激作。忿戾近齋莊，瑣細近密察，矯似正，流似和，毫釐不辨，離眞逾遠。然非實致其精一之功，消其功利之萌，亦豈容以知見情識而能明辨之。寄敖純之。

先師謂「致知存乎心悟」，若認知識爲良知，正是粗看了，未見所謂「不學不慮，不係於人」者。然非情無以見性，非知識意念則亦無以見良知。周子謂，誠無爲，神發知。知神之爲知，方知得致知；知誠之無爲，方知得誠意。來書啓教甚明，知此卽知未發之中矣。

格物二字，先師以爲致知之實。蓋性無體，以知爲體，知無實，事物乃其實地。離事物則無知可致，亦無所用其致之之功，猶之曰「形色乃天性之實，無形色則無性可盡，惟踐形然後可以盡性」云爾。大抵會得時，道器隱顯，有無本末一致；會未得，則滯有淪虛，皆足爲病。以上答陳明水。

人心生意流行而變化無方。所謂意也，忽焉而紛紜者意之動，忽焉而專一者意之静，静非無意而動非始有。蓋紛紜專一，相形而互異。所謂易也，寂然者，言其體之不動於欲，感通者，言其用之不礙於私，體用一原，顯微無間。非時寂時感，而有未感以前，别有未發之時。蓋雖諸念悉泯，而兢業中存，卽懼意也，卽發也。雖憂患不作，而恬静自如，卽樂意也，卽發也。喜怒哀樂之未發謂之中，蓋卽喜怒哀樂之發，而指其有未發者，猶之曰「視聽之未發謂之聰明」，聰明豈與視聽爲對而各一其時乎？聖人之情，順萬事而無情，是常有意，而常無意也。常有意者，變化無方，而流行不息，故無始。常無意者，流行變化，而未嘗遲留重滯，故無所。答王堣齋。

夫人神發爲知，五性感動而萬事出。物也者，視聽言動、喜怒哀樂之類，身之所有，知之所出者也。視聽、喜怒之類，有禮有非禮，有中節有不中節。苟密察其心之不可欺者，則莫不自知之。故知也者，事物之則，有條有理，無過不及者也。物出於知，知在於物，故致知之功，亦惟在於格物而已。夫隱顯動静，通貫一理，特所從名言之異耳。故中也，和也，中節也，其名則二，其實一獨知也。故是是非非者，獨知感應之節，爲天下之達道。其知則所謂貞静隱微，未發之中，天下之大本也。就是是非非之知而言，其至費而隱，無少偏倚，故謂之未發之中。就知之是是非非而言，其至微而顯，無少乖戾，故謂之中節之和。非離乎動静顯見，别有貞静隱微之體，不可以知是知非言者也。程子謂：「言和則中在其中，言中則涵喜怒哀樂在其中。」答蘇季明之問，謂：「知卽是已發；已發但可謂之和，不可謂之中。」又謂：「既有知覺，却是動，怎生言静者？」蓋爲季明欲求中於喜怒哀樂未發之前，則二之矣，故反其詞以詰之，使驗諸其心，未有絶無知覺之時，則無時不發，無時不發，則安得有所謂未發之前？而已發又不可謂之中，則中之爲道，與所謂未發者，斷可識矣，又安得前乎未發，而求其所謂中者也？既而季明自悟其旨曰：「莫是於動上求静否？」程子始是其説而猶未深然之，恐其端倪微差，而毫釐之間，猶未免於二之也。

來教云：「虚靈是體，知覺是用，必虚而後靈。無欲則静虚，静虚則明。無事則虚，虚則明。此是周、程正法眼藏，可容以所知所覺混能知能覺耶？」夫知覺一而已，欲動而知覺始失其虚靈，虚靈有時失而知覺未嘗無，似不可混而一之。然未有無知覺之虚靈，苟不虚不靈，亦未足以言覺，故不可岐而二之。然亦爲後儒有此四字而爲之分疏云爾。若求其實，則知之一字足矣，不必言虚與靈，而虚靈在其中。虚之一字足矣，不必言靈言知，而靈與知在其中。蓋心惟一知，知惟一念，一念之知，徹首徹尾，常動常静，本無内外，本無彼此。

來教以「能知覺爲良，則格物自是功效；以所知覺爲良，是宜以格物爲功夫。」恐未然也。夫知以事爲體，事以知爲則，事不能皆循其知，則知不能皆極其至，故致知在格物，格物以致知，然後爲全功。後世以格物爲功者，既入於揣摩義襲，而不知有致知之物；以致知爲功者，又近於圓覺真空，而不知有格物之知，去道愈遠矣。以上寄雙江。

夫心知覺運動而已，事者知覺之運動，照者運動之知覺，無内外動静而渾然一體者也。答王新甫。

夫身必有心，心必有意，意必有知，知必有事。若有無事之時，則亦當有無心、無意、無知之時耶？身心意知物，未始須臾無，則格致誠正之功，亦不可須臾離，又焉有未感之前，又焉有還須用功之疑耶？答陳履旋。

格物致知，後世學者以知識爲知，以凡有聲色象貌於天地間者爲物，失却大學本旨。先師謂：「知是獨知，致知是不欺其獨知；物是身心上意之所用之事，如視聽言動，喜怒哀樂之類。詩所謂『有物有則』，孟子『萬物皆備於我』是也。」格物是就視聽喜怒諸事慎其獨知而格之，循其本然之則，以自慊其知。答馮守。

立心之始，不見有時之順逆，事之繁簡，地之險易，人之難處易處，惟見吾心是非善惡，從之如不及，去之如探湯者，方爲格物。苟分别種種順逆難易，如彼如此，則既有所擇取，而順逆難易之心爲之主矣。順逆難易之心爲之主，則雖有時主宰不亂，精神凝定，猶不足謂之格物。何者？從其好順惡逆之心也。而況遇逆且難，支吾牽强，意興沮撓，尚何格物之可言乎？

良知無方無體，變動不居，故有昨以爲是，而今覺其非；有己以爲是，而因人覺其爲非；亦有自見未當，必考證講求而後停妥。皆良知自然如此，故致知亦當如此。然一念良知，徹頭徹尾，本無今昨、人己、内外之分也。以上答沈思畏。

道塞乎天地之間，所謂陰陽不測之神也。神凝而成形，神發而爲知，知感動而萬物出焉。萬物出於知，故曰「皆備於我」；而知又萬事之取正焉者，故曰「有物有則」。知也者，神之所爲也。神無方無體，其在人爲視聽，爲言動，爲喜怒哀樂；其在天地萬物，則發育峻極者，即人之視聽言動、喜怒哀樂者也。鳶之飛，魚之躍，以至山川之流峙，草木之生生化化，皆人之視聽言動、喜怒哀樂者也。故人之喜怒哀樂、視聽言動，與天地萬物周流貫徹，作則俱作，息則俱息，而無彼此之間，神無方體故也。故格吾視聽言動、喜怒哀樂之物，則範圍天地之化而不過，曲成萬物而不遺，神無方體故也。視聽喜怒之外，更有何物？蓋古之言視聽喜怒者，有見於神通天地萬物而爲言；後之言視聽喜怒者，有見於形對天地萬物而爲言，通則一，對則二，不可不察也。答項甌東。

源委與體用稍異。謂源者，委所從出可也，謂非委則無以見源，源豈待委而後見乎？蓋源與委猶二也。若夫知之感應變化，則體之用；感應變化之知，則用之體。猶水之流，流之水，水外無流，流外無水。非若源之委，委之源，源外無委，委外無源，首尾相資，而非體用無間者也。

無一刻無性，則無一刻無情，無一刻非發。雖思慮不作，閒靜虛融，俗語謂之自在，則亦樂之發也。閒靜虛融，不得爲未發，則又焉有未發者在閒靜虛融之先乎？故未發言其體，已發言其用，其實一知也。

人心常知，而知之一動一靜，莫非應感。雜念不作，閒靜虛融者，知之靜，蓋感於靜境而靜應也。思慮變化，紛紜交錯者，知之動，蓋感於動境而動應也。動則五官俱用，是爲動之物；靜則五官俱不用，是爲靜之物，動靜皆物也。閒靜虛融，五官不用，而此知精明不欺，不減於紛紜交錯之時也；紛紜交錯，五官並用，而此知精明不欺，無加於閒静虛融之時也，動静皆知也。以上答雙江。

良知本虛，致知即是致虛。真實而無一毫邪妄者，本虛之體也；物物慎其獨知，而格之不以邪妄自欺者，致虛之功也。若有見於虛而求之，恐或離却事物，安排一箇虛的本體，以爲良知本來如是，事事物物皆從此中流出，習久得效，反成障蔽。答賀龍岡。

凡兩念相牽，即是自欺根本。如此不了，卒歸於隨逐而已。答鄭元健。

性無不善，故良知無不中正。學者能依著見成良知，即無過中失正。苟過中失正，即是不曾依著見成良知，若謂依著見成良知，而未免過中失正，是人性本不中正矣，有是理乎？

良知固能知古今事變，然非必知古今事變，而後謂之良知。生而知之者，非能生而知古今事變者也，生而無私意，不蔽其良知而已。然則學知、困知，亦惟去其私意，不蔽其良知而已。良知誠不蔽於私，則其知古今事變，莫非良知；苟有私意之蔽，則其知古今事變，莫非私意，體用一原者也。以上答董兆時。

貞襄聶雙江先生豹

聶豹字文蔚，號雙江，永豐人也。正德十二年進士。知華亭縣。清乾没一萬八千金，以補逋賦，修水利，興學校。識徐存齋於諸生中。召入爲御史，劾奏大奄及柄臣，有能諫名。出爲蘇州知府。丁内外艱，家居十年。以薦起，知平陽府，修關練卒，先事以待，寇至不敢入。世宗聞之，顧謂侍臣曰：「豹何狀乃能爾？」陞陝西按察司副使，爲輔臣夏貴溪所惡，罷歸。尋復逮之，先生方與學人講中庸，校突至，械繫之。先生繫畢，復與學人終前説而去。既入詔獄，而貴溪亦至，先生無怨色。貴溪大慚。踰年得出。嘉靖二十九年，京師戒嚴，存齋爲宗伯，因薦先生。召爲巡撫薊州右僉都御史，轉兵部侍郎，協理京營戎政。仇鸞請調宣、大兵入衛，先生不可而止。尋陞尚書，累以邊功加至太子少傅。東南倭亂，趙文華請視師，朱龍禧請差田賦開市舶，輔臣嚴嵩主之，先生皆以爲不可，降俸二級。遂以老疾致仕。四十二年十一月四日卒，年七十七。隆慶元年，贈少保，諡貞襄。

陽明在越，先生以御史按閩，過武林，欲渡江見之。人言力阻，先生不聽。及見而大悦曰：「君子所爲，衆人固不識也。」猶疑接人太濫，上書言之。陽明答曰：「吾之講學，非以蘄人之信己也，行吾不得已之心耳。若畏人之不信，必擇人而與之，是自喪其心也。」先生爲之惕然。陽明征思、田，先生問「勿忘勿助之功」，陽明答書「此間只説必有事焉，不説勿忘勿助。專言勿忘勿助，是空鍋而爨也」。陽明既殁，先生時官蘇州，曰：「昔之未稱門生者，冀再見耳，今不可得矣。」於是設位，北面再拜，始稱門生。以錢緒山爲證，刻兩書於石，以識之。

先生之學，獄中閒久静極，忽見此心真體，光明瑩徹，萬物皆備。乃喜曰：「此未發之中也，守是不失，天下之理皆從此出矣。」及出，與來學立静坐法，使之歸寂以通感，執體以應用。是時同門爲良知之學者，以爲「未發卽在已發之中」，蓋發而未嘗發，故未發之功却在發上用，先天之功却在後天上用。其疑先生之説者有三：其一謂「道不可須臾離也」，今曰「動處無功」，是離之也。其一謂「道無分於動静也」，今曰「功夫只是主静」，是二之也。其一謂「心事合一，心體事而無不在」，今曰「感應流行，著不得力」，是脱略事爲，類於禪悟也。王龍溪、黄洛村、陳明水、鄒東廓、劉兩峰各致難端，先生一一申之。惟羅念菴深相契合，謂「雙江所言，真是霹靂手段，許多英雄瞞昧，被他一口道著，如康莊大道，更無可疑」。兩峰晚乃信之，曰：「雙江之言是也。」夫心體流行不息，静而動，動而静。未發，静也。已發，動也。發上用功，固爲徇動；未發用功，亦爲徇静，皆陷於一偏。而中庸以大本歸之未發者，蓋心體即天體也。周天三百六十五度四分度之一，而其中爲天樞，天無一息不運，至其樞紐處，實萬古常止，要不可不歸之静。故心之主宰，雖不可以動静言，而惟静乃能存之。此濂溪以主静立人極，龜山門下以體夫喜怒哀樂未發前氣象爲相傳口訣也。先生所以自别於非禪者，謂「歸寂以通天下之感，不似釋氏以感應爲塵煩，一切斷除而寂滅之」。則是看釋氏尚未透。夫釋氏以作用爲性，其所惡言者體也。其曰父母未生前，曰先天，曰主中主，皆指此流行者而言，但此流行不著於事爲知覺者也。其曰後天，曰大用現前，曰賓，則指流行中之事爲知覺也。其實體當處，皆在動一邊，故曰「無所住而生其心」，正與存心養性相反。蓋心體原是流行，而流行不失其則者，則終古如斯，乃所謂静也、寂也。儒者存養之力，歸於此處，始不同夫釋氏耳。若區區以感應有無别之，彼釋氏又何嘗廢感應耶？陽明自江右以後，始拈良知。其在南中，以默坐澄心爲學的，收斂爲主，發散是不得已。有未發之中，始能有中節之和，其後學者有喜静厭動之弊，故以致良知救之。而曰良知是未發之中，則猶之乎前説也。先生亦何背乎師門？乃當時羣起而難之哉！

徐學謨識餘録言：「楊忠愍劾嚴嵩假冒邊功，下部查覆。世蕃自草覆稿送部，先生即依稿具題。」

按識小編：「先生勸嵩自辭軍賞，而覆疏竟不上，但以之歸功張時徹。」然則依稿具題之誣，不辯而自明矣。

雙江論學書

謂心無定體，其於心體疑失之遠矣。炯然在中，寂然不動，而萬化攸基，此定體也。良知本寂，感於物而後有知。知其發也，不可遂以知發爲良知，而忘其發之所自也。心主乎內，應於外，而後有外。外其影也，不可以其外應者爲心，而遂求心於外也。故學者求道，自其主乎內之寂然者求之，使之寂而常定。

原泉者，江、淮、河、漢之所從出也，然非江、淮、河、漢則亦無以見所謂原泉者。故濬原者濬其江、淮、河、漢所從出之原，非以江、淮、河、漢爲原而濬之也。根本者，枝葉花實之所從出也。培根者，培其枝葉花實所從出之根，非以枝葉花實爲根而培之也。今不致感應變化所從出之知，而卽感應變化之知而致之，是求日月於容光必照之處，而遺其懸象著明之大也。

本原之地，要不外乎不睹不聞之寂體也。不睹不聞之寂體，若因感應變化而後有，卽感應變化而致之可也。實則所以主宰乎感應變化，而感應變化乃吾寂體之標末耳。相尋於吾者無窮，而吾不能一其無窮者而貞之於一，則吾寂然之體不幾於憧憧矣乎！寂體不勝其憧憧，而後忿則奮矣，欲則流矣，善曰以泯，過曰以長，卽使懲之窒之，遷之改之，已不免義襲於外，其於涵養本原之功，疑若無與也。所貴乎本體之知，吾之動無不善也，動有不善而後知之，已落二義矣。

以獨爲知，以知爲知覺，遂使聖人洗心藏密一段反本功夫，潛引而襲之於外。縱使良知念念精明，亦只於發處理會得一箇善惡而去取之，其於未發之中，純粹至善之體，更無歸復之期。

心無定體之説，謂心不在内也。百體皆心也，萬感皆心也，亦嘗以是説而求之，譬之追風逐電，瞬息萬變，茫然無所措手，徒以亂吾之衷也。

體得未發氣象，便是識取本來面目。敬以持之，常存而不失，到此地位，一些子習氣意見著不得，胸次灑然，可以概見，又何待遇事窮理而後然耶？卽反覆推究，亦只推究乎此心之存否。以上與歐陽南野。

聖人過多，賢人過少，愚人無過。蓋過必學而後見也，不學者冥行妄作以爲常，不復知過。答許玉林。

知者，心之體，虚靈不昧，卽明德也。致者，充滿其虚靈之本體，江、漢濯之，秋陽暴之。致知卽致中也，寂然不動，先天而天弗違者也。格物者，致知之功用，物各付物，感而遂通天下之故，何思何慮，後天而奉天時也，如好好色、惡惡臭之類是也。此予之説也。格其不正以歸於正，乃是先師爲下學反正之漸，故爲是不得已之辭。所謂不正者，亦指夫意之所及者言，非本體有所不正也。不善體者，往往賺入襲取窠臼，無故爲伯者立一赤幟，此予之所憂也。答亢子益。

夫無時不寂、無時不感者，心之體也。感惟其時而主之以寂者，學問之功也。故謂寂感有二時者，非也。謂功夫無分於寂感，而不知歸寂以主夫感者，又豈得爲是哉。

疑予説者，大略有三：其一謂道不可須臾離也，今曰動處無功，是離之也；其一謂道無分於動静也，今曰功夫只是主静，是二之也；其一謂心事合一，仁體事而無不在，今曰感應流行，著不得力，是脱略事爲，類於禪悟也。夫禪之異於儒者，以感應爲塵煩，一切斷除而寂滅之，今乃歸寂以通天下之感，致虚以立天下之有，主静以該天下之動，又何嫌於禪哉！

自有人生以來，此心常發，如目之視也，耳之聽也，鼻嗅口味，心之思慮營欲也，雖禁之而使不發，不可得也。乃謂發處亦自有功，將助而使之發乎？抑懼其發之過，禁而使之不發也？且將抑其過，引其不及，使之發而中節乎？夫節者，心之則也，不識不知，順帝之則，惟養之豫者能之，豈能使之發而中乎？使之發而中者，宋人助長之故智也。後世所謂隨事精察，而不知其密陷於憧憧卜度之私，禁之而使不發者，是又逆其生生之機，助而使之發者，長慾恣情，蹈於水火，焚溺而不顧，又其下者也。

「良知」二字，始於孟子「孩提之童，不學不慮，知愛知敬」，真純湛一，由仁義行。「大人者不失其赤子之心」，亦以其心之真純湛一，即赤子也。然則致良知者，將於其愛與敬而致之乎？抑求其真純湛一之體而致之也？若以虚靈本體而言之，純粹至善，原無惡對。若於念慮事爲之著，於所謂善惡者而致吾之知，縱使知爲之，知去之，亦不知與義襲何異？故致知者必充滿其虚靈本體之量，以立天下之大本，使之發無不良，是謂貫顯微内外而一之也。以上答東廓。

虚明者，鑑之體也，照則虚明之發也。知覺猶之照也，即知覺而求寂體，其與即照而求虚明者何以異？盍觀孩提之愛敬，平旦之好惡乎？明覺自然，一念不起，誠寂矣，然謂之爲寂體則未也。今不求寂體於孩提夜氣之先，而謂即愛敬好惡而寂之，則寂矣，然乎不然乎？蓋孩提之愛敬，純一未發爲之也，平旦之好惡，夜氣之虛明爲之也。

達夫早年之學，病在於求脱化融釋之太速也。夫脱化融釋，原非功夫字眼，乃功夫熟後景界也。而速於求之，故遂爲慈湖之説所入。以見在爲具足，以知覺爲良知，以不起意爲功夫，樂超頓而鄙艱苦，崇虛見而略實功，自謂撒手懸崖，徧地黄金，而於六經、四書未嘗有一字當意，玩弄精魂，謂爲自得，如是者十年矣。至於盤錯顛沛，則茫然無據，不能不動朱公之哭也。已而恍然自悟，考之詩、書，乃知學有本原。心主乎内，寂以通感也，止以發慮也，無所不在，而所以存之養之者，止其所而不動也。動其影也，照也，發也。發有動静而寂無動静也。於是一以洗心退藏爲主，虛寂未發爲要，刊落究竟，日見天精，不屬睹聞，此其近時歸根復命，煞喫辛苦處。亦庶幾乎知微知彰之學，乃其自性自度，非不肖有所裨益也。以上寄王龍溪。

今之爲良知之學者，於傳習録前篇所記真切處，俱略之，乃駕空立籠罩語，似切近而實渺茫，終日逐外而自以爲得手也。

良知非大學之明德乎？明德足矣，何又言乎至善？至善者，言乎心之體也。知止者，止於是也。知止於是，而後能定静安慮。慮非格物乎？感而遂通天下之故是也，故致知便是知止。今必曰格物是致知之功，則能慮亦可謂知止之功乎？以上寄劉㊀兩峰。

試以諸公之所以疑於僕者請之。有曰：「喜怒哀樂無未發之時，其曰『未發』，特指其不動者言

㊀「劉」原作「曹」，據賈本改。

之。」誠如所論，則「發而中節」一句，無乃贅乎？大本達道，又當何所分屬乎？不曰「道之未發」，而曰「喜怒哀樂之未發」，此又何説也？蓋情之中節者爲道，道無未發。又曰：「無時無喜怒哀樂，安得有未發之時？」此與無時無感之語相類，然則夜氣之所息，指何者爲息乎？旦晝之所爲，非指喜怒哀樂之發者言之乎？「虚寂」二字，夫子於咸卦特地提出，以立感應之體，非以寂與感對而言之也。今曰「寂本無歸，卽感是寂，是爲真寂」。夫寂，性也；感，情也。若曰「性本無歸，卽情是性，乃爲真性」，恐不免語病也。性具於心，心主乎内，艮其止，止其所也。於止，知其所止，是謂天下同歸。而曰「寂本無歸」，「性本無歸」，將由外鑠我，其能免於逐物而襲取乎？或又曰：「性體本寂，不應又加一寂字，反爲寂體之累。」此告子「勿求」之見也。操之則存，舍之則亡，夫子固欲以此困人乎？答黄洛村。

子思以後無人識中字，隨事隨時，討求是當，謂是爲中而執之，何啻千里？明道云：「不睹不聞，便是未發之中。」不聞曰隱，不睹曰微，隱微曰獨。獨也者，天地之根，人之命也。學問只有此處，人生只有這件，故曰天下之大本也。慎獨便是致中，中立而和生焉，天下之能事畢矣。乃曰「求之於慎獨之前」，是誠失之荒唐也。答應容菴。

誠意章註，其入門下手全在「實用其力而禁止其自欺」十字。夫使好好色，惡惡臭，亦須實用其力，而其中亦有欺之可禁，則爲不謬。世顧有見好色而不好，而好之不真者乎？有聞惡臭而不惡，而惡之不真者乎？絶無一毫人力，動以天也。故曰「誠者天之道也」，又曰「誠無爲」，又曰「誠者自然而然」。稍涉人爲，便是作好作惡。一有所作，便是自欺，其去自慊遠矣。故誠意之功，全在致知，致知云者，充極吾虛靈本體之知，而不以一毫意欲自蔽，是謂先天之畫，未發之中，一毫人力不得與。一毫人力不與，是意而無意也。今不養善根，而求好色之好，不拔惡根，而求惡臭之惡，可謂苟且徇外而爲人也，而可謂之誠乎？意者，隨感出現，因應變遷，萬起萬滅，其端無窮，乃欲一一制之以人力，去其欺而反其慊，是使初學之士，終身不復見定靜安慮境界，勞而無功，祇自疲以速化耳。答緒山。

感上求寂，和上求中，事上求止，萬上求一，只因格物之誤，蔓延至此。答鄒西渠。

思慮營欲，心之變化，然無物以主之，皆能累心。惟主靜則氣定，氣定則澄然無事，此便是未發本然，非一蹴可至，須存優游，不管紛擾與否，常覺此中定靜，積久當有效。

心要在腔子裏，腔子是未發之中。

氣有盛衰，而靈無老少，隨盛衰爲昏明者，不學而局於氣也。

心豈有出入，出入無時者放也。學問之道無他，求其放心而已矣。動而不失其本然之靜，心之正也。

自世之學者，不求濬其萬物一體之原，使之肫肫淵淵，生意流通，乃懸空杜撰儱侗籠罩之說，謂是爲學問大頭腦。究其至，與墨子兼愛，鄉愿媚世，又隔幾重公案？

劉中山問學，曰：「不睹不聞者其則也，戒慎者其功也，不關道理，不屬意念，無而神，有而化，其殆天地之心，位育由之以命焉者也。」曰：「若然，則四端於我擴而充之者非耶？」曰：「感而遂通者神也，未之或知者也。知此者謂之助長，忘此者謂之無爲，擴充云者，蓋亦自其未發者，充之以極其量，是之謂精義以致用也。發而後充，離道遠矣。」曰：「若是，則今之以忘與不知爲宗者是耶？」曰：「其佛老之緒餘乎！彼蓋有見於不睹不聞，而忌言乎戒懼，謂戒懼爲不睹不聞累也，於是宗忘宗不知焉。夫以戒懼爲累者，是戒懼而涉於睹聞，其爲本體之累，固也，惡足以語不睹不聞之戒懼哉？」以上答戴伯常。

所貴乎良知者，誠以其無所不知，而謂之良哉！亦以其知之至誠惻怛，莫非天理之著見者，而後謂之良也。答董明建。

困辨録

人心道心，皆自其所發者言之，如惻隱之心，羞惡之心，辭讓、是非之心是也。感應流行，一本乎道心之發，而不雜以人爲，曰精；其常不雜，曰一。中是道心之本體，有未發之中，便有發而中節之和，和卽道心也。天理流行，自然中節，動以天也，故曰微；人心云者，只纖毫不從天理自然發出，便是動以人，動以人便是妄，故曰危。「乍見孺子入井」一段，二心可概見矣。

不睹不聞，便是未發之中，常存此體，便是戒懼。去耳目支離之用，全虚圓不測之神，睹聞何有哉！

過與不及，皆惡也。中也者，和也，言中卽和也。致中而和出焉，故曰「至其中而已矣」。又曰「中焉，止矣」。

龜山一派，每言「静中體認」，又言「平日涵養」，只此四字，便見吾儒真下手處。考亭之悔，以誤認此心作已發，尤明白直指。

程子曰：「有天德便可語王道，其要只在慎獨。」中是天德，和是王道，故曰「苟非至德，至道不凝」。戒慎不睹，恐懼不聞，修德之功也。

性體本自戒懼，才頹惰便失性體。

或問：「未發之中爲静乎？」蓋静而常主夫動也。「戒慎恐懼爲動乎」？蓋動而常求夫静也。凡用功，似屬乎動，而用功的主腦，却是静根。

感應神化，才涉思議，便是憧憧。如憧憧，則入於私意，其去未發之中，何啻千里！人自嬰兒以至老死，雖有動静語默之不同，然其大體莫非已發，氣主之也。而立人極者，常主乎静。

或問：「周子言静，而程子多言敬，有以異乎？」曰：「均之爲寡欲也。周曰『無欲故静』，程曰『主一之謂敬』。一者，無欲也。然由無欲入者，有所持循，久則内外齋莊，自無不静。若入頭便主静，惟上根者能之。蓋天資明健，合下便見本體，亦甚省力，而其弊也，或至厭棄事物，賺入别樣蹊徑。是在學者顧其天資力量而慎擇所由也。近世學者猖狂自恣，往往以主静爲禪學，主敬爲迂學，哀哉！」

問「情順萬事而無情」。曰：「聖人以天地萬物爲一體，疾痛痾癢皆切於身，一隨乎感應自然之機而順應之。其曰『無情』，特言其所過者化，無所凝滯留礙云爾。若枯忍無情，斯逆矣，謂順應，可乎！」

以上辨中。

至静之時，雖無所知所覺之事，而能知能覺者自在，是卽純坤不爲無陽之象，星家以五行絶處便是胎元，亦此意。若論復卦，則宜以有所知覺者當之，蓋已涉於事矣。邵子詩曰：『冬至子之半，天心無改移。一陽初動處，萬物未生時。』夫天心無改移，未發者，未嘗發也；一陽初動，乃平旦之好惡，太羹玄酒，淡而和也。未發氣象，猶可想見。静中養出端倪，冷灰中迸出火焰，非坤之静翕歸藏，潛而養之，則不食之果，可復種而生哉！知復之由於坤，則知善端之萌，未有不由於静養也。

寂然不動，中涵太虚，先天也。千變萬化，皆由此出，可以合德、合明、合序、合吉凶，故曰「天弗違」。觸之而動，感而後應，後天也。何思何慮，遂通而順應之，故曰「奉天時」，言人力一毫不與也。以上辨易。

寡欲之學，不善體貼，將與克伐、怨欲、不行同病，知意必固我、聲臭睹聞皆是欲，而後可以識寡欲之學。

一毫矜持把捉，便是逆天。

自得者，得其本體而自慊也。功夫不合本體，非助則忘，忘助皆非道。

集猶斂集也，退藏于密，以敦萬化之原，由是感而遂通，沛然莫之能禦，猶草木之有生意也，故曰「生則惡可已矣」。襲而取之者，義自外至也；集義所生者，義由中出也。自三代而下，渾是一箇助的學問，故曰「天下之不助苗長者寡矣」。與其得助農，不若得惰農，惰則苗不長而生意猶存，若助則機心生而道心忘矣。

鳶飛魚躍，渾是率性，全無一毫意必。程子謂「活潑潑地」，與「必有事焉而勿正，心勿忘」同意。

才離本體，便是遠。復不遠云者，猶云不離乎此也。其曰不善，恐於本體尚有未融化處，而不免有矜持意。未嘗不知明鏡纖塵，未嘗復行洪爐點雪，少有凝滯，而融化不速，便已屬行。以上辨心。

素者，本吾性所固有，而豫養於己者也。位之所值，雖有富貴、貧賤、夷狄、患難之不同，然不以富貴處富貴，而素乎富貴，不以貧賤處貧賤，而素乎貧賤。大行不加，窮居不損，而富貴、貧賤、夷狄、患難㊀處之若一，則無入而不自得。得者，得其素也。佛氏云「悟人在處一般」，又云「隨所住處常安樂」，頗得此意。辨素。

一念之微，烱然在中，百體從令，小而辨也。

止於至善，寂然不動，千變萬化，皆由此出，井養而不窮也。

易以道義配陰陽，故凡言吉凶悔吝，皆主理欲存亡、淑慝消長處爲言。世之所云禍福，亦不外是戰戰兢兢，臨深履薄。曾子之震也，震莫大於生死之際，起而易簀曰：「吾得正而斃焉，而今而後，吾知免夫！」可謂不失其所主之常，不喪匕鬯也。以上辨易。

才覺無過，便是包藏禍心。故時時見過，時時改過，便是江、漢以濯，秋陽以暴。夫子只要改過，鄉愿只要無過。

機械變詐之巧，蓋其機心滑熟，久而安之。其始也，生於一念之無恥，其安也，習而熟之，充然無復廉恥之色，放僻邪侈，無所不爲，無所用其恥也。

㊀「夷秋患難」四字據賈本、備要本補。

天地以生物爲心，人得之而爲人之心。生生不已，故感於父子則爲慈孝，感於昆弟則爲友恭。故凡修道，一涉於營欲謀爲，而不出於生生自然之機者，皆不可以言仁。不可以言仁，則襲也。襲而取之，則身與道二，不可以言合也。以上辨過。

先有箇有所主之心，曰「適」。先有箇無所主之心，曰「莫」。無所主而無所不主，無所不主而先無所主，曰「義」。

不見所欲惡，而寂然不動者中也。欲惡不欺其本心者忠也，非中也，然於中爲近。欲惡之際，不待推而自然中節者和也。推欲惡以公於人者恕也，非和也，然於和爲近。忠恕是學者求復其本體一段切近功夫。以上辨仁。

心之生生不已者易也，卽神也。未發之中，太極也。未發無動静，而主乎動静者，未發也。非此則心之生道或幾乎息，而何動静之有哉！有動静兩儀，而後有仁義禮智之四端，有四端，而後有健順動止、入陷麗説之八德。德有動有静也，故健順動止而不失乎本然之則者，吉以之生。蓋得其本體，發而中節也。入陷麗説，静而反累於動者，凶以之生。蓋失其本體，發而不中也。能説諸心，能研諸慮，舉而措之天下，而大業生焉。辨神。

養氣便知言，蓋權度在我，而天下之輕重、長短莫能欺，非養氣之外，别有知言之學也。

子莫執中，蓋欲擇爲我兼愛之中而執之，而不知爲我兼愛皆中也。時當爲我，則中在楊子；陋巷閉户，顔子是也。時當兼愛，則中在墨子；過門不入，禹是也。蓋中無定體，惟權是體，權無定用，惟道是用。權也者，吾心天然自有之則，惟戒慎不睹、恐懼不聞，然後能發無不中，變易從道，莫非自然之用。不然，則以中而賊道者，何限？自堯、舜之學不明，往往以中涉事爲，若將隨事隨處，精察而固執之，以求所謂當然之節，而不知瞬息萬變，一毫思慮營欲著不得，是謂「後天而奉天時也」。若臨事而擇，已不勝其憧憧，非但惟日不足，顧其端無窮，膠凝固滯，停閣廢棄，中亦襲也，況未必中乎！

問：「遷善改過，將隨事隨處而遷之、改之乎？抑只於一處而遷之、改之也？」曰：「天下只有一善，更無別善，只有一過，更無別過。故一善遷而萬善融，一過改而萬過化。所謂『一真一切真』。」

問：「閒思雜慮，袪除不得，如何？」曰：「習心滑熟故也。習心滑熟，客慮只從滑熟路上往還，非一朝一夕之故也。若欲逐之而使去，禁之而使不生，隳突衝決，反爲本體之累。故欲去客慮者，先須求復本體。本體復得一分，客慮減去一分。然本體非敬不復，敬以持之，以作吾心體之健，心體健而後能廓清掃蕩，以收定靜之功。蓋盜賊無主，勢必解散，然非責效於日夕、用意於皮膚者可幾及也。」

問：「良知之學何如？」曰：「此是王門相傳指訣。先師以世之學者，率以無所不知、無所不能爲聖人，以有所不知不能爲儒者所深恥，一切入手，便從多學而識，考索記誦上鑽研，勞苦纏絆，擔閣了天下無限好資質的人，乃謂『良知自知致而養之，不待學慮，千變萬化，皆由此出』。孟子所謂不學不慮，愛親敬長，蓋指良知之發用流行，切近精實處，而不悟者，遂以愛敬爲良知，著在支節上求，雖極高手，不免賺入邪魔蹊徑，到底只從霸學裏改換頭目出來。蓋孩提之愛敬，即道心也，一本其純一未發，自然流行，而纖毫思慮營欲不與。故致良知者，只養這箇純一未發的本體。本體復則萬物備，所謂立天下之大本。先師云：『良知是未發之中，廓然大公的本體，便自能感而遂通，便自能物來順應。』此是傳習録中正法眼藏，而誤以知覺爲良知，無故爲霸學張一赤幟，與邊見外修何異？而自畔其師説遠矣！」

問：「隨處體認天理，何如？」曰：「此甘泉揭以教人之旨。甘泉得之羅豫章。豫章曰：『爲學不在多言，但默坐澄心，體認天理。若見天理，則人欲便自退聽。由此持守，庶幾漸明，講學始有得力處。』又曰：『學者之病，在於無凍解冰釋處，雖用力持守，不過苟免，形顯過尤，無足道也。』究其旨意，全在『天理』二字。所謂見天理者，非聞見之見。明道曰：『吾道雖有所受，然天理二字，却是自家體貼出來。』而世之揣摩測度、依傍假借爲體認，而反害之者多矣。天理是本體，自然流行，知平旦之好惡，孩提之愛敬，孺子入井之怵惕、惻隱，不假些子幫助。學者體認到此，方是動以天。動以天，方可見天理，方是人欲退聽、凍解、冰釋處也。此等學問，非實見得未發之中、道心惟微者，不能及。」

問：「今之學者何如？」曰：「今世之學，其上焉者則有三障：一曰道理障，一曰格式障，一曰知識障。講求義理，模倣古人行事之迹，多聞見博學，動有所引證。是障雖有三，然道理格式又俱從知識入，均之爲知識障也。三家之學，不足以言豫，責之以變易從道，皆不免有跲疚困窮之患。蓋義理隨事變以適用，非講求所能備；事變因時勢而順應，非格式所能擬；義理事變有聖人所不知不能處，非一人所能周，故曰『障』。然尚是儒者家法，可以維持世教，而無所謂敗常亂俗也。此外又有氣節文章二家。氣節多得之天性，可以勵世磨鈍，廉頑立懦。文章又有古文、時文，亦是學者二魔。魔則病心障，是障於道，故先儒常曰：『聖賢既遠，道學不明，士大夫不知用心於內，以立其本，而徒以其意氣之盛，以有爲於世者多矣。』彼詞令之美，聞見之博，議論之韙，節概之高，自其外而觀之，誠有以過乎人者。然探其中而責其實，要其久而持其歸，求其充然有以慰滿人望，而無一瑕之可疵者，千百中未見一二可數也。以上辨誠。

明儒學案卷十八　江右王門學案三

文恭羅念菴先生洪先

羅洪先字達夫，別號念菴，吉水人。父循，山東按察副使。先生自幼端重，年五歲，夢通衢市人擾擾，大呼曰：「汝往來者皆在吾夢中耳。」覺而以告其母李宜人，識者知非埃壒人也。十一歲，讀古文，慨然慕羅一峰之爲人，卽有志於聖學。嘉靖八年，舉進士第一。外舅太僕曾直聞報喜曰：「幸吾婿建此大事。」先生曰：「丈夫事業更有許大在，此等三年遞一人，奚足爲大事也。」授翰林修撰。明年告歸。已丁父艱，苫塊蔬食，不入室者三年。繼丁内艱，居後喪復如前喪。十八年召拜左春坊左贊善，踰年至京。上常不御朝，十二月，先生與司諫唐順之、較書趙時春請以來歲元日，皇太子御文華殿，受百官朝賀。上曰：「朕方疾，遂欲儲貳臨朝，是必君父不能起也。」皆黜爲民。三十七年，嚴相嵩起唐順之爲兵部主事，次及先生。先生以畢志林壑報之。順之强之同出，先生曰：「天下事爲之非甲則乙，某所欲爲而未能者，有公爲之，何必有我？」四十三年卒，年六十一。隆慶改元，贈光禄少卿，謚文恭。

先生之學，始致力於踐履，中歸攝於寂静，晚徹悟於仁體。幼聞陽明講學虔臺，心卽向慕，比傳習録出，讀之至忘寢食。同里谷平李中傳玉齋楊珠之學，先生師之，得其根柢。而聶雙江以歸寂之説，號於同志，惟先生獨心契之。是時陽明門下之談學者，皆曰「知善知惡卽是良知，依此行之卽是致知」。先生謂：「良知者，至善之謂也。吾心之善，吾知之，吾心之惡，吾知之，不可謂非知也。善惡交雜，豈有爲主於中者乎？中無所主，而謂知本常明，不可也。知有未明，依此行之，而謂無乖戾於既發之後，能順應於事物之來，不可也。故非經枯槁寂寞之後，一切退聽，天理烱然，未易及此。雙江所言，真是霹靂手段，許多英雄瞞昧，被他一口道著，如康莊大道，更無可疑。」闢石蓮洞居之，默坐半榻間，不出戶者三年。事能前知，人或訝之，答曰：「是偶然，不足道。」王龍溪恐其專守枯靜，不達當機順應之妙，訪之於松原。問曰：「近日行持，比前何似？」先生曰：「往年尚多斷續，近來無有雜念。雜念漸少，卽感應處便自順適。卽如均賦一事，從六月至今半年，終日紛紛，未嘗敢厭倦，未嘗敢執著，未嘗敢放縱，未嘗敢張皇，惟恐一人不得其所。一切雜念不入，亦不見動靜二境，自謂此卽是靜定功夫。非紐定默坐時是靜，到動應時便無著靜處也。」龍溪嗟歎而退。先生於陽明之學，始而慕之，已見其門下承領本體太易，亦遂疑之。及至功夫純熟，而陽明進學次第，洞然無間。天下學者，亦遂因先生之言，而後得陽明之真。其曉曉以師説鼓動天下者，反不與焉。

先生既定陽明年譜，錢緒山曰：「子於師門不稱門生，而稱後學者，以師存日未得及門委贄也。子謂古今門人之稱，其義止於及門委贄乎？子年十四時，欲見師於贛，父母不聽，則及門者其素志也。今學其學者，三紀於茲矣，非徒得其門，所謂升堂入室者，子且無歉焉，於門人乎何有？」譜中改稱門人，緒山、龍溪證之也。先生以濂溪「無欲故靜」之旨爲聖學的傳。有言「辭受取與」爲小事者，先生謂「此言最害事」。請告歸，過儀真，一病幾殆。同年項甌東念其貧困，有富人坐死，行賄萬金，待先生一言，先生辭之而去。已念富人罪不當死，囑恤刑生之，不令其知也。先世田宅，盡推以與庶弟，別架數楹，僅蔽風雨。尋爲水漂没，假寓田家。撫院馬森以其故所卻餽，先後數千金，復致之立室，先生不受。其門下搆正學堂以居之。將卒，問疾者入室，視如懸罄，曰：「何至一貧如此？」先生曰：「貧固自好。」故於龍溪諸子，會講近城市，勞官府，則痛切相規。謂「借開來之説，以責後車傳食之報，爲賄賂公行，廉恥道喪者，助之瀾也」。先生静坐之外，經年出遊，求師問友，不擇方内方外，一節之長，必虛心咨請，如病者之待醫。士大夫體貌規格，黜棄殆盡，獨往獨來，累饑寒，經跋踄，重湖驚濤之險，逆旅詬詈之加，漠然無所芥蔕。或疑其不絕二氏。先生嘗閲楞嚴，得返聞之旨，覺此身在太虛，視聽若寄世外。見者驚其神采，先生自省曰：「誤入禪定矣。」其功遂輟。登衡岳絕頂，遇僧楚石，以外丹授之，先生曰：「吾無所事此也。」黄陂山人方與時自負得息心訣，謂：「聖學㊀者亦須静中恍見端倪始得。」先生與龍溪偕至黄陂習静，龍溪先返，先生獨留，夜坐功夫愈密。自謂：「已入深山更深處，家書休遣雁來過。」蓋先生無處非學地，無人非學侶，同牀各夢，豈二氏所能連染哉。耿天臺謂先生爲與時所欺，憤悔疽發，還家而夫人又殂，由是益恨與時。今觀其夜坐諸詩，皆得之黄陂者，一時之所證入，固非與時所可窺見，又何至以妻子一訣，自動其心乎？可謂不知先生者矣。鄧定宇曰：「陽明必爲聖學無疑，然及門之士，概多矛盾。其私淑而有得者，莫如念菴。」此定論也。

㊀「聖學」，賈本、備要本作「學聖」。

論學書

心之本體至善也，然無善之可執。所謂善者，自明白，自周徧，是知是，非知非，如此而已。不學而能，不慮而知，順之而已。惟於此上倚著爲之，便是欲，便非本體，明白亦昏，周徧亦狹，是非亦錯，此非有大相懸隔，只落安排與不安排耳。孟子曰：「勿忘勿助。」助固欲速，忘豈無所用其心哉！必有所牽矣。故耳目口鼻四肢之欲，欲也；有安排者，亦欲也。畢竟安排起於有己，故欲只是一原，夫子所謂「閑邪」者，其謂是乎？

今之學者，以本體未復，必須博學以充之，然後無蔽。似周備矣，只恐捉摸想像牽己而從之，豈虛中安止之道？豈寂然不動，感而遂通者乎？譬之鑑然，去塵則明自復，未聞有定妍媸之形於㈠補照之不及者也。故以是非之靈明爲把柄，而不以所知之廣狹爲是非，但求不失生意，如草木之區別，不必於同，或者以爲得聖賢之正脈也。以上奉李谷平。

古人所謂至者，非今之所謂不間斷者也。今之不間斷者，欲常記憶此事，常不遺忘而已。若古人者，如好好色，如惡惡臭，如四時錯行，如日月代明，是以知識推測、想像、模倣爲間斷，蓋與今所云者，大有異矣。

全無伎倆，始見真才。

㈠「於」，賈本、備要本作「以」。

所謂良知者，至無而至有，無容假借，無事帮補，無可等待，自足焉者也。來書謂「無感而常樂」，此是良知本體，卽是戒懼，卽非放逸，卽非蔽塞，不然便不應自知其樂若此矣。應而未嘗動，本體也，以其順應也。不得於心而有思者，亦本體也，以其澄然運用，而不容已者也。從而憧憧者，非本體也，以其動於外物者也。終夜以思，而未嘗涉於人爲安排，未嘗雜以智識推測，庸何傷乎？但恐安排推測之不免，故須從事於學耳。學也者，學其出於良知而無所動焉者也。窮理者，窮此者也。自然條理，故曰「天理」，卽所謂良知也。安排推測，非天理矣。以上答羅岳霽。

真信得至善在我，不假外求，卽時時刻刻、物物種種見在，不勞一毫安排布置。所謂「無邪」，原是不相粘著，不勞絶遣。所謂「敬」，原自不二不雜，齋莊中正，既不費力支持，卽亦不見有欹脚時矣。何爲不能時時習乎？答蕭仲敬。

千古聖賢，功夫無二端。只病痛不起，卽是本心。本心自完，不勞照管。覓心失心，求物理失物理，守㊀良知失良知，知静非静，知動非動。一切拚下，直任本心，則色色種種，平鋪見在。但不起，卽無病，原無作，又何輟乎？故曰「道不遠人」，又曰「道心」。天道流行，豈容人力撑持帮補㊁？有尋求，便屬知識，已非所謂「帝則」矣。

離却意象，卽無内外，忘内外，本心得矣。以上答陳豹谷。

㊀「守」原作「求」，據賈本改。

㊁「補」原作「助」，據賈本改。

以爲良知之外，尚有所謂「義理」者在，是猶未免於帮補湊合之病，其於自信不亦遠乎！見聞不與，獨任真誠，矢死以終，更無外想，自非豪傑，其孰能任此？與林瀫山。

良知有規矩而無樣式，有分曉而無意見，有主宰而無執著，有變化而無遷就，有渾厚而無鶻突，見好色自好，聞惡臭自惡，不思不勉，發自中節，天下達道，不外是矣。與夏太守。

來論「辭受取予，雖關行檢，看來亦小」。此言最害事。辭受取與，元關心術，本無大小。以此當天來事看㊀，卽堯、舜事業，亦是浮雲過目。若率吾真心而行，卽一介不取與，亦是大道，非小事業，而大一介也，此心無物可尚故也。答戚南玄。

學須靜中入手，然亦未可偏向此中躲閃過，凡難處與不欲之念，皆須察問從何來。若此間有承當不起，便是畏火之金，必是銅鉛錫鐵攙和，不得回互姑容，任其暫時云爾也。除此無下手誅責處，平日却只是陪奉一種清閒自在，終非有根之樹，冒雪披風，榦柯折矣。與王有訓。

大抵功夫未下手，卽不知自己何病。又事未涉境，卽病亦未甚害事。稍涉人事，乃知爲病，又未知去病之方。蓋方任己，便欲回互，有回互則病乃是痛心處，豈肯割去？譬之浮躁，起於快意，有快意爲之根，則浮躁之標末自現，欲去標末，當去其根。其根爲吾之所回互，安能克哉？此其所以難也。答王西石。

千古病痛，在入處防閑，到既入後，濯洗縱放，終非根論。周子無欲，程子定性，皆率指此。置身千

㊀ 各本同。朱氏釋誤云：「事」上當從二程集補「大」字。

仞，則坎蛙穴螺争競，豈特不足以當吾一視；著脚泥淖，得片瓦拳石，皆性命視之，此根論大抵象也。到此識見既别，却犯手入場，皆吾游刃，老叟與羣兒調戲，終不成憂其攪溷吾心。但防閑入處，非有高睨宇宙，狠斷俗情，未可容易承當也。答尹洞山。

此中更不論如何，只血氣肯由心志，稍定貼己是有頭緒，不然是心逐氣走，非氣從心定也。與王有訓。

欲之有無，獨知之地，隨發隨覺，顧未有主静之功以察之耳。誠察之，固有不待乎外者，而凡考古證今，親師取友，皆所以爲寡欲之事。不然今之博文者有矣，其不救於私妄之恣肆者何歟？故嘗以爲欲希聖，必自無欲始，求無欲，必自静始。答高白坪。

某所嘗著力者，以無欲爲主。辨欲之有無，以當下此心微微覺處爲主，此覺處甚微，非志切與氣定，卽不自見。答李二守。

立行是孔門第一義，今之言不睹不聞者，亦是欲立行至精密處，非有二義也。凡事狀之萌，有作有止，而吾心之知，無斷無續。卽事狀而應之，不涉放肆，可謂有依據矣，安知不入安排理道與打貼世情彌逢人意乎？卽使無是數者，事已作何歸宿，此不謂虚過日月者哉？又况處事原屬此心，心有時而不存，卽事亦有時而不謹，所謹者在人之可見聞耳。因見聞而後有著力，此之謂爲人，非君子反求諸己之學也。故戒慎於不睹不聞者，乃全吾忠實之本然，而不睹不聞卽吾心之常知處。自其常知，不可以形求者，謂之不睹；自其常知，不可以言顯者，謂之不聞，固非窈冥之狀也。吾心之知，無時或息，卽所謂事狀之萌，應亦無時不有。若諸念皆泯，炯然中存，亦即吾之一事。此處不令他意攙和，即是必有事焉，又何茫蕩之足慮哉！答劉月川。

識仁篇却在識得仁體上提得極重，下云與物同體，則是己私分毫攙和不得。己私不入，方爲識得仁體，如此却只是誠敬守之。中庸者，是此仁體，現在平實，不容加損，非調停其間而謂之中也。急迫求之，總成私意；調停其間，亦難依據。惟有己私不入，始於天命之性，方能覿體。蓋不入己私，處處皆屬天然之則故也。然此私意不入，何緣直與分解？何緣不少干涉？何緣斷絕？何緣泯忘？既非意氣可能承當，亦非言説便得通曉，此是吾人生死路頭，非别有巧法，日漸月摩，令彼消退，可以幾及也。答張浮峰。

欲根不斷，常在世情上立脚，未是脱離得盡。如此根器，縱十分斂實，亦只是有此意思，非歸根也。與謝子貞。

來教云：「良知非知覺之謂，然舍知覺無良知；良知卽是主宰，而主宰淵寂，原無一物。」兄之精義，盡在於此。夫謂知覺卽主宰，主宰卽又淵寂，則是能淵寂亦卽能主宰，能主宰亦卽自能知覺矣，又何患於内外之二哉？今之不能主宰者，果知覺紛擾故耶？亦執著淵寂耶？其不淵寂者，非以知覺紛擾故耶？其果識淵寂者，可復容執著耶？自弟受病言之，全在知覺，則所以救其病者，舍淵寂無消除法矣。夫本體與功夫，固當合一，原頭與見在，終難盡同。弟平日持原頭本體之見解，遂一任知覺之流行，而於見在功夫之持行，不識淵寂之歸宿，是以終身轉换，卒無所成。兄謂弟「落在著到管帶」，弟實有之。

在弟之意，以爲但恐未識淵寂耳。若真識得，愈加著到，愈無執著，愈加照管，愈無掛帶。既曰「原無一物」矣，又何患執著之有？無可忘而忘，不待存而存，此是入悟語。然識得此處，卽屬平常，不識得此處，卽是弄玩精魄。夫無可忘而忘，以其未嘗有存也。不待存而存，以其未嘗有忘也。無存無忘，此乃淵寂之極，正莊子橫心所念，無非利害之境。然彼則自不念利害始，自有次第矣。夫功夫與至極處，未可並論，何也？操存舍亡，夫子固已言之，非吾輩可以頃刻嘗試，遂自謂已得也。今之解良知者曰：「知無不良者也，欲致良知，卽不可少有加於良知之外。」此其爲說，亦何嘗不爲精義，但不知幾微倏忽之際，便落見解。知果無不良矣，有不良者果孰爲之？人品不齊，功力不等，未可盡以解縛語增它人之縱肆也。乃知致良知之致字，是先聖喫緊爲人語。致上見得分明，卽格物之義自具，固不必紛紜於章句字面之脗合對證，傳授言說之祖述發揮，而動多口也。來教云：「良知之體本虛，而萬物皆備，物是良知凝聚融結出來的。」可謂真實的當矣。如此則良知愈致，其凝聚融結愈備，良知愈虛，知覺愈精，此非合內外乎？既合內外，則凡能致虛者，其必能格物，而自不落內外見解。兄之勤懇諄復者，自可以相忘於無言矣。答王龍溪。

靜中易收攝，動處便不然，此已是離本著境，更無別故，只是未有專心一意耳。與王以珍。

白沙致虛之説，乃千古獨見，致知續起，體用不遺。今或有誤認猖狂以爲廣大，又喜動作，名爲心體，情欲縱恣，意見橫行，後生小子敢爲高論，蔑視宋儒，妄自居擬，竊慮貽禍斯世不小也。與吳疎山。

來教云：「學問大要在自識本心，庶功夫有下落。」此言誠是也。雖然，本心果易識哉！來教云：

「心無定體，感無停機。凡可以致思著力者，感也，而所以出思發知者，不可得而指也。」謂「心有感而無寂」，是執事之識本心也。不肖驗之於心，則謂「心有定體，寂然不動」者是也；「感無定機，時動時靜」是也。心體惟其寂也，故雖出思發知，不可以見聞指。然其凝聚純一，淵默精深者，亦惟於著己近裏者能默識之，亦不容以言指也，是謂「天下之至誠」。動應惟其有時也，故雖出思發知，莫不爲感。然其或作或息，或行或止，或語或默，或視或瞑，萬有不齊，而機難預定，固未始有常也，是謂「天下之至神」。惟至誠者乃可以語至神，此中庸通篇意也。來教云：「欲於感前求寂，是謂畫蛇添足，欲於感中求寂，是謂騎驢覓驢。」不肖驗之於心，又皆有可言者。自其後念之未至㊀，而吾寂然者未始不存，謂之「感前有寂」可也。自其今念之已行，而吾寂然者未始不存，謂之「感中有寂」可也。感有時而變易，而寂然者未始變易，感有萬殊，而寂然者惟一，此中與和，情與性，所由以名也。來教云：「學至於研幾，神矣。易曰：『幾者動之微』。周子曰：『動而未形，有無之間曰幾。』夫既曰動，則不可以言靜，聖人知幾，故動無不善也。」不肖驗之於心，又有大不然者。當吾心之動，機在倏忽，有與無俱未形也，斯時也，若何致力以爲善惡之辨乎？且來教云：「感無停機。」是又以心爲動體，不見所謂靜矣。夫感無停機，機無停運，頃刻之間，前機方微，後機將著，牽連不斷，微著相尋，不爲乍起乍滅矣乎？是正所謂相左者也。竊詳周易與周子之旨，亦與來教稍異。易贊「知幾爲神」，而以介石先之。朱子曰：「介如石，理素定也。」是素定者，非所謂寂然者乎？又曰「惟幾也，故能成天下之務」，而以惟深先之。朱子曰：「極深者，至精

㊀「未至」，賈本作「未生」。

也；研幾者，至變也。」是精深者，非寂然者乎？周子言幾，必先以誠，故其言曰：「誠無爲，幾善惡。」又曰：「寂然不動者誠也，感而遂通者神也」，而後繼之以幾。夫不疾而速、不行而至者謂之神，故曰「應而妙」；不落有無者謂之幾，故曰「微而幽」。夫妙與幽不可爲也，惟誠則精而明矣。蓋言吾心之感，似涉於有矣。然雖顯而實微，雖見而實隱，又近於無。以其有無不形，故謂之幾。「幾善惡」者，言惟幾故能辨善惡，猶云非幾卽惡焉耳。必常戒懼，常能寂然，而後不逐於動，是乃所謂「研幾」也。今之議者，咸曰「寂然」矣，「無爲」矣，又何戒懼之有？將以功夫皆屬於動，無所謂静者，不知「無欲故静」，周子立極之功也。「誠則無事，果確無難」，周子思誠之功也。「背非見，止非爲，爲不止」者，周子立静之功也。假使知幾之説，如來教所云，是乃聖門第一關頭，何止略示其意於易之文，而周子亦不諄諄以告人耶？子思之傳中庸，使其功夫如來教所云，則必曰戒慎乎其初可睹，恐懼乎其初可聞。何乃以不睹不聞爲言，如今之謎語乎？惟其於不睹不聞而戒懼焉，則是所持者至微至隱，故凡念之動，皆能入微，而不至於有形；凡思之用，皆可通微，而不至於憧憧。如此乃謂之知幾，如此乃可以語神，亦謂之先幾之學。此其把柄端可識矣。今以戒懼疑於屬動，既失子思之本旨，又因戒懼而疑吾心無寂，則并大易、周子之旨而滅之。推原其故，大抵誤認良知爲祟耳。今爲良知之説者，曰：「知是知非，不可欺瞞者良知也。常令此知炯炯不昧，便是致吾心之良知。」雖然此言似矣，而實有辨也。夫孟子所言良知，指不學不慮當之，是知乃所以良也。知者感也，而所以爲良者，非感也。傳習録有曰：「無善無惡者理之静，有善有惡者氣之動，不動於氣卽無善無惡，是謂至善。」夫至善者非良乎？此陽明之本旨也。而今之言良知者，一切以知覺簸弄，終日精神，隨知流轉，無復有凝聚純一之時，此豈所謂不失赤子之心者乎？恐陽明公復出，不能不矯前言而易之以他辭也。洛村嘗問「獨知時有念否？」公答以「戒懼亦是念。戒懼之念，無時可息，自朝至暮，自少至老，更無無念之時」。蓋指用功而言，亦即所謂不失赤子之心，非浮漫流轉之謂也。今之學者，誤相援引，便指一切凡心，俱謂是念，實以遂其放縱恣肆之習。執事所見雖高，然大要以心屬感，似與此輩微覺相類。自未聞良知之説以前，諸公之學，頗多得力。自良知之説盛行，今二十餘年矣，後之得力較先進似或不勇，此豈無故耶？答陳明水。

果能收斂翕聚，如㊀嬰兒保護，自能孩笑，自能飲食，自能行走，豈容一毫人力安排。試於臨民時驗之，稍停詳妥貼，言動喜怒，自是不差；稍周章忽略，便有可悔。從前爲「良知時時見在」一句誤却，欠却培養一段功夫，培養原屬收斂翕聚。甲辰夏，因静坐十日，怳怳見得，又被龍溪「諸君」一句轉了。總爲自家用功不深，内虚易摇也。孟子言「皆有怵惕、惻隱之心」，由於「乍見」，言「平旦好惡與人相近」，由於「夜氣所息」，未嘗言「時時有是心」也。末後四端須擴而充之，自然火然泉達，可以保四海。夜氣苟得其養，無物不長。所以須養者，緣此心至易動故也。未嘗言「時時便可致用，皆可保四海也」。擴充不在四端後，却在常無内交要譽惡聲之心，所謂以直養也。養是常息此心，常如夜之所息，如是則時時可似「乍見」與「平旦」時，此聖賢苦心語也。陽明拈出良知，上面添一致字，便是擴養之意。良知良字，乃是發而中節之和。其所以良者，要非思爲可及，所謂不慮而知，正提出本來頭面也。今却盡以

㊀「如」字賈本作「惟」。

知覺發用處爲良知，至又易致字爲依字，則是只有發用無生聚矣。木常發榮必速槁，人常動用必速死，天地猶有閉藏，況於人乎？是故必有未發之中，方有發而中節之和；必有廓然大公，方有物來順應之感。平日作文字，只謾説過去，更不知未發與廓然處何在，如何用功？誠鶻突半生也。真擴養得，便是集義，自浩然不奪於外，此非一朝一夕可得。然一朝一夕，亦便小小有驗，但不足放乎四海。譬之操舟，舵不應手，不免横撑、直駕，終是費力。時時培此，却是最密地也。與尹道輿。

朱子以不睹不聞屬静，爲未動念時；以獨屬動，爲初動念時，故動静交修。兄以不睹不聞之時，專屬念頭方動，又比朱子失却一邊。不知所謂達之面目，發於政事，猶爲不睹不聞時耶？否耶？豈無念時，遂無所謂戒慎恐懼耶？豈聖賢皆時時動念耶？

寂然者一矣，無先後中外矣。然對感而言，寂其先也。以發而言，寂在中也。

思固聖功之本，而周子以無思爲言，是所以爲思，誠也。思而無思，是謂研幾。

常令此心寂然無爲，便是戒懼其所不睹不聞。言戒懼在本體上，便覺隔越。

中庸以慎獨爲要。誠也，神也，幾也，獨也，一也，慎獨皆舉之矣。然須體周子分言之意。常知幾，卽是致知，卽是存義，到成熟時，便是知止，得所止，則知至矣。

感無常，寂有常，寂其主也。周之静，程之定，皆是物也。其曰「静虚動直」，曰「静定動定」，以時言也。時有動静，寂無分於動静，境有内外，寂無分於内外，然世之言無内外、無動静者，多逐外而遺内，喜動而厭静矣，是以析言之。

夫體能發用，用不離體，所謂體用一源也。今夫舟車譬則體也，往來於水陸則其用也，欲泥一源之語，而惡學者之主寂，是猶舍車舟而適江湖與康莊也，烏乎可！

陽明先生良知之教，本之孟子乍見入井、孩提愛敬、平旦好惡三者，以其皆有未發者存，故謂之良。朱子以爲，良者自然之謂，是也。然以其一端之發見，而未能卽復其本體，故言怵惕矣，必以擴充繼之；言好惡矣，必以長養繼之；言愛敬矣，必以達之天下繼之。孟子之意可見矣。先生得其意者也，故亦不以良知爲足，而以致知爲功。試以三言思之。其言充也，將卽怵惕之已發者充之乎？將求之乍見之真乎？無亦不動於内交要譽惡聲之私已乎？其言養也，將卽好惡之已發者養之乎？將求之平旦之氣乎？無亦不梏於旦晝所爲矣乎？其言達也，將卽愛敬之已發者達之乎？將不失孩提之心乎？無亦不涉於思慮矯强矣乎？終日之間，不動於私，不梏於爲，不涉於思慮矯强，以是爲致知之功，則其意烏有不誠？而亦烏用以立誠二字附益之也？今也不然，但取足於知，而不原其所以良，故失養其端，而惟任其所以發，遂以見存之知，爲事物之則，而不察理欲之混淆；以外交之物，爲知覺之體，而不知物我之倒置。豈先生之本旨也？以上答項甌東。

未感之前，寂未嘗增，非因無念無知而後有寂也。既感之後，寂未嘗減，非因有念有知而遂無寂也。此虛靈不昧之體，所謂至善，善惡對待者，不足以名之。知者，觸於感者也。念者，妙於應者也。知與念有斷續，而此寂無斷續，所謂感有萬殊，而寂者惟一是也。答郭平川。

今之言良知者，惡聞静之一言，以爲良知該動静、合内外，主於静焉，偏矣。此恐執言而未盡其意也。夫良知該動静、合内外，其統體也，吾之主静，所以致之。蓋言學也，學必有所由而入，未有入室而不由户者。苟入矣，雖謂良知本静亦可也，雖謂致知爲慎動亦可也。吾不能復無極之真者，孰爲之乎？蓋動而後有不善，有欲而後有動，動於欲，而後有學，學者學其未動焉者也，學其未動而動斯善矣，動無動矣。答董蓉山。

周子所謂主静者，乃無極以來真脈絡。其自注云：「無欲故静。」是一切染不得，一切動不得，莊生所言混沌者近之，故能爲立極種子。非就識情中認得箇幽閒暇逸者，便可替代爲此物也。指其立極處與天地合德則發育不窮，與日月合明則照應不遺，與四時合序則錯行不忒，與鬼神合吉凶則感應不爽。修此而忘安排，故謂之吉。悖此而費勞攘，故謂之凶。若識認幽閒暇逸，以爲主静，便與野狐禪相似，便是有欲。一切享用玩弄，安頓便宜，厭忽縱弛，隱忍狼狽之弊，紛然潛入，而不自覺。即使孤介清潔，自守一隅，亦不免於偏聽獨任，不足以倡率防檢，以濟天下之務，其與未知學者何異也？答門人。

靠絲毫不得，纔靠一言一念，即是規矩外。惟有識得規矩，時時游息其中，所謂終日對越在天也。識規矩不定，便有幫凑，便易和换。與王有訓。

當極静時，恍然覺吾此心中虚無物，旁通無窮，有如長空雲氣流行，無有止極；有如大海魚龍變化，無有間隔。無内外可指，無動静可分，上下四方，往古來今，渾成一片，所謂無在而無不在。吾之一身，乃其發竅，固非形質所能限也。是故縱吾之目而天地不滿於吾視，傾吾之耳而天地不出於吾聽，冥吾之心而天地不逃於吾思。古人往矣，其精神所極，即吾之精神，未嘗往也。否則，聞其行事，而能憬然憤然矣乎？四海遠矣，其疾痛相關，即吾之疾痛，未嘗遠也。否則，聞其患難，而能惻然盡然矣乎？是故感於親而爲親焉，吾無分於親也，有分於吾與親，斯不親矣。感於民而爲仁焉，吾無分於民也，有分於吾與民，斯不仁矣。感於物而爲愛焉，吾無分於物也，有分於吾與物，斯不愛矣。是乃得之於天者，固然如是，而後可以配天也。故曰「仁者渾然與物同體」。同體也者，謂在我者亦即在物，合吾與物而同爲一體，則前所謂虚寂而能貫通，渾上下四方，往古來今，内外動静而一之者也。若二氏者有見於己，無見於物，養一指而失其肩背，比於自賊其身者㊀耳。諸儒闢二氏矣，猥瑣於掃除防檢之勤，而迷謬於統體該括之大，安於近小，而弗睹其全，矜其智能，而不適於用。譬之一家，不知承藉祖父之遺，光復門祚，而顧栖栖於一室，身口是計，其堂奧未窺，積聚未復，終無逃於樊遲細民之譏，則亦何以服二氏之心哉！

此學日入密處，紛紜轇轕中，自得泰然，不煩照應。「不煩照應」一語，雙老所極惡聞，却是極用力，全體不相污染，乃有此景。如無爲寇之念，縱百念縱横，斷不須照應始無此念。明道「不須防檢，不待窮索，未嘗致纖毫之力」，意正如此。以上與蔣道林。

以身在天地間負荷，即一切俗情，自難染污。寄尹道輿。

來書責弟不合良知外提出「知止」二字，而以爲「良知無内外，無動静，無先後，一以貫之，除此更無事，除此别無格物」。言語雖似條暢，只不知緣何便無分毫出入？操則存，舍則亡，非即良知而何？終

㊀「者」字賈本、備要本作「焉」。

日談本體，不説功夫，纔拈功夫，便指爲外道，恐陽明先生復生，亦當攢眉也。寄王龍溪。

來書「吾心全體大用，發見流行，雖昏壅之極，而自有昭明不泯之端。」此卽陽明先生所謂良知。今時學者，指愚夫愚婦與聖人同處，乃其相傳妙訣也。日忠如卽以此爲本來端倪乎？是無容細微察識矣。若謂此中别有本來端倪，須察識而後稍見，則所謂全體大用，發見流行，又何如哉？且惻隱之端，須是逢赤子入井見之，平旦之氣，須於好惡與人相近見之，以此推端倪，似未有舍格物(一)而言端倪者。如静坐則清明和適，執事則精明安肅，居家則和柔愉婉，以此端倪而隨處得之，不知與來書所謂「拿此一物，看守在此，不令走作」者，又何以異？察識既不可緩，隨處又當理會，不知與所謂「静息處玩其清明和適之體，則日用自有依據」，孰先孰後？爲一爲二乎？此處更無歇後語，更無訓釋語，始是真能明諸心，始是不落虛見。

静中隱然有物，此卽是心體不昧處。此處常作主宰，是一，生不了雜念；一切放下，是千休千處得；感動時變换，是把捉太緊，故有厭動之病。一屬操持，卽入把捉，此處正好調停，求其至當，未可畏其難操持，并動静皆作疑也。合并不來，只是未久，如服藥人，藥力未至，不須疑病淺深。

發與未發，傳習録云：「未發在已發之中，而已發之中未嘗别有未發者在；已發在未發之中，而未發之中未嘗别有已發者存。」此兩句精細，可破紛紜之論。知寒覺暖，聖人與人一也，而知覺處，有千頭萬緒不同，未發所由辨也。故陽明先生曰：「當知未發之中，常人亦未能皆有。」蓋中庸未發在慎獨後，

(一)「格物」，賈本作「感物」。

言知學而後有未發之中，謂其能知未發之體而存之也。言先後固不得，言是一是二亦不得。目之明爲體，視爲用，視處別有明在否？明與視何所斷際？若逐外爲用，亦體非其體矣。心，神物也，動物也，攝之固難，凝之尤難。象山立大之論，於凝聚處煞有地步。以上答萬日忠。

内外兩忘，乃千古入聖祕密語。凡照應掃除，皆屬内境，安排酬應，皆屬外境，二境了不相干，此心渾然中存，非所謂止其所乎？此非静極，何以入悟。

二氏亦以静入，至所語静，却是迥異。以上答李石麓。

默默自修，真見時刻有不彀手處，時刻有不如人處，時刻只在自心内尋究虚静根底安頓，不至出入，卽有好商量矣。答王著久。

三四年間，曾以「主静」一言，爲談良知者告，以爲良知固出於禀受之自然，而未嘗泯滅，然欲得流行發見，常如孩提之時，必有致之之功，非經枯槁寂寞之後，一切退聽，而天理炯然，未易及此，陽明之龍場是也。學者舍龍場之懲創，而談晚年之熟化，譬之趨萬里者，不能蹈險出幽，而欲從容於九達之逵，豈止躐等而已哉！然聞之者惟恐失其師傳之語，而不究竟其師之入手何在，往往辨詰易生，徒多慨惜。寄謝高泉。

良知兩字，乃陽明先生一生經驗而后得之，使發於心者，一與所知不應，卽非其本旨矣。當時遷就初學，令易入，不免指見在發用以爲左券。至於自得，固未可以草草謬承。而因仍其說者，類借口實，使人猖狂自恣，則失之又遠。寄張須野。

至實不宜輕弄，此丹家語也。然於此件頗相類，千古聖賢，只有收斂保聚法不肯輕弄，以至於死，故曰「兢兢業業，過了一生」。寄王龍溪。

執事只欲主張良知常發，便於聖賢幾多凝聚處，盡與掃除解脱。夫心固常發，亦常不發，二者可倒一邊立説否？至謂「未發之中，竟從何處覓」，則立言亦太易矣。與錢緒山。

旁午之中，吾御之者，轇轕紛紜，而爲事物所勝，此卽憧憧之思也。從容閒雅，而在事物之上，此卽寂然之漸也。由憧憧而應之，必或至於錯謬；由寂然而應之，必自盡其條理，此卽能寂與不能寂之驗。由一日而百年可知也。一日之間，無動無静，皆由從容閒雅，進而至於澄然無事，未嘗有厭事之念，卽此乃身心安著處。安著於此，不患明之不足於照矣。漸入細微，久而成熟，卽爲自得。明道不言乎，「必有事焉而勿正，心勿忘，勿助長」，謂未嘗致纖毫之力，此其存之之道。夫必有事者，言乎心之常止於是；勿忘助者，言乎常止之無所增損；未嘗致纖毫之力者，言乎從容閒雅，又若未嘗有所事事。如此而後可以積久成熟，而入細微，蓋爲學之彀率也。與徐大巡。

心感事而爲物，感之之中，須委曲盡道，乃是格物。理固在心，亦卽在事，事不外心，理不外事，無二致也。近時執「心卽理」一句，學者多至率意任情，而於仔細曲盡處，略不照管。既非所以致知，却與「在格物」一句正相反。但後儒認理爲格式見套，以至支離。若知事無内外，心無内外，理無内外，卽格式見套，又皆在乎中，非全格去舊物，乃爲精微也。答劉汝周。

學有可以一言盡者，有不可以一言盡者。如收斂精神，併歸一處，常令凝聚，能爲萬物萬事主宰，此可一言而盡，亦可以一息測識而悟。惟夫出入於酬應，牽引於情思，轉移於利害，纏固於計算，則微曖萬變，孔竅百出，非堅心苦志，持之歲月，萬死一生，莫能幾及也。與蕭雲皋。

劉師泉素持玄虛，卽今肯向裏著己，收拾性命，正是好消息。寄聶雙江。

易言洗心，非爲有染著；易言藏密，非爲有滲漏。除却洗心、藏密，更無功夫。十分發揮，乃是十分緊固，方是堯、舜兢業過一生處。答唐一菴。

「無所存而自不忘」一句，說得太早。此最是毒藥，諸君一向用此爲妙劑，如何自求不得，不見超身，何也？「執之則生機拂」一句，甚是。但容易爲人開手，且吃苦過甚。「無妨操則存，舍則亡，孔子亦且」云云。操豈可已乎？愈操愈熟，斷不成便放開手。千古未有開手。「聖人懸崖撒手」，莊子有此言，吾儒方妄以自解，不知莊子所指何也？今有人到懸崖上撒手者乎？何獨在平時說撒手事？惟有時時收斂，務求不負此良知，庶幾朴實，不落㊀陷阱耳。與謝維世。

來諭「知至誠正之外，非別有格。心意誠㊁之外，非別有物。天性之外，非別有知」。格致誠正是一時事，所謂不落言詮，故能出此言也。與友人。

知縱肆，是良知；知不能，却常自欺，是瞞良知。自知瞞良知，又是良知；形之紙筆，公然以爲美談，是不肯致良知也。此病豈他人能醫耶？答門人。

㊀ 賈本「不落」上有「頭」字。
㊁ 「誠」原作「識」，據賈本、備要本改。

龍溪之學，久知其詳，不俟今日。然其講功夫，又却是無功夫可用，故謂之「以良知致良知」，如道家「先天制後天」之意。其說實出陽明口授，大抵本之佛氏。翻傳燈諸書，其旨洞然。直是與吾儒「兢兢業業，必有事」一段，絕不相蒙，分明二人屬兩家風氣。言陽明、龍溪各爲一家。今比而同之，是亂天下也。持此應世，安得不至蕩肆乎？與聶雙江。

往時喜書象山「小心翼翼，昭事上帝。上帝臨汝，毋貳爾心。戰戰兢兢，那有閒言時候」一段，龍溪在旁，輒欲更書他語，心頗疑之。每觀六經言學，必先兢業戒懼，乃知必有事焉，自是孔門家法。與謝高泉。

來諭「凡應酬，未盡是良知本然條理，故於精神足時，太涉周旋，似有所加；到困憊後，便生厭心，似有所損。」此已說到良知本然條理，不可加、不可損處，但須於尋常言動處，識得此條理，方時時有辨別，又須於尋常中調習得熟，方處處有功夫。豈特遇人有厭心爲有加損？即閒中快活處，亦皆有之。故精神如常，即應酬是格物；精神當養，即少事是格物。此是一事，不是兩事。答曾月塘。

寧息處，非可以人力爲；精明處，亦不可以人力爲。不可以人力爲，而後功夫至密而可久。與王塘南。

謂良知與物無對，故謂之獨，誠是也。獨知之明，良知固不泯矣。卜度擬議，果皆良知矣乎？中庸言獨，而註增「獨知」二字，言良知者，因喜附之，或非子思意也。來諭謂「獨指天命之性言」，得之矣。知幾其神，幾者，動之微也；微者，道心，而謂有惡幾，可乎？故曰「動而未形，有無之間」，猶曰動而無動之云也。而後人以念頭初動當之，遠矣。知此則幾前爲二氏，幾後爲五霸，而研幾者爲動靜不偏。

周子「幾善惡」之言，言惟幾，故别善惡，能知幾，非一念之善可能盡。吉之先見，蓋至善也，常以至善爲主，是天命自主。常能慎獨，常依中庸，常服膺此一善，是謂先幾。如是而有失有過，其復而改，方不甚遠。若使兩物對待，去彼就此，豈所謂齋明，豈所謂擇善固執者乎？此宋儒傳述失宗云然。象山先立乎大，固不若是勞擾也。與詹毅齋。

自私二字，斷得二氏盡絶。聖賢之道，當生而生，當死而死，致命遂志，殺身成仁，寧作此等見識？與凌洋山。

此學静中覺觀體用事極難，大約只於自心欺瞞不得處，當提醒作主，久久精明，便有别白處。若只將日用間應酬知解處，便謂是心體，此却作主不定，有差，自救不來。何也？只尋得差不得處，始有見耳。與周學諭。

大學絜矩，原從知止説來，却不是無所本。能知止，方定静安，然後善慮，善慮便能絜矩。故中無所倚，自然與物同體，自是絜矩。若只論絜矩，不問此心若何，卽涉於陪奉媚世，牽己從人矣。儒釋之辨，只吾儒言中與仁處，便自不同。堯、舜之中，孔門之仁，言雖不同，一則指無所倚，一則指渾然與物同體，無二物也。中無所倚，釋之「無住」若近之，至於兢業允執，茫不相似。渾然同物，與其「覺海圓澄」又大相遠。不揣其端緒，舉言句之脗合以爲歸，失其宗矣。中無所倚，自然與物同體，得此氣象，守而弗失，乃吾儒終日行持處。延平於喜怒哀樂未發以前，觀其氣象，蓋使人反求者也。良知二字，一經指點，便易摸索，但不知與所謂無倚、所謂同體處，當下氣象若何，故往往易至冒認，非謂良知之外，復有中與仁也。

止處該括動静，總攝内外，此止卽萬物各得其所。若見物方絜，已屬支離。止則無倚，與物同體，便自能絜。今世與物酬應漠不相關，固不足以與此。有持萬物一體之説者，則又牽己從之，終日沉湎於世情，依阿附會，以爲同體。不知本體淪喪，更無收攝安頓處，纔拈定静字面，卽若傷我。不知無一物方能物物，吾心已化於物，安能運物哉？此處絲毫倒一邊不得。以上與劉仁山。

兄嘗謂弟落意見，此真實語。凡見中有此用處，不應總屬意見。苟未逼真，慈湖之無意，亦意見也。若有向往，不妨其致力之勤，到脱然處，又當别論。力未至而先爲解脱，不已過憂乎。答王龍溪。

除此真心作用，更無才力智巧。答胡正甫。

莊子所謂外者不入，内者不出，吾儒知止地位，正與相等。卽此不入不出處，便是定，卽定處，便是吾人心體本然，便是性命所在。守此一意不散，漸進於純熟，萬物無足以撓之，入聖賢域中矣。與王少參。

執著乃用功生疎所致，到純熟自當輕省，不可便生厭心。此處一有憎厭疑貳，便是邪魔作祟，絶不可放過也。

此心皎然無掩蔽時，便與聖人不甚異。於此不涉絲毫摇兀，亦無改變，亦無執著，亦無忽略，此便是學。只時時有保護處，不傷皎然處，將容體自正，言語自謹，嗜慾自節，善自行，惡自止，好名好貨各色自覺澹，以此看書，以此處友，精神自聚不散涣矣。以上答劉可賢。

終日紛紛，不覺勞頓，緣動神而後有勞。神氣不動，卽動應與靜中無有異境，此中虛而無物故也。自處與處人，未動絲髮意，便自無事。稍涉動意，未有不應者，便是與物爲敵。與王養明。

卽處事中便是學，此間稍有作惡處便是過，稍有執泥處便是過，所謂養心也在此，擴知也在此。此處功夫愈密，知覺愈精，而不受變於物，此之謂格物之學。若自家執泥作惡尚不覺，是謂不知痛癢，便是幹極好事，亦是有己之私。到得此心不作惡執泥，明鏡止水相似，發又中節，便是巽以出之。此間磨煉得去，是謂時習。與劉可賢。

虛實寂感內外，原是一件，言其無有不是，故謂之實，言其無少夾襍，故謂之虛；言其隨事能應，故謂之感；言其隨處無有，故謂之寂；以此自了，故謂之內；以此俱了，故謂之外，眞無有分別者。但謂虛寂本體，常止不動，却要善看。不然就本體説止，説不動，便能作梗，便不眞虛寂矣。答杜道升。

處處從小利害克治，便是克己實事，便是處生死成敗之根，亦不論有事無事。此處放過，更無是處。於克治知費力與濁亂，此是生熟安勉分限。不安分限，將下手實際，便欲並成德時論，此涉於比擬太過。不知功夫純熟，只在常明少昏，漸漸求進，到得成片段，却眞咽喉下能著刀。能下此刀，與一念一事，是非不同，却是得先幾也。答曾于野。

靜中如何便計較功效，只管久久見得此心有逐物有不逐物時，却認不逐物時心爲本，日間動作皆依不逐物之心照應，一逐物便當收回，愈久漸漸成熟。如此功夫，不知用多少日子方有定貼處，如何一兩日坐後，就要他定貼動作不差，豈有此理！陽明先生叫人依良知，不是依眼前知解的良知，是此心瞞不過處，卽所謂不逐物之心也。靜中識認他，漸漸有可尋求耳。答羅生。

來書未見有憤發改過之意，只是欲人相信，不得開口。答王龍溪。

終日眼前俱是假人，無一分真實意，自我待之，終日俱是真人，無一分作僞意，如此便是有進步。寄劉少衡。

凡習心混得去，皆緣日間太順適，未有操持，如舵工相似，終日看舵，便不至瞌睡，到得習熟，卽身卽舵，無有兩件。凡人學問真處，決定有操持，收束漸至其中，未有受用見成者。答歐陽文朝。

自覺得力，只管做去，微覺有病，又須轉手。此件功夫，如引小兒，隨時遷就，執著不得。與杜道升。

只是絲毫放過不得，時時與物無對，便是收斂功也。與胡正甫。

孔門博文約禮之教，無非卽人身心，納之規矩，固非爲玄遠也。夫不誘之以規矩，而惟玄遠之務，是猶閉之門而談天衢，不可得也。與劉見川。

雜著

王鯉湖問：「慎獨之旨，但令善意必行，惡意必阻，如何？」王龍溪曰：「如此却是大不慎矣。古人所言慎者，正指微處不放過説，正是汙染不上，正是常得不欺，如好好色、惡惡臭始得。若善惡一念交起，此是做主不得，縱去得，已非全勝之道。」

王道思曰：「念頭斷去不得，止是一任他過，便要如何斬除，恐更多事。此吾小歇脚法也。」

此宗門放蕩之語，後來羅近溪輩多習之，以爲解縛之祕法。

龍溪謂念菴曰：「汝學不脱見知，未逼真，若逼真來，輪刀上陣，措手不迭，直心直意，人人皆得皆知㊀那得有許多遮瞞計較來。」問：「如何是真爲性命？」龍溪曰：「拚得性命，是爲性命。」又問，龍溪曰：「爲性命不真，總是拚世界不下。如今説著爲善不是真善，却是要好心腸隨人口脗，毁譽得失之關不破，若是真打破，人被惡名埋没一世，更無出頭，亦無分毫掛帶，此便是真爲性命。真爲性命，時時刻刻只有這裏著到，何暇陪奉他人，如此方是造化把柄在我，横斜曲直，好醜高低，無往不可。如今只是依阿世界，非是自由自在。」因歎曰：「今世所謂得失，不知指何爲得失？所謂毁譽，不知毁譽箇甚？便説打破，已是可歎矣。」

惡名埋没一段，亦是宗門語，不管是非好醜，顛倒做去，以爲見性，究竟成一無忌憚小人耳。若流俗惡名，豈能埋没得人？又何嘗出頭不得？故舉世非之而不顧，爲流俗言也。苟其決裂名教，真有惡名可以埋没者，則已入於禽獸，亦何性命之有？

王心齋論正己物正，曰：「此是吾人歸宿處。凡見人惡，只是己未盡善，己若盡善，自當轉易，以此見己一身不是小，一正百正，一了百了，此之謂天下善，此之謂通天下之故，聖人以此修己安百姓而天下平。」又論仁之於父子曰：「瞽瞍未化，舜是一樣命，瞽瞍既化，舜是一樣命，可見性能易命。」

龍溪書曰：「以世界論之，是千百年習染，以人身論之，是半生倚靠。見在種種行持點檢，只在世

㊀「皆知」，各本同。朱氏釋誤以爲當據念庵文集作「見之」。

情上尋得一件極好事業來做，終是看人口眼。若是超出世情漢子，必須從渾沌裏立定根基，將一種要好心腸洗滌乾淨。枝葉愈活㊀，靈根愈固，從此生天生地生人生物，方是大生。故學問須識真性，獨往獨來，使真性常顯，始能不落陪奉。」以上己亥冬遊記。

王龍溪曰：「未發之中未易言，須知未發却是何物？謂之未發，言不容發也。發於目爲視矣，所以能視者，不隨視而發；發於耳爲聽矣，所以能聽者，不隨聽而發。此乃萬古流行不息之根，未可以靜時論也。」

予問龍溪曰：「凡去私欲，須於發根處破除始得。私欲之起，必有由來，皆緣自己原有貪好，原有計算，此處漫過，一時潔淨，不但潛伏，且恐陰爲之培植矣。」錢緒山曰：「此件功夫零碎，但依良知運用，安事破除？」龍溪曰：「不然，此搗巢搜賊之法，勿謂盡無益也。」

緒山之言，與前冬遊記王道思所云，同一法門。

龍溪之言曰：「先師提掇良知，乃道心之微，一念靈明，無内外，無寂感。吾人不昧此一念靈明，便是致知；隨事隨物不昧此一念靈明，便是格物。良知是虛，格物是實，虛實相生，天則乃見。蓋良知原是無知而無不知，原無一物，方能類萬物之情。或以良知未盡妙義，於良知上攙入無知意見，便是異學。或以良知未足以盡天下之變，必加見聞知識，補益而助發之，便是俗學。吾人致知功夫不得力，第一意見爲害。意見是良知之賊，卜度成悟，明體宛然，便認以爲良知。若信得良知過時，意卽是良知之

㊀「活」字賈本作「枯」。

流行，見卽是良知之照察，徹内徹外，原無壅滯，原無幫補，所謂丹府一粒，點鐵成金。若認意見以爲實際，本來靈覺生機，封閉愈固，不得出來。學術毫釐之辨，不可不察也。」然質之陽明先生所言，或未盡合。先生嘗曰：「良知者，天命之性，心之本體，自然昭明靈覺者也。」是謂良知卽天性矣。中庸言性，所指在於不睹不聞，蓋以君子之學，惟於其所不睹不聞者，而戒慎恐懼耳，舍不睹不聞之外，無所用其戒慎恐懼也。夫不睹不聞，可謂隱而未形，微而未著矣。然吾之發見於外者，卽此未形者之所爲，而未始有加；吾之彰顯於外者，卽此未著者之所爲，而未始有加。由是言之，謂良知之體至虛可也，謂其本虛而形實亦可也。今曰「良知是虛，格物是實」，豈所謂不睹不聞有所待而後實乎？先生又曰：「至善者，心之本體。動而後有不善，而本體之知，未嘗不知也。」是以良知爲至善矣。大學之言至善，其功在於能止，蓋以吾心之體，固有至善，而有知之後，得止爲難。知而常止，非夫良之止其所，孰能與於此？故定静安慮者，至善也，能定能静能安能慮者，止至善也。能止而後至善盡爲己有，有諸己而後謂之有得。先之以定静安者，物之所由以格，止之始也；後之以慮者，知之所以爲至，止之終也。故謂致知以求其止可也，謂物則生於定静亦可也。今曰「虛實相生，天則乃見」，豈定静反由慮而相生乎？先生又曰：「良知是未發之中。」又曰：「當知未發之中，常人亦未能皆有。」豈非以良知之發，爲未泯之善端，未發之中，當因發而後致？蓋必常静常定，然後可謂之中。則凡致知者，亦必卽其所未泯，而益充其所未至，然後可以爲誠意。固未嘗以一端之善，爲聖人之極則也。今曰「若信得良知過時，意卽是良知之流行，見卽是良知之照察」云云。夫利欲之盤固，遏之猶恐弗止，而欲從其知之所發，以爲心體；以血氣之浮揚，斂之猶恐弗定，而欲任其意之所行，以爲功夫。畏難苟安者，取便於易從；見小欲速者，堅主於自信。夫注念反觀，孰無少覺？因言發慮，理亦昭然。不息之真，既未盡亡，先入之言，又有可據，日滋日甚，日移日遠，將無有以存心爲拘迫，以改過爲粘綴，以取善爲比擬，以盡倫爲矯飾者乎？而其滅裂恣肆者，又從而譸張簧鼓之，使天下之人遂至於蕩然而無歸，則其陷溺之淺深，吾不知於俗學何如也！先生又曰：「知者意之體，物者意之用。」未嘗以物爲知之體也。而緒山乃曰：「知無體，以人情事物之感應爲體。無人情事物之感應，則無知矣。」夫人情事物感應之於知，猶色之於視，聲之於聽也。謂視不離色，固有視於無形者，而曰色卽爲視之體，無色則無視也，可乎？謂聽不離聲，固有聽於無聲者，而曰聲卽爲聽之體，無聲則無聽也，可乎？以上戊申夏遊記。

龍溪因前記有所異同，請面命。予曰：「陽明先生苦心犯難，提出良知爲傳授口訣，蓋合內外前後一齊包括，稍有幫補，稍有遺漏，卽失當時本旨矣。往年見談學者，皆曰『知善知惡卽是良知，依此行之，卽是致知』。予嘗從此用力，竟無所入，久而後悔之。夫良知者，言乎不學不慮，自然之明覺，蓋卽至善之謂也。吾心之善，吾知之，吾心之惡，吾知之，不可謂非知也。善惡交雜，豈有爲主於中者乎？中無所主，而謂知本常明，恐未可也。知有未明，依此行之，而謂無乖戾於既發之後，能順應於事物之來，恐未可也。故知善知惡之知，隨出隨泯，特一時之發見焉耳。一時之發見，未可盡指爲本體，則自然之明覺，固當反求其根源。蓋人生而靜，未有不善，不善動之妄也，主靜以復之，道斯凝而不流矣。神發爲知，良知者靜而明也，妄動以雜之，幾始失而難復矣。故必有收攝保聚之功，以爲充達長養之地，而後定静安慮由此以出，必於家國天下感無不正，而未嘗爲物所動，乃可謂之格物。蓋處無弗當，而後知無弗明，此致知所以必在於格物，物格而後爲知至也。故致知者，致其静無而動有者也。知苟致矣，雖一念之微，皆真實也；苟爲弗致，隨出隨泯，終不免於虚蕩而無歸。是致與不致之間，虚與實之辨也。謂之曰『良知是虚，格物是實，虚實相生，天則乃見』，將無言之太深乎？卽格物以致其知矣，收攝之功終始無間，則吾心之流行照察，自與初學意見萬萬不侔。謂之曰『意見是良知之賊』，誠是也。既而曰『若信得良知過時，意卽是良知之流行，見卽是良知之照察，所謂丹府一粒，點鐵成金』，不已言之太易乎？」龍溪曰：「近日覺何如？」曰：「一二年來與前又别，當時之爲收攝保聚偏矣。蓋識吾心之本然者，猶未盡也，以爲寂在感先，感由寂發。夫謂感由寂發可也，然不免於執寂有處；謂寂在感先可也，然不免於指感有時，彼此既分，動静爲二，此乃二氏之所深非以爲邊見者。我堅信而固執之，其流之弊，必至重於爲我，疎於應物，蓋久而後疑之。夫心一而已，自其不出位而言，謂之寂，位有常尊，非守内之謂也；自其常通微而言，謂之感，發微而通，非逐外之謂也。寂非守内，故未可言處，以其能感故也，絶感之寂，寂非真寂矣。感非逐外，故未可言時，以其本寂故也，離寂之感，感非正感矣。此乃同出而異名，吾心之本然也。寂者一，感者不一，是故有動有静，有作有止。人知動作之爲感矣，不知静與動、止與作之異者境也，而在吾心，未嘗隨境異也。隨境有異，是離寂之感矣。感而至於酬酢萬變，不可勝窮，而皆不外乎通微，是乃所謂幾也，故酬酢萬變而於寂者，未嘗有礙，非不礙也，吾有所主故也。苟無所主，則亦馳逐而不返矣。聲臭俱泯，而於感者未嘗有息，非不息也，吾無所倚故也。苟有所倚，則亦膠固而不通矣。此所謂收攝保聚之功，君子知幾之學也。學者自信於此，灼然不移，即謂之守寂可也，謂之妙感亦可也；即謂之主静可也，謂之慎動亦可也。此豈言説之可定哉！是何也？心也者，至神者也，以無物視之，固泯然矣；以有物視之，固炯然矣。欲盡斂之，則亦塊然不知，凝然不動，無一物之可入也；欲兩用之，則亦忽然在此，倏然在彼，能兼體而不遺也。使於真寂端倪，果能察識，隨動隨静，無有出入，不與世界物事相對待，不倚自己知見作主宰，不著道理名目生證解，不藉言語發揮添精神，則收攝保聚之功，自有準則。明道云：『識得仁體，以誠敬存之，不須防檢窮索，必有事而勿正，心勿忘，勿助長，未嘗致纖毫之力。』此其存之之道，固其準則也。」龍溪笑曰：「夏遊記豈盡非是，只三轉語處，手勢太重，便覺抑揚太過。兄已見破到此，弟復何言！」

劉師泉謂：「夫人之生，有性有命，性妙於無爲，命雜於有質，故必兼修而後可以爲學。蓋吾心主宰謂之性，性無爲者也，故須首出庶物，以立其體。吾心流行謂之命，命有質者也，故須隨時運化，以致其用。常知不落念，是吾立體之功；常過不成念，是吾致用之功也，二者不可相雜，蓋知常止而念常微也。是説也，吾爲見在良知所誤，極探而得之」。龍溪問：「見在良知與聖人同異？」師泉曰：「不同。赤子之心，孩提之知，愚夫婦之知能，如頑鑛未經煆煉，不可名金。其視無聲無臭，自然之明覺，何啻千里！是何也？爲其純陰無真陽也。復真陽者，更須開天闢地，鼎立乾坤，乃能得之。以見在良知爲主，決無入道之期矣。」龍溪曰：「謂見在良知便是聖人體段，誠不可。然指一隙之光，以爲決非照臨四表之光，亦所不可。譬之今日之日，非本不光，却爲雲氣掩蔽，以愚夫愚婦爲純陰者，何以異此。」予曰：

「聖賢只是要人從見在尋源頭，不曾别將一心，換却此心。師泉欲創業，不享見在，豈是懸空做得？只時時收攝保聚，使精神歸一便是，但不可直任見在以爲止足耳。」

謂龍溪曰：「陽明先生之學，其爲聖學無疑矣。惜也速亡，未至究竟，是門下之責也。然爲門下者有二：有往來未密，煅煉未久，而許可太早者，至於今或守師説以淑人，或就己見以成學，此非有負於先生，乃先生負斯人也。公等諸人，其與往來甚密，其受煅煉最久，其得證問最明，今年已過矣，猶不能究竟此學，以求先生之所未至，却非先生負諸人，乃是公等負先生矣。」以上甲寅夏遊記。

緒山在陽明先生之門，號稱篤實，而能用其力者。自余十六、七年來，凡六、七見，而緒山之學，亦且數變。其始也，有見於爲善去惡者，以爲致良知也。已而曰：「未矣。良知者，無善無惡者也，吾安得執以爲有而爲之。」而又去之。後十年，會於京師，曰：「吾惡夫言之者之淆也。無善而無惡者見也，非良知也。吾惟即吾所知，以爲善者而行之，以爲惡者而去之，此吾所能爲者也。其不出於此者，非吾所能爲，亦非吾之所當聞也。」今年相見於青原，則曰：「向吾之言，猶二也，非一也。蓋先生嘗有言矣，曰：『至善者，心之本體，動而後有不善也。』吾不能必其無不善，吾無動焉而已。彼所謂意者動也，非是之謂動也，吾所謂動，動於動焉者也。吾惟無動，則在我者常一，在我者常一，則吾之力易易矣。」贈錢緒山。

王子之言曰：「始吾以致知爲然也，而不知有遺於物，乃吾今而後知格物之爲致知也。始之言知，亦曰格物云爾，及而察之，以爲物生於知，吾但知知而已，而何有於物？夫非知無物，非物無知，乃吾始之言知，則猶廓廓爾，而渾渾爾，若有厭於芸芸爾者，則猶未見物與知之爲一也。此一知也，於物有格有不格，則是吾之知，亦有至有不至焉。」雖然，王子後此，安知不以今之所言爲未至也乎！物之有未格也，而求足於知焉。有所不足，是故爲之可以已者，卽不得謂之精。精不可已，以此心之幾希，易失而難窮故也。贈王龍溪。

雙江先生繫詔獄，經年始釋。方其繫也，身不離接槢，視不踰垣户，塊然守其素以獨居。久之，諸子羣聖之言，涉於目者不慮而得，參之於身，動而有信，慨然曰：「嗟乎！不履斯境，疑安得盡釋乎！」於是著録曰困辨，以明寂感之故。歸質之友人，友人或然或否，或正以師傳曰：「陽明子所謂良知不類。」往歲癸卯，洪先與洛村黄君聞先生言必主於寂，心亦疑之。後四年丁未，而先生逮。送之境上，含涕與訣。先生曰：「嘻！吾自勝之，無苦君輩也。」其容翛然，其氣夷然，其心淵然而素，自是乃益知先生。遂爲辨曰：「先生於師傳如何，吾未之知，請言吾所試。昔者聞良知之學悦之，以爲是非之心，人皆有之，吾惟卽所感以求自然之則，其亦庶乎有據矣。已而察之，執感以爲據，卽不免於爲感所役。吾之心無時可息，則於是非者，亦將有時而淆也。又嘗凝精而待之以虚，無計其爲感與否也。吾之心暫息矣，而是非之則，似亦不可得而欺。因自省曰：『昔之役者，其逐於已發，而今之息者，其近於未發矣乎！』蓋自良知言之，無分於發與未發也。自知之所以能良者言之，則固有未發者以主之於中，而或至於不良，乃其發而不知返也。吾於暫息且有所試矣，而況有爲之主者耶！夫至動莫如心，聖人尤且危之。苟無所主，隨感而發，譬之御馬，銜勒去手，求斯須馳驟之中度，豈可得哉？道心之言微，性之言定，無欲之言靜，致虛之言立本，未發之言寂，一也。而何疑於先生？」先生聞之曰：「斯言知我哉！録有之，『良知者，未發之中，寂然大公之本體』，固吾師所傳也。問之友人，或然或否。」洪先曰：「吾學也，困辨弗明，弗可以措。」敘而梓之，告於知言者。困辨録序。

余讀雙江聶君困辨録，始而灑然無所疑，已而恍然有所會，久而津津然不能舍。於是附以己見，梓之以傳。而或者謂曰：「言何易也！自陽明先生爲良知之説，天下議之爲禪，嘵嘵然至今未已也。夫良知合寂感内外而言之者也，議者猶曰：『此遺物也，厭事理之討論者也。』今而曰：『吾内守寂者也，其感於外者，皆非吾之所能與。』其不滋爲可異歟？夫分寂感者，二其心者也；分内外者，析其形者也。心譬則形之目者也，目不能不發而爲視，視不能不發而爲萬物，離物以爲視，離視以爲目，其果有可指乎？吾懼嘵嘵然於聶君者，又未已也。」余應之曰：「言固未可齊也。孔子不云乎，曰：『吾道一以貫之。』當是時，未能以其一者示之人也，而曾子乃曰：『是忠恕也。』今之言與忠恕者同耶？異耶？彼以得之心者應之，而世儒之言從而分曰：『孰爲一之體，孰爲一之用，而後忠恕者始明？』嗚呼！使曾子若然，其尚能聞言而唯乎？夫聶君亦各以其得之心者爲言，固未暇爲良知釋也。子以心譬目，有問於子曰：『寂感於目奚譬？』必曰：『視者感也，物之不留者寂也，無有分也。』嗚呼！似矣而未盡也。子謂目之所以能視，而不容翳者，何哉？夫天地之化，有生有息，要之於穆者其本也。良知之感，有動有靜，要之致虛者其本也。本不虛則知不能良，知其發也，其未發則良也。事物者其應，理者其則也，應而不失其則，惟致虛者能之。故致虛者，乃所以致知也，知盡其天然之則於事事物物而理窮，理窮則性盡命至，而奚有於內外？雖然，知所先後，而後近道，此學之序也。故無樂乎其專內也，所以求當於外者，非是，則無以先也。無樂乎其守寂也，所以求神其感者，非是，則無以先也。彼禪固賊道也，而其內之寂者，固皆離事物以爲言。彼視所謂理者，何啻於其目之眚也，而豈患其相入哉！故言有相徇而非也者，乃其無與當之謂也；言有相反而是也者，乃其喻所指之謂也。子徒畏人之嘵嘵矣，而獨不懼夫己之膠膠者乎？今世言聰明才辨見聞强敏，孰與聶君？所謂表然才大夫也，其持世儒之學以見先生，友之也，非師之也，而卒俛首以聽。今又盡知其故，兢兢焉自守一言，以觸世之所諱，其爲逐聲與塊也夫！且吾亦嘗聞而哂之，以其爲億也。及逮而送之境，無戚言憐色，以亂其常。蓋未幾而是録作，其曰困辨，是遇困而益辨，非辨於困者也。而余爲之言者，亦若辨焉。何哉？蓋余困而後能知，又信於未言故也。」困辨録後序。

困辨録者，聶雙江公拘幽所書，其下附語，余往年手所箋也。同年貴溪原山江君懋恒獲而讀之，取其契於心者，抄以自隨。已而作令新寧，將刻以授諸生，問決於余。余惟白沙主静之言出，而人以禪諍，至於陽明，諍益甚，以致良知之與主静無殊旨也。而人之言良知者，乃復以主静諍。其言曰：「良知者，人人自能知覺，本無分於動静，獨以静言，是病心也。」自夫指知覺爲良知，而以静病心，於是總總然，但知卽百姓之日用，以證聖人之精微，而不知反小人之中庸，以嚴君子之戒懼，不獨二先生之學脈日荒，卽使禪者聞之，亦且咄唶而失笑，不亦遠乎！夫言有攸當，不知言，無以學也。良知猶言良心，主静者求以致之，收攝斂聚，自戒懼以入精微。彼徒知覺焉者，雜真妄而出之者也。主静則不逐於妄，學之功也。何言乎其雜真妄也？譬之於水，良知，源泉也，知覺，其流也，流不能不雜於物，故須靜以澄汰之，與出於源泉者，其旨不能以不殊。此雙江公所爲辨也。雖然余始手箋是録，以爲字字句句無一弗當於心，自今觀之，亦稍有辨矣。公之言曰：「心主乎內，應於外，而後有外，外其影也。」心果有內外乎？又曰：「未發非體也，於未發之時，而見吾之寂體。」未發非時也，寂無體不可見也。見之謂仁，見之謂知，道之鮮也。余懼見寂之非寂也，是故自其發而不出位者言之，謂之寂；自其常寂而通微者言之，謂之發。蓋原其能戒懼而無思爲，非實有可指，得以示之人也。故收攝斂聚可以言靜，而不可謂爲寂然之體。喜怒哀樂可以言時，而不可謂無未發之中。何也？心無時亦無體，執見而後有可指也。易曰：「聖人立象以盡意，繫辭以盡言。」言固不盡意也。坤之震，剥之復，得之於言外，以證吾之學焉可也。必也時而靜，時而動，截然內外，如卦爻然，果聖人意哉？余不見公者四年，不知今之進退復何如也？江君早年亦嘗以禪諍學，已而入象山，得之靜坐，旁探博證，遂深有契於公。新寧故新會地，白沙之鄉也，豈無傳其遺言者乎？如有言主靜而異於公者，幸反覆之，不有益於我，必有益於人，是良知也。讀困辨録鈔序。

其與聶公友也，聞其所語此心寂感之機，歸寂之要，十餘年來，未嘗輕一諾焉。一日忽自省曰：「公之言是也。」劉兩峰六十序。

致良知者，致吾心之虛靜而寂焉，以出吾之是非，非逐感應以求其是非，使人擾擾外馳，而無所於歸以爲學也。夫知其發也，知而良則其未發，所謂虛靜而寂焉者也。吾能虛靜而寂，雖言不及感，亦可也。雙江七十序。

善學者竭力爲上，解悟次之，聽言爲下，蓋有密證殊資，默持妙契，而不知反躬，自求實際，以至不副宿期者矣，固未有歷涉諸難，深入真詮，而發之弗瑩，必俟明師面臨私授，而後信久遠也。陽明先生年譜考訂序。

龍溪子曰：「良知者，感觸神應，愚夫婦與聖人一也，奚以寂？奚以收攝爲？」予不答。已而腹饑索食，龍溪子曰：「是須寂否？須收攝否？」予曰：「若是，則安取於學？饔飧與禮食固無辨乎？」他日，龍溪子曰：「良知本寂，無取乎歸寂，歸寂者，心槁矣。良知本神應，無取乎照應，照應者，義襲矣。吾人不能神應，不可持以病良知，良知未嘗增損也。」予曰：「吾人常寂乎？」曰：「不能。」曰：「不能則收攝以歸寂，於子何病？吾人不能神應，謂良知有蔽，可乎？」曰：「然。」曰：「然則去蔽，則良知明，謂聖愚有辨，奚不可？求則得，舍則失，不有存亡乎？養則長，失則消，不有增損乎？擬而言，議而動，不有照應乎？是故不可泯者，理之常也，是謂性；不易定者，氣之動也，是謂欲；不敢忘者，志之凝，命之主也，是謂學。任性而不知辨欲，失之罔；談學而不本真性，失之鑿；言性而不務力學，失之蕩。」龍溪子曰：「如子之言，固未足以病良知也。」良知辨。

白沙先生之學，以自然爲宗，至其得要，則隨動隨靜，終日照應，而不離彼。跋白沙詩。

濂溪曰：「誠則無事。」又曰：「誠無爲。」終之以艮，則曰「艮㊀非爲也，爲不止矣」。夫自堯、舜相傳，精一之祕，莫不由兢業以得之。孔門格致戒慎，其功若不一而足也。今曰「無事」「無爲」，不已悖

㊀「艮」字各本同。此句出自周敦頤通書，原文「艮」作「止」。

乎？曰：「不然，無欲者至近而遠，至約而盡，至易而甚難者也。明道曰：『所欲不必沉溺，只有所向便是欲。』夫有所向者欲也，所以必向是者，有以爲之主也。夫意之所向，隨感易動，日用動靜，何往非意？於此辨別，使意無所向，自感自應，則心體泰然，他無干涉，靜虛動直，其於用力，不已切乎！是『無事』者，乃所謂『必有事』，而『無爲』者，乃其至剛者也。」跋通書。

物者知之感也，知者意之靈也。知感於物，而後有意。意者心之動也，心者身之主也，身者天下國家之本也。感而正曰格，靈而虛曰致，動以天曰誠，居其所曰正，中有主曰修。無無物之知，無無知之意，無無意之心，無無心之身，無無身之家、之國、之天下。靈而感之以正，曰知止，感而以正，天下國家舉之矣，故曰至善。虛靈能感則意定，動以天則心靜，中有主則安，舉而措之天下國家，則慮無不當，大人之事畢矣。大學解。

告子能信其心者也。彼見心能主乎內外，故其意曰：「心能知言者也，凡言之來，以心接之而已，其有不得於言，必其所不必知，而不可因言以動其心。心能帥氣者也，凡氣之用，以心御之而已，其有不得於心，必其所不當發，而不可役心以從乎氣。」不因言以動心，則外無所入；不役心以從氣，則內無所牽。外無所入者，心離乎境也；內無所牽者，氣合乎心也。惟其以離境爲心，故常主心之無事者以爲正；惟其以無事爲正，故不能順氣之生長者以有爲。常主於心之無事以爲正，故不免於內正其心；不能順氣之生長以有爲，故不免於外助其長。其與孟子之學，真毫釐之辨耳。

告子以無所事爲心之正，故孟子曰：「我則必有事而不正心。」告子忘外，一切作用，皆自安頓，是爲助其生長，故孟子曰：「我則勿忘，而亦勿助其長。」孟子解。

落思想者，不思則無。落存守者，不存卽無。欲得此理炯然，隨用具足，不由思得，不由存來，此中必有一竅生生，夐然不類。

言此學常存亦得，言此學無存亦得。常存者非執著，無存者非放縱。不存而存，此非可以倖至也，却從尋求中得，由人識取。以上別周少魯語。

此心倏忽不可執著，却又凝定不染一物。

向人說得伸，寫得出，解得去，謂之有才則可，於學問絲毫無與也。學問之道，須於衆人場中易鶻突者，條理分明，一絲不亂。此非平日有涵養鎮静之功，小大不疑，安能及此？以上別沈萬川語。

「天降大任」一節，於此却有深辨。自心術中料理，則爲聖學；自時態料理，則爲俗情，二者雖相去懸絕，然皆有收斂慎密增益不能之效。此正人鬼分胎，不可不自察也。孟子所言增益與改作者，指其氣性未平，情欲未盡，與才力未充，正求此心不移耳。而世人往往折節於隕穫，諧俗於圓熟，以爲增益在是，不亦左乎？書楊武東卷。

言其收斂，謂之存養；言其辨别，謂之省察；言其決擇，謂之克治。省察者言其明，克治者言其決，決則愈明，而後存養之功純。内不失己，外不失人，動亦定，静亦定，小大無敢慢，始終條理，可以希聖矣。書王有訓扇。

白沙詩云：「千休千處得，一念一生持。」於千休之中，而持一念，正出萬死於一生者也。今言休而不提一念，便涉茫蕩，必不能休。言念而未能千休，便涉支離，亦非真念。苟不知念，則亦無所謂能休者，能念不期休而自休矣。示門人。

初及第，謁魏莊渠先生，先生曰：「達夫有志，必不以一第爲榮。」默坐終日，絶口不言利達事，私心爲之竦然。承當此言，煞不容易。蓋不榮進取卽忘名位，忘名位卽忘世界，能忘世界，始是千古真正英雄。示胡正甫。

寂然不動者誠也，言藏於無也；感而遂通者神也，言發於有也；動而未形，有無之間者，幾也，言有而未嘗有也，三言皆狀心也。常有而不使其雜於有，是謂研幾。真能不雜於有，則常幽常微，而感應之妙，是知幾之神。謂幾爲一念之始者，何足以知此。

能以天地萬物爲體，則我大；不以天地萬物爲累，則我貴。夫以天地萬物爲體者，與物爲體，本無體也，於無體之中，而大用流行，發而未嘗發也。静坐而清適，執事而安肅，處家而和婉，皆謂之發，而不可執以爲體。常寂常虚，可卷可舒，全體廓如。以上示萬日忠。

知無不足之理，則凡不盡分者，皆吾安於肆欲而不竭才者也。吾人日用之間，戒懼稍縱，卽言動作止之微，皆違天常而賊人道，可不省歟！示王有訓。

吾人當自立身放在天地間公共地步，一毫私己著不得，方是立志。只爲平日有慣習處，軟熟滑瀏，易於因仍。今當一切斬然，只是不容放過，時時刻刻須此物出頭作主，更無纖微舊習在身，方是功夫，方是立命。日札。

終日營營與外物交，以我應之，未始見其非我也，久而見化於物。故舍事無心，舍物無身，暫爾瞑目，傍徨無垠，有如處於寂寞之鄉，曠莽之野，不與物對，我乃卓然。

天地之間，萬生萬死，天地不爲欣戚，以其在天地未嘗有增，未嘗有損也。生死不增於我，我何欣戚？故聖人冥之。

麗吾形者，是物非我；擾吾思者，是事非我；釋吾累者，是理非我；斂吾散者，是學非我。置理學不講，離事物不爲，我將何在？知我在者，古今不能限，智愚不能別，高之不爲顯，卑之不爲汙，故常泰然無懼。以上寐語。

王敬所訪余石蓮洞中，各請所得。敬所曰：「吾有見於不息之真體，天地之化生，日月之運行，不能外是體也，而況於人乎？吾觀於莫春，萬物熙熙，以繁以滋，而莫知爲之，其殆庶幾乎？明道得之，名爲『識仁』。識仁者，識此不息者也。吾時而言，吾時而默，吾時而作止進退，無所庸力也。其有主之者乎？」余曰：「可聞者言也，所從出此言者，人不得而聞也。豈惟人不得聞，己亦不得而聞之，非至静爲之主乎？然而必云『歸静』者何也？今之言者，必與言馳，馳則離其主矣。離其主，則逐乎所引之物，吾雖言矣，而静於何有？惟所從出者，存於其中，受命如響，如是而言，如是而默，言默殊而吾未嘗有二主也。從而推之作止進退，常變晝夜，吾未嘗有二主，静矣，斯可以言歸矣。歸静言乎其功也，而謂任心之流行以爲功者，吾嘗用其言而未之有得也。」敬所曰：「是卽吾之所謂不息者，而非以對待之静言之也。」説静。

貞明之體，常爲主宰，雖流行不息，而未嘗有所作爲，如石之介，内外敵應，兩不相與，寂之至也。贈周洞岩。

自來聖賢論學，未嘗有不犯做手一言，未有學而不由做者，惟佛家則立躋聖位，此龍溪極誤人處。

陽明公門下争知字，如敬師諱，不容人談破。

吾儒不言息，只不暴氣，息自在其中。

以一推行，於事事物物不攙入些子知識，便是由仁義行。纔於事物上求之，便是知識，便是行仁義。

察識端倪，以致夫擴充之功，謂識本體後，方好用功，不是發處纔有功夫用也。

孔門之學，教人卽實事求之，俟其自得。後世分内分外分心分事，自宋以來，便覺與孔門稍不類。

以上讀雙江致知議略。

雜念漸少，則感應處便自順適。松原誌晤。

妄意於此，二十餘年矣，亦嘗自矢，以爲吾之於世，無所厚取，自欺二字，或者不至如人之甚。而兩年以來，稍加懲艾，則見爲吾之所安而不懼者，正世之所謂大欺，而所指以爲可惡而可恥者，皆吾之處心積慮，陰托之命而恃以終身者也。其使吾之安而不懼者，乃先儒論説之餘，而冒以自足，以知解爲智，以意氣爲能，而處心積慮於可恥可惡之物，則知解之所不及，意氣之所不行，覺其缺漏，則蒙以一説，欲其宛轉，則加以衆證。先儒論説愈多，而吾之所安日密，譬之方技俱通，而痿痺不恤，搔爬能識㊀，而痛癢未知，甘心於服鴆，而自以爲神劑，如此者不知日凡幾矣。至聞長生久視之妙，津津然同聲應之，不謂其相遠也。嗚呼！以是爲學，雖日有聞，時有習，明師臨之，良友輔之，猶恐成其私也。況於日之所聞，時之所習，出入於世俗之内，而又無明師良友之益，其能免於前病乎？夫所安者在此，則惟恐人或我窺，所蒙者在彼，則惟恐人不我與。託命既堅，固難於拔除，用力已深，益巧於藏伏，於是毁譽得失之際，始不能不用其情。此其觸機而動，緣釁而起，乃餘症標見，所謂已病不治者也。且以隨用隨足之體，而寄寓於他人口吻之間，以不加不損之真，而貪竊於古人唾棄之穢，至樂不尋，而伺人之顔色以爲欣戚，大寶不惜，而冀時之取予以爲歉盈，如失路人之志歸㊁，如喪家子之丐食，流離奔逐，至死不休，孟子之所謂哀哉！別蔡督學。

只在話頭上拈弄，至於自性自命，傷損不知。當下動氣處，自以爲發强剛毅；纏粘處，自以爲文理密察；加意陪奉，却謂恭敬；明白依阿，却謂寬仁。如此之類，千言萬語，莫能狀其情變，總之以一言，只是鶻突倒了，雖自稱爲學，而於自身邈不相干。却又説精説一，説感説應，亦何益哉！

佛與吾儒之辨，須是自身已有下落，方可開口，然此亦是閒話。辨若明白，亦於吾身何干？老兄將此等作大事件，以爲講論不明，將至誤世。弟則以爲，伊川講明後，又出幾箇聖人？濂溪未曾講明，又何曾誤了？春陵夫子無生之説，門面終是不同，何須深論。今縱談禪，決未見有人削髮棄妻，薄視生

㊀「識」字據賈本補。

㊁「志歸」，備要本作「忘歸」。

死，抛却名位。此數事乃吾儒詆毁佛氏大節目處，既不相犯，自可無憂。老兄「吾爲此懼」一言，似可稍解矣。吾輩一箇性命，千瘡百孔，醫治不暇，何得有許多爲人説長道短耶？弟願老兄將精一還堯、舜，感應還孔子，良知還陽明，無生還佛。直將當下胸中粘帶，設計斷除；眼前紛紜，設計平妥；原來性命，設計恢復。益於我者取之，而非徇其言也；害於我者違之，而非徒以言也。如是，尚何説之不同而懼之不早已乎？答何善山。

尋常作功夫，便欲講求得無弊，此欲速之心，磨礱方有光輝，如今安得盡是？只用分別善惡功夫，安有許多牽絆，爲言語分疏？

既知培本，便是扶疎之勢，卽爲知止，一向愁東愁西，何故？以上詩註。

未發之中，思之位也，存乎情，發之中，而不與情俱發者也，俱發則出其位矣。常止其位而思以通之，故吾未嘗無作止語默往來進退，是静爲之主也，非吾主乎静也。主静堂記。

明儒學案卷十九　江右王門學案四

處士劉兩峯先生文敏

劉文敏字宜充，號兩峯，吉之安福人。自幼樸實，不知世有機械事。年二十三，與師泉共學，思所以自立於天地間者，每至夜分不能就寢。謂師泉曰：「學苟小成，猶不學也。」已讀傳習録而好之，反躬實踐，唯覺動静未融，曰：「此非師承不可。」乃入越而稟學焉。自此一以致良知爲鵠，操存克治，瞬息不少懈。毋談高遠而行遺卑近，及門之士，不戒而孚，道存目擊。外艱既除，不應科目。華亭爲學使，以貢士徵之，不起。雙江主於歸寂，同門辨説，動盈卷軸，而先生言：「發與未發本無二致，戒懼慎獨本無二事。若云未發不足以兼已發，致中之外，别有一段致和之功，是不知順其自然之體而加損焉，以學而能，以慮而知者也。」又言：「事上用功，雖愈於事上講求道理，均之無益於得也。涵養本原愈精愈一，愈一愈精，始是心事合一。」又言：「嘿坐澄心，反觀内照，庶幾外好日少，知慧日著，生理亦生生不已，所謂集義也。」又言：「吾心之體，本止本寂，參之以意念，飾之以道理，侑之以聞見，遂以感通爲心之體，而不知吾心雖千酬萬應，紛紜變化之無已，而其體本自常止常寂。彼以静病云者，似涉静景，非爲物不貳、生物不測之體之静也。」凡此所言，與雙江相視莫逆，故人謂雙江得先生而不傷孤另者，非虚言也。然先生謂：「吾性本自常生，本自常止。往來起伏，非常生也，專寂凝固，非常止也。生而不逐，是謂常止；止而不住，是謂常生。主宰卽流行之主宰，流行卽主宰之流行。」其於師門之旨，未必盡同於雙江，蓋雙江以未發屬性，已發屬情，先生則以喜怒哀樂情也，情之得其正者性也。年八十，猶陟三峯之巔，静坐百餘日。謂其門人王時槐、陳嘉謨、賀涇曰：「知體本虛，虛乃生生，虛者天地萬物之原也。吾道以虛爲宗，汝曹念哉，與後學言，卽塗轍不一，愼勿違吾宗可耳。」隆慶六年五月卒，年八十有三。張子曰：「若謂虛能生氣，則虛無窮，氣有限，體用殊絶，入老氏『有生於無』自然之論。」先生所謂知體本虛，虛乃生生，將無同乎？蓋老氏之虛，墮於斷滅，其生氣也，如空谷之聲，槖籥之風，虛與氣爲二也。先生之虛，乃常止之真明，卽所謂良知也。其常止之體，卽是主宰，其常止之照，卽是流行，爲物不二者也。故言虛同而爲虛實異，依然張子之學也。

論學要語

學力歸一，則卓爾之地，方有可幾。

先師謂：「學者看致字太輕，故多不得力。」聖賢千言萬語，皆從致字上發揮工夫條理，非能於良知之體增益毫末也。生學困勉，皆致字工夫等級，非良知少有異焉者也。

格致非判然兩事，蓋事事物物，殊塗百慮，初不外於吾心之良知，故萬物皆備於我。若以物爲外，是析心與理爲二，將以何者爲備於我乎？是故致吾心是是非非、善善惡惡之良知於事事物物之間，而莫非順帝之則，是之謂物格知致。

有物有則，則者天然自有之中也。隨感而通，天則流行，纖毫智力無所安排，則良知益著益察，虛靈洞達，竭盡而無遺矣。

心意知物，卽不覩不聞之體；格致誠正，卽不覩不聞之功。了此便達天德，便是齊家治國平天下，而與佛老異。蓋吾儒齊治均平，勳塞宇宙，而格致誠正，無所加也，雖窮約終身，一行未見，而心意知物，無所損也，故佛老之無思議、無善惡、超入精微者，吾儒皆足以貫之，而格致誠正便了。齊治均平者，佛老未之逮也。

吾性本自常生，本自常止。往來起伏，非常生也，專寂凝固，非常止也。生而不逐，是謂常止，止而不住，是謂常生。無住無放，常感常寂，纖毫人力不與焉，是謂天然自有之則。故生生之謂易，而仁敬慈孝信之皆止者，聖德也，順乎其性者也。

聖學不離於言行，而亦豈著於言行？不外於事物，而亦豈泥於事物？以爲學，故曰：「性無內外，學無內外。」

性命之不易者爲體，體之不滯者爲用，融化廓寂無所倚著，至一而不可少間焉者也。

用因萬事萬物而顯，眞體非因萬事萬物而有，是故體物而不可遺，體事而無不在。日與斯世酬酢，變通不窮，而吾之眞體未嘗起滅加損也。雖無起滅加損，而天下之道，無不原於此。知此者謂之知性，知性則吾無始，功利氣習曰昭晰而無所藏伏。學此者謂之學道，學道則吾無始，功利氣習曰融化而未嘗復行。如此方是戒慎恐懼樸實工夫，所謂動静無間，體用一原，庶乎會通之矣。

自信本心，而一切經綸宰制由之，此聖學也。幹好事，衆皆悦之，求之此心，茫然不知所在，此鄉愿之徒，孔子之所惡也。

吾心之體，本止本寂，參之以意念，飾之以道理，侑之以聞見，遂以感通爲心之體，而不知吾心雖千酬萬應、紛紜變化之無已，而其體本自常止常寂。故言行之著，若可覩聞，而謹之信之，則不覩不聞也。故有餘不足必知之，知之必不敢不勉，不敢盡，而其不敢不不然者，亦不覩不聞也。

人之心，天之一也，俯仰兩間，左右民物，其感應之形著，因時順變，以行其典禮者，雖千變萬化，不可窮詰，孰非吾心之一之所運耶？

不識萬化之根源，則自淪於機巧習染之中，一切天下事，作千様萬様看，故精神眩惑，終身勞苦。屢省穿衣喫飯，猶有許多未中節處。此聖人於庸言庸行，一毫不敢自恕。

學以静入，亦以静病云者，似涉静景，而非爲物不貳，生物不測之體之静也。蓋吾心之體，本不可須臾離，無人我遠近古今。於此透悟，便可與天地同量，堯、舜爲徒。所謂「曲肱飲水，金革百萬，樂在其中，飯糗茹草，有天下而不與」，此皆性體之自然，未嘗致纖毫之力，乃天下之至静也。是故煙雲泉石，案牘瑣屑，外境雖異，而吾良知之運無更局，乃可謂夫焉有所倚也。

學者無必爲聖人之志，故染逐隨時變態，自爲障礙。猛省洗滌，直從志上著人一己百、人十己千工夫，則染處漸消，逐時漸寡，渣滓渾化，則主宰卽流行之主宰，流行卽主宰之流行，安有許多分別疑慮？

學術同異，皆起於意根未離，尚落氣質，故意、必、固、我皆所以害我。若中涵太虛、順吾自然之條理，則易簡理得，時措適宜，往聖精神心術，皆潛孚而默會之。

究事之利害，而不求心之安否，是以禍亂至於相尋。惟中流砥柱，動必求諸心，以復天地萬物一體之量，一切世情，不使得以隱伏，則義精獨慎，天下之能事畢矣。

遷善改過之功，無時可已。若謂「吾性一見，病症自去，如太陽一出，魍魎自消。」此則玩光景，逐影響，欲速助長之爲害也，須力究而精辨之始可。

透利害生死關，方是學之得力處。若風吹草動，便生疑惑，學在何處用？

知命者士人之素節，吾未見隨分自靜者，而困乏不能存也；吾未見廣於干求，工於貪取者，而有知足之時也。

大丈夫進可以仕，退可以藏，常綽綽有餘裕，則此身常大常貴，而天下之物不足以尚之。不然，則物大我小，小大之相形，而攻取怨尤之念多矣。

友朋中有志者不少，而不能大成者，只緣世情窠臼難超脱耳。須是吾心自作主宰，一切利害榮辱，不能淆吾見而奪吾守，方是希聖之志，始有大成之望也。

人心本自太和，其不和者，狹隘、頹墮、乖戾、煩惱以爲之梗。除却此病，則本心冲澹，和粹之體復矣。以之養生何有！

遇事不放過固好，然須先有一定之志，而後隨事隨時省察其是此志與否，則步步皆實地，處處皆實事，乃真不放過也。

欲富貴而惡貧賤，吾獨無是情哉！吾性不與物作對，天地之用皆我之用，欲惡不與存焉？心即所謂把柄也，生化不測，皆把柄中自然之條理，一以貫之，成性存而道義出也。

聖人養民教民，無一事不至，非爲人也，自盡其心，自滿其量，不忍小視其身也。

凡器不可互用，局於形也。人爲萬物之主，心爲萬物之靈，常存此心，性靈日著，則萬物之命自我立矣。其處一身之吉凶悔吝何有！

本然者，良知也。於此兢業存存，乃所謂致良知也。良知能開天下之物，能成天下之務，所謂莫顯莫見也。致知之功，能一動靜，有事無事，一以貫之，則一時雖未成章，夫固成章之漸也。一時雖未凝然不動，夫固凝然不動之基也。蓋學問頭腦，既當自將日新不已，舍此而別趨路徑，皆安排意必也。事上用功，雖愈於事上講求道理，均之無益於得也。涵養本原，愈精愈一，愈一愈精，始是心事合一。

千事萬事，只是一事，故古人精神不妄用，惟在志上磨礪。

隨分自竭其力，當下具足，當下受用，過去未來，何益於思？徒得罪於天爾！

上天之載，以無聲無臭爲至；君子之學，以不覩不聞爲功。知體常虛，則真明常止，千念萬念，總是無念。生生化化，自協天則，故先天而天弗違，後天而奉天時。

知無起滅，物無去來，雖擬言議動，同歸於成，變化復其不覩聞之體。

天地萬物生於虛，而虛亦非出於天地萬物之外。

耳目口鼻皆以虛爲用，況心爲統攝衆形之本，宰制萬靈之根，而可壅之以私乎？

古人從心體點檢，故事事諧其極；今人從支派處照管，雖時有暗合，終不得力。此人才風俗之異於古也。

吾道無絶續，歷千萬世如一日，但人自不著不察耳。

精神不可閒用，須常理會本分事，本分事雖一物不染，却萬物畢備。

意根風波，一塵蔽天，豪傑之士，往往爲其所誤，故學在於致虛，以澄其源。

當急遽時，能不急遽；當怠緩時，能不怠緩，當震驚失措時，能不震驚失措。方是回天易命之學。

喜怒哀樂情也，情之得其正者性也。

發與未發本無二致，戒懼慎獨本無二事。若云未發不足以兼已發，而致中之外，别有一段致和之功，是不知順其自然之體而加損焉。所謂「以學而能，以慮而知」，無忌憚以亂天之定命也。先師云：「心體上著不得一念留滯，能悟本體，卽是功夫。」人己內外一齊俱透。

功利之習，淪肌浹髓，苟非鞭辟近裏之學，常見無動之過，則一時感發之明，不足以勝隱微深痼之蔽。故雖高明，率喜頓悟而厭積漸，任超脱而畏檢束，談玄妙而鄙淺近，肆然無忌而猶以爲無可無不可，任情恣意，遂以去病爲第二義，不知自家身心尚蕩然無所歸也。

引佛、老之言，以證其説，借修煉之術，以祕其養，皆非卓然以聖爲歸者也。聖學一正百正，一了百了，不落影響，不靠幫助，通變宜民，真性自然流貫。古聖兢兢業業，好古敏求，精神命脈，惟在一處用。幾微少忽，卽屬異端，可不謹乎？

同知劉師泉先生邦采

劉邦采字君亮，號師泉，吉之安福人。初爲邑諸生，卽以希聖爲志，曰：「學在求諸心，科舉非吾事也。」偕兩峯入越，謁陽明，稱弟子。陽明契之曰：「君亮會得容易。」先生資既穎敏，而行復峻拔。丁外艱，蔬水廬墓，服闋不復應試，士論益歸。嘉靖七年秋，當鄉試，督學趙淵下教屬邑，迫之上道。先生入見，淵未離席，卽卻立不前，淵亟起迎之。先生以棘闈故事，諸生必免冠袒裼而入，失待士禮，不願入。御史儲良材令十三郡諸生並得以常服入闈，免其簡察。揭榜，先生得中式。已授壽寧教諭，陞嘉興府同知，尋棄官歸。年八十六卒。

陽明亡後，學者承襲口脗，浸失其真，以揣摩爲妙悟，縱恣爲樂地，情愛爲仁體，因循爲自然，混同爲歸一，先生怒然憂之。謂「夫人之生，有性有命，性妙於無爲，命雜於有質，故必兼修而後可以爲學。蓋吾心主宰謂之性，性無爲者也，故須首出庶物，以立其體。吾心流行謂之命，命有質者也，故須隨時運化，以致其用。常知不落念，是吾立體之功，常過不成念，是吾致用之功，二者不可相雜。常知常止，而愈常微也。是説也，吾爲見在良知所誤，極探而得之」。龍溪問：「見在良知與聖人同異？」先生曰：

不同。赤子之心，孩提之知，愚夫婦之知能，如頑鑛未經煅煉，不可名金。其視無聲、無臭、自然之明覺，何啻千里！是何也？爲其純陰無真陽也。復真陽者，更須開天闢地，鼎立乾坤，乃能得之。以見在良知爲主，決無入道之期矣。」龍溪曰：「以一隙之光，謂非照臨四表之光，不可。今日之日，非本不光，雲氣掩之耳。以愚夫愚婦爲純陰者，何以異此。」念菴曰：「聖賢只要人從見在尋源頭，不是別將一心換却此心。師泉欲創業，不享見在，豈是懸空做得？亦只是時時收攝此見在者，使之凝一耳。」先生著爲易蘊，無非此意。所謂性命兼修，立體之功，卽宋儒之涵養；致用之功，卽宋儒之省察。涵養卽是致中，省察卽是致和。立本致用，特異其名耳。然工夫終是兩用，兩用則支離，未免有顧彼失此之病，非純一之學也。總緣認理氣爲二。造化只有一氣流行，流行之不失其則者，卽爲主宰，非有一物以主宰夫流行，然流行無可用功體，當其不失則者而已矣。乃先生之言心、意、知、物，較四有四無之說，最爲諦當。謂「有感無動，無感無靜，心也；常感而通，常應而順，意也；常往而來，常化而生，物也；常定而明，常運而照，知也。見聞之知，其糟粕也；象著之物，其凝漚也；念慮之意，其流澌也；動靜之心，其游塵也。心不失無體之心，則心正矣；意不失無欲之意，則意誠矣；物不失無住之物，則物格矣；知不失無動之知，則知致矣」。夫心無體，意無欲，知無動，物無住，則皆是有善無惡矣。劉念臺夫子欲於龍溪之四無易一字，心是有善無惡之心，意亦是有善無惡之意，知亦是有善無惡之知，物亦是有善無惡之物，何其相符合也。念菴言：「師泉素持元虛，卽今肯向裏著己，收拾性命，正是好消息。」雙江言：「師泉力大而說辨，排闔之嚴，四座咸屈，人皆避席而讓舍，莫敢攖其鋒。」疾亟，門人朱調問：「先生此視平時何如？」答曰：「夫形豈累性哉！今吾不動者，自若也，第形如槁木耳。」遂卒。先生之得力如此。

劉師泉易蘊

夫學何爲者也？悟性、修命、知天地之化育者也。往來交錯，庶物露生，寂者無失其一也；沖廓無爲，淵穆其容，賾者無失其精也。惟悟也，故能成天地之大；惟修也，故能體天地之塞。悟實者，非修性，陽而弗駁也；修達者，非悟命，陰而弗窒也。性隱於命，精儲於魄，是故命也有性焉，君子不淆諸命也；性也有命焉，君子不伏諸性也，原始反終，知之至也。

有感無動，無感無靜，心也；常感而通，常應而順，意也；常往而來，常化而生，物也；常定而明，常運而照，知也。見聞之知，其糟粕也；象著之物，其凝漚也；念慮之意，其流澌也；動靜之心，其游塵也。心不失無體之心，則心正矣；意不失無欲之意，則意誠矣；物不失無住之物，則物格矣；知不失無動之知，則知致矣。身、心、意、知、物者，工夫所用之條理；格、致、誠、正、修者，條理所用之工夫。知所先後者，始條理也，天序也。忘其所有事者昏，索其所無事者紛，昏不勝紛者雜，紛不勝昏者塞。紛猶夢也，昏猶醉也，醒醉遺夢者，惺惺也。瞬有存，息有養，前無迎，後無將，何病乎塞？何憂乎雜？

德非潛不光，心非濬不體。識恆斂曰潛，欲恆釋曰濬。濬以平感物而動之情，潛以立人生而靜之本，是故清明在躬，志氣如神，潛且濬者與！

已者命之所稟，禮者性之所具。人之生也，性一而命殊，故人之過也，各於其黨。虞仲之放，伯夷之隘，柳下之不恭，子貢之達，子路之勇，原憲之狷，曾點之狂，子張之堂堂，皆己也，雖痛克之，猶恐守己者固而從人者輕也。惟堯、舜爲能舍，非竭才力不能克，是故能見無動之過，通乎微矣，能浄無垢之塵，可與幾矣。草昧之險，無動之過也，野馬之運，無垢之塵也，故聖人洗心退藏於密，神武而不殺也夫。依然氣質之性之論。

能心忘則心謙，勝心忘則心平，侈心忘則心淡，躁心忘則心泰，嫉心忘則心和。謙以受益，平以稱施，淡以發智，泰以明威，和以通知，成性存存，九德咸事。

心之爲體也虛，其爲用也實。義質禮行，遜出信成，致其實也；無意無必，無固無我，致其虛也。虛以通天下之志，實以成天下之務，虛實相生則德不孤。是故常無我以觀其體，心普萬物而無心也；常無欲以觀其用，情順萬事而無情也。

見元而不影響者鮮矣，務博而不支離者鮮矣。見過以致元，元而質也；務約以致博，博而寂也。高明效天，博厚法地，弘心澄意之學也。

感應而無起滅，太虛之流行，優優生化之學也。著察而落感應，照心之爲用，憧憧往來之私也。優優則時止時行，議擬以成變，改過遷善，同歸於不識不知而已。

伯玉不以昭昭申節，冥冥墮行，感應之著察者也。原憲之克伐怨欲不行，著察之感應者也。念念謹念，其知也遷，念念一念，其知也凝。顏子不善未嘗不知，知之未嘗復行，主宰流行，明照俱至，猶之赤日當空，照四方而不落萬象矣。曰：「明道之獵心復萌，何也？」曰：「斯固顏子之學，過而不成念者也。未嘗嬰明體而起知端。」曰：「然則曾子之易簀，得於童子之執燭，非嬰明體而起端乎？」曰：「猶之日月雲滃空照一也。蓋良知流行變通，有定徙而無典常，曾子之以虛受人，又非過焉改焉者可論也。」曰：「其謂得正而斃焉，何也？」曰：「正無定體，唯意所安，是故學莫踰於致知，訣莫要於知止。」

多聞不畜聞，無聞也；多見不宿見，無見也。獨聞者塞，獨見者執，小成而已矣。君子多識前言往行，以畜其德，大畜也。

九容不修，是無身也；九思不慎，是無心也；九疇不敘，是無天下國家也。修容以立人道，慎思以達天德，敘疇以順帝則，君子理此三者，故全也。

建極在君，修極在公卿，遵極在守令，徵極在庶民。父慈子孝，兄友弟恭，庶民徵矣；省刑平稅，敬老慈幼，守令遵矣；尊賢任能，謹度宣化，公卿修矣；敬天勤民，禮敘樂和，皇極建矣。惟皇作極，惟帝時克，一哉王心，協哉衆志，元氣充塞，太和保合，人感天應，雨暘時若，寒暑不侵，治之極也。

問「嘗著察而感應者，本體也，不起不滅，隨感應而著察者，念也，憧憧往來，此蓋有主宰與無主宰之別」。曰：「固然矣，此有説焉。感應從心不從意，聖人之事也。未至於聖，則亦不可無誠意之功。至論主宰，有從乎意見者，有從乎義理者，有從乎義理而未得乎本體發育之學者。從乎意見者，有適有莫，執乎己；從乎義理者，知適知莫，成乎己；從乎本體者，無適無莫，達乎己。執乎己者，病物；成乎己者，公物；達乎己者，仁物。故曰『欲誠其意者，先致其知』。知則物格，而與天地萬物流通矣，故爲仁。是故主宰著察者，求仁也。夫子曰：『可以爲難矣，仁則吾不知也。』謂此也。」

御史劉三五先生陽　附劉印山、王柳川。

劉陽字一舒，號三五，安福縣人。少受業於彭石屋、劉梅源。見陽明語録而好之，遂如虔問學。泊舟野水，風雪清苦，不以爲惡。陽明見之，顧謂諸生曰：「此生清福人也。」於是語先生，苟不能甘至貧至賤，不可以爲聖人。嘉靖四年，舉鄉試。任碭山知縣。邑多盜，治以沉命之法，盜爲衰止。旋示以禮教，變其風俗。入拜福建道御史。世宗改建萬壽宮爲永禧仙宮，百官表賀，御史以先生爲首，先生曰：「此當諫，不當賀。」在廷以危言動之，卒不可。中官持章奏至，故事南面立，各衙門北面㊀受之，受畢，復如前對揖。先生以爲，北面者，重章奏，非重中官也，章奏脱手，安得復如前哉。改揖爲東向，無以難也。相嵩欲親之，先生竟引疾歸。徐文貞當國，陪推光禄寺少卿，不起。築雲霞洞於三峯，與士子談學。兩峯過之，蕭然如在世外。先生曰：「境寂我寂，已落一層。」兩峯曰：「此徹骨語也。」自東廓没，江右學者，皆以先生爲歸。東至岱宗，南至祝融，夜半登山頂而觀日焉，殘冰剩雪，柱杖鏗爾。陽明所謂清福者，懸記之矣。先生於師門之旨，身體精研，曰：「中，知之不倚於覩聞也；敬，知之無怠者也；誠，知之無妄者也；静，知之無欲者也；寂，知之無思爲者也；仁，知之生生與物同體者也。各指所之，而皆指夫知之良也，致知焉盡矣。」由先生言之，則陽明之學，仍是不異於宋儒也，故先生之傳兩峯也，謂「宋學門户，謹守繩墨，兩峯有之」。其一時講席之盛，皆非先生所深契。嘗謂師泉曰：「海内講學而實踐

㊀「面」字原作「南」，據賈本改。

者有人，足爲人師者有人，而求得先師之學未一人見。」蓋意在斯乎！意在斯乎！

劉秉監字遵教，號印山，三五同邑人也。父宣，工部尚書。先生登正德戊辰進士第。歷刑部主事。署員外郎。出爲河南僉事。遷大名兵備副使。以忤巨奄，逮繫詔獄。得不死，謫判韶州，量移貳潮州，知臨安府，未至而卒。河南之俗惑鬼，多淫祠，先生爲文諭之曰：「災祥在德，淫鬼焉能禍福。」於是毁境内淫祠以千數。已而就逮，寓書其僚長曰：「淫祠傷害民俗，風教者之責。監以禍行，奸人惑衆，必爲報應之説，非明府力持，鮮不動揺。」其守正不撓如此。事兄甚謹，俸入不私於室。先生初學於甘泉，而尤篤志於陽明，講學之會，匹馬奚童，往來山谷之間，儉約如寒士。母夫人勞之曰：「兒孝且弟，何必講學。」先生對曰：「人見其外，未見其内，將求吾真，不敢不學。」殁時年未五十。劉三五評之曰：「先輩有言，名節一變而至道，印山早勵名節，烈烈不挫，至臨死生靡惑，宜其變而至道無難也。」

王釗字子懋，號柳川，安成人。始受學梅源、東廓，既學於文成。嘗爲諸生，棄之。栖栖於山顛水涯寂莫之鄉，以求所謂身心性命。蓋三十年未嘗不一日勤懇於心，善不善之在友朋，無異於己，逆耳之言，時施於廣座。人但見其惻怛，不以爲怨，皆曰：「今之講學不空談者，柳川也。」時有康南村者，性耿介，善善惡惡，與人不諱。嘗酌古禮爲圖，摭善行爲規，歲時拄杖造諸大家之門，家家倒屣以迎。先生視南村如一人，南村貧，先生亦貧，敝衣糲食，終其身，非矯也。

三五先生洞語

清明在躬，知之至也，養知莫善於寡欲。

有生之變，有死之變，人知死之變，而不知生之變也。魂遊變也，孰主張是？孔子曰：「合鬼與神，教之至也。」

學者不察，率因其質以滋長，而自易其惡之功蓋寡。善學者，不易其惡不已也。

衆人囿於數。君子治則防，亂則修，易以知來，有變易之道，聽其自完自裂，一歸之數已哉。

天下有難處之事乎？利害之計也難，道義之從也無難，義不甘於食粟，則有死餒而已矣。天下之不爲利害計者寡矣，故戚戚者多。

君子以歲月爲貴，譬如爲山，德日崇也，苟爲罔修，奚貴焉？況積過者耶！

惟待其身者小，故可苟；惟自任者不重，故逸。

古人求治於身，後人求治於天下。休天下而不煩，身求者也；擾天下而不恤，求之天下者也，是故執周官而不能執好惡之矩者，不可以治天下。

水之激，失水之真矣；情之激，失情之真矣。君子之情不激也，故不激其言。

不善之聞，懲創之益少，而潛損者多，故言人不善，自損也，又聽者損。

動有掩護，非德之宜，好名者也，故好名者心勞。

獨行君子，出於實心，而於聖人之誠有辨焉。孝弟通神明，而於聖人之察倫有辨焉。志於開來者，不足以盡性命，志於性命者，足以開來。

賢哉，未信者之自信也！雖聖人弗之信，而信其自知者焉。其自知不惑，其自求不小。德者得也，無得於己而言之，耻也；無得於己而言之，不信乎人矣。

惟虛故神，惟敬乃虛。

知幾而後能知言，知己之言，而後能知人之言。

動出於至誠惻怛爲王道，動責之我爲大人之業。

知者，心之神明也。知善，知不善，知好善，知惡不善，知必爲善，知必不爲不善，是至善也，是人之明德也，天之明命也，故曰良。致言學也，致者力而後天者全，曰「明明德」，曰「顧諟天之明命」，舉致之之謂也。五常百行，明焉察焉，神明充周，是謂能致其知。古聖人莫如堯，贊曰「欽明」，非知之至而何？中，知之不倚於覩聞者也；敬，知之無怠者也；誠，知之無妄者也；靜，知之無欲者也；寂，知之無思爲者也；仁，知之生生與物同體者也。各指所之，而皆指夫知之良也，故曰「致知」焉盡矣。

獨知之明，大明懸象，照臨天下者似之，蓋觀於晉。人有失則者，明入於地矣，有邪僻之見者，入左腹矣，蓋觀於明夷。

著焉察焉，無或遺焉者，聖人之無不知；踐焉履焉，無不勝焉者，聖人之無不能。洽聞亦知，多藝亦能，闇於其大者矣。

至健者知之健，至順者知之順，唯健也不可險之而知險，唯順也不可阻之而知阻。人心惟危，險阻之謂也；健順，精一之至也，君子蓋無時而不懼夫危也。

置我身於人人之中，而非之是之惡之愛之奪之予之者，夫然後可與無我。

物不可厭，厭物者不能格物。

晚程記

齒髮衰，不可返已，志氣衰，奚有不可返者哉？日三牲，日祖割，無關志氣。日孜孜，斃而後已，善自養老者乎？

剛健中正，純粹精，無一毫髮歉，而後無一毫髮非乾體。

境寂我寂，已落一層。

閱時事而傷神，徐自察之，嫉之也，非矜之也。矜之仁，嫉之偏。

潛谷鄧子儒釋之辨數千言，諸友有求其説者，予㊀謂之曰：「只格物致知，日以身辨之矣。」

海内講學而實踐者有人，足爲人師者有人，而求得先師之學者未一人見。

有不善未嘗不知，是致知；知之未嘗復行，是格物。

㊀「予」原作「子」，據賈本、備要本改。

縣令劉梅源先生曉

劉曉字伯光，號梅源，安福人。鄉舉爲新寧令。見陽明於南京，遂稟受焉。陽明贈詩「謾道六經皆註脚，還誰一語悟真機。」歸集同志爲惜陰會。吉安之多學者，先生爲之五丁也。先生下語無有枝葉，嘗誦少陵「語不驚人死不休」之句，歎曰：「可惜枉費心力，不當云『學不聖人死不休』耶？」學者舉質鬼神無疑，先生曰：「人可欺，鬼神不可欺，今世可欺，後聖有作，真僞不可欺。」

員外劉晴川先生魁

劉魁字焕吾，號晴川，泰和人。由鄉舉，嘉靖間判寶慶五年，守鈞州七年，貳潮州六年。陞工部員外郎，上安攘十事，皆爲要務。詔徙雷壇禁中，先生上疏，請緩雷殿工作，以成廟建，足邊備。上怒，杖四十。入獄，創甚，百户戴經藥之，得不死。與楊斛山、周訥溪講學不輟，自壬寅至乙巳，凡四年。秋八月，上齋醮，神降於箕，爲先生三人頌冤，釋之。未抵家而復逮，十月還獄，又二年。丁未十一月五日夜，高元殿火，上恍忽聞火中呼先生三人名氏，赦還家。

先生受學於陽明，卒業東廓。以直節著名，而陶融於學問。李脈泉言在鈞州與先生同僚一年，未嘗見其疾言遽色。鄉人飲酒，令之唱曲，先生歌詩，抑揚可聽。門人尤熙問爲學之要，曰：「在立誠。」每舉陽明遺事，以淑門人。言陽明「轉人輕快。一友與人訟，來問是非，陽明曰：『待汝數日後，心平氣和，當爲汝説。』後數日，其人曰：『弟子此時心平氣和，願賜教。』陽明曰：『既是心平氣和了，又教甚麼？』朋友在書院投壺，陽明過之，呼曰：『休離了根。』」問陽明言動氣象，先生曰：「只是常人。」黄德良説陽明學問，初亦未成片段，因從遊者衆，夾持起，歇不得，所以成就如此。有舉似先生者，曰：「也是如此，朋友之益甚大。」

主事黄洛村先生弘綱

黄弘綱字正之，號洛村，江西雩縣人。舉正德十一年鄉試。從陽明於虔臺。陽明教法，士子初至者，先令高第弟子教之，而後與之語。先生列於高第。陽明歸越，先生不離者四五年。陽明卒，居守其家，又三年。嘉靖二十三年，始任爲汀州府推官，陞刑部主事。時塞上多故，將校下獄者，吏率刻深以逢上意。先生按法不輕上下，以故不爲人所喜，遂請致仕。歸與東廓、雙江、念菴講學，流連旬月。士子有所請質，先生不遽發言，瞠視注聽，待其意盡詞畢，徐以一二言中其竅會，莫不融然。四十年五月二十八日卒，年七十。

先生之學再變，始者持守甚堅，其後以不致纖毫之力，一順自然爲主。其生平厚於自信，而薄迎合，長於持重，而短機械，蓋望而知其爲有道者也。陽明之良知，原卽周子誠一無僞之本體，然其與學者言，多在發用上，要人從知是知非處轉個路頭。此方便法門也，而及門之承其説者，遂以意念之善者爲良知。先生曰：「以意念之善爲良知，終非天然自有之良。知爲有意之知，覺爲有意之覺，胎骨未净，卒成凡體。」於是而知陽明有善有惡之意，知善知惡之知，皆非定本。意既有善有惡，則知不得不逐於善惡，只在念起念滅上工夫，一世合不上本體矣。四句教法，先生所不用也。雙江「歸寂」，先生曰：「寂與感不可一例觀也，有得其本體者，有失其本體者。自得其本體之寂者言之，雖存之彌久，涵之極深，而淵微之精未嘗無也。自得其本體之感者言之，雖紛然而至，沓然而來，而應用之妙未嘗有也。未嘗有，則感也寂在其中矣；未嘗無，則寂也感在其中矣。不覩不聞其體也，戒慎恐懼其功也，皆合寂感而言之者也。」按雙江之寂，卽先生之所謂「本體」也。知主静非動静之静，則歸寂非寂感之寂矣。然其間正自有説。自來儒者以未發爲性，已發爲情，其實性情二字，無處可容分析。性之於情，猶理之於氣，非情亦何從見性，故喜怒哀樂，情也；中和，性也。於未發言喜怒哀樂，是明明言未發有情矣，奈何分析性情？則求性者必求之未發，此歸寂之宗所由立也。一時同門與雙江辨者，皆從已發見未發，亦仍是析情於發，析性於未發，其情性不能歸一同也。

洛村語録

自先㊀師提揭良知，莫不知有良知之説，亦莫不以意念之善者爲良知。以意念之善爲良知，終非天然自有之良。知爲有意之知，覺爲有意之覺，胎骨未净，卒成凡體。

治病之藥，利在去病，苟無病，臭腐神奇同爲元氣。本領既是知覺，意念莫非良知，更無二本。

㊀「自先」二字據賈本補。

喜怒哀樂之未發，且不論其有時與否。但子思子云：「喜怒哀樂之未發謂之中。中也者，天下之大本也。」曾謂天下之大本，可以時言乎？未發非時，則體道之功，似不專於歸寂而已也，故子思子曰「致中和」，蓋合寂感以爲功者也。

或疑慈湖之學，只道一光明境界而已，稍涉用力，則爲着意。恐未盡慈湖。精於用力者，莫慈湖若也，所謂不起意者，其用力處也。絕四記中云云，慈湖之用力精且密矣。明道云：「必有事焉，而勿正，勿忘，勿助長，未嘗致纖毫之力。」此其存之之道，善用其力者，固若是。慈湖千言萬語，只從至靈、至明、廣大、聖知之性，不假外求，不由外得，自本自根、自神自明中提掇出來，使人於此有省，不患其無用力處，不患不能善用其力矣。徒見其喋喋於此也，遂謂其未嘗用力焉，恐未盡慈湖意也。

存主之明，何嘗離照？流行之照，何嘗離明？是則天然良知，無體用先後，內外深淺，精粗上下，一以貫之者也。

人心只此獨知，出乎身而加乎民者，只此視聽喜怒諸物，舍此更別無著力處矣。謂天下之物，觸於前者有正有不正，又謂知意心身，無能離天下國家之物而獨立，是以物爲身之所接，而非所謂備於我者，雖視聽喜怒未嘗不在其中，而本末賓主則大有間。後世格物之學，所以異於聖人者，正惟差認此一物字。故格物致知之功，不容不差，亦不容不補，主敬存養以攝歸身心，而內外動静不得不爲二矣。

往歲讀先師書，有惑而未通處，即反求自心，密察精進，便見自己惑所從來，或是礙著舊聞，或是自己工夫猶未免在事迹上揣量，文義上比擬，與後儒作用處相似，是以有惑。細玩先師之言，真是直從本心上發出，非徒聞見知識輪轉。所謂百世以俟聖人而不惑者，乃知篤信聖人者，必反求諸己。反求諸己，然後能篤信聖人。故道必深造自得，乃能決古訓之是非，以解蔽辨惑，不然則相與滋惑也已。

謂謝子曰：「太古無爲，中古無私；太古至道，中古至德。吾將與子由至德而觀至道，由無私而遊無爲乎？」謝子曰：「古道邈矣，孰從而觀之？孰從而遊之？」曰：「子不見耳目口鼻視聽言臭乎？今之人耳目口鼻之於視聽言臭也，猶古之人耳目口鼻之於視聽言臭也，吾何疑焉？則吾心之於是非誠僞，無古今之殊焉，吾又何疑焉？日往而月來，寒往而暑來，今之日月寒暑，猶古之日月寒暑也，則又何爽焉？吾心至德，吾心至道，吾心無私，吾心無爲，而奚觀乎？而奚遊乎？苟有志於希古者，反而求之吾心，將無往而非古也已。」

先師之學，雖頓悟於居常之日，而歷艱備險，動心忍性，積之歲月，驗諸事履，乃始脱然有悟於良知。雖至易至簡，而心則獨苦矣。何學者聞之之易，而信之之難耶！

有遷官而較遠近勞逸者，曰：「不然。責望於人者謂之遠，求盡於己者謂之近，較計於遠近者謂之勞，相忘於遠近之外者謂之逸。苟有以盡吾心，遠近勞逸，吾何擇焉，吾惟盡吾之心而已矣。」

主事何善山先生廷仁

何廷仁字性之，號善山，初名秦，江西雩縣人。舉嘉靖元年鄉試。至二十年，始謁選，知新會縣。喜曰：「吾雖不及白沙之門，幸在其鄉，敢以俗吏臨其子弟耶？」釋菜於祠，而後視事。遷南京工部主事，滿考致仕。三十年卒，年六十六。

初聞陽明講學，慨然曰：「吾恨不得爲白沙弟子，今又可失之耶！」相見陽明於南康。當是時，學人聚會南、贛，而陽明師旅旁午，希臨講席。先生卽與中離、藥湖諸子接引來學。先生心誠氣和，不厭縷覼，由是學者益親。已從陽明至越，先生接引越中，一如南、贛。陽明歿後，與同志會於南都，諸生往來者恆數百人。故一時爲之語曰：「浙有錢、王，江有何、黃。」指緒山、龍溪、洛村與先生也。先生論學，務爲平實，使學者有所持循。嘗曰：「吾人須從起端發念處察識，於此有得，思過半矣。」又曰：「知過卽是良知，改過卽是本體。」又曰：「聖人所謂無意無情者，非真無也，不起私意，自無留意留情耳。若果無意，孰從而誠？若果無情，孰從而精？」或謂：「求之於心，全無所得，日用云爲，茫無定守。」先生曰：「夫良知在人爲易曉，誠不在於過求也。如知無所得，無所定守，卽良知也。就於知無所得者，安心以爲無得，知無定守者，安心以守之，斯豈非入門下手之實功乎？況心性既無形聲，何從而得？既無定體，何從而守？但知無所得，卽有所悟矣，知無定守，卽有定主矣。」其言不爲過高如此。故聞談學稍涉玄遠，輒搖手戒曰：「先生之言，無是無是。」南都一時之論，謂「工夫只在心上用，纔涉意，便已落第二義，故爲善去惡工夫，非師門最上乘之教也」。先生曰：「師稱無善無惡者，指心之應感無迹，過而不留，天然至善之體也。心之應感謂之意，有善有惡，物而不化，著於有矣，故曰『意之動』。若以心爲無，以意爲有，是分心意爲二見，離用以求體，非合内外之道矣。」乃作格物說，以示來學，使之爲善去惡，實地用功，斯之謂致良知也。

細詳先生之言，蓋難四無而伸四有也。謂無善無惡，是應感無迹，則心體非無善無惡明矣。謂著於有爲意之動，則有善有惡是意之病也。若心既無善無惡，此意知物之善惡，從何而來？不相貫通。意既雜於善惡，雖極力爲善去惡，源頭終不清楚，故龍溪得以四無之説勝之。心意知物，俱無善惡，第心上用功，一切俱了，爲善去惡，無所事事矣，佛家之立躋聖位是也。由先生言之，心既至善，意本澄然無動，意之靈卽是知，意之照卽是物，爲善去惡，固是意上工夫也，然則陽明之四有，豈爲下根人説教哉！

善山語録

聖人所謂無意無情者，非真無也，不起私意，自無留意留情耳。若果無意，孰從而誠？若果無情，孰從而精？是堯、舜不必惟精，孔子不必徙義改過矣。吾故曰：「學務無情，斷滅天性，學務有情，緣情起釁。不識本心，二者皆病。」

有意固謂之意見，而必欲求爲無意，是亦不可謂非意見也。是故論學，不必太高，但須識本領耳。苟識本領，雖曰用意，自無留情；苟不識本領，雖曰欲無意，只是影響。

或謂：「求之於心，全無所得，日用云爲，茫無定守。」夫良知在人爲易曉，誠不在於過求也。如知無所得，無所定守，卽良知也。就於知無所得者，安心以爲無得，知無定守者，安心以守之，斯豈非入門下手之實功乎？況心性既無形聲，何從而得？既無定體，何從而守？但知無所得，卽有所悟矣，豈真無所得耶？知無定守，卽有定主矣，豈真無定守耶？

後世儒者，不能至於聖人，其毫釐之差，只不信此。使果真知，卽刻一了百當，自是了得終身。見在此心，合下圓成、合下具足，更有何意可起？何理可思？苟有所思慮，蓋不過殊塗同歸，一致百慮而已。

有欲絶感以求静者，曰：「非也。君子亦惟致其良知而已矣，知至則視無不明，聽無不聰，言無不中，動無不敬。是知應物之心非動也，有欲故謂之動耳。絶感之心非静也，無欲故謂之静耳。苟有欲焉，雖閉關習静，心齋坐忘，而其心未嘗不動也。苟無欲焉，雖紛華雜擾，酬酢萬變，而其心未嘗不静也。動而無欲，故動而無動，而其動也自定。静而無欲，故静而無静，而其静也常精。動定静定庶矣。

所論「個中擬議差毫髪，就裏光明障幾重」。肯信良知無適莫，何須事後費磨礱」，卽此知直造先天。夫本來面目，豈特無容擬議，雖光明亦何所有！誠知本體無容用其力，則凡從前著意尋求，要皆敲門瓦礫耳，門開則瓦礫誠無所施。雖太虚中何物不有，門户瓦礫，色色具列，而不能染於太虚。思而無思，擬議而無擬議，道本如是耳。是故戒慎恐懼，格物致知，雖爲衆人設法，在聖人惟精亦不廢。不然，孔子嘗謂「吾有知乎哉？無知也」，而又憂「聞義不能徙，不善不能改」。是以上達不離下學中得之，則磨礱改過，正見聖人潔净精微。

天下之事，原無善惡，學者不可揀擇去取，只要自審主意。若主意是個真心，隨所處皆是矣；若主意是個私心，縱揀好事爲之，却皆非矣。譬如戲謔是不好事，但本根是個與人爲善之心，雖説幾句笑話，動人機括，自揣也是真心。但本根是個好名之心，則雖孝親敬長，温凊定省，自揣還是欺心。

此學是日用尋常事，自知自足，無事旁求，習之則悦，順之則裕，真天下之至樂也。今之同志，負高明之志者，嘉虚玄之説，厲敦確之行者，樂繩墨之趨，意各有所用，而不能忘所見，此君子之道所以爲鮮。

致中和，天地位，萬物育者，如或動於客氣，梏於物欲，覺得胸中勞耗錯亂，天地卽已翻覆，親而父子兄弟，近而童僕，遠而天下之人，皆見得不好。至於山川草木，雞犬椅桌，若無相干，也自不好。天下雖大，我自不得其平矣。少卽平其心，易其氣，良知精察，無有私意，便覺與天地相似矣。不惟父子兄弟童僕自無不好，而天下之人亦無不好，以至雞犬椅桌、山川草木，亦無不好，真見萬物皆有春意。至於中間有不得其所者，自惻然相關，必思處之而後安。故盡天下之性，只是自盡其性。位育之理確然。

天地萬物與吾原同一體，知吾與天地萬物既同一體，則知人情物理要皆良知之用也，故除却人情物理，則良知無從可致矣。是知人情物理，雖曰常感，要之感而順應者，皆爲應迹，實則感而無感。良知無欲，雖曰常寂，要之原無聲臭者，恆神應無方，實則寂而無寂。此致知所以在於格物，而格物乃所以實致其良知也。明道以窮理盡性至命，一下便了，於此可見。

象山云：「老夫無所能，只是識病。」可見聖賢不貴無病，而貴知病，不貴無過，而貴改過。今之學者，乃不慮知病卽改，却只慮有病。豈知今之學者，要皆半路修行者也，習染既深，焉能無病？況有病何傷？過而能改，雖曰有病，皆是本來不染，而工夫亦爲精一實學耳。

今日論學，只當辨良知本領，果與愼獨工夫同與不同，不當論其行事標末，律之古人出處異與不異。使其本領既同，而行事或過，自可速改而進誠明之域；使其本領已失，而操履無過，雖賢如諸葛、韓、范、明道，尚惜其不著不察，而有未聞道之歎！

謂「近來勉强體究，凡動私意，一覺便欲放下」，如此豈不是切實工夫？但説得似易，恐放下甚難。若私意已嘗掛根，雖欲放下，却不能矣。須有好仁無以尚之之心，然後私意始不掛根。如此一覺放下，便就是潔净精微之學。

郎中陳明水先生九川

陳九川字惟濬，號明水，臨川人也。母夢吞星而娠。年十九，爲李空同所知。正德甲戌進士。請告三年，授太常博士。武宗欲南巡，先生與舒芬、夏良勝、萬潮連疏諫止，午門荷校五日，杖五十，除名。世宗卽位，起原官。進禮部員外郎、郎中，以主客裁革妄費，羣小恨之。張、桂與鉛山有隙，誣先生以貢玉餽宏，使通事胡士紳訟之，下詔獄搒掠，謫鎮海衞。已遇恩詔復官。致仕。周流講學名山，如台宕、羅浮、九華、匡廬，無不至也。晚而失聽，書札論學不休。一時講學諸公，謂明水辯駁甚嚴，令人無躱避處。嘉靖四十一年八月卒，年六十九。

先生自請告入虔師陽明，卽自焚其著書。後凡再見，竟所未聞。陽明歿，往拜其墓，復經理其家。先生自敍謂：「自服先師致知之訓，中間凡三起意見，三易工夫，而莫得其宗。始從念慮上長善消惡，以視求之於事物者要矣。久之自謂淪注支流，輪迴善惡，復從無善無惡處認取本性，以爲不落念慮直悟本體矣。既已復覺其空倚見悟，未化渣滓，復就中恆致廓清之功，使善惡俱化，無一毫將迎意必之翳，若見全體，炯然炳於幾先，千思百慮，皆從此出。即意無不誠，發無不中，纔是無善無惡實功。從大本上致知，乃是知幾之學。自謂此是聖門絕四正派，應悟入先師致知宗旨矣。及後入越，就正龍溪，始覺見悟成象，怳然自失。歸而求之，畢見差謬，却將誠意看作效驗，與格物分作兩截，反若欲誠其意者，在先正其心，與師訓聖經矛盾倒亂，應酬知解，兩不湊泊，始自愧心汗背，盡掃平日一種精思妙解之見，從獨知幾微處嚴謹緝熙，工夫纔得實落於應感處。若得個真幾，即遷善改過，俱入精微，方見得良知體物而不可遺，格物是致知之實，日用之間都是此體，充塞貫通，無有間礙。致字工夫，儘無窮盡，即無善無惡非虛也，遷善改過非粗也。始信致知二字，即此立本，即此達用，即此川流，即此敦化，即此成務，即此入神，更無本末精粗內外先後之間。證之古本序中，句句脗合，而今而後，庶幾可以弗畔矣。」

按陽明以致良知爲宗旨，門人漸失其傳，總以未發之中，認作已發之和，故工夫只在致知上，甚之而輕浮淺露，待其善惡之形而爲克治之事，已不勝其艱難雜糅矣。故雙江、念菴以歸寂救之，自是延平一路上人。先生則合寂感爲一，寂在感中，即感之本體，感在寂中，即寂之妙用。陽明所謂「未發時驚天動地，已發時寂天寞地」，其義一也。故其謂雙江曰：「吾丈胸次廣大，蕩蕩淵淵，十年之前，却爲蟄龍屈蠖二蟲在中作祟，久欲竊効砭箴，愧非國手，今賴吾丈精采仙方，密鍊丹餌，將使凡胎盡化，二蟲不知所之矣。」是先生與偏力於致知者大相逕庭。顧念菴銘其墓猶云：「良知即未發之中，無分於動靜者也。指感應於酬酢之跡，而不於未發之中，恐於致良知微有未盡。」是未契先生之宗旨也。

明水論學書

古之學者爲己，天下之事盡矣。堯、舜之治天下，亦盡其性充其君道而已，何嘗有人己先後於其間哉！後儒不知性情之學，始有爲國爲民，不爲身謀以爲公者。此賢豪之士，所以自别於流俗。而其運動設施，不合於中道，不可語天德王道也。與聶雙江。

便安氣習，往往認作自然，要識勉强，亦是天命。用功修治，莫非勉强人力，然皆天命自然合如此者。

近年體驗此學，始得真機，脚跟下方是實地步，有不容自已者。從前見悟轉换，自謂超脱，而於此真體，若存若亡，則知凡倚知解者，其擔閣支吾虚度不少矣。以上與董兆明。

日用應酬，信手從心，未嘗加意。間亦有稍經思慮區畫者，自以爲良知變化原合如此，然皆不免祇悔。及反觀之，信有未盡未當處，豈所謂認得良知不真耶？

夫逐事省克，而不灼見本體流行之自然，則雖飭身勵行，不足以言天德固矣。然遂以窒慾懲忿爲下乘，遷善改過爲妄萌，使初學之士，驟窺影響者，皆欲言下了當，自立無過之境，乃徒安其偏質，便其故習，而自以爲率性從心，却使良知之精微緊切，知是知非所藉以明而誠之者，反蔑視不足輕重，而遂非長過，蕩然忘返，其流弊豈但如舊時支離之習哉！

本體至善，不敢以善念爲善也。若以善念爲善，則惡念起時，善固滅矣，惡在其爲至善天命不已者耶！

戒懼兢惕工夫，卽是天機不息之誠，非因此爲入道復性之功也。不當以知覺爲良知固矣，然乃良知之發用，不容有二。先師云：「除却見聞，無知可致。」況知覺乎？故知覺廢則良知或幾乎息矣。近諸公只說本體自然流行，不容人力，似若超悟真性，恐實未見性也。緣私意一萌，卽本體已蔽蝕阻滯，無復流行光照之本然也。故必決去之，而後其流行照臨之體，得以充達。此良知之所以必致，而後德明身修也。

心齋晚年所言，多欲自出機軸，殊失先師宗旨。豈亦微有門户在耶？慨惟先師患難困衡之餘，磨礱此志，直得千聖之祕，發明良知之學，而流傳未遠。諸賢各以意見攙和其間，精一之義無由睹矣。

先師所以悟入聖域，實得於大學之書，而有功於天下後世，在於古本之復，雖直揭良知之宗，而指其實下手處，在於格物，古本序中及傳習録所載詳矣。豈有入門下手處，猶略而未言，直待心齋言之耶？惟其已有成訓，以物知意身心爲一事，格致誠正修爲一工，故作聖者有實地可據。而又別立說以爲教，苟非門户之私，則亦未免意見之殊耳。

誠意之學，却在意上用不得工夫，直須良知全體洞徹，普照旁燭，無纖毫翳障，卽百慮萬幾，皆從此出，方是知幾其神，乃所謂誠其意也。若俟意之不善，倚一念之覺，卽已非誠意，落第二義矣。却似正心，別是上面一層工夫，故竊謂炳於幾先，方是誠意之學。先師云：「致知者，誠意之本也。」若謂誠意之功，則非矣。格物却是誠意之功，故曰「致知在格物」。夫知之所以不致者，物未格耳。物雖意之所在，然不化則物矣，誠能萬感俱化，胸中無一物矣。夫然後本體擴然，與天地同體，卽意無不誠矣。

象山人情事變上用工，是於事變間尊其德性也。性無外也，事外無道也，動而無動者也。白沙靜中養出端倪，是磨鍊於妄念朋思之間，體貼天理出來。性無內也，道外無事也，靜而無靜者也。是謂同歸一致。

夫收視返聽於中，有個出頭，此對精神浮動務外逐末者言，良爲對病之藥。然於大道，却恐有妨，正爲不識心體故耳。心無定體，感無停機，凡可以致思著力者，俱謂之感，其所以出思發知者，不可得而指也。故欲於感前求寂，是謂畫蛇添足，欲於感中求寂，是謂騎驢覓驢。夫學至於研幾，神矣。然易曰：「幾者，動之微。」周子曰：「動而未形，有無之間者，幾也。」既謂之動，則不可言靜矣，感斯動矣。聖人知幾，故動無不善。學聖者舍是無所致其力。過此以往則失幾，不可以言聖學矣。

心本寂而恒感者也，寂在感中，卽感之本體，若復於感中求寂，辟之謂「騎驢覓驢」，非謂無寂也。感在寂中，卽寂之妙用，若復於感前求寂，辟之謂「畫蛇添足」，非謂未感時也。易以寂感爲神，非感則寂不可得而見矣。

念菴謂：「感有時而變易，而寂然者未嘗變易，感有萬殊，而寂然者惟一。」先生言：「念已形，而寂然者未嘗不存，豈感前復有寂乎？雙江雖在寂上用工，然寂感不分時，則寂亦感也。念菴則分時，與雙江之意又微異矣。」夫寂卽未發之中，卽良知，卽是至善。先儒謂未發二字，費多少分疏，竟不明白，只爲認有未發時故耳。惟周子洞見心體，直曰：「中也者，和也，中節也，天下之達道也。」去却大本一邊。彼豈不知未發之中者哉？正恐認作兩截，故合一言之，慮至深也。而晦翁復以己意釋之，則周子之意荒矣。有友人問川曰：「涵養於未發之前，是致中工夫？」川答曰：「此處下不得前字。喜怒哀樂如春夏秋冬，有前乎？未發之中，是太和元氣，亦有未發爲四序之時者乎？只緣今人看粗了喜怒哀樂，故添許多意見耳。先師云：『良知者，未發之中，天下之大本。』致之，便是天下之達道，則行天下之達道，乃實致良知也。實致良知，乃立大本也。非立大本後，乃推而爲達道也。」

近時學者，不知心意知物是一件，格致誠正是一功，以心應物，卽心物爲二矣。心者意之體，意者心之動也；知者意之靈，物者意之實也。知意爲心，而不知物之爲知，則致知之功，卽無下落，故未免欲先澄其心，以爲應物之則，所以似精專而實支離也。

兄不知以何者爲感。若以流動爲感，則寂感異象，微波卽蕩，感皆爲寂累，固不待梏之反覆，而後失其湛然虛明之體矣。若以鑑物爲感，則終日鑑固無傷於止也，止與鑑未始相離，亦不得言有止而不鑑時也。若患體之不止，故鑑之不明，亦當卽鑑時定之，不當離鑑以求止也。何者？其本體恆鑑，不可得而離也。以上與王龍溪。

吾丈近年宗旨，謂不當以知覺爲良知，却不知將發用知覺竟作何觀？若本體自然之明覺卽良知顧所指用何如。如曰「正知正覺」，卽屬實，作體觀，「恆知恆覺」，卽屬虛，作用觀。然恆知卽正知無倚處，恆覺卽正覺無障處，無生發，無間離也，非别有一段光照，從此脱胎著於境物也，奈何其欲貳之耶？今夫聲有起滅，而聞性無起滅也，色有明暗，而見性無明暗，見聞性卽知覺性也。若離知覺於本體，是從聲色有無處認見聞，卽知覺有起滅，反失却恆見恆聞之本體矣。

也，若夫私智小慧，緣情流轉，是乃聲聞緣入，憶度成性，卽非本體之靈覺矣。故知覺二字，義涵虛實，

昔晦翁以戒懼爲涵養本原，爲未發，爲致中，以慎獨爲察識端倪，爲已發，爲致和，兼修交養，似若精密，而强析動静作兩項工夫，不歸精一。今吾丈以察識端倪爲第二義，獨取其涵養本原之説，已掃支離之弊。但吾丈又將感應發用，另作一層在後面看，若從此發生流出者，則所謂毫釐之差爾。夫不睹不聞之獨，卽莫見莫顯，乃本體自然之明覺，發而未發，動而無動者也，以爲未發之中可也。既曰「戒慎」，曰「恐懼」，於是乎致力用功矣，而猶謂之未感未發，其可乎哉？夫屈伸翕闢，互爲其根，復奮潛飛，後先異候，欲其恆復而終潛，與並行而同出，卽永刼不可得。其與主静藏密，感應流行，無時可息者，不可同象而例觀，亦較然明矣。弟觀至顯於至微，公言由微以之顯，所見在毫釐之隔耳。

物者意之實也，知者物之則也，故只在發見幾微處用功致謹焉，卽是達用，卽是立本。若欲涵養本原停當，而後待其發而中節，此延平以來相沿之學，雖若精微，恐非孔門宗旨矣。以上與聶雙江。

太常魏水洲先生良弼

解元魏師伊先生良政

處士魏藥湖先生良器

魏良弼字師説，號水洲，南昌新建人。嘉靖癸未進士。知松陽縣，入爲給事中，累遷禮科都給事中。十年，召王瓊爲冢宰，南京御史馬敭等劾之，下詔獄。先生疏救，亦下獄拷訊。尋復職。明年，彗㊀見東方，先生以爲應在張孚敬，孚敬疏辯，先生受杖於殿廷，死而復蘇，孚敬亦自陳致仕，彗果滅。越月，改汪鋐爲吏部尚書，先生又劾之。又明年，副都御史王應鵬上疏失書職名下獄，先生以爲細故當原，又下獄拷訊。先生累遭廷杖，膚盡而骨不續，言之愈激。上訝其不死，收之輒赦，或且遷官，不欲其去。永嘉復位，始以京察罷。先生居鄉，情味真至。鄉人見先生有所告誡，退輒稱其説以教家人。其偶然者流爲方語，而深切者垂爲法言，曰「魏水洲云云，不可易也」。疾痛則問藥，旱潦則問捄，先生因而付之，各畢所願，閭里頓化，争訟亦息。人有夜夢先生者，明旦得嘉客。生兒者夢先生過其家，則里中相賀以爲瑞。稻初登，果未落，家有老人不敢嘗，必以奉先生。其爲鄉里所親敬如此。先生兄弟皆於陽明撫豫時受學，故以「致良知自明而誠，知微以顯，天地萬物之情與我之情自相應照，能使天回象，

㊀「彗」字原作「慧」，據賈本改。下同。

君父易慮，士大夫永思，至愚夫孺子，亦徵於寤寐」。何者？不慮之知，達之天下，智愚疏戚，萬有不同，孰無良焉？此所以不戒而孚也。歿之日，詔其子孫曰：「予平生仗忠信，皇天鑒不得已之言，后土憐欲速朽之骨，陵谷有變，人心無改，不必銘誌。」隆慶改元，晉太常少卿致仕。萬曆乙亥卒，年八十有四。弟良政、良器。

良政字師伊。燕居無墮容，嘗曰：「學問頭腦既明，惟專一得之。氣專則精，精專則明，神專則靈。」又曰：「不尤人，何人不可處？不累事，何事不可爲？」舉鄉試第一，尋卒。水洲言：「吾夢中見師伊輒流汗浹背。」其方嚴如此。

良器字師顔，號藥湖。洪都從學之後，隨陽明至越。時龍溪爲諸生，落魄不羈，每見方巾中衣往來講學者，竊罵之。居與陽明鄰，不見也。先生多方誘之，一日先生與同門友投壺雅歌，龍溪過而見之曰：「腐儒亦爲是耶？」先生答曰：「吾等爲學，未嘗擔板，汝自不知耳。」龍溪於是稍相嫟就，已而有味乎其言，遂北面陽明。緒山臨事多滯，則戒之曰：「心何不灑脱？」龍溪工夫懶散，則戒之曰：「心何不嚴慄？」其不爲姑息如此。嘗與龍溪同行遇雨，先生手蓋，龍溪不得已亦手蓋，而有怍容，顧先生自如，乃始惕然。陽明有內喪，先生、龍溪司庫，不厭煩縟。陽明曰：「二子可謂執事敬矣。」歸主白鹿洞，生徒數百人，皆知宗王門之學。疽發背，醫欲割去腐肉，不可，卒年四十二。先生云：「理無定在，心之所安，卽是理。孝無定法，親之所安，卽是孝。」龍溪與先生最稱莫逆，然龍溪之玄遠不如先生之淺近也。

水洲先生集

道無動静，性無内外，故言「動亦定，静亦定」。又曰：「未感不是先，已應不是後。」近論多於觸處、動念處體認良知，不於一定處下著，故不免支離之病。答鄒東廓。

先師謂「良知存乎心悟」，悟由心得，信非講求得來。用志不分，乃凝於神，神凝知自致耳。要得神凝，須絶外誘，固非頑空打坐，亦非歌舞講求，要自有悟處。答羅念菴。

操與致自是有辯，致是全功，操特始事，致可包操，而操未可以言致。復會中諸子。

「己所不欲」，吾心之知也，「勿施於人」，致吾心之良知也。誠「勿施於人」，則「己所不欲」之物格矣。所惡於下，吾心之矩也，毋以事上，絜吾心之矩也。誠毋以事上焉，則吾心所惡於下之矩絜矣。

或問：「未發之中如何？」曰：「汝但戒慎不覩，恐懼不聞，養得此心，純是天理，便自然見聖人之學莫大於無我。性之本體無我也，梏形體而生私欲，作聰明而生私智，於是始有我爾。去二者之累，無我之體復矣。」

君子有諸己，則得失不足易也，故得之自是，不得自是。小人無諸己，惟見於得失而已矣，故患得患失，無所不至。

君子以誠身爲貴，實有於身，謂之誠身。夫天下之物，可以實有於身者，惟善爲然。由其爲固有之實理，故可以實有焉耳。彼取諸外者，夫豈可得而行之耶？

良知之教不之學，故以入井怵惕、孩提愛敬、平旦好惡爲證。然以三者皆一端之發見，而未見乎全，故言怵惕必以擴充繼之，言好惡必以長養繼之，言愛敬必以達之天下繼之。

問良知天理異同。曰：「知之良處卽是天理。昧其知，失其良，則爲人欲。蓋自明覺而言，謂之知，自條理而言，謂之理，非二也。」

由仁義行，卽根心、生色、睟面、盎背之意。行仁義，非不是由此心也，終是知得爲好。必如此做方好，乃第二義，便不是從中生，故曰「義外」。

人本得天地之生意，自能生，但被習心遮蔽，故不能生。但去其蔽，則本體自然呈露，不須防檢，不須窮索，自然流出，乃其生意也。以上示諸生。

明儒學案卷二十　江右王門學案五

太常王塘南先生時槐

王時槐字子植，號塘南，吉之安福人。嘉靖丁未進士。除南京兵部主事。歷員外郎、禮部郎中。出僉漳南兵巡道事，改川南道。陞尚寶司少卿，歷太僕、光禄。隆慶辛未，出爲陝西參政，乞致仕。萬曆辛卯，詔起貴州參政，尋陞南京鴻臚卿、太常卿，皆不赴，新銜致仕。乙巳十月八日卒，年八十四。

先生弱冠師事同邑劉兩峰，刻意爲學，仕而求質於四方之言學者，未之或怠，終不敢自以爲得。五十罷官，屏絶外務，反躬密體，如是三年，有見於空寂之體。又十年，漸悟生生真機，無有停息，不從念慮起滅。學從收斂而入，方能入微，故以透性爲宗，研幾爲要。陽明没後，致良知一語，學者不深究其旨，多以情識承當，見諸行事，殊不得力。雙江、念菴舉未發以究其弊，中流一壺，王學賴以不墜，然終不免頭上安頭。先生謂：「知者，先天之發竅也。謂之發竅，則已屬後天矣。雖屬後天，而形氣不足以干之。故知之一字，内不倚於空寂，外不墮於形氣，此孔門之所謂中也。」言良知者未有如此諦當。先生嘗究心禪學，故於彌近理而亂真之處，剖判得出。夏樸齋問：「無善無惡心之體，於義云何？」先生曰：「是也。」曰：「與性善之旨同乎？」曰：「無善乃至善，亦無弗同也。」樸齋不以爲然，先生亦不然樸齋。後先生看大乘止觀，謂「性空如鏡，妍來妍見，媸來媸見」，因省曰：「然則性亦空寂，隨物善惡乎？此說大害道。乃知孟子性善之說，終是穩當。向使性中本無仁義，則惻隱、羞惡從何處出來？吾人應事處人，如此則安，不如此則不安，此非善而何？由此推之，不但無善無惡之說，卽所謂『性中只有箇善而已，何嘗有仁義來』，此說亦不穩。」又言佛家「欲直悟未有天地之先，言語道斷，心行處滅，此正邪說淫辭。彼蓋不知盈宇宙間一氣也，卽使天地混沌，人物銷盡，只一空虛，亦屬氣耳。此至真之氣，本無終始，不可以先後天言，故曰『一陰一陽之謂道』。若謂『別有先天在形氣之外』，不知此理安頓何處？」蓋佛氏以氣爲幻，不得不以理爲妄，世儒分理氣爲二，而求理於氣之先，遂墮佛氏障中。非先生豈能辨其毫釐耶？高忠憲曰：「塘南之學，八十年磨勘至此。」可謂洞徹心境者矣。

論學書

所論「去念守心」，念不可去，心不可守。真念本無念也，何去之有？真心本無相也，何守之有？惟寂而常照，卽是本體，卽是功夫，原無許多岐路費講說也。答王永卿。

知者先天之發竅也，謂之發竅，則已屬後天矣。雖屬後天，而形氣不足以干之。故知之一字，內不倚於空寂，外不墮於形氣，此孔門之所謂中也。末世學者，往往以墮於形氣之靈識爲知，此聖學之所以晦也。答朱易菴。

靜中欲根起滅不斷者，是志之不立也。凡人志有所專，則雜念自息。如人好聲色者，當其豔冶奪心之時，豈復有他念乎？如人畏死亡者，當其刀鋸逼體之時，豈復有他念乎？學無分於動静者也。特以初學之士，紛擾日久，本心真機，盡汩没蒙蔽於塵埃中，是以先覺立教，欲人於初下手時，暫省外事，稍息塵緣，於静坐中默識自心真面目，久之邪障徹而靈光露，静固如是，動亦如是。到此時，終日應事接物，周旋於人情事變中而不捨，與静坐一體無二，此定静之所以先於能慮也。豈謂終身滅倫絶物，塊然枯坐，徒守頑空冷静，以爲究竟哉！答周守甫。

吾輩學不加進，正爲不識真宰，是以雖曰爲學，然未免依傍道理，只在世俗眼目上做得箇無大破綻之人而止耳。答鄒穎泉。

所舉佛家以默照爲非，而謂「廣額屠兒，立地成佛」等語，此皆近世交朋，自不肯痛下苦功，真修實證，乞人殘羹剩汁以自活者也。彼禪家語，蓋亦有爲而發。彼見有等專内趨寂，死其心而不知活者，不得已發此言以救弊耳。今以紛紛擾擾嗜慾之心，全不用功，却不許其静坐，即欲以現在嗜慾之心立地成佛，且稱塵勞爲如來種以文飾之，此等毒藥，陷人於死。

學無多説，若真有志者，但自覺此中勞擾，不得不静坐以體察之，便須静坐；或自覺人倫事物上欠實修，不得不於動中著力，便須事上練習，此處原無定方。答賀弘任。

所云「居敬窮理」，二者不可廢一，要之「居敬」二字盡之矣。自其居敬之精明了悟處而言，即謂之「窮理」，非有二事也。縱使考索古今，討論經史，亦是居敬中之一條件耳，敬無所不該，敬外更無餘事也。認得居敬窮理只是一件，則功夫更無歇手。若認作二事，便有換手，便有斷續，非致一之道也。

此心湛然至虚,廓然無物,是心之本體,原如是也。常能如是,即謂之敬。陽明所謂「合得本體,是功夫也」。若以心起敬,則心是一物,敬又是一物,反似於心體上添此一項贅疣,是有所恐懼,而不得其正,非敬也。以上答郭以濟。

弟昔年自探本窮源起手,誠不無執戀枯寂。然執之之極,真機自生,所謂「與萬物同體」者,亦自盎然出之,有不容已者。非學有轉換,殆如臘盡陽回,不自知其然而然也。兄之學本從「與物同體」入手,此中最宜精研,若未能入微,則亦不無儱侗漫過、隨情流轉之病。與蕭兑嵎。

所論「欲根盤結」,理原於性,是有根者也。欲生於染,是無根者也。惟理有根,故雖戕賊之久,而竟不可泯,惟欲無根,故雖習染之深,而究不能滅性也。使欲果有根,則是欲亦原於天性,人力豈能克去之哉!

吾輩無一刻無習氣,但以覺性爲主,時時照察之,則習氣之面目,亦無一刻不自見得。既能時時刻刻見得習氣,則必不爲習氣所奪。蓋凡可睹聞者,皆習氣也,情欲意見,又習氣之粗者也。

學貴能疑,但點點滴滴,只在心體上用力,則其疑亦只在一處疑。一處疑者,疑之極,必自豁然矣。若只泛然測度道理,則其疑未免離根。離根之疑,愈疑而愈增多岐之惑矣。

舍發而别求未發,恐無是理。既曰戒慎,曰恐懼,非發而何?但今人將發字看得粗了,故以澄然無念時爲未發,不知澄然無念正是發也。

未發之中固是性,然天下無性外之物,則視聽言動、百行萬事皆性矣,皆中矣。若謂中只是性,性無過不及，則此性反爲枯寂之物，只可謂之偏，不可謂之中也。如佛老自謂悟性，而遺棄倫理，正是不知性。

澄然無念，是謂一念，非無念也，乃念之至微至微者也。此正所謂生生之真幾，所謂動之微，吉之先見者也。此幾更無一息之停，正所謂發也。若至念頭斷續，轉換不一，則又是發之標末矣。譬之澄潭之水，非不流也，乃流之至平至細者也。若至急灘迅波，則又是流之奔放者矣。然則所謂未發者安在？此尤難言。澄潭之水固發也，山下源泉亦發也，水之性乃未發也。離水而求水性曰支，卽水以爲性曰混，以水與性爲二物曰岐，惟時時冥念，研精入微，固道之所存也。

一陰一陽，自其著者而言之，則寂感理欲，皆是也；自其微者而言之，則一息之呼吸，一念之起伏，以至於浮塵野馬之眇忽，皆是也。豈截然爲奇爲偶，真若兩物之相爲對待者哉？識得此理，則知一陰一陽，卽所謂其爲物不貳也。舍陰陽之外，而世之欲超陰陽、離奇偶以求性者，其舛誤可知矣。以上答錢啓新。

事之體强名曰心，心之用强名曰事，其實只是一件，無内外彼此之分也。故未有有心而無事者，未有有事而無心者，故曰「必有事焉」，又曰「萬物皆備於我」。故充塞宇宙皆心也，皆事也、物也。吾心之大，包羅天地，貫徹古今，故但言盡心，則天地萬物皆舉之矣。學者誤認區區之心，眇焉在胸膈之内，而紛紛之事，雜焉在形骸之外，故逐外專内，兩不相入，終不足以入道矣。答郭墨池。

生幾者，天地萬物之所從出，不屬有無，不分體用。此幾以前，更無未發，此幾以後，更無已發。若謂生幾以前，更有無生之本體，便落二見。陽明曰：「大學之要，誠意而已矣。」格物致知者，誠意之功也。知者意之體，非意之外有知也；物者意之用，非意之外有物也。但舉意之一字，則寂感體用悉具矣。意非念慮起滅之謂也，是生幾之動而未形，有無之間也。獨即意之入微，非有二也。意本生生，惟造化之機不充則不能生，故學貴從收斂入，收斂即爲慎獨，此凝道之樞要也。孟子言「不學不慮」，乃指孩提愛敬而言。今人以孩提愛敬便屬後天，而擴充四端皆爲下乘，只欲人直悟未有天地之先，言語道斷，心行處滅，乃爲不學不慮之體，此正邪説淫辭。彼蓋不知盈宇宙間一氣也，即使天地混沌，人物銷盡，只一空虛亦屬氣耳。此至真之氣，本無終始，不可以先後天言，故曰「一陰一陽之謂道」。若謂別有先天在形氣之外，不知此理安頓何處？通乎此，則知灑掃應對，便是形而上者。

宇宙萬古不息，只此生生之理，無體用可分，無聲臭可即，亦非可以强探力索而得之。故後學往往到此無可捉摸處，便謂此理只是空寂，原無生幾，而以念頭動轉爲生幾，甘落第二義，遂使體用爲二，空有頓分，本末不貫，而孔門求仁真脈，遂不明於天下矣。以上與賀汝定。

來諭：「識得生幾自然，火然泉達，安用人爲？」但鄙意真識生幾者，則必兢兢業業，所謂不足不敢不勉，有餘不敢盡，方爲實學。今人亦有自謂能識生幾者，往往玩弄光景以爲了悟，則涉於無忌憚矣。答王夢峰。

禪家之學，與孔門正脈絶不相侔。今人謂孔、釋之見性本同，但其作用始異，非也。心跡猶形影，影分曲直，則形之欹正可知。孔門真見，盈天地間只一生生之理，是之謂性，學者默識而敬存之，則親親、仁民、愛物自不容已。何也？此性原是生生，由本之末，萬古生生，孰能遏之？故明物察倫，非强爲也，以盡性也。釋氏以空寂爲性，以生生爲幻妄，則自其萌芽處便已斬斷，安得不棄君親離事物哉？故釋氏之異於孔子，正以其原初見性，便見偏枯，惟其本原處所見毫釐有差，是以至於作用大相背馳，遂成千里之謬也。

此心之生理，本無聲臭而非枯槁，實爲天地萬物所從出之原，所謂性也。生理之呈露，脈脈不息，亦本無聲臭，所謂意也。凡有聲臭可睹聞，皆形氣也。形氣云者，非血肉粗質之謂，凡一切光景閃爍，變換不常，滯礙不化者，皆可覩聞，卽形氣也。形氣無時無之，不可著，亦不可厭也。不著不厭，亦無能不著不厭之體。若外不著不厭，而內更有能不著不厭之體，則此體亦屬聲臭，亦爲形氣矣。於此有契，則終日無分動静，皆真性用事，不隨境轉，而習氣自銷，亦不見有真性之可執，不言收斂，自得其本然之真收斂矣。以上寄汝定。

善由性生，惡自外染，程子所謂「善固性，惡亦不可不謂之性」者，猶言清固水，濁亦不可不謂之水耳。然水之本性豈有濁乎？其流之濁，乃染於外物耳。答墨池。

夫本心常生者也，自其生生而言，卽謂之事。故心無一刻不生，卽無一刻無事。事卽本心，故視聽言動、子臣弟友、辭受取予皆心也。灑掃應對，便是形而上者。學者終日乾乾，只默識此心之生理而已。時時默識，内不落空，外不逐物，一了百了，無有零碎本領之分也。答周時卿。

心之官則思。中常惺惺，卽思也，思卽窮理之謂也。此思乃極深研幾之思，是謂近思，是謂不出位，非馳神外索之思。答曾肖伯。

此理至大而至約，惟「虛而生」三字盡之。其虛也，包六合以無外，而無虛之相；其生也，徹萬古以不息，而無生之迹。只此謂之本心，時時刻刻還他本來，卽謂之學。

太虛之中，萬古一息，綿綿不絕，原無應感與不應感之分。識得此理，雖瞑目獨坐，亦應感也。時時應感卽時時是動也，常動卽常靜也。一切有相，卽是無相，山河大地，草木叢林，皆無相也。真性本無杳冥，時時呈露，卽有相也。相與無相，了不可得，言思路絕，强名之曰本心。以上與歐克敬。

有謂靜中不可著操字，則孔子所謂「操則存」者，果妄語乎？彼蓋不知操者，非以此操彼之謂也。此心兢兢業業，卽是心之本體，卽是操也。惟操卽是本體，純一不雜卽是靜也，非以蕩然無所用心爲靜也。何思何慮，言思慮一出於正，所謂「心之官則思」，「思睿而作聖」，非妄想雜念之思慮也，豈可以不操冒認爲何思何慮乎？答曾得卿。

白手起家，勿在他人脚跟下湊泊。答以濟。

性之一字，本不容言，無可致力。知覺意念，總是性之呈露，皆命也。性者，先天之理。知屬發竅，是先天之子，後天之母也。此知在體用之間，若知前求體則著空，知後求用則逐物，知前更無未發，知後更無已發，合下一齊俱了，更無二功，故曰獨。獨者無對也，無對則一，故曰不貳。意者知之默運，非與之對立而爲二也，是故性不假修，只可云悟。命則性之呈露，不無習氣隱伏其中，此則有可修矣。修命者，盡性之功。答蕭勿菴。

性命雖云不二，而亦不容混稱，蓋自其真常不變之理而言曰性，自其默運不息之機而言曰命，一而二，二而一者也。中庸「天命之謂性」，正恐人於命外求性，則離體用而二之，故特發此一言。若執此語，遂謂性命果無分别，則言性便剩一命字，言命便剩一性字，而「盡性至命」等語皆贅矣。故曰性命雖不二，而亦不容混稱也。盡性者，完我本來真常不變之體；至命者，極我純一不息之用，而造化在我，神變無方，此神聖之極致也。答鄒子尹。

知生知死者，非謂硬作主張，固守靈識，以俟去路不迷之謂也。蓋直透真性，本非生死，乃爲真解脱耳。答王養卿。

時習者，時時知至善爲本而止之，約情以復性云耳。大學止至善，卽中庸愼獨之功，無二事也。舍此更有何學？答王敬所。

學不知止，則意必不能誠。何謂知止？蓋意心身家國天下總爲一物也，而有本末焉。何謂本？意之所從出者是也。意之所從出者性也，是至善也。知止於至善之性，則意心身家國天下一以貫之矣，是謂物格而知至。何謂格？格者，通徹之謂也。

朱子格物之説，本於程子。程子以窮至物理爲格物。性卽理也，性無内外，理無内外，卽我之知識念慮，與天地、日月、山河、草木、鳥獸皆物也，皆理也。天下無性外之物，無理外之物，故窮此理至於物，物皆一理之貫徹，則充塞宇宙，綿亘古今，總之一理而已矣。此之謂窮理盡性之學，與陽明致良知之旨，又何異乎？蓋自此理之昭明而言，謂之良知。良知非情識之謂，卽程門所謂理也、性也。良知實貫徹於天地萬物，不可以内外言也。通乎此，則朱子之格物非逐外，而陽明之致良知非專内，明矣。但朱子之説，欲人究徹彌宇宙、亘古今之一理，在初學遽難下手，教以姑從讀書而入，卽事察理，以漸而融會之。後學不悟，遂不免尋枝摘葉，零碎支離，則是徒逐物而不達理，其失程、朱之本旨遠矣。陽明以學爲求諸心而救正之，大有功於後學，而後學復以心爲在内，物爲在外，且謂理只在心不在物，殊不知心無内外，物無内外，徒執内而遺外，又失陽明之本旨也。

意不可以動靜言也，動靜者念也，非意也。意者，生生之密機，有性則常生而爲意，有意則漸著而爲念。未有性而不意者，性而不意，則爲頑空矣；亦未有意而不念者，意而不念，則爲滯機矣。以上答楊晉山。

虞廷曰中，孔門曰獨，舂陵曰幾，程門主一，白沙端倪，會稽良知，總無二理。雖立言似别，皆直指本心真面目，不沉空，不滯有，此是千古正學。寄啓新。

易曰「乾知大始」，此知卽天之明命，是謂性體，非以此知彼之謂也。易曰「坤作成物」，此作卽明命之流形，是謂性之用，非造作强爲之謂也。故知者體，行者用，善學者常完此大始之知，卽所謂明得盡便與天地同體。故卽知便是行，卽體便是用，是之謂知行一、體用一也。

夫以此知彼，揣摩測度，則謂之空知。若「乾知大始」之知，卽是本性，卽是實事，不可以空知言也。以此想彼，如射覆然，則謂之懸想。若默而識之，卽是自性自識，覿體無二，不可以懸想言也。答龔修默。

靜中涵養，勿思前慮後，但澄然若忘，常如游於洪濛未判之初。此樂當自得之，則真機躍如，其進自不能已矣。答劉心蘧。

性本不二，探奇逐物，總屬二見。若未免見有妙性超於物外，猶爲法塵影事。學者果能透到水窮山盡，最上之上更無去處，然後肯信當下小心翼翼，動不踰矩，便爲究竟耳。寄劉公霽。

釋氏所以與吾儒異者，以其最初志願在於出世，卽與吾儒之志在明明德於天下者分塗轍矣。故悟性之説似同，而最初向往之志願實異；最初之志願既異，則悟處因之不同，悟處不同，則用自別。答唐凝菴。

聖學失傳，自紫陽以後，爲學者往往守定一箇天理在方寸之間，以爲功夫，於聖門無聲無臭之旨不相契。故陽明特揭無善無惡，正恐落一善字，便覺涉於形象；提出心體，令人知本心善，亦著不得也。第宗其説者，致有流弊，不若無聲無臭字義直截穩當。答吴安節。

本性真覺，原無靈明一點之相。此性徧滿十方，貫徹古今，蓋覺本無覺。孔子之無知，文王之不識不知，乃真知也。若有一點靈明不化，卽是識神。放下識神，則渾然先天境界，非思議所及也。答鄒子予。

文者，禮之散殊，如視聽言動、子臣弟友，一切應酬皆是也。以其散殊，故曰博。禮者，文之根柢，如孔子言「所以行之者一」是也。以其至一，故曰約。學者時時修實行，謂之博文；事事協天則，謂之約禮。卽事是禮而非滯迹，卽禮是事而非落空，此博約合一之學也。答周宗濂。

性本不容言，若强而言之，則虞廷曰「道心惟微」，孔子曰「未發之中」，曰「所以行之者一」，曰「形而上」，曰「不睹聞」，周子曰「無極」，程子曰「人生而靜以上」，所謂密也，無思爲也，總之，一性之別名也。

學者真能透悟此性，則横説豎説，只是此理，一切文字語言，俱屬描畫，不必執泥。若執言之不一，而遂疑性有多名，則如不識其人，而識其姓氏、名諱、别號以辨同異，則愈遠矣。性之體本廣大高明，性之用自精微中庸，若復疑只以透性爲宗，恐落空流於佛老，而以尋枝逐節爲實學，以爲如此，乃可自别於二氏。不知二氏之異處，到透性後，自能辨之。今未透性，而强以猜想立説，終是隔靴爬癢，有何干涉？反使自己真性不明，到頭只是做得箇講説道理，過了一生，安得謂之聞道也。答修默。

性體本寂，萬古不變，然非頑空，故密運而常生。唯幾萌知發，不學以反其本，則情馳而性蔽矣。故曰：「反身而誠，樂莫大焉。」答凝菴。

心體本寂念者，心之用也。真識心體，則時時常寂，非假人力，其體本如是也。此本常寂，雖欲擾之而不可得。念之應感，自然中節，而心體之寂自若也。心體之寂，萬古不變，此正所謂未發之中。舍此則學不歸根，未免逐末，將涉於憧憧往來，於道遠矣。答陸仰峰。

大抵佛家主於出世，故一悟便了，更不言慎獨。吾儒主於經世，學問正在人倫事物中實修，故喫緊於慎獨。但獨處一慎，則人倫事物無不中節矣。何也？以獨是先天之子、後天之母，出有入無之樞機，莫要於此也。若只云見性，不言慎獨，恐後學略見性體而非真悟者，便謂性中無人倫事物，一切離有而趨無，則體用分而事理判，甚至行檢不修，反云與性無干，其害有不可勝言者也。善學者亦非一途，有徹悟本性，而慎獨卽在其中者；有精研慎獨，而悟性卽在其中者。總之，於此理洞然真透，既非截然執爲二見，亦非混然儱侗無别，此在自得者默契而已。答郭存甫。

語録

性不容言，知者性之靈也。知非識察照了分別之謂也，是性之虚圓瑩徹，清通浄妙，不落有無，能爲天地萬物之根，彌六合，亘萬古，而炳然獨存者也。性不可得而分合增減，知亦不可得而分合增減也。而聖凡與禽獸草木分者，惟在明與蔽耳，是故學莫大於致知。以上三益軒會語。識察照了分別者，意與形之靈也，亦性之末流也。性靈之真知，非動作計慮以知，故無生滅。意與形之靈，必動作計慮以緣外境，則有生滅。性靈之真知無欲，意與形之靈則有欲矣。今人以識察照了分別爲性靈之真知，是以奴爲主也。

道心體也，故無改易；人心用也，故有去來。孔子所謂「操存舍亡，出入無時，莫知其鄉」，亦是指人心而言。若道心，爲萬古天地人物之根，豈有存亡出入之可言！

問：「情識思慮可去乎？」曰：「悟心體者，則情識思慮皆其運行之用，何可去也？且此心廓然，充塞宇宙，只此一心，更無餘事，亦不見有情識思慮之可言。如水常流而無波，如日常照而無翳，性情體用皆爲剩語。」

千聖語學，皆指中道，不落二邊，如言中、言仁、言知、言獨、言誠是也。若言寂，則必言感而後全；言無，則必言有而後備，以其涉於偏也。

心廓然如太虚無有邊際，日用云爲，酬酢萬事，皆太虚變化也，非以内心而應外事也。若誤認以内心應外事，則心事相對成敵，而牽引梏亡之害乘之矣。性本無欲，惟不悟自性而貪外境，斯爲欲矣。善學者深達自性，無欲之體，本無一物，如太虛然，浮雲往來，太虛固不受也，所謂明得盡，渣滓便渾化是矣。

問：「四時行，百物生，莫非動也，而曰有不動者，豈其不與四時偕行，不隨百物以生乎？」曰：「非然也。所謂不動者，非塊然一物出於四時百物之外也，能行四時而不可以寒暑代謝言，能生百物而不可以榮枯遞變言，故曰不動也。」

問：「知一也，今謂心體之知與情識之知不同，何也？」曰：「心體之知，譬則石中之火也，擊而出之爲焚燎，則爲情識矣。又譬則銅中之明也，磨而出之爲鑑照，則爲情識矣。致知者，致其心體之知，非情識之謂也。」

心體之知，非作意而覺以爲知，亦非頑空而無知也，是謂天德之良知。致者，極也，還其本然而無虧欠之謂。

情識卽意也。意安從生？從本心虛明中生也。故誠意在致知，知者意之體也。若又以情識爲知，則誠意竟爲無體之學，而聖門盡性之脈絶也。

問：「陽明以知善知惡爲良知，此與情識何別？」曰：「善惡爲情識，知者天聰明也，不隨善惡之念而遷轉者也。」

問：「致知焉盡矣，何必格物？」曰：「知無體，不可執也。物者知之顯迹也，舍物則何以達此知之用？如室水之流，非所以盡水之性也，故致知必在格物。」

陽明以意之所在爲物，此義最精。蓋一念未萌，則萬境俱寂，念之所涉，境則隨生。且如念不注於目前，則雖泰山覿面而不睹；念苟注於世外，則雖蓬壺遥隔而成象矣。故意之所在爲物，此物非内非外，是本心之影也。

盈天地間皆物也，何以格之？惟以意之所在爲物，則格物之功，非逐物亦非離物也，至博而至約矣。

意在於空鏡，則空鏡亦物也。知此，則知格物之功無間於動静。

太極者，性也，先天也。動而生陽，以下卽屬氣，後天也。性能生氣，而性非在氣外，然不悟性，則無以融化形氣之渣滓，故必悟先天以修後天，是以謂聖學。

朱子以知覺運動爲形而下之氣，仁義禮智爲形而上之理，以此闢佛氏，既未可爲定論，羅整菴遂援此以闢良知之説，不知所謂良知者，正指仁義禮智之知，而非知覺運動之知，是性靈，而非情識也，故良知卽是天理，原無二也。

見其大則心泰，必真悟此心之彌六合而無邊際，貫萬古而無始終，然後謂之見大也。既見大，且無生死之可言，又何順逆窮通之足介意乎？

斷續可以言念，不可以言意；生機可以言意，不可以言心；虚明可以言心，不可以言性；至於性，則不容言矣。

人自有生以來，一向逐外，今欲其不著於境，不著於念，不著於生生之根，而直透其性，彼將茫然無所倚靠，大以落空爲懼也。不知此無倚靠處，乃是萬古穩坐之道場，大安樂之鄉也。「致良知」一語，惜陽明發此於晚年，未及與學者深究其旨。先生没後，學者大率以情識爲良知，是以見諸行事，殊不得力。羅念菴乃舉未發以究其弊，然似未免於頭上安頭。夫所謂良知者，即本心不慮之真明，原自寂然，不屬分别者也。此外豈更有未發耶？

問「知行之辨」。曰：「本心之真明，即知也；本心之真明，貫徹於念慮事爲，無少昏蔽，即行也。知者體，行者用，非可離爲二也。」

問：「情識既非良知，而孟子所言孩提之愛敬，見入井之怵惕，平旦之好惡，嘑蹴之不受不屑，皆指情上言之，何也？」曰：「性不容言，姑即情以驗性，猶如即烟以驗火，即苗以驗種。後學不達此旨，遂認定愛敬怵惕好惡等以爲真性在是，則未免執情而障性矣。」

學者以任情爲率性，以媚世爲與物同體，以破戒爲不好名，以不事檢束爲孔、顔樂地，以虚見爲超悟，以無所用恥爲不動心，以放其心而不求爲未嘗致纖毫之力者多矣，可歎哉！

淪於陰，則漸滯於形質矣；反於陽，則漸近於超化矣。真陽出現，則積陰自消，此變化氣質之道也。

吾心廓然之體曰乾，生生之用曰神。

夫乾，静專動直。吾心之知體，寂然一也，故曰静專；知發爲照，有直達而無委曲，故曰動直。夫坤，静翕動闢。吾心之意根，凝然定也，故曰静翕；意發爲念，則開張而成變化，故曰動闢。

知包羅宇宙，以統體言，故曰大；意裁成萬務，以應用言，故曰廣。

問：「知發爲照，則屬意矣，然則乾之動直，卽屬坤矣。」曰：「不然。知之照無分別者也，意則有分別者也，安得以照爲意？」

告子但知本性無善惡無修證，一切任其自然而已，纔涉修爲，便目爲義外而拒之，落在偏空一邊。孟子洞悟中道，原無内外，其與告子言，皆就用上一邊幫補説，以救告子之所不足。

問：「事上磨鍊如何？」曰：「當知所磨鍊者何物，若只要世情上行得通融周匝，則去道遠矣。」

無欲卽未發之謂。

傳習續録言「心無體，以人情事物之感應爲體」，此語未善。夫事者心之影也，心固無聲臭，而事則心之變化，豈有實體也！如水與波然，謂水無體，以波爲體，其可乎？爲此語者，蓋欲破執心之失，而不知復起執事之病。

未發之中，性也，有謂必當收斂凝聚，以歸未發之體者，恐未然。夫未發之性，不容擬議，不容湊泊，可以默會，而不可以强執者也。在情識則可收斂可凝聚，若本性，無可措手，何以施收斂凝聚之功？收斂凝聚以爲未發，恐未免執見爲障，其去未發也益遠。

問研幾之説。曰：「周子謂：『動而未形，有無之間爲幾。』蓋本心常生常寂，不可以有無言，强而名之曰幾。幾者微也，言其無聲臭而非斷滅也。今人以念頭初起爲幾，未免落第二義，非聖門之所謂幾矣。」

問「有謂性無可致力，惟於念上操存，事上修飭，則性自在」。曰：「悟性矣，而操存於念，修飭於事可矣。性之未悟，而徒念與事之致力，所謂『可以爲難矣，仁則吾不知也』。」

陽明之學，悟性以御氣者也。白沙之學，養氣以契性者也。此二先生所從入之辨。

後儒誤以情識爲心體，於情識上安排布置，欲求其安定純凈而竟不能也。假使能之，亦不過守一意見，執一光景，强作主張，以爲有所得矣，而終非此心本色，到底不能廓徹疑情，而朗然大醒也。

復言「至日閉關」。夫一陽潛萌於至静之中，吾心真幾本來如是，不分時刻皆至也。瑞華剩語。

未發之性，以爲有乎則非色相，以爲無乎則非頑空，不墮有無二邊，故直名之曰中。

大學言「知止」，蓋未發之性，萬古常止也。常止則能生天地萬物，故止爲天地萬物之本。此大學以「知止」、「知本」釋格致之義。

乾用九「見羣龍無首」，坤用六「利永貞」。蓋乾元者性也，首出庶物者也。然首不可見，若見有首則非矣，故曰天德不可爲首也。坤者乾之用也，坤必從乾。貞者，收斂歸根以從乎乾也，故曰利永貞。

氣者性之用也，性無生滅故常一，氣有屈伸故常二，然氣在性中，雖有屈伸，亦不可以生滅言，故盡性則至命矣。學者深達此，則無疑於生死之説。

性無爲者也，性之用爲神，神密。密常生謂之意，意者一也。以其靈謂之識，以其動謂之念。意識念，名三而實一，總謂之神也。神貴凝，收斂歸根以凝，神也。神凝之極，於穆不已，而一於性，則潛見飛躍，無方無迹，是謂聖不可知。

致知主悟，誠意主修。能知止，則悟於性也徹矣；能慎獨，則修於意也微矣。學未徹性者，則内執心，外執境，兩俱礙矣。於性徹者，心境雙忘，廓然無際。

乾元爲天地萬物之資始，故曰首出。能潛見惕躍飛亢而不涉於迹，莫測其變化云爲之所以然，故曰無首。若有首可睹，則亦一物而已，安能時乘六龍乎？

或謂：「性無可致力，必也攝用以歸體乎？」余謂：「是固有然者矣，是中庸所謂『其次致曲』，程子所謂『其次則莊敬持養』之説也。若中庸所謂『盡性』，程子所謂『明得盡，渣滓便渾化』者，則又當别論。孟子謂：『此天之所與我者，先立乎其大者，則小者不能奪。』夫曰『天與我』，則乾元之性，我固有之，學者真志密詣，久之能默契而深信，實見其大本在我，原自具足，不假外求，則一切瞬息作止，日可見之行，由原泉而盈科放海，卽所以致力處也。非别以性爲一物，執捉把持，而後謂之致力也。」以上潛思劄記。

「性之生，而後有氣有形，則直悟其性足矣，何必後天之修乎？」曰：「非然也。夫徹古今彌宇宙皆後天也，先天無體，舍後天亦無所謂先天矣，故必修於後天，正所以完先天之性也。」

「性無爲，而後天有修，然則性爲兀然無用之物乎？」曰：「非然也。性無體，而天地萬物由之以生。通乎此，則謂一塵一毛皆先天可也。一切皆性，性之外豈更有天地萬物哉？」

「性貴悟，而後天貴修，然則二者當並致其力乎？」曰：「非然也。是分性相，判有無，岐隱顯，自作二見，非知道者也。善學者，自生身立命之初，逆遡於天地一氣之始，窮之至於無可措心處，庶其有悟矣。

則信一切皆性，戒慎於一瞬一息，以極於經綸事業，皆盡性之實學也。故全修是性，全性是修，豈有二者並致力之説？所謂修者，非念念而隄防之，事事而安排之之謂也。蓋性本寂然，充塞宇宙，渾然至善者也。性之用爲神，神動而不知返，於是乎有惡矣。善學者，息息歸寂，以還我至善之本性，是之謂真修。」

或曰：「性本寂也，故一悟便了。若曰『歸寂』，是以此合彼，終爲二之。」曰：「非然也。夫性生萬物，則物物皆性，物物歸寂，卽是自性自寂，何二之有！」

昔人有背觸皆非之説，蓋謂遺一切而執性者是觸也，如臣子之觸犯君父也；徇一切而遺性者是背也，如臣子之叛棄君父也。

念念歸根謂之格物，念念外馳謂之逐物。以上病筆。

宇宙此生理，以其萬古不息，謂之命；以其爲天地人物所從出，謂之性；以其不可以有無言，謂之中；以其純粹精至極而不可名狀，謂之至善；以其無對，謂之獨；以其不二，謂之一；以其天則自然非假人力，謂之天理；以其生生，謂之易；以其爲天地人物之胚胎，如果核之含生，謂之仁。

異學喜談父母未生前，以爲言思路絶，殊不知萬古此生理，充塞宇宙，徹乎表裏始終，豈離一切，别有未生前可容駐脚？若云卽於一切中要悟未生前，乃爲見性，亦未免落空，有二見，非致一不二之學也。

天地之生無不貫，故草木鳥獸，一塵一毛，無不受氣而呈形；聖人之生理無不貫，故人倫庶物，一瞬一息，莫不中節而盡分。是以聖門教人，大閑不踰，細行必謹，非矯飾也，實以全吾生理，是盡性之極功也，故曰灑掃應對，便是形而上者。

生理浩乎無窮，不可以方所求，不可以端倪執，不可以邊際窺。彼以一念初萌爲生理，殊不然。聖學主於求仁，而仁體最難識。若未能識仁，只從孝弟實事上懇惻以盡其分，當其真切孝弟時，此心油然藹然，不能自已，則仁體卽此可默會矣。

中庸言：「至誠無息。純一不已。肫肫其仁，淵淵其淵，浩浩其天。」孟子言：「直養無害，塞乎天地之間。」到此境界，安有生死之可言？夫無生死可言，非斷滅之謂也。不斷滅，非精魂留住之謂也，亦非泛論此理常存，而於人無與之謂也，惟深造者自知之。

屈伸往來之理備於易。屈伸往來非兩物，以其能屈伸往來者本一也。一而能屈伸往來，故謂之易。能屈伸往來而不息，易之所以不毁也，是謂生生之易，知易則知生死之説。以上仰慈膚見。

由真修而悟者實際也，由見解而悟者影響也，此誠僞之辨也。

性廓然無際，生幾者，性之呈露處也。性無可致力，善學者惟研幾。研幾者，非於念頭萌動辨别邪正之謂也。此幾生而無生，至微至密，非有非無，惟綿綿若存，退藏於密，庶其近之矣。以上静攝瘖言。

問「人之死也，形既朽滅，神亦飄散，故舜、跖同歸於必朽，所僅存者，惟留善惡之名於後世耳」。予曰：「不然。」又問「君子之修身力學，義當然也，非爲生死而爲也，倘爲生死而爲善，則是有所爲而爲矣」。予亦曰：「不然。」夫學以全生全歸爲準的，既云全歸，安得謂與形而俱朽乎？全歸者，天地合德，日月合明，至誠之所以悠久而無疆也，孰謂舜、跖之同朽乎？以全歸而學，安得謂有爲而爲乎？曰天地合德，日月合明，悠久無疆，特言其理耳，豈真有精神靈爽長存而不泯乎？是反爲沉滯不化之物矣。子曰理果有乎？有卽沉滯矣！理果無乎？無卽斷滅矣！沉滯則非德非明非至誠也，斷滅則無合無悠久也。此等見解，一切透過，乃可以語生知之學。朝聞臆說。

自本性之中涵生理曰仁，自本性之中涵靈通曰知，此仁知皆無聲無臭，故曰性之德也。若惻隱是非，乃仁知之端倪發用於外者，是情也，所謂性之用也。後儒以愛言仁，以照言知，遂執此以爲學，是徒認性之流行，而不達性之蘊奧矣。

孔門以求仁爲宗，而姚江特揭致知，蓋當其時，皆以博聞廣見求知於外爲學，故先生以其根於性而本良者救之。觀其言曰：「良知卽是未發之中。」既云未發之中，仁知豈有二哉？今末學往往以分別照了爲良知，固昧其本矣。

或謂「只將一念之愛，擴而充之，至於無不愛，便是仁，不必深探性體之仁。」此與執知善知惡爲良知而不深探性體之知者無異。噫！性學之晦久矣。

未發之中，仁知渾成，不可睹聞。本無愛之可言，而能發之爲無不愛；本無照之可言，而能發之爲無不照，故曰「溥博淵泉，而時出之」。以上仁知說。

古人有所謂不朽者。夫身外之物固必朽，文章勳業名譽皆必朽也，精氣體魄靈識亦必朽也，然則不朽者何事？非深於道者，孰能知之？

寂然不動者誠，感而遂通者神，動而未形、有無之間者幾，此是描寫本心最親切處。夫心一也，寂其體，感其用，幾者體用不二之端倪也。當知幾前無別體，幾後無別用，只幾之一字盡之，希聖者終日乾乾，惟研幾爲要矣。以上唐曙台索書。

程子曰：「識得此理，以誠敬存之。」格物致知者，識得此體也；誠意者，以誠敬存之也。格物存乎悟，誠意存乎修，大學之要盡於此矣。

問：「大學但言至善，未嘗指其爲性；但言獨，未嘗描寫其爲動而未形；但言慎，未嘗極示其爲潛藏收斂。今何所徵而知其然乎？」曰：「吾徵於中庸而知其然矣。中庸首揭天命之性，而謂未發爲天下之大本。篇中言明善擇善，正指性之至善爲本之説也。其言獨，曰不睹聞隱微，而即曰莫見莫顯，正所謂動而未形，有無之間。其描寫獨之面目可謂親切矣。既言戒慎恐懼，而末章詳言尚絅、闇然，由微自以入德，潛伏於人所不見，敬信於不動不言，篤恭於不顯，不大於聲色之末，而歸極於無聲臭之至，正潛藏收斂研幾入微之旨也。大學舉其略，中庸示其詳也。賈逵謂：『大學爲經，中庸爲緯，皆出於子思之筆。』其信然哉！」

問：「性本自止，非假人力而後止也。學惟一悟便了，何必慎獨？」曰：「性先天也，獨幾一萌，便屬後天。後天不能無習氣之隱伏，習氣不盡，終爲性之障，故必慎之。至於習氣銷盡，而後爲悟之實際，故真修乃所以成其悟，亦非二事也。」

性貴悟而已，無可措心處，纔一拈動，卽屬染污矣。獨爲性之用，藏用則形氣不用事以復其初，所謂陰必從陽，坤必「東北喪朋」而後有慶，後天而後奉天時也。以上石經大學略義。

明儒學案卷二十一　江右王門學案六

文潔鄧定宇先生以讚

鄧以讚字汝德，號定宇，南昌新建人。隆慶辛未會試第一。選庶吉士，歷官編修，右中允，管國子監司業事，南京祭酒，至吏部侍郎。入仕二十餘年，受俸僅六年。以國本兩上公疏。先生澄神內照，洞徹性靈。與龍溪言：「學問須求自得，天也不做他，地也不做他，聖人也不做他。」陽和謂：「所言駭世人之聽。」先生曰：「畢竟天地也多動了一下，此是不向如來行處行手段。」而先生記中刪此數語，亦慮其太露宗風乎？謂「陽明知是知非爲良知，特是權論」。夫知是知非，不落於是非者也，發而有是有非，吾從而知之謂之照，無是無非，澄然在中，而不可不謂之知是知非，則是知之體也。猶之好好色，惡惡臭，好惡之體，何嘗落於色臭哉！在陽明實非權論，後來學者多在用處求，辨之於有是有非之中，多不得力，先生隳其義，不可謂非藥石也。先生私淑陽明之門人，龍溪、陽和其最也。

定宇語録

大學之爲心性也，静所以攝心而非心也，所以求性而非性也。夫是物也，在目爲視，在耳爲聽，在手足爲持行，安往而不存焉？惡在其必静也？故古之聖賢，於惻隱而驗其端，於知能而觀其良，要以直參其體而已。

吾人耳目口鼻，雖是箇人，還有箇生意貫洽於其間。仁乃人之生意，有此生意，人纔成得。如心不在，視不見，聽不聞，食不知味，則不成矣。

天地間皆易，卽所見天風木葉鳥聲，無非易者。吾人在此一動，卽落一爻。道本至中，稍有一毫倚著，卽是過處。

形色天性也，天性原在形色之內，如眼能視，耳能聽，手足能持行，這是甚麽，就有箇天性。在聖人之踐形，全得這箇視聽言動以理，自然聲爲律，身爲度，耳成箇耳，目成箇目，手足成箇手足。賢智者知有天性，而不知其在形色之內，是知天而不知人；愚不肖者徒：知有形色，而不知有天性，是知人而不知天。

用之則行，大行其道也；舍之則藏，退藏于密也。夫子在魯國一用，便幹出許大行事出來。顏子居陋巷，豈止藏他一身？將生平所學盡是藏了。故到今人只知他是箇聖人，卽求他言語文字之粗，了不可得，何曾識得此中之深深？此是聖人最妙處。

人之真心，到鬼神前，毋論好醜，盡皆宣洩，有是不能泯滅處。

制方以矩，至極方處就是巧；制圓以規，至極圓處亦是巧。方圓之上更復可加，就非規矩。

學問從身心上尋求，縱千差萬錯，走來走去，及至水窮山盡，終要到這路上來。

人之生也，直如日用之間。人呼我應，人施我答，遇渴卽飮，遇饑卽食便是。若於此中起半點思維計較，牽强裝飾，卽謂之罔。

人之氣不要他用事，凡從性上發出的便中和，從氣上起的便乖戾。

居家處事，有不慊意處，只求本體常真，有一毫求人知意思，就不是，只以至誠相處。

不占而已，占非是卜筮，擬議在我，吉凶亦在我。易曰：「擬之而後言，議之而後動。」凡舉動言語進退，不妨慢些。

學問只在向内，不論朝市山林，皆須正己物正，不然，而徒陪奉世情，愈周密，愈散漫，到頭終不得力。

老子曰：「恍惚有物，窈冥有精。」卽今如我身中，所謂物與精者何也？蓋嘗求之，庶幾有似，而近見則又異矣。以爲有聚則有散也，有生則有滅也，有天地則有混沌也，故不欲别凡聖，不欲揀是非，不欲忻寂，不欲厭動。常自笑曰：「吾無聚，胡散？吾無生，胡死？吾無天地，胡混沌？」然則此愈難矣。

論心者皆曰：「須識其本體。」余謂心之本體，在順其初者也。初者，萬慮俱忘之時也。突然感之，卒然應之，則純乎天者也。意氣一動，而二三之念則繼乎後。又其甚者，此念方萌，而二與三已並出其間，繼與並皆非初也。故親，我愛也，謂當愛而加之意則否；長，吾敬也，謂當敬而加之意則否。守死是也，争死未是；專財非也，散財亦非。貴而益謙與傲同，醉而益恭與亂同。何也？徇外之心，爲人之心也，所謂繼與並者也。此心之原，不墮方體，不落計較，翛然而往，倏然而來，見其前而不見其後，知其一而不知其兩，如此而已矣。此則所謂初者也。

心者，天之所以與我，何以與之？人之異於禽獸者幾希，何以異之？胡爲而能喜？胡爲而能怒？其思也於何而起？其寂也於何而斂？人皆曰「莫爲而爲，莫致而致」，夫天地之運，日夜不息，豈誠無以主張是也。

論學書

夫性者，不思不勉，天之謂也；意者，有識有知，人之謂也。彼其求覺者，果不落於思勉，則毋論觀也，卽推求尋達皆性也。何則？分別亦非意也，似不得獨以觀爲性也。倘其求覺者，或未離於知識，則毋論察也，卽靈心絶待皆意也。何則？聖諦亦階級也，似不得獨以察爲意也。蓋觀察皆方便之門，但可以止兒啼，不問何葉也。性意卽天人之分，卽有以似楮葉，必非真楮也，故以爲諸君不必辨觀察，而但在辨性意也。答張陽和。

古之哲人，置心一處，然率以數十年而解，其難也如是。藉以生滅之心，猥希妙悟，誰詎乎？與吳安節。

后不省方，商旅不行。省方主於察，所謂意見是也；商旅主於求，所謂畔援是也。與徐魯源。

非悟無念，則未知今念之多危。非見天心，則未知物則之有自。源清而後流潔，心寂而後感神。與許敬菴。

陽明先生以知是知非爲良知，權論耳。夫良知何是何非，知者其照也。今不直指人月與鏡，而使觀其光，愈求愈遠矣。且及其是非並出而後致，是大不致也。直心而動，過也，人皆見之；更也，人皆仰之。不然，猶藏也。我輩擇地而蹈，詎不自謂躬行，予嘗度之，猶然在譽毀之間假饒，一規一矩，曾何當於本心！以上秋游記。

參政陳蒙山先生嘉謨

陳嘉謨字世顯，號蒙山，廬陵人。嘉靖丁未進士，授廬州推官。召爲户科給事中，歷吏兵二科，不爲分宜所喜。出任四川副使，分巡上川，南擒高酋，平白蓮教，平鳳土官，皆有功績。丁憂歸。萬曆甲戌，起湖廣參政，不赴。以學未大明，非息機忘世，無以深造，遂乞休。癸卯年八十三卒。

少讀書西塔，值劉兩峰在焉，卽師事之。間以其説語塘南，塘南心動，亦往師之。一時同志鄒光祖、敖宗濂、王時松、劉爾松輩，十有七人，共學兩峰之門。螺川人士始知有學，先生倡之也。歸田後爲會青原，與塘南相印正。慨然士習之卑陋，時舉江門名節藩籬之語，以振作之。凡來及門者，先生曰：「學非一家之私也，有塘南在，賢輩盍往師之。」其忘人我如此。

蒙山論學書

答友人書曰：「人之生而來也，不曾帶得性命來，其死而往也，不曾帶得性命去，以性命本無去來也。乾性坤命之理，合天地萬物爲一體者也。悟性修命之學，還復其性命之本然，通天地萬物爲一貫者也。孔子曰：『乾坤毁則無以見易，易不可見，則乾坤或幾乎息矣。』苦心哉聖言！正以明乾坤無可毁之理。此理萬古常然，一瞬息未嘗不然。有去來則有動揺，有增損，有方所，惡得謂之一體？惡得謂之一貫？予故曰：『性命本無去來也。』姑借譬之，明月之夜，兩人分路而行，一人往南，月隨之而南，一人往北，月隨之而北，自一人以至千萬人，自南北二路岐，以至千萬路岐皆然。謂月不隨人去來，衆人疑之，謂月隨人去來，智者笑之。然則月未嘗隨人去來也，斷可知矣。雖然懸象之月，其體魄可指而見，蓋形也而非形形者。性命則形形者，惟形形者而後能形天下之形。天地萬物孰爲之始？咸資始於乾元，乾元性也。天地萬物孰爲之生？咸資生於坤元，坤元命也。天地萬物由性命而生，猶之人子由父母而生，不得不謂之一體也。惟一體，故稱一貫，惟一貫，故無去來。後儒誤認錯解，以爲『人生時全帶一副當性命來，人死時全帶一副當性命去，如此而後爲之備道全美，略無虧欠』。此言近理而易信，不知其割裂支離，其悖一貫之旨遠矣。」

乾惕齋警語曰㊀：「夫人一心之應感，一身之勤動，其事殊矣。其在五倫上用心，則一也。於此盡道，便是聖賢胚胎。於此造業，便是輪迴種子。於此一切置之不問，便是釋氏作用。所以吾徒與釋氏決分兩路，決難合并。釋氏之言與吾儒相近者，間一借證，以相發明，使人易曉，亦自無妨。必欲一一效其所爲，則舛矣。」又曰：「天地絪緼，卽氣卽理，卽理卽氣，萬物化醇。人一物也，人在天地絪緼之

㊀ 上六字據賈本補。

中，如魚在水中，不可須臾離也。魚不能離水而未嘗知水，人不能須臾離道而未嘗知道，故曰『百姓日用而不知』。明道之責歸君子，聖遠言湮，各得其性之近，莫知所取衷也，故曰『君子之道鮮矣』。」又曰：「苦修後悟，方是真悟，了悟後修，方是真修。『必有事焉而勿正，心勿忘，勿助長，未嘗致纖毫之力』。此其存之之道，此名徹悟，亦名真修。悟修並舉，譬則學與思，缺一不可。而思最易混見，故孔子謂『思無益』，其教人曰『慎思』。子夏亦曰『切問近思』。」又曰：「此學尋求到四面迫塞無路可行，方漸漸有真實路頭出。此路須是自己尋出，不是自己尋出的，辟如畫圖上看山川，照他路徑行不得。」又曰：「學莫大於變化氣質，而變化必本於乾道，故曰『乾道變化』。」又曰：「知來者逆，謂以乾道變化其氣質而逆修之。聖賢變化其氣質之偏長，學者變化其氣質之偏蔽，一本之乾道也。既、未濟兩言伐鬼方，教學者變化其不美之質當如此。一爲氣質護短，包藏禍心，誤己誤人，終身無出頭之日。」又曰：「此理非常目在之不能悟，非常目在之不能守。象山先生云：『人精神逐外，到死也勞攘。』精神逐外不逐外，只在阿堵中辨之。修德者以此自辨，取友者以此辨人。」又曰：「死心二字，是學問斬關將。身死易，心死難，自古慨慷殺身者，身死矣，心未可知也。故曰『身死易，心死難』。天嘗以死心機會教人，而人未易受。一切危境危病，及遭際人倫之變，異常拂逆，皆教人心死也。甚矣，天心之仁也！世人福薄，故未易受。龍場驛萬死一生，陽明先生福氣大，故能受。死盡世情心，洞見萬物一體本原，然後靜坐功夫可安而久。久則用功愈密，心量愈無窮際，無終始，見得一體愈親切有味，此心與此理，漸漸有湊泊時也。一或不見己過，一或執見解爲實際，精神便外照。象山所謂『到死也勞攘』者，假饒屏絕萬事，趺坐深山，積以年歲，何益乎？」又曰：「復見天地之心，以人之心，卽天地之心，一心之外，無天地也。這箇天地之心，便是學問大頭腦，便是萬物一體大本原。只因不復，故不能見，故曰『復見天地之心』。」又曰：「復而後有无妄，學問未見頭腦時，舉心動用，無非妄也。」

徵君劉瀘瀟先生元卿

劉元卿字調父，號瀘瀟，吉之安福人。鄉舉不仕，徵爲禮部主事。有明江右之徵聘者，吴康齋、鄧潛谷、章本清及先生，爲四君子。初先生遊青原，聞之輿人曰：「青原詩書之地也，笙歌徹夜，自兩鄒公子來，此風遂絶。」兩公子者，汝梅、汝光也。先生契其言，兩鄒與之談學，遂有憤悱之志。歸而考索於先儒語録，未之有得也，乃稟學劉三五。以科舉妨學，萬曆甲戌不第，遂謝公車，遊學於蘭谿徐魯源、黄安耿天臺。聞天臺「生生不容已」之旨，欣然自信曰：「孟子不云乎，四端充之，足保四海！吾方幸泉不流也而故遏之，火不然也而故滅之。彼滅與遏者，二氏之流，吾所不忍。」先生惡釋氏，卽平生所最信服者天臺、塘南，亦不輕相附和。故言：「天地之間，無往非神。神凝則生，雖形質藐然，而其所以生者已具；神盡則死，雖形體如故，而其所以生者已亡。然而統體之神，則萬古長存，原不斷滅，各具之殘魂舊魄，竟歸烏有。」此卽張横渠「水漚聚散」之説。核㊀而論之，統體之神，與各具之神，一而已矣。舍各具之外，無所謂統體也。其生生不息，自一本而萬殊者，寧有聚散之可言？夫苟了當其生生不息之原，

㊀「核」字賈本作「移」。

自然與乾元合體。醉生夢死，卽其生時，神已不存，況死而能不散乎？故佛氏之必有輪迴，與儒者之賢愚同盡，皆不可言於天人之際者也。

劉調父論學語

曰：「必明於行之原，乃知所以修行，若逐事檢點，無事則離，所謂『可離非道』也。故行也者，行乎其所不容不行，則無往而非修行矣。」趙純父曰：「卽今擁爐向火，亦修行乎？」劉大冶曰：「向火能不放心，卽是學問。」調父曰：「卽好色能不放心，亦是學問乎？」劉任之曰：「恐是不著察。」調父曰：「只今孰不著察？抑曾見有人置足爐中者乎？」周思極曰：「心體至大至妙，當向火自向火，當應對自應對，當惻隱自惻隱，當羞惡自羞惡。舜之用中，顏之擇乎中庸，孔子之祖述憲章，只是能全盡此向火之心體耳。不放心者，放，失也，不失此心體之全也。著察者，猶默識也，默識此心體之全而存之也。曰不放，曰著察，豈能於無思無爲上加得一毫？今之所謂不放心，所謂著察，皆有所造作於心之內矣。」復禮會語。

夫耳目口鼻形也，而所以主夫耳目口鼻者性也。或謂落形氣之性，尚屬後天，必求所謂未生以前者而完之。夫曰未生矣，則安用完之？而又安所致力？以是不得不托之想像。想像則終非實見，雖有呈露，勢必難恒，用功愈密，入穴愈深。夫耳之欲聲，目之欲色，無生之真機也。然而視非禮之色，聽非禮之聲，則其中若有不自安者，亦無生之真機也。故君子之治性，惟於吾心之所安者，而必滿其量焉。則凡欲聲欲色之欲，無非真機之流動，又焉往而不得性哉！天地有盡，此性無窮，彼外生生而求無生面目者，轉瞬之際，已不可持，能不朽乎？

知味心也，遇飲食則知味，遇父知孝，遇兄知悌，遇孺子入井知怵惕。窮天徹地，無非此知體充塞，故曰致知焉盡矣。以上與王中石。

存心者，能盡其心體之量者也。盡其心體之量，則知乃光大，無遠不燭。與章斗津。

聖人本吾不容已之真心，撫世酬物，以事處事，何其空也？天地有盡，此不容已之心，實無有盡，何其不磨也？與趙純父。

近溪羅先生會講，有僧在座，近溪問之曰：「儒者言心言性言念言意言慮言才，紛若繭絲，諸微細惑，試一一爲我破。」僧久之謂近溪曰：「我今見近溪，喚作近溪矣，不知夫人㊀作何稱謂？」曰：「稱相公。」曰：「父母云何？」曰：「稱行。」曰：「爲諸生時廣文云何？」曰：「稱字。」僧大聲向近溪云：「汝乃有許多名色！」近溪恍然下拜。丘汝止述之。調父曰：「夫紛紛名號，由人所稱，信矣。然令夫人喚先生名，家公稱先生號，先生能安之耶？以斯知三千三百，探之則漠然而無，達之則森然而有。强有其所無，命之曰鑿，强無其所有，命之曰滅。鑿與滅，皆不可以爲道。」論名理。

夫欲有二，有不容不然之欲，有心所沉溺之欲。自不容不然者而言，無論欲明明德之欲，不可去，卽聲色臭味之欲，何可一日無。何也？皆天也。自心所沉溺而言，無論聲色臭味之欲，不可不去，卽行仁義之欲，亦不可一日有。何也？皆障天者也。

㊀「僧久之」至「不知夫人」二十一字，據賈本補。

去欲特學中之一事耳。辟如人君統六官治四海，孰非其事？而專以捕盜爲役，一追胥之能耳，何國之能爲？曰：「如子之説，則心無事矣。」曰：「心自有事。尋事持心，障心實大。如目之爲用，本無所不睹，若注視棘猴，將迷天地；凝神吴馬，或失輿薪。舍去欲去念等事，則宇宙内事，無非事矣。」以上去欲説。

耿先生謂：「學有三關，始見卽心卽道，方有入頭；又見卽事卽心，方有進步；又要分別大人之事與小人之事，方有成就。我安福彬彬多談學者，或從性體造作以爲明，或從格式修檢以爲行，或從聞見知解以爲得，則於卽心卽道已遠，又何論第二三關也？

告子曰「性無善無不善」，見天而不見人。或曰「性可以爲善，可以爲不善」，見人而不見天，或曰「有性善，有性不善」，則天與人互見其半。惟孟子曰「乃若其情，可以爲善」，則知天知人，一以貫之。以上復禮會語序。

督學萬思默先生廷言

萬廷言字以忠，號思默，南昌之東溪人。父虞愷，刑部侍郎，受業於陽明先生。登進士第，歷禮部郎官，出爲提學僉事。罷官歸，杜門三十餘年，匿跡韜光，研幾極深。念菴之學得先生而傳。先生自序爲學云：「弱冠卽知收拾此心，甚苦思，强難息，一意静坐，稍覺此中恰好有箇自歇處，如猿猴得宿，漸可柔馴，頗爲自喜。一日讀易石蓮洞，至『艮思不出位』，恍有契證。請於念菴師，師甚肯之。入仕後，交遊頗廣，聞見議論遂雜，心淺力浮，漸爲摇眩，商度於動静寂感之間，參訂於空覺有無之辨，上下沉掉，擬議安排，幾二十年。時有解悟，見謂弘深，反之自心，終苦起滅，未有寧帖處。心源未浄，一切皆浮，幸得還山，益復杜門静攝，默識自心。久之，一種浮妄鬧熱習心，忽爾銷落，覺此中有箇正思，惟隱隱寓吾形氣，若思若無思，洞徹淵澄，廓然邊際，敻與常念不同，日用動静初不相離，自是精神歸併在此。漸覺氣静神恬，耳目各歸其所，頗有天清地寧，冲然太和氣象，化化生生，機皆在我。真如遊子還故鄉，草樹風烟皆爲佳境矣。」先生深於易，三百八十四爻，無非心體之流行，不著爻象，而又不離爻象。自來説易者，程傳而外，未之或見也。蓋深見乾元至善之體，融結爲孩提之愛敬，若先生始可謂之知性矣。

萬思默約語

人於事上應得去，是才未必是學。須應酬語默聲色形氣之外，於自心有箇見處，時時向此凝攝，常若無事，然一切事從此應付，一一合節，始是學。心者，人之神明，所以爲天地萬物萬事之主，雖無物，未嘗一息不與物應酬，故曰「寂然不動，感而遂通天下之故」。但其感處常寂，至無而有，甚微甚深，不可測度，必極潛極退藏，庶其可見。衆人心常浮動隨物，祇在事上安泊，舍事如胡孫失樹，無時寧息，以事實心，蔽塞天竅，何由得見此體？是以雜念紛紛，全無歸泊，心源不浄，一切皆浮。雖向好事，亦是意氣意見，總屬才質耳，與真正性命，生幾感通流行，了無相干，安得爲學！

自人生而静以上，至日用見前渾成一片，無分天人。

坤者乾之用，不坤則非乾，故用九貴「無首」。坤初惡「堅冰」，夫資生之後，形分神發，類誘知開，陽亢陰凝，隨才各異，不能皆順乾爲用，於是必有保合太和之功。蓋坤在人是意，意動處必有物，物必有類，朋類相引，意便有著重處，便是陰凝。是「堅冰」亦是有首，失却乾陽本色，所謂先迷失道也。所以聖人於意動微處，謹「履霜」之漸，收斂精神，時時退藏齋戒，務以一陽爲主，消蝕意中一點陰凝習氣。喪類從乾，使合中和，所謂後順得常也。到德不孤，不疑所行，方是「黄裳元吉」。

堯、舜兢業，文王小心，孔子一切有所不敢，不如此則非乾。乾所謂以誠敬存之也，故學者先須識得乾元本體，方有頭腦。蓋坤以乾元爲主，元是生理，須時時有天地變化草木蕃意思，以此意自存，始不失乾元太始氣象。故曰「直方大，不習無不利」。夫不習卽不學不慮，是自然的。如耳聰目明，手持足行，孩提啼笑愛敬，何嘗習來？自與天地變化，同其妙用。若待一一習得，能做幾多事業？動手便滯，只區區形局中一物而已。故説敬必如明道所云「勿忘勿助，未嘗致纖毫之力」，方是合本體功夫，不似後儒拘滯於形局也。

誠意功夫，只好惡不自欺其知耳。要不自欺其知，依舊在知上討分曉，故曰「必慎其獨」。獨是知體靈然不昧處，雖絶無聲臭，然是非一些瞞他不得，自寂然自照，不與物對，故謂之獨。須此處奉爲嚴君，一好一惡皆敬依著他，方是慎。

「小人」一節，或云自欺之蔽。不然，此正見他不受欺，人欺蔽他不得，所以可畏，不容不慎。蓋此中全是天命至精，人爲一毫汙染不上，縱如何欺蔽，必要出頭。緣他從天得來，純清絶點，萬古獨真，誰欺得他？如別教有云，丈夫食少金剛，終竟不消，要穿出身外。何以故？金剛不與身中雜穢同止，故所以小人見君子，便厭然欲掩其不善，便肺肝如見。此厭此見，豈小人所欲？正是他實有此件在中，務穿過諸不善欺瞞處，由不得小人，必要形將出來，決不肯與不善共住，故謂之誠。誠則必形，所以至嚴可畏，意從此動，方謂之誠意，故君子必慎其獨。若是由人欺蔽得，何嚴之有？

或謂：「致良知於事事物物，就用說，知止，就是心止處說，似有不同。」曰：「體用原是一心，物我皆同此止，未有心止物不得所止，亦未有物得所止心不止者。如處事一有不當，則人情不安，是物失所止，自心亦便有悔吝不安處，是吾心亦失所止。須一一停當合天則，人已俱安，各得所止，方謂之止，非謂我一人能獨止也。此正是致良知於事事物物也。致良知於事事物物，即所謂知止也，故知止致知是一箇功夫。」

平天下「平」字最妙，深味之，令人當下恬然，有與天地萬物同止其所氣象。一道清泠，萬古常寂，學者須見此氣象，格致誠正與修齊治，皆行所無事，不作頗僻，不落有所，人人孝弟慈，便人人定静安，浪静風恬，廓然無事，總一箇至善境界，所謂安汝止也，何等太平！蓋古之帝王，起手皆是平的意思，故結果還他一箇天下平。後世不然，多屬意氣、意見，造作功能，自已心浪未平，安能使人心太平？古人平的氣象，未夢見在。

「知之爲知之，不知爲不知，是知也。」知之不知之知是所知，因感而有，用之發也。是知之知是能知，不因感有，常知而常無知，體之微也。此體是古今天地人物之靈根，於穆中一點必不能自已之命脈。夫子爲天地立心，生民立命，全是發明此件。聖門學者，惟顏子在能知上用功，終日如愚，直要瑩徹心源，透根安立。其餘多在所知上用力，子貢所謂「文章可聞」，皆是所知，惟「性與天道不可聞」者，始是知體。

顏子資高，其初以爲事物不必留心，便要徑約，直從形而上處究竟，仰鑽瞻忽，無有入處。故夫子教他須一一從事物上理會，由博文，方有依據，事物透徹，方是形而上者。顏子竭才做去，久之豁然覺得何處有高堅前後，渾然只當前自己一箇心，便是前日能仰鑽瞻忽者。視聽言動，處處顯露，不加減分毫，無上下亦無前後，故曰「如有所立卓爾」。但顏子博約，與後儒説不同。博便是博乃㊀約的，如處事必討自心一箇分寸，如讀書必本自心一箇是非，如聖賢格言至論，一一消歸自心，一切種種散見處，皆見得從自心條理中出，久之覺得只是自己一箇心，凡不遷、不貳、不遠復，皆在此一處分曉，又何等約！故自博而約，語有次第，博卽是約，理無先後，同一時事。若後儒所云，博是從外面討，分明作兩截，做精神耗蝕，何由得「卓爾」？

孔子一段生活意思，惟顏子得之最深，故於言而悦，在陋巷而樂，却以如愚守之。其餘則多執滯。若非曾點説此段光景，孔子之意，幾於莫傳。以三子照看，便見點意活，三子意滯，於此反照自身，便知自己精神。是處一切不應執著，識此便是識仁。蓋生活是仁體。夫子言語實落，又却圓活，要善體會。如言敬，云「出門如見大賓，使民如承大祭」，敬有甚形狀，借賓祭點出，甚實落，然如字又不著在賓祭上，令人照看，便可悟敬的意思。如云「言忠信，行篤敬」，以忠敬屬言行，煞是著實，却云「立則見其參

㊀「乃」字，備要本作「那」。

於前，在輿則見其倚於衡」，是見何物參倚？亦是令人當下自見，有箇不著在言行上的時時存主。蓋夫子處處指點心體，令人自見現前一箇如有立卓的體段，乃天所以與我者，所謂仁也。

喜怒哀樂之未發謂之中，不是推深說，正要見性命之實，在人尋常喜怒哀樂中，其未發就是那能喜怒哀樂的，常自然在也，明其至近至易也。聖人位育功化，皆從平常自在中來，無爲而成，不須造作，所以謂之淡而不厭，謂之中庸。然民鮮能者，非理有難能，人自好起風作浪，不肯安常，任其自然耳。

日間常令恬澹虛閒之意多，便漸次見未發氣象。

凡有聲色臭味可著聰明技巧者，雖絶精妙，只用心皆可入。惟此德既稱不顯，無絲毫聲臭可尋，聰明技巧總無著處，愈用心愈遠，所以難入。何也？爲其原無，故無可入。須將自己聰明技巧習氣浄盡斂得，方可入。故有滋味，有文理，便不得；一切淡、簡、温，方得。稍求之遠與顯，則不得；一切攢簇向裏，從近自微處透，方得。故曰可與入德。所謂入，只心氣斂到極微，此德自在。如水，濁澄清現，非有所入之處也。

費而隱，正對索隱説。言隱不必索，就在面前用的便是，日日用著他，却又無些聲臭可睹聞得，故曰費而隱也。若費外有隱，則須待索，語大語小，夫婦鳶魚，何處不是費，更有何空閒處可藏隱而待索耶？

性天皆心也，只盡心便知性知天，只存心便養性事天。其實只一存字，但存不容易，須死生判斷始得。故必夭壽不貳，修身以俟，命自我立，一切自做主宰，方是存的功夫。常存便是盡，故夭壽不貳，乃存心功夫極緊切真實耳。存久自明，性天在我，非存外更有一箇知天養性立命之功也。

孩提愛敬，世儒看作形生以後，最初一竅發念最好處，却小看了。乾坤只是一箇生理，一箇太和元氣，故愛敬是乾坤骨體，生人的命脈，從這些子結聚方成人，故生來便會愛敬，不是生後始發此竅也。若不然，既非學慮，此念愛敬的，從何處交割得來？孟子深於易，從資始處看透這消息，故斷以性善。若人深體此意，則天地日月風雷山川鳥獸草木，皆是此竅，無物不是孩提，無時不是孩提，形色天性渾然平鋪，故曰無他，達之天下也。

日間嘗驗心有所可，又隱然若有以爲不可者；有所不可，又隱然若有以爲可者，依之則吉，不則凶悔吝。是常若有一物，□居無事而默默在中，爲酬應之主，人僞都一毫移易他不得，所謂未發之中，道心惟微是也。人豈有二心？只精則一，不精則二，一則微，二則危矣。前有所可，有所不可，是有生習氣，逐物慣習之心，謂之人心，胸中若有二物，交搆相似，故危。後隱然以爲不可，又以爲可，是天則自然，謂之道心，萬事皆從此出，而胸中常恬澹静深，無有一事，故微。要之，人心是客感客形耳，總只是箇道心，故用功全在惟精。所謂精者，非精察之精，乃精專之精也。闇然收斂，屏浮僞雜駁習氣之累，氣潛神凝，胸中漸一，一則微，常微常顯，是謂「允執厥中」。

所謂一念義圖者，如處一事，斂念注思，是坤；思而得之，泰然行去，是復。或遇事念中大鋭，便銼斂，是坤；少間意氣和平做去，是復。懲忿窒慾皆然。若能常自退藏，則總是一箇乾元，自卷自舒，自專自直，先天在我。心急操之則二，有馳者，有操之者。蓋渾而存之則一，是謂立誠。有道者神常勝形，形雖槁寂，自有一種在形骸之外，油然襲人。愈久愈有味，蓋得之涵養之素也。

學問養到氣下慮恬，見前便覺宇宙間廓然無一絲間隔，無一毫事，受用不可言説。日間涵養此中，常有冲然恬愉和適，不著物象之意，始是自得。

所謂元吉者，元是一團生生之意，若常是這意流行，無處不吉。易以知險，簡以知阻，不是要知險阻，是當險阻處，一味易簡之理應之，自不見險阻耳。蓋聖人隨處總一箇乾元世界，六十四卦皆要見此意。

心體無量廣大，不是一人一箇心。三才萬物，亘古至今，總在裏許存得，便首出庶物，萬國咸寧，是謂立人極。

詩稱文王之德，必曰「和敬」，和是敬之自然處，敬便和也。所謂自然，亦非由勉，心念雖紛雜，天生有箇恰好存處，尋到恰好處，自然一，便是敬。明道所謂勿忘勿助，中間正當處也。故存是合他自然恰好處，非能强存，若强存祇益紛擾，卽勉到至處，亦是以敬直内。

或曰：「先生恒言存心以下，然歟？」曰：「然。惡其牽於物而浮以强，故下之，下則近乎潛矣。」「又言以息，然歟？」曰：「然。惡其作於爲而梏以亡，故息之，息則幾乎止矣。」曰：「抑之而愈亢，息之而愈馳，奈何？」曰：「抑之愈亢，爲以有下下之，不知心體之自下也，乾所以爲潛也。息之愈馳，爲以有息息之，不知心體之本息也，書所以稱止也。潛則藏乎淵，止則幾乎寂。淵寂者，天地之靈根，學易之歸趣也。」「然則兩者不一乎？」曰：「否。息而後能下也，是存存之妙旨也。一且不可得，而況不一乎？嗟夫！浮陽之亢，緣慮之馳，吾人習心流注久矣，世方倚以立事，而孰能息之？孰能下之？」

存久自明，何待窮索？窮索是意路名言，與性命之理無干。蓋明處卽存處，非存外別有理可明。天地萬物，古今萬事，總自這裏來，常存得，便都在裏許，志氣淸明，漸自顯露。

思不出位，思是能止，位是所止，云不出，是常行而常止也。然思是活物，位有何形？總天則自然耳。親切體此，無如「儼若思」三字，蓋思則非無，儼若則非有，有無之間，神明之位，昭然心目。

息，止也，生也，纔息便生。平旦雨露，潤澤萬物，功德遍天下，倏忽之間，從何處生來，妙不可測，知道者，默成而已。周、程後，儒者少知此理，向有作思惟處，理會功業，終有方局，爲不從廣生大生中來也。

予官祠部，與寮友至一寺中，友問篤恭天下平意旨，予未答。時一僧端坐誦經，誦畢起，問訊就坐，閒靜無一言，目平視不瞬。時又兩官人提熱柄者偕來，意氣甚盛，以語挑問之，不答；稍頃，各默然；又頃，則皆有斂袵消歇意。予留坐終日，則皆茫然自失。予因與友人言，此便是篤恭天下平之理，只患反己不深，不造至處耳。今人不說此理，要以聲色動人，卽動亦淺。然此理自周、程後，未有深信者。使此僧當時答問往復，這意思便都浮散了，安能感人？

心，火也，性本躁動，夙生又不知費多少薪槱蘊積之，故光明外鑠，附物蔓延，思慮煩而神氣竭。如膏窮燼滅，其生幾何！古之善養心者，必求一掬淸淨定水，旦夕澆浸之，庶轉濁溽爲淸涼，化強陽爲和粹。故大學定靜，中庸淵泉，孟子平旦之息，大易艮背之旨，洗心之密，皆先此爲務，潤身潤家、國、天下，一自此流出。不然，卽見高論徹，終屬意氣，是熱鬧欲機，人已間恐增薪槱耳。但此水別有一竅，發自天源，洞無涯涘，未可意取，必闇然君子，晦迹韜光，抑氣沉心，庶其冥會，則天源濬發，一點靈光，孕育大淵之中，清和渾合，默收中和位育之效於眉睫間，肫肫浩浩淵淵，造化在我。蓋是資始以上生涯，不作雲雨流行以後活計也。

忠恕盡乾坤之理，喜怒哀樂之未發謂之中，中是心體，凡事只如這箇心做去，便是恕。明道曰：「惟天之命，於穆不已，不其忠乎？天地變化草木蕃，不其恕乎？」語最徹，其餘都説粗了。

予學以收放心爲主，每少有馳散，便攝歸正念，不令遠去。久之，於心源一竅漸有窺測，惟自覺反身默識一路滋味頗長耳。

欲立欲達，人有同情，惟一向爲己則爲私，積之則是天地閉，賢人隱。若能就將此欲譬諸人人，不必更别起念，只本念上不動絲毫，當下人己渾然，分願各足，便是天地變化草木蕃也。然此在一念微處，轉移毫忽，便有誠僞王霸之辨，故學貴研幾。

誠無爲，幾則有善惡。何者？凡動便涉於爲，爲便易逐於有，逐於有則雖善亦粗，多流於惡，故學問全要研幾。研者，磨研之謂。研磨其逐有而粗的，務到極深極微處，常還他動而未形者，有無之間的本色，則無動非神，故曰「誠神幾」，曰「聖人」。

大學知是寂，物是感，意却是幾，故必先誠意。夫天地人，總是箇動幾。自有天地，此幾無一息不動，一息不動，則乾坤毁。自有此人，此意無一息不生，一息不生，則人心死。但只要識得動而常寂之妙體耳，非動外有寂，卽動是寂，能動處不涉於爲，所動處不滯於迹，便是真寂。

易所謂是安頓自己身子處，身子安頓停當，事事停當，故曰「位正當」。又曰「以剛正」，皆安其身而後動之意。若自身安頓不停當，事事不停當，故曰「位不當」。可見士君子處天下國家，無論窮達，先要安頓此身。

或曰：「亂臣賊子已往，安知懼？」曰：「此拘儒之見也。萬古此君臣，萬古此人心，則亦萬古此一點懼心。夫子視萬古如一息，只剔得這點懼心昭然在天地間，便自君臣上下各自竦懼，各安其分，各盡其職。今亦猶古，古亦猶今，有何已往？有何現在未來？此皆世儒小見，在形骸世界上分別，與論遷、固之史何異！

明儒學案卷二十二　江右王門學案七

憲使胡廬山先生直

胡直字正甫，號廬山，吉之泰和人。嘉靖丙辰進士。初授比部主事，出爲湖廣僉事，領湖北道。晉四川參議。尋以副使督其學政，請告歸。詔起湖廣督學，移廣西參政，廣東按察使。疏乞終養。起福建按察使。萬曆乙酉五月卒官，年六十九。先生少駘蕩，好攻古文詞。年二十六，始從歐陽文莊問學，卽語以道藝之辨。先生疾惡甚嚴，文莊曰：「人孰不好惡人，何以能好能惡歸之仁者？蓋不得其本心，則好惡反爲所累，一切忿忿不平，是先已失仁體而墮於惡矣。」先生聞之，憮然汗背。年三十復從學羅文恭，文恭教以靜坐。及其入蜀，文恭謂之曰：「正甫所言者見也，非實也。自朝至暮，不漫不執，無一刻之暇，而時時覿體，是之謂實。知有餘而行不足，常若有歉於中，而絲毫不盡，是之謂見。」蜀歸㊀以後，先生之淺深，文恭不及見矣。先生著書，專明學的大意，以理在心，不在天地萬物，疏通文成之旨。夫所謂理者，氣之流行而不失其則者也。太虛中無處非氣，則亦無處非理。孟子言萬物皆備於我，言我與天地萬物一氣流通，無有礙隔，故人心之理，卽天地萬物之理，非二也。若有我之私未去，墮落形

㊀「蜀歸」原作「歸蜀」。前文胡直曾官四川參议，尋以副使督學政，請告歸，因改。此從朱氏釋誤說。

骸，則不能備萬物矣。不能備萬物，而徒向萬物求理，與我了無干涉，故曰理在心，不在天地萬物，非謂天地萬物竟無理也。先生謂：「吾心者，所以造天地萬物者也，匪是，則黝没荒忽，而天地萬物熄矣。故鳶之飛，魚之躍，雖曰無心，然不過爲形氣驅之使然，非鳶魚能一一循乎道也。」此與文成一氣相通之旨，不能相似矣。先生之旨，既與釋氏所稱「三界惟心，山河大地，爲妙明心中物」不遠。其言與釋氏異者，釋氏雖知天地萬物不外乎心，而主在出世，故其學止於明心。明心則雖照乎天地萬物，而終歸於無有。吾儒主在經世，故其學盡心。盡心則能察乎天地萬物，而常處於有。只在盡心與不盡心之分。羲則以爲不然。釋氏正認理在天地萬物，非吾之所得有，故以理爲障而去之。其謂山河大地爲心者，不見有山河大地，山河大地無疑於其所爲空，則山河大地爲妙明心中物矣。故世儒之求理，與釋氏之不求理，學術雖殊，其視理在天地萬物則一也。

胡子衡齊

既曰在物爲理，又曰處物爲義，謂義非理也可乎？既曰在物爲理，又曰性卽理也，謂性爲在物可乎？

今夫理之説曷始乎？詩曰：「我疆我理。」釋者曰「理定其溝塗也」，謂人定之也，非謂溝塗自定也。然則謂理在溝塗可乎？書曰：「燮理陰陽。」釋者曰「燮理，和調之也」，謂人調之也，非謂陰陽之自調也。然則謂理在陰陽可乎？夫子贊易曰：「黄中通理。」言至正至中而理通焉，未聞中正之在物也。

曰：「易簡而天下之理得。」言易知簡能而理得焉，未聞知能之在物也。曰：「聖人作易，將以順性命之理。」夫子固明言性命之理，而世必以爲在物，何哉？以上理問。

世儒以萬理爲實，天地實天地，萬物實萬物，君臣父子皆然。惟其實而後天下不以幻視，若惟求理於心，則將幻天地萬物於無何有矣，又何有於父子君臣哉？胡子曰：「夫萬理之實，豈端在物哉！其謂實理，卽實心是也。孟子曰『萬物皆備於我』，卽繼之曰『反身而誠，樂莫大焉』。若實理皆在於物，則萬物奚與於我？又奚能反身以求誠哉？何則？人心惟誠，則其視天地也實天地，視萬物也實萬物，父子之親，君臣之義，不可解於心者，皆實理也。若人心一僞，彼且視父子君臣浮浮然也，烏睹父子君臣之爲實理哉？彼其視天地萬物夢夢然也，烏睹天地萬物之爲實理哉？故曰『不誠無物』者此也。世儒自幻視其本實之心，而反瞿瞿焉索物以求理，認外以爲實，所謂以幻求幻，其幻不可究竟矣。」虛實。

程叔子言：「聖人本天，釋氏本心。」本天者以爲道之大原出於天，故天叙、天秩、天命、天討、天工、天官咸自天定之，非人心所得增損者也。聖人本之，故其求諸物理者，將求出於天者以爲定也，而人心之私不與焉。彼釋氏三界惟心，山河大地，皆妙明心中物，是獨以心法起滅乎天地，視三界山河大地不足爲有無，非本心者之誤歟？胡子曰：「當皇降之衷，天命之性固已在人心久矣。聖人本天，舍人心又孰爲本哉？非心之外別有天也。苟一私意奸於其間，雖自悍夫行之，必有厭然而不中慊；雖自愚夫當之，必有咈然而不中甘。彼悍夫愚夫豈嘗考物理哉？則心天者爲之也。審如叔子之言，則天之生物莫不有理，而人心獨無理乎？凡本心者卽有釋氏之失，則此心固爲人之大祟乎？所謂皇極帝則，明命天理，皆當刳心剔性，別有一物，以索諸棼棼芸芸而後爲得也？孟子謂仁義禮智根於心，愛親敬長爲良知，皆非也？夫苟不能自信其心爲天，索諸棼棼芸芸以求之，吾見其劈積磔裂，膠固紛披，不勝推測，不勝安排，窮搜愈精，比擬愈似，而天者愈離，吾未見其能本也。」天人。

曰：「先儒以爲心者，止於知覺，而知覺所具之理爲性，故其言曰：『能覺者心，所覺者理』。覺虛而理實，心虛而性實，心性雖不可離，尤不可混。」曰：「以知覺爲心，以實理爲性，固可謂之不混矣。然以理爲在物，則性亦當爲在物，是性雖不與心混，而不免與物淆矣。其可通乎？」曰：「先儒有言：『性者，心之理。』又曰：『心統性情。』則未嘗不以性具於心者也，獨未認知覺爲性耳。」曰：「若是，則先儒之語理與性也，一以爲在物，一以爲在心，是在物在心，其各居半焉已矣。又可通乎？嘗試譬之，心猶之火，性猶之明，明不在火之表；性猶火之明，情猶明之光，光不在明之後。故謂火明光三者異號則可，謂爲異物則不可也；謂心性情三者異文則可，謂爲異體則不可也。性之文從心從生，夫人心惟覺則生，弗覺則弗生，惟生則理，弗生則弗理。假令捧土揭木，儼若人形，而告之曰：『是爲父子之親，君臣之義』。蓋塊如也。何者？以土木無覺故也。是以舍人心之覺，則無性矣，又焉有理哉？是故仁義禮智非有物焉，以分貯於中也，則覺爲之宰也，亦非有物焉，以分布於外也，則覺爲之運也。方其宰也而無不運，雖天下之至虛而無不實也；方其運也而無不宰，雖天下之至實而無不虛也。故覺卽性，非覺之外有性也；性卽理，非性之外有理也。然則所覺者，卽能覺者爲之也。」問：「無能覺者，則亦捧土揭木而已爾，又烏有夫所覺者哉？」曰：「先儒又言：『覺於理，則爲道心；覺於欲，則爲人心。』以覺語性，安知其不覺於欲，而爲人心歟？」曰：「若是，烏足以言覺？醫書以手足痿痺爲不仁，言弗覺也。誠覺，則痛癢流行，而仁理在其中矣。豈覺之外而别有痛癢，别有仁理哉？是故覺即道心，亦非覺之外而别有道心也。人惟蔽其本覺，而後爲多欲，爲人心。當其爲多欲，爲人心，則雖有見聞知識，辨别物理，亦均爲痿痺而已，而奚其覺？然則謂覺爲覺於欲者，非也。」曰：「釋氏以作用爲性，若是，則胡以異也？」曰：「吾儒之語性，有專以體言者，記所爲『生而静者』是也；有專以用言者，所謂『惻隱、羞惡、辭讓、是非』是也。若獨以作用罪釋氏，則孟子亦失矣。夫覺性者，儒釋一理也，而所以異者，則盡與未盡由分也。」心性。

曰：「道有體有用，未有有體而無用，有用而無體者也。今子辨理以察，而語性以覺，無乃溺於用而遺於體歟？」曰：「古之君子語體而用無不存，語用而體無不存，以其心無不貫也。豈若世儒語體則截然曰『是不可爲用』，語用則截然曰『是不可爲體』，語物語理，必應體用而成四片，不知文義愈析，論辨愈執，而道愈不明矣。」體用。

曰：「古之小學，學於詩、書、禮、樂，未有先從事心性者也。今子嘐嘐然，惟心性之務先，靈覺之獨切，無乃紊先後之序乎？」曰：「古人以先本後末先始後終爲序，未聞先末與終之爲序也。種樹必先植其根，治水必先濬其源，心性者，學之根與源也。世儒反以先本爲非，必欲窮索物理而豫求於末終，是不爲紊也哉？自天子至於庶人，壹是皆以修身爲本。若以理爲在物，從物物而索之，則上必不能通於天子，下必不能通於庶人，又奚足以言理？」循序。

曰：「東越訓格物曰：『正其不正，以歸於正。』初學猝難了也。」曰：「致知在格物者，蓋言古人之致其良知，雖曰循吾覺性，無感不應，而猶懼其泛也，則恒在於通物之本末，而無以末先其本。夫是則知本卽格物，而致知之功不雜施矣。其下文曰：『此謂知本，此謂知之至也。』更不添一物字，則格物之爲知本明矣。夫子曰『反求諸其身』，孟子曰『反求諸己』，又曰『萬物皆備』，『反身而誠』，皆格物疏義也。括而言之，知本而已。夫致知非遺本也，而求其端，用力孜孜，反顧尤在於本，而後能不泛也。」曰：「格物則然，窮理何居？」曰：「窮之義，盡也，極也，非謂窮索也。窮理者，卽極夫天理之謂也，誠極夫天理，則人欲滅矣。」格物。

問「博文約禮」。曰：「文者，學之事也，至不一者，故稱博。莫非文也，而莫不有吾心不可損益之靈則以行乎其間者，禮是已。禮，至一者也，故稱約。苟不約禮，則文失其則，雖博而非學矣。是故散之視聽言動者，博文也；存之勿非禮視聽言動者，約禮也。」博辨。

語其藏，則渾渾淵淵空空，一者不得不一，非必合之而後一也。語其放，則井井斤斤睽睽，殊者不得不殊，非必析之而後殊也。吾惟虞人之不理一也，奚虞分之不殊哉！又寧先析之爲殊，後合之爲一哉！苟無分殊，則不得謂理一；無理一，又孰爲理之使分殊也？何則？理者，吾心之燦燦者也，以其至一理至不一者也，非謂漫漶而靡所區分之爲物也。明中。

儒者必曰先知後行。夫子十五而學，三十而立，則爲先行，四十不惑，則爲後知，其與先知後行之訓，又自悖矣！儒者以窮至物理爲入門，所謂窮其當然與其所以然，皆始學事也。今訓不惑，則謂知其所當然，訓知天命，則謂知其所以然，是孔子以四五十之年，乃得爲始學之事，則在學者爲過早，而在孔子爲過晚矣，不又悖之甚乎？徵孔。

氣有陰陽五行，揉雜不一者也。二五之氣，成質爲形，而性宅焉。性者，卽維天之命，所以宰陰陽五行者也，在天爲命，在人爲性，而統於心。故言心卽言性，猶言水卽言泉也。泉無弗清，後雖汩於泥滓，澄之則清復矣。性無弗善，後雖汩於氣質，存之則善復矣。由是觀之，性是性，氣質是氣質，又烏有氣質之性哉！且古未聞有兩性也。「性」之文從心從生。今夫物斃矣，其質猶存，而生奚在？人之初死，其氣猶存，而生奚在？然則謂氣質有性者，贅㊀也，亦舛也。

合吾之本心，卽爲無私，卽爲合天。

問：「龍溪有『真達性真，惡名埋没，一世弗恤』之語，然否？」曰：「君子復其性真，固不知前有譽而趨之，後有毁而避之。若欲冒毁以達性真，是前後皆意之矣，非真體也。君子卽有不得已，蒙世之大詬，固皆付之無意，而天下後世，亦未嘗不終諒其心精也。何者？以人心至神故也。」

問「學以聚之」。曰：「聚卽凝聚之謂，非襞積而聚之之謂也。」

問「獨知」。曰：「夫獨知者，宰夫念慮，而不以念慮著；貫乎動静，而不以動静殊也。慎之義，猶慎固封守之謂，功在幾先，于時保之者是也。若曰必待動念於善惡而後慎之，則不慎多矣。」

門人問曰：「先生奚學？」曰：「吾學以盡性至命爲宗，以存神過化爲功。性也者，神也。神不可以意念滯，故常化。程伯子所謂『明覺自然』，言存神也；所謂『有爲應跡』，言過化也。今之語盡性者失

㊀「贅」原作「貿」，據賈本改。

之，則意念累之也。」曰：「請下之。」曰：「以仁爲宗，以覺爲功，以萬物各得其所爲量，以通晝夜忘物我爲驗，以無聲無臭爲至。」曰：「復請下之。」曰：「以一體爲宗，以獨知爲體，以戒懼不昧爲功，以恭忠敬爲日履，以無欲達於靈明爲至。」曰：「若是，則敢請事矣。」曰：「是與性命神化豈有二哉！第見有遲速，故功有難易，習有生熟，要之皆非可以意念滯也。」以上續問。

蓋嘗觀之，盈天地間，升降闔闢，凡有聚有散者，疇非氣也？而孰宰之？則帝天爲之宰焉者，是命也，卽理也，故詩稱「維天之命，於穆不已」者是也。人生天地間，呼吸作止，凡有聚有散者，疇非氣也？而孰宰之？則心覺爲之宰焉者，是性也，卽理也，故書稱「惟皇上帝，降衷於下民，若有恒性」者是也。故理之在人也，宰之一心，而達之天下，不期而準；主之一時，而施之千萬世，不約而協。是我之知覺，本通乎人之知覺，本通於天下後世之知覺，本非有我之所得私。所謂以我爲主，以覺爲性者，本未爲非，亦未爲私也，覺卽理也。然至於無準與權者，則所謂感物而動，失其本知本覺者也。失其本知本覺，而本知本覺之體固未亡也，故精者此精也，準與權者，此爲之也。

思未起而覺不昧，卽喜怒哀樂未發之中。

生平忿慾矜名諸病，反觀尚未盡瘳。所以然者，猶是依違在形骸上取滋味，而不信有不依形之天味也；向世界上爭勝負，而不信有不著世之天勝也。以上申言。

困學記

予童頗質任，嘗聞先府君論學，而不知從事。年十七，遊學邑城，讀書學舍，遂致駘蕩喜放。是歲臘，先府君卒，愈自放。然慕奇名，好談孔文舉、郭元振、李太白、蘇子瞻、文信國之爲人，如文舉、太白，夢寐見之。酷嗜詞章，時傳李、何詩文，輒自倣傚。又多忿慾，躁動不知檢，嘗著格物論，駁陽明先生之説。年十九，與歐陽文朝同硯席，最契。時或覺非，忽自奮爲學，要文朝諱昌，號蜀南，庠生，南野先生族孫。共爲之。勉修一二月，不知方，遂仍墮舊習。嘉靖壬寅，予年二十六，方買居白鶴觀下，適歐陽南野先生諱德，字崇一，號南野。仕至禮部尚書。謚「文莊」。爲陽明先生高第弟子。自鄉出邑城，會友講學，傾城士友往會，而予獨否。既數日，文朝則語予曰：「汝獨不可行造訪禮耶？」予乃隨文朝往訪先生於普覺寺。先生一見，輒呼予舊字，曰：「宜舉來何晚？」又問齒，對若干。先生曰：「以汝齒當坐某人下。」予時見先生辭禮簡當，不爲時態，遽歸心焉。先生因講「惟仁者能好人」一章，言「惟仁者有生生之心，故見人有善，若己有之，而未嘗有作好之意，故能好人；見人有惡，若瘝厥躬，而未嘗有作惡之意，故能惡人。今之人作好作惡，則多爲好惡累，未可謂能好惡也」。予素有疾惡之病，聞其言憮然，若爲予設者。已乃走拜先生，語以立志曰：「明明德於天下，是吾人立志處，而其功在致吾之良知。」又曰：「唯志真則吾良知自無蔽虧。」語若有契。一日，先生歌文公「欸乃聲中萬古心」之句，予一時豁然，若覺平日習氣可除，始有向往真意。次年癸卯春，爲小試之迫，此意雖未寢，而志則馳矣。秋舉於鄉，歸見先生，又北行赴辭，而先生屬望殷甚，予亦頗承當。及甲辰會試下第，歸途與同侶者撓亂。既歸，雖復見先生，然屢興屢仆，第其中耿耿有不甘自已之念。乙巳秋，丁祖母承重憂。丙午復同文朝及羅日表讀書龍洲，名鵬，癸卯同鄉舉。因與康東沔公倡和諱恕，字求仁，縣令。自遣，而向學功愈弛。至丁未，爲先祖母卜兆致訟。適先生起少宗伯，予送至省城。既歸，復畢訟事。自覺學無力，因悔時日之過，大病在好詞章，又多忿慾，三者交剚於胸中，雖時有戰勝，不能持久，此予志不立之罪，無可言也。時年已三十一矣。

丁未冬，予忽有飄然遐舉離世之興，及就友人王有訓語。名託，號未菴，一號石壁病農。有訓曰：「遐舉不如力學。」因偕予往訪羅念菴先生，諱洪先，字達夫，吉水人。官贊善。謚文恭。居石蓮洞，既一月，日聞先生語，感發，乃北面稟學焉。先生初不甚喜良知，亦不盡信陽明先生之學，訓吾黨專在主静無欲。予雖未甚契，然日承無欲之訓，熟矣，其精神日履，因是知嚴取予之義。戊申春，予遊韶，太守陳公，諱大倫㊀，南寧人。官至太守。闢明經書院，延教六邑諸俊。又先延鄉縉紳鄧鈍峰，居書院中爲侶。諱魯，樂昌人。官學正。陳公嘗從陽明先生學，後專意玄門。予少病肺，咳血怔忡，夜多不寐，則就拜陳公學玄，未有入。鈍峰始爲魏莊渠公諱校，官至祭酒，崑山人。弟子，亦遊南野先生門，後專意禪宗。予亦就鈍峰問禪，鈍峰曰：「汝病乃火症，當以禪治。」每日見予與諸生講業畢，則要共坐。或踞牀，或席地，常坐夜分。少就寢，雞鳴復坐。其功以休心無雜念爲主，其究在見性。予以奔馳之久，初坐至一二月，寤寐間見諸異相。鈍峰曰：「是二氏家所謂魔境者也。汝平日忿慾利名，種種念慮，變爲茲相，易所爲『遊魂爲變』是也。汝

㊀「大倫」，賈本、備要本作「大論」，朱氏釋誤據韶州府志以爲當作「大綸」。

勿異，功久當自息。」四五月果漸息。至六月遂寂然。一日，心思忽開悟，自無雜念，洞見天地萬物，皆吾心體。喟然歎曰：「予乃知天地萬物非外也。」自是事至亦不甚起念，似稍能順應，四體咸鬯泰，而十餘年之火症向愈，夜寢能寐。予心竊喜，以告鈍峰。鈍峰曰：「子之性露矣。」久之，雖寐猶覺，凡寐時聞人一語一步，皆了了。鈍峰曰：「是乃通晝夜之漸也，子勉進之，可以出死生矣。」予乃問：「出死生何謂也？」鈍峰言：「不出死生，則前病猶在。」予因是從鈍峰究出死生之旨，若日有所悟。又偕遊曹溪，瞻六祖塔，感異夢，遂又有忘世意。至秋，越錢緒山公至韶，陳公延留書院中。名德洪，餘姚人，陽明先生弟子。予甚喜，請益。然見錢公以憂制未大祥，遽遠遊，又乘青幃，張皂蓋，前呼導，予心私計曰：「予雖學出世事，亦未敢謂然也。」亡何，冬盡，予方圖歸。因起念，遂失初悟。忽若痞悶，雖極尋繹宿見，意象俱似，而真體昏塞，甚不自得。述其故，質於錢公，錢公發明頗詳，迄不當予意。一日，同諸君遊九成臺，坐地方欠身起，忽復悟天地萬物果非在外。印諸子思「上下察」，孟子「萬物皆備」，程明道「渾然與物同體」，陸子「宇宙卽是吾心」，靡不合旨。視前所見，灑然徹矣。因自審曰：「吾幸滅宿障，從此了事，又何可更纏世網，從事殘蠹，致汩吾真耶？」既歸，以先君方待吉淺土，卜葬不果，此中不自安。又家人輩不善事老母，致有不懌意。予衷亦常怏怏無以遣，已隱隱有儒釋旨歸之辨，而猶未決也。己酉家居，因結邑中曾思健、諱于㊀乾，號月塘。羅東之、諱潮。俱庠生。蕭天寵名隆佑，吏員，官縣丞。及王有訓、歐陽㊁文朝

㊀「于」原作「干」，據賈本改。

㊁原脱「陽」字，據賈本補。

爲會，頗有興發。至冬，予赴會試，與王武陽諱翥，有訓叔，教諭。同舟，昕夕惟論學。方浮彭蠡，值風濤夜作，不能泊岸，舟顛幾覆數矣。同舟人士皆號呼達旦，予獨命酒痛飲，浩歌熟寢。天明，風稍定，始醒。同侶有詈予不情者，予自若也。庚戌落第後，舍南翁先生宅。一日，以舟顛熟寢事請正，先生曰：「此固甚難，然謂仁體未也。」予曰：「仁體當何如？」曰：「臨危不動心，而又能措畫捄援，乃仁體也。」予雖聆服，然未繹其旨。仲夏，李石鹿公諱春芳，字子實，興化人。官元輔。延予過家，訓諸子，因盡聞王心齋公之學，諱艮，字汝止，安豐場人，陽明先生高弟子。誠一時傑出，獨其徒傳失真，往往放達自恣，興化士以是不信學。久之熟予履，乃偕來問學立會。冬杪，予歸自儀真，發舟三日，皆遇劇盜，以風猛得脱。同舟亦有泣者，予獨計寇至，則當倒槖輸之，它無虞也，以是亦不爲動。辛亥，予挈家歸義和滄洲故居，獨學寡侶，力有少弛。又明年壬子，館虔，舊習大作，幾自墮。至冬，同歐陽曰穡赴會試。諱紹慶，號乾江，南野先生仲子，官工部主事。時曰穡延思健赴京訓諸子，亦在舟。雖日常切琢，而予故未瘳。

癸丑落第，初擬就選學職，至期悔止。友人周仲含名賢宜，號洞岩，萬安人。官至右布政使。及思健、曰穡，咸勸予選，而思健至拍案作色，奮曰：「子母老，不及時禄養，非孝。」予勉從謁選，得教句容。既至，方牽業舉，日課諸士文，而自以出世之學難語人，又負高氣，處上下多窒，每自疚。已乃疑曰：「豈吾昔所悟者有未盡耶？」時甲寅二月，聞南野先生訃，已爲位痛哭，因念師資既遠，學業無就，始自悔數年弛放，自負生平，又負師門爲痛恨。尋又作博文約禮題，遂舍而思曰：「孔、顔授受，莫此爲切，故必出此乃爲聖人之學，而非此必非聖人之學者也。」於是反覆而紬之，平心而求之，不敢徇近儒，亦不敢參己見。久之，於先儒終不能强合，其疑有四。於近儒亦不能盡合，其疑有三。蓋先儒以窮理訓博文，其説要推極吾心之知，窮至事物之理。予所最不能無疑者，以先儒語理，專在物而不在人。蓋理莫大乎五常之性，曰仁義禮智信是也。今以理爲在物而窮之，此則五常之性，亦在物不在人矣，是人皆爲虚器，無一理之相屬，恐必不然。此一疑也。先儒訓復禮之禮，曰「人事之儀則，天理之節文」，不知此天理仍在物耶？抑在身耶？如其在身，則是先窮在物之理，後復在身之理，是果有二理矣，恐亦不然。此二疑也。大學之道貴知本，故曰知所先後，則近道矣。今語大學，則反後身心而先物理，竊恐聖門格物之旨，易傳窮理之義不如此，且此學通天子庶人，若必欲窮盡物理，吾恐天子一日二日萬幾，庶人畊田鑿井，皆有所不暇。故孔子又曰：「周其所察，聖人病諸。」孔子恒教弟子先孝弟，行有餘力，則以學文，未聞先教人以窮盡物理者也。此三疑也。先儒所謂窮理，則專以多聞多見爲事，以讀書爲功，然孔子則嘗以多聞多見爲知之次，今乃獨舉其次者語顔子，而其所語曾子、子貢一貫之旨，顔子不得與焉，何其厚曾子、子貢而薄顔子也？恐亦不然。況其對哀公並不言顔子聞見之多，讀書之富，惟獨稱曰「不遷怒，不貳過」，以此爲好學之實而已。則顔子之所學者可知，而博文亦必有在矣。此四疑也。凡此四疑，予未敢一徇人，已但反諸心，誠有不能解者。至若近儒，訓致吾心良知於事事物物之間，此雖孔、曾復生，無以易也。但其訓格物曰：「物者意之物，格者正也，正其不正，以歸其正。」則似與正心之義，微有相涉，惟達者用功，知所歸一。若初學未達者用之，恐不免增繳繞之病。此一疑也。嘗觀先儒言事事物物，皆有至當不易之理，先儒豈敢謾哉！彼見學者多太過不及之弊，故必求至當，天則所在，是欲爲堯、舜之中，箕子之極，文王之則，孔子之矩，曾子之至善，子思之中庸，程伯子之停停當當者是也。是其所疑者未可非，但不知此至當、此中、此極、此則、此矩、此至善、此中庸、此停停當當者，固出於心而通於物也，非物有之也。出於心者，一致而百慮，亦非必能應一物而膠定一則也。此先儒之未達也，今近儒懲而過之，第云致其良知，而未言良知之有天則。以故承學之士，惟求良知之變化圓通，不可爲典要者，而不復知有至當、中、極、則、矩、至善、中庸、停停當當之所歸，一切太過不及，皆抹摋而不顧，以致出處取予，多不中節，一種猖狂自恣，妨人病物，視先儒質行反有不逮。可見近儒之訓，亦不能無弊。竊意顏子之約禮者，必約諸此心之天則，而非止變化圓融已耳。此二疑也。近儒又曰：「文者禮之見於外者也，禮者文之存於中者也。」予則以文不專在外，禮不專在中，專以文在外，則舍吾心，又焉有天地萬物？專以禮在中，則舍天地萬物，又焉有吾心？是文與禮均不可以內外言也。今之語良知者，皆不免涉於重內輕外，其言亦專在內，不知夫子言禮而不言理者，正恐人專求之內耳。是近儒之訓，亦似於孔、顏宗旨未悉。此三疑也。予既有是疑，因日夜默求孔、顏宗旨，粗若有明，蓋夫子因顏子求之高堅前後，不免探索測度，而無所歸著，不知日用應酬卽文也。文至不一者也，而學之事在焉，故博之以文，俾知日用應酬，可見之行者，皆所學之事，而不必探索於高深。日用應酬，準諸吾心之天則者，禮也。禮至一者也，而學之功在焉，故約之以禮，俾知日用應酬，必準諸吾心之天則，而不可損益者，乃爲學之功，而不必測度於渺茫。是無往非文，則無往非禮，無地可間，而未可以內外言也。無往非博，則無往非約，無時可息，而未可以先後言也。夫子教之如此，故顏子學之，亦無地可間，無時可息，無有内外先後，其爲功非不欲罷，不可得而罷也。已而既竭吾才，所立卓爾，此天則者昭然常存，不復有探索測度之勞，至是顔子之學，始有歸著。則凡學孔、顔者，舍此必非正脈。予又悟「克己復禮」章，即博文約禮之實。何則？夫子教顔子從事於視聽言動，即博文也；勿非禮視聽言動，即約禮也。視聽言動不在禮之外，勿非禮不在視聽言動之後，是可見先儒言内外先後者固非，而近儒涉於重内輕外者亦未盡，乃若出世之學，一切在内，則尤非也。由是用功，似不落空，日用應酬，似稍得其理，處上下亦似稍安，浸悟南野先生所論仁體之旨。始嘗出赴南都會友，與何吉陽、諱遷，德安人。官至刑部侍郎。譚二華名綸，宜黄人，今大司馬。二公遊，又因唐荆川公諱順之，武進人。官都御史。念菴先生執友。枉顧衙舍，遂偕晤趙大洲公。諱貞吉，内江人。官至大學士。時見諸公論學，似於博學之旨，多有異同，予雖未敢辨難，然因是自信者多矣。又二年丙辰，予登第，始得盡友海内諸學士，相與切劘商訂，要不能外此天則，而迄不可以内外先後言之。得此，則顔氏之卓爾在我矣。苟非此而謂之孔門正脈，恐俱北指而南轅也。異時歸以質諸念菴先生，先生初恐予求諸意象，則詰之曰：「今滿眼是事，則滿眼是天則，可乎？」予未敢悉也。又數歲壬戌，予在楚，先生則移書示曰：「吾與㊀執事博約之説，洞然無疑，斯學其有興乎！」已而再歸，再請質於先生，先生曰：「所貴足目俱到耳。」蓋恐予墮目長足短之弊也。予既自蜀乞休，三年復起，督楚學，遷西粵，又東粵，二十年間，倏忽老矣。尚自慚未有真得，豈亦終墮足短之弊也與？於今萬曆癸酉，復乞休爲養，益懼悠悠，以爲古今莫予困也。子曰：「及其知之一也」，「及其成功一也」，則果

㊀「與」字賈本、備要本作「於」。

何時耶？遂記以自飭。

論學書

去冬承寄白沙先生文編，因思足下素不喜言心學，今一旦取白沙文表章之，豈非學漸歸原，不欲以一善名，其志力不大且遠哉？不穀昔常相期至再三之瀆者，固知有今日也。甚慰！甚賀！第令其間不共相究竟，則徒負平日。蓋先此有睹見是編者，謂「此書題評，雖揚白沙，其實抑陽明。卽語不干處，必宛轉詆及陽明，近於文致」。不穀不肯信，已而得來編，讀之良然。如云：「近儒疑先生引進後學，頗不惓惓。」嘗遍觀陽明語意，並無是說。不知足下何從得之？夫陽明不語及白沙，亦猶白沙不語及薛敬軒，此在二先生自知之，而吾輩未臻其地，未可代爲之說，又代爲之争勝負，則鑿矣。歷觀諸評中，似不免爲白沙立赤幟，恐亦非白沙之心也。古人之學，皆求以復性，非欲以習聞虛見立言相雄長，故必從自身磨練，虛心參究，由壯逮老，不知用多少功力，實有諸己，方敢自信以號於人，是之謂言行相顧而道可明。若周子則從無欲以入，明道則從識仁以入，既咸有得，而後出之。孟子亦在不動心以後，乃筆之書。白沙先生一坐碧玉樓十二年，久之有得，始主張致虛立本之學，一毫不徇於聞見，彼豈謾而云哉！陽明先生抱命世之才，挺致身之節，亦可以自樹矣，然不肯已，亦其天性向道故也。過岳麓時，謁紫陽祠，賦詩景仰，豈有意於異同？及至龍場處困，動忍刮磨，已乃豁然悟道原本不在外物，而在吾心，始與紫陽傳註稍異。及居滁陽，多教學者静坐，要在存天理去人欲。至虔臺，始提致良知一體爲訓，其意以大學致知，乃致吾良知，非窮索諸物也。良知者，乃吾性靈之出於天也，有天然之條理焉，是卽明德，卽天理。蓋其學三變，而教亦三變，則其平日良工心苦可從知矣，亦豈謾而云哉！不穀輩非私陽明也，亦嘗平心較之矣。曾聞陽明居龍場時，歷試諸艱，惟死生心未了，遂置石棺，卧以自鍊。既歸遭謗，則以其語置諸中庸中和章，並觀以克化之。今之學者，非不有美行也，其處困亨毀譽之間有是乎？不穀有一族祖贛歸者，每歸，語陽明事頗悉。今不暇細述，但言其童時赴塾學，見軍門輿從至，咸奔避。軍門卽令吏呼無奔，教俱叉手旁立。有酒徒唱於市肆，則貸其撲，令從教讀者習歌詩，卒爲善士。又有啞子叩之，則書字爲訓，亦令有省。今之學者，非不有美政也，其都尊位能勤勤於童子、於市人、於啞子有是乎？夜分方與諸士講論，少入嘘噏間，卽遣將出征，已行復出，氣色如常，坐者不知其發兵也。方督征濠也，日坐中堂，開門延士友講學，無異平時。有言伍公焚鬚小却，暫如側席，遣牌取伍首，座中惴惴，而先生略不見顏色。後聞濠就擒，詢實給賞，還坐，徐曰：「聞濠已擒，當不僞。第傷死者多耳。」已而武皇遣威武大將軍牌追取濠，先生不肯出迎，且曰：「此父母亂命，忍從臾乎？」其後江彬等讒以大逆，事叵測，先生特爲老親加念，其他迄不動心。異時又與張忠輩争席，卒不爲屈，未嘗一動氣。臨終，家人問後事，不答。門人周積問遺言，微哂曰：「此心光明，亦復何言。」今之學者，平居非不侃侃，其臨艱大之境，處非常之變，能不動心有是乎？若非真能致其良知，而有萬物一體之實者，未易臻也。先師羅文恭至晚年，始歎服先生雖未聖，而其學聖學也。然則陽明不爲充實光輝之大賢矣乎？獨當時桂文襄以私憾謗之，又有以紫陽異同，且不襲後儒硬格，故致多口，迄無證據，識者寃之。昔在大舜尚有臣父之譏，伊尹亦有要君之誚，李太㊀伯詆孟子之欲爲佐命，大聖賢則有大謗議，蓋自古已然矣。足下豈亦緣是遂詆之耶？抑未以身體而參究之故耶？夫吾黨虛心求道，則雖一畸士，未忍以無影相加，而況於大賢乎？恐明眼者不議陽明，而反議議者也。編中云：「良知醒而蕩。」夫醒則無蕩，蕩則非醒，謂醒而蕩，恐未見良知真面目也。又詆其「張皇一體」，吾人分也，觀今學者，只見爾我藩籬，一語不合，輒起戈矛，幾曾有真見一體，而肯張皇示人者哉！斯語寧無亦自左耶？雖然，足下今之高明者也，昔不喜心學，今表章之，安知異日不并契陽明，將如文恭之晚年篤信耶？近百年内，海内得此學，表表裨於世者不鮮，屢當權奸，亦惟知此學者能自屹立，今居然可數矣。其間雖有静言庸違者，此在孔門程門亦有之，於斯學何貶焉！不穀辱公提攜斯道，如疇昔小有過誤，相咎不言。今關學術不小，曷忍默默？固知希聖者舍己從人，又安知不如往昔不假言而自易耶？且知足下必從事致虛立本，是日新得，仍冀指示，益隆久要，豈謂唐突耶！

前論白沙文編，囋答想未達，復承石經大學刻本之寄。讀刻後考辨諸篇，知足下論議勤矣。締觀之，嘻其甚矣。僕本欲忘言，猶不忍於坐視，聊復言其槩。夫考辨諸作，類以經語剪綴，頓挫鼓舞，見於筆端。其大略曰「修身爲本，格物爲知本」，曰「崇禮」，曰「謹獨」，若亦可以不畔矣。及竟其終篇，繹其旨歸，則與孔子、孟子之學，一何其霄淵相絶也。夫大學修身爲本，格物爲知本，足下雖能言之，然止求之動作威儀之間，則皆末焉而已矣。夫修身者，非修其血肉之軀，亦非血肉能自修也。故正心、誠意、致

㊀ 原作「大」，備要本作「太」，據改。

知，乃所以修動作威儀之身，而立家國天下之本也。格物者，正在於知此本而不泛求於末也。今足下必欲截去正心誠意致知以言修身，抹摋定静安慮而飭末節，則是以血肉修血肉，而卒何以爲之修哉？譬之瞽者，以暮夜行於岐路，鮮有不顛蹶而迷謬者。是足下未始在修身，亦未始知本也。孟氏所謂「行之不著，習矣不察，終身由之而不知道者」，正謂此耳。將謂足下真能從事大學可乎？禮也者雖修身之事，然禮有本有文，此合内外之道，蓋孔子言之也。今足下言禮，乃專在於動作威儀之間，凡涉威儀，則諄切而不已，一及心性，則裁削而不録，獨詳其文，而重違其本，乃不知無本不可以成文。姑不它言，即孔子論孝曰：「不敬何以别乎？」曰「色難」。豈非有吾心之敬，而後有能養之文，不敬則近獸畜；有吾心之愛，而後有愉婉之文，不愛則爲貌敬。若足下所言，似但取於獸畜貌敬，而不顧中心敬愛何如也。此可爲孝，亦可爲禮乎？易繫言「美在其中，而後能暢於四肢」，孟氏言「所性根心，而後能睟面盎背」。今足下但知詳於威儀，而不知威儀從出者由「美在其中」、「所性根心」也。大學言「恂慄威儀」，蓋由恂慄而後有威儀，威儀豈可以聲音笑貌爲哉？足下又曰：「言語必信，容貌必莊，論必准諸古者，不論所得淺深，而皆謂之誠。」若是則後世之不侵然諾，與夫色莊象恭之徒，皆可爲誠矣。又如王莽，厚履高冠，色厲言方，恭儉下士，曲有禮意。及其居位，一令一政，皆准諸虞典、周禮。據其文，未可謂非古也，其如心之不古何哉！此亦可謂誠耶？況今昔之語心學者，以僕所事所與，言語曷嘗不信？容貌曷嘗不莊？動止曷嘗不准諸古？且見其中美外暢，根心生色，優優乎有道氣象，曷嘗不可畏可象？而足下必欲以無禮坐誣之，僕誠不知足下之所謂禮也。記曰：「君子撙節退讓以明禮。」傳曰：「讓者禮之實。」今豈以攘臂作色、詆訶它人者，遂爲禮耶？慎獨者，慎其獨知，朱子固言之矣。惟出於獨知，始有十目所視、十手所指之嚴，始有莫見乎隱、莫顯乎微之幾，夫是以不得不慎也。今足下必以獨處訓之，吾恐獨處之時，雖或能禁伏粗跡，然此中之憧憧朋從，且有健於詛盟，慘於劍鋩者矣。足下又不知何以用其功也？蓋足下惟恐其近於心，不知慎之字義，從心從真，非心則又誰獨而誰慎耶？足下又言「聖人諱言心」，甚哉！始言之敢也。夫堯、舜始言「道心」，此不暇論；至伊尹言「一哉王心」，周公言「殫厥心」，書又曰「雖收放心，閑之維艱」，曰「乃心罔不在王室」，曰「不二心之臣」，孔子則明指曰「心之精神是謂聖」。此皆非聖人之言乎？夫聖人語心若是詳也，足下獨謂之諱言，是固謂有稽乎？無稽乎？於聖言爲侮乎？非侮乎？且曾、孟語心，亦不暇論；即論語一書，其言悅樂，言主忠信，言仁，言敬恕，言內省不疚，言忠信篤敬，參前倚衡，疇非心乎？聖人之語心，恐非足下一手能盡掩也。又謂「聖人不語心，不得已言思」。思果非心乎？此猶知人之數二五，而不知二五即十也。約禮之約，本對博而言，乃不謂之要約，而謂之「約束」；先立其大，本對小體而言，乃不謂之立心，而謂之「强立」。則欲必異於孔、孟也。是皆有稽乎？無稽乎？於聖人爲侮乎？非侮乎？又以「求放心立其大，見大心泰，內重外輕，皆非下學者事」。天下學子，十五入大學，凡皆責之以明德親民正心誠意致知之事，寧有既登仕籍，臨民久矣，而猶謂不當求放心立大者，聖門有是訓乎？且今不教學者以見大重內，則當教之以見小重外可乎？此皆僕未之前聞也。竊詳足下著書旨歸，專在尊稱韓愈，闖予諸儒之上，故首序中屢屢見之。夫韓之文詞氣節，及其功在潮，非不偉也。至其言道，以爲孟軻、楊雄之道，又以臧孫辰與孟子並稱。及登華嶽，則震悼呼號，若嬰兒狀，淹潮陽則疏請封禪，甘爲相如。良由未有心性存養之功，故致然耳。安得謂之知道？賈逵以獻頌爲郎，附會圖讖，遂致貴顯；徐幹爲魏曹氏賓客，名在七子之列。二子尤不[一]可以言道。足下悦其外，便其文，以爲是亦足儒矣。則其視存養自得，掘井及泉者，寧不迂而笑之且拒之矣？乃不知飾土偶獵馬捶者，正中足下之説，足下亦何樂以是導天下而禍之也？且夫古今學者，不出於心性，而獨逞其意見，如荀卿好言禮，乃非及子思、孟子，詆子張、子夏爲飲食賤儒，況其他乎？近時舒梓溪，賢士也，亦疑白沙之學，將爲王莽，爲馮道。以今觀之，白沙果可以是疑乎？皆意見過也。聞足下近上當路書，極訾陽明，加以醜詆。又詆先師羅文恭，以爲雜於新學。是皆可忍乎？僕不能不自疚心，以曩日精誠，不足回足下之左轅故也。雖然，猶幸人心之良知，雖萬世不可殄滅，子思、孟子之道，終不以荀氏貶。至白沙、陽明，乃蒙天子昭察，如日月之明，豈非天定終能勝人也哉！矧天下學者，其日見之行存養自得者不鮮。而在足下，既負高明，自不當操戈以阻善，自當虛己求相益爲當也。僕不難於默然，心實不忍，一恃疇昔之誼，一恐真阻天下之善，故不辭多言，亦是既厭心爾。程子有言：「若不能存養，終是説話。」今望足下姑自養，積而後章，審而後發，有言逆心，必求諸道。僕自是言不再。以上與唐仁卿。

[一]「不」字據賈本補。

明儒學案卷二十三　江右王門學案八

忠介鄒南臯先生元標

鄒元標字爾瞻，别號南臯，豫之吉水人。萬曆丁丑進士。其年十月，江陵奪情，先生言：「伏讀聖諭：『朕學尚未成，志尚未定，先生而去，墮其前功。』夫帝王以仁義爲學，繼學爲志，居正道之功利，則學非其學，忘親不孝，則志非其志。皇上而學之志之，其流害有不可勝言者。亦幸而皇上之學未成，志未定，猶可得儒者而救其未然也。」懷疏入長安門，值吴、趙、艾、沈以論奪情受杖。先生視其杖畢，出疏以授寺人。寺人不肯接，曰：「汝豈不怕死，得無妄有所論乎？」先生曰：「此告假本也。」始收之。有旨杖八十，戍貴州都匀衛。

江陵敗，擢吏科給事中。上陳五事：培君德，親臣工，肅憲紀，崇儒術，飭撫臣。又劾禮部尚書徐學謨、南京户部尚書張士佩，罷之。學謨者，首輔申時行之兒女姻也。既非時行所堪，而是時黨論方興，謂「趙定宇、吴復菴號召一等浮薄輕進好言喜事之人，與公卿大臣爲難」。大臣與言官相論訐不已，先生尤其所忌，故因災異封事，降南京刑部照磨。乙酉三月，録建言諸臣，以爲南京兵部主事，轉吏部，歷吏刑二部員外、刑部郎中。罷官家居，建仁文書院，聚徒講學。光宗起爲大理卿。天啓初，陞刑部右侍郎，轉左都御史。建首善書院，與副都御史馮恭定講學。羣小憚先生嚴毅，恐明年大計，不利黨人。兵科朱童蒙言：「憲臣議開講學之壇，國家恐啓門户之漸，宜安心本分，以東林爲戒。」工科郭興治言：「當此干戈倥偬之際，卽禮樂潤色，性命精微，無裨短長。」先生言：「先正云：『本分之外，不加毫末。』人生聞道，始知本分内事，不聞道，則所謂本分者，未知果是本分當否也。天下治亂，係於人心，人心邪正，係於學術，法度風俗，刑清罰省，進賢退不肖，舍明學則其道無由。湛湛晴空，鳶自飛，魚自躍，天自高，地自下，無一物不備，亦無一事可少。琳宫會館，開目如林，唄語新聲，拂耳如雷，豈獨礙此嘐嘐則古昔談先王之壇坫耶？臣弱冠從諸長者遊，一登講堂，此心戚戚。既謝計偕，獨處深山者三年。嗣入夜郎，兀坐深箐者六年。浮沉南北，棲遲田畝又三十餘年。賴有此學，死生患難，未嘗隕志。若只以臣等講學，惟宜放棄斥逐之，日以此澆其磊塊，消其抑鬱無聊之氣，則如切如磋道學之語，端爲濟窮救苦良方，非盡性至命妙理，亦視斯道太輕，視諸林下臣太淺矣。人生墮地，高者自訓詁帖括外，别無功課，自青紫榮名外，别無意趣，惡聞講學也，實繁有徒。蓋不知不聞道，卽位極人臣，勳勒旂常，了不得本分事，生是虚生，死是虚死，朽骨青山，黄鳥數聲，不知天與昭昭者飄泊何所！此臣所以束髮至老，不敢退墮自甘者也。前二十年，東林諸臣，有文有行，九原已往，惟是在昔朝貴，自岐意見，一唱衆和，幾付清流。懲前覆轍，不在臣等。」有旨慰留。

給事中郭允厚言：「侍郎陳大道請恤張居正，元標不悦，修舊怨也。」先生言：「當居正敗時，露章者何止數百人，其間不無望風匿影之徒。臣有疏云：『昔稱伊、吕，今異類唾之矣。昔稱恩師，今仇敵視之矣。』當時臣無隻字發其隱，豈至今四十餘年，與朽骨爲仇乎？虛名浮譽，空中鳥影，世不以大人長者休休有容之度教臣，望臣如村樵里媪，睚眦必報之流，則未與臣習也。」郭興治又言：「元標無是非之心。」先生言：「興治蓋爲馮三元傳言發也。三元初起官見臣，臣語之曰：『往事再勿提起。』渠曰：『是非却要説明。』臣曰：『今之邊事，家具一錐鑿，越講是非，越不明白，不如忘言爲愈。』蓋熊廷弼所少者惟一死，廷弼死，法不能獨無。但皇上初登寶位，纔二年所，如尚書、如侍郎中丞、如藩臬撫鎮諸臣，纍纍藁街，血腥燕市，成何景象？老成守法，議獄緩死之意，非過也。是非從惻隱中流出，是爲真心之是非，卽方從哲滿朝以酖毒爲言，臣謂姑待千秋者，亦是非不必太分明之一證也。」再疏乞歸，始允。未幾卒。逆奄追削爲民，奪誥命。莊烈御極，贈太子太保，謚忠介。

先生自序爲學曰：「年少氣盛時，妄從光影中窺瞯，自以爲覺矣。不知意氣用事，去道何啻霄壤。又七年，再調刑部，雖略有所入，而流於狂路。賴文潔鄧公來南提醒，不敢放浪。閱三年，入計歸山，十餘年失之繆悠，又十餘年過於調停，不無以神識爲家舍，視先覺尚遠，淨几明窗，水落根見，始知覺者，學之有見也。如人在夢，既醒覺，亦不必言矣。學而實有之已，亦不必言覺矣。」先生之學，以識心體爲入手，以行恕於人倫事物之間、與愚夫愚婦同體爲功夫，以不起意、空空爲極致。離達道，無所謂大本；離和，無所謂中，故先生於禪學，亦所不諱。求見本體，卽是佛氏之本來面目也。其所謂恕，亦非孔門之恕，乃佛氏之事事無礙也。佛氏之作用是性，則離達道無大本之謂矣。然先生卽摧剛爲柔，融嚴毅方正之氣，而與世推移，其一規一矩，必合當然之天則，而介然有所不可者，仍是儒家本色，不從佛氏來也。

會語

以情識與人混者，情識散時，如湯沃雪；以性真與世游者，性天融後，如漆因膠。

五倫是真性命，詞氣是真涵養，交接是真心髓，家庭是真政事。父母就是天地，赤子就是聖賢，奴僕就是朋友，寢室就是明堂。平旦可見唐、虞，村市可觀三代，愚民可行古禮，貧窮可認真心。疲癃皆我同胞，四海皆我族類，魚鳥皆我天機，要荒皆我種姓。

問「爲之不厭」。曰：「知爾之厭，則知夫子之不厭矣。今世從形跡上學，所以厭；聖人從天地生機處學，生機自生生不已，安得厭？」

善處身者，必善處世；不善處世，賊身者也。善處世者，必嚴修身，不嚴修身，媚世者也。

學者有志於道，須要鐵石心腸，人生百年轉眄耳，貴乎自立。

後生不信學，有三病：一曰耽閣舉業，不知學問事，如以萬金商，做賣菜傭；二曰講學人多迂闊無才，不知真才從講學中出，性根靈透，遇大事如湛盧刈薪；三曰講學人多假，不知真從假中出，彼既假矣，我棄其真，是因噎廢食也。

問「儒佛同異」。曰：「且理會儒家極致處，佛家同異不用我告汝。不然，隨人口下説同説異何益？」

問「如何得分明」。曰：「要胸中分明，愈不分明。須知昏昏亦是分明，不可任清明一邊。昭昭是天，冥冥是天。」

馬上最好用功，不可放過。若待到家休息，便是馳逐。

老成持重，與持位保祿相似；收斂定靜，與躲閒避事相似；謙和遜順，與柔媚諧俗相似。中間間不容髮，非研幾者鮮不自害害人。

説清者便不清，言躬行者未必躬行，言知性命便未知性命，終日説一便是不一，終日説合便是不合，但有心求，求不著便著。

人只説要收斂，須自有箇頭腦，終日説話，終日幹事，是真收斂。不然，終日兀坐，絶人逃世，究竟忙迫。

横逆之來，愚者以爲遭辱，智者以爲拜賜；毁言之集，不肖以爲罪府，賢者以爲福地。小人相處，矜己者以爲荆棘，取人者以爲砥礪。

目無青白則目明，耳無邪正則耳聰，心無愛憎則心正。置身天地間，平平鋪去，不見崖異，方是爲己之學。學者好説嚴毅方正，予思與造物者游，春風習習，猶恐物之與我拂也。苟未有嚴毅方正之實，而徒襲其跡，徒足與人隔絶。

未知學人，却要知學，既知學人，却要不知有學；未修行人，却要修行，既修行人，却要不知有修。

予見世之稍學修者，嘵嘵自别於人，其病與不知學修者，有甚差别？

予别無得力處，但覺本分二字親切，做本分人，説本分話，行本分事。本分外不得加減毫末，識得本分，更有何事！

道無揀擇，學無精粗。

下學便是上達，非是下學了纔上達，若下學後上達，是作兩層事了。

學問原是家常茶飯，濃釅不得，有一毫濃釅，與學便遠。以上龍華密證。

孟我疆問：「如何是道心人心？」曰：「不由人力，純乎自然者，道心也；由思勉而得者，人心也。」

我疆問：「孔子云：『正目而視之，不可得而見也，傾耳而聽之，不可得而聞也。故曰視於無形，聽於無聲。』子思發之爲不睹不聞，陽明又云：『若睹聞一於理，卽不睹不聞也。』其言不同如此！」曰：「孔子懼人看得太粗，指隱處與人看，陽明恐人看得甚細，指顯處與人看，其實合內外之道也。」以上燕臺會記。

問「吾有知乎哉章」。曰：「鄙夫只爲有這兩端，所以未能廓然。聖人將他兩端空盡無餘了，同歸於空空。」曰：「然則致知之功如何？」曰：「聖人致之無知而已。」曰：「然則格物之說如何？」曰：「視之不見，聽之不聞，體物而不可遺，洋洋乎如在其上，如在其左右，此真格物也。」南都會記。

識仁卽是格物。

問「識仁」。曰：「夫子論仁，無過『仁者，人也』一語。當日我看仁做箇幽深玄遠，是奇特的東西，如今看到我輩在一堂之上，卽是仁，再無虧欠，切莫錯過。」

問：「夫子只言仁之用，何以不言仁之體？」曰：「今人體用做兩件看，如何明得？余近來知體卽用，用卽體，離用無體，離情無性，離顯無微，離已發無未發。非予言也。孟子曰：『惻隱之心，人皆有之；羞惡之心，人皆有之；恭敬之心，人皆有之；是非之心，人皆有之。』惻隱之心，仁也；羞惡之心，義也；恭敬之心，禮也；是非之心，智也。體會自見。」

問：「生機時有開發，奈不接續何？」曰：「無斷續者體也，有斷續者見也。」曰：「功將何處？」曰：「識得病處卽是藥，識得斷處就是續。」

一堂之上，有問卽答，茶到卽接，此處還添得否？此理不須湊泊，不須幫帖。

孟子曰：「盡其心者，知其性也。」盡者了無一物，渾然太虛之謂，心性亦是强名。以上龍華會記。

問：「其心三月不違仁，仁與心何所分別？」曰：「公適走上來問，豈有帶了一箇心，又帶了一箇仁來？公且退。」

恕者，如心之謂。人只是要如己之心，不思如人之心，如己如人，均齊方正，更說甚一貫。

有言「不能安人，如何算得修己」。曰：「我二十年前，熱中亦欲安人，今安不得，且歸來。我與公且論修己。修己之方，在思不出其位，在素位而行。公且素位，老實以行誼表於鄉，便是安人。不然，你欲安人，别人安了你。」

塘南先生問：「佛法只是一生死動人，故學佛者在了生死。」曰：「人只是意在作祟，有意則有生死，無意則無生死。」以上元潭會記。

歐陽明卿問曰：「釋氏不可以治天下國家。」曰：「子何見其不可以治天下國家？」曰：「樣樣都拋了。」曰：「此處難言。有飯在此，儒會吃，釋亦會吃，既能吃飯，總之皆可以治天下國家。子謂釋樣樣拋了，故不可；儒者樣樣不拋，又何獨不能治天下國家？」

所謂不能治天下國家，如唐、虞、三代之治，治之也。若如後世之治，無論釋氏，卽胥吏科舉之士，及盜賊菜傭牛表，無不可以治天下國家，而可以謂之能治乎？先生之許釋氏，亦不過後世之治也。

私慮不了，私欲不斷，畢竟是未曾靜，未有入處。心迷則天理爲人欲，心悟則人欲爲天理。以上鐵佛會記。

問「天下歸仁」。曰：「子無得看歸仁是奇特事，胸中只芝蔴大，外面有天大。子齋中有諸友，與諸友相處，無一毫間隔，卽是歸仁；與妻子僮僕，無一毫間隔，便是歸仁。若舍見在境界，説天下歸仁，越遠越不著身。」太朴會記。

有因持志入者，如識仁則氣自定；有由養氣入者，如氣定則神自凝；又有由交養入者，如白沙詩云：「時時心氣要調停，心氣功夫一體成。莫道求心不求氣，須教心氣兩和平。」此是先輩用過苦功語。青原會記。

問：「誠意之功，須先其意之所未動而誠之，若待善惡既動而後致力，則已晚矣。果若此，則慎獨之功，從何下手？」曰：「國君好仁，天下無敵，無敵真慎獨也。人所不知，己所獨知，多流入識神去。『先其意之所未動而誠之』，愚謂既云未動，誠將何下手？莫若易誠而識之，卽識仁之謂，未發前觀何氣象意思。『善惡既動而後致力，則已晚』，此爲老學者言，初學者既發後，肯致力亦佳。」

人心本自樂，自將私欲縛。私欲一萌時，良知還自覺。一覺便消除，此心依舊樂。樂便然後學，學便然後樂。

問「生死」。曰：「子死乎？」曰：「未死。」曰：「何未死？」曰：「胸中耳目聰明，色色如赤子時。」曰：「子知生矣，知生則知死，不必問我。」

問「知天命」。曰：「日間問子以時義，子必曰：『知。』問子以家宅鄉里事，子必曰：『知。』此知之所在，卽命也，卽陰陽五行之數也，亦卽天命也。說到知之透徹地，少一件不得。」

名世不係名位，每一代必有司此道之柄者，卽名世也。

求放心者，使人知心之可求也。心要放者，使人知無心之可守也。卑者認著形色一邊，高者認著天性一邊，誰知形色卽是天性，天性不外形色，卽「仁者人也」宗旨。

予歸山十五年，只信得感應二字。

問「復卦」。曰：「有人於此，所爲不善，開心告語之，渠泫然泣下，卽刻來復矣。」

問「有孚於小人，乃去佞如拔山，何也」？曰：「欲去佞，所以如拔山，君子惟有解，解者悟也，悟則不以小人待小人，所以孚小人。」

問「居德則忌」。曰：「卽如今講學先生，不自知與愚夫愚婦同體，只要居德，所以取忌。」

有學可循，是曰洗心，無心可洗，是曰藏密。

除知無獨，除自知無愼獨。

真正入手，時時覷不睹不聞是甚物，識得此物，真戒懼不必言矣。以上問仁會録。

問：「年四十而見惡焉，其終也已，不知四十以後，尚可爲善否？」曰：「八十尚可，況四十乎？此俱從軀殼上起念。」

問：「邇日學者始學，先要箇存守，是未擇中庸而先服膺，未明善而先固執，證之博學審問之説無當也。」曰：「學貴存守，但存守之方不一，故問辨以擇之。蓋學而後有問，學卽存守也，不學何問之有？如行者遇岐路卽問，問了又行，原非二事。若謂不待存守而先擇，則是未出門而空談路徑也。」鷺洲會記。

止原無處所，止無可止，則知止矣。

問：「心如何爲盡？」曰：「盡者水窮山盡之謂。人心原是太虛，若有箇心，則不能盡矣。」

萬古學脈，人人所公共的，漁樵耕牧，均是覺世之人，卽童子之一斟酒處，俱是學之所在。若曰「我是道，而人非道」，則喪天地之元氣也。

新安王文軫曰：「丁酉在南都參訪祝師，認心不真，無可撈摸。坐間日影正照，祝師指曰：『爾認此日影爲真日，不知彼陰暗處也是真日。』因此有省。」曰：「爾道認心不真，無可撈摸，不知無可撈摸處，便是真心。」

問：「吾人學問，不勾手者，正以有所把捉，有好功夫做故也。有把捉時，便有不把捉時，有好功夫時，便有不好功夫時。」曰：「此可與透身貼體做功夫者商量，若是此學茫茫蕩蕩，且與説把捉做功夫不妨。」

先生謂王文軫曰：「到不得措手處，還有功夫也無？」軫曰：「無功夫。」先生曰：「仍須要退轉來。」軫曰：「有功夫而不落常，無功夫而非落斷，爲而無爲，謂之無功夫也可。」先生曰：「就説有功夫，又何不可！」

問「不孝有三章」。曰：「看來箇箇犯此。予輩不莊敬嚴肅，卽是惰其四肢。予四十以後，出入不經我母之手，非貨財私妻子乎？飲食起居，任從自便，非從耳目之欲乎？不受人言，卽是鬭狠。體貼在身，時時是不孝。」

天地萬物皆生於無，而歸於無。一切蠢動含靈之物，來不知其所自，去不知其所往，故其體本空。我輩學問，切不可向形器上布置，一時若妍好，終屬枯落。雖然，空非斷滅之謂也，浮雲而作蒼狗白衣，皆空中之變幻所必有者，吾惟信其空空之體，而不爲變幻所轉，是以天地在手，萬化生身。今有一種議論，只是享用現在，纔説克治防檢，便去紐捏造作，日用穿衣吃飯，卽同聖人妙用，我竊以爲不然。夫聖凡之別也，豈止千里？

仁者渾然與物同體，如何證得學問？只是不起意，便是一體，便是渾然。所以乍見非有爲而爲也㈠，齊王有不知其心之所然也。以上仁文會記。

㈠「爲也」原作「不爲」，據賈本、備要本改。

講義

人若真仁，直心而言爲德言，根心而發爲生色。不然，强排道理，遮飾有德，皆巧言也；危冠危服，一面笑容，皆令色也。彼方自負道統，自認涵養，不知去仁何啻千山萬水，到不如鄉里朴實老農老圃，可與之入道。巧言令色。

有子説和，又必以禮節，是看和自和，禮自禮。子思子曰：「發而皆中節謂之和。」若又要以禮節之，何以謂之和？禮之用。

口之於味，耳之於聲，目之於色，鼻之於臭，四肢之於安逸，非性乎？仁之於父子，義之於君臣，禮之於賓主，智之於賢者，聖人之於天道，非性之故物乎？温故。

近世學者，以知是知非爲良知。夫是非熾然，且從流於情識而不自覺，惡在其爲良知？誨女知之。

仕學一道，隱顯一心，孝友卽是政事。若曰「居位別有政事」，此托詞以答或人，則視政事孝弟爲兩事矣。子奚不爲政。

夫道一而已矣。以爲有一，却又是萬，以爲有萬，却又是一。一卽萬，萬卽一。如學者云「以一貫萬」，是一是一，萬是萬，豈不是兩件？一貫。

舊説思與之齊，是從他人身上比擬，一團世俗心腸。思與之齊，必不能思齊，原齊則無不齊。不賢只是一念差了。我自省不賴此學，一念而差，與渠争多少，待人自無不恕。見賢見不賢。

學道之士，在世途極是不便，向道不篤的，易生退轉。若真信千古而得一知者，猶比肩也，何孤立之有？不能自立，東挨西靠，口嘴上討得箇好字，眼前容易過，誤却平生事業矣。德不孤。

伯夷是清，伊尹是任，柳下惠是和，還有箇器在。女器也。

學不見體，動輒落顯微二邊。文章性天。

由户卽是由道，非是由户與由道有分別。出不由户。

學者若不從大光明藏磨勘，露出精彩，羣居終日，雖説若何爲心，若何爲性，若何爲孔門之旨，若何爲宋儒之旨，是言不及義也。終日依倚名節之跡，彷彿義理之事，是好行小慧也。羣居終日。

吾輩在此一堂講學，所親就者大人，不虛心受益，却是狎大人。所講究者聖言，不虛心體貼，却是侮聖言。記得少年時，在青原，當時我邦濟濟大人在席，今皆物化，蹈狎大人之弊。又記得一友，將四書諸論，互相比擬，一先正答曰：「總只是非禮之言。」畏天命。

鄉愿一副精神，只在媚世，東也好，西也好，全在毁譽是非之中。聖人精神，不顧東，不顧西，惟安我心之本然，超出毁譽是非利害之外。鄉愿。

德本明也，人只爭一箇覺耳。

「須知人人具有至善，只是不止，一止而至善在是」。曰：「何以止？」「無意必固我是已。」

學不知止，漫言修身，如農夫運石爲糞，力愈勤而愈遠矣。以上大學。

大學之要，無意而已。無意入門，誠意而已。然徒知誠意，不知意之面目，未有能誠意者。故教人以觀意之所自來，何處看得？只在毋自欺。毋自欺何處體貼？你看人聞惡臭那箇不掩鼻？見好色那箇不喜歡？這箇好惡，就是意根。那箇人不求自慊？又小人爲不善，見君子厭然，厭然處亦是真意。這箇真意發根處，至貴無對，所以謂之獨。君子慎獨，從心從真，只是認得此真心，不爲意所掩，故通天通地，指視莫違，心廣體胖，斯爲真慎獨。後儒之所謂慎獨者，則以身爲桎梏，如何得廣與胖？無意之旨荒矣。誠意。

學者一向説明德，説親民，説止至善，説格物，千言萬語，旁引曲譬，那箇是宋儒説，那箇是我明大儒説，縱説得伶俐，與自家身心無干。一到知止，則水盡山窮，無復可言説。如此方謂之致知，方謂之格物，此謂之本。知止。

先生以知止爲大學之宗。

離已發求未發，即孔子復生不能。子且觀中節之和，即知未發之中，離和無中，離達道無大本。中和。

何以謂之索隱？今講學者外倫理日用，説心性入牛毛者是已。何以謂之行怪？今服堯服，冠伊川冠之類。索隱行怪。

一字，即吾道一以貫之之一。聖人説道理零碎了，恐人從零碎處尋道理，説天德也説到一來，説王道也説到一來。正如地之行龍，到緊關處一束，精神便不散亂。所以行之者一。

人之生也直，直道而行，不直則曲，所以須致曲。如見孺子入井，自然有怵惕惻隱之心，直也；納交要譽惡聲，斯曲矣。然則何以致之？程子云：「人須是識其真心。」此致曲之旨也。致曲。

有問自成自道者。曰：「子適來問我，還是有人叫子來問，還是自來問的？」曰：「此發於自己，如何人使得？」曰：「即此是自成自道。」自成自道。

善與人同，不是將善去同人，亦不是將人善來同我。人人本有，箇箇圓成，魚遊於水，鳥翔於天，無一物能間之也。善與人同。

赤子之心，真心也。見著父母，一團親愛，見著兄弟，一團歡欣，何嘗費些擬議思慮？何曾費些商量？大人只是不失這箇真心便是。聖學不明，愁赤子之心空虛，把聞見填實，厭赤子之心真率，把禮文遮飾。儒者以爲希聖要務，不知議論日繁，去真心日遠。無怪乎大人不多見也。象山云：「縱不識一字，終是還他堂堂大人。」赤子之心。

文集

「從心所欲不踰矩」。世儒謂從者縱也，縱其心，無之非是。此近世流弊。竊謂矩，方也；從心所欲，圓也。圓不離方，欲不離矩。

心，神物也，豈能使之不動？要知動亦不動耳，寂感體用，原未有不合一，故求合一，便生分別，去合一之旨愈遠。

吾輩動輒以天下國家自任，貧子説金，其誰信之。古人云，了得吾身，方能了得天地萬物。吾身未了，縱了得天地萬物，亦只是五霸路上人物。自今以往，直當徹髓做去，有一毫病痛，必自照自磨，如拔眼前之釘，時時刻刻始無媿心。

吾輩無論出處，各各有事，肯沉埋仕途便沉埋，不肯沉埋，卽在十八重幽暗中，亦自驤首青霄。世豈有錮得人？人自無志耳。

夫道，以爲有，上天之載，無聲無臭，未嘗有也。以爲無，出往游衍，莫非帝則，未嘗無也。有無不可以定論者，道之妙也。知道者言有亦可，言無亦可，不知道者言無著空，言有滯跡。

道心爲主者，世情日淡，世情日淡而後能以宰世，不爲世所推移。識情爲主者，世情日濃，世情日濃且不能善其身，又安能善天下！

敬者，主一無適之謂。夫所謂一者，必有所指。莊嚴以爲敬者，涉於安排；存想以爲敬者，流於意識。不安排而莊，不意識而存，此非透所謂一者不能。一者無一處不到，而不可以方所求，無一息不運，而不可以斷續言。知一則知敬，知敬則知聖學矣。

舜爲法天下，自天下起念，可傳後世。自後世起念，如今人只在自家一身一家起念，較是非毁譽，限㊀在一鄉，則結果亦在一鄉。

㊀「限」原作「眼」，據賈本、備要本改。

給諫羅匡湖先生大紘

羅大紘字公廓，號匡湖，吉之安福人。萬曆丙戌進士。辛卯九月，吴門爲首輔，方註籍。新安、山陰以停止册立，具揭力争，列吴門於首。上怒甚，吴門言不與聞，特循閣中故事列名耳。時先生以禮科給事中守科，憤甚，上疏糾之，遂謫歸。先生學於徐魯源，林下與南皐講學。南皐謂先生敏而善入，衆人所却步躊躇四顧者，先生提刀直入；衆人經數年始入者，先生先闖其奥。然觀其所得，破除默照，以爲一念既滯，五官俱墮。於江右先正之脈，又一轉矣。野史言：「吴門歿，其子求南皐立傳。南皐爲之作傳，先生大怒，欲具揭告海内，南皐囑申氏弗刻乃止。」按吴門墓表見刻南皐存真集，野史之非，可勿辨矣。

匡湖會語

心非專在内，俯仰今古無非是心。性非專是心，耳目口鼻無非是性。故知心量之無外，則存心者不必專收於内，知性體之無二，則盡性者不必苦求於心。一念迷卽爲放，而心非自内出也。一念覺則爲收，而心非自外來也。當其視，心卽在目，心量如是，眼量亦如是，迷則皆迷，悟則皆悟，不必舍視而别求心也。當其聽，心卽在耳，心量如是，耳量亦如是，迷則皆迷，悟則皆悟，不必舍聽而别求心也。語默動静，周旋屈伸，一切與心相印，元氣充周，於天地靈光，徧照於宇宙，必拘守一塊肉，乃爲存心哉！

既曰氣質，卽不是性，既云性，便不墮氣質。不識天命之性，只管在氣質上修治，所以變化不生。

性之身之，是千古兩派學脈，一則視聽言動不離乎性；一則視聽言動不離乎身。堯、舜「惟精惟一，允執厥中」，所謂成性存存，道義之門，此性之之學也。湯、武以義制事，以禮制心，以敬勝怠，以義勝欲，所謂修身道立，履準蹈繩，此身之之學也。堯、舜固是自然，卽當其憂嗟咨歎，兢業勞苦，亦從性之來；湯、武固是勉然，卽當其動罔不臧，身安用利，亦從身之發。故學者初入門時，劈空從性命上參求，竟是性之之學起手，從身心上操存，終是身之之學。

問：「夫子言仁，何不直指仁體，而必曰復禮，何也？」曰：「乾之元亨利貞，卽我性之仁義禮智。元者善之長也，亨者嘉之會也。蓋乾元資始統天，蕩蕩難名。至於亨，當巽、離之交，雲行雨施，品物流行，枝葉華蕋，蒼翠丹綠，雜然並陳，所謂萬物皆相見也。卽此相見者，而資始統天之元，灼然宇宙，悟此而復禮歸仁，不待贅辭矣。故繫傳曰：『顯諸仁。』」

仁之渾然全體，難於思求，而其條理，則有可覺悟，故復禮卽歸仁。仁一而已矣，在目爲視，在耳爲聽，發於聲爲言，運於身爲動，此仁之條理，所爲禮也。舍禮之外無仁，舍視聽言動之外無禮，故一日之間，能於視聽言動忽然覺悟，而仁之全體呈露矣。問：「何以見天下歸仁？」曰：「人但看得仁大，看得視聽言動小，不知仁體隨在具足，卽視而仁之體全在視，卽聽而仁之體全在聽，言動亦然。姑以視明之：今人在室見一室，在堂見一堂，在野見四境，仰視而見高天之無窮，俯視而見大地之無盡，見親則愛，見長則敬，見幼則慈，見入井之孺子則惻隱，見釁鐘之牛則不忍，孰非與吾之視爲一體者？卽此一覺，而天下歸仁，不待轉眄矣。五官之貌言視聽思也，五倫之親義序別信也，人皆生而具之，日而用之，所謂故也，時時從此體認，從此覺悟，事親知人，可以知天，聰明聖智，達乎天德，是爲温故而知新。」

蘭舟雜述劉調父記。

習俗移人，非求友不能變。一家有一家氣習，非友一鄉之善士，必不能超一家之習。推之一國天下皆然，至於友天下盡矣。然一朝又有一朝之氣習，非尚友千古不可以脱一世之習，此孟子所以超脱於戰國風習之外也。

吾輩無論友千古、友四方，此身自房中出，到廳上便覺超然，自廳上出，到門外又覺超然。孔子去魯，不以女樂，而以燔肉。其一段肫肫之仁，淵深而不淺露，容蓄而不迫隘，不倚於意見，不倚於名節，全是天德用事，人則不免於有所倚矣。

安土敦乎仁，故能愛人。各有所處之地，所謂土也。惟不安其所處之地，則一室之内，不勝異意。我既嫌人，人亦嫌我，如之何能安乎仁而相親愛乎？若安土者，見處處皆好，人人皆好，是以能無不愛，無不愛，是謂敦厚以居仁。

仁本與萬物同體，只爲人自生分别，所以小了。古人天下一家，中國一人，非意之也，其心量原自如此。今處中國，只争箇江西，江西又争箇吉安，吉安又争箇安福，安福又争箇某房，某房又争箇某祖父位下，某祖父位下又只争我一人，終生營營，不出一身一家之内，此豈不是自小乎？故善學者愈充之則愈大，不善學者愈分之而愈小。

明儒學案卷二十四　江右王門學案九

中丞宋望之先生儀望

宋儀望字望之，吉之永豐人。由進士知吳縣。入爲御史。劾仇鸞擁兵居肘掖，無人臣禮。復劾分宜之黨胡宗憲、阮鶚。遷大理丞。分宜中之，出備兵霸州，移福建。大計歸，以薦補四川僉事。遷副使，視福建學政。陞參政。入爲太僕、大理卿。巡撫南直隸僉都御史。建表忠祠，祀遜國忠臣。表宋忠臣楊邦義墓。卒年六十五。

先生從學於聶貞襄，聞良知之旨。時方議從祀陽明，而論不歸一，因著或問，以解時人之惑。其論河東、白沙，亦未有如先生之親切者也。

陽明先生從祀或問

或有問於予曰：「古今學問，自堯、舜至於孔、孟，原是一箇，後之談學者，何其紛紛也？」予答之曰：「自古及今，人同此心，心同此理。所謂理者，非自外至也。易繫曰：『天地之大德曰生。』人得天地生物之心以爲心，所爲生理也。此謂生理，卽謂之性，故性字從心從生。程子曰：『心如穀種。』又曰：

『心生道也。』人之心，只有此箇生理，故其真誠惻怛之意，流行於君臣父子兄弟夫婦朋友，以至萬事萬物之間，親親踈踈，厚厚薄薄，自然各有條理，不俟安排，非由外鑠，是所謂天命之性，真實無妄者也。自堯、舜以來，其聖君賢相，名儒哲士，相與講求而力行者，亦只完得此心生理而已。此學術之原也。」

或曰：「人之心只有此箇生理，則學術亦無多説，乃至紛紛籍籍，各立異論，何也？」予曰：「子何以爲異也？」曰：「『精一執中』，説者以爲三聖人相與授受，萬世心學之原至矣。成、湯、文、武、周公以後，又曰『以禮制心，以義制事』，曰『緝熙敬止』，曰『敬以直内，義以方外』。孔門之學，專務求仁，孟子又專言集義，曾子、子思述孔子之意，作大學、中庸，聖門體用一原之學，發明殆盡。至宋儒朱子，乃本程子而疑大學古本缺釋格物致知，於是發明其説，不遺餘力。説者謂孔子集羣聖之大成，而朱子則集諸儒之大成。其説已三百餘年，至陽明先生始反其説。初則言『知行合一』，既則專言『致良知』，以爲朱子格物之説，不免求理於物，梏心於外。此其説然歟？否歟？」予答之曰：「上古之時，人含淳朴，上下涵浸於斯道而不自知。伏羲氏仰觀俯察，始畫八卦，以通神明之德，以類萬物之情。然當時未有文字，學者無從論説。至堯、舜、禹三大聖人，更相授受，學始大明。其言曰：『人心惟危，道心惟微，惟精惟一，允執厥中。』蓋此心本體純一不雜，是謂道心，即所謂中也；若動之以人，則爲人心矣，非中也。微者言乎心之微妙也，危則殆矣。精者，察乎此心之不一，而一於道心也。一者一乎此心之精，而勿奪於人心也。如此則能『允執厥中』，天命可保矣。此傳心之祖也。以禮制心者，言『此心只有此箇天理，禮即天理之謂也』，故制心者惟不欺此心之天理，則心之體全矣。以義制事者，言『天下之事，莫非吾心流行之用』，制事者惟順吾心之條理裁制，而不以己私與焉，則心之用行矣。此體用合一之説也。若謂禮屬心，義屬事，是心與事二矣。孟子曰：『心之所同然者，何也？謂理也，義也』。説者謂在物爲理，處物爲義，審如此説，是理與義果爲二物乎？心外無理，心外無義，心外無物，自吾心之條理精察而言，則謂之理，自吾心之泛應曲當而言，則謂之義，其實一也。緝熙者，言心體本自光明，緝熙則常存此光明也；敬止者，言此心無動無静、無内無外，常一於天理而能止也。文王緝熙光明，使此心之本體常敬，而得所止，故曰『純亦不已，文王之德之純』，此之謂也。敬以直内者，言心之體本直，但能常主於敬，則内常直矣；義以方外者，言心之神明，自能裁制萬物萬事，但能常依於義，則外常方矣。敬者義之主宰，在内而言謂之敬，義者敬之裁制，在外而言謂之義，惟其敬義一致，内外無間，則德日大，而不習無不利矣。故曰『性之德也，合内外之道也，故時措之宜也』。嗟乎！堯、舜、禹、湯聖君也，文王周公聖臣也，古之君臣，相與講究此學，先後一揆，其力量所到，特有性反之不同耳。若相傳學脈，則千古一理，萬聖一心，不可得而異也。時至春秋，聖君賢相不作，人心陷溺，功利横流，孔子以匹夫生於其時，力欲挽回之，故與羣弟子相與講明正學，惓惓焉惟以求仁爲至。夫仁，人心也，即心之生理也。其言曰：『夫仁者，己欲立而立人，己欲達而達人。』解之者曰：『仁者以天地萬物爲一體，手足痿痺即爲不仁。』此仁體之説也。當時在門之徒，如予、賜、由、求最稱高等，然或膠擾於事功，出入於聞見，孔子皆不許其爲仁。惟顔子請事竭才，直悟本體，故孔子贊易之後曰：『有不善，未嘗不知，知之未嘗復行，顔氏之子，殆庶幾焉！』此知行合一之功，孔門求仁宗旨也。孟子集義之説，因告子以仁爲内，是以己性爲有内也，以義爲外，是以己性爲有外也，故孟子專言集義。義者，心之宜，天理之公也。言集義，則此心天理充滿，而仁體全矣。大抵古人立言，莫非因病立方，隨機生悟，如言敬義，或止言敬，言忠恕，或止言恕。孔子答顔子問仁，專在復禮，至答仲弓，又言敬恕，要之莫非所以求仁也。至於大學之書，乃孔門傳授心法，析之則條目有八，合之則功夫一敬。蓋千古以來，人心只有此箇生理，自其主宰而言謂之心，自其發動而言謂之意，自其靈覺而言謂之知，自其著見而言謂之物，故心主於身，發於意，統於知，察於物，即是一時原無等待，即是一事原無彼此，此大學本旨也。家國天下莫非格物也，格致誠正莫非修身也，其實一也。朱子既以致知格物專爲窮理，而正心誠意功夫又條分縷析，且謂窮理功夫與誠正功夫各有次第，又爲之説以補其傳。其言曰：『人心之靈，莫不有知，天下之物，莫不有理，惟於理有未窮，故其知有未盡。』又曰：『心雖主乎一身，而實管乎天下之理，理雖散在萬事，而實不外乎吾之一心。』説者謂其一分一合之間，不免析心與理而二之。當時象山陸氏，嘗與反覆辨論，謂其求理於物，梏心於外，非知行合一之旨。兩家門人，各持勝心，遂以陸學主於尊德性，而疑其近於禪寂，朱學專於道問學，而疑其涉於支離。三百年間，未有定論。至我朝敬齋薛氏、白沙陳氏起，而知行合一之説，稍稍復明。世宗始以陸氏從祀孔庭，甚大惠也。正德、嘉靖間，陽明先生起，而與海内大夫學士講尋知行合一之旨。其後因悟大學、中庸二書，乃孔門傳心要法。故論大學，謂其『本末兼該，體用一致，格物非先，致知非後，格致誠正，非有兩功，修齊治平，非有兩事』。論中庸，則謂『中和原是一箇，不睹不聞，即是本體，戒慎恐懼，即是功夫。慎獨云者，即所謂獨知也。慎吾獨知，則天德王道，一以貫之，固不可分養静慎獨爲兩事也。』學者初聞其説，莫不詫異，既而反之吾心，驗之躬行，考之孔、孟，既又參之濂溪、明道之説，無不脗合。蓋人心本體，常虚常寂，常感常應，心外無理，理外無事，理即是心，理即是理。若謂致知格物爲窮理功夫，誠意正心又有一段功夫，則是心體有許多等級，日用功夫有許多次第，堯、舜、孔、孟先後相傳之學，果如是乎？至於致良知一語，又是先生平日苦心懇到，恍然特悟，自謂得千古聖人不傳之祕。然參互考訂，又却是學、庸中相傳緊語，非是懸空杜撰，自開一門户，自生一意見，而欲爲是以立異也。後來儒者不知精思反求，徒取必在物爲理之一語，至析心與理而二之。又謂『生而知之者義理耳，若夫禮樂名物，古今事變，亦必待學而知』。如此則禮樂名物，古今事變，與此心義理爲兩物矣。此陽明先生所以力爲之辨，而其學脈宗旨，與時之論者，委若冰炭黑白，此又不可强爲之説也。」

或曰：「陽明先生言知行合一，其説詳矣。其在六經，亦有不甚同處，不可不辨。傅説之告高宗曰：『非知之艱，行之惟艱。』是知在先，行在後。易繫曰：『乾以易知，坤以簡能。』是知屬乾，行屬坤。中庸言『未發』『已發』，亦屬先後，『生知』『學知』，『安行』『利行』，亦有等級。大學『物有本末，事有終始，知所先後，則近道矣』。凡如此説，皆可例推。今陽明先生却云『知之真切篤實處，即是行；行之精察明覺處，即是知。』如此是知行滚作一箇，更無已發未發，先後次第，與古先哲賢亦是有間。又如程子以格物爲窮理，易繫亦言『窮理盡性以至於命』，今陽明言格致誠正原是一事，而極言格物窮理之説，似爲支離。其説可得聞歟？」予曰：「自天地生物以來，惟人也得其秀而最靈。所謂靈者，即吾心之昭明靈覺，炯然不昧者也。人自孩提以來，即能知愛知敬。夫知愛知敬，即良知也。知愛而愛，知敬而敬，即良能也。此謂不待慮而知，不待學而能也。極而至於參天貳地，經世宰物，以至通古今，達事變，亦莫不是循吾良知，充吾良能，非外此知能，而別有一路徑也。故曰：『大人者不失其赤子之心也。』此知行合一之原也。傅説所謂『非知之艱，行之惟艱』者，言人主一日之間，萬幾叢集，多少紛奪，多少牽引，非真能以天地萬物爲心，以敬天勤民爲事，則怠樂易生，生機易喪，非不知賢士大夫之當親，邪佞寵幸之當遠，而有不能親不能遠者欲奪之也。故爲人主者，惟在親賢講學，養成此心，知而必行，不爲邪佞摇惑，不爲寵倖牽引，乃爲知而能行，故曰『知之非艱，行之惟艱』。此傅説所以惓惓於高宗也。『乾以易知，坤以簡能』者，天地之氣，原是一箇，乾以一氣而知大始，有始則終可知，故曰易；坤以一氣而作成物，能成則始可見，故曰簡。若天地之氣，各自爲用，則感應不通，二氣錯雜，造化或幾乎息矣。人心之生理，即乾坤之生理也，率吾良知，則無所不知，故曰『易則易知』；率吾良能，則無所不能，故曰『簡則易從』。知者，知乎此也；能者，能乎此也，實一理也，故曰『易簡而天下之理得矣』。此又知行合一之旨也。中庸『未發』『已發』云者，言人心本體，常虚常寂，常感常應，未應不是先，故體即是用，已應不是後，故用即是體。後來儒者，正於此處看得不透，却去未發上做守寂功夫，到應事時，又去做慎動功夫，却是自入支離窠臼。明道云：『心一也，有指體而言者，寂然不動是也；有指用而言者，感而遂通天下之故是也。』周子恐人誤認中和作先後看，故曰：『中也者，和也，中節也，天下之達道也。』孟子指親親敬長爲達之天下，即達道之説也。親親敬長，良知也，達之天下，良能也，又何嘗有先後？李延平令學者看喜怒哀樂未發以前氣象，夫未發氣象，即孟子夜氣之説。若未發之中，原無氣象可言。譬之鏡然，置之廣室大衆之中，無所不照，未嘗有動也；收之一匣之内，照固自在，未嘗有寂也。陽明先生正恐人於此處未透，故其答門人曰：『未發之中，卽良知也，無前後内外，而渾然一體者也。有事無事，可以言動静，而良知無分於有事無事也。寂然感通，可以言動静，而良知無分於寂然感通也。動静者，所遇之時，心之本體，固無分於動静也。從欲則雖槁㊀心一念，而未嘗静也。有事而感通，固可以言動，然而寂然者，未嘗有增也；無事而寂然，固可以言静，然而感通者，未嘗有減也。』其言發明殆盡矣。

『生知』『安行』『學知』『利行』等語，乃就人品學問力量上看，譬之行路者，或一日能百里，能六七十里，能三四十里，其力量所到，雖有不同，然同此一路，非外此路而别有所知也，同此一行，非外此行而别有所行也。但就知而言，則有生知、學知、困知不同，就行而言，則有安行、利行、勉行不同，故曰『及其知之與其成功一也』，又何嘗截然謂知與行爲兩事哉！大學『本末』『終始』『先後』等語，極爲分曉。蓋此心本體，卽至善之謂。至善者，心之止處。易曰：『艮其止，止其所也。』學問功夫，必先知吾至善所在，看得分曉，則生意流動，曲暢旁通，定静安慮，自然全備，易所謂『知至至之，可與幾也；知終終之，可與存義也』，亦是此意。先儒所謂『知止爲始，能得爲終』，言一致也。從生天生地生人以來，只是一箇生理，由本達末，由根達枝，亦只是此箇生理。先儒謂『明德爲本，親民爲末』，本卽體也，末卽用也，民者對己而言。此身無無對之時，亦無無用之體。體常用也，民常親也。明德者，心之體也，親民者，明德之用也，如明明德以事父，則孝之德明，明明德以事君，則忠之德明。此本末之説，一以貫之。陽明先

㊀「槁」原作「稿」，據賈本改。

生辨之已詳，若夫『知所先後，則近道矣』二句，其義最精。夫率性之道，徹天徹地，徹古徹今，原無先後，聖人全體，此心通乎晝夜，察乎天地，亦無先後可言。吾人心體與聖人何常有異，惟落氣質以後，則清濁厚薄迥然不同。氣禀既殊，意見自分，仁者見之謂之仁，知者見之謂之知，百姓則貿貿焉日用不知，而君子之道鮮矣。大學，一書，發明明德親民，止於至善。所謂至善者，卽本然之良知，而明德親民之極則也。是良知也，至虛至靈，無古今，無聖愚，一也。故意念所動，有善有不善，有過有不及，而本體之知，未嘗不知也。吾人但當循吾本然之良知，而察乎天理人欲之際，使吾明德親民之學，皆從真性流出，真妄錯雜，不至混淆，如此而後，可以近道。道卽率性之道也。苟或不知真性一脈，而或入於空虛，或流於支離，如二氏五霸，其失於道也遠矣。中庸所謂『知遠之近，知風之自，知微之顯，可以入德』。意正如此。孔門作大學，而歸結在於『知所先後』一語，雖爲學者入手而言，然知之一字，則千古以來學脈，惟在於此。此致良知之傳，陽明先生所以喫緊言之。故曰：『乃若致知，則存於心悟，致知焉盡矣。』若易言『窮理盡性以至於命』，非所謂窮至事物之理之謂也。理也、性也、命也，一也。明道云『只窮理便盡性至命』，窮字非言考索，卽窮盡吾心天理之窮。故窮仁之理，則仁之性盡矣。窮義之理，則義之性盡矣。性，天之命也，窮理盡性，則至命也，所謂知天地之化育也。且格物窮理之說，自程、朱以至今日，學者孰不尊而信之？今朱子或問具在，試取其說而論之。如云：『大學之道，先致知而後誠意。』夫心之所發爲意，意之所在爲物，今曰『先致知而後誠意』，則所知者果何物耶？物果在於意之外耶？又曰：『惟其燭理之明，乃能不待勉强而自樂循理。』夫不待勉强而自樂循理，聖人之事也，豈誠意功夫又在循理之後耶？又云：『學莫先於正心誠意，欲正心誠意，必先致知格物。凡有一物，必有一理，窮而至之，所謂格也。格物亦非一端，如或讀書講明道義，或論古今人物，而別其是非，或應接事物，而處其當否，皆窮理也。』又曰：『窮理者，非必盡窮天下之理，又非止窮得一理便到，但積累多後，自當脱然有悟處。如窮孝之理，當求所以爲孝者如何。若一事上窮不得，且別窮一事，或先其易者，或先其難者，但得一道而入，則可以推類而通。』又謂：『今日格一物，窮一理，久則自然浹洽貫通，此伊川先生窮理格物之説也。』今試反之吾心，考之堯、舜精一之旨，與此同乎？異乎？夫人同此心，心同此理，理卽天理也。學者所以學乎此，心也。如讀書窮理，講論古今，豈是不由意念所發，輒去讀書講明古今之理？如事親從兄，豈是不由意念所發，輒去窮究事親從兄之理？或應接事物，而處其當否，不知舍意念，則何從應接？何從處得當否？又謂『今日格一物，明日窮一理』，則孔子所學功夫，自志學至於不踰矩，原是一箇，若必待盡窮事物之理，而後加誠正功夫，恐古人未有此一路學脈。且人每日之間，自雞鳴起來，便將何理去窮？何物去格？又如一日事變萬狀，今日〔一〕從二十以後，能取科第，入仕途，便要接應上下，躬理民社，一日之間，豈暇去格物窮理，方纔加誠正一段功夫？又豈是二十年以前，將理窮得盡，物格得到，便能做得好官，幹得好事？一如此想，便覺有未通處。若陽明先生論大學古本，則謂『身心意知物，一事也，格致誠正修，一功夫也。』何也？身之主宰爲心，故修身在於正心；心之發動爲意，故正心在於誠意；意之所發有善有不善，而此心靈明，是是非非，昭然不昧，故誠意在於致

〔一〕「日」字各本同。朱氏釋誤云：按文義應作「人」。

知;知之所在則謂之物,物者其事也,格,正也,至也,格其不正,以歸於正,則知致矣,故致知在於格物。詩云:『天生蒸民,有物有則。』孟子云:『萬物皆備於我。』夫大人之學,以天地萬物爲一體者也,故言物則知有所察,意有所用,心有所主,是不可以先後彼此分也。大學一書,直將本體功夫,一下説盡,一失俱失,一得俱得。先生大學或問一篇,發明殆盡,而世之論者,猶或疑信相半,未肯一洗舊聞,力求本心,以至今議論紛然不一。以愚測之,彼但謂致良知功夫,未免專求於内,將古人讀書窮理,禮樂名物,古今事變,都不講求,此全非先生本旨。大學有體有要,不先於體要,而欲從事於學,謬矣。譬之讀書窮理,何嘗不是。如我意在於讀書,則講習討論,莫非致知,莫非格物;我意在於事親,則温清定省,服勞奉養,莫非致知,莫非格物。故物格則知至,知至則意誠,意誠則心正,心正則身修,此孔門一以貫之之學也。至於伊川門人,晦翁晚年定論,亦悔其向來所著亦有未到,且深以誤己誤人爲罪,其答門人諸書可考也。亦疑格物之説非程子定論,具載大學或問中,是其説在當時已未免異同之議,非至今日始相牴牾也。」

或曰:「知行合一之説,則既聞教矣,先生又專提出致良知三字,以爲千古不傳之祕,何也?」予答之曰:「此先生悟後語也。大學既言格致誠正,中庸又專言慎獨。獨卽所謂獨知也。程子曰:『有天德便可語王道,其要只在慎獨。』意蓋如此。孔門之學,專論求仁,然當時學者各有從入,惟顏子在孔門力求本心,直悟全體,故易之復曰:『有不善未嘗不知,知之未嘗復行,顏氏之子,殆庶幾焉。』此致良知一語,蓋孔門傳心要訣也。何也?良知者,吾人是非之本心也,致其是非之心,則善之真妄,如辨黑白,希聖希天,別無路徑。孔子云:『道二,仁與不仁而已。』出乎此則入乎彼。大學所謂誠意,中庸所謂慎獨，皆不外此。此致良知之學，先生所以喫緊語人，自以爲入聖要訣，意固如此。吾輩當深思之。」

或曰：「陽明之學既自聖門正脈，不知卽可稱聖人否？」予答之曰：「昔人有問程子云：『孟子是聖人否？』程子曰：『未敢便道他是聖人，然學已到至處。』先生早歲以詩文氣節自負，既有志此學，乃盡棄前業，確然以聖人爲必可至，然猶未免沿襲於宋儒之理語，浸淫於二氏之虛寂。龍場之謫，困心衡慮，力求本心，然後真見千古以來人心，只有此箇靈靈明明，圓圓滿滿，徹古今，通晝夜，無内外，兼動静，常虛常寂，常感常應之獨知真體。故後來提出致良知三字，開悟學者。竊謂先生所論學脈，直與程子所謂『已到至處』，非過也。」

或曰：「子謂我朝理學，薛、陳、王三公開之，然其學脈果皆同歟？」予答之曰：「三子者，皆有志於聖人者也。然薛學雖祖宋儒居敬窮理之説，而躬行實踐，動準古人，故其居身立朝，皆有法度，但真性一脈，尚涉測度。若論其人品，蓋司馬君實之流也。白沙之學，得於自悟，日用功夫，已見性體，但其力量氣魄，尚欠開拓。蓋其學祖於濂溪，而所造近於康節也。若夫陽明之學，從仁體處開發生機，而良知一語，直造無前，其氣魄力量似孟子，其斬截似陸象山，其學問脈絡蓋直接濂溪、明道也。雖然，今之論者，語薛氏則合口同詞，語陳王則議論未一，信乎學術之難明也已。」

或曰：「陽明之學，吾子以爲得孔門正脈，是矣。然在當時，其訾而議者不少，至於勦擒逆濠，其功誠大矣。然至今尚憎多口，此何故也？」予答之曰：「從古以來，忌功妒成，豈止今日？江西之功，先生不顧覆宗滅族，爲國家當此大事，而論者猶不能無忌心。奉天之變，德宗歎河北二十四郡，無一忠義應者。當時非顔魯公兄弟起，則唐社稷危矣。宸濠蓄謀積慮，藉口内詔，左右親信，皆其心腹。其後乘輿親征，江彬諸人，欲挾爲變。先生深機曲算，内戢凶倖，外防賊黨，日夜如對勁敵。蓋先生苦心費力，不難於逆濠之擒，而難於調護乘輿之輕出也。其後逆濠伏誅，乘輿還京，此其功勞，誰則知之？當其時，内閣銜先生歸功本兵，遂扼其賞，一時同事諸臣，多加黜削，卽桂公生長江西，猶横異議。近來好事之徒，又生一種異論，至以金帛子女議公，此又不足置辨。先生平日輕富貴，一死生。方其疏劾逆瑾，備受箠楚，間關流離，幾陷不測。彼其死生之不足動，又何金帛子女之云乎哉！甚矣，人之好爲異論，而不反觀於事理之有無也！善乎司寇鄭公之言曰：『王公才高學邃，兼資文武，近時名卿，鮮能及之，特以講學，故衆口交訾。蓋公功名昭揭，不可蓋覆，惟學術邪正，未易詮測，以是指斥，則讒説易行，媢心稱快耳。今人咸謂公異端，如陸子静之流。嗟乎！以異端視子静，則游、夏純於顔、曾，思、孟劣於雄、況矣。今公所論敍古本大學、傳習録諸書具在，學者虚心平氣，反覆融玩，久當見之。』嗟乎！使鄭公而愚人也則可，鄭公而非愚人也則是，豈非後世之定論哉！」

或曰：「近聞祠部止擬薛文清公從祀，王、陳二公姑俟論定，何也？」予答之曰：「當時任部事者，不能素知此學，又安能知先生？孔子，大聖也，其在當時，羣而議者，奚啻叔孫武叔輩。孟子英氣下視千古，當時猶不免傳食之疑。有明理學，尚多有人，如三公者，則固傑然者也。乃欲進薛而遲於王、陳，其於二公又何損益？陸象山在當時皆議其爲禪，而世宗朝又從而表章之。愚謂二公之祀與否，不足論，所可惜者，好議者之不樂國家有此盛舉也。」

徵君鄧潛谷先生元錫

鄧元錫字汝極，號潛谷，江西南城人。年十三，從黃在川學，喜觀經史，人以爲不利舉業，在川曰：「譬之豢龍，隨其所嗜，豈必膏粱耶？」年十七，卽能行社倉法，以惠其鄉人。聞羅近溪講學，從之遊。繼往吉州，謁諸老先生，求明此學，遂欲棄舉子業。大母不許。舉嘉靖乙卯鄉試。志在養母，不赴計偕。就學於鄒東廓、劉三五，得其旨要。居家著述，成五經繹、函史。數爲當路薦舉，萬曆壬辰，授翰林待詔，府縣敦趣就道。明年，辭墓將行，以七月十四日卒於墓所，年六十六。

時心宗盛行，謂「學惟無覺，一覺無餘蘊，九思、九容、四教、六藝，桎梏也。」先生謂：「九容不修，是無身也；九思不慎，是無心也。」每日晨起，令學者靜坐收攝放心，至食時，次第問當下心體，語畢，各因所至爲覺悟之。先生之辨儒釋，自以爲發先儒之所未發，然不過謂本同而末異。先儒謂：「釋氏之學，於敬以直內則有之矣，義以方外則未之有也。」又曰：「禪學只到止處，無用處。」又曰：「釋氏談道，非不上下一貫，觀其用處，便作兩截。」先生之意，不能出此，但先儒言簡，先生言潔耳。

論學書

近世心宗盛行，說者無慮歸於禪乘。公獨揭天命本然純粹至善爲宗，異於諸法空相；以格物日可見之行，以有物有則爲不過物之旨，異於空諸所有。此公深造獨得之旨，而元錫竊自附於見知者也。

今改而曰：「蕩清物欲。」竊以爲，物不可須臾離。誠者，物之終始，內而身心意知，外而家國天下，無非物者，各有其則。九容、九思、三省、四勿皆日用格物之實功，誠致行之，物欲自不得行乎其中，此四科、六藝、五禮、六樂之所以教也。

曲禮稱：「敖不可長，欲不可縱。」敖欲即物，不可長不可縱，即物之則，不長敖縱欲，即不過乎物則。去欲固格物中之一事。以上復許敬菴。

心之著於物也，神爲之也。心之神，上炎而外明，猶火然，得膏而明，得薰而香，得臭腐而羶，故火無體，著物以爲體。心無形，著物以爲形，而其端莫大於好惡。物感於外，好惡形於內，不能內反，則其爲好惡也作，而平康之體微。故聖門之學，止於存誠，精於研幾。幾者，神之精而明，微而幽者也，非逆以知來，退以藏往，未之或知也。孔門之論性曰「至善」，論幾曰「動之微」，言好惡不作，則無不康也，無不平也。神凝而定，知止而藏，又何感應之爲累矣。夫浮由氣作，妄緣見生者也。氣之善者十之五，見之善者十之三，神爲氣揚，知隨見流，譬諸觀火乎，目熒熒而心化矣。故神不浮則氣歸其宅，見不執則知反其虛。古人所以日兢兢於克己、舍己、擇中、用中，而不能自已也。報萬思默。

古學平易簡實，不離日用，「誠明」二字，實其樞紐。近裏著己，時時從獨覺處著察，俾與古人洞無間隔。

承諭「學不分內外寂感，渾然天則」，此極則語。第云「默自檢點，內多遷移」，雖吾丈檢身若不及之誠，而以真性未悟，真功未精爲疑，定猶惑於近學。謂「一悟皆真」，亦狃㊀於故學，爲功深始得耶？又

㊀「狃」原作「紐」，據賈本、備要本改。

云：「過此一關，想有平康之路，」似猶懸臆。竊意平康之體，卽所謂無内外寂感，渾然無間，近在目前，不可得離者。而人心之危，無時無鄉，卽在上聖，猶之人也，則心猶之人，何能無遷移過則矣乎？惟在上聖，精一之功，一息匪懈，而所爲學者，又精之一之，無一息離乎平康正直之體，故内外寂感，渾然一天，纔有流轉，自知自克。此古人所以死而後已者也。一息懈者肆矣，安肆日偷，於平康之則遠矣。則平康實際，固非可一悟皆真，平康本體，又豈緣功深而得耶？以上寄王秦關書。

昔東廓先生以先公墓表詣陽明公，而虔州夜雪，渙然仁體，以爲世儒宗。今我公以先公墓石詣敬菴公，而苕溪暑雨，淪浹深至，當必有相觀一笑者。答張親屏書。

辱諭又復於儒釋異同之辨，開示覺悟，厚幸，厚幸！自釋氏之説興，而辨之者嚴，且千數百年於此矣，則聖學不明之過也。聖學之不明者，由於不擇而不精。彼其爲道，宏闊勝大；其爲言，深精敏妙；其爲實，日用平等；其爲虛，交融徧徹；其爲心，十方三界；其爲教，宏濟普度。漢拾其苴，晉揚其瀾，入唐來，遂大發其窔奧。世之爲儒學者，高未嘗扣其閫奧，卑未嘗涉其藩籬。其甚者，又陽攻其名，而陰攘其實。宜拒之者堅，而其爲惑，滋不可解也。是故昌黎韓子推吾道於仁義，而斥其教以爲不耕不蠶，不父不君，有衛道功矣。考亭朱子則謂「以粗而角精，以外而角内，固無以大厭其心也。」至其卓然自信於精一不惑者，代不數人，而約之數端，有以爲主於經世，主於出世，而判之以公私者矣。有以爲吾儒萬理皆實，釋氏萬理皆虛，而判之以虛實者矣。有以爲釋氏本心，吾儒本天，而判之以本天本心者矣。有以爲妄意天性，不知範圍天用，以六根之微，因緣天地，而誣之以妄幻者矣。有以爲厭生死，惡輪廻，而求所謂脱離，棄人倫，遺事物，而求明其所謂心者矣。是舉其精者内者，以剖析摘示，俾人不迷於所向，而深於其道者，亦卒未能以終厭其心也。夫聖人之學，惟至於盡性至命，天下國家者，皆吾性命之物，修齊治平者，皆吾盡性至命中之事也。不求以經世，而經世之業成焉，以爲主於經世，則有意矣。佛氏之學，惟主於了性明心，十方三世者，皆其妙覺性中之物，慈悲普度者，皆其了性命中之事也。無三界可出，而出世之教行焉，以爲主於出世，則誣矣。吾儒理無不實，而無方無體，易實言之；「無聲無臭」，詩實言之。則實者，曷嘗不虚？釋氏理無不虚，而搬柴運水，皆見真如，坐卧行住，悉爲平等，則虚者，曷嘗不實？釋氏之所謂心，指夫性命之理，妙明真常，生化自然，圓融遍體者言之，卽所謂天之命也，直異名耳，而直斥以本心，不無辭矣。夫其爲妙明真常之心也，則天地之闔闢，古今之往來，皆變化出入於其間，故以爲如夢如幻，如泡如影，而其真而常者，固其常住而不滅者也。豈其執幻有之心，以起滅天地，執幻有之相，以塵芥六合也乎？其生死輪廻之説，則爲世人執著於情識，沈迷於嗜欲，頃刻之中，生東滅西，變現出没，大可憐憫，欲使其悟夫性命之本，無生死無輪廻者，而拔濟之，爲迷人設也。其棄人倫、遺事物之迹，則爲世人執著於情識，沈迷於嗜欲，相攻相取，膠不可解，故羣其徒而聚之，令其出家，以深明夫無生之本，而上報四恩，下濟三塗，如儒者之聚徒入山耳，爲未悟人設也。至於枯寂守空，排物逆機，彼教中以爲支辟；見玄見妙，靈怪恍忽，彼教中以爲邪魔，而儒者一舉而委之於佛。彼方慈憫悲仰，弘濟普度，而吾徒斥之以自私自利；彼方心佛中間，泯然不立，而吾徒斥之以是内非外。卽其一不究其二，得其言不得其所以言，彼有啞然笑耳，又何能大厭其心乎？乃其毫釐千里之辨，則有端矣。蓋道合三才而一之者也，其體盡於陰陽而無體，故謂之易；其用盡於陰陽而無方，故謂之神。其燦然有理，謂之理；其粹然至善，謂之性；其沛然流行，謂之命。無聲無臭矣，而體物不遺；不見不聞矣，而莫見莫顯。是中庸之所以爲體，異教者欲以自異焉而不可得也。聖人者知是道之盡於心，是心若是其微也。知此而精之之謂精，守此而固之之謂一，達此於五品、五常、百官、萬務之交也，之謂明倫，之謂察物。變動不拘，周流六虛矣，而未始無典常之可揆；成文定象，精義利用矣，而未始有方體之可執。故無聲無臭，無方無體者，道之體也。聖人於此體未嘗一毫有所增，是以能立天下之大本。有物有則，有典有禮，道之用也。聖人於此體未嘗一毫有所減，是以能行天下之達道。立大本，行達道，是以能盡天地人物之性，而與之參。易象其理，詩、書、禮、樂、春秋致其用，猶之天然，上天之載，無聲無臭，而四時百物，自行自生也。故窮神知化，而適足以開物成務，廣大悉備，而不遺於周旋曲折，幾微神明，而不出於彝常物則，三至三無而不外於聲詩禮樂。上智者克復於一日，夕死於朝聞，而未始無密修之功。中下者終始於典學，恒修於困勉，而未始無貫通之漸。同仁一視，而篤近以舉遠，汎愛兼容，而尊賢以尚功。夫是以範圍不過，曲成不遺，以故能建三極之大中。釋氏之於此體，其見甚親，其悟甚超脱敏妙矣。然見其無聲臭矣，而舉其體物不遺者，一之於無物；見其無睹聞矣，而舉其生化自然者，一之於無生。既無物矣，而物之終不可得無者，以非有非無，而一之於幻妄；既無生矣，而生之終不可得盡者，以爲不盡而盡，而一之於滅度。明幻之爲幻，而十方三界，億由旬劫者，此無生之法界也。明生之無生，而胎卵濕化，十二種生者，此無生之心量也。弘濟普度者，此之謂濟也；平等日用者，此之謂平也；圓覺昭融者，此之謂覺也。雖其極則至於粟粒之藏真界，乾屎橛之爲真人，噓氣舉手，瞬目揚眉，近於吾道之中庸，而吾學之道中庸者，終未嘗以庸其慮。雖其授受至於拈花一笑，棒喝交馳，擬議俱泯，心行路絶，近於聖門之一唯，而吾學之盡精微者，終未嘗以攖其心。雖其行願至於信住廻向，層次階級，近於聖門之積累，而聖門之詩、書、禮、樂經緯萬古者，終未嘗一或循其方。雖其功德至於六度萬行，普濟萬靈，近於聖門之博愛，而聖門之九經三重範圍曲成者，終未嘗一以研諸慮。蓋悟其無矣，而欲以無者空諸所有；悟其虛矣，而欲以虛者空諸所實。欲空諸所有，而有物有則，有典有禮者，不能不歸諸幻也。欲空諸所實，而明物察倫，惇典庸禮者，不能不歸諸虛也。故其道虛闊勝大，而不能不外於倫理；其言精深敏妙，而不能開物以成務。文中子曰：「其人聖人也，其教西方之教也，行於中國則泥。」誠使地毀中土，人集靈聖，神迹怪異，理絶人區，威證明顯，事出天表，信如其書之言，然後其教可得而行也。今居中國之地，而欲行西方之教，以之行己，則髠髮緇衣，斥妻屏子，苦節而不堪，矯異而難行也。然且行之，斯泥矣。以之處物，則久習同於初學，毁禁等於持戒，衆生齊於一子，普濟極於含靈，必外於斯世而生，而後其説可通也。處斯世斯生，而欲以其説通之，斯泥也。以之理財，則施舍盛而耕桑本業之教荒。以之用人，則賢否混而舉錯命討之防失。以之垂訓，則好大不經，語怪語神，荒忽罔象之教作。烏往而不泥哉？今所居者中國，堯、舜、禹、湯、文、武之所立也；所業者六經，堯、舜、禹、湯、文、武之所作，周公、仲尼之所述也。所與處者人倫庶物，堯、舜、禹、湯、文、武、周、孔之所修而明也。乃欲信從其教而揚詡之，亦爲誕且惑矣。況吾之修身格致，以研精而不離明體誠正，以守一而不違行願。懲忿窒慾，以去損而非有所減，遷善改過，以致益而非有所增。愛惡不與以己，而何有憎愛？視聽一閑以禮，而何有淨染？精義至於入神，理障亡矣；利用所以崇德，事障絶矣。孝弟通於神明，條理通於神化，則舉其精且至者，不旁給他借而足，又何必從其教之爲快哉？僕少而局方，壯未聞道，達者病其小廉，曠者誚其曲謹，約者病其泛涉，乃中心恒患其有惑志也。其於釋宗何啻千里，而欲抽關鍵於眇微，析異同於疑似，衹見其不知量也。然爲是縷縷者，念非執事，無以一發其狂言。論儒釋書。

學自宋嘉定來，岐窮理居敬爲二事。而知行先後之辨，廉級已嚴，令學者且謂「物理必知之盡，乃可行也」。便文析説之儒，爭支辟，析句字爲窮理，而身心罔措。於是，王文成公實始悟「知後非知」，卽本心良知爲知，「踐迹非行」，得本心真知爲行。而尚書增城湛公，本師説以「勿忘勿助」爲心之中正，爲天理自然，隨處體認之也。人士洗然，内反其視聽而學焉者，薄典訓，卑修省，一比於己歎，蓋歆之也。

高公學南太學時，二先生説盛行。增城官南中太宰，稱湛氏學。公往造業投刺，見閽者擲筆抵掌歎，蓋歆之也。問焉，指尺牘曰：「是赫蹏所請，請書地直，累千金者也。」公曰：「亟反吾刺，是於所謂天理何居乎？」不見而反。王門高第弟子，官郎署，名王氏學有聲，公造焉。於彈碁時，得其人慧而多機。退歎曰：「郎多機而慧，名良知，弊安所極哉！」亦竟謝不復往。於是就高陵吕先生於奉常邸學焉。

常存戒慎恐懼，則心體自明；勿任意、必、固、我，則物宜自順。

問「知」，曰「先自知」。問「仁」，曰「先自愛」。問「勇」，曰「先自强」。而以無自欺爲致知，如惡惡臭、如好好色爲格物，尤吾黨所未發，立本深矣。

餘姚之論，信本心之知已過，故增城以爲空知。增城以勿忘勿助之間卽爲天理，故餘姚以爲虚見。然餘姚言致知，未嘗遺問思辨行，專之者過，遂以爲空知。增城言勿忘勿助時，天理自見，語固未嘗不確也。蓋權衡已審，而世有求端於一悟，謂卽悟皆真，有觀察卽爲外馳，有循持卽爲行仁義，則痛闢之以爲蔽陷虚蕩，妨教而病道。以上王稚川行狀。

徵君章本清先生潢

章潢字本清，南昌人。幼而穎悟，張本山出「趨庭孔鯉曾從詩、禮之傳」句，卽對「大學曾參獨得明新之旨」。十三歲，見鄉人負債縲絏者，惻然爲之代償。與萬思默同業舉，已而同問學。有問先生，近日談經不似前日之煩者，先生曰：「昔讀書如以物磨鏡，磨久而鏡得明；今讀書如以鏡照物，鏡明而物自見。」搆洗堂於東湖，聚徒講學。聘主白鹿洞書院。甲午，廬陵會講，有問「學以何爲宗」？曰：「學要明善誠身，只與人爲善，便是宗。」又問：「善各不齊，安能歸併一路？」曰：「繼善成性，此是極歸一處，明善明此也。如主敬窮理，致良知，言各不同，皆求明性善之功，豈必專執一説，然後爲所宗耶？」又問：「會友如何得力？」曰：「將我這箇身子，公共放在大爐冶中，煅煉其習氣，銷鎔其勝心，何等得力？」入青原山，王塘南曰：「禪宗欲超生死，何如？」曰：「孔子朝聞夕死，周子原始反終，大意終始皆無，便是儒者超生死處。」鄒南皋曰：「今之學者，不能超脱生死，皆緣念上起念，各有牽絆，豈能如孔子之毋意、必、固、我。」曰：「意、必、固、我，衆人之通患，毋意、必、固、我，賢者之實功。孔子則並此禁止而絶之矣。」御史吴安節疏薦，少宰楊止菴奏授順天儒學訓導。萬曆戊申，年八十二卒。所著圖書編百二十七卷。先生論止修則近於李見羅，論歸寂則近於聶雙江，而其最諦當者，無如辨氣質之非性，離氣質又不可覓性，則與蕺山先師之言，若合符節矣。

章本清論學書

象山言：「宇宙便是吾心，吾心便是宇宙，四海百世有聖人出焉，此心皆同。」甚喜吾心得同聖人，而作聖之功，亦易爲力。於是舉日用之功，惟從心所欲。既而覺師心之非也，始悟孔子之從心所欲，有矩在焉，始悟象山所謂聖無不同者，不徒曰心，而曰理，指盡心之聖人而言之也。今吾未識真心，何敢遽同於往聖。往聖諄諄教人辨危微存亡之機，求明此理之同然者，以自盡焉耳，然而未易辨也。心之廣大，舉六合而無所不包，虎豹豺狼，莫非生意，而慈悲普度，雖摩頂放踵，在所必爲，皆心之廣大也。心之精微，析萬殊而無所不入，垢穢瓦礫，莫非妙道，而探索隱僻，雖鉤玄鏤塵，剖析虛空，皆心之精微也。心之神明，千變萬化，而無所不用，縱横翕張，莫非圓機，而與世推移，雖神通妙解，倏忽流轉，皆心之靈變也。天理人欲，同行異情，焦火凝冰，變幻靡定。雖曰觀諸孩提之愛敬，人生之初，其心本無不善，觀之行道，乞人不受嘑蹴，梏亡之後，本心未泯，不知此乃聖賢多方引誘，或指點於未喪之前，或指點於既喪之後，克念罔念，聖狂攸分，無非欲人自識其真心，以自存也。不然，人莫不爲孩提也，曾有漸長不爲物引習移者乎？乞人不受嘑蹴，曾有永保此心而勿喪者乎？近之論心學者，如之何競指衆人見在之心，卽與聖人同也？孔子之皜皜不可尚者，以濯之暴之而後有此也，乃遽以衆人見在之習心未嘗暴濯者，强同之立躋聖位，非吾所知也。

書曰：「惟皇上帝，降衷於下民，若有恒性。」是下民之恒性，卽上帝之降衷。孟子謂：「形色天性也。」是氣質卽天性也。孔子言：「有物有則。」卽形色天性之謂。性固合有無隱顯内外精粗而一之者也，後儒乃謂有氣質之性。夫人不能離氣質以有生，性不能外氣質以別賦也。謂氣卽性，性卽氣，渾然無別，固不可謂氣之外有性，性之外有氣，不免裂性與氣而二之，何怪其分天地之性，氣質之性，而自二其性哉！天地化生，游氣紛擾，參差萬殊，故人之所禀，清濁厚薄，亦因以異是。不齊者，氣質也，非氣質之性也。氣質有清濁、厚薄、强弱之不同，性則一也，能擴而充之，氣質不能拘矣。陽明子曰：「氣質猶器也，性猶水也，有得一缸者，有得一桶者，有得一甕者，局於器也。水不因器之拘，而變其潤下之性，人性豈因氣質之拘而變其本然之善哉！」是氣也，質也，性也，分言之可也，兼言之可也。謂氣質天性可也，謂氣質之性則非矣。謂人當養性以變化其氣質可也，謂變化氣質之性以存天地義理之性則非矣。

問：「止之云者，歸寂之謂乎？」曰：「於穆之體，運而不息，天之止也；宥密之衷，應而無方，人之止也。寂而未嘗不感，感而未嘗不寂，顯密渾淪，淵浩無際，故易以動静不失其時，發明止之義也，何可專以寂言耶？」曰：「以至善爲歸宿，果有方體可指歟？」曰：「人性本善，至動而神，至感而寂，虛融恢廓，本無外内顯微之間，而一有方所，非至善也。雖至善，乃天理之渾融，不可名狀，而性善隨人倫以散見，不待安排，隨其萬感萬應，各當天則，而一真凝然，無聚散無隱顯，自爾安所止也。」曰：「知一也，既云知止，又云知本，何也？」曰：「知爲此身之神靈，身爲此神之宅舍，是良知具足於身中，惟本諸身以求之，則根苗著土，自爾生意條達。故止卽此身之止於善，本卽此善之本諸身，止外無本，本外無止，一以貫之耳。」

「萬物皆備於我」，今之談者，必曰「萬物之理，皆備我之性」。「致知格物」，必曰「致吾心之知，窮在物之理」。不識聖賢著述，何爲各一理字，必待後人增之，而後能明其説也？易謂乾陽物，坤陰物，中庸「不誠無物」，亦將加一理字而後明乎？理一分殊，言各有攸當也。自物之本末言之，天下國家身心意知，物之分殊何如也？自事之終始言之，格致誠正修齊治平，事之分殊何如也？然合天下國家身心意知，而統之爲一物，合格致誠正修齊治平，統之爲一事，而事之先惟在格物，事物之理一爲何如也？且大學之道，探本窮源，惟在格物，而身爲物本，格物者，格此身也。壹是皆以修身爲本，聖賢垂訓，何其詳切簡明，一至此哉！諒哉！物一而已矣。無而未嘗無，有而未嘗有，一實而萬殊，萬分而一本。故一言以盡天地之道，曰「其爲物不貳，則其生物不測。」易曰：「乾知大始，坤作成物。」又曰：「復以自知。」復小而辨於物，合而觀之，知果一乎？否也。物果一乎？否也。知之與物一乎？否也。真信其體之一，則用自不容以不一，皆不待辨而自明矣。

天命之於穆不已也，人性之淵淵浩浩、不睹不聞也，欲從而形容之，是欲描畫虛空。而虛空何色象乎？雖然，虛空不可描畫矣。而虛空萬物之有無，不可以形容其近似乎？彼由太虛有天之名，則太虛卽天也，雷風雨雪亦莫非天也。雷風之未動，雨雪之未零，寂然杳然一太虛而已矣。時乎雷之震，風之噓，雨之潤，雪之寒，陰陽各以其時，不其沖然太和矣乎？自雷風雨雪之藏諸寂，謂之爲太虛也。太虛本含乎太和之氣，謂其本無此雷風雨雪，不可也。何也？及其有也，由太虛而出，非自太虛之外來也。自雷風雨雪之動以時，謂之爲太和也。太和卽寓於太虛之中，謂其始有此雷風雨雪，不可也。何也？方其無也，未嘗不太和，特不可以太和名也。是太虛之中，本自有太和者在，而太和之外，未嘗別有太虛者存。太虛太和名有不同，天則一而已矣，太虛太和亦一而已矣。可見喜怒哀樂一人性之雷風雨雪也，喜怒哀樂之未發，謂之中，非人之太虛乎？發皆中節，非人之太和乎？太虛之中，朕兆莫窺，而無一不包，無一非天；未發之中，沖漠無朕，而何一不備，何一非性乎？故未發非無也，特不可以有言也。雖由己之所獨知也，然默而識之，無形之可睹，無聲之可聞，亦廓然太虛而已矣。及一有所感，遇可喜而喜，遇可怒而怒，遇可哀而哀，遇可樂而樂，發雖在我，而一無所與。記曰：「哀樂相生。」正明目而視之，不可得而見也，傾耳而聽之，不可得而聞也。則是發非有也，特不可以無言也，盎然太和而已矣。是發與未發，皆自喜怒哀樂言，雖謂未發卽性之未發，發卽性之發焉，亦可也。若舍而別求未發之體，則惑矣。

言性之故，如故吾、故人、故物、故事，皆因其舊所有者言之也。仁義禮智，非由外鑠我也，我固有之也，是以故言性也。而故者以利爲本，何也？仁乃性之故也，乍見入井之怵惕，睨視之顙泚，而惻隱卽故之利也。義乃性之故也，乞人不受嘑蹴，妻妾相泣中庭，而羞惡卽故之利也。孩提之能，不待學慮，乃其性之故，莫不知愛敬其親長，卽其故之利也。雖牿亡之後，而夜氣之好惡相近，亦莫非其故之利也。惟其故之利，所以又曰：「乃若其情，則可以爲善矣。」情善才亦善，故之所以利也歟？是利之云者，自然而然，不容一毫矯强作爲於其間耳。順性而動則利，强性而動則不利而鑿矣。雖然戕賊杞柳，搏激乎水，其爲鑿易知也。至於性無善無不善，不有似於故之利乎？彼以無爲宗，并情才知能悉以爲流行發用而掃除之，是其鑿也更甚，夫不慮而知，非無知也，不學而能，非無能也。無欲其所不欲，如無欲害人之類是也。並欲立欲達而無之可乎？無爲其所不爲，如無爲穿窬之類是也。並見義而不爲焉可乎？行所無事，特無事智巧以作爲之云耳，并必有事焉而無之可乎？

指點本體，仁卽是心。指點功夫，義卽是路。一事合宜，卽此心之運用也，一時合宜，卽此心之流行也。然則事事合宜，非卽事事心在，而爲仁之體事不遺乎？時時合宜，非卽時時心在，而爲仁之與時偕行乎？

道之得名，謂共由之路也。南之粵，北之燕，莫不各有蕩平坦夷之途，而聖仁義之途，皆實地也。在賢智者，可俯而就，在愚不肖者，可企而及。愛親敬長，日用不知，而盡性至命，聖人豈能舍此而他由哉！此教之所以近，道之所以一也。若二氏既以虛寂認心性，因以虛寂爲妙道，曰「旁日月，挾宇宙，揮斥八極，神氣不變，日光明照，無所不通，不動道場，周遍法界」，直欲縱步太虛，頓超三界，如之何可同日語也？嘗觀諸天時，物皆在其包涵遍覆中也，然萬有異類矣，並育不相害，四時異候矣，並行不相悖，孰主張是？易曰：「乾知大始。」乾以易知，宜乎有知莫天若也。然天命本於穆也，天載無聲臭也，天之知終莫之窺焉，人獨異於天乎？故知一也，在耳爲聰，在目爲明，在心爲思、爲睿智也。聲未接於耳，聰與聲俱寂也，然聽五聲者聰也，雖既竭耳力，隨其音響，悉聽容之不淆焉，似乎聰之有定在矣。即此以反聽之，聰則畢竟無可執也。苟自以爲聰，執之以辨天下之聲，則先已自塞其聰，何以達四聰乎？色未交於目，明與色俱泯也，然見五色者明也，雖既竭目力，隨其形貌，悉詳睹之不紊焉，似乎明之有定方矣。即此以反觀之，明則畢竟無可象也。苟自以爲明，執之以察天下之色，則先已自蔽其明，何以明四目乎？思慮未萌，睿智與事物而俱斂矣，然神通萬變者思之睿也，雖竭心思，隨其事物以酬酢之而盡入幾微，似乎睿智有所定矣。即此以自反焉，睿則畢竟無可窺也。若自以爲睿，執之以盡天下之變，則先已自窒其思，何以無思無不通乎？

天地萬物之理，皆具此心，人之所以爲人，亦惟學存此心而已。心，寂而感者也，感有萬端而寂貞於一，是心之所以爲心，又惟寂而已。

學箴四條

一曰大學明德親民，止至善；中庸經綸立本，知化育。此是聖人全學，庶幾學有歸宿。

一曰虞廷危微精一，孔子操存舍亡。此是心學正傳，庶幾學有入路。

一曰顏子欲罷不能，曾子死而後已。此是爲學真機，庶幾不廢半塗。

一曰明道每思彝倫間有多少不盡分處，象山在人情物理事變上用功夫。此是爲學實地，庶幾不惑異端。

僉事馮慕岡先生應京

馮應京字大可㊀，號慕岡，盱眙人也。萬曆壬辰進士。授户部主事，改兵部。税監陳奉播惡楚中，朝議恐地方激變，移先生僉事，鎮武、漢、黄三郡。先生下車，約束邑令於學宫曰：「邑故無鑛，而每邑歲輸金四千餘緡，豈天降地出乎？吾以三尺從事矣。」於是邑令以無鑛移税監，税監雖怒而無以難也，即走鄖、襄以避先生。辛丑孟春，三司宴税監，陳奉兵舉砲，思洩怒於先生。百姓聚而噪之，奉黨鉤其聚者，殺傷百餘人。先生因疏奉不法九大罪，奉亦疏阻撓國課，惡語相加，詔遂逮先生下鎮撫司獄。三楚之民，叩闕鳴冤，哭聲震地，上不爲省。先生在獄四年，與同事司李何棟如、華珏講學不輟。甲辰始出，卒於家。先生師事鄒南臯，其拘幽書草，皆從憂患之際，言其得力。棟如字子極，號天玉，官至太僕寺卿，亦講學於廣陵，則先生之傳也。

㊀「大可」明史作「可大」。

明儒學案卷二十五　南中王門學案一

南中之名王氏學者，陽明在時，王心齊、黄五岳、朱得之、戚南玄、周道通、馮南江，其著也。陽明歿後，緒山、龍溪所在講學，於是涇縣有水西會，寧國有同善會，江陰有君山會，貴池有光岳會，太平有九龍會，廣德有復初會，江北有南譙精舍，新安有程氏世廟會，泰州復有心齋講堂，幾乎比户可封矣。而又東廓、南野、善山先後官留都，興起者甚衆。略載其論學語於後。其無語録可考見者附此。

戚賢字秀夫，號南玄。江北之全椒人。嘉靖丙戌進士。仕至刑科都給事中，以薦龍溪，失貴谿指，謫官致仕。陽明在滁州，南玄以諸生旅見，未知信向。其後爲歸安令，讀論學諸書，始契於心，遂通書受學。爲會於安定書院，語學者「千聖之學，不外於心，惟梏於意見，蔽於嗜欲，始有所失。一念自反，即得本心」。在京師會中，有談二氏者，即正色阻之。龍溪偶舉黄葉止兒啼公案，南玄勃然曰：「君是吾黨宗盟，一言假借，便爲害不淺。」龍溪爲之愧謝。南玄談學，不離良知，而意氣激昂，足以發之。

馮恩字子仁，號南江，華亭人。嘉靖丙戌進士。陽明征思、田，南江以行人使其軍，因束脩爲弟子。擢爲南道御史，劾都御史汪鋐、大學士張孚敬，下詔獄。會審，鋐執筆，南江立而庭辯，論死。其後減戍赦歸。

貢安國字元略，號受軒，宣州人。師南野、龍溪。主水西、同善之會。緒山與之書曰：「昔人言鴛鴦繡出從君看，莫把金鍼度與人。吾黨金鍼是前人所傳，實未繡得鴛鴦，卽曉曉然空持金鍼，欲以度人，人不見鴛鴦，而見金鍼，非徒使之不信，併願繡鴛鴦之心亦阻之矣。」後官山東州守，講學於志學書院。

查鐸字子警，號毅齋，涇縣人。嘉靖乙丑進士。爲刑科給事中。不悦於新鄭，外轉至廣西副使。學於龍溪、緒山，謂「良知簡易直截，其他宗旨，無出於是。不執於見卽曰虚，不染於欲卽曰寂，不累於物卽曰樂。無有無，無始終，無階級，俛焉日有孶孶，終其身而已」。

沈寵字思畏，號古林，宣城人。登嘉靖丁酉鄉書。官至廣西參議。師事受軒。受軒學於南野、龍溪而返，謂古林曰：「王門之學在南畿，盍往從之？」於是古林又師南野、龍溪。在閩建養正書院，在蘄黄建崇正書院。近溪立開元之會於宣州，古林與梅宛溪主其席。疾革，有問其胸次如何？曰：「已無物矣。」宛溪名守德，字純甫。官至雲南左參政。其守紹興時，重修陽明講堂，延龍溪主之。式祕圖楊珂之間，非俗吏也。

蕭彦號念渠，户部侍郎。謚定肅。涇縣人。師事緒山。

蕭良榦字以寧，號拙齋。仕至陝西布政使。師緒山、龍溪。水西講學之盛，蕭氏之力也。

戚袞字補之，號竹坡，宣城人。項城知縣。初及東廓、南野之門，已，受業龍溪。龍溪語之曰：「所謂志者，以其不可奪也。至於意氣，則有時而衰。良知者，不學不慮，自然之明覺，無欲之體也。吾人不能純於無欲，故有致知之功。學也者，復其不學之體也；慮也者，復其不慮之體也。故學雖博而守則約，慮雖百而致則一，非有假於外也。若見聞測識之知，從門而入，非良知之本然矣。吾人謹於步趨，循守方圓，謂之典要，致知之學，變動周流，惟變所適。蓋規矩在我，而方圓自不可勝用，此實毫釐之辯也。」竹坡往來出入，就正於師友者，凡七八年，於是始知意氣不可以爲志，聞識不可以爲知，格式不可以爲守。志益定，業益精，其及人益廣也。

張棨字士儀，號本靜，涇縣人。五歲口授諸書，卽能了了。夜聞雞聲，呼其母曰：「小學云：『事父母，雞初鳴，咸盥漱。』今鷄鳴矣，何不起？」母笑曰：「汝纔讀書，便曉其義耶？」曰：「便當爲之，豈徒曉焉而已？」南野爲司成，因往從之，累年不歸。繼從東廓、緒山、龍溪，歸而聚徒講學。以收斂精神爲切要，以對景磨瑩爲實功，以萬物一體爲志願，意氣眉睫之間，能轉移人心。

章時鸞號孟泉，青陽人。河南副使。學於東廓。

程大賓字汝見，號心泉，歙人。貴州參政。受學緒山。緒山謂之曰：「古人學問，不離七情中用功，而病痛亦多由七情中作。」

程默字子木，休寧人。廣州府同知。負笈千里，從學陽明。疾革，指六經謂其子曰：「當從此中尋我，莫視爲陳言也。」

鄭燭字景明，歙人。河間府通判。及東廓之門。人見其衣冠質朴，以爲率真者，曰：「率真未易言，先須識真耳。」

姚汝循字敍卿，號鳳麓，南京人。嘉靖丙辰進士。官終嘉定知州。近溪嘗論明德之學，鳳麓舉日說云：「德猶鑑也，匪翳弗昏，匪磨弗明。」近溪笑曰：「明德無體，非喻所及。且公一人耳，爲鑑爲翳，復爲磨者，可乎？」聞之遂有省，浸浸寤入。有妄子以陽明爲詬病，鳳麓曰：「何病？」曰：「惡其良知之說也。」曰：「世以聖人爲天授，不可學久矣。自良知之說出，乃知人人固有之，卽庸夫小童，皆可反求以入道，此萬世功也，子曷病？」

殷邁字時訓，號秋溟，留守衛人。歷官禮部侍郎。與何善山遊，與聞緒言，所著有懲忿窒慾編。

姜寶字廷善，丹陽人。歷官南禮部尚書。受業荆川之門。

孝廉黄五岳先生省曾

黄省曾字勉之，號五岳，蘇州人也。少好古文辭，通爾雅，爲王濟之、楊君謙所知。喬白岩參贊南都，聘纂遊山記。李空同就醫京口，先生問疾，空同以全集授之。嘉靖辛卯，以春秋魁鄉榜。母老，遂罷南宫。陽明講道於越，先生執贄爲弟子。時四方從學者衆，每晨班坐，次第請疑，問至卽答，無不圓中。先生一日徹領，汗洽重襟，謂門人咸隆頌陟聖，而不知公方釐理過，恒視坎途；門人擬滯度迹，而不知公隨新酬應，了無定景。作會稽問道録十卷。東廓、南野、心齋、龍溪，皆相視而莫逆也。陽明以先生筆雄見朗，欲以王氏論語屬之，出山不果，未幾母死，先生亦卒。錢牧齋抵轢空同，謂先生傾心北學，識者哂之。先生雖與空同上下其論，然文體竟自成一家，固未嘗承流接響也，豈可謂之傾心哉！傳習後録有先生所記數十條，當是採之問道録中，往往失陽明之意。然無如儀、秦一條云：「蘇秦、張儀之智也，是聖人之資，後世事業文章，許多豪傑名家，只是學得儀、秦故智。儀、秦學術，善揣摸人情，無一些不中人肯綮，故其説不能窮。儀、秦亦是窺見得良知妙用處，但用之於不善耳。」夫良知爲未發之中，本體澄然，而無人僞之雜，其妙用亦是感應之自然，皆天機也。儀、秦打入情識窠臼，一往不返，純以人僞爲事，無論用之於不善，卽用之於善，亦是襲取於外，生機槁滅，非良知也。安得謂其末異而本同哉？以情識爲良知，其失陽明之旨甚矣。

陳曉問性

陳曉問曰：「性可以善惡名乎？」曰：「不可。性猶命也，道也。謂之命也，命卽其名矣，不可以善惡言命也；謂之性也，性卽其名矣，不可以善惡言性也；謂之道也，道卽其名矣，不可以善惡言道也。道也者，不可須臾離也，可離非道也。孔子但以不可離言道，而未嘗以善惡也。是故君子戒慎乎其所不睹，恐懼乎其所不聞，明目傾耳，不可得而睹聞者也，而可名言之乎？上天之載，無聲無臭，是誠非睹聞可及也。故曰：『夫子之言性與天道，不可得而聞也。』言其所言，至精至微，仰高鑽堅，瞻前忽後，雖欲從之，末由也已。其不可得而聞者如此。非若文章然，威儀可瞻，文詞可聆，可得而聞者也。孔子之言性與天道，且不可得而聞，而儒家者流，兢兢然以善惡本原氣質種種諸名而擬議也，然而道心惟微，雖欲聞之，不可得而聞也，是以人心擬議之也。」曰：「然則性無善惡乎？」曰：「有善惡者，性之用也，豈特善惡而已矣。善之用，有萬殊焉，惡之用，有萬殊焉，皆性之用也，而不可以名性也。猶之陰陽之用，萬殊焉，皆天道之用也。剛柔之用，萬殊焉，皆地道之用也，而陰陽不可以名天，剛柔不可以名地也。仁義之用，萬殊焉，皆人道之用也，而仁義不可以名人也。善惡者，非用而不可得見者也，如天道寒暑雨暘之愆，地道山崩水溢之患也，皆用之而見焉者。何以有是也？順則善，逆則惡，生則善，尅則惡，不外二端而已，皆出乎所遭，不可以前定也。如二人之相語也，其語之相契也，頃刻而德之；其或語之相戾也，又頃刻而讐之。民之爲道，有恒産者有恒心，無恒産者無恒心，不可得而定者，故君子貴習，至於死而後已者也。習與性成，功在習，不在性也。若徒恃性所成也，何孔子曰『性相近也，習相遠也』？聖人兢兢焉，其重習也，言習善則善，習否則否也。世儒終身談性之善，而未嘗一措足於善，終身談性之無惡，而未嘗一時有離於惡，是性越南而習冀北也。天下之昧是久矣，予不得不申乎仲尼之說。」

長史周靜菴先生衝

周衝字道通，號靜菴，常之宜興人。正德庚午鄉舉。授萬安訓導，知應城縣，以耳疾改邵武教授，陞唐府紀善，進長史而卒，年四十七。陽明講道於虔，先生往受業。繼又從於甘泉。謂「湛師之體認天理，即王師之致良知也」。與蔣道林集師說，爲新泉問辨録。暇則行鄉射投壺禮，士皆斂衽推讓。吕涇野、鄒東廓咸稱其有淳雅氣象。當時王、湛二家門人弟子，未免互相短長，先生獨疏通其旨。故先生死而甘泉歎曰：「道通真心聽受，以求實益，其異於死守門户以相訾而不悟者遠矣。」

周靜菴論學語

存心爲爲學之要，知恥爲入道之機。

學以成身而已，其要只在慎獨。博約知行，皆慎獨功夫内事目也。

凡學須先有知識，然後力行以至之，則幾矣。

講學須脚踏實地，敬義夾持，此爲己規模大略。夫君子之學，終日終身，只此一事。蓋理不外乎一中，卽吾中正之心是已。無事時戒慎，照管吾中正之心而常存，有事時亦只戒慎，凡事循吾中正之心而不雜，是謂敬義夾持。心外無理，理外無事，學者知不可須臾離，又何患脚踏不實乎？

日用功夫，只是立志。然須朋友講習，則此意纔精健闊大，纔有生意。若三五日不得朋友相講，便覺微弱，遇事便會困，亦時會忘。今於無朋友相講之時，還只靜坐，或看書，或行動，凡寓目措身，悉取以培養此志，頗覺意思和適。然終不如講學時，生意更多也。

上蔡嘗問「天下何思何慮？」伊川云：「有此理，只是發得太早在。」學者功夫，固是必有事焉而勿忘，然亦須識得何思何慮底氣象。若不識得這氣象，便有正與助長之病。若認得何思何慮，而忘必有事焉工夫，恐又墜於無也。須是不滯於有，不墜於無方得。學者纔曉得做功夫，便要識認得聖人氣象。蓋認得聖人氣象，把作準的，乃就實地做功夫去，纔不會差。

事上磨鍊，一日之内，不管有事無事，只一意培養本原。若遇事來感，或自已有感，心上既有覺，安可謂無事？但因事凝心一會，大段覺得事理當如此，只如無事處之，盡吾心而已。

正學不明已久，不須枉費心力，爲朱、陸争是非。若其人果能立志，决意要如此學，已自大段明白了，朱、陸雖不辨，彼自能覺得。

明經朱近齋先生得之

朱得之字本思，號近齋，直隸靖江人。貢爲江西新城丞，邑人稱之。從學於陽明，所著有參玄三語。其學頗近於老氏。蓋學焉而得其性之所近者也。其語尤西川云：「格物之見，雖多自得，未免尚爲見聞所梏。雖脱聞見於童習，尚滯聞見於聞學之後，此篤信先師之故也。不若盡滌舊聞，空洞其中，聽其有觸而覺，如此得者尤爲真實。子夏篤信聖人，曾子反求諸己，途徑堂室，萬世昭然。」卽此可以觀其自得矣。

語録

董蘿石平生好善惡惡甚嚴，自舉以問陽明先生，曰：「好字原是好字，惡字原是惡字。」董於言下躍然。

董實夫問：「心卽理，心外無理，不能無疑。」陽明先生曰：「道無形體，萬象皆是形體；道無顯晦，人所見有顯晦。以形體言天地，一物也；以顯晦言人心，其機也。所謂心卽理者，以其充塞氤氲，謂之氣，以其脉絡分明，謂之理；以其流行賦畀，謂之命；以其禀受一定，謂之性；以其物無不由，謂之道；以其妙用不測，謂之神；以其凝聚，謂之精；以其主宰，謂之心；以其無妄，謂之誠；以其無所倚著，謂之中；以其無物可加，謂之極；以其屈伸消息往來，謂之易。其實則一而已。今夫茫茫堪輿，蒼然隤然，其氣之最粗者歟？稍精則爲日月星宿風雨山川，又稍精則爲雷電鬼怪草木花蘤，又精而爲鳥獸魚鼈昆虫之屬，至精而爲人，至靈至明而爲心。故無萬象則無天地，無吾心則無萬象矣。故萬象者，吾心之所爲也；天地者，萬象之所爲也。天地萬象，吾心之糟粕也。要其極致，乃見天地無心，而人爲之心。心失其正，則吾亦萬象而已；心得其正，乃謂之人。此所以爲天地立心，爲生民立命，惟在於吾心。此可見心外無理，心外無物。所謂心者，非今一團血肉之具也，乃指其至靈至明能作能知，此所謂良知也。然本無聲無臭無方無體，此所謂道心惟微也。此大人之學，所以與天地萬物一體也。一物有外，便是吾心未盡處，不足謂之學。」

問「喜怒哀樂」。陽明先生曰：「樂者心之本體也，得所樂則喜，反所樂則怒，失所樂則哀。不喜不怒不哀時，此真樂也。」

楊文澄問：「意有善惡，誠之將何稽？」陽明先生曰：「無善無惡者，格物也。」曰：「意固有善惡乎？」曰：「意者心之發，本自有善而無惡，惟動於私欲而後有惡也。惟良知自知之，故學問之要，曰『致良知』。」

或問「客氣」。陽明先生曰：「客與主對，讓盡所對之賓，而安心居於卑末，又能盡心盡力供養諸賓，賓有失錯，又能包容，此主氣也。惟恐人加於吾之上，惟恐人怠慢我，此是客氣。」

人生不可不講者學也，不可暫留者光陰也。光陰不能暫留，甚爲可惜！學不講，自失爲人之機，誠爲可恥！自甘無恥，自不知惜，老至而悔，不可哀乎！孔子曰：「學如不及，猶恐失之。」「朝聞道，夕死可矣。」旨哉！

或問「三教同異」。陽明先生曰：「道大無名，若曰各道其道，是小其道矣。心學純明之時，天下同風，各求自盡。就如此廳事，元是統成一間，其後子孫分居，便有中有傍。又傳，漸設藩籬，猶能往來相助。再久來，漸有相較相爭，甚而至於相敵。其初只是一家，去其藩籬，仍舊是一家。三教之分，亦只如此，其初各以資質相近處，學成片段，再傳至四五，則失其本之同，而從之者亦各以資質之近者而往，是以遂不相通。名利所在，至於相爭相敵，亦其勢然也。故曰：『仁者見之謂之仁，知者見之謂之知。』纔有所見，便有所偏。」

天地萬物之機，生生不息者，只是翕聚，翕聚不已，故有發散，發散是其不得已。且如嬰兒在母腹中，其混沌皮內有兩乳端，生近兒口，是兒在胎中翕而成者也，故出胎便能吸乳。

人之養生，只是降意火。意火降得不已，漸有餘溢，自然上升，只管降，只管自然升，非是一升一降相對也。降便是水，升便是火，參同契「真人潛深淵，浮游守規中」，此其指也。

或問「金丹」。曰：「金者至堅至利之象，丹者赤也，言吾赤子之心也。煉者，喜怒哀樂，發動處是火也。喜怒哀樂之發，是有物牽引，重重輕輕，冷冷熱熱，煅煉得此心端然在此，不出不入，則赤子之心不失，久久純熟，此便是丹成也。故曰：『貧賤憂戚，玉汝於成。動心忍性，增益不能。』此便是出世，此是飛昇沖舉之實。謂其利者，百凡應處，迎之而解，萬古不變，萬物不離，大人之心，常如嬰兒，知識不逐，純氣不散，則所以延年者在是，所以作聖者在是。故曰：『專氣致柔如嬰兒，清明在躬，志氣如神，嗜欲將至，有開必先。』所以知幾者在是，所以知天者在是。」

太虛浮雲，過化也。乾乾不息於誠，存神也。存神則過化矣，所過不化，不存神也。存神而過化，所以與天地同流。

此身之外，一絲一縷皆裝綴。故緊隨身不可須臾離者，貧賤也。或得或失者，富貴也。於其不可離者，必求離之，於其不可保者，必欲得之，此所以終身役役，卒歸於惡也。

三代教人，年未五十者，不得衣帛，未七十者，不得食肉，是天下莫非素縞也。今自嬰兒時便厚味華衣，豈知古人愛養生命之道。佛法戒殺，其徒不腥不錦，意正如此。若得天下知此風味，便省許多貨財，便有許多豐裕，息貪息爭，無限好處，雍熙之風，指日可見。惜乎欲重情勝，而不能從也。

往古聖人，立言垂訓，宗旨不同，只是因時立教，精明此性耳。堯、舜曰「中」，湯、文曰「敬」，蓋以中有糊塗之景，將生兩可之病，故以敬爲中，提省人，使之常惺惺也。敬則易流於有意，故孔子曰「仁」。仁易無斷，故孟子曰「仁義」。仁義流而爲假仁襲義，故周子曰「誠」。誠之景，乃本體無思無爲者也。人不易明，將流於訐直，故程子復以敬爲宗。敬漸流於孤陋，故朱子以致知補之。致知漸流於支離，故先師辨明聞見與良知，特揭良知爲宗。千古聖學之要，天地鬼神之機，良知二字盡之矣。

混沌開闢之説，亦是懸度，只是就一日晝夜昏明之間，便可見戌亥時，果人消物盡乎？但自古至今，生氣漸促，其醇氣之耗，智巧之深，終非古比。

或問「事物有大小，應之不能無取舍」。此正是功利之心，千駟萬鍾之取予，一念也。衆人在事上見，故有小大；聖人却只在發念處見，故不論事物之大小，一念不安，卽不忍爲，人無善可爲，只不可爲惡，有心爲善，善亦惡也。

尤西川紀聞

近齋説：「陽明始教人存天理，去人欲。他日謂門人曰：『何謂天理？』門人請問，曰：『心之良知是也。』他日又曰：『何謂良知？』門人請問，曰：『是非之心是也。』」

近齋言：「陽明云：『諸友皆數千里外來，人皆謂我有益於朋友，我自覺我取朋友之益爲多。』又云：『我全得朋友講聚，所以此中日覺精明，若一二日無朋友，志氣便覺自滿，便覺怠惰之習復生。』」又説：「陽明逢人便與講學，門人疑之。歎曰：『我如今譬如一箇食館相似，有客過此，喫與不喫，都讓他一讓，當有喫者。』」

近齋説：「陽明在南都時，有私怨陽明者，誣奏極其醜詆。始見頗怒，旋自省曰：『此不得放過。』掩卷自反，俟其心平氣和再展看。又怒，又掩卷自反。久之真如飄風浮靄，略無芥蔕。是後雖有大毀謗，大利害，皆不爲動。嘗告學者曰：『君子之學，務求在己而已，毀譽榮辱之來，非惟不以動其心，且資之以爲切磋砥礪之地，故君子無入而不自得，正以無入而非學也。』」近齋説：「陽明不自用，善用人。人有一分才也，用了再不錯，故所向成功。」近齋曰：「昔侍先師，一友自言：『覺功夫不濟，無奈人欲間斷天理何？』師曰：『若如汝言，功夫儘好了，如何説不濟。我只怕你是天理間斷人欲耳。』其友茫然。」近齋解格物之格，與陽明大指不殊，而字説稍異。予問：「曾就正否？」近齋歎曰：「此終天之恨也。」

一日與近齋夜坐，予曰：「由先生説没有甚麽。」曰：「没有甚麽呀！」近齋曰：「精粗一理，精上用功。」他日舉似，則曰：「本無精粗。」近齋曰：「三年前悟知止爲徹底，爲聖功之準。近六月中病卧，忽覺前輩言過不及與中，皆是汗漫之言，必須知分之所在，然後可以考其過不及與中之所在。爲其分之所當爲中也，無爲也。不當爲而爲者，便是過，便是有爲；至於當爲而不爲，便是不及，便是有爲。

恭節周訥谿先生怡

周怡字順之，號訥谿，宣州太平人。嘉靖戊戌進士。授順德推官，入爲吏科給事中。上疏劾相嵩，且言：「陛下日事禱祀，而四方水旱愈甚。」杖闕下，繫錦衣衛獄，歷三年。上用箕神之言，釋先生與楊斛山、劉晴川三人。未彌月，上爲箕神造臺，太宰熊浹極言不可，上怒，罷浹，而復逮三人獄中。又歷兩年，内殿災，上於火光中，恍惚聞神語令釋三人者，於是得釋。家居十九年。穆宗登極，起太常少卿。所上封事，刺及内侍，出爲山東僉事，轉南京司業，復入爲太常。隆慶三年十月，卒於家。年六十四。早歲師事東廓、龍溪，於傳習録身體而力行之。海内凡名王氏學者，不遠千里，求其印證。不喜爲無實之談，所謂節義而至於道者也。

尤西川紀聞

訥谿説：「陽明一日早起看天，欲有事，即自覺曰：『人方望雨，我乃欲天晴。』其自省如此。」

訥谿説：「東廓講學京師，一士人誚之曰：『今之講學者，皆服堯之服，誦堯之言，行桀之行者也。』東廓曰：『如子所言，固亦有之。然未聞服桀之服，誦桀之言，而行堯之行者也。如欲得行堯之行者，須於服堯之服，誦堯之言者求之。且不服堯之服，不誦堯之言，又惡在其行堯之行也？』士人愧服。」

訥谿謂司訓邵西林曰：「子憤士之不率教乎？譬諸津濟，遊人喧渡，則長年三老，艤舟受直，擇可而載。若野岸舟横，客行不顧，則招招舟子，豈容自已？凡教倦即是學厭。」

西川問學，曰：「信心。」

思不出位，是不過其則。

士有改行者，西川謂「初念未真」。曰：「不然，惟聖罔念作狂，君子小人，何常之有？」

當此世界，若無二三子，未免孤立無徒。

囚對

周子被罪下獄，手有梏，足有鐐，坐卧有梱，日有數人監之，喟然曰：「余今而始知檢也。手有梏則恭，足有鐐則重，卧坐有梱則不敢以妄動，監之衆則不敢以妄言，行有鐐則疾徐有節，余今而始知檢也。」

提學薛方山先生應旂

薛應旂號方山，武進人。嘉靖乙未進士。知慈谿縣，轉南考功，陞浙江提學副使。其鑒識甚精，試慈谿，得向程卷曰：「今科元也。」及試餘姚，得諸大圭卷，謂向程曰：「子非元矣，有大圭在。」已果如其言。先生爲考功時，寘龍溪於察典，論者以爲逢迎貴溪。其實龍溪言行不掩，先生蓋借龍溪以正學術也。先生嘗及南野之門，而一時諸儒，不許其名王氏學者，以此節也。然東林之學，顧導源於此，豈可没哉！

薛方山紀述

古之學者，知卽爲行，事卽爲學。今之學者，離行言知，外事言學。一念不敢自恕，斯可謂之修；一語不敢苟徇，斯可謂之直；一介不敢自汙，斯可謂之廉。

氣者所以運乎天地萬物者也。有清則有濁，有厚則有薄，窮則變，變則通，故一治一亂，皆非一日之積也。

聖人制命，賢者安焉，不肖者逆焉。

萬物皆備於我，不可以物爲非我也，然而有我則私矣。萬物皆具於心，不可以心爲無物也，然而有物則滯矣。

陰陽之氣，凝者爲石，流者爲水。凝者無變，信也；流者無滯，智也。孔惡其硜窒也，孟非其激逆也。信立而通則不窒矣，智運而正則不逆矣。

畫者象也，值其畫者變也。潛龍勿用者辭也，用其辭者占也。斯義不明，附會無不至矣。

時之汙隆，民之休戚，其幾安在哉？存乎士風之直與佞耳。

改過則長善矣，甘貧則足用矣。

治世之教也，上主之，故德一而俗同。季世之教也，下主之，故德二三而俗異。

義協則禮皆可以經世，不必出於先王；理達則言皆可以喻物，不必授之故典。

薛文清之佐大理，王振引之也。當時若辭而不往，豈不愈於抗而得禍乎？此崔後渠夢中所得之言。

古諸侯多天子繼別之支子，故不得犯天子以祭始祖；大夫多諸侯繼禰之支子，故不得犯諸侯以祭先祖。漢、唐以來，則無是矣。禮以義起，報宜從厚，今士大夫之家廟，雖推以祭始祖亦可也。

古者諫無官，以天下之公議，寄之天下之人，使天下之人言之，此其爲盛也。

副使薛畏齋先生甲㈠

薛甲字應登，號畏齋，江陰人也。嘉靖乙丑進士。授兵科給事中。劾方士邵元節，降湖廣布政司照磨。歷寧波通判，保定同知，四川、贛州僉事，副使。以忤相嵩，拾遺免。先生篤信象山、陽明之學，其言格物卽所以致知，慎獨卽所以存養，成物卽所以成己，無暴卽所以持志，與夫一在精中，貫在一中，約在博中，恕在忠中，皆合一之旨，此學之所以易簡也。先生曰：「古今學術，至於陽明漸爾昭融。天不假年，不能使此公縷析條分，以破訓詁之惑，用是學者雖略知領悟，而入之無從。區區不自量，妄意欲補其缺，會集所聞，總成一書，名曰心學淵源。冀傳之來世，以俟知者。」羲按，陽明之格物，謂致吾心良知之天理於事事物物，則事事物物皆得其理。意在於事親，則致吾良知於事親之物，去其事親之不正者，以歸於正。事親之物格，而後事親之知至。先生之格物，以感物爲格，不能感物，是知之不致。陽明以正訓格，先生以感訓格，均爲有病。何不以他經證之？意以知爲體，知以物爲體。毋自欺，良知也；好惡，物也。好惡至於自慊，則致之至於物矣。不忍堂下之牛，良知也，舉斯心而加諸彼，則致之至於物矣。蓋至於物，則此知纔非石火電光，所謂達之天下也。此正致之之法，與擴充同一義耳。格當訓之爲至，與『神之格思』同。二先生言正言感，反覺多此一轉。所致者既是良知，又何患乎不正不

㈠ 薛甲傳據賈本、備要本補。

感乎？

文集㊀

陸子之學，在「先立其大」，朱子之學，在「居敬窮理」。學者苟能存先立其大之心，而務朱子之功，則所謂居敬者，居之心也，所謂窮理者，窮之心也，則朱、陸合一矣。

論道者，須精且詳。精則理透，詳則意完。如惟精惟一之語，更建中建極，一貫性善，數聖賢發明，而理始徹。豈非精耶？又本之以六經，輔之以四子，而意始完。然則精與詳，信乎不可缺一也。若孟氏以後，歷千年而有象山，有陽明，可爲精矣，而享年不永，不獲有所著述以示後人，雖欲詳，不可得也。至於朱子，字字而議，句句而論，可詳矣，然改易大學，而以格物爲窮物之理，集義爲事事求合於義，則與義襲而取者，何以異耶？循此而求之，雖欲精亦不可得也。

致知格物之説，夫子傳之曾子，曾子傳之子思，而有「明善誠身」之論。所謂明善，即致知也；所謂誠身，即誠意也。雖不言感物，然獲上治民，悦親信友，乃其驗處，即格物也。至子思傳之孟子，則述師傳而備言之，而曰「至誠而不動者，未之有也」。則格物之爲感物，彰彰明矣。夫不能感物者，必其知有未致，致有未盡也。故孟子曰：「愛人不親反其仁，治人不治反其智，禮人不答反其敬。」反之者，致之也。此之謂致知在格物。

釋氏之説，欲使人離垢明心，其意未嘗不善也。然不知心即是理，理不離事，而過用其意。至欲遠

㊀ 薛甲文集據賈本、備要本補。

離事物以求心，則其勢必至於反性情，滅人倫，爲一切襲取之法。認其所謂漠然無情者爲心，至於中庸精微之妙，茫無所知，而誤以幻天地、絶人道者爲事。知者所宜原其意以通之，而約其過甚者以歸於中，亦歸斯受之之意也。

或問：「存心致知，有分乎？」曰：「致知乃所以存心也。」

明儒學案卷二十六 南中王門學案二

襄文唐荆川先生順之

唐順之字應德，號荆川，武進人也。嘉靖己丑會試第一。授武選主事。丁内艱。起補稽勳，調考功，以校對實録，改翰林編修。不欲與羅峰爲緣，告歸。羅峰恨之，用吏部原職致仕。皇太子立，選宫僚，起爲春坊司諫。上常不御朝，先生與念菴、浚谷請於元日皇太子出文華殿，百官朝見。上大怒，奪職爲民。東南倭亂，先生痛憤時艱，指畫方略於當事，當事以知兵薦之，起南部車駕主事。未上，改北部職方員外。先生至京，卽陞本司郎中，查勘邊務，繼而視師浙、直。以爲禦島寇當在海外，鯨背機宜，豈可懸斷華屋之下？身泛大洋，以習海路，敗賊於崇明沙。陞太僕少卿，右通政。未上，擢僉都御史，巡撫淮、揚。先生方勦三沙賊，江北告急，乃以三沙付總兵盧鏜，而擊賊於江北，敗賊姚家蕩，又敗賊廟灣，幾不能軍。先生復向三沙，賊遁至江北。先生急督兵過江蹙之，賊漸平。會淮、揚大祲，賑饑民數十萬。行部至泰州，卒於舟中，庚申四月一日也。年五十四。先生晚年之出，由於分宜，故人多議之。先生固嘗謀之念菴，念菴謂：「向嘗隸名仕籍，此身已非己有，當軍旅不得辭難之日，與徵士處士論進止，是私此身也。兄之學力安在？」於是遂決。龜山應蔡京之召，龜山徵士處士也，論者尚且原之，况於先生乎？

初喜空同詩文，篇篇成誦，下筆即刻畫之。王道思見而歎曰：「文章自有正法眼藏，奈何襲其皮毛哉！」自此幡然取道歐、曾，得史遷之神理，久之從廣大胸中隨地涌出，無意爲文而文自至。較之道思，尚是有意欲爲好文者也。其著述之大者爲五編：儒編、左編、右編、文編、稗編是也。先生之學，得之龍溪者爲多，故言於龍溪只少一拜。以天機爲宗，無欲爲工夫。謂「此心天機活潑，自寂自感，不容人力，吾惟順此天機而已。障天機者莫如欲，欲根洗浄，機不握而自運矣。成、湯、周公坐以待旦，高宗恭默三年，孔子不食不寢，不知肉味。凡求之枯寂之中，如是艱苦者，雖聖人亦自覺此心未能純是天機流行，不得不如此著力也」。先生之辨儒釋，言「儒者於喜怒哀樂之發，未嘗不欲其順而達之，其順而達之也，至於天地萬物，皆吾喜怒哀樂之所融貫。佛者於喜怒哀樂之發，未嘗不欲其逆而銷之，其逆而銷之也，至於天地萬物，澹然無一喜怒哀樂之交」。故儒佛分途，只在天機之順逆耳。夫所謂天機者，即心體之流行不息者是也。佛氏無所住而生其心，何嘗不順？逆與流行，正是相反，既已流行，則不逆可知。佛氏以喜怒哀樂，天地萬物，皆是空中起滅，不礙吾流行，何所用銷？但佛氏之流行，一往不返，有一本而無萬殊，懷山襄陵之水也。儒者之流行，盈科而行，脈絡分明，一本而萬殊，先河後海之水也。其順固未嘗不同也。或言三千威儀，八萬細行，靡不具足，佛氏未嘗不萬殊。然佛氏心體事爲，每分兩截，禪律殊門，不相和會，威儀細行，與本體了不相干，亦不可以此比而同之也。崇禎初，謚襄文。

荆川論學語

近來談學，謂認得本體，一超直入，不假階級。竊恐雖中人以上，有所不能，竟成一番議論，一番意見而已。天理愈見，則愈見其精微之難致，人欲愈克，則愈見其植根之甚深。彼其易之者，或皆未嘗實下手用力，與用力未嘗懇切者也。與張士宜。

古之所謂儒者，豈盡律以苦身縛體，如尸如齋，言貌如土木人，不得搖動，而後可謂之學也哉！天機儘是圓活，性地儘是灑落，顧人情樂率易而苦拘束。然人知恣睢者之爲率易矣，而不知見天機者之尤爲率易也；人知任情宕佚之爲無拘束矣，而不知造性地者之尤爲無拘束也。與陳兩湖。

小心兩字，誠是學者對病靈藥，細細照察，細細洗滌，使一些私見習氣，不留下種子在心裏，便是小心矣。小心非矜持把捉之謂也，若以爲矜持把捉，則便與鳶飛魚躍意思相妨矣。江左諸人，任情恣肆，不顧名檢，謂之灑脱，聖賢胸中，一物不礙，亦是灑脱，在辨之而已，兄以爲灑脱與小心相妨耶？惟小心，而後能洞見天理流行之實，惟洞見天理流行之實，而後能灑脱，非二致也。與蔡子木。

近來痛苦心切，死中求活，將四十年前伎倆，頭頭放舍。四十年前見解，種種抹摋，於清明中稍見得些影子，原是徹天徹地，靈明渾成的東西。生時一物帶不來，此物却原自帶來，死時一物帶不去，此物却要完全還他去。然以爲有物，則何睹何聞？以爲無物，則參前倚衡，瞻前忽後。非胸中不停世間一物，則不能見得此物，非心心念念，晝夜不舍，如養珠抱卵，下數十年無滲漏的工夫，則不能收攝此物，完養此物。自古宇宙間豪傑經多少人，而聞道者絶歎其難也。

嘗驗得此心，天機活潑，其寂與感，自寂自感，不容人力。吾與之寂，與之感，只是順此天機而已，不障此天機而已。障天機者莫如欲，若使欲根洗盡，則機不握而自運，所以爲感也，所以爲寂也。天機卽天命也，天命者，天之所使也。立命在人，人只立此天之所命者而已。白沙「色色信他本來」一語，最是形容天機好處。若欲求寂，便不寂矣，若有意於感，非真感矣。以上與王道思。

出入無時，莫知其嚮，此真心也，非妄心之謂也。出入本無時，欲有其時，則强把捉矣。其嚮本無知，欲知其嚮，則强猜度矣。無時卽此心之時，無嚮卽此心之嚮，無定嚮者，卽此心之定體也。答雙江。

中庸所謂無聲無臭，實自戒愼不睹、恐懼不聞中得之。本體不落聲臭，功夫不落聞見，然其辨只在有欲無欲之間。欲根銷盡，便是戒愼恐懼，雖終日酬酢云爲，莫非神明妙用，而未嘗涉於聲臭也。欲根絲忽不盡，便不是戒愼恐懼，雖使棲心虛寂，亦是未離乎聲臭也。答張甬川。

白沙「静中養出端倪」，此語須是活看。蓋世人病痛，多緣隨波逐浪，迷失真源，故發此耳。若識得無欲爲静，則真源波浪，本來無二，正不必厭此而求彼也。兄云「山中無静味，而欲閉關獨卧，以待心志之定」，卽此便有欣羡畔援在矣。請且無求静味，只於無静味中尋討，毋必閉關，只於開門應酬時尋討。至於紛紜轇轕，往來不窮之中，試觀此心如何。其應酬轇轕，與閉關獨卧時，自還有二見否？若有二見，還是我自爲障礙否？其障礙還是欲根不斷否？兄更於此著力一番，有得有疑，不惜見教也。答呂沃州。

近會一二方外人，見其用心甚專，用工最苦，慨然有歎於吾道之衰。蓋禪家必欲作佛，不坐化超脱，則無功；道人必欲成仙，不留形住世，則無功。兩者皆假不得。惟聖賢與人同而與人異，故爲其道者皆可假托溷帳，自誤誤人。竊意當時聖賢用心專而用工苦者，豈特百倍方外人之修鍊而已？必有啞子吃苦瓜，與你説不得者。而世人乃欲安坐而得之，以其世間功名富貴之習心，而高談性命之學，不亦遠乎！與念菴。

當時篡弑之人，必有自見己之爲是，而見君父之甚不是處，又必有邪説以階之。如所謂邪説作而弑君弑父之禍起者，春秋特與辨别題目，正其爲弑。如「州吁弑完」一句，即曲直便自了然，曲直了然，卽是非便自分曉。亂臣賊子，其初爲氣所使，昧了是非，迷了本來君父秉彝之心，是以其時惡力甚勁。有人一與指點是非，中其骨髓，則不覺回心，一回心後，便自動憚㊀不得，蓋其真心如此，所謂懼也。舊説以爲亂臣賊子懼於見書而知懼，則所懼者，既是有所爲而非真心，且其所懼，能及於好名之人，而不及於勃然不顧名義之人。以爲春秋書其名，脇持恐動人而使之懼，此又只説得董狐、南史之作用，而非所以語於聖人撥轉人心之妙用也。答姪孫。

慈湖之學，以無意爲宗。竊以學者能自悟本心，則意念往來如雲，物相盪於太虛，不惟不足爲太虛之障，而其往來相盪，乃卽太虛之本體也。何病於意而欲掃除之？苟未悟本心，則其無意者，乃卽所以爲意也。心本活物，在人默自體認處何如。不然，則得力處卽受病處矣。答南野。

㊀「憚」字賈本作「彈」。

世間伎倆，世間好事，不可挂在胸中。學之滲漏多，正兜攬多耳。昔人所以絶利□□□□一原，不如是則不足以收斂精神，而凝聚此道也。答胡青崖。

近來學者病痛，本不刻苦搜剔，洗空欲障，以玄妙之語，文夾帶之心，直如空花，竟成自誤。要之與禪家鬬機鋒相似，使豪傑之士，又成一番塗塞。此風在處有之，而號爲學者多處，則此風尤甚。惟默然無説，坐斷言語意見路頭，使學者有窮而反本處，庶幾挽歸真實。力行一路，乃是一帖救急良方。答張士宜。

儒者於喜怒哀樂之發，未嘗不欲其順而達之。其順而達之也，至於天地萬物，皆吾喜怒哀樂之所融貫，而後一原無間者可識也。佛者於喜怒哀樂之發，未嘗不欲其逆而銷之。其逆而銷之也，至於天地萬物，泊然無一喜怒哀樂之交，而後一原無間者可識也。其機常主於逆，故其所謂旋聞反見，與其不住聲色香觸，乃在於聞見聲色香觸之外。其機常主於順，故其所謂不睹不聞，與其無聲無臭者，乃卽在於睹聞聲臭之中。是以雖其求之於內者，窮深極微，幾與吾聖人不異，而其天機之順與逆，有必不可得而强同者。中庸輯略序。

乾、坤之心不可見，而見之於復，學者默識其動而存之可矣。是以聖人於乾則曰「其動也直」，於坤則曰「敬以直內」。乾、坤一於直也，動本直也，內本直也，非直之而後直也。蓋其醞釀流行，無斷無續，乃吾心天機自然之妙，而非人力之可爲。其所謂默識而存之者，則亦順其天機自然之妙，而不容纖毫人力參乎其間也。學者往往欲以自私用智求之，故有欲息思慮以求此心之静者矣，而不知思慮卽心也；有欲絶去外物之誘，而專求諸内者矣，而不知離物無心也；有患此心之無著，而每存一中字以著之者矣，不知心本無著，中本無體也。若此者，彼亦自以爲求之於心者詳矣，而不知其弊乃至於別以一心操此一心，心心相捽，是以欲求乎静而愈見其紛擾也。明道語略序。

太常唐凝菴先生鶴徵

唐鶴徵字元卿，號凝菴，荆川之子也。隆慶辛未進士。選禮部主事，與江陵不合，中以浮躁。江陵敗，起歷工部郎，遷尚寶司丞，陞光禄寺少卿，又陞太常寺少卿。歸。起南京太常，與司馬孫月峰定妖人劉天緒之變。謝病歸。萬曆己未，年八十二卒。先生始尚意氣，繼之以園林絲竹，而後泊然歸之道術。其道自九流、百氏、天文、地理、稗官野史，無不究極，而繼乃歸之莊生逍遥、齊物，又繼乃歸之湖南之求仁，濂溪之尋樂，而後恍然悟乾元所爲生天地、生人物、生一生萬、生生不已之理，真太和奧窔也。物欲不排而自調，世情不除而自盡，聰明才伎之昭灼，旁蹊曲徑之奔馳，不收攝而瑩然無有矣。語其甥孫文介曰：「人到生死不亂，方是得手。居常當歸併精神一路，毋令漏洩。」先生言：「心性之辨，今古紛然，不明其所自來，故有謂義理之性、氣質之性，有謂義理之心、血氣之心，皆非也。性不過是此氣之極有條理處，舍氣之外，安得有性？心不過五臟之心，舍五臟之外，安得有心？心之妙處在方寸之虚，則性之所宅也。」此數言者，從來言心性者所不及也。乃先生又曰：「知天地之間只有一氣，則知乾元之生生，皆是此氣。乾元之條理，雖無不清，人之受氣於乾元，猶其取水於海也，海水有鹹有淡，或取其一勺，未必鹹淡之兼取，未必鹹淡之適中也。間有取其鹹淡之交而適中，則盡得乾元之條理，而爲聖爲賢無疑也。固謂之性，或取其鹹，或取其淡，則剛柔强弱昏明萬有不同矣，皆不可不謂之性也。」則此言尚有未瑩。蓋此氣雖有條理，而其往來屈伸，不能無過不及，聖賢得其中氣，常人所受，或得其過，或得其不及，以至萬有不齊。先生既言性是氣之極有條理處，過不及便非條理矣，故人受此過不及之氣，但可謂之氣質，不可謂之性。則只言氣是性足矣，不必言氣之極有條理處是性也，無乃自墮其說乎？然則常人有氣質而無性乎？蓋氣之往來屈伸，雖有過不及，而終歸於條理者，則是氣中之主宰，故雨暘寒燠，恒者暫而時者常也。惟此氣中一點主宰，不可埋没，所以常人皆有不忍人之心，而其權歸之學矣。

桃溪劄記

鶴徵避暑於桃溪，偶校先君子所纂諸儒語要，寄吴侍御叔行。入梓時，有觸發處，隨筆記之，以請於同志，幸有以正之也。

乾元所生三子，曰天，曰人，曰地。人何以先於地也？地，坤道也，承天時行，不得先天也。故後則得主，先則迷矣。人却可先可後者，故曰「御天」，故曰「先天而天弗違，後天而奉天時」。世人皆謂天能生人，不知生人者却是統天之乾元耳。人生於乾元，天地亦生於乾元，故並稱之曰三才。

中庸首言「天命之謂性」，後又言「思知人，不可以不知天」。何也？人與天並生於乾元，乾元每生一物，必以全體付之，天得一箇乾元，人也得一箇乾元，其所得於乾元，絶無大小厚薄之差殊。中庸後面言：「詩云：『維天之命，於穆不已。』蓋曰天之所以爲天也。『於乎不顯，文王之德之純。』蓋曰文王之所以爲文也，純亦不已。」天與文王，毫爽不差，特在天名之曰「不已」，在文名之曰「純」耳。非其本來之同，文王之「純」，安能同天之「不已」哉？然惟天則萬古不變，而人不皆文也，人不皆文，且以爲天非文之所可及矣，故告之曰「在天爲命，在人則謂之性」，其實一也，故曰「天命之謂性」。欲知人之性，非知天之命，不能知性之大也，故曰「思知人，不可以不知天」，示人以盡性之則也。太甲曰：「顧諟天之明命。」時時看此樣子也。孟子亦曰：「知其性則知天矣。」斯所謂窮理盡性以至於命也。

盈天地間一氣而已，生生不已，皆此也。乾元也，太極也，太和也，皆氣之別名也。自其分陰分陽，千變萬化，條理精詳，卒不可亂，故謂之理。非氣外別有理也。自其條理之不可亂，若有宰之者，故謂之帝。生之爲天，則謂之命，以乾坤之所由不毁言也。生之爲人，則謂之性，以吾心舍此生機言也。天率是命而運，則謂之天道，人率是性而行，則謂之人道，借道路之道以名之也。人以爲斯理斯道斯性斯命，極天下之至靈，非氣之所能爲，不知舍氣則無有此靈矣。試觀人死而氣散，尚有靈否？

心性之辨，今古紛然，不明其所自來，故有謂義理之性氣質之性，有謂義理之心血氣之心，皆非也。性不過是此氣之極有條理處，舍氣之外，安得有性？心不過五臟之心，舍五臟之外，安得有心？心之妙處在方寸之虛，則性之所宅也。觀製字之義，則知之矣。心中之生，則性也，蓋完完全全是一箇乾元托體於此，故此方寸之虛，實與太虛同體。故凡太虛之所包涵，吾心無不備焉，是心之靈，卽性也。詩、書言心不言性，言性不言心，非偏也，舉心而性在其中，舉性而心在其中矣。蓋舍心則性無所於宅，舍性則心安得而靈哉？孟子曰：「盡其心者知其性也。」始兼舉而言之，實謂知得心中所藏之性而盡之，乃所以盡心也。非知性則心又何所盡耶？其不可分言益明矣。試觀人病痰迷心竅，則神不守舍，亦一驗也。

知天地之間，只有一氣，則知乾元之生生，皆是此氣。知乾元之生生皆此氣，而後可言性矣。乾元之條理，雖無不清，人之受氣於乾元，猶其取水於海也。海水有鹹有淡，或取其一勺，未必鹹淡之兼取，未必鹹淡之適中也。間有取其鹹淡之交而適中，則盡得乾元之條理，而爲聖爲賢無疑也。固謂之性，或取其鹹，或取其淡，則剛柔强弱昏明萬有不同矣，皆不可不謂之性也。凡可以學而矯之者，其氣皆甚偏。至於下愚不移，斯偏之極矣。全以其困，而終不能學也。孔子謂之相近，亦自中人言之耳，上智下愚不與也。然要之下愚而下，則爲禽獸爲草木。乾元生生之機，則無不在也，他不能同，好生惡死之心同也，蓋以乾元之氣無非生也。

乾之彖曰：「各正性命。」九五之文言曰：「本乎天者親上，本乎地者親下。」此則所謂各正矣。然則雖聖人在上，所過者化，所存者神，亦豈能使禽獸草木之靈同於人？亦豈能使下愚之同於上智哉？則已不害其爲各正矣。

世儒爭言萬物一體，盡人性盡物性，參贊化育。不明其所以然，終是人自人，物自物，天地自天地，我自我，勉强凑合，豈能由中而無間？須知我之性，全體是乾元，生天生地生人生物，無不是這性。人物之性，有一毫不盡天地之化育，有一毫參贊不來，卽是吾性之纖毫欠缺矣，則知盡人物、贊化育之不容已也。

人見中庸遞言盡己性，盡人性，盡物性，贊化育，參天地，似是盡己性外，別有盡人物之性，而盡人物之性外，仍有參贊之功。不知盡人物之性，乃所以自盡其性，而盡人物之性，卽所以參贊化育。蓋緣吾人除却生人生物，別無己性；天地除却生人生物，別無化育。故至誠盡得人物之性，方是自盡其性，卽是贊化育矣。

何謂盡人性，盡物性？俾各不失其生機而已。故曰：「各正性命，保合太和，乃利貞。」

聖人於盡人物之性，以自盡其性，未嘗時刻放過。然子貢説起博施濟衆，聖人却又推開了，曰：「堯、舜其猶病諸。」蓋聖人能必得己所可盡處，而不能必得時位之不可必，博施濟衆非有加於欲立欲達之外也，但必須得時得位，乃可爲之，合下只有一箇立人達人之心而已。

惟易標出一箇乾元來統天，見天之生生有箇本來。其餘經書，只説到天地之化育而已，蓋自有天地而乾元不可見矣。然學者不見乾元，總是無頭學問。

孔子舍贊易之外，教人更不從乾元説起，故子貢曰：「夫子之言性與天道，不可得而聞也。」及諸門弟子，猶不能解，直欲無言。孔子總是善誘，説來只是孔子的，與學者絶無用處，故孟子曰：「君子深造之以道，欲其自得之也。」其教也，曰「勞之、來之，匡之、直之，輔之、翼之」，皆所以使之自得耳。爲學爲教，舍自得別無入路。欲自得，舍悟別無得路。孔子之無言，乃所以深言之也。晦菴先生謂：「以悟爲則，乃釋氏之法，而吾儒所無有。」不知其用字不同耳。伊尹之先覺後覺，則覺卽悟也。聖門之生知、學知、困知，則知卽悟也。卽後儒之所謂察識，亦悟也。豈可以用之不同而論其有無哉！

聖人到保合太和，全是一箇乾元矣，蓋天下之物，和則生，乖戾則不生，此無疑也。乾元之生生，亦只此一團太和之氣而已。人人有此太和之氣，特以乖戾失之。中庸曰：「發而皆中節謂之和。」孟子曰：「其平旦之氣，好惡與人相近也者幾希。」然則中節卽是和，與人同卽是中節。大學曰：「民之所好好之，民之所惡惡之，此之謂民之父母。」此所謂與人同，所謂中節也。然則求復其太和之氣，豈在遠哉？亦自其與人相近者察之而已。

自古聖人論學，惟曰心、曰性、曰命，並未有言氣者。至孟子始有養氣之說，真見得盈天地只有一氣。其所謂理，所謂性，所謂神，總之是此氣之最清處。清便虛，便明，便靈，便覺，只是養得氣清，虛明靈覺種種皆具矣。然所謂養者，又非如養生家之養也，以直養之而已。必有事焉，所謂養也，正、忘、助皆暴也害也。勿正心、勿忘、勿助長所謂直也，然非可漫然言養也，須要識得，然後養得。其識法則平旦之氣是也，蓋氣原載此虛明靈覺而來，養之所以使氣虛明靈覺，仍舊混然爲一，不失其本來而已。

盈天地間只有此氣，則吾之氣，卽天地萬物之氣也，吾之性，卽天地之命、萬物之性也。所以天地自天地，我自我，物自物者，我自以乖戾塞其流通之機耳。以直養則未發卽是中，已發卽是和，吾之氣，吾之性，仍與天地萬物爲一矣，故曰「塞乎天地之間」，故曰「保合太和」。吾之氣，吾之性，至與天地萬物爲一，此所謂純亦不已，尚何仙佛之足言！學不至此，不若不學也。

仁生機也，己者形骸，卽耳目口鼻四肢也，禮則物之則也。中庸曰：「仁者人也。」孟子曰：「仁也者人也。」則人之形骸，耳目口鼻四肢，何莫非此生機？而生我者，卽是生天、生地、生人、生物者也，何以不相流通，必待於克己復禮也？人惟形骸，耳目口鼻四肢之失其則，斯有所間隔，非特人我天地不相流通，雖其一身生機，亦不貫徹矣，故曰「罔之生也幸而免」。苟能非禮勿視，目得其則矣；非禮勿聽，耳得其則矣；非禮勿言，口得其則矣；非禮勿動，四肢得其則矣。耳目口鼻四肢各得其則，則吾一身無往非生機之所貫徹，其有不與天地萬物相流通者乎？生機與天地萬物相流通，則天地萬物皆吾之所生生者矣，故曰「天下歸仁」。中庸曰：「凡有血氣者，莫不尊親。」則歸仁之驗也。

致知致曲之致，卽孟子所謂「擴而充之」矣。然必知皆擴而充之，不知，則所擴充者是何物？故致知在得止之後，致曲在明善之後，皆先有所知而後致也。知卽明德也，此知豈曰人所本無哉！情識用事，而真知晦矣，卽有真知發見於其間，無由識矣，故曰「行之而不著，習矣而不察，終身由之而不知其道者衆也」。非悟，非自得，何由知哉！然徒曰「致良知」，而未識所謂良知者何狀，幾何不認賊作子也！

東萊氏曰：「致知格物，修身之本也。知者，良知也。」則陽明先生之致良知，前人既言之矣。特格物之說，真如聚訟，萬世不決，何歟？亦未深求之經文耳。論格物之相左，無如晦菴、陽明二先生，然其論明德之本明，卒不可以異也。私欲之蔽，而失其明，故大人思以明其明，亦不可以異也。則格物者，明明德之首務，亦明明德之實功也。陽明以心意知爲物而格之，則心意知不可謂物也。晦菴謂事事物物而格之，則是昧其德性之真知，而求之聞見之知也。涑水有格去物欲之說，不知物非欲也。近世泰州謂物物有本末之物，則但知身爲本，天下國家爲末之說，皆可謂之格物，皆可謂之明明德乎？必不然矣。詩云：「天生蒸民，有物有則。」孟子曰：「物交物則引之而已。」則凡言物，必有五官矣。則卽格也。

格字之義，以格式之訓爲正，格式非則而何？要知物失其則，則物物皆明德之蔽；物得其則，則物物皆明德之用。既灼見其所謂明德，而欲致之以全其明，非物物得則，何以致之？孔子告顏子之爲仁曰：「非禮勿視，非禮勿聽，非禮勿言，非禮勿動。」格物之功也。視聽言動，悉無非禮，則五官各就其明矣。明德尚何弗明哉！此所謂物格而知至也。中庸「或生而知之」以下六之字，皆指性也。生而知，安而行，是率性之謂道也。學而知，困而知，求知此性而率之也。舍率性之外別無道，舍知性之外別無學。學知困知者，較之生知，只是多費一倍功夫於未知之先耳，及既知之後，與生知各各具足矣，故曰「及其知之一也」。世謂生知不待學，故朱夫子於凡聖人好古敏求，好學發憤，皆以爲謙己誨人，非也。知而勿行，猶勿知也。卽曰「安行」，在聖人自視，未嘗不曰「望道未見」，未嘗不曰「學如不及」。卽舜之聞一善言，見一善行，沛然若決江河，莫之能禦，亦學也。蓋行處卽是學處，特視利與勉强者，能出於自然耳，不可謂非學也。

遵道而行，卽是君子深造之以道，不至於自得，卽所謂半塗而廢也。然自得亦難言矣。深造以道，可以力爲，自得不可以力爲也。卽有明師，亦惟爲勞來匡直，輔翼以使之而已，不能必之也。有言下卽得者，有俟之數年而得者，有終身不得者，有無心於感觸而得者，有有心於參求而得者，有有心無心俱不得者，及其得之也，師不能必其時必其事，己亦不能必其時必其事也。學者須是辨必得之志，一生不得，他生亦必期得之，則無不得者矣。

或謂未悟以前之苦功，皆是虛費之力。此不然也。悟前悟後，凡有實功，皆實際也。顏子悟後而非禮勿視聽言動，固真修也，使原憲而有悟，則其克伐怨欲之不行，亦真修也。

盈天地之間，只有一氣，惟橫渠先生知之。故其言曰：「太和所謂道。」又曰：「知虛空卽氣，則有無、隱顯、神化、性命通一無二。」顧聚散出入，形不形，能推本所從來，則深於易者也。

宋人惟以聖人之好學爲謙己誨人，遂謂生知無學。後來宗門更生出一種議論，謂一悟便一了百當，從此使人未少有見，輒以自足，儒爲狂儒，禪爲狂禪。不知自凡民視之，可使由不可使知，行似易而知難；自聖人視之，則知猶易，而行之未有能盡者也，故曰：「堯、舜其猶病諸。」蓋斯道之大，雖極於無外，而中則甚密，無纖毫滲漏。倘有滲漏，則是有虛而不滿之處，不足以爲大矣。故中庸曰：「優優乎大哉！」言其充足之爲大也。非學之密其功，與之俱無滲漏，何以完吾之大乎？聖人之俛焉，日有孳孳，死而後已，過此以往，未之或知，皆此意也。學其有止息乎？此子貢請息，而孔子告之以死也。

孟子既曰「持其志」，又曰「無暴其氣」，似掃性宗之學；既曰「勿忘」，又曰「勿助長」，似掃命宗之學。孟子時，佛法未入中國，已豫爲塞其竇矣。至於勿助長，人皆謂卽是義襲，然孟子之自解曰：「助之長者，揠苗者也。」揠苗者，斷其根也。夫義襲誠有害，然何至斷根？憬然悟，憣然改，則根本自在矣。獨以揠苗爲喻者，自老氏御氣之說，以至玄門之煉氣，皆是也。蓋惟是則將氣矯揉造作，盡失本來，雖有人與說破直養之道，念頭到處，依然走過熟路矣，奚復能直養哉？此所以爲斷根也。

管登之嘗分別學有透得乾元者，有只透得坤元者，此千古儒者所不能道語，亦千古學者所不可不知語。透得坤元，只見得盡人物之性，是人當爲之事，猶似替人了事；惟透得乾元，纔知盡人物之性，是人不容不爲之事，直是了自己事。

少時讀孟子告齊宣好貨好色之説，以爲聖賢教人點鐵成金手段。及今思之，乃知是單刀直入，不著絲毫處，與孔子欲立欲達，只換得一箇名目。蓋舉得箇與百姓同之一念，便是民之所好好之矣。

學莫嚴於似是之辨，故中庸聖經之下，首別君子小人之中庸。孟子七篇之將終，極稱鄉愿之亂德。則夫孔子誅少正卯之「行僻而堅」等語，猶是可刺可非，未足爲似也。直至非之無非，刺之無刺，則其似處，真有不可以言語名狀分別者，焉得不惑世誣民也。故孔子於老子謂之曰「猶」，孟子於鄉愿謂之曰「似」，皆春秋一字之斧鉞也。然真實自爲之人，反之吾心，自有烱然不可昧者。

古稱異端者，非於吾性之外，別有所謂異也，端卽吾之四端耳。蓋吾之四端，非可分而爲道者也，其出本於一源，其道實相爲用。見之未審，執其一曰吾性如是，吾道在是矣，則非惟其三者缺焉而莫知，卽其所見之一，亦非吾之所謂一矣，焉得不謂之異乎？楊氏之始，豈不自以爲仁？卒至無父而賊仁莫大焉。惟其不知吾之四端，不可分而爲道也。至於無忌憚之小人，則與君子均竊其全矣。惟竊其全，則以吾性如是，吾道在是，無復顧忌。天地惟吾所上下，民物惟吾所顛倒，而不得以拘曲之見繩之，卒之與君子分背而馳，遂有君子小人之別，正由不知莫見莫顯之後，有慎獨之功也。曾子曰：「詩云：『戰戰兢兢，如臨深淵，如履薄冰。』而今而後，吾知免夫，小子！」此聖學之真血脈也。大學取於正心，孟子曰「勿正心」，何也？正謂養氣則已正其源矣。大學曰：「欲正其心者，必誠其意。」意非自誠也。如好好色，如惡惡臭，誠之也。是正心者，好惡之正也。孟子曰：「平旦之氣，其好惡與人相近也者幾希！」與人相近，則好惡幾於正矣。氣得其養，則無時非平旦之氣，無時非好惡之正矣，尚何有正心之功也？此所謂正其源也。苟氣之失養，而徒欲正心，則以心操心，反滋勞擾，心安可得而正哉！

余訓慎獨之獨，爲不與萬法爲侶，至尊無對，非世儒所謂獨知之地。或曰：「人所不知，己所獨知之說，亦不可廢。」余因反復思惟，乃知終不然也。傳者引曾子十目十手之云，則既喫緊破此見矣。小人正謂念之初發，人不及知，可爲掩飾，故閒居爲不善，見君子而掩之，不知其念發時，已是十目十手之所指視，君子已見其肺肝矣。藉令一念之發，好善不如好好色，惡惡不如惡惡臭，則十目十手亦已指視，卽欲挽回，必不可得。且既欲挽回，則較之小人之著善，相去幾何！反之此心，亦必不慊。故所稱獨者，必是萬感未至，一靈炯然，在大學卽明德之明，在中庸正喜怒哀樂未發之中也。於此加慎，乃可意無不誠，發無不中節耳；於此而不慎，一念之發，如弩箭既已離弦，其中不中之機，安得復由乎我也？

一切喜怒哀樂，俱是此生機作用，除却喜怒哀樂，别無見生機處。

一切喜怒哀樂，正是我位天地育萬物的本子，故曰「大本」。大學以好惡貫孝弟慈，故以「所惡於上，毋以使下」等語證之。中庸以喜怒哀樂貫子臣弟友，故以「己所不欲，勿施於人」爲證。

中庸一書，統論性體，大無不包，其實際處，全是細無不滿，所以成其大。大無不包，天命之謂性，思知人不可以不知天是也。既已知得時，功夫却在細無不滿處做，故云「君子之道費而隱」。自夫婦之與知與能，以至天地聖人之所不知不能，莫非性體之所貫徹，故凡達德達道，九經三重，以至草木禽獸，與夫天地鬼神，至繁至賾，莫非吾性體中一毫滲漏不得者。蓋凡爲乾元之所資始，則莫非吾性之所兼該。其大非是空大，實實填滿，無有纖微空隙，方是真大。故既曰「洋洋乎！發育萬物，峻極於天」，又曰「優優乎大哉，禮儀三百，威儀三千」。觀優優，蓋充足而且有餘，其大斯無一毫虧欠耳。不然，少有虧欠處，便是大體不全矣。始知學人見地，尚有到處，行願真難得滿，聖賢一生兢兢業業，履薄臨深，皆只爲此。彼謂一悟便了百當，真聖門中第一罪案也。

孔子語學，曰「約禮」，曰「復禮」，禮是何物？即易所謂天則，詩所言物則也。蓋禮之所由名，正謂事事物物，皆有一箇恰好至當處，秩然有序，而不可亂，所謂則也。恰好至當之處，便是天理人心之至。天理人心之至處，安得不約、復？此安得非仁？

善解博文約禮之説，無如孟子。其言曰：「博學而詳説之，將以反説約也。」添却「詳説」二字，便有歸約之路矣。何者？説之不詳，則一物自有一物，一事自有一事，判然各不相通，惟詳究其至當恰好處，寧復有二乎哉！世謂博即是約，理無後先，恐未究竟。

中庸内省不疚，無惡於志，正是獨處，正是未發，故曰：「人所不見。」若省之念發時，則「十目所視」矣。安得尚言不見也？「知微」之微，正是「莫顯乎微」之微，猶非獨體。蓋惟其知微之不可掩，故於微之先求無惡耳。

孟子言「必有事焉，而勿正心，勿忘，勿助長也」。明道先生謂：「即是鳶飛魚躍氣象。」又云：「會得活潑潑地，會不得只是弄精魂。」白沙先生云：「舞雩三三兩兩，正在勿忘勿助之間。曾點些兒活計，被孟子一口打併出來。」千古以爲直道上乘妙語，細繹之，猶在活潑瀟灑赤地，潔潔浄浄稟曰，未是孟子血脈，乾元體段也。

平旦之氣，一念未起，何以好惡與人相近？正所以指明獨體也。但是一念未著好惡，明德之明，炯然暫露，乃是大學知體，中庸性體，能好能惡能哀樂能喜怒之本，於此得正，所以好惡與人近。

人身之氣，未嘗不與天通，只爲人之喜怒哀樂不能中節，則乖戾而不和，遂與太和之氣有間隔。果如孟子所謂直養，於本分上不加一分，不減一分，則一身之氣，卽元始生生之氣，萬物且由我而各正保合，天地且由我參贊矣。氣至於此，死生猶晝夜，一闔一闢而已。

明儒學案卷二十七　南中王門學案三

文貞徐存齋先生階

徐階字子升，號存齋，松江華亭人。生甫周歲，女奴墮之眢井，小吏之婦號而出之，則絶矣。後三日蘇。五歲，從父之任，道墮括蒼嶺，衣絓於樹，得不死。登嘉靖癸未進士第三人，授翰林編修。張羅峰欲去孔子王號，變像設爲木主。爭之不得，黜爲延平推官。移浙江提學僉事，晉副使，視學江西。諸生文有「顏苦孔之卓」語，先生加以横筆，生白此出楊子法言，非杜撰也。先生卽離席向生揖曰：「僕少年科第，未嘗學問，謹謝教矣。」聞者服其虚懷。召拜司經局洗馬兼侍講。居憂。除服，起國子祭酒，擢禮部侍郎，改吏部。久之，以學士掌翰林院事，進禮部尚書。召入直無逸殿廬，撰青詞。京師戒嚴，召對，頗枝柱分宜口。上多用其言，分宜恨之，中於上。先生贊玄恭謹，上怒亦漸解。加少保，兼文淵閣大學士，參預機務。滿考，進武英殿大學士，兼吏部尚書，加少傅。上所居永壽宫灾，徙居玉熙殿，隘甚。分宜請幸南城。南城者，英宗失國時所居，上不悦。先生主建萬壽宫，令其子璠閲視，當於上意，進少師。分宜之勢頗絀，亡何而敗。進階建極殿。自分宜敗後，先生秉國成，内以揣摩人主之隱，外以收拾士大夫之心，益有所發舒，天下亦頗安之。而與同官新鄭不相能。世宗崩，先生悉反其疵政，而以末命行之，四方感動，爲之泣下。新鄭以爲帝骨肉未寒，臣子何忍倍之，衆中面折之。在朝皆不直新鄭，新鄭遂罷。穆宗初政，舉動稍不厭人心者，先生皆爲之杜漸。宫奴不得伸其志，皆不悦。而江陵亦意忌先生，以宫奴爲内主而去先生。先生去而新鄭復相，修報復，欲曲殺之，使其門人蔡春臺國熙爲蘇松副使，批其室家，三子皆在縲絏。先生乃上書新鄭，辭甚苦，新鄭亦心動。未幾新鄭罷，三子皆復官。天子使行人存問，先生年八十矣。明年卒。贈太師，謚文貞。

聶雙江初令華亭，先生受業其門，故得名王氏學。及在政府，爲講會於靈濟宫，使南野、雙江、松溪程文德分主之，學徒雲集，至千人。其時癸丑甲寅，爲自來未有之盛。丙辰以後，諸公或殁，或去，講壇爲之一空。戊午，何吉陽自南京來，復推先生爲主盟，仍爲靈濟之會，然不能及前矣。先生之去分宜，誠有功於天下，然純以機巧用事。敬齋曰：「處事不用智計，只循天理，便是儒者氣象。」故無論先生田連阡陌，鄉論雌黄，即其立朝大節觀之，絶無儒者氣象，陷於霸術而不自知者也。諸儒徒以其主張講學，許之知道，此是回護門面之見也。

存齋論學語

親親仁民愛物，是天理自然，非聖人强爲之差等。只如人身，雖無尺寸之膚不愛，然卻於頭目腹心重，於手足皮毛爪齒覺漸輕，遇有急時，卻濡手足，焦毛髮，以衛腹心頭目。此是自然之理，然又不可因此就説人原不愛手足毛髮。故親親仁民愛物，總言之又只是一個仁愛也。

人須自做得主起，方不爲物所奪。今人富便驕，貧便諂者，只爲自做主不起。

程子云：「既思卽是已發。」故戒慎恐懼，人都説是静，不知此乃是動處也。知此則知所用力矣。

爲學只在立志，志一放倒，百事都做不成。且如夜坐讀書，若志立得住，自不要睡，放倒下去，便自睡着。此非有兩人也。志譬如樹根，樹根既立，纔可加培溉。百凡問學，都是培溉底事，若根不立，卽培溉無處施耳。

凡爲善，畏人非笑而止者，只是爲善之心未誠，若誠，自止不得。且如世間貪財好色之徒，不獨不畏非笑，直至冒刑辟而爲之，此其故何哉？只爲於貪財好色上誠耳。吾輩爲善，須有此様心，乃能日進也。

心不可放者，不是要使頑然不動，只看動處如何。若動在天理，雖思及四海，慮周萬世，只是存；若動在人欲，一舉念便是放也。人心之虚靈，應感無方，故心只是動物。所以説聖人之心静者，乃形容其常虚常靈，無私欲之擾耳，非謂如槁木死灰也。吾輩今日静功，正須於克己上着力。世儒乃欲深居默坐，自謂主静乎？今人見上官甚敬；雖匍匐泥雨中，不以爲辱。及事父兄，卻反有怠惰不甘之意，欲利薰心故也。

人未飲酒時，事事清楚；到醉後，事事昏忘；及酒醒後，照舊清楚。乃知昏忘是酒，清楚是心之本然。人苟不以利欲迷其本心，則於事斷無昏忘之患。克己二字，此醒酒方也。

知行只是一事，知運於行之中。知也者，以主其行者也；行也者，以實其知者也。近有以知配天屬氣，行配地屬質，分而爲二，不知天之氣固行乎地之中，凡地之久載而不陷，發行而不窮者，孰非氣之所爲乎？

默識是主本，講學是工夫。今人親師觀書册等，是講學事。然非於心上切實理會，而泛然從事口耳，必不能有得，得亦不能不忘。故孔子直指用功主本處言之，非欲其兀然高坐，以求冥契也。

道者器之主，器者道之迹。以人事言，朝廷之上，家庭之間，許多禮文是器，其尊尊親親之理是道。以草木言，許多枝葉花實是器，其生生之理是道。原不是兩物，故只説形而上下，不説在上在下也。

有言學只力行，不必談説性命道德者，譬如登萬仞之山，必見山頭所在，乃有進步處，非可瞑目求前也。除性命道德，行個甚麽？

人只是一個心，心只是一個理，但對父則曰「孝」，對君則曰「忠」，其用殊耳。故學先治心，苟能治心，則所謂忠孝，時措而宜矣。

人言千蹊萬徑，皆可以適國，然謂之蹊徑，則非正路矣。由之而行，入之愈遠，迷之愈深，或至於榛莽荆棘之間，而漸入窮山空谷之内，去國遠矣，況能有至乎？故學須辨路徑，路徑既明，縱行之不能至，猶不失日日在康莊也。

大學絜矩，只是一個仁心。蓋仁則於人無不愛，上下前後左右皆欲使不失所，故能推己以及之，所謂惟仁人能愛人，能惡人。先王有不忍人之心，斯有不忍人之政者也。學者須豫養此心始得。

中丞楊幼殷先生豫孫

楊豫孫字幼殷，華亭人。嘉靖丁未進士。授南考功主事，轉禮部員外郎中。出爲福建監軍副使，移督湖廣學政。陞河南參政。入爲太僕寺少卿，改太常。華亭當國，引先生自輔。凡海内人物，國家典故，悉諮而後行。由是士大夫欲求知華亭者，無不輻輳其門。先生謝之不得，力求出。以右僉都御史巡撫湖廣，卒官。

先生以「知識卽性，習爲善者，固此知識，習爲不善者，亦此知識」。故曰：「惡亦不可不謂之性。」又曰：「剛柔氣也，卽性也。剛有善者焉，有不善者焉，柔有善者焉，有不善者焉。善不善，習也。其剛柔則性也。」竊以爲氣卽性也，偏於剛，偏於柔，則是氣之過不及也。其無過不及之處，方是性，所謂中也。周子曰：「性者，剛柔善惡中而已矣。」氣之流行，不能無過不及，而往而必返，其中體未嘗不在。如天之亢陽，過矣，然而必返於陰。天之恒雨，不及矣，然而必返於晴。向若一往不返，成何造化乎？人性雖偏於剛柔，其偏剛之處，未嘗忘柔，其偏柔之處，未嘗忘剛，卽是中體。若以過不及之氣，便謂之性，則聖賢單言氣足矣，何必又添一性字，留之爲疑惑之府乎？古今言性不明，總坐程子「惡亦不可不謂之性」一語，由是將孟子性善置之在疑信之間，而荀、楊之説，紛紛起廢矣。

西堂日記

古詩云：「百年三萬日。」有能全受三萬日者幾人哉！童兒戲豫，暗擲十年。稍卅便習章句，以至學校之比較，棘闈之奔走，又明去了二三十年。中間有能用力於仁者，能幾時哉！夫子自衛反魯，子夏年二十九，子游年二十八，曾子最少，皆已卓然爲儒。就今觀之，彼何人哉！此何人哉！今人登第，大槩三四十歲人，方有一二知向學者。古之學者，先學而仕，故兩得之；今之學者，既仕方學，故兩失之。然就三十登仕者言之，若肯勵朝聞夕死之志，學到五六十歲，亦必稍别於流俗。奈何志之不立也，恁地悠悠消受歲月。

人者天地之心，天地者人之本。人纔反本，便知乾父坤母之義，知天便是人。仁便能孝，未有仁而不孝者；若止言孝，則未必有仁也。人之愛父母也，以其爲身之本也。乾坤與父母初無二本，故曰「事天如事親」。知得一本，則虞舜、曾參原無天人之别，訂頑正欲發此，又被解得分析。今人説孝，曷嘗知有本來？只是從幼見人親愛父母也。去親愛父母，豈有徹上徹下之道？便做得成時，祇到得薛包、王祥，更無進步，所謂可使由之者也。孔子曰：「思事親不可以不知人，思知人不可以不知天。」説仁孝者，莫辨於此。

古初生民，大較與天相近，堯非親，桀非疎，人之不能分天，猶魚之不能離水也。故動必本天，言必稱天，非以下合上之意。中古聖人，替以道字，本欲易曉，後來卻只往道上求，便覺與天稍隔一塵。末世并道字不識，支離淆雜，日日戴皇天履后土，不知天地在於何處，所以人小而天大，遂謂禮樂爲顯，鬼神爲幽，肝肺爲内，耳目爲外，几席爲近，燕、貊爲遠。詩云：「文王陟降，在帝左右。」是在何處？人之一身即理也，深愛己者，須先識己，識得在己，何暇奉人。今人爲不善，欲害人，爲穿窬，非本心也，以爲不如是，不足以取勝於鄉黨之間，故爲人而冒爲之。其爲善者，不忮不求，亦非本心也，以爲不如是不足以酬士大夫之義，故亦爲人而强爲善。是善固爲人而不善亦爲人也。孟子曰「人役」，莊子曰「謏人」，此輩是也。率性之理，有何光景？有何聲采？天下之至淡在焉。今人衹爲世情束縛，不能埋頭反己，理會性分，只是揀題選事，供奉它人耳目，竟與自家無干。孔子曰：「君子求諸己，小人求諸人。」

性無善不善，所謂人生而静也。程子曰「人生而静以上，不容説性」，張子曰「性未成則善惡溷」是也，其有善者，是繼之者也。所謂元者善之長，無對者也。性體空洞，何嘗有孝弟來！孝弟者，善之有徵而易見者耳。孩提之童，無不知愛其親者，知善也，非知孝也。有知則有善，無知則無善也，是習之初也。由是而稍長，未有妻子而慕父母，是習於善以保其善也。由是而慕少艾慕妻子以懟父母，是習於不善以喪其善也。其習爲善者固此知識，其習爲不善者亦此知識，知識即性也，故曰：「惡亦不可不謂之性。」民可使由之，順帝之則也；不可使知之，不識不知也。民用智，則不能由；聖人以人治人，用智則鑿矣。夫人安之難，起之易，聖人不使知之，安之也。老子曰：「道非明民，將以愚之。」是以知爲明之也。

古之學者必有宗，學無宗則無以一道德。孔子既没，此時當立宗，子夏、子游、子張欲事有若，正此意也。時年長莫如子貢，學醇莫如曾子，然子貢又獨居三年，曾子年最少，惟有若年亞子貢，而學亦大醇，故門人多宗焉。使曾子稍能推之，則宗立矣。七十子之徒，朝夕相依，各陳孔子之業，則微言豈易絶哉！惟失此舉，其後子夏居魏，子張居陳，子貢居齊，漫無統一，闕里散後，諸賢再無麗澤之資。西河之人疑子夏爲夫子，而荀況、莊周、吴起、田子方之徒，皆學於孔子，而自爲偏見，惟其無以就正之耳。漢時五經師傅最盛，有數百年之宗。彼經術耳，且以有宗而傳，我孔氏之道德，再傳而失之者，宗之散也。余觀有若言行，如魯論、檀弓所載者，最爲近道。其論夫子出類處，比之宰我、子貢以聞見品題者自别。故家語有古道之目，左傳有稷門之望。其没也，魯悼公弔之。魯論一書出其門人所記，爲萬世準繩，後世只爲四科無名，又被史記説得鄙陋，而孝弟行仁之義，記者之詞不達其意，遂與伊川、象山有異同之説，不得列於十哲。今躋子張而詘有若於東廡，反居原憲、南容之下，豈禮也哉？必有能正之者。

周公不之魯，次子世爲周公，於畿内共和是也。周之周、召，世爲三公，猶魯之三桓世卿也，故曰「季氏富於周公」，非謂文公、旦也。

異哉公父文伯之母也，文伯之喪，其妻哭之哀，母以爲子之好内也而責之。子之好内，以訓其生則可也，若夫没而哭，禮也。蓋穆伯之喪，穆姜以有禮稱，然而皆枝葉也。居夫之喪，而往來於季康子之家，嘵嘵辨論，忘己之失，而撓婦之得，檀弓、國語皆喜稱之，豈草蟲、卷耳之義，相君、孟姜之節爲非禮乎？且曰：「朝哭穆伯，後哭文伯。」以爲有不夜哭之禮。夫寡婦不夜哭，以男子之殯必於正寢，夜行不便，故輟以待旦。非如漢人所謂避牀第之嫌也。古者哀至則哭，何朝暮之有？枝葉如此，本根之撥，可窺矣。

鄉飲酒爲賓興而舉，雖曰「鄉飲」，實王朝之禮也。故其樂歌，先王事，後家事。始歌四牡、皇華、鹿鳴，臣道也；次南陔、白華、華黍，子道也；次間魚麗、由庚、嘉魚、崇丘、南山、由儀，自臣道而推之治國之事也；次合關雎、葛覃、卷耳、鵲巢、采蘋、采蘩，自子道而推之齊家之事也。至於鄉射，則州長所以演其鄉子弟，而未及於王事，止歌關雎以下而已。蓋臣子之筮仕，必有先公後私之心，然後有事可做，此聖人之意也。

江河亦土也，得水以名，未嘗有水。水流相禪，一瞬不居，非江河之有也。人見江河之多水，而孰知非其有哉！惟其不有，是以能生，負舟充查，蓄魚長龍，爲世之需也。沼者，有其水者也，故留之，水性不遂，而生道息，故曰「江河競注而不流」。

生之謂性，性卽氣也，言氣則不必言性。伊川曰：「論性不論氣不備。」是二性也。剛柔氣也，卽性也。剛有善者焉，有不善者焉，柔有善者焉，有不善者焉，皆性也。試以不善者言之，剛之惡，必爲强梁而不爲陰忮，柔之惡，必爲陰忮而不爲强梁。陰忮者習也，其不能互爲者，以其根於性也。使其人一旦幡然焉，則剛者必爲爽闓，而不能爲縝密，柔者必爲縝密，而不能爲爽闓，是亦性矣，故曰「善惡皆天理也」。

三代而上，體統正，論議明，不惟君子有可用，雖小人亦有可用。性非瓦礫，雖小人亦有寸長可用，上有主張之者，則亦掩庇其醜，以技奉上之欲。今之星卜醫巫，皆出羲、農，豈其自爲之算五行、嘗百草哉？亦衆人之能也。後世則不然，不惟君子無以展布，雖小人亦無以展布。彼小人者，雖無恁大見識，就其所蘊，亦必平生之志，欲有立於天下。但秕政之朝，蹊徑不一，內以彌縫婦寺之間，外以揣摩人主之隱，精神心術竭盡於此，以博其富貴榮寵之私，幾時能展布其平生之一二？人見李林甫在位十九年，以爲志無不行，不知幾時行得一事？蓋其精力機巧，能使禄山懾服，假使得用其才，亦足以制范陽之命。然其心方內蠱君慾，外抗楊釗，晝夜之力，窮於蹊徑，何嘗得少用其才？嗚呼！鼓舞作用之人才，非聖人，其孰能之？

人畜羊豕，逐豺虎，善惡至明矣。其所謂善惡，抑物之情耶？人之情耶？羊豕以其利於己也而愛之，豺虎以其害於己也而憎之，非天之生物，果有所擇也。天之賦物，惟有生理，騶虞之不殺，豺虎之食人，總是率性，於人有何恩怨？但鳥獸不可與同羣，爲人計者，惟遠之而已。周公驅猛獸，程子放蝎，皆不殺之。此處須理會天之生人生物，是生理也；其爲人，爲羊豕，爲豺虎，是各正性命也。豺虎而不吞噬，則何以爲生哉？且人之畜羊豕也，豈惟愛之，亦噬之而已矣。佛戒殺，聖人不戒殺，此處難着愛憎字。或曰：「人之食鳥獸也，亦大之噬小與？」余曰：「大豈能噬小，鼠之食肉，鳥之啄牛，蠅蚋之食人，豈盡噬小哉！此理相循無端，人不能泥，泥則無易矣。」

方長不折，非止愛物，只自養仁，不獨賢者有此心也。今人見折花將蔫，便自不忍；及斬刈合抱，就以爲當然，了無顧惜。其不忍之心，没於見材之可用也，有欲故也。惟有欲便不能充。

明儒學案卷二十八　楚中王門學案

楚學之盛，惟耿天臺一派，自泰州流入。當陽明在時，其信從者尚少。道林、闇齋、劉觀時出自武陵，故武陵之及門，獨冠全楚。觀徐曰仁同遊德山詩，王文鳴應奎、胡珊鳴玉、劉瓛德重、楊衸介誠、何鳳韶汝諧、唐演汝淵、龍起霄止之，尚可攷也。然道林實得陽明之傳，天臺之派雖盛，反多破壞良知學脈，惡可較哉！

僉憲蔣道林先生信

蔣信字卿實，號道林，楚之常德人。少而端嚴，盛暑未嘗袒裼。不信形家術，母歿，自擇高爽之地以葬。登嘉靖十一年進士第。授户部主事，轉兵部員外郎。出爲四川僉事，興利除害，若嗜欲。有道士以妖術禁人，先生召之，術不復驗，寘之於法。陞貴州提學副使。建書院二所，曰正學，曰文明，擇士之秀出者，養之於中，而示以趨向，使不汩没於流俗。龍場有陽明祠，置祭田以永其香火。湖廣清浪五衛諸生鄉試，去省險遠，多不能達，乃增貴州解額，使之附試。尋告病歸。御史以擅離職守劾之，削籍。後奉恩例，冠帶閒住。先生築精舍於桃花岡，學徒雲集，遠方來者，卽以精舍學田廩之。先生危坐其中，絃歌不輟，惟家祭始一入城。間或出遊，則所至迎請開講。三十八年十二月庚子卒，年七十七。屬纘時作詩曰：「吾儒傳性卽傳神，豈向風埃滯此身？分付萬桃岡上月，要須今夜一齊明。」

先生初無所師授，與冀闇齋考索於書本之間。先生謂：「大學知止，當是識仁體。」闇齋躍然曰：「如此則定靜安慮，卽是以誠敬存之。」陽明在龍場，見先生之詩而稱之，先生遂與闇齋師事焉。已應貢入京歸，師事甘泉。及甘泉在南雍，及其門者甚衆，則令先生分教之。先生棄官歸，甘泉遊南嶽，先生從之彌月。後四年入廣東，省甘泉。又八年甘泉再遊南嶽，先生又從之。是故先生之學，得於甘泉者爲多也。先生初看論語與定性、西銘，領得「萬物一體，是聖學立根處」。三十二、三時病肺，至道林寺靜坐，久之，并怕死與念母之心俱斷。一日，忽覺洞然宇宙，渾屬一身，乃信明道「廓然大公無內外」是如此，「自身與萬物平等看」是如此，始知向來領會，元是思索，去默識尚遠；向來靜坐，雖有湛然時節，亦只是光景。先生自此一悟，於理氣心性人我，貫通無二，以爲「六經具在，何嘗言有個氣，又有個理？凡言命、言道、言誠、言太極、言仁，皆是指氣而言。宇宙渾是一塊氣，氣自於穆，自無妄，自中正純粹精，自生生不息，只就自心體認。心是氣，生生之心，便是所言天命之性，豈有個心，又有個性？此氣充塞，無絲毫空缺，一寒一暑，風雨露雷，凡人物耳目口鼻四肢百骸，與一片精靈知覺，總是此生生變化，如何分得人我？」又曰：「宇宙只是一氣，渾是一團太和，中間清濁剛柔，多少參差不齊，故自形生神發，五性感動後觀之，智愚賢不肖、剛柔善惡中，自有許多不同。既同出一個太和，則智者是性，愚者豈不是性？善者是性，惡者豈不是性？孟子卻又何故獨言性善？此處非功夫與天命合一，不能知也。動而無動，靜而無靜，一動一靜之間，是天命本體，造化所以神者在此。故功夫到得勿忘勿助，卽便是本體，那純粹至善的頭面便現出來，便知性知天知柔知剛，惻隱羞惡辭讓是非便隨感而應。孟子言性善，正是於此處見得。」又曰：「二五之精，卽是理，無極之真，原是氣，無極之流行變易，便爲二五之精。二五之精妙合而凝，便乾道成男，坤道成女，化生萬物。知二氣五行與男女萬物，本自無而有，則知中正仁義之極，由靜而立。」先生既從一動一靜之間，握此頭腦，謂動而未形，有無之間，所謂幾者，聖賢戒慎恐懼，正是於此精一。用處，卽是體，和處，卽是未發之中。夫周子之所謂動者，從無爲中，指其不泯滅者而言，此生生不已，天地之心也。誠、神、幾，名異而實同，以其無謂之誠，以其無而實有謂之幾，以其不落於有無謂之神。先生以念起處爲幾，念起則形而爲有矣。有起則有滅，總極力體當，只在分殊邊事，非先生約歸理一之旨也。先生之論理氣心性，可謂獨得其要，而工夫下手反遠之，何也？

桃岡日録

人除卻血肉，只有這一片精靈，喚做心。一動一靜之間，正是這精靈元初本體。故心也者，無知而無不知，無爲而無不爲，不當於心外更求知。得此心者，又是何物？

只須在天命上立根，久則氣質自會融化。天命上立根，時時約氣質歸於一動一靜之間，卽氣質便是剛中柔中，無聲無臭，幾矣。若只就氣質上强治，何時得他融化！

心亦是氣，虛靈知覺，乃氣之至精者耳。心纔喜，容色便喜，心纔怒，容色便怒。此便見心與氣貫通在，未嘗二也。

浩然之氣，與夜氣、平旦之氣同，乃指精靈之心而言。

智崇是心體高明處，禮卑是應用中庸處，智崇是理一處透徹，禮卑是分殊處停當。如釋氏見得本來是空，亦是智崇，卻外人倫日用，何處得禮卑？古今賢者，非無人倫日用處用功，有個禮卑，卻於大本處未能見得，便不是智崇。合智禮乃是性之中正處，中正乃可言天地合德。要之，聖學與釋氏，智原是不同，釋氏只要見一個空，聖人卻是於空處見萬物一體。自身與萬物一例，所以此心便無所不貫，人倫日用，何處容增減一毫？故萬物一體之學，卽智崇便已，天下歸仁卽禮卑，便是智之流行處，非有二也。

聖賢之學，全在好惡取舍上用力，隨所好惡取舍，此心皆不失其正，便是存養。

盈天地間，有形之物，皆同此氣此性，生生之機，無物不可見。子思獨舉鳶魚言生生之機，卽其飛躍尤易見也。只順這生生之機，日用百爲，無非天聰明用事。

明道語游、楊二子㊀曰：「且静坐。」三字極有斟酌。蓋謂初學之心，平日未嘗收拾，譬如震盪之水，未有寧時，不教他默坐，何緣認得此心元來清浄湛一，能爲萬化根本。認出來時，自家已信得了，方好教他就動處調習，非是教人屏日用離事物做工夫，乃是爲初學開方便法門也。

赤子之心，便是聖胎，如何得不失？須是戒慎恐懼。知戒慎恐懼，防非窒慾，保守得這赤子時，愛親敬長，一點真切的心長在，便自會生聰明睿智，日漸純熟，便自會由善信而美大，美大而神聖，充到萬物一體之極，如堯、舜光被四表，亦只是元初愛親敬長真切的心，非有别心。譬如果核，一點生意，投之

㊀ 據二程集，此爲明道告謝顯道語。

地，便會長出根苗來，這根苗便如赤子之心，切不要傷害着他，須是十分愛護，這根苗便自會生榦生枝，生葉生花實，及長到參天蔽日，千花萬實，總只是元初根苗一點生意，非別有生意。曰：「赤子之心，卽可云未發之中否？」曰：「未發之中，便已是寂然不動，赤子如何説得寂然不動？須是不失赤子之心，則便是未發之中。」曰：「工夫全在不失上否？」曰：「不失卽是知戒愼恐懼，時時在幾上覺，不然緣何會上達？」曰：「朱傳似謂不失了此心，然後能擴充，以至於大，如何？」曰：「擴充二字，本出孟子，只不失赤子之心，便是擴充四端，便是致曲，便是愼獨。孔、孟之學，至簡至易。」

橫渠言形而後有氣質之性，須要善看。蓋其意爲剛柔合德者，乃天命之性，偏剛偏柔之性，乃其形而後有者也。善反之，則剛中柔中之性存焉。其曰氣質之性，曰天命之性，乃其言欠瑩處，故不可不善看也。後之儒者，但泥其立言之失，而不究其本旨，一誤百和，遂以爲眞有天命之性，有氣質之性。若然，則氣質者，果非太和之用，而天命者，果超然於一氣五行之外乎？

凡看聖賢論學，論義理處，須是優柔厭飫，久之乃能忽然覺悟到。忽然覺悟，卻全不假思索安排矣。强探力索，卽是邪思，何緣有見？惟用而不用，乃是正思也。

虛無寂滅，與權謀霸術，皆是墮在一邊，知有夜不知有晝，知有晝不知有夜。聖人從中道上行，故終日有事，實無一事，終日有爲，實未嘗爲，情順萬事而無情。此便是通乎晝夜之道而知。

忠恕是體用合一的心，聖人言心，皆是合體用，皆要學者於幾上認心，卽用卽體。

心是人之神氣之精靈知覺者也，命之曰心，本取主宰之義。心之活潑潑處是性，故性字從心從生，指生生之心而言者也。

博文約禮，不是兩段工夫，總於念纔起動而未形處，惟精惟一，則二者一齊俱致矣。禮是心之本體，文是感通燦然處。

心元是純粹至善，大學云：「止至善。」其實只在人止之耳。失其止，便如純陽之氣變而爲陰了，此便是惡。故周子揭無欲二字，爲聖功之要。非收拾此心，到得動而無動，靜而無靜處，不得言無欲。非無欲，卻何從見得性善？

宇宙只是一氣，渾是一個太和，中間清濁剛柔，多少參差不齊。故自形生神發、五性感動後觀之，知愚賢不肖，剛柔善惡中，如皋陶論九德，孔子所言柴、參、師、由，偏處自有許多不同。既同出一個太和，則知的是性，愚的豈不是性？善的是性，惡的豈不是性？孟子卻又何故獨言性善？此處非功夫與天命合一，不能知也。動而無動，靜而無靜，一動一靜之間，是天命本體，造化所以神者在此。故工夫到得勿忘勿助之間，卽便是此體，那純粹至善底頭面便現出來，便知天知性，知柔知剛，惻隱羞惡，辭讓是非，便隨感而應。孟子言性善，正於此處見得。荀、韓諸子不知性，正由不知此一段學問工夫。如今只須用功，不須想像他如何。工夫到得真默處，卽識之矣。蓋氣一分殊，卽分殊約歸動靜之間，便是本體。先儒卻以美惡不齊爲氣質，性是理，理無不善，是氣質外別尋理矣。

言忠信，便該了靈明，言靈明，豈能該得忠信？今人喜説靈明，把忠信只當死殺格子。忠信是甚麼？譬之水，無絲毫泥滓，十分澄澈，便喚做忠信。世間伶俐的人，卻將泥滓的水，一切認作靈明。

六經具在，何嘗言有個氣，又有個理？凡言命、言道、言誠、言太極、言仁，皆是指氣而言。宇宙渾是一塊氣，氣自於穆，自无妄，自中正純粹精，自生生不息，謂之命，謂之道，謂之誠，謂之太極，總是這一個神理，只就自心體認便見。心是氣，生生之心，便是天命之性，豈有個心，又有個性？問：「所當然，所以然之說，如何？」曰：「只一個心，千事萬事，總皆變化，又何顯何微？只形色便是天性。」

心無時不動，獨正是動而未形，有無之間，所謂幾是也。聖賢戒慎恐懼，正是於此處精一，此處精一，卽用處就是體，和處就是未發之中。

六經並不曾空空説聖人之心如何樣子，都在事上見他心。

上面蒼然，下面塊然，中間萬象森然，我此身卻在空處立着。這空處是甚麼？都是氣充塞在，無絲毫空缺。這個便是天，更向何處説天？知眼前這空是天，便知極四方上下，往古來今，渾是這一個空，一個天，無中邊，無遠近。亦便知眼前一寒一暑，風雨露雷，我此身耳目口鼻四肢百骸，與一片精靈知覺，總是這一個空。生生變化，世人隔形骸，分爾汝，隔藩牆，分比隣，見得時，便是剖破藩籬，卽大家已登堯、舜、孔子、禹、臯、顔、孟路上行矣。何由見得？收拾此心，到默處，卽是天聰明，便照破矣。故曰：「盡其心，則知性知天。」

磨礲細一番，乃見得一番，前日不認得是過處，今日卻認得是過。

見得理一，又須理會分殊。不獨理會分殊，非聖門之旨，「見得理一」一言，亦恐未盡。學者若真實默識，得此體，只要存，更無事。一片廣大的心，自然做出無限精微。

四時行，百物生，萬古是如此，這便是於穆不已。卽萬物觀之，發生一番，便又收斂，收斂一番，便又發生，何曾一暫止息？這於穆不已，是甚麼？是元氣如此。故元氣者，天之神理。先儒謂陰陽是氣，所以然者是理。陰陽形而下，太極形而上，謂有氣別有理，二之矣。

問：「何以五性感動，遂有善惡？」曰：「人生而静以上，純粹至善，觀四時行，百物生，豈容更説形生神發？五性感動，便已非動而無動，静而無静，神理本體，便隨所稟剛柔不齊分數發出來，所以有慈祥、巽順、懦弱、無斷、邪佞、嚴毅、正固、猛隘、强梁，許多不同。故程子曰：『善惡皆天理，謂之惡者，本非惡。』然神理本體，元只是無而已。善學者約其情以復於静，則剛柔之氣皆變而復於中，聰明睿智中正仁義出矣。」

無欲卽是盡心，盡心是謂心無虧欠，心無虧欠，方説得心在。

二五之精，卽是理；無極之真，元是氣。無極之真流行變易，便爲二五之精；二五之精妙合而凝，便乾道成男，坤道成女，化生萬物。知二氣五行，與男女萬物，本自無而有，則知中正仁義之極，由静而立，此圖、書言不盡言之深意。

有問「動静皆寂，恐落空」者，曰：「似賢輩且落空亦不妨。」

戒慎恐懼之念，時時不息，不待言行事見而後有，謂之前定，定卽誠也。

戒慎恐懼，乃是定時一點真念，所謂主宰者便是。

孝廉冀闇齋先生元亨

冀元亨字惟乾，號闇齋，楚之武陵人。陽明謫龍場，先生與蔣道林往師焉，從之之廬陵，踰年而歸。正德十一年，湖廣鄉試，有司以「格物致知」發策，先生不從朱註，以所聞於陽明者爲對，主司奇而録之。陽明在贛，先生又從之，主教濂溪書院。宸濠致書問學，陽明使先生往答之。濠談王霸之略，先生昧昧，第與之言學而已。濠拊掌謂人曰：「人癡一至是耶！」一日講西銘，先生反復陳君臣之義，本於一體，以動濠。濠大詫之，先生從容復理前語。濠曰：「此生大有膽氣。」遂遣歸。濠敗，忌陽明者，欲借先生以陷之。逮至京師，榜掠不服，科道交章頌冤，出獄五日而卒。在獄與諸囚講説，使囚能忘其苦。先生常謂道林曰：「贛中諸子，頗能静坐，苟無見於仁體，槁坐何益？」觀其不挫志於艱危，信所言之非虚也。癸未南宫發策，以心學爲譏，餘姚有徐珊者，亦陽明之門人，不對而出。先生之對，與徐珊之不對，一時兩高之。而珊爲辰州同知，侵餉縊死，時人爲之語曰：「君子學道則害人，小人學道則縊死。」人羞稱之。所謂蓋棺論定者非耶！

明儒學案卷二十九　北方王門學案

北方之爲王氏學者獨少，穆玄菴既無問答，而王道字純甫者，受業陽明之門，陽明言其「自以爲是，無求益之心」，其後趨向果異，不可列之王門。非二孟嗣響，即有賢者，亦不過跡象聞見之學，而自得者鮮矣。

文簡穆玄菴先生孔暉

穆孔暉字伯潛，號玄菴，山東堂邑人。弘治乙丑進士。由庶吉士除簡討，爲劉瑾所惡，調南京禮部主事。瑾敗，復官。歷司業、侍講、春坊庶子、學士、太常寺卿。嘉靖己亥八月卒，年六十一。贈禮部右侍郎，謚文簡。

陽明主試山東，取先生爲第一。初習古文詞，已而潛心理學。其論學云：「古人窮理盡性以至於命，今於性命之原，習其讀而未始自得之也。顧謂有見，安知非汨慮於俗思耶！」又云：「鑑照妍媸，而妍媸不着於鑑，心應事物，而事物不着於心，自來自去，隨應隨寂，如鳥過空，空體弗礙。」又云：「性中無分別想㊀，何佛何老。」臨卒時，有「到此方爲了事人」之偈。蓋先生學陽明而流於禪，未嘗經師門之

㊀「想」字各本同。朱氏釋誤據王道撰穆孔暉墓誌銘，云「想」字應分作「相」和「心」二字，「無分別相」爲句，「心」則屬下。

煅煉，故陽明集中未有問答。乃黄泰泉遂謂：「雖陽明所取士，未嘗宗其説而菲薄宋儒。」既冤先生，而陽明豈菲薄宋儒者？且冤陽明矣。一言以爲不知，此之謂也。

教諭張弘山先生後覺

張後覺字志仁，號弘山，山東茌平人。仕終華陰教諭。早歲受業於顔中溪、徐波石，深思力踐，洞朗無礙。猶以取友未廣，南結會於香山，西結會於丁塊，北結會於大雲，東結會於王遇，齊、魯間遂多學者。近溪、穎泉官東郡，爲先生兩建書院，曰願學，曰見大。先生聞水西講席之盛，就而證其所學。萬曆戊寅七月卒，年七十六。其論學曰：「耳本天聰，目本天明，順帝之則，何慮何營。」曰：「良卽是知，知卽是良，良外無知，知外無良。」曰：「人心不死，無不動時，動而無動，是名主静。」曰：「真知是忿忿自懲，真知是慾慾自窒，懲忿如沸釜抽薪，窒慾如紅爐點雪，推山填壑，愈難愈遠。」

尚寶孟我疆先生秋

孟秋字子成，號我疆，山東茌平人。隆慶辛未進士。知昌黎縣。歷大理評事、職方郎中，致仕。起刑部主事、尚寶寺丞、少卿而卒，年六十五。先生少授毛詩，至桑間濮上，不肯竟讀。聞邑人張弘山講學，卽往從之。因尚書明目達聰語，灑然有悟。鄒聚所、周訥溪官其地，相與印證，所至惟發明良知，改定明儒經翼，去其駁雜者。時唐仁卿不喜心學，先生謂顧涇陽曰：「仁卿何如人也？」涇陽曰：「君子也。」先生曰：「彼排陽明，惡得爲君子？」涇陽曰：「朱子以象山爲告子，文成以朱子爲楊、墨，皆甚辭也，何但仁卿。」先生終不以爲然。許敬菴嘗訪先生，盈丈之地，瓦屋數椽，其旁茅舍倍之。敬菴謂：「此風味，大江以南所未有也。」先生大指以心體本自澄澈，有意克己，便生翳障。蓋真如的的，一齊現前，如如而妙自在，必克己而後言仁，則宣父何不以克伐仁原憲耶？弘山謂「良卽是知，知卽是良，良外無知，知外無良」。師門之宗傳固如是也。此卽現成良知之說，不煩造作，動念卽乖。夫良知固未有不現成者，而現成之體，極是難認，此明道所以先識仁也。先生之論，加於識仁之後則可，若未識仁，則克己之功誠不可已，但克己卽是識仁。顏子有不善未嘗不知，知之未嘗復行也。仁體絲毫不清楚，便是不善，原憲之克伐怨欲，有名件可指，已是出柙之虎兕，安可相提而論哉！

我疆論學語

心無方無體，凡耳目視聽，一切應感皆心也。指腔子內爲言者，是血肉之軀，非靈瑩之天君矣。天道曾有一刻不感時？地道曾有一刻不應時？人心曾有一刻無事時？一刻無事是槁滅也，故時時必有事，亦時時未發。未發云者，發而無發之謂，非可以有感無感論也。

自聖學不傳，而性善之旨日晦。入聖無門，人是其見，雖盡力洗滌，渣滓尚在，以故終身盤桓，只在改過間。就其所造，僅以小儒而止。皆由「克去人欲，復還天理」之說誤之也。人欲無窮，去一日，生一日，去一年，生一年，終身去欲，終身多欲，勞苦煩難，何日是清淨寧一時耶！來書云「有病不得不服藥」

是也。有人於此，養其元氣，保其四肢，血氣和平，雖有風寒暑濕，不得乘間而入。使不保元氣，藥劑日來，則精神日耗，邪氣日侵，因藥而發病者，日相尋焉，終身病夫而已，豈善養身者乎？又云：「必有主人，方可逐賊。」此就多積者言耳。若家無長物，空空如也，吾且高枕而卧，盗賊自不吾擾，又何用未來則防，既來則逐乎？此兩喻者，乃志仁之説，無欲之證也。

曾子之學，一貫之學也，此曾子作大學之宗旨也。故析而言之曰修身也，正心也，誠意也，致知也，格物也，若名目之不同。合而言之則一也。何也？自身之神明謂之心，自心之發動謂之意，自意之靈覺謂之知，自知之感應謂之物。心意知物，總而言之一身也。正者正其身之心也，誠者誠其心之意也，致者致其意之知也，格者格其知之物也。格致誠正，總而言之修身也。道無二致，一時俱到，學無二功，一了百當，此一貫之道也。

道有本門，路無多岐，會道以心，不泥文字間。性原有本，利原無根，端本澄源，則萬派千流，一清徹底矣，又何塵垢之染乎？

主事尤西川先生時熙

尤時熙字季美，號西川，河南洛陽人。舉嘉靖壬午鄉試，歷元氏、章丘學諭，國子學正，户部主事，終養歸。歸三十餘年，萬曆庚辰九月卒，年七十八。先生因讀傳習録，始信聖人可學而至，然學無師，終不能有成，於是師事劉晴川。晴川言事下獄，先生時書所疑，從獄中質之。又從朱近齋、周訥溪、黄德良名驥。考究陽明之言行，雖尋常謦欬，亦必籍記。先生以道理於發見處始可見，學者只於發動處用功，故工夫卽是本體，不當求其起處。濂溪之無極而太極，亦是求其起處，爲談學之弊。堯、舜之執中，只是存心。明道之識仁，猶云擇術。以白沙「静中端倪」爲異學，此與胡敬齋所言「古人只言涵養，言操存，曷嘗言求見本體」，及晦翁「惟應酬酢處特達見本根工夫」一也。静中養出端倪，亦是方便法門，所謂觀喜怒哀樂未發以前氣象，總是存養名目。先生旣掃養出端倪，則不得不就察識端倪一路，此是晦翁晚年自悔「缺卻平時涵養一節工夫」者也，安可據此以爲學的？先生言近談學者多説良知上還有一層爲非，此説固非，然亦由當時學者以情識爲良知，失卻陽明之旨，蓋言情識上還有一層耳。若知良知爲未發之中，決不如此下語矣。

擬學小記

人情多在過動邊，此過則彼不及。格物只是節其過，節其過則無馳逐，始合天則，故能止。良知本體，止乃見。

義理無窮，行一程見一程，非可以預期前定也，故但言致良知。

天命者，本然之真，是之謂性，無所使之，無所受之。

前輩以「不睹不聞」爲道體，是不睹不聞爲道，而睹聞非道矣。下文何以曰「莫見乎隱，莫顯乎微」耶？竊詳此兩句，蒙上道字來，則所睹所聞者道也。戒慎不睹，欲其常睹，恐懼不聞，欲其常聞，只是常存此心之意。獨字卽道字，慎字卽常睹常聞。道無隱見，無顯微，天地間只有此，故曰獨；莫非此，故曰獨。

凡物對立，則相形爲有二也。道一而已，見卽隱，無有見乎隱；顯卽微，無有顯乎微。見顯隱微，物相有然，道一而已，故謂之獨。

喜怒哀樂之未發，謂之中。既云未發，豈惟無偏倚，卽不偏不倚亦無。可見指其近似，但可言其在中而已。故中和之中，亦只是裹許之義。

道理只是一個，未發無形，不可名狀，多於下字影出之。如人以魄載魂，可指可名者魄也，所以多重下一字。忠，心也，忠無可指。可指者信與恕，事與行也，皆就發用處説。

喜怒哀樂本體，元是中和的。

莫非天也。冬至祀天，祀生物之天也；夏至祀地，祀成物之天也，故曰：「郊社之禮，所以祀上帝也。」莫非天也，不言后土，非省文。

爲政以德，主意在德，則凡所施爲，無往非德矣，若衆星之拱極也。

視吾以，觀吾由，察吾安，人欲無所匿矣。以此待人，便是逆詐億不信。

「吾道一以貫之」，貫，該貫也，言吾道只是一。若謂一以貫萬，是以此貫彼，是二也。道一而已，萬卽一之萬也。

舜、禹有天下而不與，行所無事也。

執中之云，猶言存心也。堯之命契以教比屋之民者，猶之與舜、禹諸臣都俞吁咈於廟堂者也，無二道也。後世學者，遂以存心爲常語，而以執中爲秘傳，豈心外有法，抑心外二法耶？

集義之集，從隹從木，說文「鳥止木上曰集」。心之所宜曰義。集義云者，謂集在義上，猶言卽乎人心之安也。君子之學，樂則行之，憂則違之，卽乎此心之安而已。

擴充是去障礙以復本體，不是外面增益來。

春秋不立傳者，凡春秋所書之事，皆當時人所共知，但傳說不同，隱微之地爲姦雄所欺耳。夫子直筆姦雄之真蹟實情，而破其曲說，使天下曉然知是非所在而不可欺，而奸雄之計有所不能行，故亂臣賊子聞之而懼。

唐、虞、三代，不知斷過多少事，或善或惡，可懲可勸，若必事事爲之立傳，何止汗牛充棟？聖人之意，正不在此，故曰：「堯、舜事業，如浮雲過太虛。」春秋之作，何以異是？是非既明，亦隨過隨化，聖人之心，固太虛也。

道理只是一個，諸子論學，謂之未精則可，謂別有一種道理則不可。聖人之學，較之諸子，只是精一，亦非別有一道也。

道理不當說起處，若說起處，從何處起，便生意見。

一氣流行，成功者退，曰互根，是二本也。

道理於發見處始可見，學者於發動處用功。未發動，自無可見，自無着力處。

天地萬物皆道之發見，此道不論人物，各各有分，覺卽爲主，則千變萬化，皆由我出。

道無方體，耳得之而爲聲，目遇之而成色，學者各以聞見所及立論，而道實非方體可拘也。

聖人言工夫，不言道體，工夫卽道體也。隨人分量所及，自修自證，若別求道體，是意見也。

天下道理，只是一個，學者工夫，亦只是一個。言知似不必說行，言行似不必說知，知行一也。故雖不能行者，其本心之明，原未嘗息。今指未息之明，爲知邊事，而以不能行處，爲行邊事，遂分知行爲二，不知其不能行者，只是此明未完復耳，而其所以能行者，乃其未嘗息者爲之也。豈別有一物，能使之行耶？本體只是一個，知卽行，行卽知，原非有分合也。

仁者以天地萬物爲一體，無我也；以天地萬物爲一體，真我也。分殊卽理一，學者泛應，未能曲當，未得理之一耳。

才說當然，便是義外，聖人只是情不容已，不說當然不當然。

學術差處，只爲認方便爲究竟。

衆人之蔽在利欲，賢者之蔽在意見，意見是利欲之細塵。

性分上欠真切，只因心有所逐。

意有所便卽是利，昏惰亦是利意所便也。

不求自慊，只在他人口頭上討個好字，終不長進。

人雖至愚，亦能自覺不是，只不能改，遂日流於汙下。聖愚之機在此，不在賦禀。

今天下只是智巧，爲政者與民鬬智巧，恐被人欺壞聲價，是名利心。

萬物津液與河海潮汐是一氣，萬物精光與日月星辰是一象，象即氣之象，氣即象之氣，非有二也。潮汐隨日月，皆一氣之動也，不當分陰陽看。

學問是陶冶造化之功，若在陰陽五行上立脚，是隨物化也。

君子處盛衰之際，獨有守禮安命，是職分當爲，舍是而他求，皆無益妄作也。以上經疑。

格訓通解　陽明格物，其說有二。曰：「知者意之體，物者意之用，如意用於事親，即事親爲一物，只要去其心之不正，以全其本體之正，故曰『格者正也』。」又曰：「致知在格物者，致吾心之良知於事事物物也。致吾心之良知於事事物物，則事事物物皆得其理矣。致吾心之良知者，致知也。事事物物皆得其理者，物格也。」前說似專指一念，後說則並舉事物，若相戾者，然性無内外，而心外無物，二說只一說也。愚妄意格訓則，物指好惡，吾心自有天則，學問由心，心只有好惡耳，頗本陽明前說。近齋乃訓格爲通，專以通物情爲指，謂物我異形，其可以相通而無間者情也，頗本陽明後說。然得其理必通其情，而通其情乃得其理，二說亦一說也。但曰「正」，曰「則」，取裁於我；曰「通」，則物各付物。取裁於我，意見易生；物各付物，天則乃見。且理若虛懸，情爲實地，能格亦是當時能通物情，斯盡物理，而曰「正」，曰「則」，曰「至」，兼舉之矣。

好惡情也，好惡所在則物也，好之惡之事也。學本性情，通物我，故於好惡所在用功，而其要則在體悉物我好惡之情。蓋物我一體，人情不通，吾心不安。且如子不通父之情，子心安乎？子職盡乎？

是以必物格而後知乃至也。

則字雖曰天則，然易流於意見。通則物各付物，意見自無所容。蓋才着意見，卽爲意見所蔽，便於人情不通，便非天則。天則須通乃可驗，故通字是工夫。

物字只指吾心好惡說，是從天下國家，根究到一念發端處。

雖師友之言，亦只是培植灌溉我，我亦不以此爲家當。以上格訓通解序。

質疑　學問起頭，便是落脚，只有意無意之間耳。卽今見在工夫，生死有以異乎？豈別有一着？必俟另說透也。

「致知」「知止」二義，只争毫釐。以止爲功，則必謙虚抑畏，其氣下。以致爲功，則或自任自是，其氣揚。雖曰同遊於善，而其歸遠也。只在意念向背之間，若知「知止」，則致卽止矣。

天理人情本非有二，但天理無可捉摸，須於人情驗之。故不若只就人情爲言，雖愚夫愚婦，亦可易曉。究其極至，聖人天地有不能盡也。

日用常行間檢點，卽心所安行之，不必一一古格也。且古格，亦是當時卽心所安之糟粕耳。

人只要做有用的人，不肯做没用的人，有些聰明伎倆，便要盡情發露，不肯與造物存留些少。生機太過，由造物乎？由人事乎？

今只要做得起個没用的人，便是學問。

道理在平易處，不是古人聰明過後人，是後人從聰明邊差了。只此心真切，則不中不遠。

此志興起時，自覺不愧古人，更無節次。及怠惰，即是世俗。沿襲舊説，非講説則不明。若吾心要求是當，則講説即是躬行，非外講説另有躬行也。若果洞然無疑，則不言亦是講説，倘未洞然而廢講説，是鶻突也。

道理只在日用常行間，百姓日用但不知，不自作主宰耳。

問：「如何入門？」曰：「只此發問，便是入門。」

心體把持不定，亦是吾輩通患，只要主意不移，定要如此，譬之行路，雖有傾跌起倒，但以必至爲心，則由我也。

本體無物，何一何萬？應酬是本體發用，此處用功。

凡應酬，面前只一事，無兩事，況萬乎？聖人得一，故曲當。常人逐萬，故紛錯起於自私用智。

做工夫的即是本體。

一向謂儒釋大同，老師卻説只争毫釐。愚意不争毫釐也。年來偶見無生要議，談空甚劇，忽云：「無情毫釐，争處在此。」

苟知父母之生成此身甚難，則所以愛其身者不容不至，而義理不可勝用矣。

心地須常教舒暢歡悦，若拘迫鬱惱，必有私意隱伏。人物自得處，俱是遊，如鳶飛戾天，魚躍於淵，是性之本體遊，而非此卻是放失，私意憂惱，不爲樂事。

近談學者，多説良知上還有一層。此言自静中端倪之説啟之。夫良知，無始終，無内外，安得更有上面一層？此異學也。

陽明雖夙成其言，以江西以後爲定。

程子須先識仁之言，猶云先須擇術云耳。後人遂謂先須静坐，識見本體，然後以誠敬存之，若次第然。失程子之意矣。

舍見在「乍見」「皆有」之幾，而另去默坐以俟端倪，此異學也。

改過之人，不遮護，欣然受規。才有遮護，便不着底。

蓍龜無言，聖人闡之，若非一體，何以相契？是故探賾者探吾心之賾，索隱者索吾心之隱，鈎吾心之深，致吾心之遠，審乎善惡之幾，謹於念慮之微而已。

蓍龜知吉凶，吉凶本善惡。謂吉凶在彼，善惡亦在彼乎？趨吉避凶，只爲善去惡而已。

人情本然，只是相親相愛，如忠君、孝親、敬兄、友弟。刑家、睦隣、恤孤、賑窮，是上愛下，下愛上，不得已而去惡，只爲保全善類，莫非仁也。若世人惡人，全是勝心，是亦不仁而已矣。

喪禮哭踊有數，主於節哀，爲賢者設也。人之忘哀，必有分心處，以致哀爲推極，非制禮之本意。

彼謂怒於甲者，不移於乙，固爲粗淺。而謂顏子之怒，在物不在己者，亦爲無情。

謂春生秋成則可，謂春生秋殺不可。殺機自是戾氣，非性中所宜有。

葬埋之禮，起於其顙有泚，則禍福之説，疑其爲無泚者設，猶佛氏之怖令，蓋權教也。彼之怖令，雖若近誣，猶能懼人於善，而此之權教，茫無理據，乃至陷人於惡。

解「舜之深山野人」者，曰：「身與野人同，心與野人異也。」噫！使舜之心果與野人異也，曷足以爲舜也？蓋野人之心質實，舜之心亦質實，無以異也。以上質疑。

王雲野云：「陽明曾說：『譬如這一椀飯，他人不曾喫，白沙是曾喫來，只是不曾喫了。』」許函谷與陽明在同年中最厚。別久再會，函谷舉舊學相證，陽明不言，但微笑曰：「吾輩此時，只說自家話，還翻那舊本子作甚！」

人常言聖人憂天下，憂後世，故生許多假意，懸空料想，無病呻吟。君子思不出位，只是照管眼下，卽天下後世一齊皆在。

凡所有相，皆道之發見。學者能修自己職分，則萬物皆備於我，無極太極，只是此心。此真道之起處，不必求之深幽玄遠也。

物各合其天則乃止。不合天則，心自不安，不安不止，只因逐物。以上紀聞。

文選孟雲浦先生化鯉

孟化鯉字叔龍，號雲浦，河南新安人。由進士授南户部主事，歷稽勳，文選郎中。萬曆二十年，給事中張棟以國本外謫，會兵科缺都給事中，先生推棟補之。上怒，謫先生雜職。西川既傳晴川之學，先生因往師之。凡所言「發動處用功」，及「集義卽乎心之所安」，皆師説也。在都下與孟我疆相砥礪，聯舍而寓，自公之暇，輒徒步過從，飲食起居，無弗同者，時人稱爲二孟。張陽和作二孟歌記之。罷官家居，中丞張仁軒餽之亦不受。書問都絶，宦其地者，欲踪跡之而不得也。

論學書

人者天地之心，而人之心卽浩然之氣，浩然者感而遂通，不學不慮，真心之所溢而流也。吾之心正，則天地之心正，吾之氣順，則天地之氣順，是故愛親敬長達之天下，怵惕惻隱保乎四海。愚不肖夫婦之與知與能，察乎天地者以此，君子居室，言行之加民見遠，動乎天地者以此。其功在於必有事，其幾在於集義。集義者，卽乎心之所安，不學不慮，感而遂通者也。時時卽心所安，是謂時時集義，是謂時時有事，時時有事，是謂時時浩然，時時浩然，是謂時時爲天地立心，是謂時時塞天地。緣天地間本如是其廣大，亦本如是其易簡，或者知氣塞天地，而不求諸心，而不本之集義，心非真心，氣非浩然，欲希天地我塞，難矣。

心之發動處用工夫，只是照管不着，還是心之不定。

要將講說，亦只是口頭語，又不能躬行，意欲不用講說。

侍郎楊晉菴先生東明

楊東明號晉菴，河南虞城人。萬曆庚辰進士。授中書舍人，歷禮科給事中，掌吏垣，降陝西照磨，起太常少卿，光禄寺卿，通政使，刑部侍郎，乞休回籍。天啟甲子卒，年七十七。先生所與問辨者，鄒南皐、馮少墟、吕新吾、孟我疆、耿天臺、張陽和、楊復所諸人，故能得陽明之肯綮。家居，凡有民間利病，無不身任，嘗曰：「身有顯晦，道無窮達，還覺窮，則獨善其身之言，有所未盡。」其學之要領，在論氣質之外無性，謂「盈宇宙間只是渾淪元氣，生天生地，生人物萬殊，都是此氣爲之。而此氣靈妙，自有條理，便謂之理。夫惟理氣一也，則得氣清者，理自昭著，得氣濁者，理自昏暗。蓋氣分陰陽，中含五行，不得不雜揉，不得不偏勝，此人性所以不皆善也。然太極本體，立二五根宗，雖雜揉而本質自在，縱偏勝而善根自存，此人性所以無不善也」。先生此言，可謂一洗理氣爲二之謬矣。而其間有未瑩者，則以不皆善者之認爲性也。夫不皆善者，是氣之雜揉，而非氣之本然，其本然者，可指之爲性，其雜揉者，不可以言性也。天地之氣，寒往暑來，寒必於冬，暑必於夏，其本然也。有時冬而暑，夏而寒，是爲愆陽伏陰，失其本然之理矣。失其本然，便不可名之爲理也。然天地不能無愆陽伏陰之寒暑，而萬古此冬寒夏暑之常道，則一定之理也。人生之雜揉偏勝，即愆陽伏陰也。而人皆有不忍人之心，所謂厥有恒性，豈可以雜揉偏勝者當之？雜揉偏勝，不恒者也。是故氣質之外無性，氣質即性也。第氣質之本然是性，失其本然者非性，此毫釐之辨，而孟子之言性善，即不可易也。陽明言「無善無惡者心之體」，東林多以此爲議論，先生云：「陽明以之言心，不以之言性也，猶孔子之言無知，無知豈有病乎？」此真得陽明之肯綮也。

晉菴論性臆言

盈宇宙間只是一塊渾淪元氣，生天生地，生人物萬殊，都是此氣爲之，而此氣靈妙，自有條理，便謂之理。蓋氣猶水火，而理則其寒暑之性，氣猶薑桂，而理則其辛辣之性，渾是一物，毫無分別。所稱與生俱生，與形俱形，猶非至當歸一之論也。夫惟理氣一也，則得氣清者理自昭著，人之所以爲聖爲賢者此也，非理隆於清氣之内也；得氣濁者理自昏暗，人之所以爲愚不肖者此也，非理殺於濁氣之内也。此理氣斷非二物也。正惟是稟氣以生也，於是有氣質之性。凡所稱人心惟危也，人生有欲也，幾善惡也，惡亦是性也，皆從氣邊言也。蓋氣分陰陽，中含五行，不得不雜揉，不得不偏勝，此人性所以不皆善也。然此氣卽所以爲理也，故又命之曰義理之性。凡所稱帝降之衷也，民秉之彝也，繼善成性也，道心惟微也，皆指理邊言也。蓋太極本體，立二五根宗，雖雜揉而本質自在，縱偏勝而善根自存，此人性所以無不善也。夫一邊言氣，一邊言理，氣與理豈分道而馳哉？蓋氣者理之質也，理者氣之靈也，譬猶銅鏡生明，有時言銅，有時言明，不得不兩稱之也。然銅生乎明，明本乎銅，孰能分而爲二哉？人性之大較如此，如曰專言理義之性，則有善無惡，專言氣質之性，則有善有惡，是人有二性矣，非至當之論也。氣質之性四字，宋儒此論適得吾性之真體，非但補前輩之所未發也。蓋盈天地間皆氣質也，卽天地亦氣質也，五行亦陰陽也，陰陽亦太極也，太極固亦氣也，特未落於質耳。然則何以爲義理之性？曰氣質者義理之體段，義理者氣質之性情，舉一而二者自備，不必兼舉也。然二者名雖並立而體有專主，今謂義理之性出於氣質則可，謂氣質之性出於義理則不可，謂氣質之性與義理之性合併而來，則不通之論也。猶夫醋然，謂酸出於醋則可，謂醋出於酸則不可，謂醋與酸合併而來，則不通之論也。且氣質可以性名也，謂其能爲義理也；氣質而不能爲義理，則亦塊然之物耳，惡得以性稱之？四字出於宋儒，亦但謂補性之所未備，而氣質外無性，恐宋儒亦不得而知也。

王陽明先生云：「無善無惡者心之體。」史玉池作性善説闢之，余乃遺玉池書曰：「某往亦有是疑，近乃會得無善無惡之説，蓋指心體而言，非謂性中一無所有也。夫人心寂然不動之時，一念未起，固無所謂惡，亦何所謂善哉！夫子曰：『吾有知乎哉？無知也。』夫知且無矣，何處覓善惡？譬如鑒本至明，而未臨於照，有何妍媸？故其原文曰：『無善無惡者心之體。』非言性之體也。今謂其説與告子同，將無錯會其旨歟！」

問：「孟子道性善，是專言義理之性乎？」曰：「世儒都是此見解。蓋曰專言義理，則有善無惡，兼言氣質，則有善有惡，是義理至善而氣質有不善也。夫氣質，二五之所凝成也，五行一陰陽，陰陽一太極，則二五原非不善之物也，何以生不善之氣質哉？惟是既云二五，則錯綜分布，自有偏勝雜揉之病，於是氣質有不純然善者矣。雖不純然善，而太極本體自在，故見孺子入井而惻隱，遇嘑蹴之食而不屑，氣質清純者固如此，氣質薄濁者未必不如此。此人性所以爲皆善也。孟子道性善，就是道這個性。從古聖賢論性，就只此一個，如曰厥有恒性，繼善成性，天命謂性，皆是這箇性。孟子云『動心忍性』，『性也，有命焉』，則又明指氣質爲性。蓋性爲氣質所成，而氣質外無性，則安得外氣質以言性也？自宋儒分爲氣質義理兩途，而性之義始晦，豈惟不知人無二性，而一物分爲兩物，於所謂義理氣質者，亦何嘗窺其面目哉！故識得氣質之性，不必言義理可也，蓋氣質即義理，不必更言義理也。識得氣質之性，不必言氣質可也，蓋氣質即義理，不可專目爲氣質也。學者悟此，則不惑於氣質義理兩説矣。」

善字有二義。本性之善，乃爲至善，如眼之明，鑑之明，明即善也，無一善而乃善之所從出也。此外，有意之感動而爲善者，如發善念，行善事之類，此善有感則生，無感則無，無乃適得至善之本體，若有一善，則爲一善所障，而失其湛空之體矣。這善字，正是眼中金屑，鏡中美貌，美則美矣，其爲障一也。文成所云「無善無惡者」，正指感動之善而言，然不言性之體，而言心之體者，性主其静，心主其感，故心可言有無，而性不可言有無也。今曰：「出入無時，莫知其鄉，惟性之謂與？」則説不去矣。

郡守南瑞泉先生大吉

南大吉字元善，號瑞泉，陝之渭南人。正德辛未進士。授户部主事，歷員外郎、郎中，出守紹興府，致仕。嘉靖辛丑卒，年五十五。先生幼穎敏絶倫，稍長讀書爲文，即知求聖賢之學，然猶豪曠不拘小節。及知紹興府，文成方倡道東南，四方負笈來學者，至於寺觀不容。先生故文成分房所取士也，觀摩之久，因悟人心自有聖賢，奚必他求？一日質於文成曰：「大吉臨政多過，先生何無一言？」文成曰：「何過？」先生歷數其事。文成曰：「吾言之矣。」先生曰：「無之。」文成曰：「然則何以知之？」曰：「良知自知之。」文成曰：「良知獨非我言乎？」先生笑謝而去。居數日，數過加密，謂文成曰：「與其有過而悔，不若先言之，使其不至於過也。」文成曰：「人言不如自悔之真。」又笑謝而去。居數日，謂文成曰：「身過可免，心過奈何？」文成曰：「昔鏡未開，可以藏垢，今鏡明矣，一塵之落，自難住脚，此正入聖之機也。勉之！」先生謝别而去。闢稽山書院，身親講習，而文成之門人益進。入覲以考察罷官。先生治郡，以循良重一時，而執政者方惡文成之學，因文成以及先生也。先生致書文成，惟以不得聞道爲恨，無一語及於得喪榮辱之間。文成嘆曰：「此非真有朝聞夕死之志者不能也。」家居搆湭西書院，以教四方來學之士。其示門人詩云：「昔我在英齡，駕車詞賦場。朝夕工步驟，追踪班與楊。中歲遇達人，授我大道方。歸來三秦地，墜緒何茫茫。前訪周公跡，後竊橫渠芳。願言偕數子，教學此相將。」

明儒學案卷三十　粵閩王門學案

嶺海之士，學於文成者，自方西樵始。及文成開府贛州，從學者甚衆。文成言：「潮在南海之涯，一郡耳。一郡之中，有薛氏之兄弟子姪，既足盛矣，而又有楊氏之昆季。其餘聰明特達，毅然任道之器，以數十。」乃今之著者，唯薛氏學耳。

西樵名獻夫，字叔賢。弱冠舉進士。爲吏部主事，遷員外郎。陽明起自謫所，爲主事，官階亞於西樵。一日與語，西樵有當於心，卽進拜稱弟子。未幾引疾歸。將十餘年，而大禮議起，西樵自家上疏，請追崇興獻帝后。召入，擢侍講學士，至禮部尚書，加太子太保。復引疾歸。起兼武英殿大學士，未幾請歸。歸十餘年卒。贈太保，謚文襄。

薛尚賢以學行著於鄉，中離自虔歸，述其所聞於陽明者，尚賢說之，遂稟學焉。後官國子助教。

楊驥字仕德。初從甘泉遊，卒業於陽明。陽明方征橫水，謂之曰：「破山中賊易，破心中賊難。」未幾卒。甘泉謂其是內非外，失本體之自然，爲文哀之。皇明書言誌墓，非也。

楊仕鳴與兄同學，初録所聞，備載陽明之語，陽明以爲不得其意。其後直書己意所得，反印可之。仕鳴言：「日用講求功夫，只是各依自家良知所及，自去其障，擴充以盡其本體，不可遷就氣習，以趨時好。」又謂東廓曰：「公往治舉子業，竭其才否？」東廓曰：「然。」曰：「今致良知，亦竭其才否？」東廓曰：

「未能也。」曰：「微竭才，曷克見卓爾？竭才二字，希顔之的也。」東廓每舉斯語以告學者，亦未幾卒。

梁焯字日孚，南海人。登進士第。官至職方主事，以諫南巡被杖。武宗畜外國人爲駕下人，日孚以法繩之，不少貸。日孚嘗過贛，從陽明學，辨問居敬窮理，悚然有悟。同門冀闇齋死詔獄，日孚棺斂之。

鄭一初字朝朔，揭陽人。弘治乙丑進士。居紫陌山，閉門習静，召爲御史。陽明在吏部，因陳世傑請受學。聞其説，以爲昔多岐而今大道也。時朝朔已病，人勸其緩學，曰：「夕死可矣。」卒於浙。閩中自子莘以外無著者焉。馬明衡字子莘㊀，莆人也。父思聰，死宸濠之亂。子莘立志勇猛，與鄭善夫爲古文。陽明曰：「草木之花千葉者無實，其花繁者其實鮮。」嘉靖三年，以御史諫上隆興國而薄昭聖爲非禮，下獄削籍歸。

行人薛中離先生侃

薛侃字尚謙，號中離，廣東揭陽人。舉正德十二年進士。疏乞歸養。從學王文成於贛，四年而後歸。十六年授行人。丁母憂。服闋入京，聞文成訃。會同門南野諸子，爲位而哭。使山東，謁孔、孟廟，刻杏壇講授儀。尋陞司正。張孚敬方用程篁墩舊議，改孔廟從祀。先生請增祀象山、白沙，允祀象山。莊敬太子薨，嗣位久虚，先生私草一疏，引祖制，請於親藩中擇其親而賢者，迎取一人入京爲守城

㊀「馬」字據明史補。「子莘」明史作「子萃」。

王，以俟東宮生長，出封大國。初以示光禄卿黄宗明，宗明勸弗上。已示其同年太常卿彭澤。澤傾險人也。時張孚敬、夏言交惡，澤方附孚敬，欲借此以中言，卽袖其疏，私於孚敬曰：「儲事上所諱言，而侃與言同年，若指侃疏爲言所爲，則罪不可解矣。」孚敬以爲然。先録其稿，進之於上曰：「言與侃之謀如此，姑勿發以待其疏入。」澤於是語先生曰：「張少傅見公疏甚喜，可亟上。」先生遂上。上大怒，逮至午門，會官鞫其主使，先生不服。澤微詞諷之，使連染於言。先生瞋目視澤曰：「汝謂張少傅有意余言，趣我上之，於言何與？」都御史汪鋐，黨孚敬，攘臂謂言實使之。言拍案大罵，幾欲毆鋐，遂罷訊。上復命武定侯郭勛、大學士翟鑾、司禮監官及九卿科道錦衣衛官用刑重鞫，先生曰：「以皇上之明，猶爲彭澤所欺，況愚昧如侃者乎？」上乃出孚敬二密疏以示羣臣，斥其冒嫉，着致仕去。澤遣戍。先生納贖爲民。行至潞河，遇聖壽節，參議項喬行禮舟中，有報喬者曰：「小舟有服民服，而具香案叩首者，不知何等人也。」喬曰：「此必薛中離。」訪之果然。

先生歸田，從游者百餘人。十五年遠遊江、浙，會念菴於青原書院。已入羅浮，講學於永福寺，二十四年始還家。門人記所聞曰研幾録。周海門聖學宗傳云：「先生釋歸，南過會稽，見陽明。陽明曰：『當是時吾子如何？』先生曰：『侃惟一良知而已，炯然無物也。』陽明首肯之。」按先生釋歸在十年，陽明之卒在七年，安得歸而復見之也？世疑陽明先生之學類禪者三，曰廢書，曰背考亭，曰涉虚。先生一一辨之。然皆不足辨也，此淺於疑陽明者也。深於疑陽明者，以爲理在天地萬物，吾亦萬物中之一物，不得私理爲己有。陽明以理在乎心，是遺棄天地萬物，與釋氏識心無寸土之言相似。不知陽明之理在乎心者，以天地萬物之理具於一心，循此一心，卽是循乎天地萬物，若以理在天地萬物而循之，是道能弘人，非人能弘道也。釋氏之所謂心，以無心爲心，天地萬物之變化，皆吾心之變化也。譬之於水，釋氏爲横流之水，吾儒爲原泉混混不舍晝夜之水也。又其所疑者，在無善無惡之一言。考之傳習録，因先生去花間草，陽明言：「無善無惡者理之静，有善有惡者氣之動。」蓋言静爲無善無惡，不言理爲無善無惡，理卽是善也。猶程子言「人生而静以上不容説」，周子太極而加之無極耳。獨天泉證道記有「無善無惡者心之體，有善有惡者意之動」之語。夫心之體卽理也，心體無間於動静，若心體無善無惡，則理是無善無惡，陽明不當但指其静時言之矣。釋氏言無善無惡，正言無理也。善惡之名，從理而立耳，既已有理，惡得言無善無惡乎？就先生去草之言證之，則知天泉之言，未必出自陽明也。二疑既釋，而猶曰陽明類於禪學，此無與於學問之事，寧容與之辨乎！

語録

語云：「朝聞道，夕死可矣。」如何是聞道？由知德者鮮矣。如何是知德？曾點、漆雕開已見大意。如何是見大意？於此省悟一分，是入頭學問，省悟十分，是到頭學問，卻去閑理會，何益！

文王於庶獄庶慎罔敢知，知者何事？孩提不學而知，知從何來？此可以見聖學矣。

殺身成仁，舍生取義，是忘軀求道之意，後人不省，指爲仗節死義之事，則疏矣。治亂興亡，是豈人所遭者哉！惟其重生則有欲，舍生則無欲，重生是養口體者也，成仁取義，是養大體者也。道本家常茶飯,無甚奇異,好奇趨異,反失之。故賢知過求,愚不肖不知求,此道所以不明不行也。聖人揭個人莫不飲食,鮮能知味,正是平平淡淡,日用常事,然能常知,則心常在常明,久而純,卽與天地合德,日月合明,四時合序,鬼神合吉凶,皆自目前精去,非別有神通可歆慕者。世人好怪,忽近就遠,舍易求難,故君子之道鮮矣。

孟子只説是心足以王,充之足以保四海,不失赤子之心。此之謂失其本心,此乃天地易簡之理,古今傳受之要,加一些是世儒,減一些是異學。

後儒謂:「釋空老無爲,異。」非也。二氏之蔽,在遺倫,不在虚無。著空淪無,二氏且以爲非,以是罪之,故弗服也。聖人亦曰「虚明」,曰「以虚受人」,亦曰「無極」,曰「無聲無臭」,雖至玄渺,不外彝倫日用,卽聖學也,安可以虚無二字歸之二氏。以是歸之二氏,則必落形器,守方隅,泥文義,此聖學所以不明也。

要知此理,人人可爲,資質無有不可者,但不肯耳;精力無不足者,只有漏耳;本體無有不見在者,只自蔽耳。於此覰破,信及真可,一立便起,一得永得。

高明博厚悠遠,吾心之體本如是也。有欲則昏下,則淺狹,則局促耳。試於心平氣和,以忿生慾發之時觀之,自可見心平氣和,萬境皆春。忿生慾發,一物難容,此能覆載與不能之驗也。

問:「致中和,如何位得天地?育得萬物?」曰:「識得天地萬物,便見位育。」曰:「天地萬物亦有不識乎?」曰:「人之所見,已隔形氣,天地自天地,萬物自萬物,故每每有此疑。天地萬物,本吾一體,有形屬地，無形屬天，統言之曰『天地』，分之曰『萬物』。今除了山川土石，何者爲地？除了日月星辰風雲雷雨寒暑，何者爲天？除了吾心之靈，惡知天地？惡有萬物？故天由心明，地由心察，物由心造，五倫本乎一身，庶徵應乎五事，故曰：『萬物皆備於我，反身而誠，樂莫大焉。』曰：『能盡其性，則能盡人之性，能盡人之性，則能盡物之性。』」

直甫問：「虛無乃老、釋之非，先生謂吾儒亦然，終未安。」曰：「虛者太虛也，太虛原無一物，是虛無也。天下萬物萬事，豈能有外太虛者乎？生生化化，皆從此出。爲人子能虛以事親則孝，爲人臣能虛以事君則忠，若實之以慕少艾，私妻子，懷寵計利，則不能矣。」曰：「老、釋之虛，虛而虛，吾儒之虛，虛而實，亦有辨。」曰：「如子之言，是亦虛矣。何謂不然！且虛而虛、虛而實之言亦未明。須知離乎人倫物理而虛無者，二氏之謬也。不離人倫日用而虛無者，吾儒之學也。」

問：「古聖彙出，後來成仙成佛者多，成聖者寡，何也？」曰：「此在教與學異也。五、三之世，執中建極，教簡而學專，故人人君子。後世，中極之義不明，孔子申一貫之旨，一以上非顏不聞，一以下遂分兩截，尚謂且學貫，未可學一，其支離不經亦甚矣。學者見爲繁艱，皆委心不能，雖周、程倡可學之要，再傳復晦。既不得其門而入，而辭章功利之習，又從而薰爍之，奈何有成？若佛以見性，仙以超昇，學之者直欲作佛，必求超昇，件件放下，其道雖偏，其教簡徑，其學精專，以此成就者衆。今知其然，盡洗世陋，直以易簡爲學，以聖人爲歸，然而不成，未之有也。」

問：「聖愚一致，始終本末，同條共貫處，何如？」曰：「孔子無言之教，至精者也。百姓日用飲食，至粗者也。然無言，此虛明也；日用飲食，此虛明也，故曰『人莫不飲食，鮮能知味也』。食能知味，行能知步，瞬能知存，息能知養，爲子知孝，爲臣知忠，至於知化，知天，一也。」

儒學不明，其障有五：有文字之障，有事業之障，有聲華之障，有格式之障，有道義之障。五障有一，自蔽真體，若至寶埋地，誰知拾之？間爲異學竊柄，誰復顧之？曰：「五者皆理所有，曷謂障？」曰：「惟其滯有，故障。」

良知自存自照，渾無方體，無涯限，若着個良知，亦是障。

或問：「聖可學與？」曰：「可。」或問：「聖不可學與？」曰：「不可。」「然則何以自戾乎？」曰：「學其可學，斯可學已，學其不可學，斯不可學已。」「胡謂可？」曰：「求盡吾心而已矣。」「胡謂不可？」曰：「求全其才而已矣。夫求盡吾心者，懲吾忿，窒吾慾，遷吾善，改吾過，窮吾之神，知吾之化，自有而自爲之，夫誰謂不能？求諸易者也。求全其才者，天有所短，地有所長，智有所不及，神有所不通，九官弗兼其能，堯、舜其猶有病，求諸難者也。舍難就易，可謂善學也已。」

大游問：「治世以何爲緊要？」曰：「只有這件緊要，世人事事緊要，只爲這件不緊要。」曰：「法度亦莫可廢。」曰：「徒善徒法，有明訓矣。然善無定善，以不戾本然爲善，法無定法，以遂善成物爲法。」

王道卽是天德，卽是眼前學問，廓然大公，物來順應，一言盡矣。自其廓然，名曰「天德」，自其順應，名曰「王道」，非有甚高難行之事。書曰：「無有作好，遵王之道，無有作惡，遵王之路。」作是作意爲之，非廓然順應者也。無作無偏，是無意必將迎之私，用舍舉措自得其宜，此其性情用功，豈人不能也？不爲耳。後世將王道比作天上事看，講來做去，務求高出，反致著善著法與此相背，如何做得三代時事？

問理欲不明。曰：「賊是人做的，人是天生的。」未達。曰：「自不欺心，有甚欲不明？自不違天，有甚理不明？」

無染則本體自浄，無著則應用自通，故經綸大經，立大本，知化育，只在夫焉有所倚，一倚便不能。子思戒慎恐懼工夫，聖人只道個敬。顏子非禮勿視聽言動，於乾卦只道個閑。禮經正目而視之，無他見，傾耳而聽之，無他聞。在成湯，曰「顧諟」而已。顧諟只是一照，只是良知常在，其功一也。而照尤易曉，一照體用爲一，無内外，無動静，無久近，始學下手，此照也。通乎晝夜，知性知天，此照也。問：「顧諟何如緝熙？」曰：「顧諟亦卽緝熙，但顧諟照則明，照上著力；緝熙自明自照，無二無息，已得其本然者也。故曰『反觀内照』，曰『大人以繼明照於四方。』」

所向有物，卽爲物縛，所存有善，卽爲善累。

不言而信，信是何物？不動而敬，敬見何處？吾心之本體，卽是誠，卽是忠信，卽是一。此體常存，便是主一，便是思誠。學不明，世儒只在可見可聞、有思有爲上尋學，舍之，便昏憒無用力處。

問「讀書之法」。曰：「程子謂『求經義皆栽培之意』，栽培必先有根，以根爲主，既栽既培，自有生生之意。是讀書時優游諷咏，得書之益，不讀時體貼充養，尤得書之益也。今人讀書，以書爲主，心爲奴隸，敝精務博，反爲心害，釋卷則茫然，均爲亡羊，皆非栽培之意也。」

學未知頭腦，不是認賊作子，便是指玉爲石。

後儒紛紛理氣之辨，爲理無不正，而氣有不正，不知以其條理謂之理，以其運用謂之氣，非可離而二也。

文章性與天道，乃形而上下之意，非有彼此，非有先後淺深也。但未悟者見其文章而已，悟了莫非性也，莫非天也，更無差別。

以心安心，卽不安，有心可安，亦不安。

客有問知識不足，故其心未明者。先生曰：「去其知識則明矣。」

子夏篤信聖人，不如漆雕開之求自信。冉有説夫子之道，不如顏子於言無不説。

問「學須博求，乃能有見」。曰：「見個甚麼？」曰：「見道。」曰：「見道如見天，或隔一紗，或隔一紙，或隔一壁，或隔一垣，明暗不同，其蔽一也。欲見，須是闢開垣壁，徹了紗紙，便自見，何須博求？博求正爲未闢未徹耳。舍此而言博求，是記醜而博者也，非聖賢之學。」

問「喜怒哀樂未發氣象」。曰：「未發謂中，中節爲和，一齊見在，分析不得。若以時地分得開，便是體用二源，形影爲二物。蓋和非順適人意之謂，不戾本體之謂也。」

過出無心，聖賢不免，後人看得太重，反生文過遂非之惡。曾子易簀，古今稱美，然易時是，則用時非，非過乎？殛鯀爲是，則任鯀爲非，非過乎？

或問「學莫先義利之辨」。曰：「古之所謂義與利者，不可見也，不可聞也。子之所謂義與利者，可見耳，可聞耳。夫自可見可聞而辨之，則其所是者似是也，非天下之似是也；其所非者似非也，非天下之真非也。是故捧檄而喜，喜可見也，孝不可見也。故雖張奉之賢，不能不失之毛義，其迹鄙也。一物釋西伯，物可見也，忠不可見也。故雖商受之暴，不能不轉移於閎夭，其機微也。是故見其可見，聞其可聞，則義可襲也，過可文也，聲音笑貌可以爲於外也。見所不見，聞所不聞，則莫見乎隱矣，莫顯乎微矣，誠之不可掩矣。然則不可見不可聞者，何也？心體也。可見可聞者，何也？事迹也。心體是則事迹皆是矣，心體非則事迹皆非矣。故知堯然後知堯步，知舜然後知舜趨，知孔非以周流，知顏非以簞瓢也。以步學堯，非堯矣；以趨學舜，非舜矣；以周流學孔，非孔矣；以簞瓢學顏，非顏矣。」曰：「夫然則自見自聞耳，奚以見聞於人乎？」曰：「欲見於人，欲聞於人，此義利之所以弗明也。夫義罔常在，利罔常行。尊周非義乎？以其爲己則霸矣。好貨非利乎？以其同民則王矣。故古之君子，戒慎不覩，恐懼不聞，未嘗求見求聞也，而卒無弗見，無弗聞。今之君子，修邊幅，避形迹，守信果，墜適莫，將以求見，而卒無可見，將以求聞，而卒無可聞。善乎先正之言曰：『無所爲而爲者義也，有所爲而爲者利也。』此依心體與顧事迹之異也。又曰：『有意於爲公，皆私也。』公私義利之辨明，則聖學其庶幾乎！」

或問陽明先生于侃曰：「其學類禪，信有諸？」曰：「否。禪之得罪聖人也有三：省事則髡焉，去欲則割愛焉，厭世則遺倫焉。三者，禪有之，而陽明亦有之乎？」曰：「弗有。」曰：「聖學之異於禪者，亦有三焉：以言乎静無弗具也，以言乎動無弗體也，以言乎用之天下無弗能也。是故一本立焉，五倫備焉，此陽明有之，而禪亦有之乎？」曰：「弗有。」「然則曷疑其爲禪也乎？」曰：「以廢書，以背朱，以涉虚也。」曰：「噫！子誤矣。不然，以告者過也。先生奚廢書乎？昔者郭善甫見先生於南臺，善甫嗜書者也，先生戒之曰：『子姑静坐。』善甫坐月餘，無所事，復告之曰：『子姑讀書。』善甫憝而過我曰：『吾滋惑矣。始也教慶以廢書而静坐，終也教慶廢坐而讀書，吾將奚適矣？』侃告之曰：『是可思而入矣。書果學乎？孔子之謂子貢曰：「汝以予爲多學而識之者與？非也。予一以貫之。」學果廢書乎？孔子贊易曰：「君子多識前言往行，以畜其德。」是可思而入矣。』故言之弗一，教之因材而篤也。先生奚廢書乎？」「然則背朱則何居？」曰：「先生其遵之甚者爾，豈曰背之云乎？孟子曰：『王之好樂甚，則齊其庶幾乎！』夫今之樂，非古之樂也，而孟子以爲庶幾，何也？彼其於樂，孰無好？好之而已，聽之而已，稱美之而已，好之弗甚者也。若體其和，推其意，而得乎樂之本，則必妙之乎聲容之外者矣。先生於朱子亦若是焉耳，惡在其爲背也乎？且朱子遵程者也，其爲本義多戾易傳；孔子、孟子述古者也，其稱詩、書多自爲説。先生之於朱，亦若是焉耳，惡在其爲背也乎？」「然則涉虛何謂也？」曰：「子以虛爲非乎？以偏於虛而後爲非乎？夫以虛爲非，則在天爲太虛，在人爲虛明，又曰『有主則虛』，曰『君子以虛受人』，曰『聖人虛之至也』。今子以虛爲禪，而必以勿虛爲學，則糟粕足以醉人之魂，而弗靈矣；骨董足以膠人之柱，而勿清矣；藩籬格式足以掣人之肘，而勿神矣。」曰：「若然則儒釋奚辨？」曰：「仙釋之虛，遺世離倫，虛而虛者也。聖賢之虛，不外彝倫日用，虛而實者也。故冲漠無朕，而曰萬象森然，是故静無勿具也。視之不見，聽之弗聞，而曰體物不遺，是故動無弗體也。神無方而易無體，而曰通乎晝夜而知，斯良知也，致之之極，時靡勿存，是故無方無體，虛之至也。至虛而後不器，不器而後無弗能。」

縣令周謙齋先生坦

周坦號謙齋，羅浮人也。仕爲縣令。自幼有志聖賢之學，從學於中離，出遊湖、湘、維揚、新泉、天真、天關，以親講席。衰老，猶與徐魯源相往復。其論學語云：「日之明也，必照於物，有不照者，陰霾之蔽也。心之知也，必格乎物，有不格者，物欲之蔽也。」又云：「一陽生於下爲復，内陽外陰爲泰，於復則曰『見天地之心』，於泰則曰『内健而外順』，是可見學不遺乎外，而内者其本也。故曰『復，德之本也』。惟復則無妄，而剛來主於内矣，此内健之爲泰也。」又云：「不可於無喜怒哀樂覓無聲無臭，只喜怒哀樂中節處，便是無聲無臭所在。」又云：「瞑目静坐，此可暫爲之。心體原是活潑流行，若長習瞑坐，局守空寂，則心體日就枯槁，非聖人之心學也。」又云：「白沙之學，以自然爲宗，至謂『静中須養出端倪』，吾人要識得静中心體，只是個澄然無事，烱然不昧而已，原無一物可着，若謂『静中養出端倪』，則静中又添出一『端倪』矣。且道體本是自然，但自然非意想可得，心下要自然，便不是自然也。」

明儒學案卷三十一　止修學案

中丞李見羅先生材

李材字孟誠，别號見羅，豐城人。南京兵部尚書謚襄敏遂之子。登嘉靖壬戌進士第。授刑部主事，歷官至雲南按察使。金騰故患緬，而孟養、蠻莫兩土司介其間，叛服不常。先生用以蠻攻蠻之法，遣使入蠻莫，誘令合孟養，襲迤西，殺緬之心膂大朗長。緬酋遂攻迤西，孟養告急，先生命將士犄角之。土司大破緬於遮浪之上，叩闕謝恩，貢象二。以功陞撫治鄖陽右僉都御史。先生與諸生講學，諸生因形家言，請改參將公署爲書院，遷公署於舊學，許之。事已定，參將米萬春始至。萬春政府門生也，嗾士卒爲亂。先生方視事，擁入逼之。守備王鳴鶴持刀向萬春，厲聲曰：「汝殺李都爺，我殺汝。」乃得免。事聞，先生閒住，而萬春視事如故。明年，萬曆戊子，雲南巡按蘇瓚逢政府之意，劾先生破緬之役，攘冒蠻功，首級多僞。有旨逮問，上必欲殺之。刑部初擬徒，再擬戍，皆不聽。言者强諍，上持愈堅，法吏皆震怖。刑部郎中高從禮曰：「明主可以理奪。」乃操筆爲奏曰：「材用蠻敗緬，不無闢地之功，據揭中文，自抵罔上之罪。臣子報功失實，死有餘辜，君父宥罪矜疑，人將効命。」天子視奏，頗爲色動。長繫十餘年，發戍閩中，遂終於林下。

先生初學於鄒文莊，學致良知之學。已稍變其説，謂「致知者，致其知體。良知者，發而不加其本體之知，非知體也」。已變爲性覺之説。久之，喟然曰：「總是鼠遷穴中，未離窠臼也。」於是拈「止修」兩字，以爲得孔、曾之真傳。止修者，謂性自人生而静以上，此至善也，發之而爲惻隱四端，有善便有不善。知便是流動之物，都向已發邊去，以此爲致，則日遠於人生而静以上之體。攝知歸止，止於人生而静以上之體也。然天命之真，卽在人視聽言動之間，卽所謂身也。若刻刻能止，則視聽言動各當其則，不言修而修在其中矣。使稍有出入，不過一點簡提撕修之工夫，使之常歸於止而已。故謂格致誠正，四者平鋪。四者何病？何所容修？苟病其一，隨病隨修。著書數十萬言，大指不越於此。夫大學修身爲本，而修身之法，到歸於格致，則下手之在格致明矣。故以天下國家而言，則身爲本，以修身而言，則格致又其本矣。先生欲到歸於修身，以知本之本，與修身爲本之本，合而爲一，終覺齟齬而不安也。性情二字，原是分析不開，故易言利貞者，性情也。無情何以覓性？孟子言惻隱羞惡辭讓是非，卽是仁義禮智，非惻隱羞惡辭讓是非之上，又有一層仁義禮智也。虞廷之言道心，卽中也。道心豈中之所發乎？此在前賢不能無差，先生析之又加甚耳。卽如先生之所謂修，亦豈能舍此惻隱羞惡辭讓是非之可以爲主宰者，而求之杳冥不可知者乎？上天之載，無聲無臭，至矣。此四端者，亦曾有聲臭乎？無聲無臭猶不足以當性體乎？猶非人生而静以上乎？然則必如釋氏之所謂語言道斷，父母未生前，而後可以言性也。止修兩挈，東瞻西顧，畢竟多了頭面。若單以知止爲宗，則攝知歸止，與聶雙江之歸寂一也。若單以修身爲宗，則形色天性。先生恐其出於義襲，故主之以知。先生恐其鄰於禪寂，故實之以修身。

止。其實先生之學，以止爲存養，修爲省察，不過換一名目，與宋儒大段無異，反多一張皇耳。許敬菴曰：「見羅謂道心人心，總皆屬用，心意與知，總非指體。此等立言，不免主張太過。中固是性之至德，舍道心之微，更從何處覓中？善固是道之止宿，離心意與知，卻從何處明善？性無內外，心亦無內外，體用何從而分乎？」高忠憲曰：「大學格致，卽中庸明善，所以使學者辨志定業，絕利一源，分剖爲己爲人之界，精研義利是非之極，要使此心光明洞達，無毫髮含糊疑似於隱微之地，以爲自欺之主。不然，非不欲止欲修，而氣稟物欲拘蔽萬端，皆緣知之不至也。工夫喫緊沉着，豈可平鋪放在，說得都無氣力。」兩公所論，皆深中其病。

論學書

百步激於寸括，燕、粤判於庭除，未有種桃李而得松柏之實者。毫釐千里，此學之宗趣，所以必謹其初也。大學之所以先知止，程門之所以先識仁者，其意亦由此也乎！故嘗以爲合下的工夫，卽是到底的學問，到底的學問，只了結得合下的工夫。自昔聖賢懇懇諄諄，分漏分更，辨析研窮者，豈有他事，只是辨此毫釐耳。上徐存齋。

捉定修身爲本，將一副當精神，儘力倒歸自己，凝然如有持，屹然如有立，恍然常若有見，翼翼小心，昭事上帝。上帝臨女，毋貳爾心，視聽言動之間，時切檢點提撕，管歸於則，自然嗜欲不得干，狂浪不得奪，常止常修，漸近道理。切不可將本之一字，又作懸空之想，啓卜度支離之證，於坦平地無端橫起風波，耽延歲月。所云「月在澄潭，花存明鏡，急切撈摸不着」者，正坐此病也。答弟孟乾。

精神兩字，去本體尚隔一層。「心之精神謂之聖」，先輩謂非孔子之語。今人動欲辨體，只爲一向以知爲體，故概以游揚活潑者當之。此程伯子所以謂「認得時活潑潑地，認不得時只是弄精魂也」。答朱汝欽。

挈出修身爲本，齊家不作家想，治國不作國想，平天下不作天下想，自然意念不分，漸近本地。答丁重甫。

大率一到發靈後，終日終夜只是向外馳走，聞聲隨聲，見色隨色，卽無聲色在前，亦只一味思前忖後，所以去性轉遠。故就性一步，則無非善者，無非正者，離性一步，反是。

六經無口訣，每謂只有艮其背一句，其實卽是知止。但大學說止善，似止無定方，易說艮背，似止有定所。以背爲頑然不動之物，如宋儒之說，未足以盡艮背之妙。因而指曰「陰方」，名曰「北極」，如世所云，又不免落於虛玄之見。予嘗看剝、復兩卦，同爲五陰一陽，但陽在內能爲主，則陰無不從陽者，故爲復；陽在外不能爲主，則陰無不消陽者，故爲剝。知陰陽內外之辨，而知止之妙可得；識剝、復消長之機，而艮背之理可求。艮背者，非專向後，只是一個復，暫復爲復，常復爲艮。晦翁云：「自有人生來，此心常發，無時無刻不是向外馳走，非知止如何收拾得？非艮其背如何止宿得？不獲其身，不見其人，內外兩忘，渾然執中氣象，此艮背所以爲千聖秘密也。」知止執中，蓋是一脉相傳，故程伯子以爲「與其是內而非外，不若內外之兩忘」。內外兩忘，不專形容未感時氣象，無我無人，廓然而大公，物來而順應，心溥萬物而無心矣，常止矣，仁敬孝慈信，隨感流行，自然發皆中節，真所謂不識不知，順帝之則也。以上答李汝潛。

人豈有二心？人知之，知其無二心，而虞廷授受，何以有人心道心之别？須知有二者心，無二者性，有二者用，無二者體。此堯之命舜，所以只説「允執厥中」也。危微者，以言乎其幾也。道心人心者，以言乎其辨也。惟精者何？正有見於道心人心之不一，而恐其或二於中也。惟一者何？正有慮於道心人心之不一，而欲其常一於中也。常一常精，厥中允執，乃無適而非道心之流行，而中常用事矣。中庸曰：「率性之謂道。」故道心者，中之用事也。劉子所謂「人受天地之中以生」，湯亦曰「維皇上帝，降衷於下民，若有恒性」，民之中，天之命也，故子思直以喜怒哀樂之未發者當之。從古言中，未有若此之端的者。大學直將心意知物列在目中，歸本修身，歸止至善，意亦如此。獨所云道心人心者，似正審幾之要，大學不及之耳。不知心何爲而用正，爲其有不正而正之也；意何爲而用誠，爲其有不誠而誠之也。知物皆然，正而誠者，卽所謂道心也；不正不誠者，卽所謂人心也。但虞廷之所言者畧，而大學之所列者詳，頭面稍不同，致讀者未解耳。執字昭然與止不異，蓋皆不是影響卜度轉换遷移之法。

知卽是行，行只是知，此知行所以本來合體也。知到極處，只體當得所以行，行到極處，只了當得所以知，此知行所以本來同用也。以上答陳汝修。

陽明以命世之才，有度越千古之見，諸所論著者，無一非學聖之真功，而獨其所提揭者，以救弊補偏，乃未愜孔、曾之矩。要今致知二字，雖並列於八目之中，而知本知止，乃特揭於八目之外。以致知爲知本，于理固所不通，謂知止即致知，於用亦有未協。必欲畧知本而揭致知，五尺童子知其不可。孔子之所以開宗立教者，舍知本之外，別何所宗？曾氏所以獨得其宗者，舍知本之外，別何所學？三省則修之矩矱，一貫則止之淵源。世之學致知者，既不肯認多識之科，而知上立家，其致則一，失在於習陽明之熟，而不覺其信之深，於孔、曾反入之淺也。

二十年前，曾見一先輩，謂乾知即良知，不覺失笑。乾主始物，坤主成物，知者主也，昔賢之解不謬。就令作知字看，亦如知府知州之類，謂乾知此事，即乾管此事也，豈得截斷乾知，謂天壤間信有乾知與良知作證印乎？果然，則坤作成物，又將何以截之？何以解之？此真可謂欲明良知，而不復究事理之實，且不察文理矣。乾，陽物也。坤，陰物也。程子曰：「乾者天之性情。」乾坤兩字，已是無名之名，而又謂乾有知，杜撰無端，可爲滋甚。曰：「然則如子所云，乾知既無，良知亦無有乎？」曰：「非然也。知一也，不可以體用分，然慮不慮判矣，則良不良之所由分。譬之情一也，亦不可以體用分，然有爲無爲判矣，則善不善之所由別。情固性之用，知亦心之發也，鄙所謂分別爲知者是也。雖良知亦分別也。孩提之愛敬，非良知乎？知親、知長、知愛、知敬，分別也。乍見之怵惕惻隱，非良知乎？知孺子之入井、知可矜憐，分別也。故知爲分別，無分於知之良與不良也。若以良知爲體，又曰良知即是天之明命，則大學一經之内，於致知之外，又揭至善，又點知本，則所謂本與善者，又將安所屬乎？若云知即是本，大學只合說知知，又安得說知本？若云知即是善，大學只合說知止，又安得說止善？易曰：『一陰一陽之謂道，繼之者善也，成之者性也。』性亦何名？只合說善。故孟子道性善，大學說至善，中庸要明善，以爲不明乎善，則不能誠乎身也。正是不知止於至善，則不能修乎身也。豈可强心之用爲體？抑天之命爲知？困知記曰：『天，吾未見其有良知也。地，吾未見其有良知也。日月星辰，吾未見其有良知也。山川草木，吾未見其有良知也。求其良知而不得，安得不置天地萬物於度外乎？』其言似朴，其理卻是。大率與萬物同體者，乃能同萬物之體，與萬物作對者，卽不能同萬物之體。知親知長，畢竟愛行于親而敬行於長也。有分别，卽有彼此，非所謂與萬物作對者乎？而欲持之以同萬物之體，以是爲大人之學，所以立教開宗，復命歸根之宗竅也，可乎？不可乎？」曰：「然則如子所云，知果無分於良與不良，則將任其知之良不良，而亦無貴於良知矣乎？恐於理不盡也。」曰：「不然。孟子曰：『人之所不慮而知者，其良知也。』良知之名，雖云起自孟子，而指點良知之親切者，亦莫過於孟子。世之學者，但漫曰良知良知，曾不思知之所以良者，自何而良？所以不良者，自何而不良？知之所以良者，自於不慮，則學之在我者，亦當反之於不慮，而後可以致。知之必良，乃直於知上立家，用上磨擦，分别上求討，是欲以求不慮之名，而先求之以有慮之實也，而可乎？孔子曰：『吾有知乎哉？無知也。』又曰：『蓋有不知而作之者，我無是也。』以知爲體，孔子不聞。知及者，當求其所及之事，而知非體也。仁守者，當求其所守之事，而仁非體也。此等仁知，又就用之德看，蓋指能擇者爲知，而能守者爲仁也，不可便執爲實體也。智譬則巧，亦同此類。若必執智爲體，則所謂聖與仁者，又將安所屬乎？譬之大學言知本矣，又言知止矣，孟子言知性矣，又言知天矣，若脱卻止本，而直謂大學以知立教，以知爲體，遺去性天，而直謂孟子以知立教，以知爲體，不幾於不揣其本而齊其末，按圖之似而直指之爲駿也乎？故大學未嘗廢知也，只不以知爲體，蓋知本非體也。大學未嘗不致知，只不揭知爲宗，蓋知本用，不可爲宗也。惓惓善誘，一篇經文定萬古立命之宗，總千聖淵源之的，只是教人知本，只是教人知止。身心意知，並列於八目之中，特揭修身，不復及心意知也，此豈無謂而然，無所見而爲是説乎？此其中真有千聖不傳之秘，而非豪傑之士，必欲繼往聖，開來學，爲天地立心，爲生民立命者，不足以與聞乎斯義也。」

從古立教，未有以知爲體者，明道先生曰：「心之體則性也。」伊川先生曰：「心如穀種，仁則其生之理也。」横渠先生曰：「合性與知覺，有心之名。」亦是性爲心體之見。晦菴先生曰：「仁者必覺，而覺不可以名仁。」知果心之體也，謂知卽性可乎？仁爲生理，生理卽性也，覺不可以名仁，知獨可以名仁乎？知不可以名仁，又可以爲心之體乎？釋氏本心，聖人本天，蓋伊川先生理到之語。古有以公私辨儒釋者，有以義利辨儒釋者，分界雖清，卒未若本心本天之論，爲覆海翻蒼，根極於要領也。故其斥釋氏也，專以知覺運動言性，謂之不曾知性。此固章句士所熟聞而熟講者，乃獨於學問之際，欲悉掃成言，以附一家之説，盡違儒訓，以狥釋學之宗，恐少有仁心者，有所不忍也。吾儒惟本天也，故於性上，只是道得一個善字。就於發用之際，覘其善之條理，於惻隱也而名其仁，於羞惡也而名其義，於辭讓也而名其禮，於是非也而名其智，亦總之只是一個善而已。未嘗云有善無不善，將善與不善對説也；有仁無不仁，將仁與不仁對説也。義禮智亦準此。後儒則曰「無善無惡者心之體」，此無他，則以其就知上看體。知固有良，亦有不良，夫安得不以無善無惡者爲心之體乎？今有玉焉，本無瑕也，只合道得一個白字，不可云有白而無黑也。有水焉，本無汙也，只合道得一個清字，不可云有清而無濁也。清濁對説，必自混後言之。善惡對説，必由動後有之。告子學問非淺，只爲他見性一差，遂至以義爲外。何以明之？公都子曰：「告子曰：『性無善無不善也。』」以無善無不善爲性，正後儒之以無善無惡爲心之體也。在告子則闢之，在後儒則宗之，在釋氏則謂之異端，在後儒則宗爲教本。惟鄙論似頗稍公，而友朋之間，又玩而不信也。公者何？卽所云諸所論著者，無一而非聖學之真功，而獨其所提揭者，以救弊補偏，乃未愜孔、曾之心。要吾輩善學先儒者，有志聖學者，學其諸所論著，學聖之真功可也，而必併其所提揭者，不諒其救弊補偏之原有不得已也，而直據以爲不易之定論也，可乎？心齋非陽明之徒乎？其學聖之真功，心齋不易也，未聞併其所提揭者而宗之不易也。雙江非陽明之徒乎？其聖學之真功，雙江不易也，亦未聞併其所提揭者而宗之不易也。今而敢廢陽明先生學聖之真功，則友朋間宜羣訕而議之矣。苟未廢學聖之真功，而獨議其所提揭也，則心齋、雙江兩先生固已先言之矣。歸寂非雙江旨乎？而修身爲本，則非鄙人所獨倡也。常有言匹夫無罪，懷璧其罪；貧子説金，人誰肯信。僕今日之謂也。僕少有識知，亦何者而非陽明先生之教之也。念在學問之際，不爲其私。所謂學，公學公言之而已矣，求之心而不得，雖其言之出於孔子，未敢信也，亦陽明先生之教之也。以上答董蓉山。

上天之載，無聲無臭，戒慎恐懼，要歸不睹不聞。昭昭靈靈者，斷不是體，然除卻昭昭靈靈，亦無別可用以入止地之法門矣。攝知歸止，原是不得已而形容之語，易詞言之，卽是個攝靈歸虛，攝情歸性也。但不可如此道耳。悟得此，則兩者俱是工夫，悟不得，則兩者俱成病痛。答朱鳴洪。

知常止，自能慮，不必更添覺字；本常立，卽是敬，不必更添敬字。答賴維新。

本末始終，括盡吉凶趨避之理。三百八十四爻，其所判吉凶趨避，有一不是此知所先後者乎？知所先後，則步步皆吉。倒亂了本末始終之序，則步步皆凶。所謂幾者，動之微，吉之先見者也，渾是一個止法。止其所以能定、能静、能安，着着吉先，從本立宗，不至流到末上。只一到末上，卽神聖工巧，亦無有善着矣。答友。

一步離身，卽走向玉皇上帝邊去，亦非是。蓋以我對上帝，則上帝亦末也。答涂清甫。

學問只有工夫，雖主意亦工夫也，但有自歸宿言者，有自條理言者。自歸宿上説工夫，恰好是個主意，自條理上做主意，恰好説是工夫。此止爲主意，修爲工夫，原非二事也。譬之作文，未有無主意而可落筆，亦未有非落筆修詞，順理成章，而可以了卻主意者也。意到然後詞到，詞順然後理明，不可將主意視作深，修詞視作淺，又不可謂修詞有可下手，而主意則無可用工夫也。至於無工夫處是工夫，又自是止之深處，修之妙手，所謂不識不知，順帝之則者也。

丁巳秋，侍東廓老師於青原會上，時講不善非才之罪，廓翁命材，材曰：「世間事但屬伎倆知解者，信乎有能有不能，此所以可諉罪於才。若夫爲子而不孝，爲臣而不忠，是所謂爲不善也，豈亦可云才不能孝，才不能忠，而直以不善之罪諉之於才乎？」

靈之體雖本虛，而靈之用必乘氣發竅之後，後天之分數居多。故任靈則必至從質，從質則其流必至滅天。除卻返本還源，歸性攝知，別無可收拾之處。

學問之講，只在辨宗之難。宗在致知，則雖説知本，説知止，一切以知爲體。宗在知本，則雖用致知，用格物，一切以止爲歸。以上答李汝潛。

主致知，是直以有睹聞者爲本體矣。以有睹聞者爲體，而欲希不睹聞之用，恐本體工夫未易合一也。

「自有天地以來，此氣常運，自有人生以來，此心常發」。晦翁此言，僕竊以爲至到之語。未有孤坐兀兀，寂然如枯木倚寒岩，無一生發者也。書云：「惟天生民，無主乃亂。」彼言雖爲命世者發，吾徒學問之方，豈不如是？此大學所以必先知止也。知得止，則不論動靜閒忙，自然常有事幹，翼翼小心，昭事上帝，不顯亦臨，無射亦保矣。

從古立教，未有以知爲體者，余二十年前，卽不信之矣，故有「致知者，致其知體」之說。良知者，發而不加其本體之知者也，非知體也。辛酉之歲，又覺其非，復爲性覺之說。今思之，總之鼠遷穴中，未離窠臼。陽明先生曰：「良知卽是未發之中，卽是寂然不動，廓然而大公的本體。」儘力推向體邊，其實良知畢竟是用，豈可移易？大率救敝補偏，陽明先生蓋是不得已而爲說，已有大功於當世矣。今亦何煩更論？只學者入頭本領處，不得不當下討明白耳。問復書存翁有云：「先儒曰：『乃若致知，則存乎心悟，致知焉盡矣。』鄙人則曰：『乃若知本，則存乎心悟，知本焉至矣。』」蓋在致知，則以知爲體，在知本，則以知爲用。以致知爲宗，則所喫緊者，要在求知；以知本爲宗，則所喫緊者，又當明本矣。肯信此學，直截從止上求竅，本地歸宗。無端更疊牀上之牀，架屋下之屋，則所云籠内之光，籠外之光，知覺之知，德性之知，與夫或以獨知爲良知，或以獨之一字爲良知，總屬閒談，俱可暫停高閣。倘猶未信斯言，則烟波萬頃，滅没由君，附贅懸疣，疑團正結，真令千佛禁口，七聖皆迷，豈予末學區區言語斯須所能判决。舊答敬菴有云：「昔之支離者，不過支離於訓解，今之支離者，乃至支離於心體。夫支離於訓解，昔賢猶且憂之，而况支離於心體乎？」此語真可爲痛傷者也。以上答詹養澹。

儒者之論學，事事歸實，釋氏之論學，事事歸空。事事歸實，蓋直從立教開宗，合下見性處便實，直説到無聲無臭，不睹不聞，至隱至微處，亦無往而非實也。故善所必有，豈可言無？惡所本無，又不待説。無善，則仁義禮智從何植種？惻隱羞惡、辭讓是非從何發苗？無善無惡既均，則作善作惡亦等，蓋總之非吾性之固有也。見性一差，弊蓋至此。推原其故，以其只就用上看體，直於知覺運動之中，認其發機之良者，據之以爲天命之體。豈知天之發露固有，人之作用亦多，不然，則何以同一心也，端緒之危微稍分，而道心人心截然若兩敵者乎？即此而觀，則知知覺運動不可言性，儒者之學斷須本天。程、朱之論，固自有理之到處者也。答涂清甫。

纔説知本，便將本涉虚玄；纔説知止，便爾止歸空寂；纔説修身爲本，卻又不免守局拘方、狥生執有。此學所以悟之難也。答李思忠。

體則萬物皆備，用則一物當幾。格物者格其一物，當幾之物也。鄙人誠有是説，亦因學不明本者，故將格物懸空講之，無有事實，不得已而爲之言。其實合家國天下，通爲一身，自是萬物皆備，固無煩於解説。在家修之家，在國修之國，在天下修之天下，亦自是一物當幾，何所容其擬議云然者？若有似於言之近工，描畫支離，亦恐漸遠本實，落舊見解。此鄙人所以不甚道也。只實實落落與他挈出知本爲歸宗，知止爲人竅，使人隨事隨物而實止之，實修之，卽所云格致誠正者，一切並是實事實功，豈不痛快簡易？心無不正，不必更動正的手脚，有不正焉而修之，卽止之矣。意無不誠，不必更動誠的手腳，有不誠焉而修之，卽止之矣。知無不致，不必更動致的手脚，有不致焉而修之，卽止之矣。物無不格，不必更動格的手脚，有不格焉而修之，卽止之矣。是皆所謂格物也，致知也。然齊家也，齊其固有之家，治國也，治其固有之國，平天下也，平其固有之天下，非因齊治均平之事至，而后有是家國天下也。此吾所以謂之體，則萬物皆備也。然當其齊家也，不可二之國矣，當其治國也，不可二之天下矣。雖均平治齊之事交至於吾前，而吾所以應之者，其當幾之際，畢竟只是一物而已。雖誠正格致之用屢遷，變動不居，若甚無有典要，而究其當幾之際，吾所以格之者，亦畢竟只是一物而已。此吾所以謂之用則一物當幾也。格物者，格其一物當幾之物也，可謂理不然乎？

癸亥前，曾因讀易，偶有觸於本末始終之序，於時全學未明，知止之法亦所未悟，只以易語强自支撑，謂「安其身而後動」，其身未安，寧可不動。「易其心而後語」，其心未易，寧可不語。彷彿十年來，乃近止地。止地稍固，作用處乃漸見輕省也。大率同一格物，以知本之旨用之，則一切皆己分事，以應務之心用之，則一切盡人分事。

聖人之知，要從止出，故必定、靜、安，而後貴其能慮。後世之學，先從慮上下手，知上充拓，此實本末始終之辨。以上答李汝潛。

予學三十年矣，自省己躬，絶無有悟。願從予學者，學予之不悟可也，切不可虛誇，作慕大希高之想也。誰能不用靈明，但用之以向外馳走，則爲衆人之任情滅天；用之以反躬歸復，則爲君子之立極定命。答友人。

由仁義而行者，即是本天路徑，由仁義而襲者，即是本心路徑。知有良不良，總是一知，決不可以駐脚。本天而動，則知自良，本知而求良，一切皆慮後事，而知不可云良矣。

須思命脉只是一個善，訣竅只是一個止，如何反反覆覆，必要説歸修身爲本，必要揭出修身爲本，必悟此，而後止真有入竅，善真有諦當，乃不爲墮於邊見也。不然無寂感，無内外，無動静，豈不玄妙？少失分毫，便落捕風鏤塵，弄影舞像之中，依舊是辨體的家風也。以上答龔葛山。

夫天載，實體也；無聲無臭，贊語也，後之專言無聲無臭者，皆是道贊語，而遺其實體者也。故談至善，而專指爲無聲無臭者，亦猶是也。

允執之中，不是專主流行，而隨時處中之中，自備其内；至善之善，亦不專主流行，而隨感而應之善，自存其中。以致知爲主腦者，是知有流行，而不知有歸宿者也。恐至命一脉，遂截然斷路，不復有歸復之期矣。以上答董蓉山。

先儒謂「不得以天地萬物撓己，己立後，自能了當得天地萬物」者，亦是喫緊爲人之意。要在善看，不然，天地萬物果撓己者乎？等待己立，乃了天地萬物乎？忘本逐末者，狥人者也，誠不可爲知本；知有己，不知有人，了己者，自了者也，亦不得謂之知本。己欲立而立人，己欲達而達人，是説仁者之體，非說仁者之造。認得是體，卽所謂認得爲己，何所不至？認得爲造，己未立，何暇立人？己未達，何時達人？卽所謂若不爲己，自與己不相干，名曰求仁，去仁遠矣。知本兩字，卽是求仁，但稍換卻頭面，故不但知本者，不可徇人，卽求仁者，亦決無有狥人之理，摩頂放踵，病此兆矣。不但求仁者不可守株，卽知本者亦決無有守株之理，拔一毛而利天下不爲，弊有由矣。答詹世輯。

有疑止修兩挈爲多了頭面者，不知全經總是發明止於至善，婉婉轉轉，直說到修身爲本，乃爲大歸結，實下手。此吾所以專揭修身爲本，其實正是實做止於至善，故曰知修身爲本，而止之是也。答蔣崇文。

一個念頭稍涉虛玄，便流意見，一句話頭稍欠填實，便托空詮。己之自進工夫，由此固疎，人之觀視察安，亦卽便分誠僞矣。答董蓉山。

雷陽一夕，透體通融，獨來獨往，得無罣礙。答滕少崧。

自悟徹知本後，學得湊手，乃知從前說者作者，大抵僞也。說本體固恍恍惚惚，認似作真；說工夫亦恍恍惚惚，將無作有。或認靜邊有者，透不到事上，或認見地明者，合不到身上，大率皆是意可揣得，口可說得，而實在落手做不得也。此其所以爲僞也。答從弟孟育。

三十載注情問學，何處不參承？到處如油入麪，攪金銀銅鐵爲一器。及此七載間，戊寅經涉多艱，乃豁然洞然，知正正堂堂，自有儒家的學脈也。與沈從周。

有友主保守靈明之說者，予曰：「兄既主靈明，必令無時不明，無事不靈。未論爪生髮長，筋轉脈搖，爲兄不明。兄純孝人也，卽兄母死初哀一段，果秖激於一慟，而不容自已乎？將主以靈明，而必爲之加減劑量，使之適協乎？若不照則是靈有不保，若必照則恐孝有未至。人未有自致者也，必也親喪乎！是兄用情，反恒人之情之不若矣。」其友爲之蹙然，請質。予曰：「兄毋訝，亦毋驚，此蓋孔聖人之所不能與以知者也，而兄必欲與之，此其所以異於孔子之學。」其友曰：「然則將奈何？」予曰：「顏淵死，子哭之慟矣。孔子全然不知，因人喚醒，恰好回頭照出自中之則，乃曰：『有慟乎！非夫人之慟而誰爲？』惟不識知，乃能順則，若必識知，去則遠矣。」其友爲之豁然，乃盡棄從前之學。答周三泉㊀。

孔子以知止入門，而後之儒者卻先格物，不知止不知，則身心尚無歸宿，而所謂格物者，安得不病於支離？本不悟，則意緒尚不免於二三，而所謂致知者，安得不流爲意見？與張洪陽。

止此則自虛，然卻不肯揭虛爲本；修此則自寂，然卻不可執寂爲宗。答涂清甫。

學之以修身爲本也尚矣，復以爲必先知本者，豈修身爲本之外，又別有所謂知本乎？曰：「非然也。蓋必知本，而後有以知家國天下之舉非身外物也，知均平齊治之舉非修外事也。知本者，知修身爲本也，非知修身爲本之外，又別有所謂知本也。」答李汝潛。

知本一脈，當官尤爲日著之效，只一點念頭，上向監司處迎揣，下向百姓處猜防，自謂之用明，卽所謂能疑爲明，何啻千里矣！與本風光毫髮不相蒙涉。端拱垂裳，豈無照智？只其所注宿者，不於人，必於己耳。答劉良弼。

㊀賈本、備要本作「答蔣三皇」。

大學約言

大學首節何謂也？以揭言學之大綱也。蓋三者備，而後學之道全也。而卽倒歸於知止，謂定靜安慮之必自於知止，何謂也？以申言止之爲要也。繼之曰物之本末云云者，何謂也？以教人知止之法也。經世之人，無一刻離得物，如何止？經世之人，無一刻離得事，如何止？蓋物雖有萬矣，本末分焉；事雖有萬矣，始終判焉。知本始在所當先，卽當下可討歸宿，直於擾擾紛紛之中，示以歸宿至止之竅，故曰是教人以知止之法也。古之欲明明德，至修身爲本，何謂也？蓋詳數事物，各分先後，而歸本於修身也。本在此，止在此矣，豈有更別馳求之理？故曰：其本亂，至未之有也，蓋決言之也，結歸知本，若曰知修身爲本，斯知本矣，知修身爲本，斯知至矣。

「至善」其體，而「明德」其用也，「止至善」其歸宿，而「明」、「新」其流行也。

定而后能靜，非靜生於定也；靜而后能安，非安生于靜也。要以見必自知止始也。舊有語「定靜安總是止，但漸入佳境耳」，最得立言之意。非止則如人之未有家，非止則如種之未得地，而慮烏從出乎！

止爲主意，修爲工夫。

身外無有家國天下，修外無有格致誠正。均平齊治，但一事而不本諸身者，卽是五霸功利之學。格致誠正，但一念而不本諸身者，卽是佛老虛玄之學。故身卽本也，卽始也，卽所當先者也。知修身爲本，卽知本也，知止也，知所當先者也。精神凝聚，意端融結，一毫熒惑不及其他，浩然一身，通乎天地萬物，直與上下同流，而通體渾然，一至善矣。故止於至善者，命脉也，修身爲本者，歸宿也。家此齊焉，國此治焉，天下此平焉，所謂篤恭而平，垂衣而理，無爲而治者，用此道也。知本義。

善一也，有自主宰言者，有自流行言者。故止一也，有自歸宿言者，有自應感言者。君臣父子朋友之交，所謂止之應感者也，故仁敬孝慈信，所謂善之流行者也。歸宿不明，而直於應感之上討止，猶主宰不悟，而直於流行之際看善也，止將得乎？「聽訟」云云，則正所謂止之歸宿者也。止有歸宿，隨其身之所接，於爲君也而止仁，於爲臣也而止敬，於爲子也而止孝，於爲父也而止慈，於與國人交也而止信，則無適而非止也。舊答某人書，謂隨事討止，正與後人隨事求中意同，未必非中，只恐非允執厥中之消息也。

至善兩字，蓋孔子摹性本色，就虞淵底揭出示人，猶恐杳杳冥冥，無可據以循入，故又就經事宰物中，分別本末始終先後，指定修身爲本，使人當地有可歸宿。故止于至善者命脉也，修身爲本者訣竅也，知本乎身，卽知止乎善。

僭謂學急明宗，不在辨體。宗者何？則旨意之所歸宿者是也。從古論學，必以格致爲先，卽陽明天啓聰明，亦祇以致知爲奧。大學之旨意歸宿，果在知乎？止于至善，恐不可以知名之也。不可以知名善，則止之主意，不以知爲歸宿也決矣。故曰：「知止而後有定。」蓋是要將知歸於止，不是直以止歸於知，此宗之辨也。此攝知歸止，鄙人之所以敢力提撕也。

至善兩字，原是直挈性命之宗。止于至善者，如根之必歸土，如水之必濬源。極則者，何嘗不是善，是就流行言也。極致者，何嘗不是善，是以造詣言也。落根有地，而後可以取勘於流行，造詣有基，而後可以要歸於極致。後之學者，大率知有流行而不知有歸復，圖爲造極，而不知有歸宿之根源者也。學先知止，蓋斬關第一義也。

每謂修身爲本之學，允執厥中之學也。非知本，固不可以執中，而非厥中允執，亦未可以言知本也。左之非左，右之非右，前之非前，後之非後，停停當當，直上直下，乃成位其中，天下之大本立矣。格致誠正，不過就其中缺漏處，檢點提撕，使之常止於中耳。常止卽常修，心常正，意常誠，知常致，而物自格矣。

止不得者，只是不知本，知修身爲本，斯止矣。其本亂而末治者否矣。豈有更別馳求之理？故止不得者，病在本也。友朋中有苦知本難者，予曰：「本卽至善，有何形聲？故聖人只以修身爲本，不肯懸空説本，正恐世人遺落尋常，揣之不可測知之地，以致虚縻意解，躭誤光陰。只揭出修身爲本，使人實止實修，止得深一分，則本之見處透一分，止得深兩分，則本之見處深兩分。定則本有立而不搖，静則本體虚而能固，安則本境融而常寂。只是一個止的做手，隨止淺深，本地風光，自漸見佳境也。切不可懸空撈摸，作空頭想也。故本不知，又是病在止也。此予所謂交互法也。」其實知本者，知修身爲本而本之也，知止者，知修身爲本而止之也，總是一事，有何交互之有？但因病立方，不得不如此提掇，令人有做手耳。換作法，不換主腦，且不因藥發病也。

齊家不是挽攬家，蓋在家身家，卽是修之事矣。治國不是挽攬國，蓋在國身國，卽是修之事矣。平天下不是挽攬天下，蓋在天下身天下，卽是修之事矣。故家國天下者，分量也，齊治均平者，事緒也。余嘗云家國天下者，修身地頭也，此所以天子與庶人一也。説到性分上，所以學無差等，説到性分上，如何分得物我，真所謂天之生物也，使之一本矣，無二本也。

或問：「致知格物，學問之功，莫要於此也。獨無傳者，何與？」曰：「知非他也，卽意之分别者是也。物非他也，卽知之感觸者是也。除却家國天下身心意知，無别有物矣。除却格致誠正修齊治平，無别有知矣。故格致無傳者，一部之全書，卽所以傳格致也。如傳誠意，則意物也，而所以誠之者，卽知也。傳正心，則心物也，而所以正之者，卽知也。傳修身，則身物也，而所以修之者，卽知也。傳齊家，傳治國平天下，則家國天下者物也，而所以齊之治之平之者卽知也。則格致奚庸傳哉？」曰：「然則所以格之致之者，何如以用其力耶？」曰：「此不攷於經者之過也。如戒自欺，求自慊，慎其獨，必其意之所發，如好好色，如惡惡臭，而無有不誠，而所以格誠意之物，而致其知者可知也。身之有所忿懥四者，所以使心之失其正者此也，心不在焉，所以使身之失其修者此也，而所以格修正之物，而致其知者可知也。之其所而辟焉，身之所以不修者此也，家之所以不齊者此也，而必由其好惡之正，而所以格修齊之物，而致其知者可知也。正其身以刑家，不出家而成教於國，而所以格齊治之物，而致其知者可知也。絜矩以同好惡，而所以格治平之物，而致其知者可知也。故曰『不攷於經者之過也』。」格致義。

安其身而後動，易其心而後語，定其交而後求，易言之矣，皆灼然本末始終之序，而學者不悟也。

只於此不能知所先後，卽步步離根，到處無可着脚，直以其身爲萬物之役，如牛馬然，聽其驅策而馳走矣。故就一事一物言，固自有個本末終始，總事物言，又只有個本末終始。下條備舉事物，各分先後，斷以修身爲本，正爲此也。悟得此，真如走盤之珠，到處圓成，無有定體，亦無定方，而本常在我，此其所以爲經世之竅。卽悟不徹，只捉定修身爲本，如立表建極相似，亦自隨事隨物，就此取衷，而本常保其不亂。

未嘗不是逐事逐件著功，而運量精神，只是常在一處。未嘗不是要得檢束此身，俾無敗缺，而主腦皈依，只是收拾一副當精神，使其返本還元，無有滲漏。此其所以爲盡性之學。

修身爲本，只是一個本，隨身所接，無非末者。延平曰：「事雖紛紜，還須我處置。」畢竟宰天宰地宰人宰物，運轉樞機，皆是於我。離身之外，無別有本。雖天地君親師，亦末也。

問：「致知兩字，不但陽明挈之，有宋諸儒，無不以爲學之始事。先生獨以爲必先知止者，何也？」曰：「至小經綸，也須定個主意，豈有歸宿茫然，可望集事之理。運斤者操柄，測景者取中，若無知止這一步，真所謂無主意的文章。正誠格致，將一切涣而無統矣。更有一說，心有不正，故用正之之功，意有不誠，故用誠之之功，知有不致，物有不格，故用致之格之之功。今此一時，爾試反觀，覺心尚有不正否？」曰：「無有。」「意有不誠否？」曰：「無有。」「知有不致，物有不格否？」曰：「此中衹對，歷歷分明，亦似無有不致不格。」曰：「如此，則學問工夫一時間便爲空缺矣。」問者躍然有悟，曰：「允若先生㊀之

㊀「生」原作「王」，據賈本改。

言，復命歸根，全在一止，格致誠正，不過就其中缺漏處檢照提撕，使之常歸于止耳。」必有以信身外之無有家國天下也，而後本體一。必有以信修外之無有格致誠正也，而後工夫一。本體一，則精神不至外有滲漏；工夫一，則意念不復他有馳求，而知止矣。

道性善編

孟子説個入井，又説個孺子入井，又説個乍見入井。蓋入井者，事之最可矜憐者也；孺子於人，最無寃親者也；而又得於乍見，是又最不容於打點者也。不知不覺發出怵惕惻隱，苦口苦心，只要形容一個順字。蓋不順，則外面的便有打點粧飾，不與裏面的相爲對證矣。此正所謂以故言性也，以利爲本也，以見非如此不容打點，則情之所發，便未必能順，豈可便道情善？故信得性，而後學有歸宿。若以爲道情善，直於情上歸宗，則有惻隱者，亦容有不惻隱者矣，有羞惡者，亦容有不羞惡者矣。善不善雜出，教人如何駐脚！

性有定體，故言性者無不是體；情意知能有定用，故言情意知能者無不是用。惟心爲不然，以心統性情者也。故程子曰：「心一也。有指體而言者，有指用而言者。」指體而言者，孰爲之體？性其體也。指用而言者，孰爲之用？情意知能其用也。孔子操則存，舍則亡，出入無時，莫知其鄉，惟心之謂與？心豈有出入？此亦所謂指用而言者也。虞廷所謂人心惟危，道心惟微。人豈有二心？此亦所謂指用而言者也。孟子曰：「仁，人心也。」此則所謂指體而言者也，而用在其中矣。他章之言仁，必以屬性，惟此章之言仁，直以屬心。求放心，人只漫説，畢竟向何方求？前念不管後念，後念不續前念，陽明先生爲轉一語甚好，曰：「學問之道無他，求仁而已矣。」亦是見得放之不可爲方所也，求之無可爲依據也，惟仁可求。惟仁可求者，則性之有常善也。所謂「夫道一而已矣」。不就一上認取，何處歸宗！

性者生之理也，知生之爲性，而不知所以生者，非知性者也。易有太極，是生兩儀。謂兩儀外別有太極，固不可，指兩儀而即謂之太極，亦未可。故中庸只説隱微，只説未發，只説不可睹聞。大率顯見睹聞，皆所謂發也，正告子之所謂生者也。凡有知覺運動者，孰非生乎？若不失其生之由，而惟據其迹之所可見，則知禮知義者，固知覺也，而知食知色，亦知覺也，以至于知有食色，而不知有禮義，亦知覺也。同一知覺，同一運動，可云何者非生？生既是同，可云何者非性？噫！孟子之不以生之謂性，則知孟子之以利求故而必求㊀其善之所自來矣。

「乃若其情，則可以爲善矣。乃所謂善也。」孟子認定了性善，故情可以爲善。「若夫爲不善，非才之罪也」。孟子認定了情善，故才無不善。只怕人不信得性善，無地歸宗，故又以知能之良者表之。知能之良者，則正所謂情之可以爲善者也，才之無有不善者也。孩提之童，無不知愛其親者，孰爲之也？及其長也，無不知敬其兄也，又孰爲之也？故曰：「親親，仁也」，即所謂「惻隱之心，仁之端」者是也。性中若無仁，孩提之童如何知愛親？「敬長，義也」，即所謂「羞惡之心，義之端」者是也。性中若無義，孩提之童如何知敬長？達之一字，義尤明白，只是一個順，所謂「火然泉達，充之足以保四海」者是也。

㊀ 賈本、備要本「求」作「本」。

然充者，非是尋取既往之怵惕惻隱來充；達者，不是尋取孩提之愛敬來達。信其性之本善，而知所歸宗，達其性之本善，而知能之用，莫非良矣。

知本同參

興古疑問　温陵王任重尹卿著

視聽言動四字，雖若有形之實跡，而勿之一字，則實動而未形之真心也。故體認得真，視聽言動之非禮，卽在不睹不聞中，而勿之一念，卽戒慎恐懼之心也。未發之前，以理言之，則爲有，以象言之，則爲無。所云看者，亦於其中而默探其理之何似耳，豈真以象求哉！吾嘗於静中以一真惺惺者，而默與之會。久之若見其中之盎然，而無所間隔者焉。若見其中之肅然，而無所偏倚者焉。又若見其中特然，而無所依隨者焉。又若見其中之瑩然，而無所遮蔽者焉。卽其盎然者，看作寛裕温柔之氣象可乎？卽其肅然者，看作齋莊中正之氣象可乎？卽其特然者，看作發强剛毅之氣象可乎？卽其瑩然者，看作文理密察之氣象可乎？此亦心靈與性真默會，若見其似則然耳，而豈實有氣象之可見耶？

本一也，爲君在君，爲臣在臣，爲父在父，爲子在子，與國人交在交國人，若是其無定方也。然爲君爲臣此身，爲父爲子此身，與國人交此身，實非有二身也。何嘗無定分乎？故善一也，君曰止仁，臣曰止敬，子曰止孝，父曰止慈，與國人交曰止信，若是其無定名也。然仁孝吾身之善，敬慈吾身之善，信亦吾身之善，實非有他善也。何嘗無定體乎？所以歸本之學，隨所處而地異，地異而修同；隨所遇而時異，時異而止同。雖曰錯綜于人倫事物之交，亦日歸宿于根元命脉之處。歸宿處雖妙入無聲無臭之微，錯綜處實曲盡至頤至動之變。可見修法原非粗迹，不待兼止言而後知；止法原非空寂，不待兼修言而後知。此經世之實學，而盡性至命之正宗也。

崇聞録　　樂安陳致和永寧著

問：「乍見孺子入井，必有怵惕惻隱之心，此良知也。擴而充之，足以保四海，致良知也。如何不以致良知爲是？」曰：「擴充之説，原從性根上擴充。若見入井而有惻隱之心，孟子所謂仁之端倪，張子所謂天理發見。自然之苗裔，必欲從端倪上、苗裔上擴充，充不去矣。」曰：「何爲充不去？」曰：「事物之感於我者何常，而善端之發見於感應者非一。乍見孺子入井，勃然惻隱，良矣，是心之發，石火電光，一過卽化，豈復留滯記憶以爲後來張本耶？繼此而有王公高軒之過，恭敬之心生矣，當是時非可哀也，豈容復擴充惻隱以待此大賓耶？已而王公以嘑蹴之食加我，羞惡之心生矣，當是時亦非可哀也，豈容復擴充惻隱以應此可羞之感耶？藉令見聾瞽，吾哀其不成人，見孤獨，吾哀其無告，雖與入井之哀同一機括，畢竟是隨感而見，前念後念，不相照應，豈嘗思曰『吾前日哀入井矣，今當擴充入井之哀以哀此輩』耶？必擴充入井之哀，而後能哀後來之可哀，勞甚矣！狹亦甚矣！性體發用，不如是矣！」

四端之發，固自有性根在也。吾養吾性，隨在皆至善之流行矣。曰：「然則性何如而養乎？」曰：「孟子道性善，指天命之體言也。天命之性，無聲無臭，從何處下手？只用得一個養字，卽止至善之止字，即成性存存之存字是也。養而無害，順性而動，達之天下，見可哀而惻隱，見可恥而羞惡，見長上而恭敬，見賢否而是是非非，毫髮不爽。所謂從止發慮，無往而非不慮之良知矣。良知上豈容更加擴充？加擴充，便是慮而後知，知非良矣。」

天地人物，原是一個主腦生來，原是一體而分，故曰：「天地人物皆己也。」人己如何分析得？是故立不獨立，與人俱立，達不獨達，與人皆達，視人猶己，視己猶人，渾然一個仁體，程子所謂「認得爲己，何所不至」是也。若曰：「己立己達後，方能了得天地萬物。吾未立何暇立人？吾未達何暇達人？」即此便是自私自利，隔藩籬而分爾我，與天地萬物間隔不相關接，便不仁矣。所謂「若不爲己，自與己不相干」是也。

默識，正識認之識。仲弓問仁，夫子告之以「己所不欲，勿施於人」。義備矣！又必曰：「出門如見大賓，使民如承大祭。」本無賓，本無祭，如見如承者，何事？子張問行，夫子告之以「言忠信，行篤敬」，雖蠻貊其可行矣！又必曰：「立則見其參於前也，在輿則見其倚於衡也。」無言無行，忠信篤敬亦何有？此正所謂「默而識之」的消息也，「止於至善」之脈絡也。學問有這一步，纔入微，纔知本，纔上達天德。陽明先生見山中一老叟，自云做「言忠信、行篤敬」工夫三十九年。此其人亦可尚矣，只此默識一步，未之知耳。

問致中和致字，曰：「天命之性，不可睹聞，此喜怒哀樂之所以爲根者也。本自未發，渾然至善，故謂之『中』。君子於此乎戒慎恐懼，工夫都從性根上用，是曰『致中』。喜怒哀樂發皆中節，此順性而動，其流行恰當主腦，適相脗合而無所乖戾，故謂之『和』。君子亦順性之自然，率之而已矣，率之則道在矣，是曰『致和』。『致』字須如此看，若從念上與事爲上去致，恐去天命之性尚遠。」

心者性之發靈，是活物，是用神。帝王用之以保民，桀、紂用之以縱欲，宿儒用之以博聞强記，舉子用之以弄巧趨新，儀、秦用之以縱横捭闔，仙家用之呼吸長生，佛氏用之灰心槁性，農工醫卜各有所用。大學教人收攝此心，歸止至善，亦臨亦保，如見如承，直用他歸根復命，庶源潔而流自清，根深而葉自茂，德無不明，民無不親，天德王道，一以貫之，此復性之宗。

井天萃測　南海韋憲文純顯著

泉翁云：「物至而後義生，義生而後知有所措。」夫知有所措而後格之，則未履其物，不必豫格之也。與吾師「所格只當機之物」頗合。

俗儒求知于外者也，文成求知於内者也，學不同而所主同於知也。見羅先生之學，攝知歸止，故其言曰：「用知以入止，則所云知者，原是止之用神；主知以求致，則所云致者，恐非善之歸宿。是以止自淺而入深，則有定静安慮之異；修由内而及外，則有格致誠正修齊治平之分。」

意爲心之運用，則統之於心，尚未發之於情。緒山謂「知爲意之體」者，亦謂意爲已發，故不得不以知爲體，所以未妥。

唐仁卿信石經大學，謂置知止能得於格物之前，似乎先深而後淺，殆不知聖學之止爲入彀，修爲工夫也。謂儒者學問思辨之功，無所容於八目之內，殆不知止惟一法，修有多方，萬物皆備，格其當機之旨也。謂物有本末一條，次致知在格物之下，以釋格物，殆不知此條教人以知止之法，是混止而爲修也。

近代之流弊，既專於知覺上用功，而不知以知歸止。仁卿之矯偏，又專於法象上安命，而不知以止求修。此學未嘗不貴虛，未嘗不貴寂，只以修身爲本，一切皆爲實體。未嘗不致知，未嘗不格物，只以修身爲本，一切皆爲實功。

知本不言內外，自是內外合一之體，知止不言動靜，自有動靜合一之妙。談止修之法，以爲異説之防，莫過於此。

日新蠡測　　楚雄朱萬元汝桓著

善一而已，有自主宰言者，有自流行言者。緝熙敬止，所謂善之主宰，止之歸宿；而仁敬孝慈信，則善之流行，止之應感者也。道有旨歸，原不向逐事精察，學有要領，亦只在一處歸宗。此孔門之止修博約，正一貫之真傳也。

聖人常止，賢人知止，果在一點靈光着力乎？抑在未發之中下手乎？戒懼必於不睹不聞，天載自然，無聲無臭，皆不可以知名也，故曰「聖人無知」。

大學專教知止，而修之工夫，不過一點檢提撕，使之常歸於止耳。

自古聖賢，常見自己不是，常知自己不足，時時刻刻用省身克己工夫，故聖如孔子，且以不善不改爲憂，無大過自歉。此豈謙詞，真見得渾身皆性命之流行，通體皆至善之充周也。歸宗處，豈不直透性根？落手處，斷然修身爲本。

修身爲本，即是止於至善，踐形乃所以盡善，形神俱妙，莫備於此。止到穩時，渾身皆善，又何心術人品之足言？修到極處，通體皆仁，又奚久暫窮通之足慮？

一止一修，卽一約一博，互用而不偏。

敬學録　吴興陸典以典著

人性上雖不容添一物，然一墮形骸，便不若天之行所無事。故堯曰「執中」，孔曰「擇善固執」，子思「慎獨」，孟子「直養無害」，周子「主静立極」，皆就太虛中默默保任。謂其有，曾不着相，謂其無，曾不落空，真宰天地人物之根源。世儒云「一着工夫，便乖本體」，大抵認性命一切無有，理窮無理，性盡無性，理性俱盡，方至於命。某則謂性命雖無聲臭，而其顯於喜怒哀樂、人倫日用，實有自然之條理，從條理處究極源委，到得色色完滿，無有缺欠，則性命卽此貫串工夫，實與本體合，而豈一切掃除也乎？

王塘南先生云：「聖賢千言萬語，無非欲人識其性之本體，學問千頭萬緒，亦只求復其性之本體。」斯言甚確。但性非情識之謂，喜怒哀樂隨感隨發，而此體凝然不動。曰中，曰未發，聖賢指點甚微，其工夫亦從微處默默體認，故塘翁云「本性以之情」，云「必從無思無爲而入」，云「學者奈何役役於陰陽五行，而不會太極之原？既會太極，何患無陰陽五行之用？」深於解矣。乃問：「畢竟是理如何窮？性如何悟？」先生曰：「只須從末上去求本，從用上去求體。」豈恐人求之杳杳冥冥，故爲此切實之詞？抑人生而静以上不容説，即不可求乎？某謂不容説者，其體之無聲無臭，而無聲無臭，正吾人所當理會，故論明德親民，必歸宗止善。蓋至善其體，明德其用，止至善其歸宿，明親其流行。如濂溪既云「定之以中正仁義」，又云「主静立人極」。夫中正仁義有何不了，而必申之主静？豈非静體未窺？則所云仁義中正者，終在情識上揀別，而非真性命用事乎？

既云静久能自悟，又云窮理斯悟，不一静不足盡理，必假探索乎？曰：「静未嘗不盡理，特恐認得不真耳。果知天性本静，而時時收拾精神，管束於此，則本根既植，條理自生，不必屑屑焉攷之經傳，而念頭動處，概與經傳合。即時取經傳發吾知見，而經傳所言總與吾心印。此之謂一得萬畢，此之謂齋戒神明，而非別有一段窮索工夫與主静作對也。即如程子所言『涵養須用敬，進學在致知』，亦須問所養所學者何物，則養即是學，敬即是知，用工即是進步。不然，則敬之爲言，僅空空兀坐，而知之爲説，須物物討求，末學支離，從此起矣。」

論心者不根極於心所自來，則欲與理雜出而難據。攝心者不培養于心所自來，則遏欲與存理勤苦而難成。心所自來者性也，性所自來者天也，天性在人，不離于喜怒哀樂，而實不着於喜怒哀樂，渾然不睹不聞之體，所謂人生而静是也。何道何人，何微何危，自静者不能不感，感者不能不動，於是有欲之名焉，則所性自然之用也。心也，非即爲私欲也，顧有從性而出者，有不從性而出者。從性而出曰道心，卽蔽錮之極，而終有不可泯滅者在，故曰微。不從性而出曰人心，卽禁制之密，而常有逐物而流者在，故曰危。此危微間，不可爲歸宿地也。舍此善而求正心，心未有能正者也。其正也，不必從事於矯，就性之無偏倚處，卽正也。舍養性而求盡心，心未有能盡者也。其盡也，不必從事于擴，就性之無虧欠處，卽盡也。當知感物動念之時，兩者似乎相對，而反之天性本然之體，豈惟無人，卽所謂道者，亦渾淪而不可窺；豈惟不危，卽所謂微者，亦渺茫而不可執。是誠生天地人物之大原，而爲入聖之真竅也。

明宗録　豐城徐卽登獻和著

格致誠正，豈無事實？齊治均平，豈無規爲？惟一切以修身爲本，則規畫注厝一有不當，喜怒哀樂一不中節，只當責本地上欠清楚，非可隨事補苴抵塞罅漏已也。

人處世中，只有自己脚下這一片地，光光浄浄可稱坦途，離此一步，不免荆棘，便是險境。故己分上謂之素，謂之易；人分上謂之外，謂之險。

身是善體，無動無静而無不修，卽無動無静而無非止。倘若懸空説一止，其墮於空虚，與馳于汗漫等耳。

易之窮理，是盡性工夫，必其所窮者爲此性也。書之惟精，是惟一工夫，必其所精者爲此一也。博文是約禮工夫，必其求禮于文者也。道學問是尊德性工夫，必其以德性爲學者也。不然主意不先定，一切工夫隨之而轉。必執曰「修處無非止也」，則義襲者亦謂之率性矣。

大學從本立宗，一切格致，只從裏面究竟，而愈入愈微。後儒從知立宗，一有知覺，便向外邊探討，而轉致轉離。止善之學，性學也，反本則與性漸近，離本則去性漸遠，所以知本爲知之至也。人心既喪，曷爲有平旦之氣乎？則仁義之本，有爲之也。君子察此，可以知性矣。氣之清明，曷爲必於平旦乎？則日夜之息爲之也。察此可以知養矣。

復之爲言，往而返也。譬之人各有家，迷復者，往而不返，喪其家者也；頻復者，日月一至，暫回家者也；不遠之復，則一向住在家中，偶出門去，便卽回來。未嘗移徙，故曰不遷；未有別處，故曰不貳。以此見顏子之學，常止之學也。

「鳶之飛，魚之躍，便是率性」，不可。復問：「何以飛躍？」曰：「率性。」飛者自飛，不知其所以飛；躍者自躍，不知其所以躍。可見者物，不可見者性也，不但鳶魚爾也。此之謂不睹不聞，及其至而聖人不知不能者也。見此者謂之見性，愼此者謂之愼獨。先生云：「以我觀書，在在得益，以書博我，釋卷茫然。」卽讀書一端觀之，而謂學不歸本可乎？謂本不於身可乎？

證學記　南昌涂宗濬及甫著

後儒將止至善做明明德親民到極處，屬末一段事。審爾則顏、曾並未出仕親民，止至善終無分矣。至善兩字，形容不得，說虛字亦近之。然聖人只說至善，不說虛，正爲至善是虛而實的，又是實而虛的，言善則虛在其中，言虛則兼不得實也。程子云：「人生而靜以上不容説，才説性時便已不是性也。」如云可説卽是情，不是性矣。既不可説，故透性只是止。

今日學人，所以難入門者，只爲宋儒將居敬窮理分作兩事，分作兩時，先要究窮物理，講得處處明了，方來躬行，與孔子之教，真是天淵。若真正入聖門頭，便將平時習氣，虛知虛見，許多妄想，各樣才智伎倆，盡數掃蕩，一絲不掛，内不着念，外不着相，四方上下，一切俱無倚靠，當時自有滋味可見。由此併精直入，更不回頭，再不用東愁西愁，東想西想，卽外邊事物，雖或不能盡知，然大本已立，將來自有通貫時節。

吾儒盡性，卽是超生死。生死氣也，非性也。性也者，命也，不因生而生，不因死而死，原與太虛同體。儒學入門，卽知止。知止，卽知性。知性而盡性，達天德矣，超而上之矣。

人自有身以來，百骸九竅，五臟六腑，七情六欲，皆生死之根。富貴貧賤患難，聲色貨利，是非毁譽，作止語默，進退行藏，辭受取與，皆生死之境。若逐境留情，迷真滯有，便是在生死的緣業。若順事無情，攝末歸本，一而不二，凝而不流，卽是出生死的法門。蓋真性本寂，聲臭俱無，更有何物受彼生死！

聖學身心本無分別，形色卽是天性。不可謂身乾浄不是心乾浄，心乾浄不是身乾浄。孔子皜皜肫肫，全在仕止久速上見。

今人但在天下國家上理會，自身却放在一邊。

打叠静坐，取静爲行，可以言静境，未可以言静體。人生而静之静，直言静體，故止地可依，不對動静之静而言。

崇行録　豐城劉乾初德易著

近來談止修之學者，有重止者，則略言修，遂搆荒唐入禪之誚；有重修者，則輕言止，至騰切實近裏之聲，其實於透底一著，不能無失。夫止修非二體，論歸宿工夫，不得不判分兩挈，究血脈消息，却自渾合不離。未有不止而能修，亦未有不修而能止者。第止之歸宿，直本修身，透體歸根，畢竟不落流行之用；而誠正格致，則有若綱之在綱者，是則直下真消息也。吾儕止未得力，畢竟修的工夫，還用得較多且重，然究竟徹底一著，總屬止的隄防。

只反身一步，便是歸根復命，便有寂感之妙。只離本一步，便跟著心意知物走，便逐在家國天下去，精神涣散，往而無歸，無復有善著矣。

只歸到己分上，便是惠廸，便吉。一走向人分上，便是從逆，便凶。幾微之差，霄壤相判。

只落了心意知物，便有後天流行之用，便是可睹可聞，有聲有臭的，恁是刻苦下工，存理遏欲，畢竟是用上着脚，去先天真體遠矣。故聖人之學，直從止竅入微，後儒之工，只向修法下手，以此而欲上達聖人心傳，不得其門而入者也。

告子情性才三字，孟子特地拈出三個眼目，一屬情與才，便有利有不利，教人只從利上認取性體。

生之謂性，分明是指才爲性，到才上看性，性安得有全善者乎！

天中習課　豐城熊尚文益中著

問：「初學纔要止，又覺當修，纔去修，又便不止，未知下手處？」曰：「非禮勿視聽言動，是止不是止？」曰：「是止。」曰：「即此是修不是修？」曰：「是修。」曰：「然則何時何地不是下手處？雖然，夫子先説個復禮，以顔子之聰明，不得不復問，子一點出視聽言動四字，始信是下手妙訣矣。」

視聽言動，形而下者，孰主宰是，孰隆施是，便是形而上者，豈是懸空另有個形上的道理！唯形上即在形下之中，故曰修身爲本性學也。

物雖紛紜，豈不各有個天然的本末，事雖雜冗，莫不各有自然的始終。人惟臨局當機，莫知所先，則精神無處湊泊。譬之弈然，畫東指西，茫無下手，只緣認不得那一着該先耳。夫既認定一個本始，當先而先之，則當下便自歸止。此固未嘗不用知，然却不在知上落脚，故曰攝知歸止。

本體粹然，何所可戒，而亦何所可求？故其功在止。止即戒愼恐懼之謂。

心是把捉不得的活物，必須止得住，方可言存養。蓋形生神發後，這靈明只向外走，就是睡着時，他也還在夢裏走滚，故這靈明上無可做手。但要識得這靈明從何處發竅，便從那發處去止。

時習録　　温陵王鍔漢冶著

故者以利爲本，所謂故之利者，卽惻隱四端之心也。容有不惻隱、不羞惡、不辭讓、不是非之心矣，而豈有不仁義禮智之性哉？此心性之辨也。

修身爲本之宗，須實以身體勘。以身體勘，必查來歷源頭何如，做手訣竅何如，將來受用何如，方可斷試。以來歷源頭言之，將人生而静以上者爲始乎？人生而静以下者爲始乎？心意知爲人生而静以上者乎？抑人生而静以下者乎？則止至善之爲入門第一義也決矣。以做手訣法言之，至善杳冥，欲止而無據，而經世之人，日以其心意知與天下國家相搆，又頃刻不能止者，非從事物上稱量本末始終，討出修身爲本，至善于何握着？而止於何入竅乎？則做手訣法之莫有妙於修身爲本也信矣。以將來受用言之，離本立宗，離止發慮者之能爲天地萬物宗主乎？從本立宗，從止發慮者之能爲天地萬物宗主乎？則其受用之莫有大也信矣。然則此學信乎其可以定千世不易之宗也。